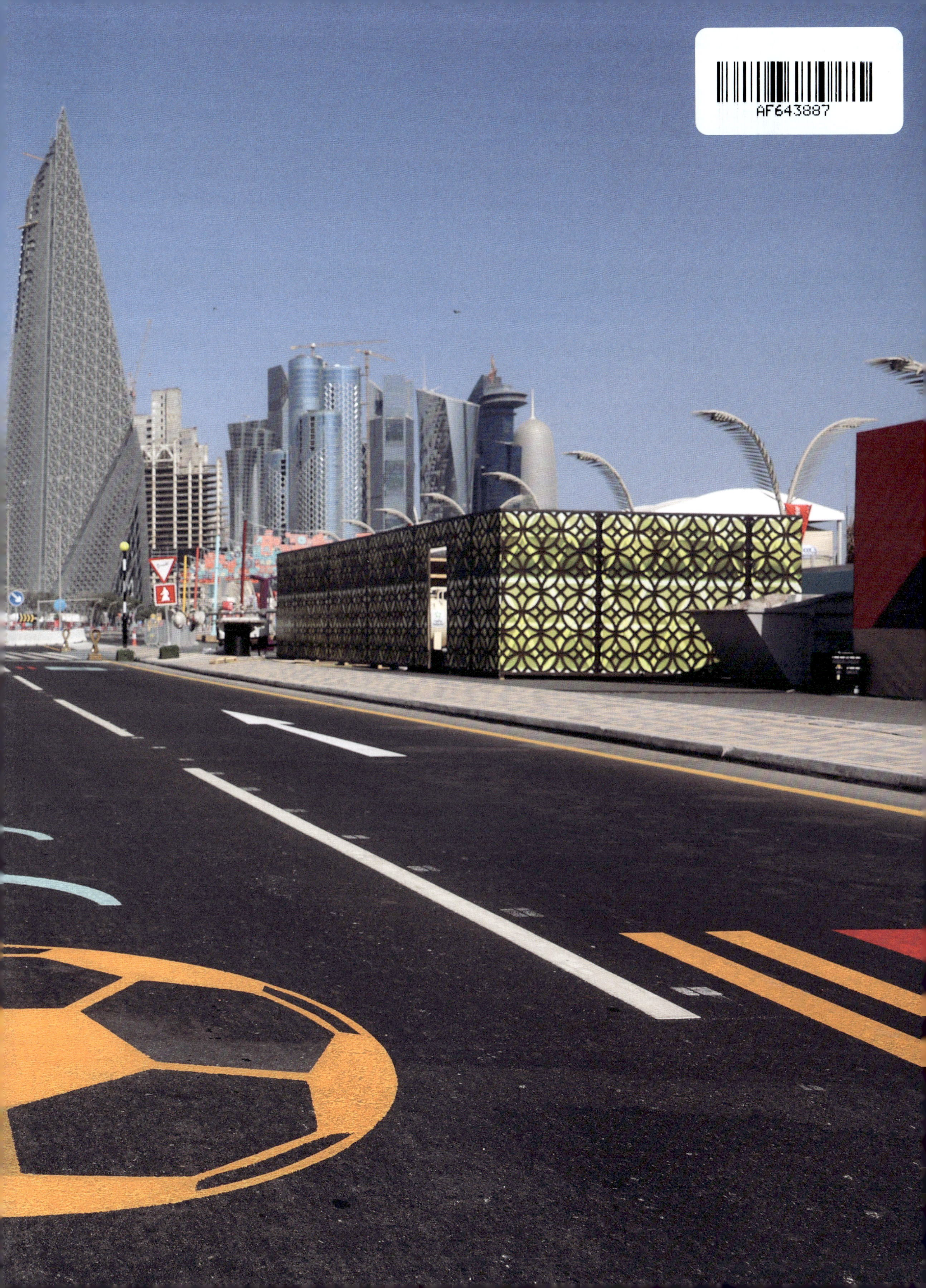

Dino Reisner / Siegmund Dunker

FUSSBALL WM 2022

Alle Spiele, alle Tore und die besten Fotos der Wüsten-WM

pietsch

INHALT

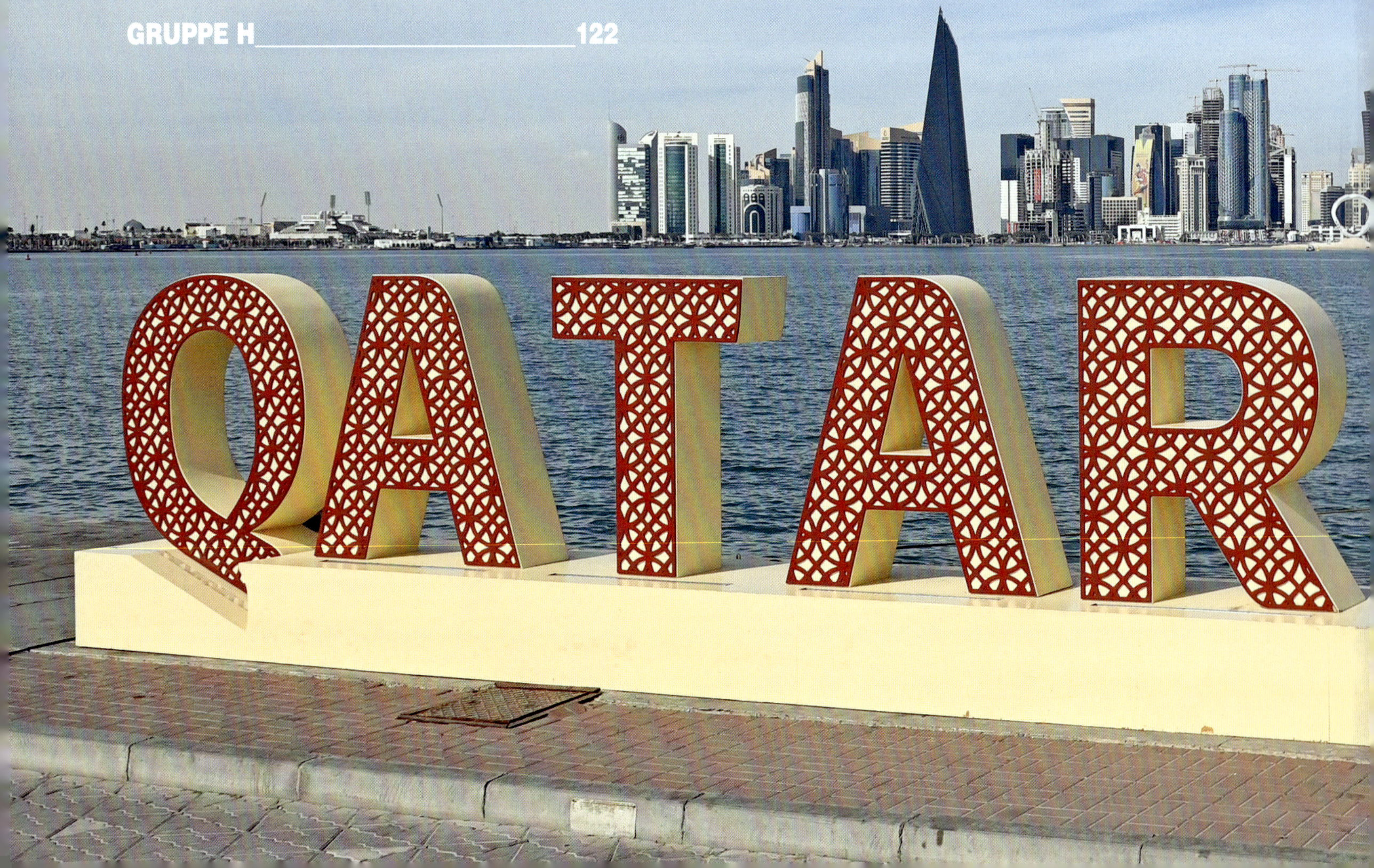

IMPRESSUM

Einbandgestaltung: Luis dos Santos

Umschlagsbilder: **pa•picture alliance**

Alle Texte: Siegmund Dunker, Dino Reisner

Bildnachweis: Alle Bilder von **pa•picture alliance**
mit Ausnahme der Porträtfotos auf den Seiten 12–15:
Copyright © by Thomas Böcker/DFB

Eine Haftung der Autoren oder des Verlages und seiner Beauftragten
für Personen-, Sach- und Vermögensschäden ist ausgeschlossen.

ISBN 978-3-613-50937-5

Sie finden uns im Internet unter
WWW.PIETSCH-VERLAG.DE

1. Auflage 2022

Projektkoordination und Lektorat: Niko Schmidt
Innengestaltung: Markus Janda, tebitron gmbh, Gerlingen
Druck und Bindung: Grafisches Centrum Cuno GmbH & Co. KG
39240 Calbe (Saale)

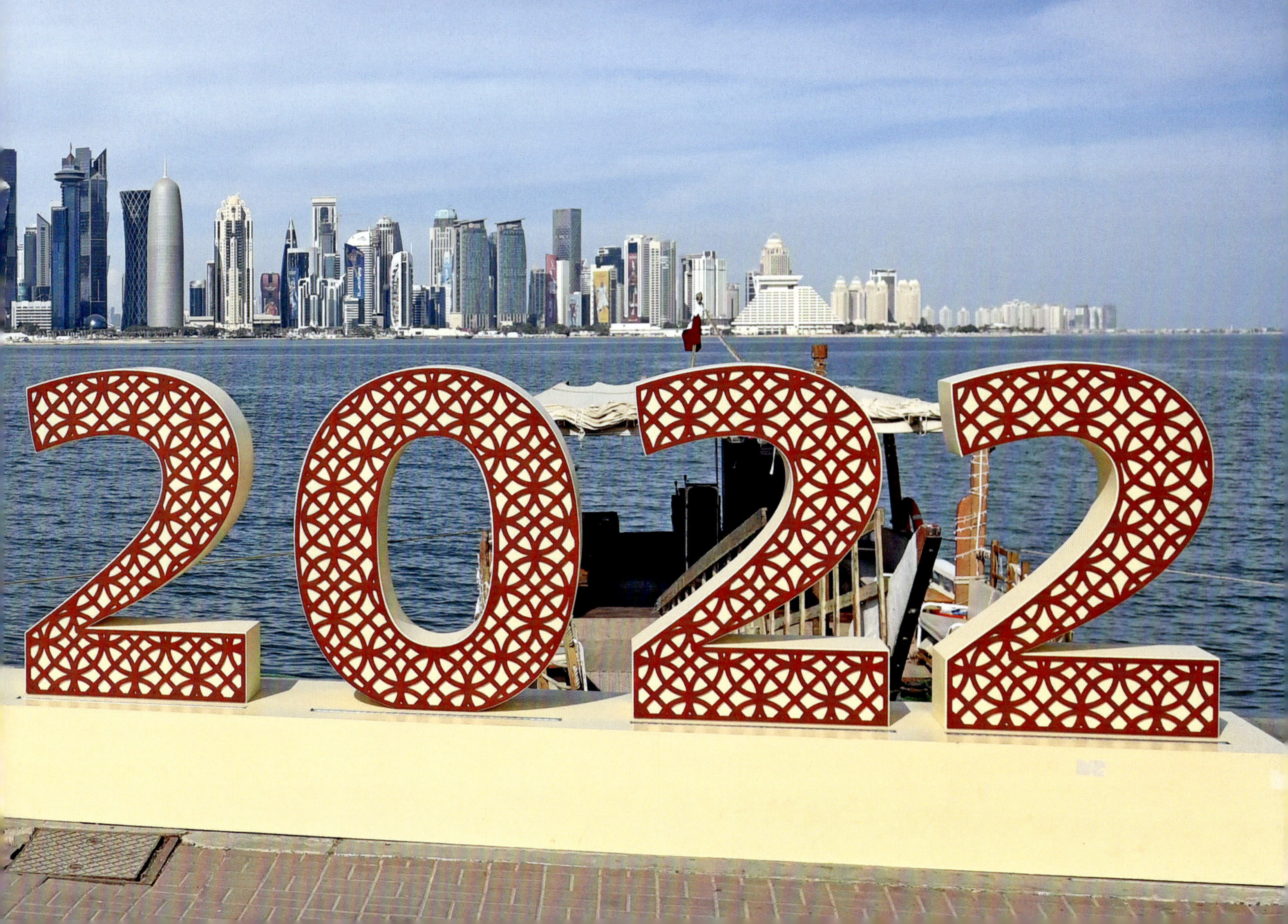

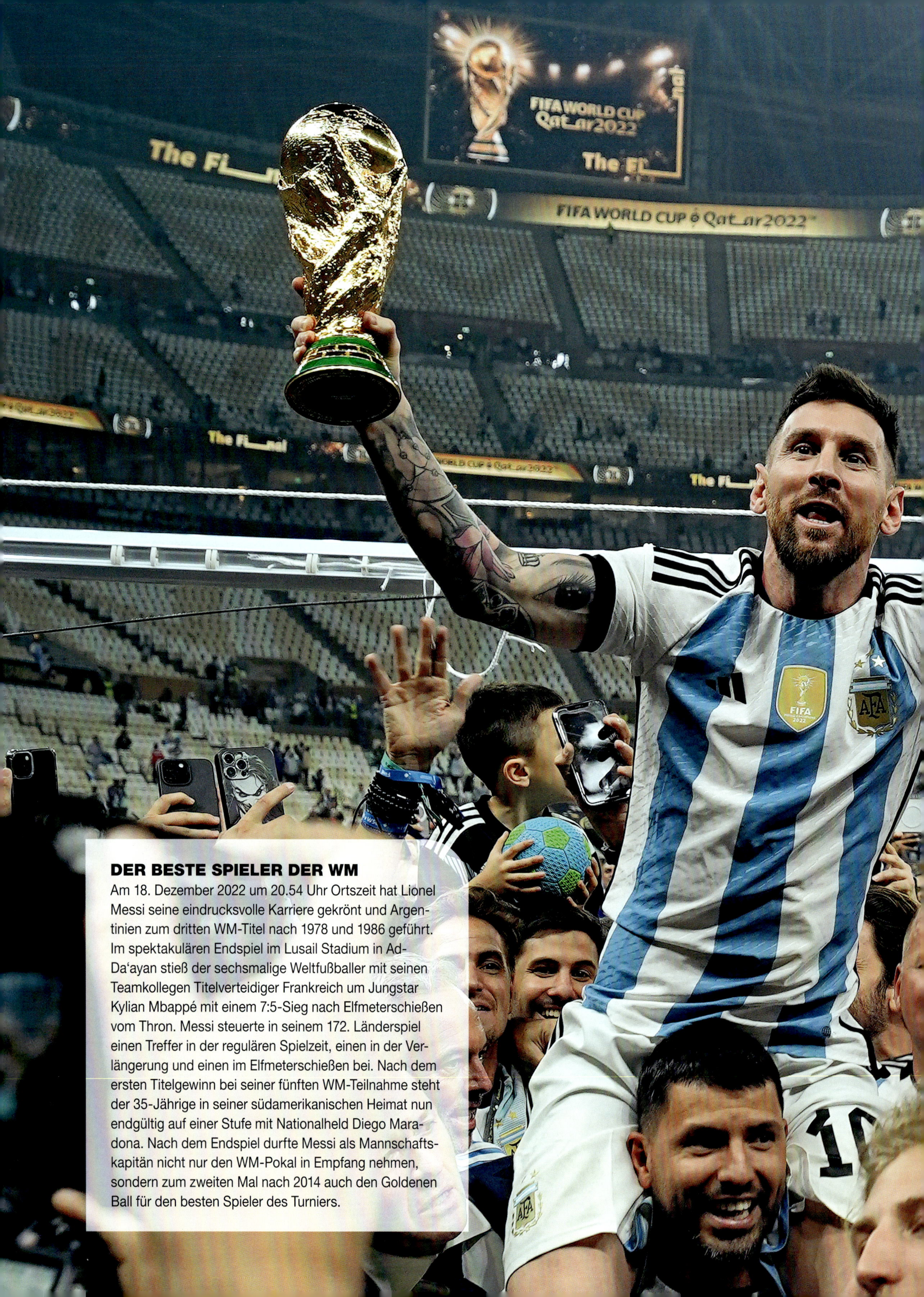

DER BESTE SPIELER DER WM

Am 18. Dezember 2022 um 20.54 Uhr Ortszeit hat Lionel Messi seine eindrucksvolle Karriere gekrönt und Argentinien zum dritten WM-Titel nach 1978 und 1986 geführt. Im spektakulären Endspiel im Lusail Stadium in Ad-Da'ayan stieß der sechsmalige Weltfußballer mit seinen Teamkollegen Titelverteidiger Frankreich um Jungstar Kylian Mbappé mit einem 7:5-Sieg nach Elfmeterschießen vom Thron. Messi steuerte in seinem 172. Länderspiel einen Treffer in der regulären Spielzeit, einen in der Verlängerung und einen im Elfmeterschießen bei. Nach dem ersten Titelgewinn bei seiner fünften WM-Teilnahme steht der 35-Jährige in seiner südamerikanischen Heimat nun endgültig auf einer Stufe mit Nationalheld Diego Maradona. Nach dem Endspiel durfte Messi als Mannschaftskapitän nicht nur den WM-Pokal in Empfang nehmen, sondern zum zweiten Mal nach 2014 auch den Goldenen Ball für den besten Spieler des Turniers.

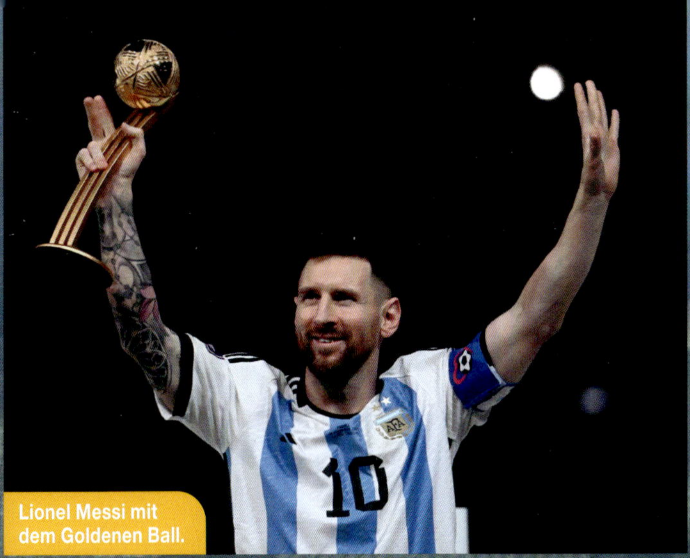
Lionel Messi mit dem Goldenen Ball.

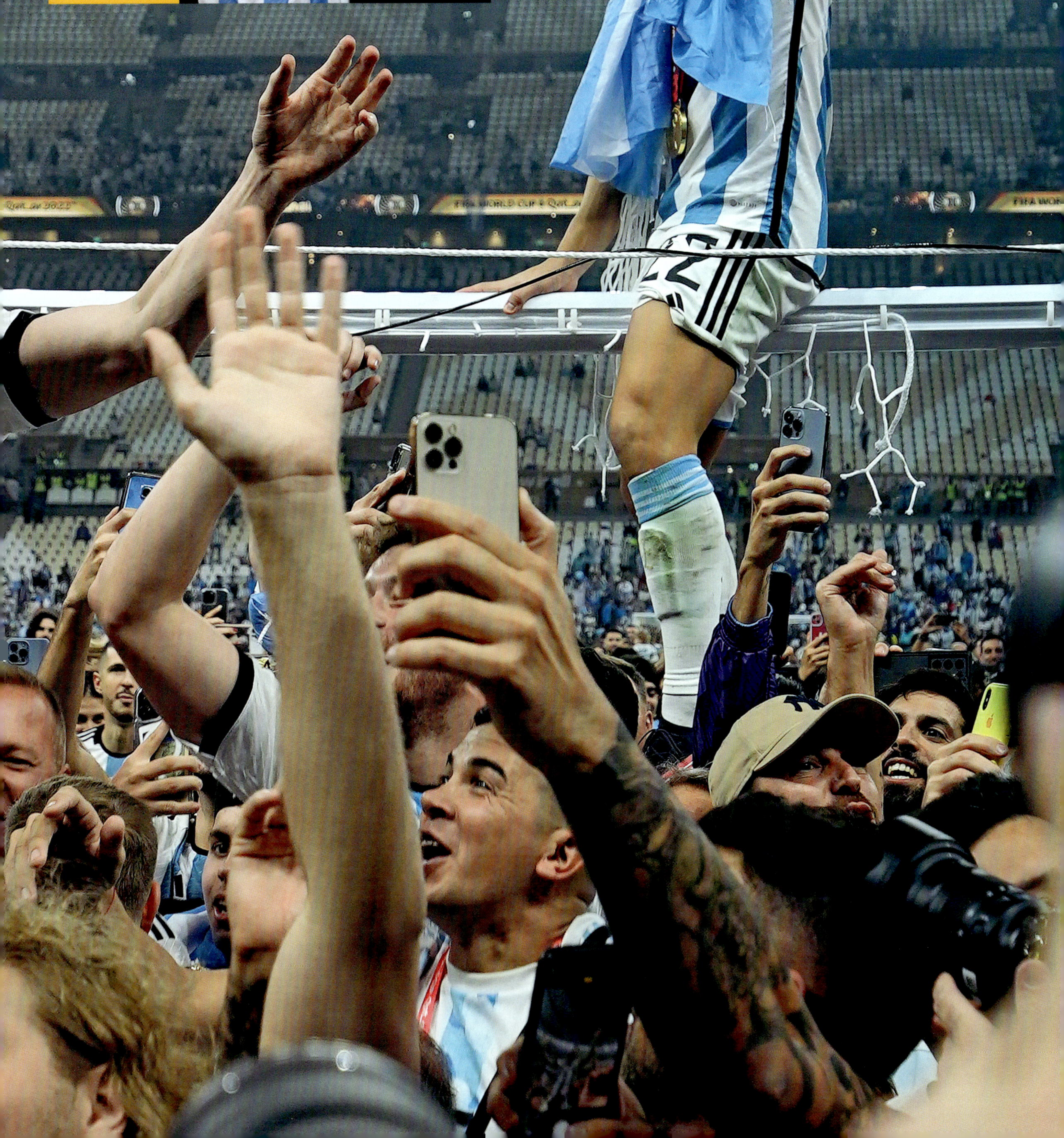

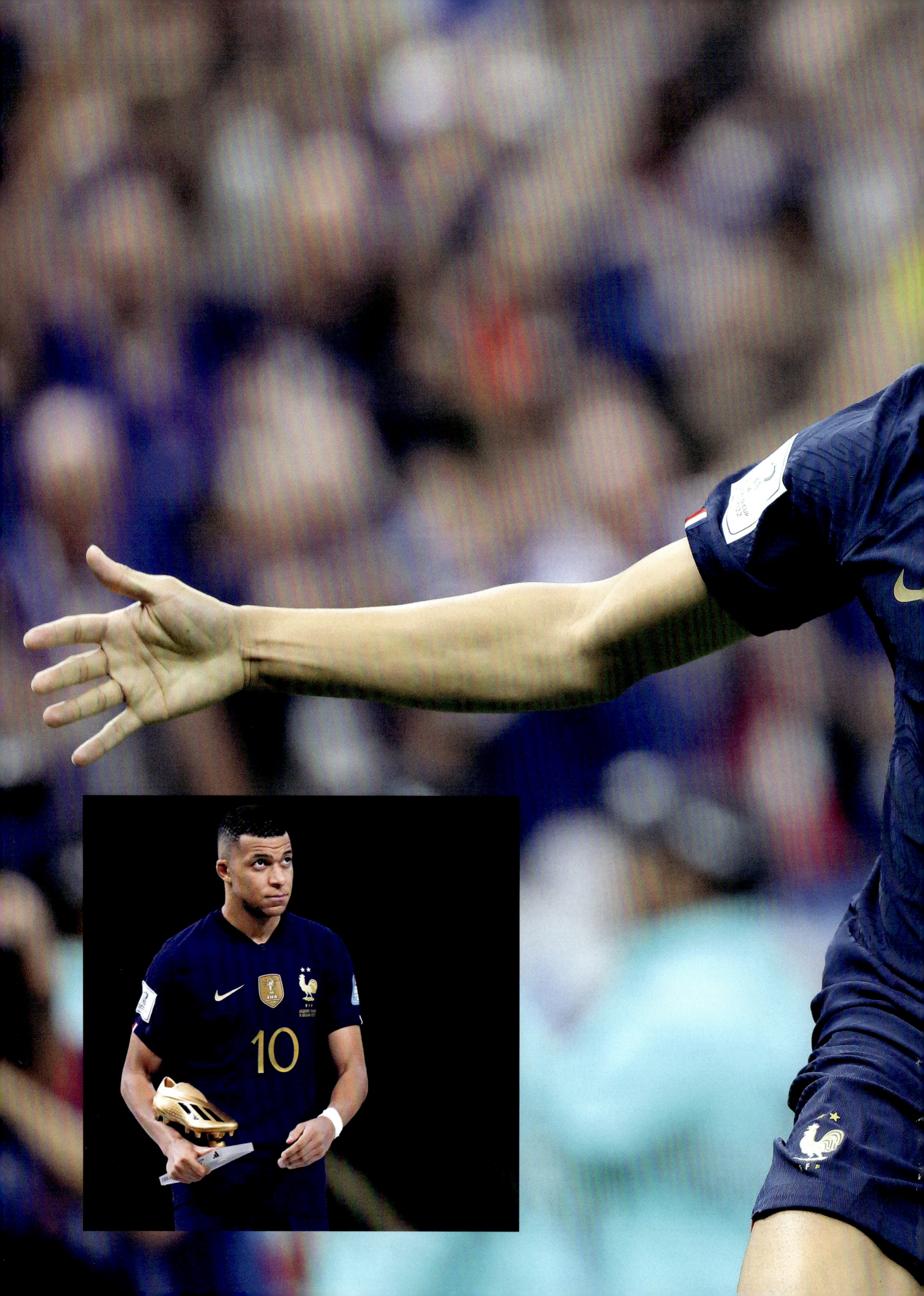

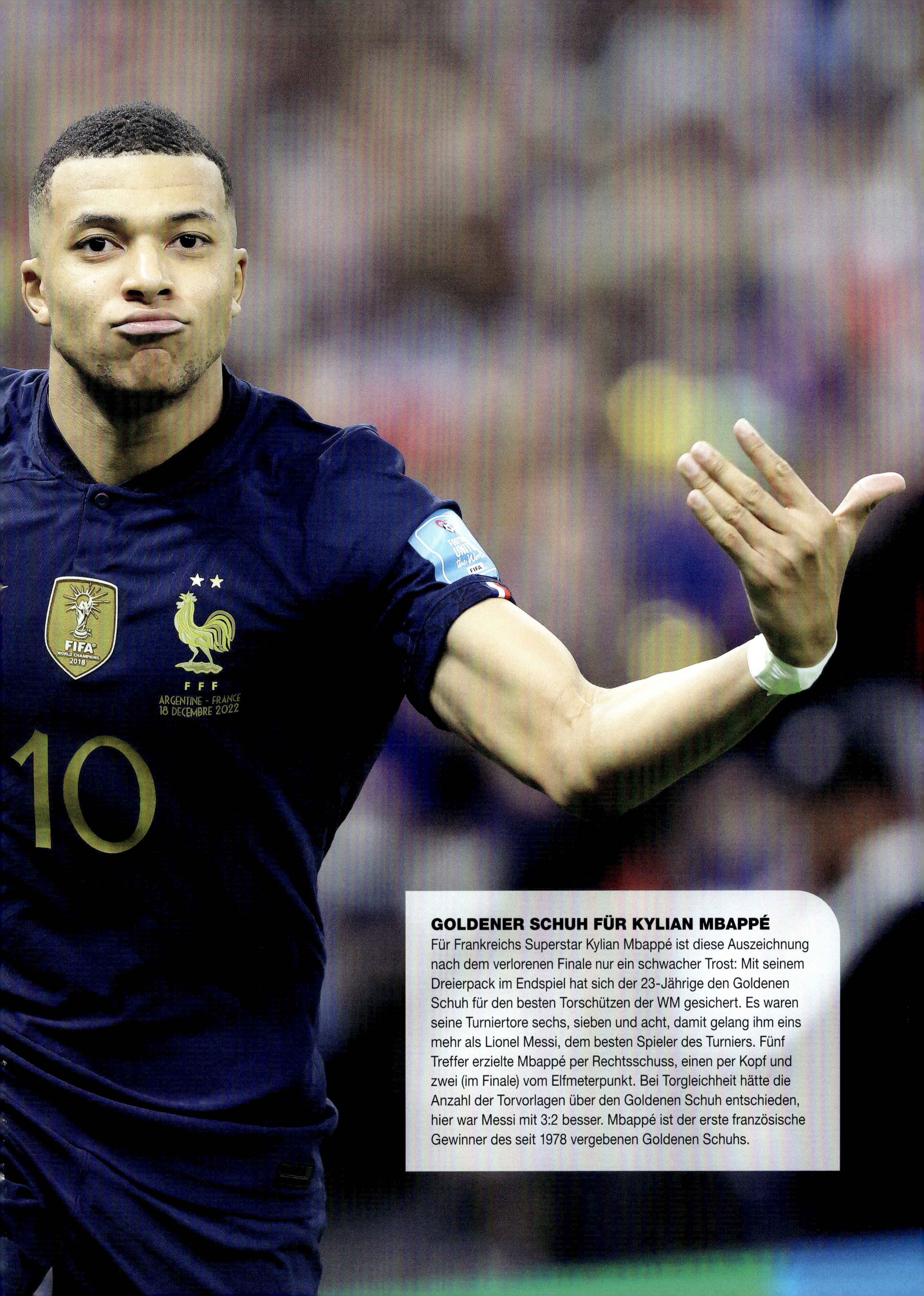

GOLDENER SCHUH FÜR KYLIAN MBAPPÉ

Für Frankreichs Superstar Kylian Mbappé ist diese Auszeichnung nach dem verlorenen Finale nur ein schwacher Trost: Mit seinem Dreierpack im Endspiel hat sich der 23-Jährige den Goldenen Schuh für den besten Torschützen der WM gesichert. Es waren seine Turniertore sechs, sieben und acht, damit gelang ihm eins mehr als Lionel Messi, dem besten Spieler des Turniers. Fünf Treffer erzielte Mbappé per Rechtsschuss, einen per Kopf und zwei (im Finale) vom Elfmeterpunkt. Bei Torgleichheit hätte die Anzahl der Torvorlagen über den Goldenen Schuh entschieden, hier war Messi mit 3:2 besser. Mbappé ist der erste französische Gewinner des seit 1978 vergebenen Goldenen Schuhs.

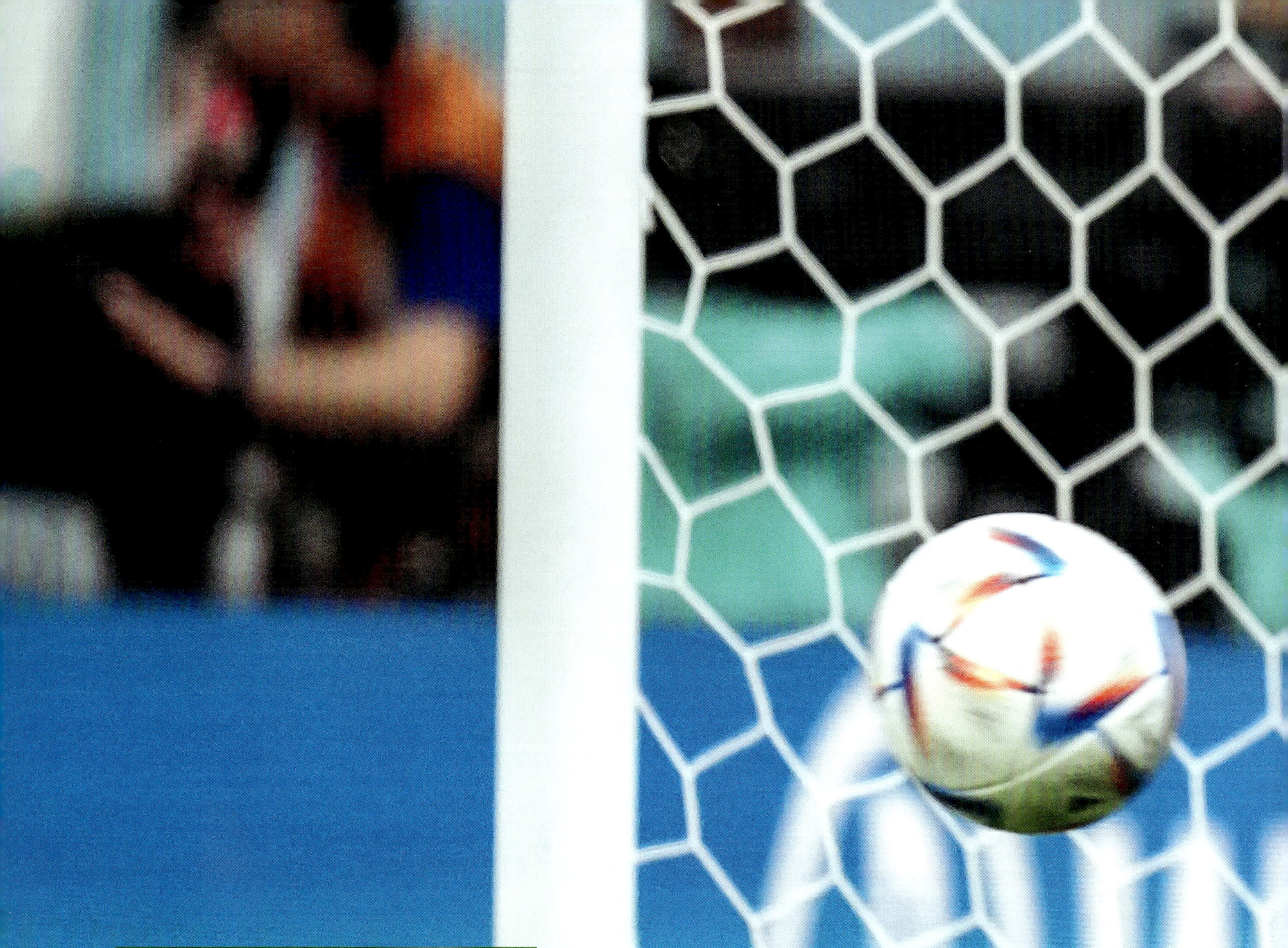

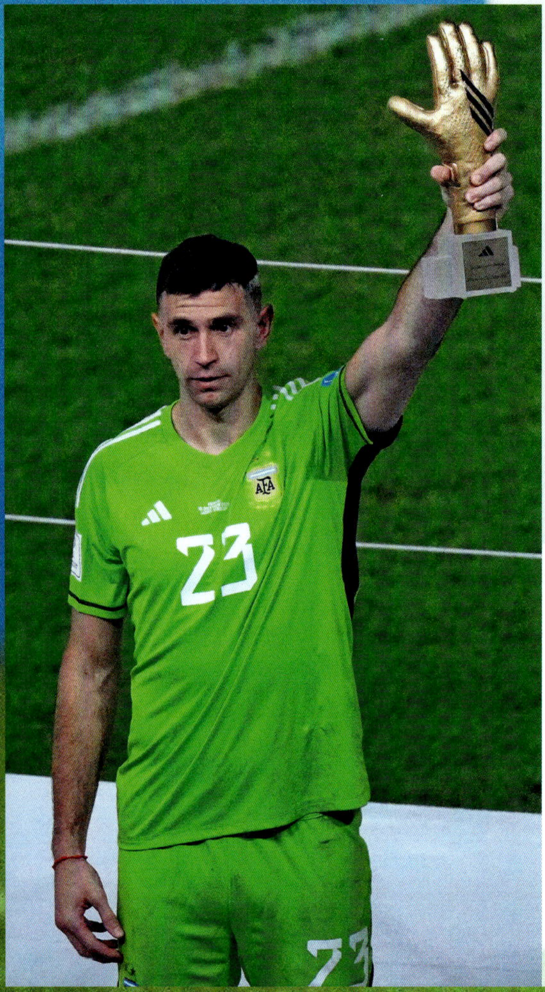

GOLDENER HANDSCHUH FÜR EMILIANO MARTINEZ

Im Elfmeterschießen des Endspiels brachte Emiliano Martinez seine Mannschaft mit einer Parade gegen Kingsley Coman auf die Siegerstraße. Danach durfte sich der Argentinier nicht nur über den WM-Pokal freuen, sondern auch über den Goldenen Handschuh für den besten Torhüter des Turniers. Der 30-Jährige glänzte nicht nur im Finale mit seinen Paraden in entscheidenden Momenten. Bereits im Viertelfinale gegen die Niederlande hatte er zwei Elfmeter entschärft, auf dem Weg zum Titel musste er in sieben Spielen nur acht Gegentreffer hinnehmen. Der bei Aston Villa in England tätige Martinez ist der erste Argentinier, der die seit 1994 vergebene Auszeichnung gewinnen konnte.

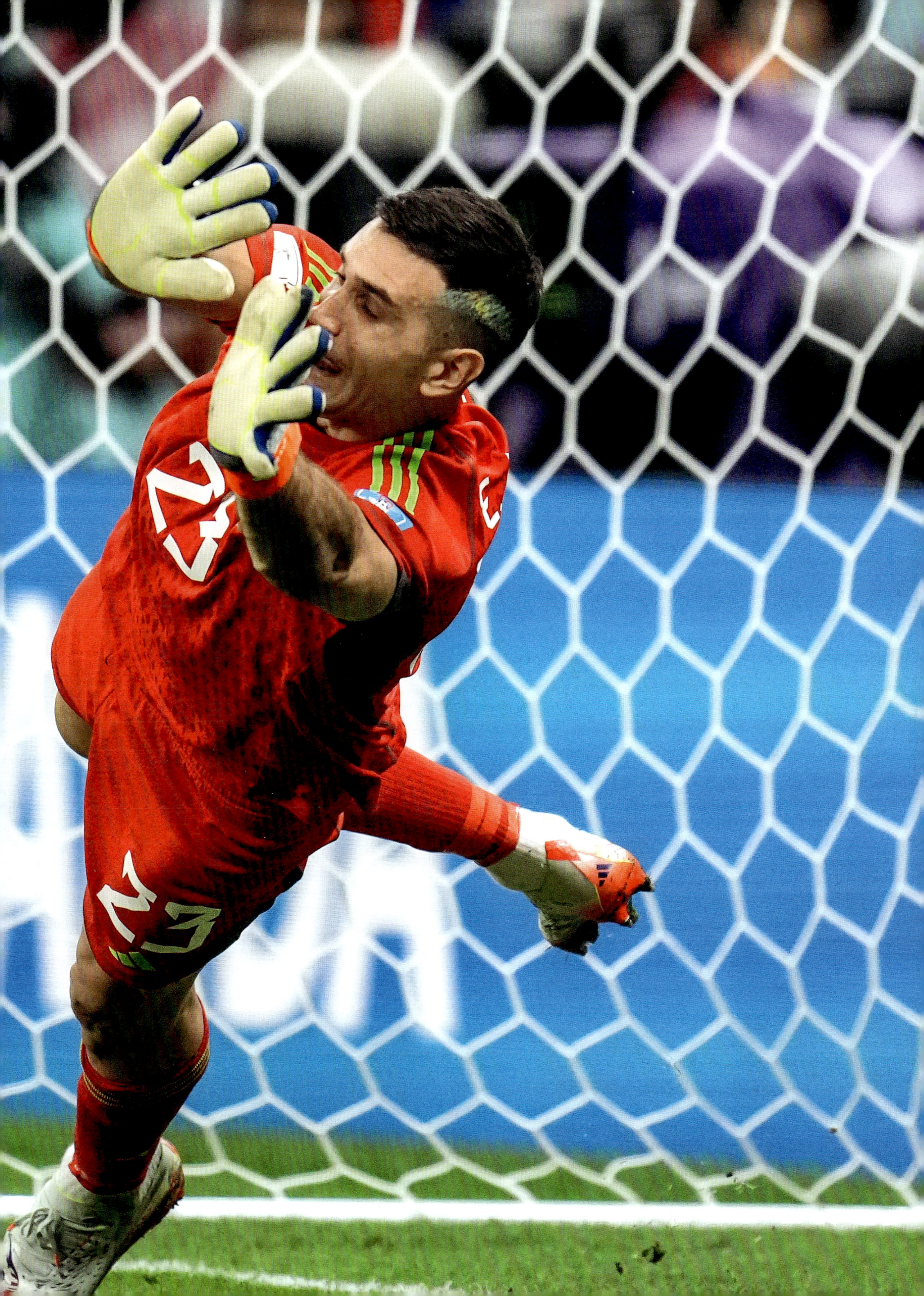
23
23

STARS UND STORYS

BESTER NACHWUCHSSPIELER

Neben dem Goldenen Ball (Lionel Messi), dem Goldenen Schuh (Kylian Mbappé) und dem Goldenen Handschuh (Emiliano Martinez) war es die vierte offizielle Individualauszeichnung bei der WM: Weltmeister Enzo Fernandez wurde zum besten Nachwuchsspieler ausgezeichnet. Der 21 Jahre alte Argentinier, bei Benfica Lissabon unter Vertrag, erzielte bei dieser WM ein Tor selbst und bereitete ein weiteres vor. Seit 2006 wird die Auszeichnung vergeben. Voraussetzung: nicht älter als 21 Jahre und erstmals bei einer WM dabei. Fernandez tritt damit in die Fußstapfen der Deutschen Lukas Podolski (2006) und Thomas Müller (2010) sowie der Franzosen Paul Pogba (2014) und Kylian Mbappé (2018).

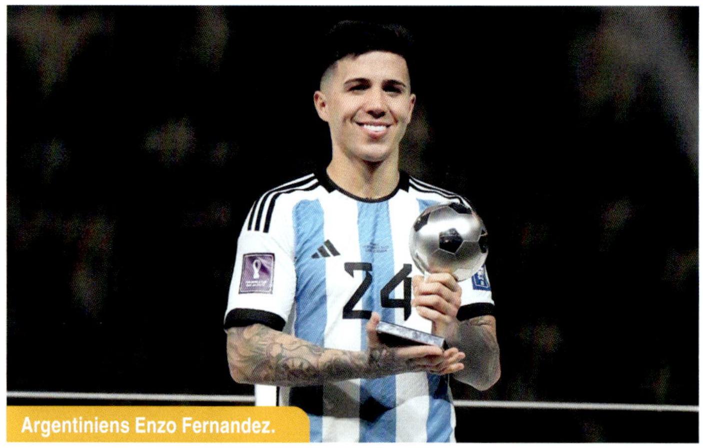

Argentiniens Enzo Fernandez.

LANGE NACHSPIELZEITEN

Viele deutsche Fans rieben sich verwundert die Augen. Bei Bundesligaspielen werden durchschnittlich fünfeinhalb Minuten nachgespielt. Bei der WM war es nun ziemlich genau doppelt so lange. Die Schiedsrichter setzten die neue FIFA-Linie, die Nettospielzeit zu erhöhen, konsequent um. Die Sekunden und Minuten, die durch Torjubel, Auswechslungen, Verletzungen oder Platzverweise verloren gingen, sollten an die reguläre Spielzeit angehängt werden. Den Rekord stellte der Brasilianer Raphael Claus bei der Partie England gegen Iran (6:2) auf, als er in der ersten Hälfte 14 und in der zweiten 13 Minuten nachholen ließ. Insgesamt 27 Minuten, länger als eine halbe Halbzeit.

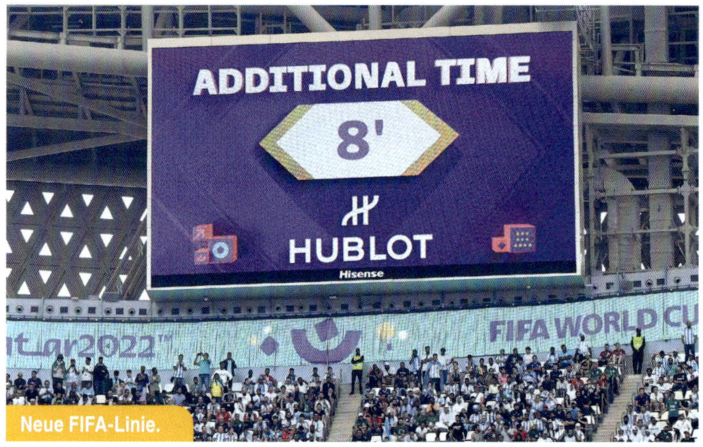

Neue FIFA-Linie.

STREIT UM KAPITÄNSBINDE

Ein kleines Stückchen Stoff ließ in der ersten WM-Woche die Emotionen überkochen. Deutschlands Kapitän Manuel Neuer und die Mannschaftsführer anderer europäischer Teams wollten eine bunte Binde mit dem Schriftzug »One Love« tragen, um damit ein Zeichen zu setzen gegen Diskriminierung und für Vielfalt. Die FIFA schob kurzfristig einen Riegel vor, eine schlüssige Begründung dafür blieb sie schuldig. Viele fühlten sich danach berufen, ihre Meinung dazu öffentlich kund zu tun. Als sich die Gemüter wieder beruhigt hatten, gestand DFB-Präsident Bernd Neuendorf Fehler ein: Durch die Debatte wurde Unruhe ins Team getragen, man hätte das Thema lange vor der WM klären müssen.

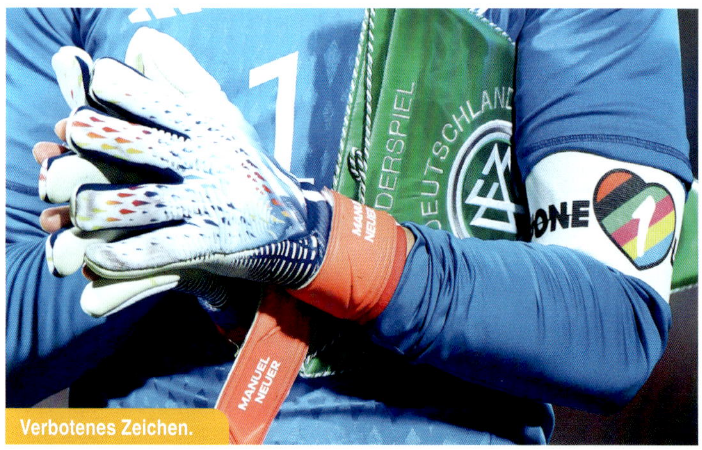

Verbotenes Zeichen.

(KEIN) RICHTIGES BIER IN KATAR

Für Alkoholkonsum gelten in Katar seit jeher strenge Regeln. Nur Bars in internationalen Hotels und exklusive Restaurants schenken entsprechende Getränke an Gäste über 21 Jahre aus. Vor und in den WM-Stadien wurden lediglich Wasser, Softdrinks und alkoholfreies Bier angeboten. Der zunächst geplante Ausschank von alkoholhaltigem Bier in speziellen Zonen rund um die Stadien ab drei Stunden vor bis drei Stunden nach den Spielen wurde von den katarischen Behörden zwei Tage vor WM-Beginn plötzlich widerrufen. »Richtiges Bier« konnten die Fans nur noch nach Sonnenuntergang beim offiziellen Fanfestival in Doha kaufen, zu gesalzenen Preisen von umgerechnet rund 13 Euro für einen halben Liter.

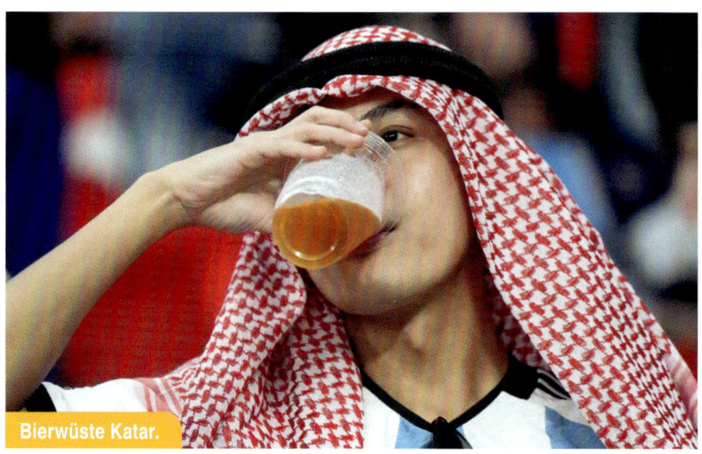

Bierwüste Katar.

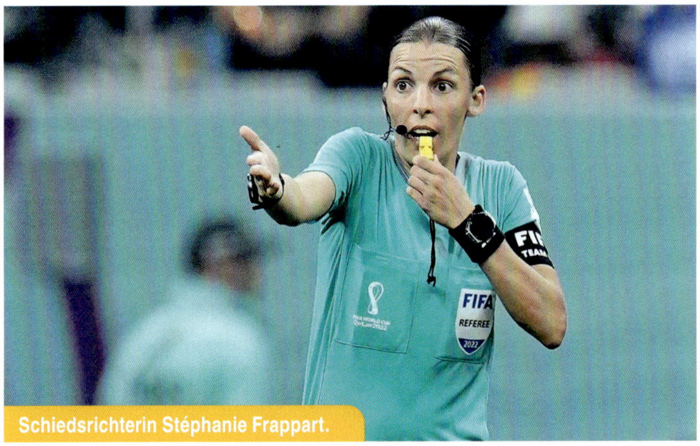

Schiedsrichterin Stéphanie Frappart.

HISTORISCHE PFIFFE

Schiedsrichterin Stéphanie Frappart sorgte für ein Novum: Als erste Frau überhaupt durfte die 38-jährige Französin ein Spiel bei einer Männer-WM pfeifen. Die Linienrichterinnen Neuza Back aus Brasilien und Karen Diaz Medina aus Mexiko machten das weibliche Gespann beim 4:2 der deutschen Mannschaft gegen Costa Rica komplett. Frappart wurde eine gute bis sehr gute Leistung bescheinigt. Schiedsrichterlegende Pierluigi Collina, inzwischen Chef des FIFA Referees Committee, sprach vielen aus der Seele: »Ich hoffe, dass das Aufgebot von Eliteschiedsrichterinnen für wichtige Männerwettbewerbe schon bald keine Sensation mehr ist, sondern eine Selbstverständlichkeit.«

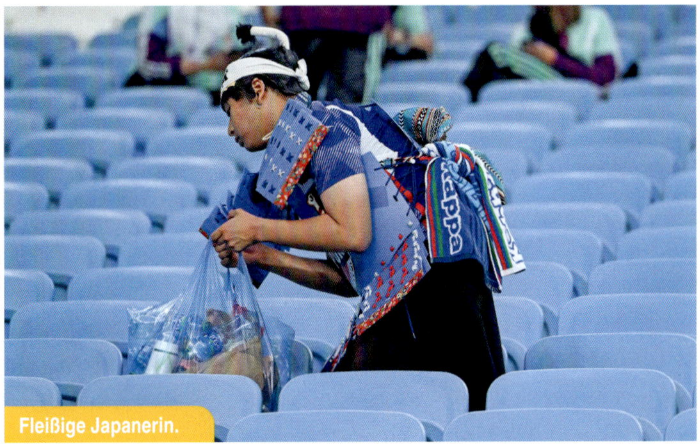

Fleißige Japanerin.

VORBILDLICHE GÄSTE

Die Bilder sind nicht neu, aber sie sind immer wieder erwähnenswert: Nach den Spielen ihrer Nationalmannschaft gehen japanischen Fans durch die Sitzreihen und räumen ihre Plätze auf. So war es auch in Katar. Sämtlicher Müll wurde in blaue Säcke gepackt und entsorgt. Die Japaner verließen die Tribüne so sauber, wie sie diese vorgefunden hatten. Auch die Mannschaft gefiel durch ihren Ordnungssinn: Nach den Spielen wurde die Kabine stets aufgeräumt. Die Ursachen für diese Tugend liegen im Respekt gegenüber den Gastgebern und in der eigenen Kultur, in der das Entfernen des eigenen Mülls nicht als lästige Pflicht angesehen wird, sondern als persönliche Verantwortung.

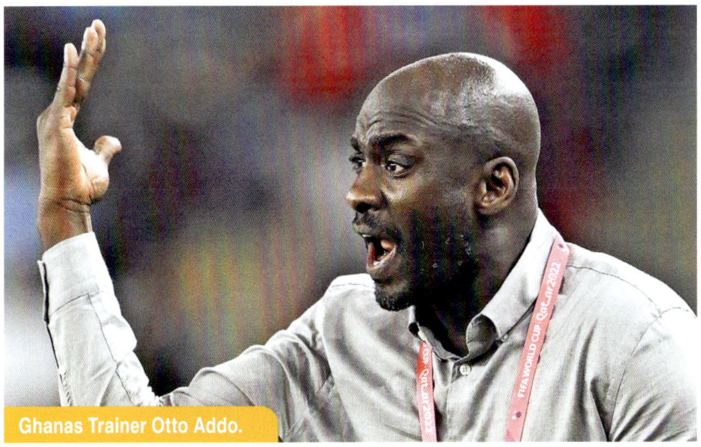

Ghanas Trainer Otto Addo.

GUTE BEKANNTE AUF DEN TRAINERBÄNKEN

Bundestrainer Hansi Flick war nicht der einzige deutsche Coach bei der WM. Der Dortmunder Otto Addo übernahm zu Jahresbeginn interimsweise die Auswahl Ghanas. Als Aktiver absolvierte er einst 15 Länderspiele für das Heimatland seines Vaters. Nach der WM kehrte der 47-Jährige wie geplant als »Talentetrainer« zum BVB zurück. WM-Trainer mit Vergangenheit in der Bundesliga waren auch der Niederländer Louis van Gaal (Bayern München), der Däne Kasper Hjulmand (Mainz), der US-Amerikaner Gregg Berhalter (Spieler in Cottbus und bei 1860 München), der Schweizer Murat Yakin (Spieler in Stuttgart und Kaiserslautern) und der Kameruner Rigobert Song (Spieler beim 1. FC Köln).

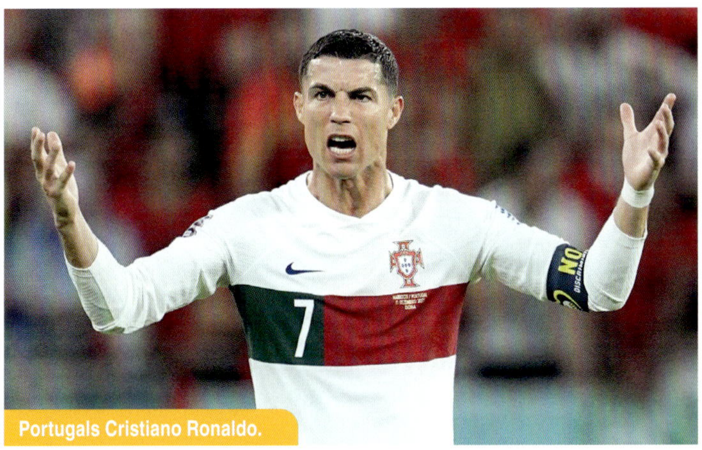

Portugals Cristiano Ronaldo.

SCHWACHER TROST FÜR RONALDO

Für Superstar Cristiano Ronaldo verlief die WM enttäuschend. Von einer »gefallenen Legende« war zu lesen nach der Degradierung auf Portugals Ersatzbank in der K.-o.-Runde und dem Aus im Viertelfinale gegen Marokko. Dennoch schrieb der kurz vor der WM vereinslose gewordene »CR7« Geschichte. Durch sein einziges Tor in Katar, einem Elfmeter beim 3:2 gegen Ghana, wurde er zum ersten Spieler, der bei fünf WM-Turnieren traf. Das erste seiner acht WM-Tore hatte er 2006 in Frankfurt beim 2:0 gegen den Iran erzielt. Und durch seine Einwechslung im Viertelfinale kam er zu seinem 196. Länderspiel – damit stellte er den Weltrekord des Kuwaitis Bader Al-Mutawa ein.

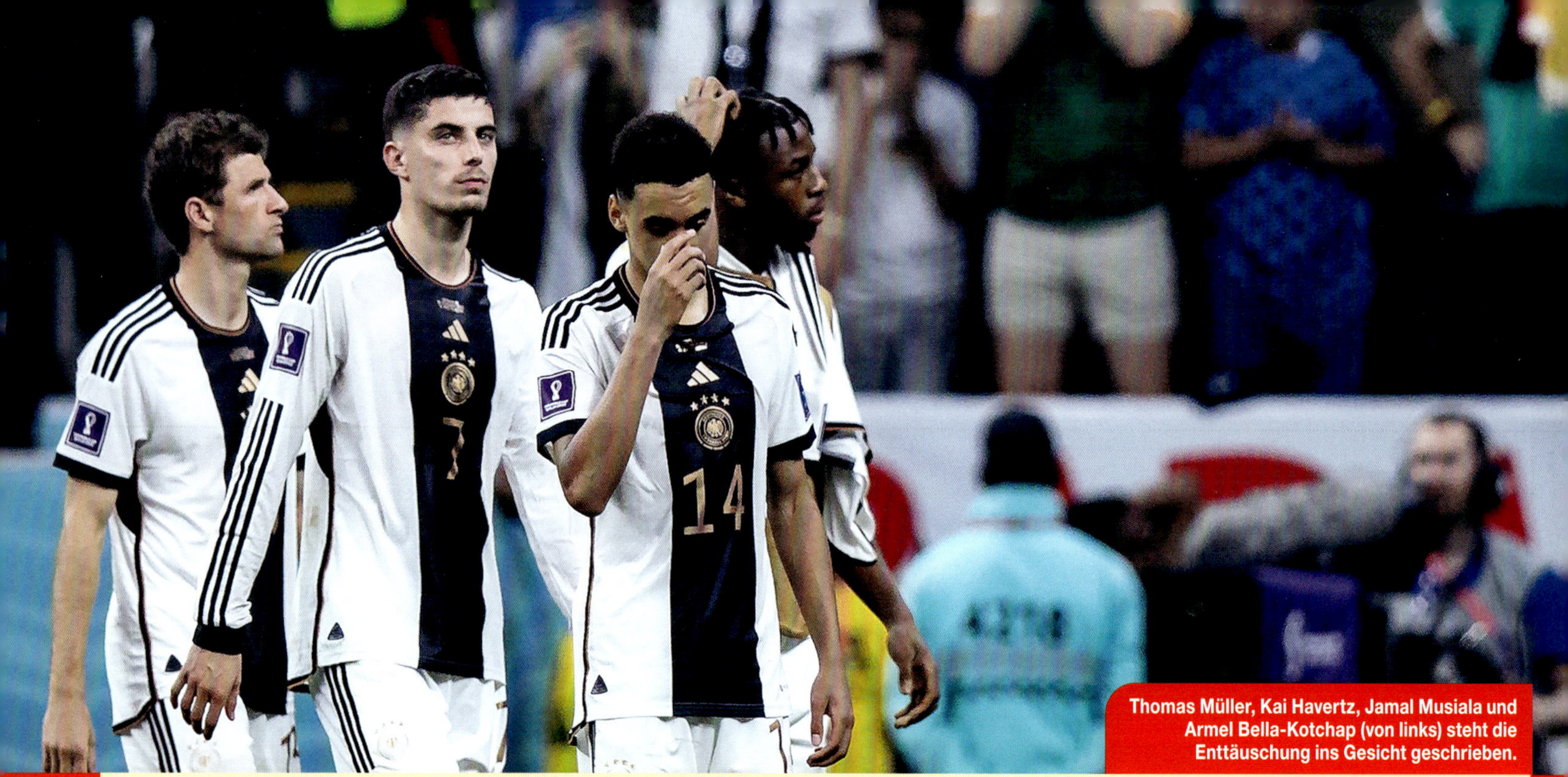

Thomas Müller, Kai Havertz, Jamal Musiala und Armel Bella-Kotchap (von links) steht die Enttäuschung ins Gesicht geschrieben.

DAS DEUTSCHE TEAM

Zum zweiten Mal in Folge scheiterte die DFB-Auswahl bei einer Weltmeisterschaft bereits in der Vorrunde. Als größte Schwachstelle entpuppte sich die Defensive, die selbst gegen Costa Rica hochgradig anfällig wirkte. Die Hoffnung auf eine erfolgreichere Zukunft verkörpert der 19-jährige Jamal Musiala, der bei seiner ersten WM sein enormes Potenzial aufblitzen ließ und zum besten deutschen Feldspieler avancierte.

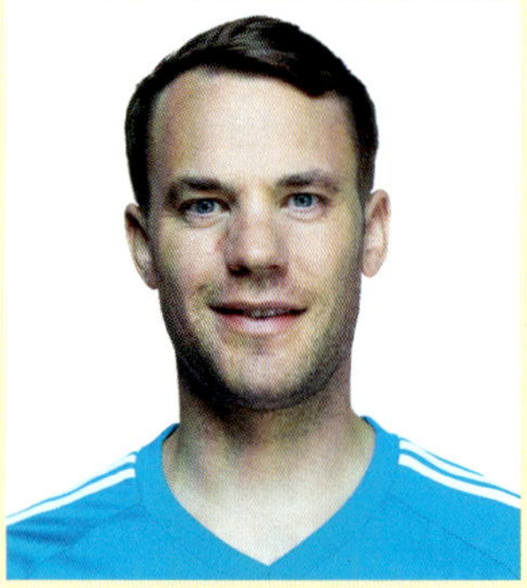

#1 MANUEL NEUER

TOR

27.03.1986
FC Bayern München
Länderspiele: 117
WM 2022:
- **Spiele:** 3
- **Einsatzminuten:** 270
- **Tore/Vorlagen:** 0/0

Dem Kapitän mangelte es bei seiner vierten Weltmeisterschaft an Konstanz. Auf glänzende Paraden folgten unglückliche Gegentore. Wirkte unentschlossen beim Herauslaufen und sah sowohl gegen Japan als auch gegen Costa Rica schlecht aus.

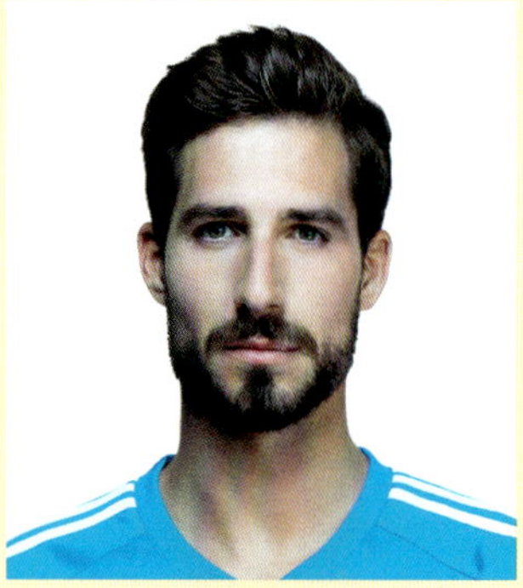

#12 KEVIN TRAPP

TOR

08.07.1990
Eintracht Frankfurt
Länderspiele: 6
WM 2022:
- **Spiele:** 0
- **Einsatzminuten:** 0
- **Tore/Vorlagen:** 0/0

Stand wie schon bei der WM 2018 als dritter deutscher Torhüter im Aufgebot, blieb aber ohne Einsatz.

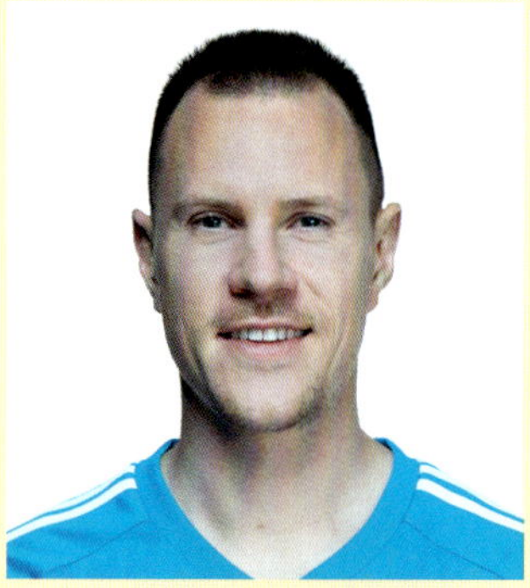

#23 MARC-ANDRÉ TER STEGEN

TOR

30.04.1992
FC Barcelona
Länderspiele: 30
WM 2022:
- **Spiele:** 0
- **Einsatzminuten:** 0
- **Tore/Vorlagen:** 0/0

Gilt seit Jahren als legitimer Nachfolger von Manuel Neuer, war aber auch in Katar zum Zuschauen verdammt.

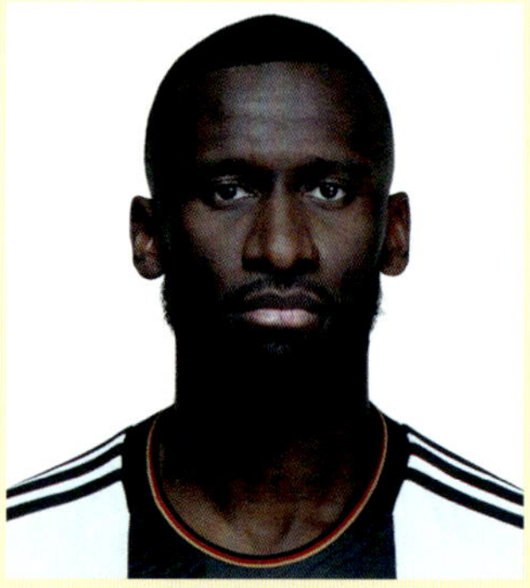

#2 ANTONIO RÜDIGER

ABWEHR

03.03.1993
Real Madrid
Länderspiele: 57
Tore: 2
WM 2022:
- **Spiele:** 3
- **Einsatzminuten:** 270
- **Tore/Vorlagen:** 0/0

Einziger deutscher Verteidiger auf Weltklasseniveau. Schnell, zweikampfstark und bei Standardsituationen auch offensiv gefährlich. Ließ sich aber bisweilen von der Unsicherheit seiner Nebenleute anstecken.

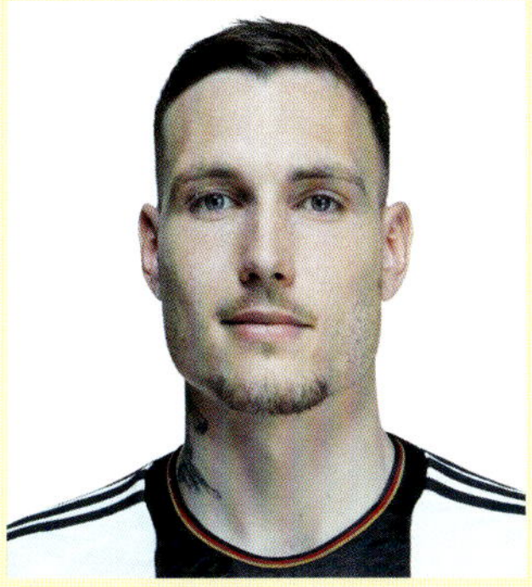

#3 DAVID RAUM
ABWEHR

22.04.1998
RB Leipzig
Länderspiele: 15
Tore: 0
WM 2022:
- **Spiele:** 3
- **Einsatzminuten:** 244
- **Tore/Vorlagen:** 0/2

Trat bei seiner ersten WM selbstbewusst auf, glänzte mit seiner Dynamik und guten Flanken. Holte gegen Japan den Elfmeter raus und gab die Vorlage zum 1:0 gegen Costa Rica. Sein Defensivverhalten war längst nicht so überzeugend.

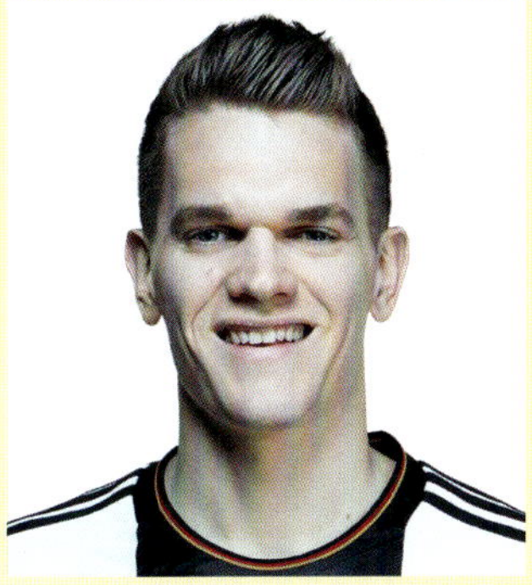

#4 MATTHIAS GINTER
ABWEHR

19.01.1994
SC Freiburg
Länderspiele: 48
Tore: 2
WM 2022:
- **Spiele:** 1
- **Einsatzminuten:** 1
- **Tore/Vorlagen:** 0/0

Der erfahrene Freiburger kam nur zu einem Kurzeinsatz gegen Costa Rica.

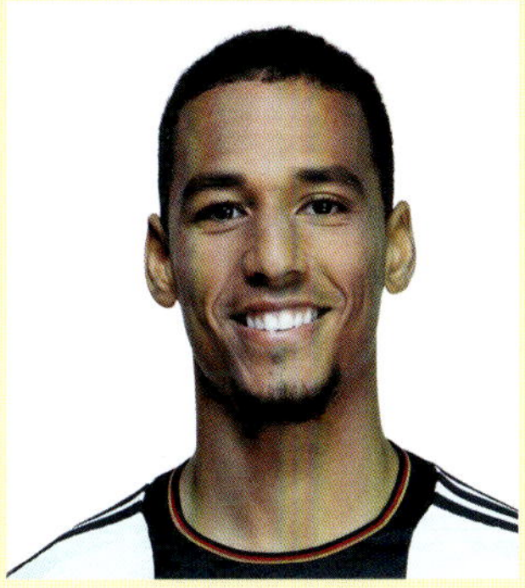

#5 THILO KEHRER
ABWEHR

21.09.1996
West Ham United
Länderspiele: 24
Tore: 0
WM 2022:
- **Spiele:** 1
- **Einsatzminuten:** 70
- **Tore/Vorlagen:** 0/0

Der ehemalige Schalker rückte gegen Spanien in die Startelf und sollte die rechte Abwehrseite stabilisieren. Bemühte sich um Initiative, hinterließ aber einen fahrigen Eindruck und offenbarte immer wieder Schwächen im Stellungsspiel.

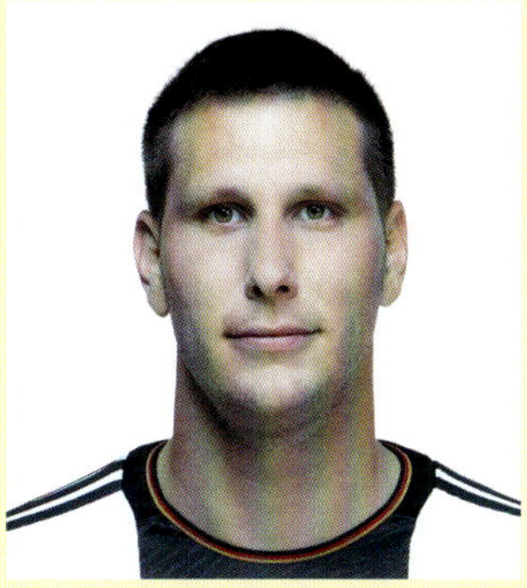

#15 NIKLAS SÜLE
ABWEHR

03.09.1995
Borussia Dortmund
Länderspiele: 45
Tore: 1
WM 2022:
- **Spiele:** 3
- **Einsatzminuten:** 270
- **Tore/Vorlagen:** 0/0

Lief gegen Japan als Rechtsverteidiger auf und sah bei beiden Gegentoren nicht gut aus. Als Innenverteidiger mit einer deutlich stabileren Leistung gegen Spanien, konnte aber das 0:1 durch Alvaro Morata aufgrund mangelnder Handlungsschnelligkeit nicht verhindern.

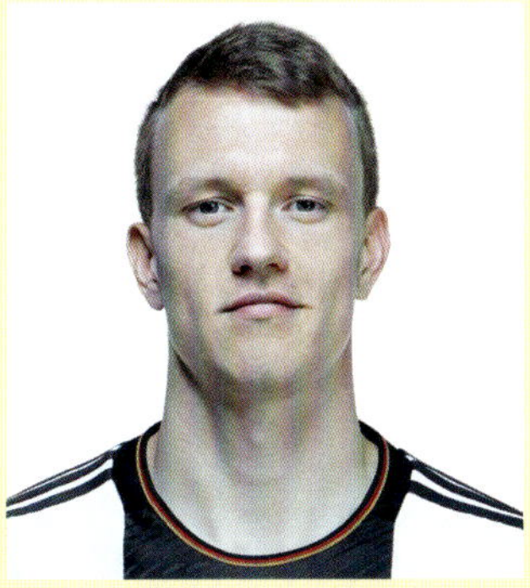

#16 LUKAS KLOSTERMANN
ABWEHR

03.06.1996
RB Leipzig
Länderspiele: 21
Tore: 0
WM 2022:
- **Spiele:** 1
- **Einsatzminuten:** 65
- **Tore/Vorlagen:** 0/0

Kam gegen Costa Rica zur zweiten Halbzeit ins Spiel, machte aber zu wenig aus dieser Chance. Beschränkte sich gegen einen limitierten Gegner darauf, die rechte Abwehrseite zuzumachen. Ohne Esprit nach vorn.

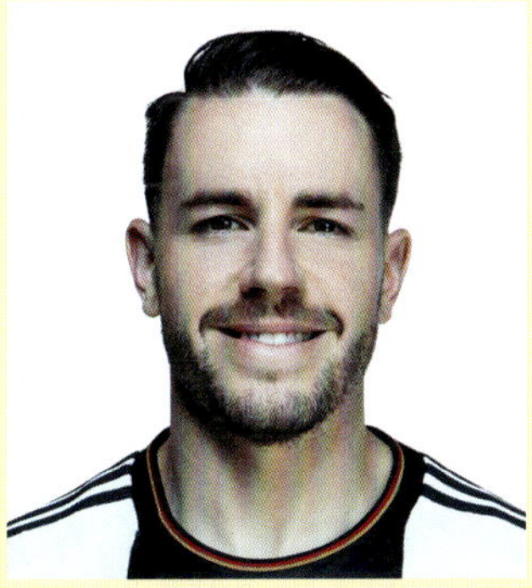

#20 CHRISTIAN GÜNTER
ABWEHR

28.02.1993
SC Freiburg
Länderspiele: 7
Tore: 0
WM 2022:
- **Spiele:** 0
- **Einsatzminuten:** 0
- **Tore/Vorlagen:** 0/0

Der Kapitän des SC Freiburg kam bei seiner ersten WM nicht zum Einsatz.

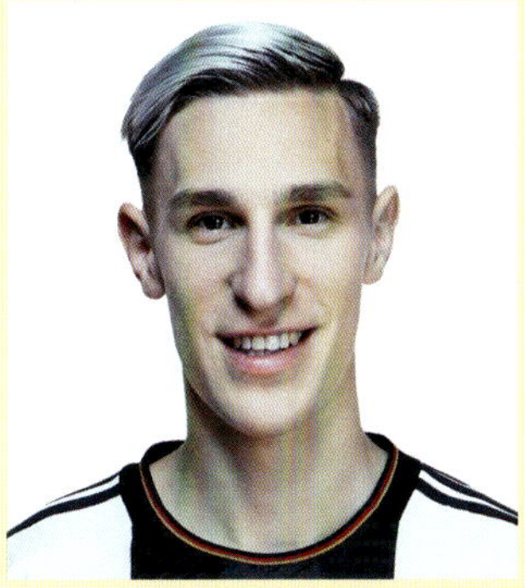

#23 NICO SCHLOTTERBECK
ABWEHR

01.12.1999
Borussia Dortmund
Länderspiele: 8
Tore: 0
WM 2022:
- **Spiele:** 2
- **Einsatzminuten:** 93
- **Tore/Vorlagen:** 0/0

Der WM-Debütant bildete gegen Japan mit Antonio Rüdiger die deutsche Innenverteidigung und machte bereits in der ersten Halbzeit einen unsicheren Eindruck. Verschuldete das 1:2 mit schlechtem Zweikampfverhalten. Danach nur noch ein Kurzeinsatz gegen Spanien.

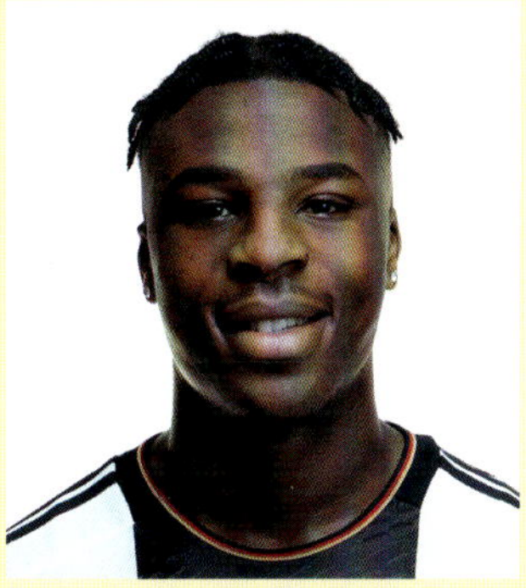

#25 ARMEL BELLA-KOTCHAP
ABWEHR

11.12.2001
FC Southampton
Länderspiele: 2
Tore: 0
WM 2022:
- **Spiele:** 0
- **Einsatzminuten:** 0
- **Tore/Vorlagen:** 0/0

Mit 21 Jahren ein Spieler für die Zukunft. Sollte bei diesem Turnier in erster Linie lernen. Ohne Einsatz.

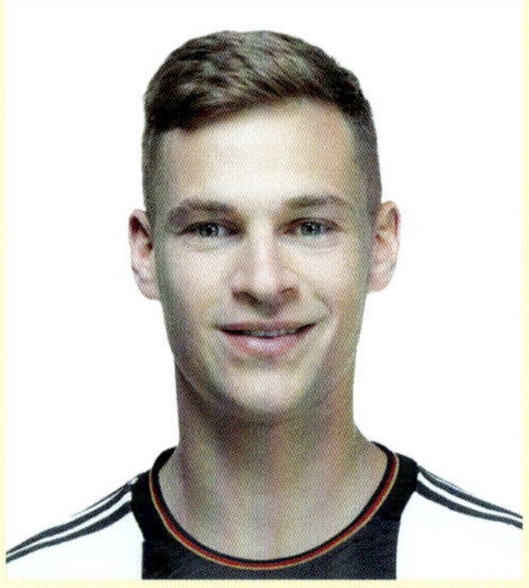

#6 JOSHUA KIMMICH

MITTELFELD

08.02.1995
FC Bayern München
Länderspiele: 74
Tore: 5
WM 2022:
- **Spiele:** 3
- **Einsatzminuten:** 270
- **Tore/Vorlagen:** 0/0

Als Antreiber und Balleroberer für das deutsche Spiel unverzichtbar, bei seinen Offensivaktionen jedoch mitunter zu fehlerbehaftet. Musste gegen Costa Rica als Rechtsverteidiger aushelfen. Erfüllte seine Rolle mit viel Fleiß, aber agierte oft zu ungenau.

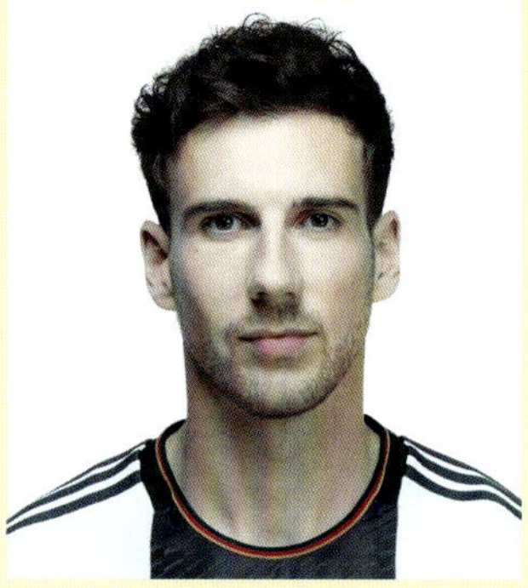

#8 LEON GORETZKA

MITTELFELD

06.02.1995
FC Bayern München
Länderspiele: 48
Tore: 14
WM 2022:
- **Spiele:** 3
- **Einsatzminuten:** 158
- **Tore/Vorlagen:** 0/0

Starker Auftritt gegen Spanien, als er mit seiner Physis und Renitenz in Zweikämpfen dafür sorgte, dass sich die DFB-Elf Vorteile im Mittelfeld erspielte. Gegen Costa Rica längst nicht so auffällig und zur Pause mit muskulären Problemen raus.

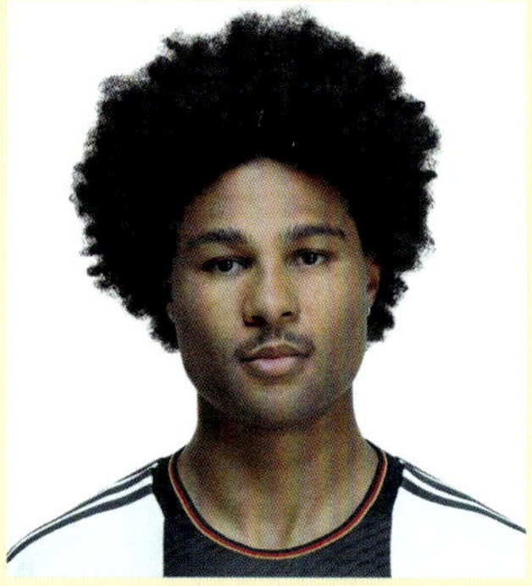

#10 SERGE GNABRY

MITTELFELD

14.07.1995
FC Bayern München
Länderspiele: 39
Tore: 21
WM 2022:
- **Spiele:** 3
- **Einsatzminuten:** 265
- **Tore/Vorlagen:** 1/1

Fiel mit einem großen Aktionsradius auf und suchte immer wieder den direkten Weg zum Tor. Der Aufwand, den er betrieb, stand jedoch in keinem Verhältnis zum Ertrag, weil oft die Genauigkeit fehlte. Ausnahme: Sein schönes Kopfballtor zum 1:0 gegen Costa Rica.

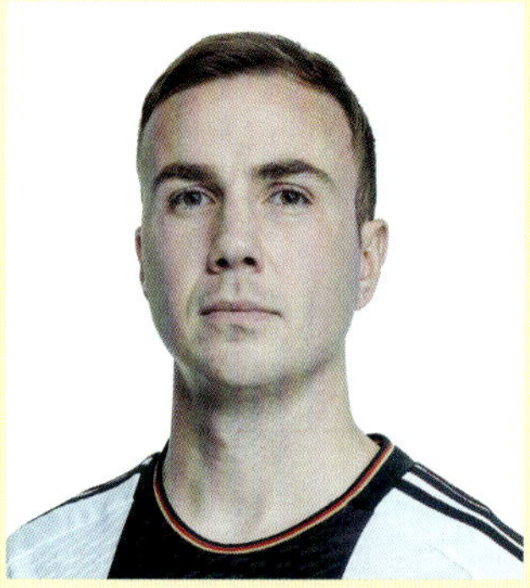

#11 MARIO GÖTZE

MITTELFELD

03.06.1992
Eintracht Frankfurt
Länderspiele: 65
Tore: 17
WM 2022:
- **Spiele:** 2
- **Einsatzminuten:** 34
- **Tore/Vorlagen:** 0/0

Der WM-Held von 2014 kam gegen Japan und Costa Rica zu zwei Joker-Einsätzen, konnte dem deutschen Spiel aber keine entscheidenden Impulse verleihen.

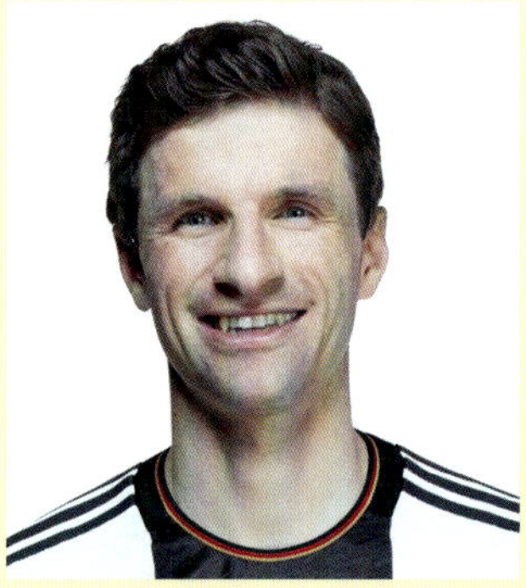

#13 THOMAS MÜLLER

MITTELFELD

13.09.1989
FC Bayern München
Länderspiele: 121
Tore: 44
WM 2022:
- **Spiele:** 3
- **Einsatzminuten:** 204
- **Tore/Vorlagen:** 0/0

Der älteste Feldspieler im deutschen Kader konnte bei seiner insgesamt vierten WM weder im Mittelfeld noch als Sturmspitze nennenswerte Akzente setzen. Deutete direkt nach dem Vorrundenaus seinen Rücktritt aus der DFB-Auswahl an.

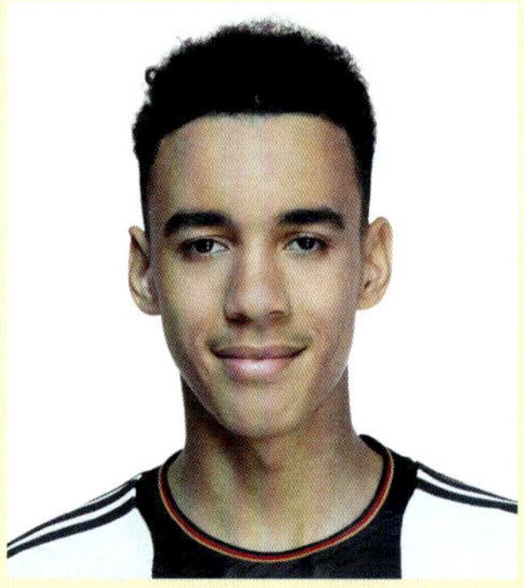

#14 JAMAL MUSIALA

MITTELFELD

26.02.2003
FC Bayern München
Länderspiele: 20
Tore: 1
WM 2022:
- **Spiele:** 3
- **Einsatzminuten:** 259
- **Tore/Vorlagen:** 0/1

Der 19-Jährige glänzte bei seiner ersten WM mit geschmeidigen Bewegungen, atemberaubenden Dribblings und kreativen Ideen. Übersah ab und an den besser postierten Mitspieler. Dennoch: bester deutscher Feldspieler und große Hoffnung für die Zukunft.

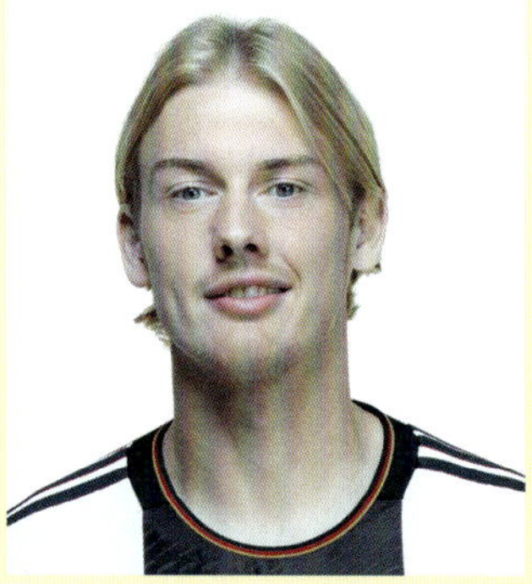

#17 JULIAN BRANDT

MITTELFELD

02.05.1996
Borussia Dortmund
Länderspiele: 39
Tore: 3
WM 2022:
- **Spiele:** 0
- **Einsatzminuten:** 0
- **Tore/Vorlagen:** 0/0

Hatte im offensiven Mittelfeld namhafte Konkurrenten vor sich und blieb bei seiner zweiten WM ohne Einsatz.

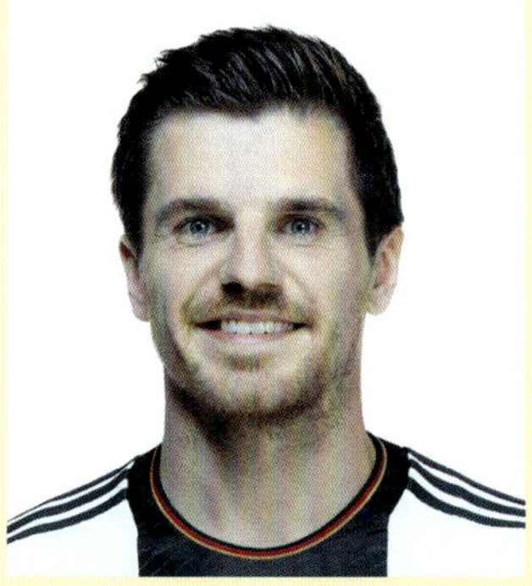

#18 JONAS HOFMANN

MITTELFELD

14.07.1992
Borussia Mönchengladbach
Länderspiele: 19
Tore: 4
WM 2022:
- **Spiele:** 2
- **Einsatzminuten:** 28
- **Tore/Vorlagen:** 0/0

Vielleicht wäre die WM für das DFB-Team ganz anders verlaufen, hätte er nach seiner Einwechslung gegen Japan die große Chance zum 2:0 genutzt. Kam danach nur noch zu einem Kurzeinsatz gegen Spanien.

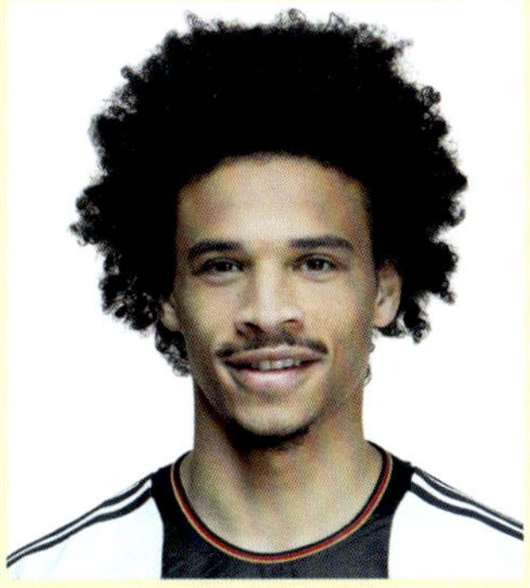

#19 LEROY SANÉ
MITTELFELD

11.01.1996
FC Bayern München
Länderspiele: 50
Tore: 11
WM 2022:
- **Spiele:** 2
- **Einsatzminuten:** 110
- **Tore/Vorlagen:** 0/1

Feierte sein WM-Debüt in der Schlussphase des Spanienspiels. War sofort ein Aktivposten und leitete den deutschen Ausgleich ein. Durfte gegen Costa Rica auf dem rechten Flügel starten, orientierte sich aber zu sehr ins voll besetzte Zentrum. Bereitete das 4:2 vor.

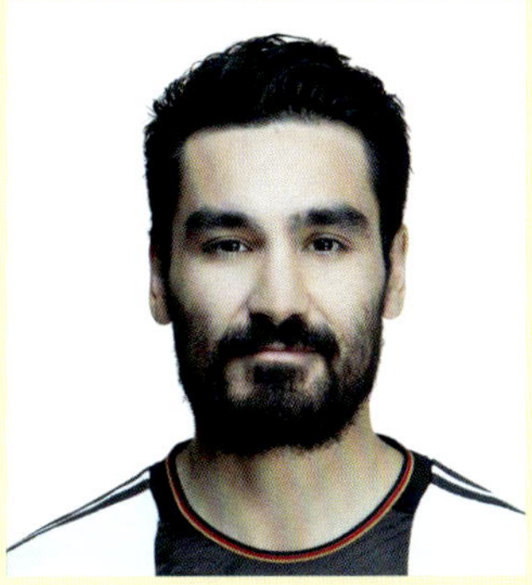

#21 ILKAY GÜNDOGAN
MITTELFELD

24.10.1990
Manchester City
Länderspiele: 66
Tore: 17
WM 2022:
- **Spiele:** 3
- **Einsatzminuten:** 192
- **Tore/Vorlagen:** 1/0

Auffälligster Spieler gegen Japan und Elfmetertorschütze zum 1:0. Auch gegen Spanien mit guten Szenen als Taktgeber. Wie wichtig er für die Statik des deutschen Spiels ist, zeigte sich gegen Japan und Costa Rica. Beide Gegentore fielen nach seiner Auswechslung.

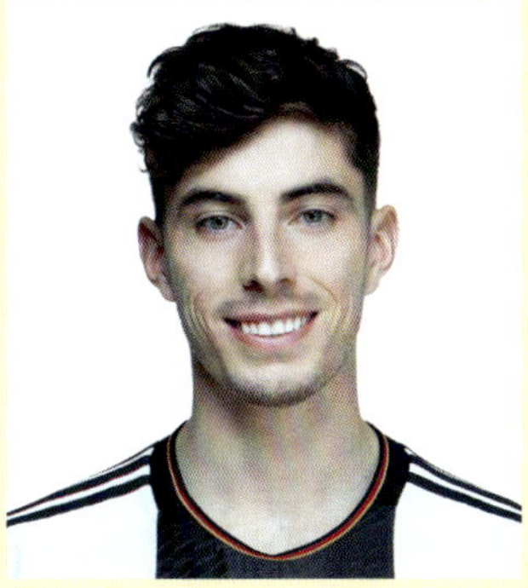

#7 KAI HAVERTZ
ANGRIFF

11.06.1999
FC Chelsea
Länderspiele: 33
Tore: 12
WM 2022:
- **Spiele:** 2
- **Einsatzminuten:** 102
- **Tore/Vorlagen:** 2/0

Fremdelte gegen tief stehende Japaner mit seiner Rolle im Sturmzentrum und sah kaum einen Ball. Kam dann erst wieder in der Schlussphase des letzten Vorrundenspiels zum Einsatz, wo er mit zwei Treffern entscheidenden Anteil an der Wende hatte.

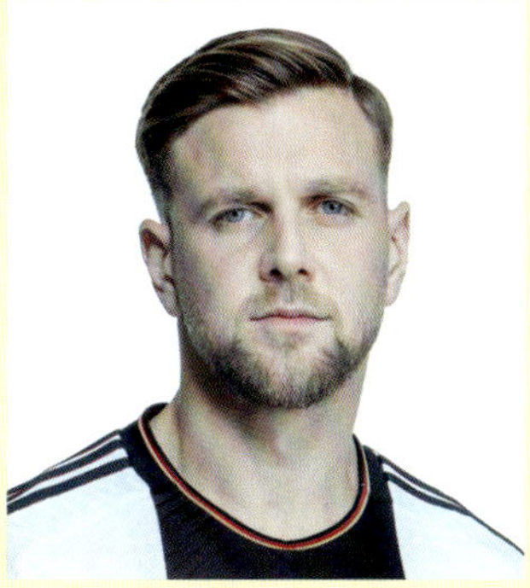

#9 NICLAS FÜLLKRUG
ANGRIFF

09.02.1993
Werder Bremen
Länderspiele: 4
Tore: 3
WM 2022:
- **Spiele:** 3
- **Einsatzminuten:** 66
- **Tore/Vorlagen:** 2/1

Kam in allen drei Spielen als Joker aufs Feld und brachte mit seiner Physis und Kopfballstärke ein neues Element ins Offensivspiel der DFB-Auswahl. Traf gegen Spanien fulminant zum Ausgleich und trug sich auch gegen Costa Rica in die Torschützenliste ein.

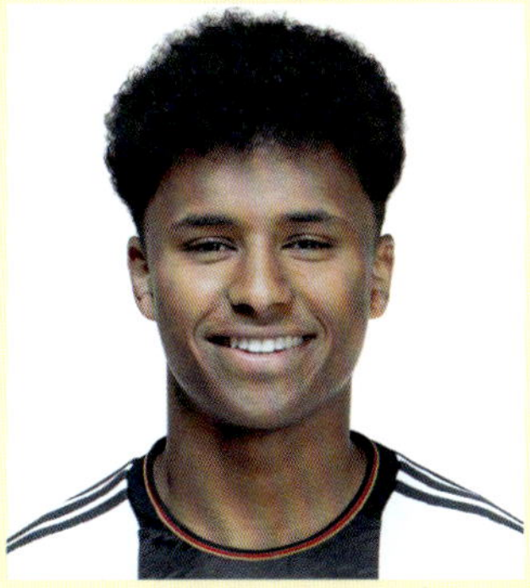

#24 KARIM ADEYEMI
ANGRIFF

18.01.2002
Borussia Dortmund
Länderspiele: 4
Tore: 1
WM 2022:
- **Spiele:** 0
- **Einsatzminuten:** 0
- **Tore/Vorlagen:** 0/0

In seinem Heimatverein Borussia Dortmund ohne Stammplatz – und auch bei der WM nur in der Zuschauerrolle. Mit 20 Jahren ein Spieler für die Zukunft.

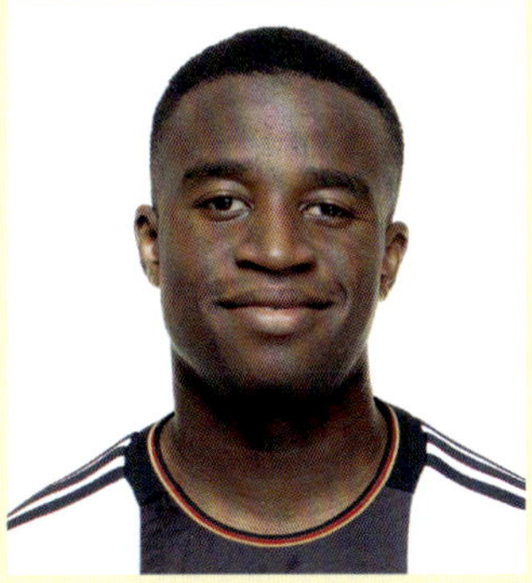

#26 YOUSSOUFA MOUKOKO
ANGRIFF

20.11.2004
Borussia Dortmund
Länderspiele: 2
Tore: 0
WM 2022:
- **Spiele:** 1
- **Einsatzminuten:** 1
- **Tore/Vorlagen:** 0/0

Kam gegen Japan kurz vor Schluss für Gnabry und avancierte damit im Alter von 18 Jahren und drei Tagen zum jüngsten deutschen WM-Teilnehmer der Geschichte.

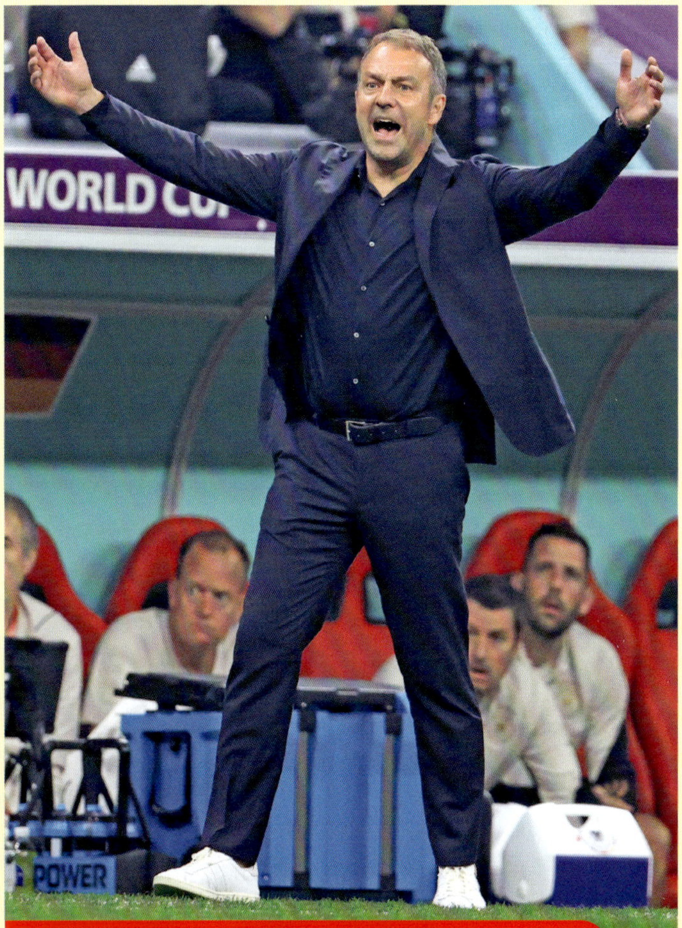

Bundestrainer Hansi Flick geht an der Seitenlinie leidenschaftlich mit, kann das Vorrundenaus aber auch nicht verhindern.

DIE KONTROVERSE WELTMEISTERSCHAFT

Das durch Öl- und Gasvorkommen reich gewordene Emirat Katar hatte schon in der Vergangenheit versucht, sein Image über die Austragung von Sportveranstaltungen aufzupolieren. Doch erst die Fußball-WM lenkte die volle mediale Aufmerksamkeit auf die Probleme im Wüstenstaat. Je näher die WM rückte, desto lauter wurde die Kritik. Ein Überblick über die wichtigsten Kritikpunkte.

Korruption bei der Vergabe: Selbst eine Rede des Ex-Präsidenten Bill Clinton half den favorisierten US-Amerikanern nicht mehr: Am 2. Dezember 2010 vergab der Fußball-Weltverband FIFA die WM 2022 an Katar, ein Land ohne Fußballtradition, dessen Fläche kleiner als die von Hessen ist. Nach dem Schock kamen die Fragen, denn schon im Vorfeld der Abstimmung in der FIFA-Zentrale in Zürich waren Korruptionsvorwürfe laut geworden. Im Oktober 2010 hatten zwei Reporter der *Sunday Times* mit versteckter Kamera die Empfänglichkeit zweier FIFA-Exekutivmitglieder für Bestechungszahlungen offengelegt. Die Gerüchte über gekaufte Stimmen ebbten nicht ab, und was alle ahnten, wurde im Mai 2020 endlich publik: US-Ermittler konnten nachweisen, dass drei FIFA-Funktionäre ihre Stimme an Katar verkauft hatten.
Die Kritik am Wüstenstaat entzündete sich in den vergangenen Jahren jedoch nicht allein am dubiosen Vergabeprozess, sondern auch an anderen Stellen.

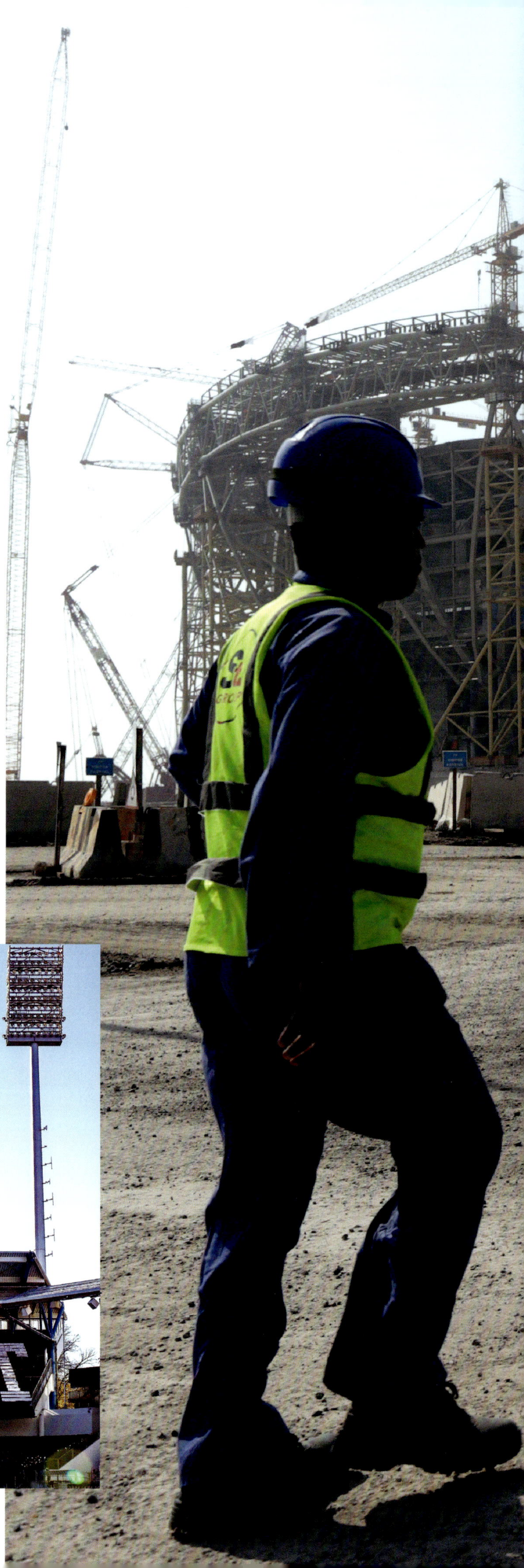

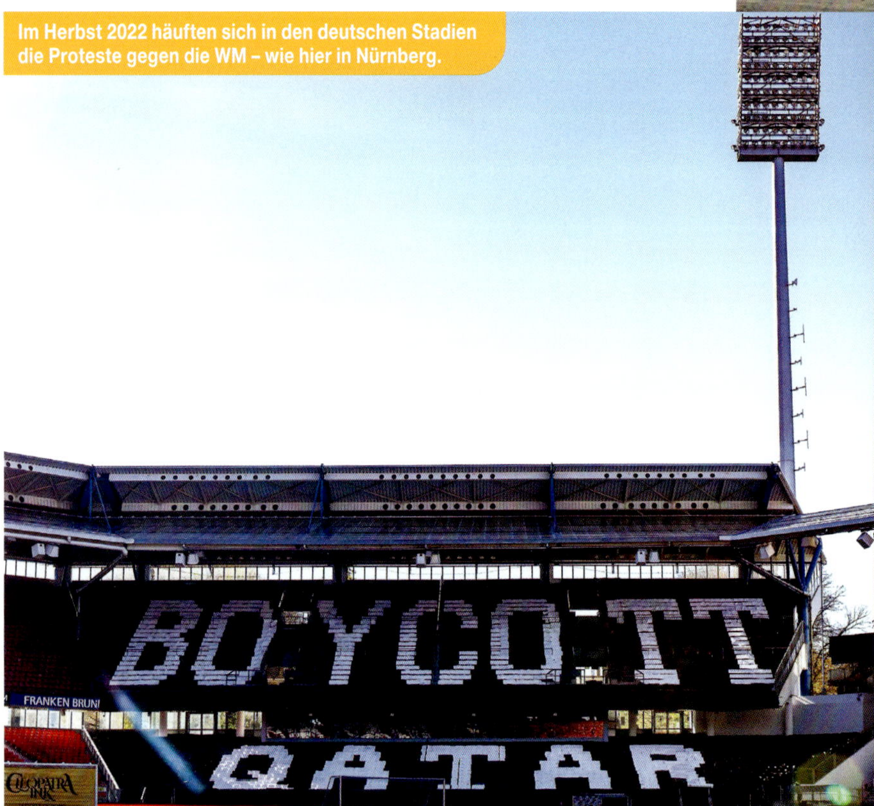

Im Herbst 2022 häuften sich in den deutschen Stadien die Proteste gegen die WM – wie hier in Nürnberg.

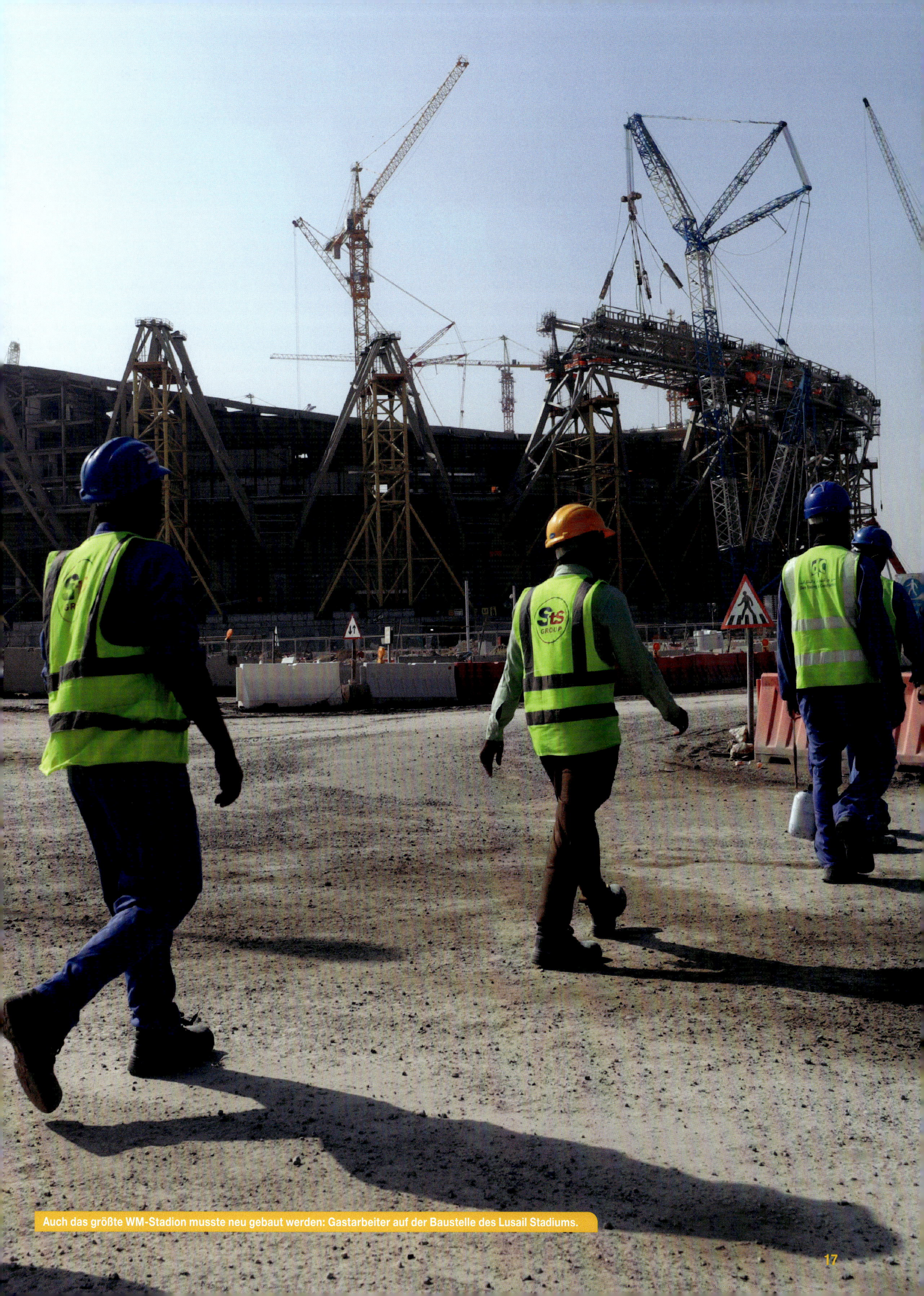

Auch das größte WM-Stadion musste neu gebaut werden: Gastarbeiter auf der Baustelle des Lusail Stadiums.

Die Gastarbeiter: Bereits vor der WM musste sich Katar den Vorwurf gefallen lassen, für ein Ereignis dieser Größenordnung infrastrukturell nicht gerüstet zu sein. Von den acht Stadien, in denen WM-Spiele stattfanden, mussten sieben neu gebaut werden. Auch ein tragfähiges Verkehrsnetz mit Straßen und Brücken, Hotels, sogar ein neuer Flughafen mussten in Rekordzeit errichtet werden. Um diese gewaltige Aufgabe stemmen zu können, holte sich Katar zehntausende Gastarbeiter ins Land, die vornehmlich aus den Ländern Indien, Bangladesch, Pakistan, Nepal und Sri Lanka stammten. Nach Angaben der britischen Tageszeitung *Guardian* wurden diese unter katastrophalen hygienischen Bedingungen in Sammelunterkünften zusammengepfercht. Eine Umfrage der Menschenrechtsorganisation Amnesty International unter 234 Bauarbeitern ergab, dass alle Rekrutierungsgebühren bezahlen mussten und deutlich weniger Lohn als vereinbart erhielten. Dazu kamen unmenschliche Arbeitsbedingungen. Trotz sengender Hitze sei den Arbeitern selbst der Zugang zu sauberem Trinkwasser verweigert worden, viele von ihnen schufteten bis zu 13 Stunden am Tag. Die Folgen waren äußerst dramatisch: Nach Angaben des *Guardian* starben seit der WM-Vergabe an Katar 6751 Menschen auf den Baustellen. Der Verband dürfe keine Weltmeisterschaft dulden, die auf einem »System moderner Sklaverei« aufgebaut sei«, hatte Sharan Burrow, die Generalsekretärin des Internationalen Gewerkschaftsbundes (IGB), schon im Jahr 2013 gemahnt. Zwar reagierte das Emirat Katar auf die Kritik mit einigen Reformen, allerdings seien diese nur unzureichend umgesetzt worden, kritisierte Amnesty International.«

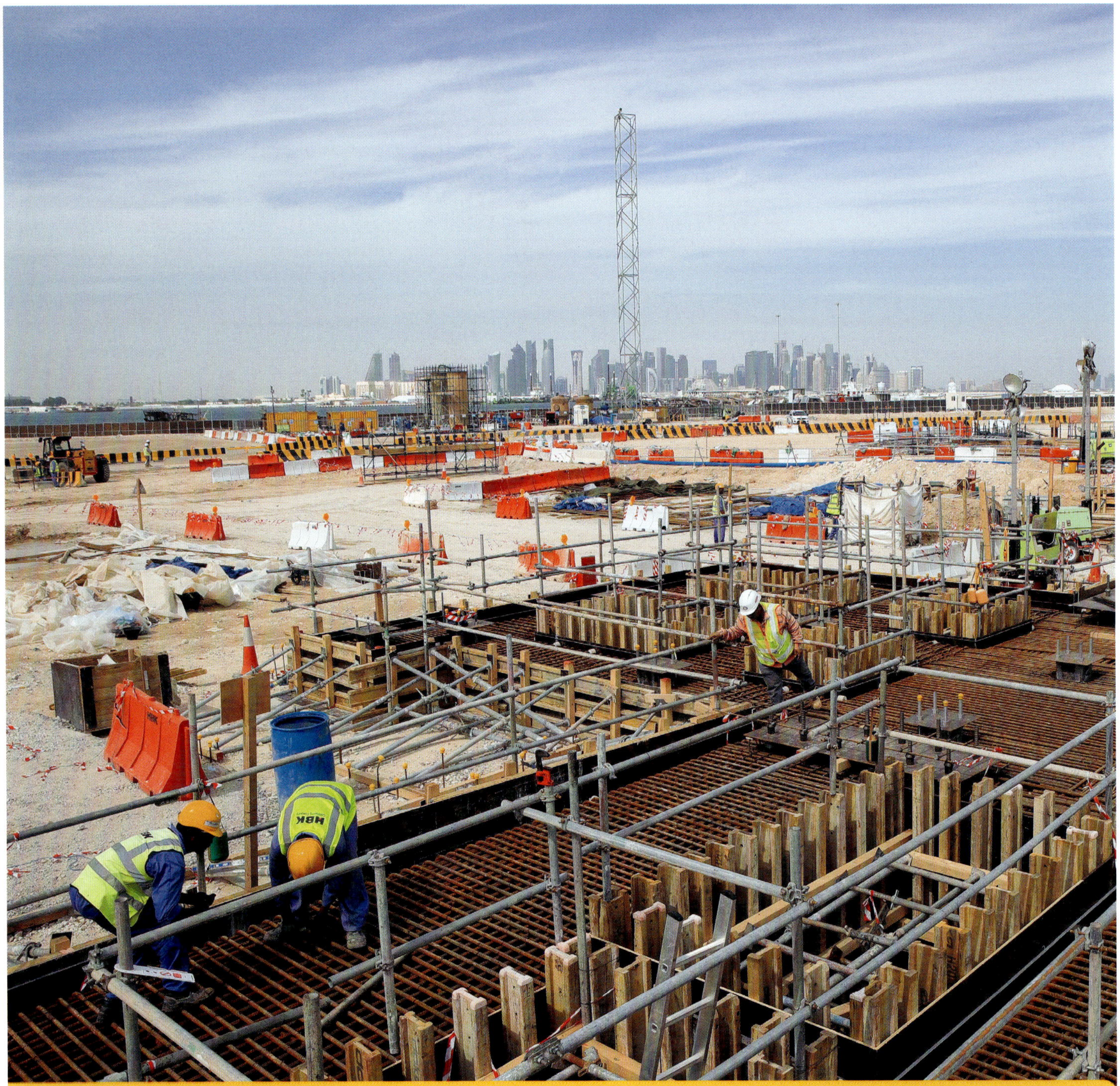

Von 2018 bis 2021 errichten Gastarbeiter am Hafen von Doha das Stadium 974. Im Hintergrund ist die Skyline der katarischen Hauptstadt zu sehen.

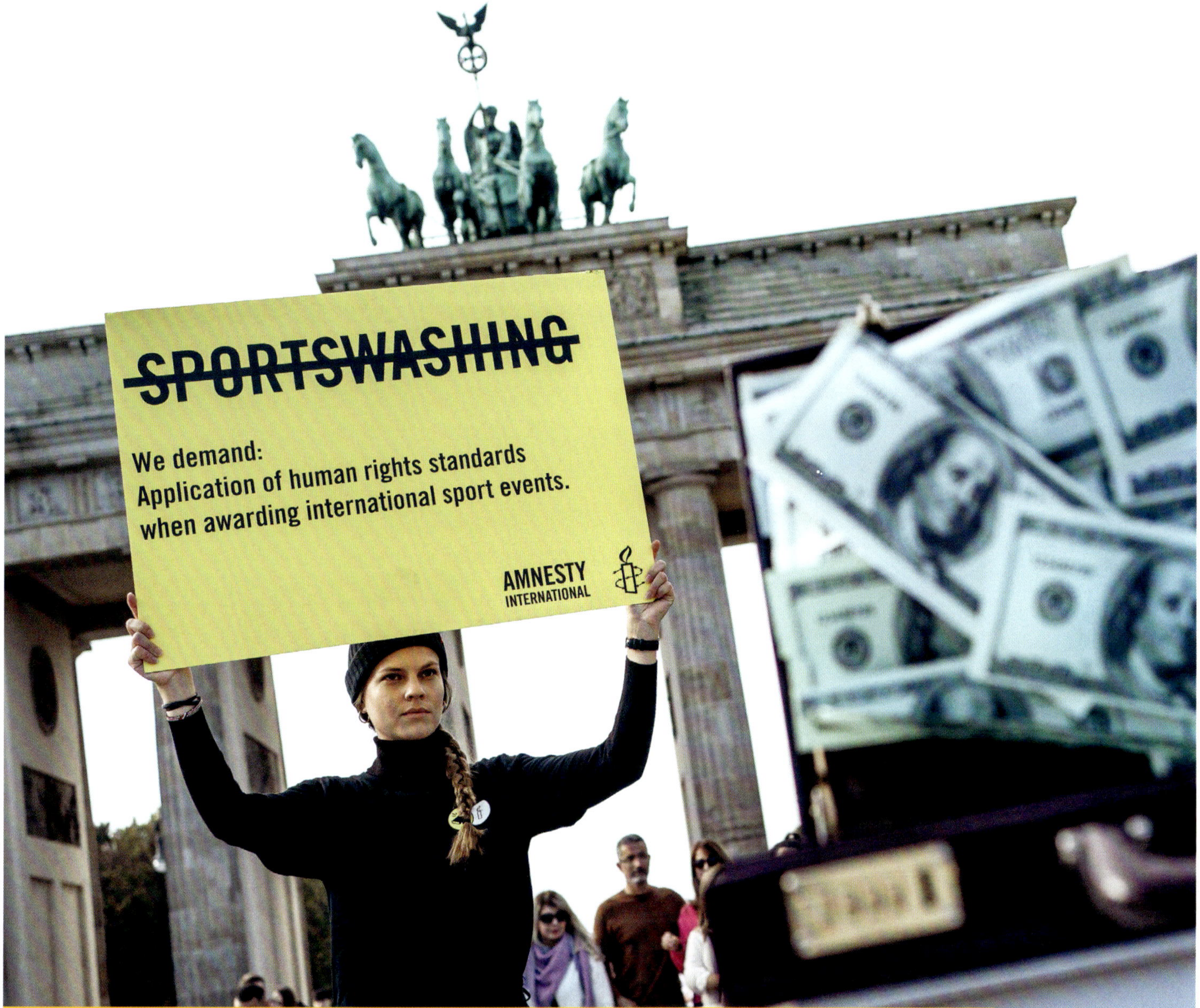

Die Menschenrechtsorganisation Amnesty International wirft Katar vor, mit Sportveranstaltungen sein Image reinwaschen zu wollen.

Die Menschenrechte: Die Nichtregierungsorganisation Freedom House stellte Katar 2021 ein verheerendes Zeugnis aus. Auf dem Freiheits-Index landete das Emirat auf Platz 160. Als Hauptquelle der Rechtsprechung fungiert die islamische Scharia, die aus dem Koran hervorgeht. Homosexualität ist in dem Golfstaat streng verboten. Wer schuldig gesprochen wird, dem drohen Peitschenhiebe oder eine mehrjährige Freiheitsstrafe. Selbst die Todesstrafe ist nach Scharia-Recht möglich. Der ehemalige FIFA-Präsident Joseph Blatter appellierte an anreisende homosexuelle Fans, während der WM in Katar auf Sex zu verzichten. Der katarische WM-Botschafter Khalid Salman bezeichnete Homosexualität in einem *ZDF*-Interview als »geistigen Schaden«. Frauen benötigen laut Gesetz einen männlichen Vormund. Sie können in vielen Lebensbereichen keine selbstbestimmten Entscheidungen treffen. So benötigen sie zum Beispiel die Erlaubnis ihres Vormunds, um heiraten, reisen oder eine neue Arbeitsstelle antreten zu können. Wer als Frau Opfer von sexueller Gewalt wird, muss selbst damit rechnen, verhaftet zu werden.

Meinungs- und Pressefreiheit: Das Recht auf freie Meinungsäußerung ist in Katar stark eingeschränkt. Kritik am Staatsoberhaupt, an der Erbmonarchie oder der Staatsreligion werden streng geahndet. Für Blasphemie sind Haftstrafen bis zu sieben Jahren vorgesehen. Katar gewährt seinen Bürgern zwar Zugang zum Internet, übt aber auch Zensur aus. Ausländische Journalisten sehen sich bei ihrer Berichterstattung mit strengen Auflagen konfrontiert. Demnach ist es verboten, Unterkünfte zu filmen, in denen die Gastarbeiter untergebracht sind. Auch Einheimische dürfen in ihren Privaträumen nicht gefilmt werden. Das Filmverbot erstreckt sich darüber hinaus auf viele staatliche Einrichtungen. Auch Fotografen sind von den Auflagen betroffen. »Wie viele Organisationen werden eine Berichterstattung über die sozialen Probleme Katars genehmigen, wenn sie dabei Gefahr laufen, vor Gericht zu landen?«, zitiert der *Stern* James Lynch, den Sprecher der Menschenrechtsgruppe FairSquare.

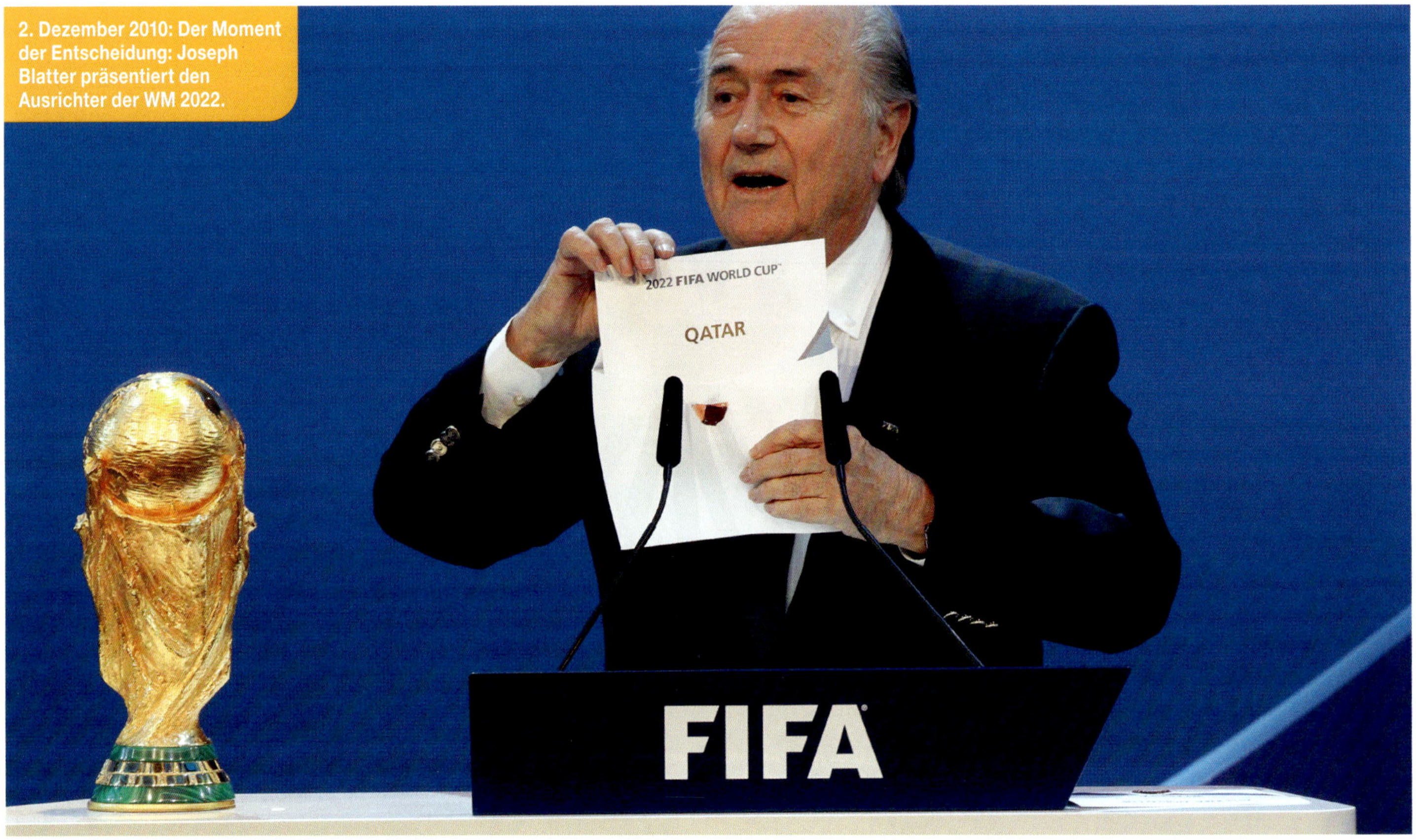

2. Dezember 2010: Der Moment der Entscheidung: Joseph Blatter präsentiert den Ausrichter der WM 2022.

DER WEITE WEG NACH KATAR

19. Dezember 2008: Das FIFA-Exekutivkomitee, damals das höchste Entscheidungsorgan im Weltfußball, beschließt bei seiner Sitzung in Tokio, die WM-Turniere 2018 und 2022 gleichzeitig zu vergeben. Gründe dafür werden nicht genannt. Der britische Investigativjournalist Andrew Jennings spricht später von der letzten Gelegenheit eines Zahltages für gierige alte Männer und unterstellt den 22 Mitgliedern des FIFA-Exekutivkomitees damit Korruption. Die Frist zur Einreichung einer Interessenserklärung beträgt lediglich sechs Wochen.

16. März 2009: Weitere sechs Wochen später muss bereits die offizielle Kandidatur eingereicht werden. Zehn Verbände bewerben sich für beide Turniere, Katar, Indonesien und Südkorea nur für 2022.

28. September 2009: Mexiko zieht seine Bewerbungen für 2018 und 2022 wegen Finanzierungsproblemen zurück.

19. März 2010: Die FIFA schließt Indonesien wegen mangelnder staatlicher Unterstützung aus dem Bewerbungsprozess für 2022 aus.

15. Oktober 2010: Wie zuvor schon Japan und Australien ziehen auch die USA ihre Bewerbung für die WM 2018 zurück und konzentrierten sich auf 2022. Dadurch sind für 2018 nur noch europäische Anwärter verblieben. Zudem ist damit klar, dass alle europäischen Bewerbungen für 2022 gegenstandslos sind, da nur jede dritte WM innerhalb eines Kontinentalverbandes ausgerichtet werden darf.

2. Dezember 2010: Die 22 Mitglieder des FIFA-Exekutivkomitees vergeben die WM 2018 nach Russland, das sich im zweiten Wahlgang mit 13 Stimmen gegen die Gemeinschaftsbewerbungen von Spanien/Portugal (sieben) und Niederlande/Belgien (zwei) durchsetzen kann. England war nach dem ersten Wahlgang ausgeschieden. Anschließend verkündet FIFA-Präsident Joseph Blatter die Vergabe der WM 2022 nach Katar. Im vierten Wahlgang erhielt das Wüstenemirat 14 Stimmen, die USA nur acht. Südkorea, Japan und Australien waren zuvor auf der Strecke geblieben.

10. Dezember 2010: Nur eine Woche nach der Vergabe bringt UEFA-Präsident Michel Platini wegen der klimatischen Bedingungen in Katar eine Verlegung der WM vom heißen Sommer in den angenehmeren Winter ins Gespräch. Dafür müssten die europäischen Ligen ihren Spielplan umbauen.

11. März 2011: Hassan Abdullah al-Thawadi, der Geschäftsführer der WM-Bewerbung Katars, wird zum Generalsekretär des Supreme Committee for the Delivery and Legacy of the 2022 FIFA World Cup, dem Organisationskomitee der WM 2022, berufen.

4. Oktober 2013: Eine Task Force aus FIFA-Offiziellen, Medizinern sowie TV- und Werbepartnern wird gegründet, die den

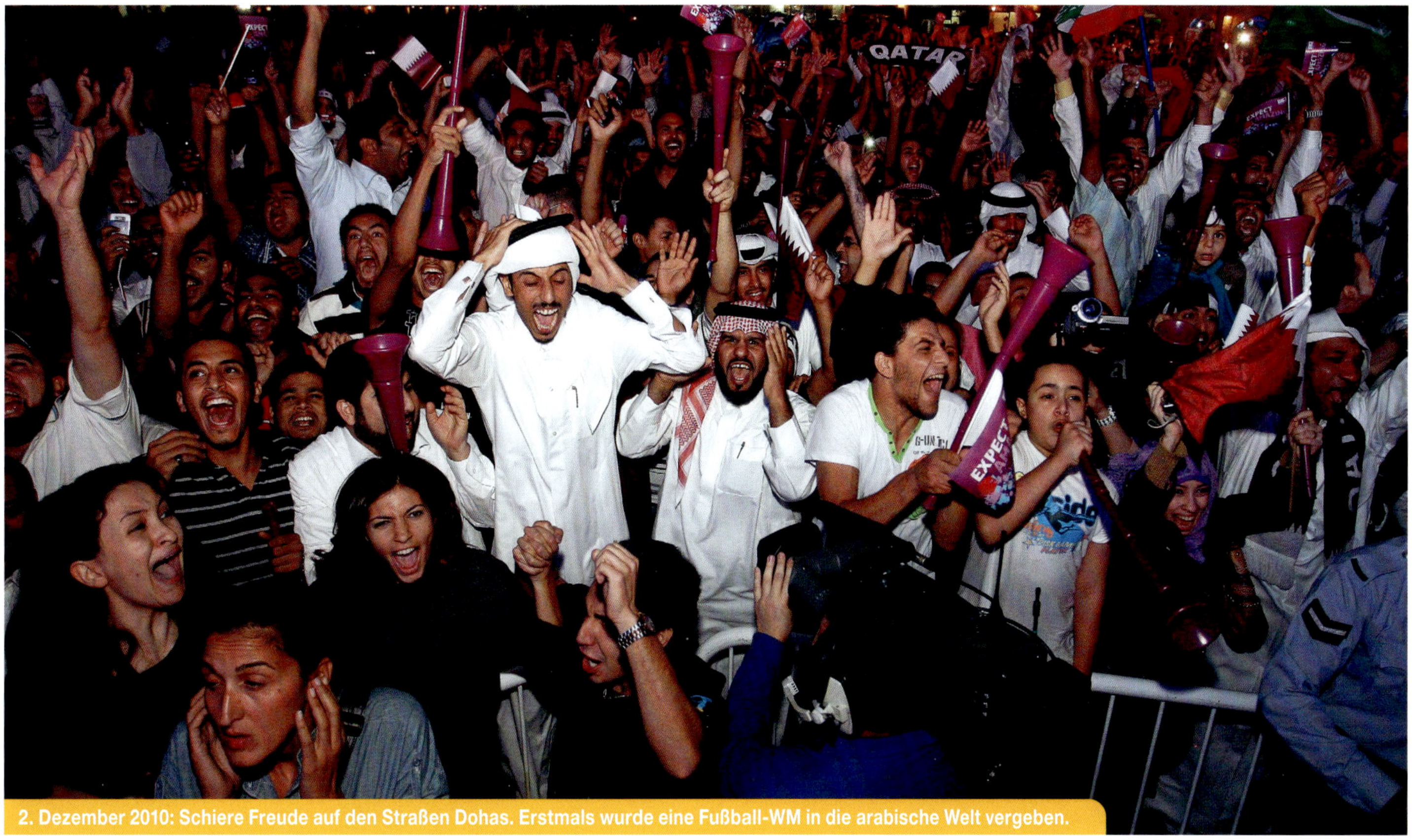

2. Dezember 2010: Schiere Freude auf den Straßen Dohas. Erstmals wurde eine Fußball-WM in die arabische Welt vergeben.

besten Termin für die WM in Katar finden soll. Im Gespräch sind Januar/Februar oder November/Dezember 2022.

8. September 2014: Bei einem Gipfeltreffen in Zürich mit Vertretern der FIFA, der Kontinentalverbände, des WM-Organisationskomitees, der europäischen Club-Vereinigung ECA, des Verbandes der europäischen Ligen EPFL und der Spielergewerkschaft FIFPro wird eine Verlegung der WM in den Winter diskutiert.

19. März 2015: Das FIFA-Exekutivkomitee beschließt die Verlegung der WM in den November und Dezember 2022.

27. Mai 2015: Die Bundesanwaltschaft der Schweiz nimmt in der FIFA-Zentrale in Zürich eine Razzia im Rahmen eines Strafverfahrens wegen des Verdachts der ungetreuen Geschäftsbesorgung rund um die Vergaben der WM-Turniere 2018 und 2022 vor. Dabei werden mehrere Dokumente sichergestellt.

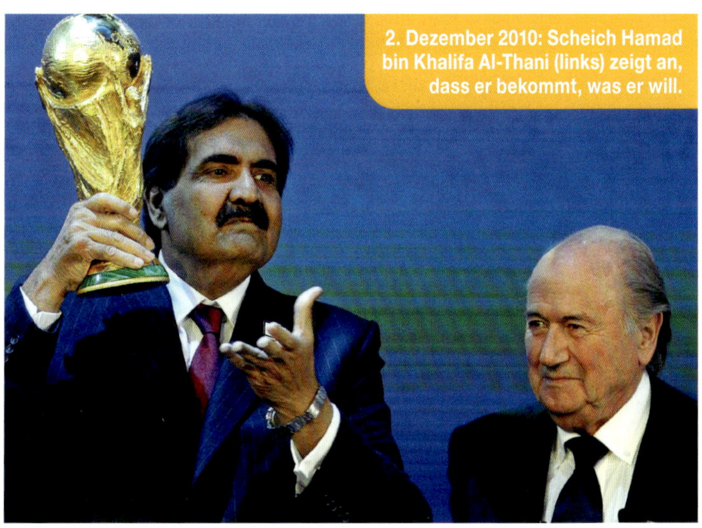
2. Dezember 2010: Scheich Hamad bin Khalifa Al-Thani (links) zeigt an, dass er bekommt, was er will.

2. Juni 2015: Nur vier Tage nach seiner Wiederwahl erklärt Joseph Blatter seinen Rücktritt als FIFA-Präsident. Er will das Amt nur noch bis zu einer Neuwahl ausführen. Wenige Wochen später kündigt UEFA-Präsident Michel Platini an, als Nachfolger zu kandidieren.

25. September 2015: Die Bundesanwaltschaft der Schweiz eröffnet gegen Joseph Blatter ein Strafverfahren wegen Verdachts auf ungetreue Geschäftsbesorgung und Veruntreuung. Es geht unter anderem um eine Zahlung von zwei Millionen Schweizer Franken an Michel Platini im Jahr 2011 für lange zurückliegende Dienste.

8. Oktober 2015: Joseph Blatter und Michel Platini werden von der FIFA-Ethikkommission zunächst für 90 Tage und wenige Wochen danach sogar für acht Jahre von allen Funktionen suspendiert (später auf sechs Jahre reduziert). FIFA-Vizepräsident Issa Hayatou aus Kamerun übernimmt interimsweise das Präsidentenamt (2021 wird übrigens auch er von der FIFA-Ethikkommission gesperrt).

26. Februar 2016: Der Schweizer Gianni Infantino, bis dahin Generalsekretär der UEFA, wird beim außerordentlichen FIFA-Kongress in Zürich zum neuen FIFA-Präsidenten gewählt.

30. September 2016: Das FIFA-Exekutivkomitee als höchstes Entscheidungsorgan im Weltfußball wird auf 37 Mitglieder vergrößert und in FIFA-Council umbenannt.

27. Juli 2017: Der spanische Verbandspräsident Angel Maraa Villar tritt aus dem FIFA-Council zurück, nachdem er wegen des Verdachts auf Urkundenfälschung und Unterschlagung in Untersuchungshaft genommen wird. Von den 22 Mitgliedern, die sechseinhalb Jahre zuvor die WM 2022 nach Katar vergeben hatten, ist somit einzig der Ägypter Hany Abo Rida noch im Nachfolgegremium des FIFA-Exekutivkomitees vertreten (und das bis heute). Alle anderen wurden in der Zwischenzeit suspendiert, ausgeschlossen oder abgewählt, sind verstorben oder zurückgetreten.

10. Juni 2018: Das FIFA-Council lehnt den Antrag zehn südamerikanischer Verbände ab, die für die WM 2026 beschlossene Aufstockung von 32 auf 48 Teilnehmer auf 2022 vorzuziehen. FIFA-Präsident Gianni Infantino kündigt an, das Thema dennoch weiter zu verfolgen.

15. März 2019: Infantino legt dem FIFA-Council eine Machbarkeitsstudie der WM 2022 mit 48 Teilnehmern vor. Hierfür sei jedoch ein Co-Gastgeber nötig.

22. Mai 2019: Die FIFA teilt mit, dass die Pläne einer WM 2022 mit 48 Teilnehmern nicht weiterverfolgt werden. Offenbar blieb die Suche nach einem Co-Gastgeber erfolglos.

6. Juni 2019: Mit einem 2:0-Heimsieg der Mongolei in Ulaanbaatar gegen Brunei beginnt die WM-Qualifikation. In den sechs FIFA-Konföderationen werden in den nächsten Monaten und Jahren insgesamt 206 Nationen um 31 WM-Startplätze kämpfen, Gastgeber Katar ist automatisch qualifiziert. Wegen der Coronapandemie zieht sich die Qualifikation über drei Jahre.

3. September 2019: Die Organisatoren präsentieren das offizielle WM-Logo. Das von der portugiesischen Designagentur Brandia Central entworfene Emblem wird zeitgleich auf einige bekannte Gebäude in Doha und in anderen Großstädten der Welt projiziert. Es ist eine als 3-D-Form angelegte Mischung aus einer geschwungenen Acht (für die acht WM-Stadien) und einem Wollschal (für die erste Winter-WM) und erinnert an den WM-Pokal.

9. Dezember 2019: Die Welt-Anti-Doping-Agentur WADA schließt Russland wegen manipulierter Daten für vier Jahre von allen sportlichen Großereignissen aus. An der WM-Qualifikation darf das russische Nationalteam außer Konkurrenz teilnehmen.

24. März 2021: Um Spielpraxis zu sammeln, absolviert der automatisch qualifizierte WM-Gastgeber Katar das erste von fünf Freundschaftsspielen gegen die Mannschaften der europäischen WM-Qualifikationsgruppe A. Alle Spiele, darunter ein 1:3 gegen Portugal, werden in Debrecen in Ungarn ausgetragen.

11. Oktober 2021: Mit einem 4:0 in Nordmazedonien löst die deutsche Mannschaft das Ticket nach Katar. Sie schließt Qualifikationsgruppe J mit neun Siegen aus zehn Spielen souverän als Erster ab. Nur das Hinspiel gegen Nordmazedonien im März 2021 in Duisburg ging verloren (1:2).

18. Dezember 2021: Algerien gewinnt mit einem 2:0-Finalsieg gegen Tunesien den Arabien-Pokal. Das 16-Nationen-Turnier in sechs der acht WM-Stadien dient als Generalprobe für Titelkämpfe ein Jahr später. Gastgeber Katar wird Dritter.

24. März 2022: Die Sensation in der WM-Qualifikation ist perfekt. Der viermalige Weltmeister und amtierende Europameister Italien verliert das Playoff-Halbfinalspiel in Palermo gegen Außenseiter Nordmazedonien durch einen Gegentreffer in der Nachspielzeit 0:1 und verpasst zum zweiten Mal hintereinander die WM.

31. März 2022: In Doha präsentieren die FIFA und das Organisationskomitee das offizielle WM-Maskottchen La'eeb, eine in ein Scheichgewand gehüllte Fantasiefigur. La'eeb, gesprochen Lejb, bedeutet auf Arabisch »supertalentierter Spieler«.

1. April 2022: Obwohl erst 29 der 32 WM-Teilnehmer feststehen, werden im Doha Exhibition and Convention Center die acht Vorrundengruppen ausgelost. Als Gegner der DFB-Elf in Gruppe E werden Japan, Spanien sowie Costa Rica oder Neuseeland gezogen.

4. Juni 2022: Costa Rica qualifiziert sich als 32. und letzte Nation für die WM. Bei den im Ahmad Bin Ali Stadium in Al-Rayyan/Katar ausgetragenen Interkontinental-Playoffs setzten sich die Zentralamerikaner mit 1:0 gegen Neuseeland durch. Tags zuvor hatte an gleicher Stelle Australien mit einem 5:4 nach Elfmeterschießen gegen Peru das vorletzte WM-Ticket gelöst.

11. August 2022: Das FIFA-Council entspricht einem Antrag der Gastgeber und zieht den WM-Start um einen Tag auf Sonntag, 20. November, vor. Damit wird Katar ein Eröffnungsspiel gegen Ecuador ermöglicht. Im ursprünglichen Spielplan wäre es erst die dritte Partie am Folgetag gewesen.

17. Oktober 2022: Der asiatische Kontinentalverband AFC vergibt die Asienmeisterschaft 2023 an Katar, nachdem China die Austragungsrechte wegen der Coronapandemie zurückgegeben hat. Katar wird dann zum dritten Mal nach 1988 und 2011 Gastgeber sein.

8. November 2022: Der ehemalige FIFA-Präsident Joseph Blatter bezeichnet die WM-Vergabe 2022 in einem Interview mit der Schweizer Zeitung Tages-Anzeiger als Irrtum: »Es ist ein zu kleines Land – der Fußball und die WM sind dafür zu groß. Die Wahl war schlecht. Und dafür trug ich als damaliger Präsident die Verantwortung.«

17. November 2022: Die deutsche Mannschaft trifft in ihrem WM-Quartier Zulal Wellness Resort in Al-Ruwais ganz im Norden Katars ein, knapp 100 Kilometer von Doha entfernt.

20. November 2022: Mit einer 30-minütigen Show unter Beteiligung von Hollywoodstar Morgan Freeman und geprägt von arabischen Elementen, wird im Al-Bait Stadium die 22. Fußball-Weltmeisterschaft eröffnet. Katars Staatsoberhaupt Tamim bin Hamad Al Thani spricht die Grußworte: »Welcome to the World«.

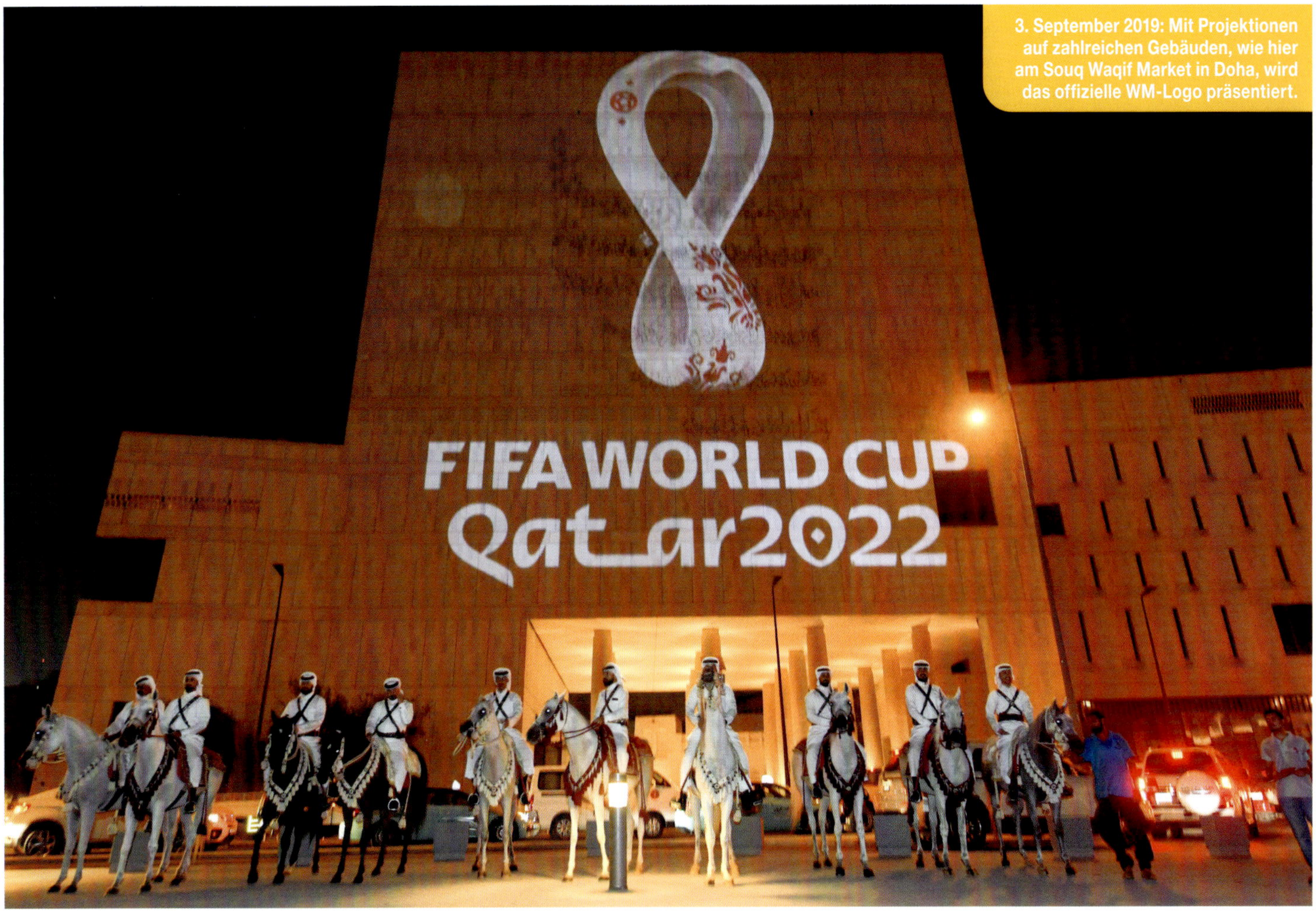

3. September 2019: Mit Projektionen auf zahlreichen Gebäuden, wie hier am Souq Waqif Market in Doha, wird das offizielle WM-Logo präsentiert.

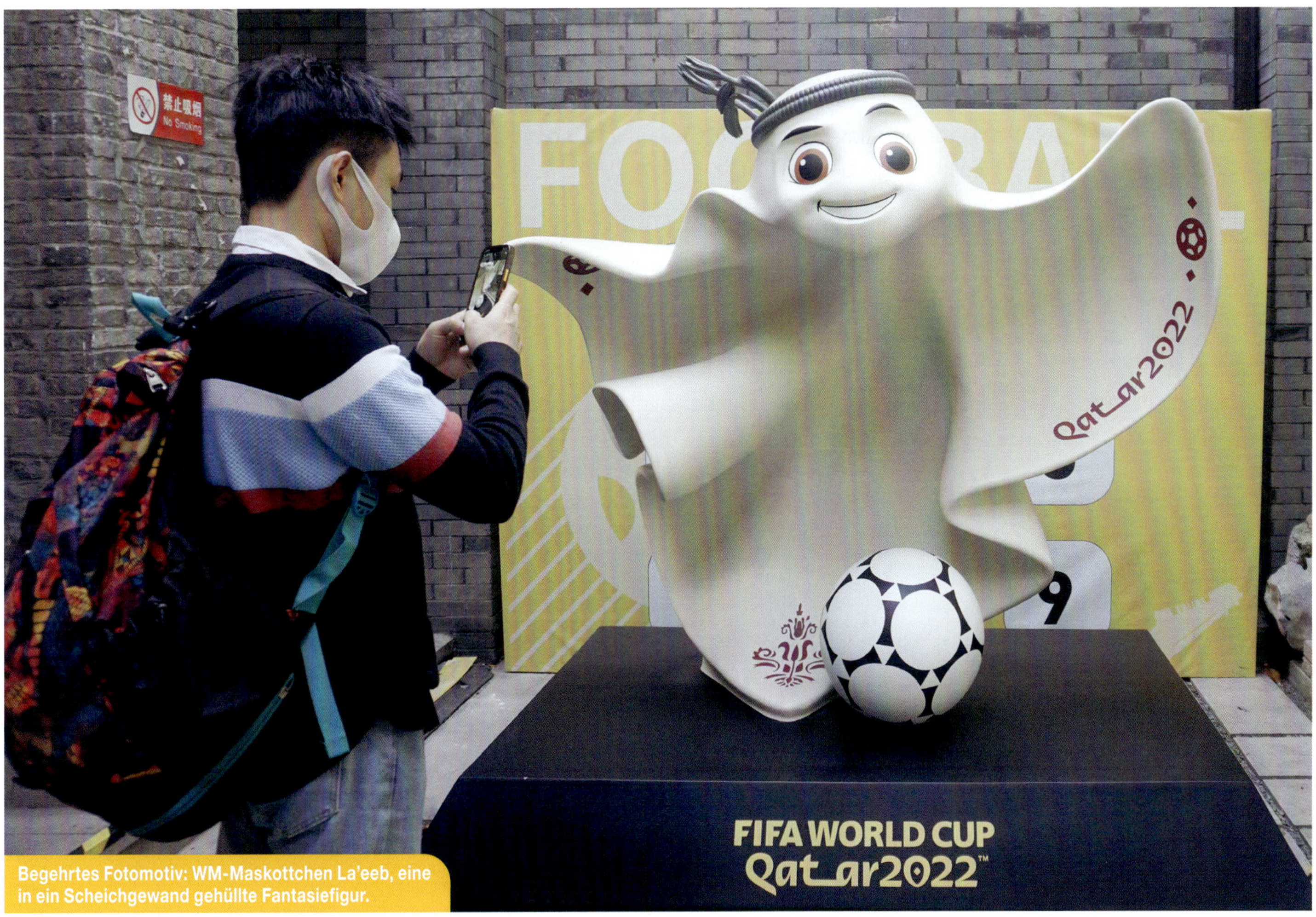

Begehrtes Fotomotiv: WM-Maskottchen La'eeb, eine in ein Scheichgewand gehüllte Fantasiefigur.

GRUPPE A

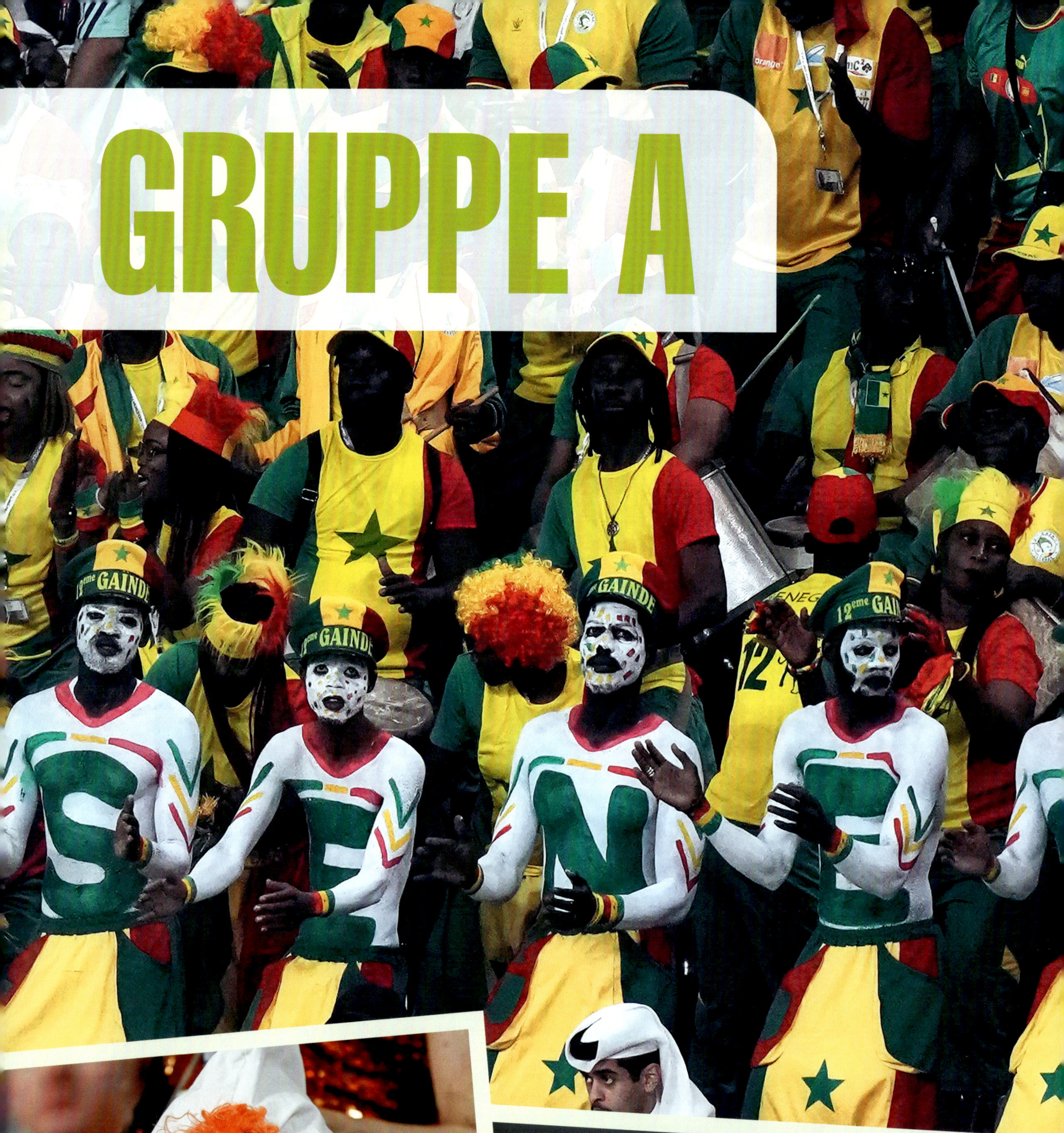

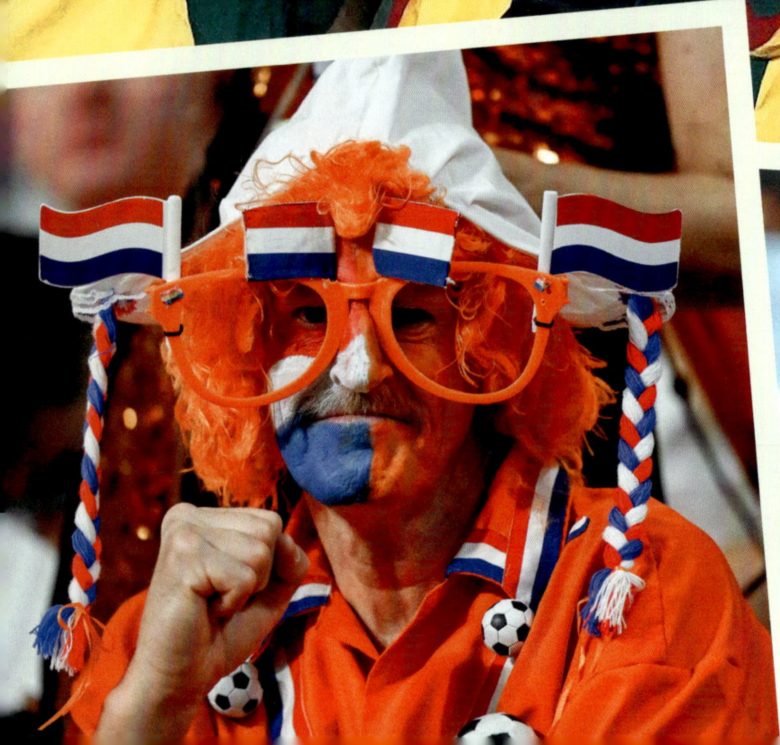

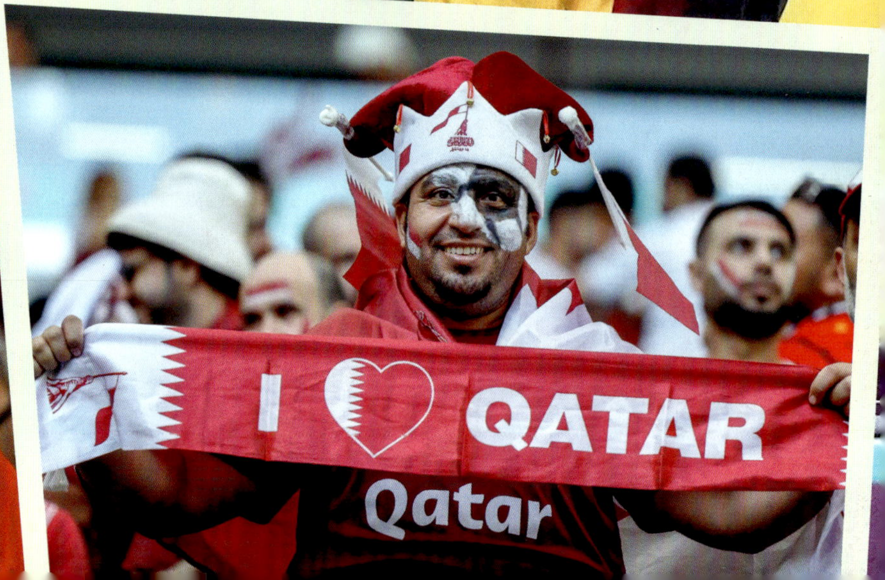

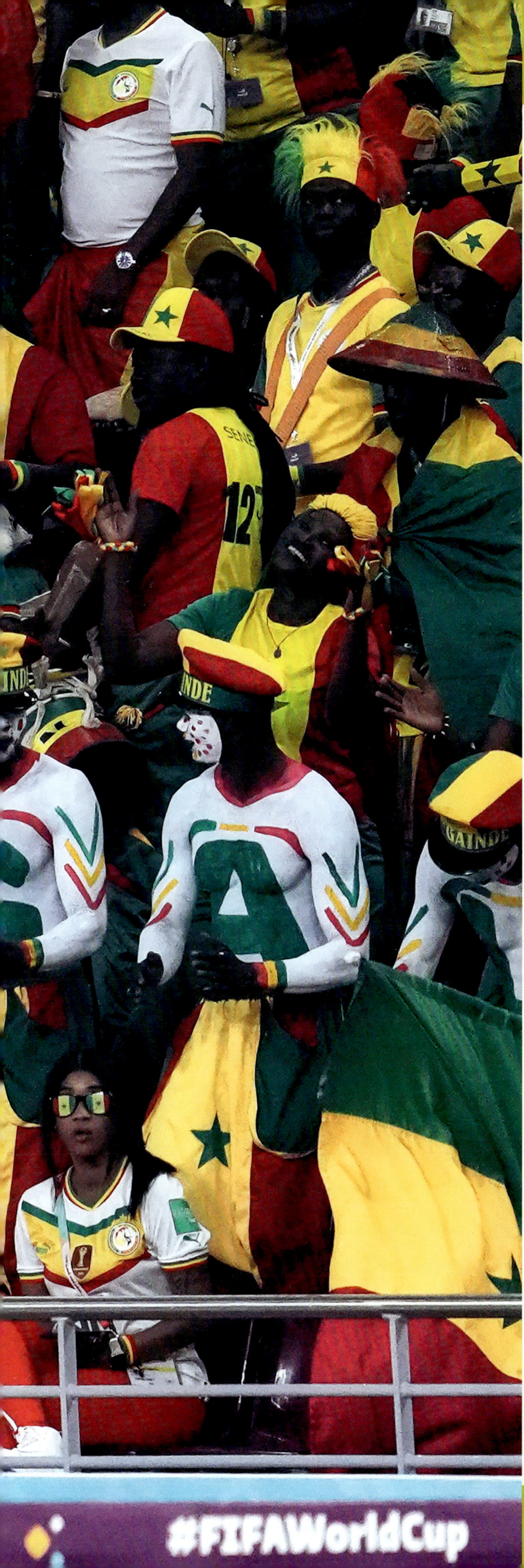

	Team		Spiele	Tore	Punkte
1.	**Niederlande**		3	5:1	7
2.	**Senegal**		3	5:4	6
3.	Ecuador		3	4:3	4
4.	Katar		3	1:7	0

Katar – Ecuador	0:2 (0:2)
Senegal – Niederlande	0:2 (0:0)
Katar – Senegal	1:3 (0:1)
Niederlande – Ecuador	1:1 (1:0)
Niederlande – Katar	2:0 (1:0)
Ecuador – Senegal	1:2 (0:1)

Die Niederlande wurden ihrer Favoritenrolle gerecht und machte mit Siegen gegen Senegal und Katar sowie einem Remis gegen Ecuador den ersten Platz perfekt. Gastgeber Katar enttäuschte bei seiner WM-Premiere indes auf ganzer Linie und scheiterte historisch früh. Schon nach zwei Spielen und zwei Niederlagen hatte der Asienmeister keine Chance mehr aufs Weiterkommen. So früh war in der WM-Geschichte erst einmal ein Gastgeber gescheitert: Frankreich 1938. Damals wurde das Turnier jedoch von Beginn an im K.-o.-System ausgetragen. Zwischen den Niederlanden und Katar stritten sich Senegal und Ecuador um den zweiten Platz. Am letzten Spieltag kam es zu einer Art »Endspiel« und der Afrikameister löste mit einem 2:1-Sieg das Ticket fürs Achtelfinale.

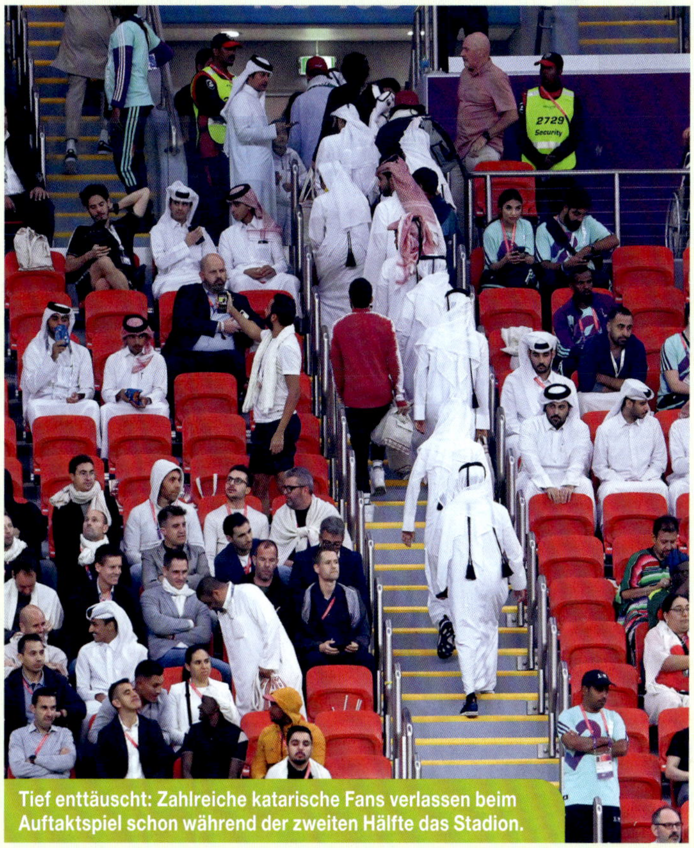

Tief enttäuscht: Zahlreiche katarische Fans verlassen beim Auftaktspiel schon während der zweiten Hälfte das Stadion.

BLAMAGE ZUM AUFTAKT

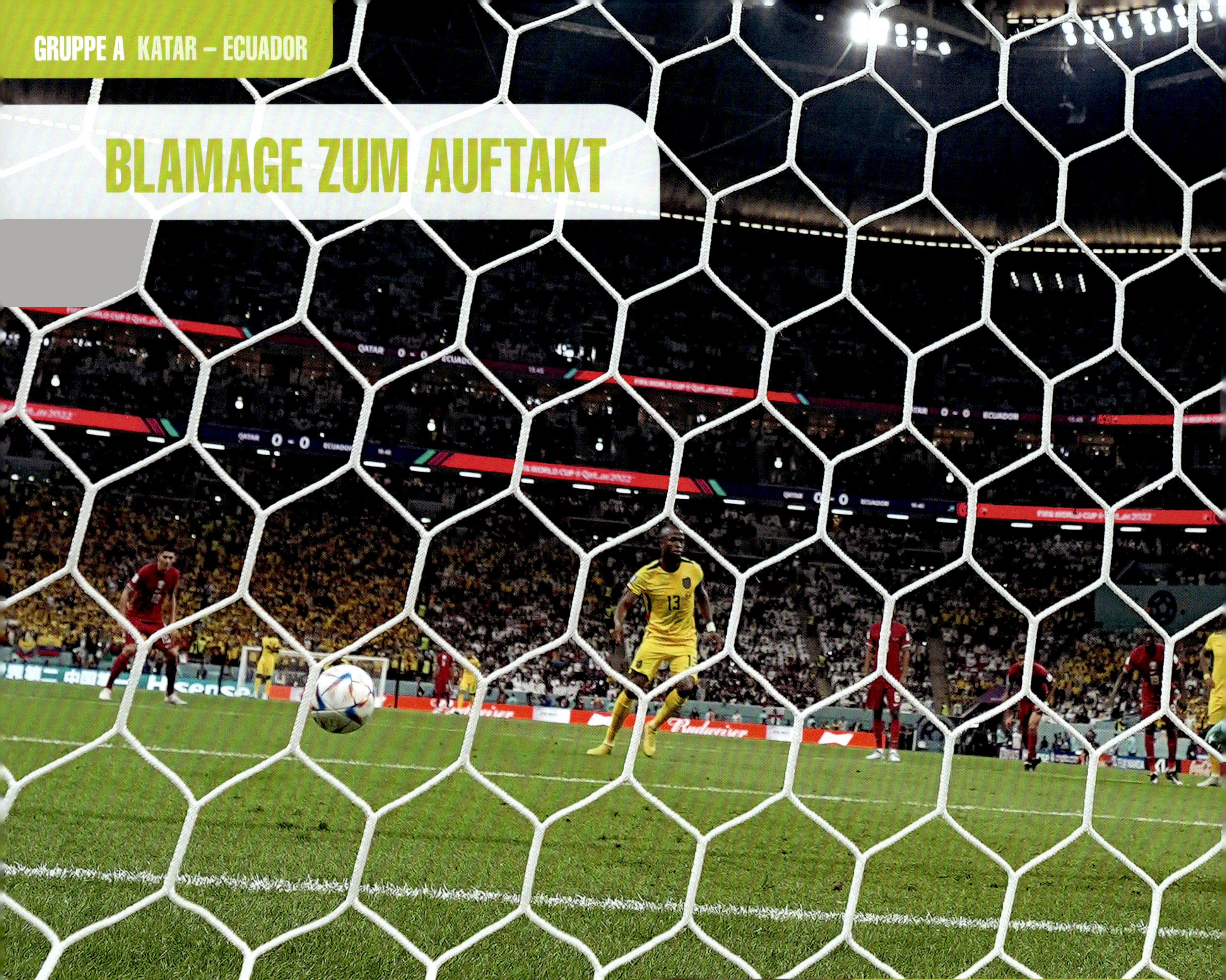

Das erste Tor bei der WM: Der Ecuadorianer Enner Valencia trifft im Eröffnungsspiel vom Elfmeterpunkt.

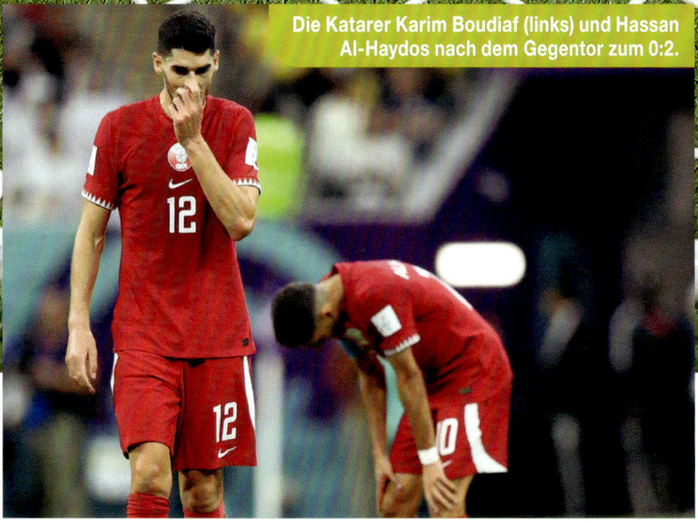

Die Katarer Karim Boudiaf (links) und Hassan Al-Haydos nach dem Gegentor zum 0:2.

Akribisch hatte sich die Nationalmannschaft von WM-Gastgeber Katar mehrere Jahre lang auf das Turnier vorbereitet, hatte wochenlange Trainingslager im Ausland bezogen und mit dem Gewinn der Asienmeisterschaft 2019 (durch einen Finalsieg gegen die deutlich höher eingeschätzten Japaner) die Erwartungen geschürt. Und dann das: Im WM-Eröffnungsspiel, ihrem ersten Auftritt bei einer Weltmeisterschaft überhaupt, lahmten den Katarern die Beine.

Bereits in der dritten Minute versenkte der überragende Kolumbianer Enner Valencia den Ball per Kopf im Tor – nach Videobeweis wurde der Treffer jedoch wegen Abseits nicht gegeben. Zwölf Minuten später wurde Valencia im Strafraum von Katars Torhüter

NEGATIVE PREMIERE

Erst seit 1966 finden offizielle Eröffnungsspiele bei WM-Turnieren statt. 1966, 1970 und wieder seit 2006 spielten dabei die Gastgeber, bei den Turnieren dazwischen waren es die Titelverteidiger. Deutschland 2006, Brasilien 2014 und Russland 2018 konnten das Eröffnungsspiel gewinnen, England 1966, Mexiko 1970 und Südafrika 2010 kamen immerhin zu Unentschieden. Katar sorgte für eine Premiere in negativer Hinsicht: Als erster WM-Gastgeber verlor er das Eröffnungsspiel.

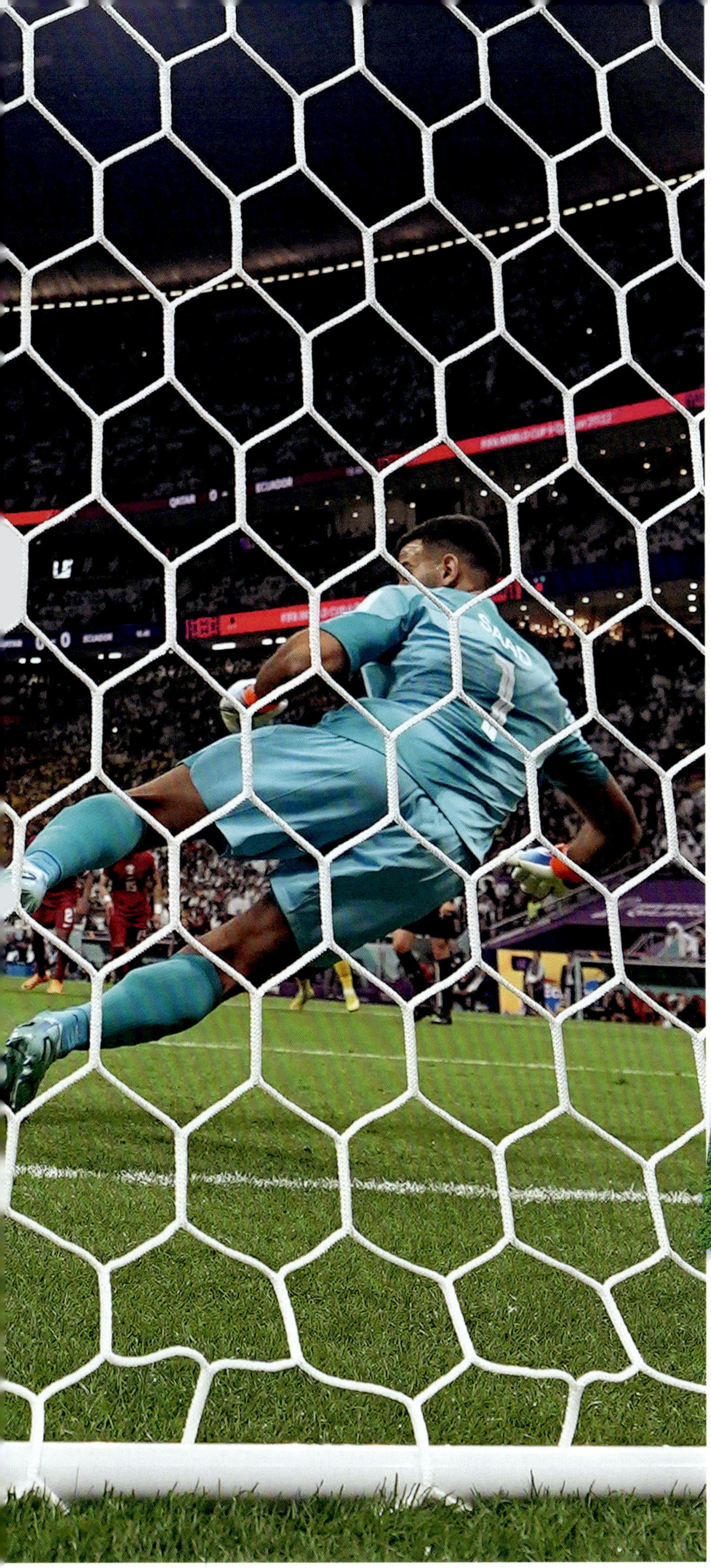

20. November 2022, 19 Uhr Ortszeit, Al-Bayt Stadium

KATAR – ECUADOR
0 : 2

Trainer: Felix Sanchez

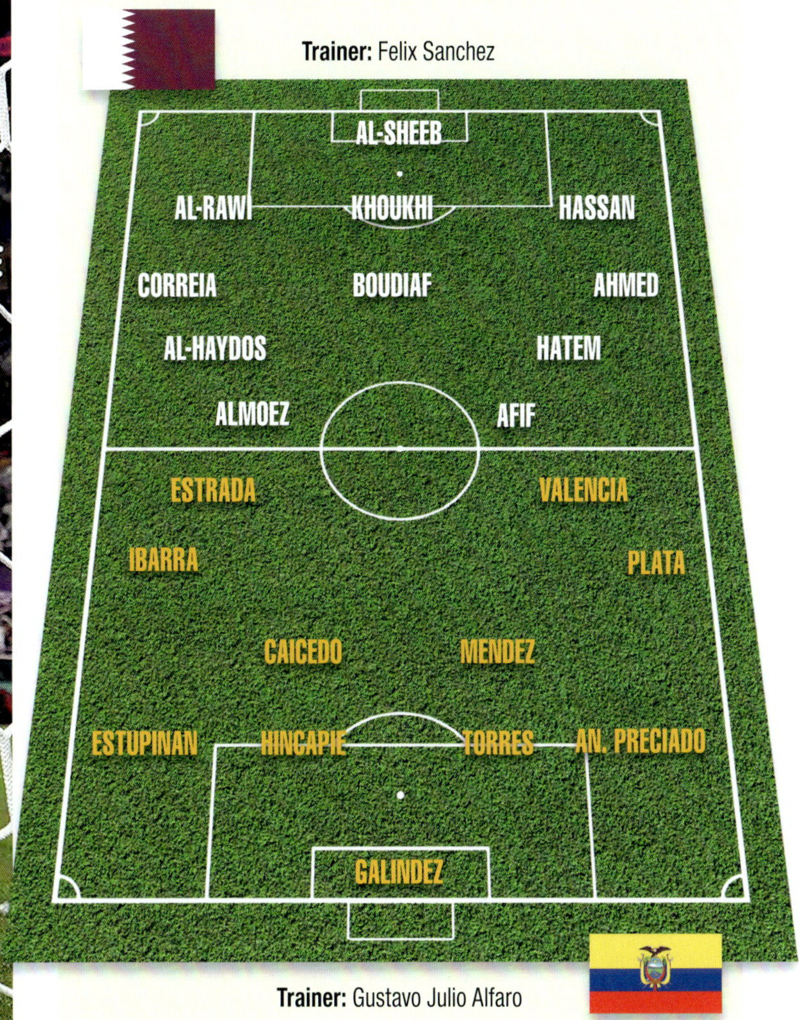

Trainer: Gustavo Julio Alfaro

Eingewechselt:

Katar	Ecuador
Waad für Al-Haydos (71.)	Sarmiento für Ibarra (68.)
Muntari für Almoez (71.)	Cifuentes für Valencia (76.)
	Franco für Caicedo (90.)
	Rodriguez für Estrada (90.)

Saad Al-Sheeb zu Fall gebracht – der Gefoulte ließ sich nicht zweimal bitten und versenkte den Elfmeter zur Führung.
Die Gastgeber standen gegen die spielfreudigen und laufstarken Südamerikaner auf verlorenem Posten. Die Folge war in der 31. Minute der nächste Gegentreffer, erneut durch Valencia: Per Kopfball erhöhte der Angreifer von Fenerbahce Istanbul auf 2:0. Im Al-Bayt Stadium in Al-Chaur leerten sich bereits in der Halbzeitpause die Ränge. Die internationale TV-Regie mied einen Kameraschwenk auf die Tribünen. Die Bilder wären blamabel für das Gastgeberland gewesen. Die abgewanderten Zuschauer verpassten nach Seitenwechsel nicht mehr viel, Ecuador brachte den Auftaktsieg sicher ins Ziel.

Tore: 0:1 Valencia (16., Foulelfmeter), 0:2 Valencia (31.)

Gelbe Karten: Saad, Almoez, Karim, Afif / Caicedo, Mendez

Gelb-Rote Karte: –

Rote Karte: –

Schiedsrichter: Daniele Orsato (Italien)

Zuschauer: 67 372

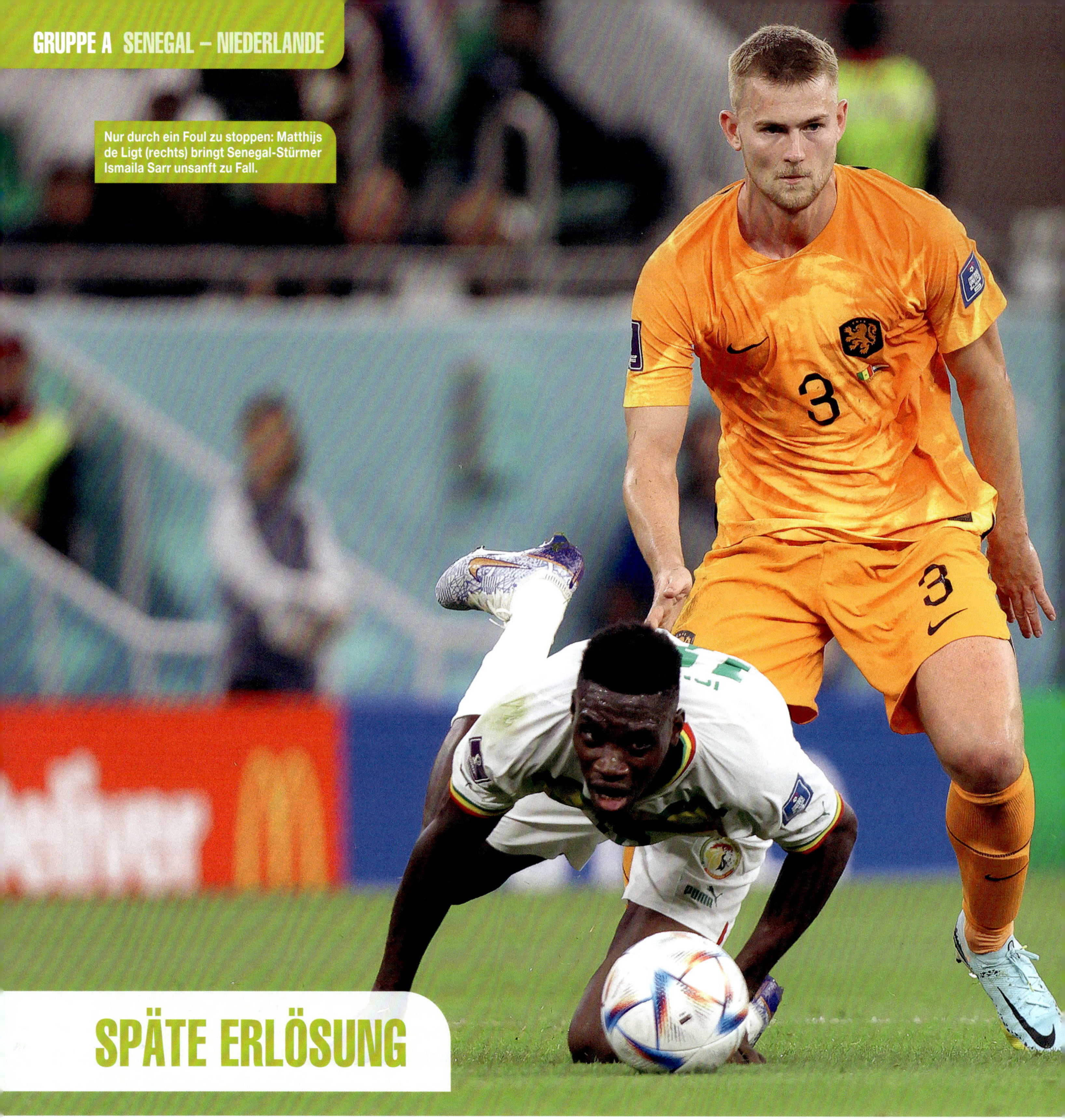

Nur durch ein Foul zu stoppen: Matthijs de Ligt (rechts) bringt Senegal-Stürmer Ismaila Sarr unsanft zu Fall.

SPÄTE ERLÖSUNG

Das zweite Spiel in Gruppe A endete mit dem selben Ergebnis wie das erste. Durch zwei späte Tore wurde die hochgehandelte Mannschaft der Niederlande ihrer Favoritenrolle gegen den Senegal gerecht. Immerhin waren beide Treffer sehenswert: Der junge Mittelfeldspieler Cody Gakpo von der PSV Eindhoven traf in der 84. Minute nach einer perfekt getimten Flanke von Mittelfeldstar Frenkie de Jong mit dem Hinterkopf zur Führung. Der frühere Bremer Davy Klaassen von Ajax Amsterdam schloss in der Nachspielzeit (90.+9) einen Konter per Nachschuss zum 2:0 ab. Bei beiden Toren hinterließ Senegals Startorhüter Édouard Mendy (FC Chelsea) kein sonderlich gutes Bild: Vor dem ersten zögerte beim Hinauslaufen, vor dem zweiten ließ er den Ball vor die Füße von Klaassen abprallen.

Dem Afrikameister fehlte in Sadio Mané der bekannteste und beste Spieler. Der Offensivallrounder des FC Bayern München musste seine WM-Teilnahme wegen einer Wadenbeinverletzung kurzfristig absagen. Im Kader stand dafür der gebürtige Kölner Ismail Jakobs – erst wenige Stunden vor Spielbeginn hatte die FIFA dem Nationalitätenwechsel des U21-Europameisters 2021 von Deutschland zum Senegal zugestimmt. In der 62. Minute wurde der Verteidiger, der sein Geld bei der AS Monaco verdient, eingewechselt.

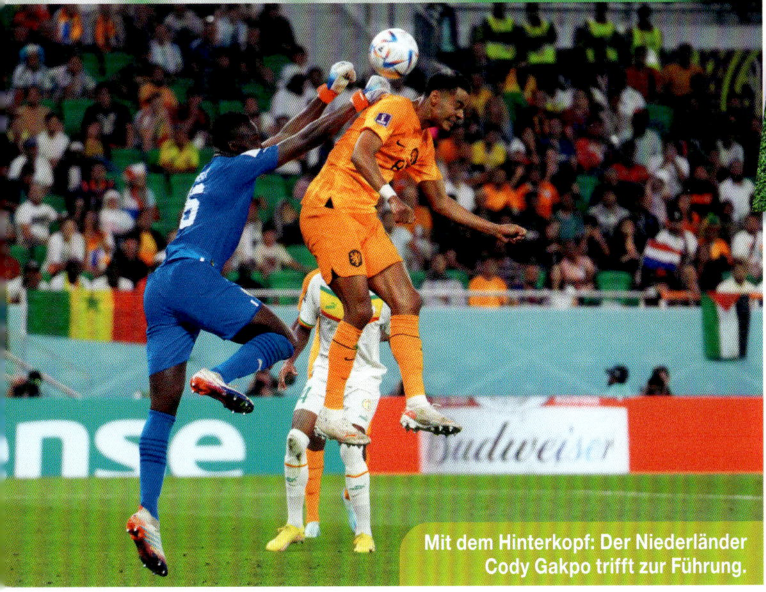

Mit dem Hinterkopf: Der Niederländer Cody Gakpo trifft zur Führung.

21. November 2022, 19 Uhr Ortszeit, Al-Thumama Stadium

SENEGAL – NIEDERLANDE
0 : 2

Trainer: Aliou Cissé

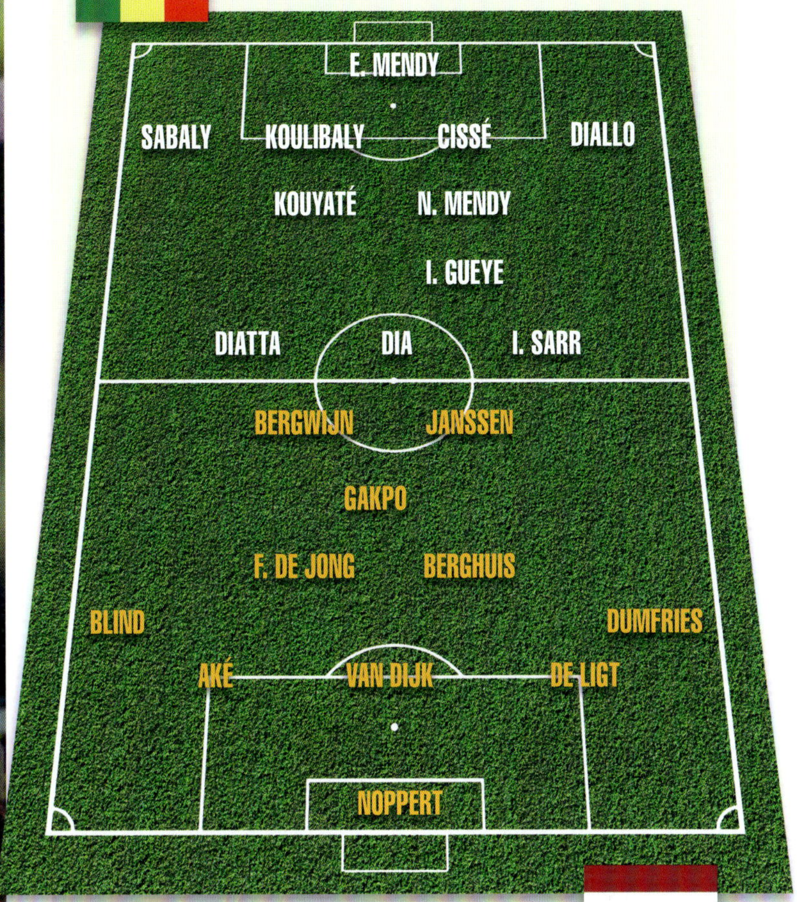

Trainer: Louis van Gaal

Eingewechselt:

Senegal	Niederlande
Jakobs für Diallo (62.)	Depay für Janssen (62.)
Bamba Dieng für Dia (69.)	Klaassen für Bergwijn (79.)
E. Gueye für Kouyaté (73.)	Koopmeiners für Berghuis (79.)
Jackson für Diatta (73.)	de Roon für Gakpo (90.+4)

Tore: 0:1 Gakpo (84.), 0:2 Klaassen (90.+9)

Gelbe Karten: Nampalys, I. Gueye / de Ligt

Gelb-Rote Karte: –

Rote Karte: –

Schiedsrichter: Wilton Sampaio (Brasilien)

Zuschauer: 41 721

Niederlandes Trainerfuchs Louis van Gaal ging bei der Besetzung der Torhüterposition volles Risiko – und hatte damit Erfolg. Der 28-jährige Andries Noppert vom SC Heerenveen absolvierte zum WM-Start sein erstes Länderspiel überhaupt. Mehrmals rettete der mit 2,03 Metern körperlich größte WM-Spieler die »Elftal« mit seinen Paraden vor einem Rückstand.
Vor allem Mané-Ersatz Ismaila Sarr und Mittelstürmer Boulaye Dia hatten die niederländischen Abwehrstars Virgil van Dijk (FC Liverpool), Matthijs de Ligt (Bayern München) und Nathan Aké (Manchester City) ein ums andere Mal vor ernsthafte Probleme gestellt.

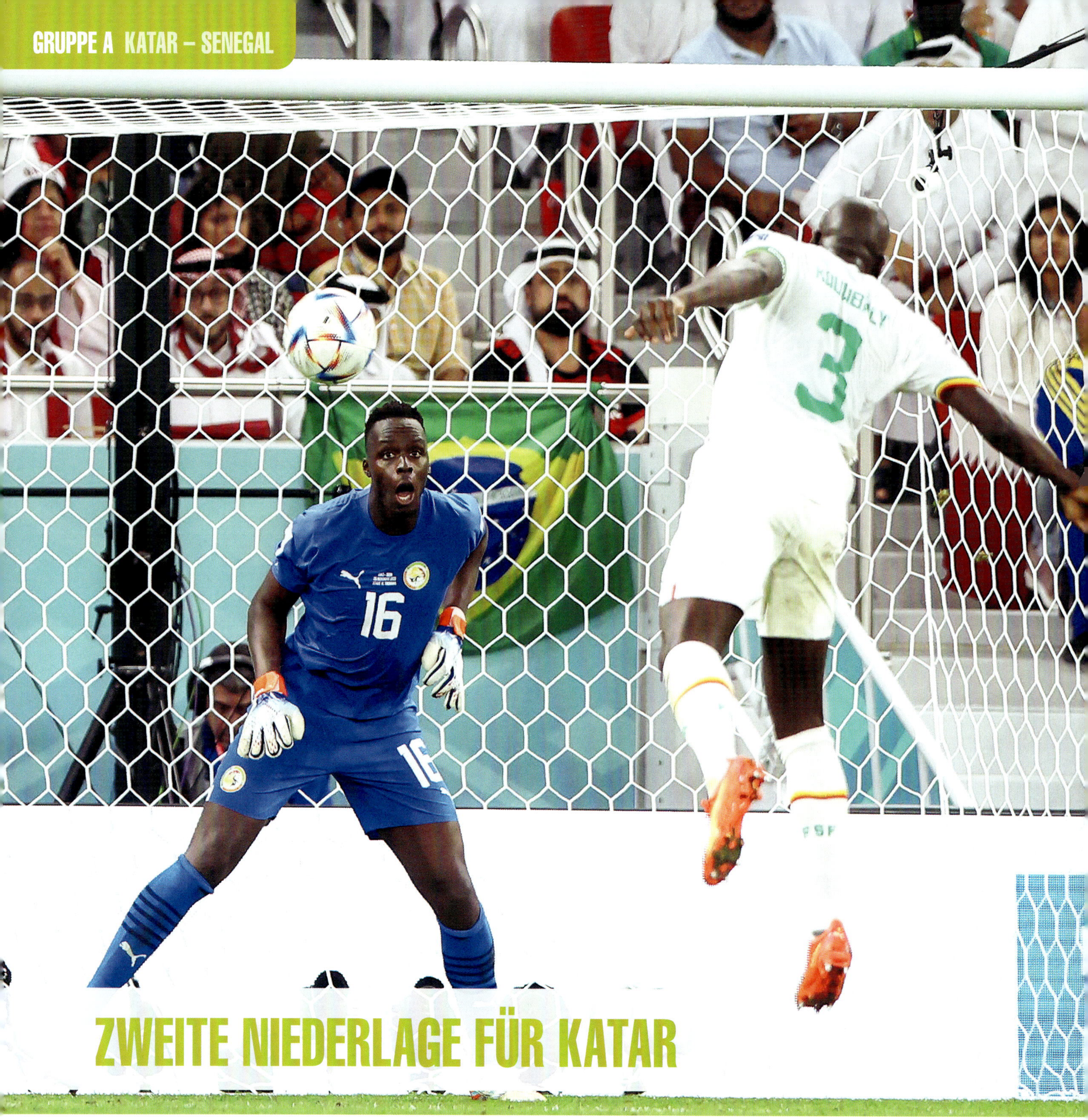

ZWEITE NIEDERLAGE FÜR KATAR

Mohammed Muntari ging in der 78. Spielminute in die katarische Sportgeschichte ein. Per Kopfball gelang dem Angreifer des Al-Duhail SC Doha das erste Tor seines Landes bei einer WM. Allein: Es half den Gastgebern wenig. Nach einer abermals enttäuschenden Vorstellung verloren sie mit 1:3 gegen den Senegal auch ihr zweites Gruppenspiel. Muntaris Ehrentreffer resultierte aus der stärksten Phase der Katarer im Spiel. Zweimal musste Senegals Startorhüter Edouard Mendy (FC Chelsea) in höchster Not gegen Ali und Mohammed retten. Wer weiß, wie die Partie gelaufen wäre, hätte Schiedsrichter Antonio Mateu Lahoz (Spanien) den Gastgebern in der 34. Minute nicht einen klaren Elfmeter verweigert. Unsanft wurde Akram Afif von Ismaila Sarr im Strafraum zu Fall gebracht, der Pfiff des Unparteiischen blieb jedoch erstaunlicherweise ebenso aus wie der Videobeweis.

SPORTLICHE FAMILIE

Im katarischen Gehäuse erhielt Meshaal Barsham den Vorzug vor Routinier Saad Al-Sheeb (32). Der 24-Jährige mit Wurzeln im Sudan ist der jüngere Bruder von Katars Sportidol Mutaz Essa Barshim, dem Olympiasieger von 2021 und dreifachen Weltmeister im Hochsprung. Bei den Gegentoren war der Torhüter machtlos, in die Sportgeschichte ging er jedoch nicht ein.

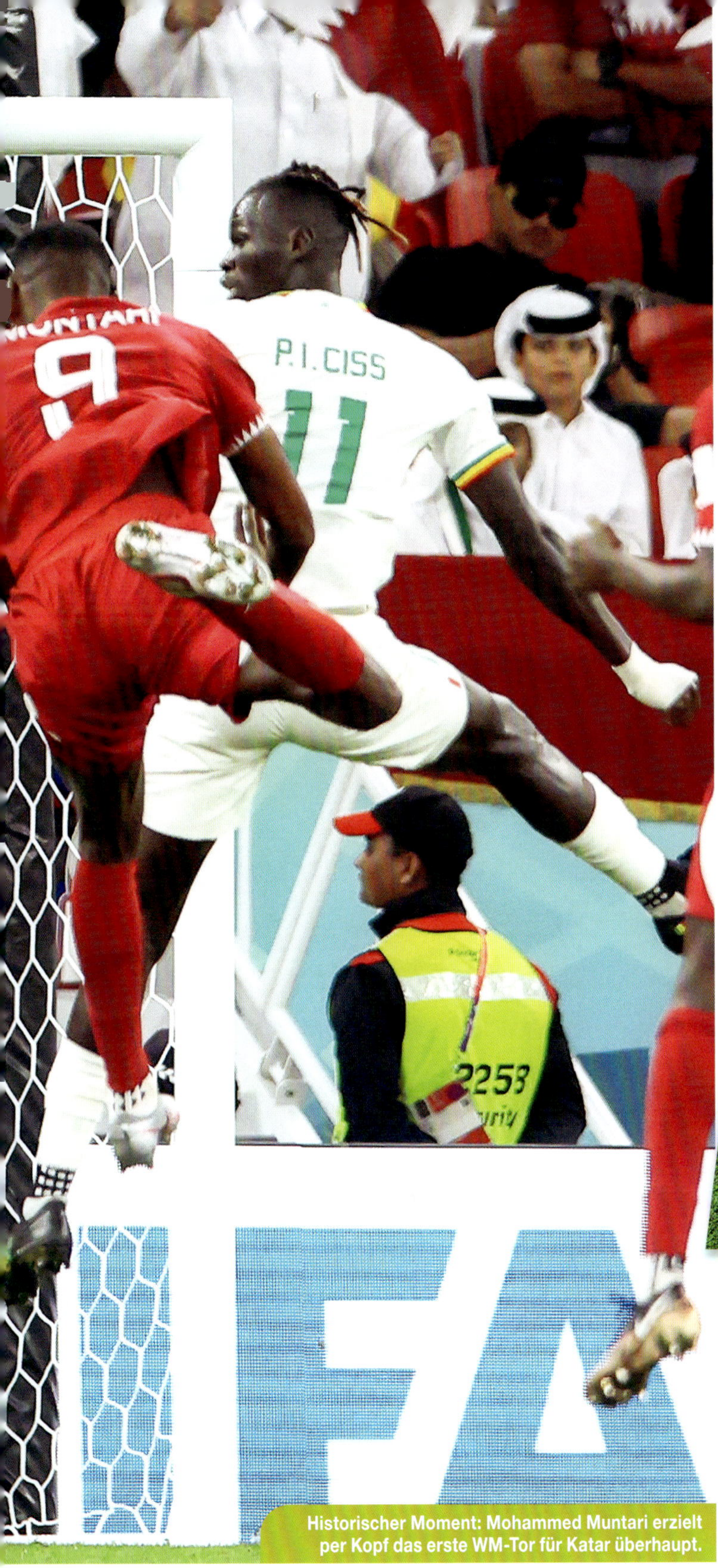

Historischer Moment: Mohammed Muntari erzielt per Kopf das erste WM-Tor für Katar überhaupt.

25. November 2022, 14 Uhr Ortszeit, Al-Thumama Stadium

KATAR – SENEGAL
1 : 3

Trainer: Felix Sanchez

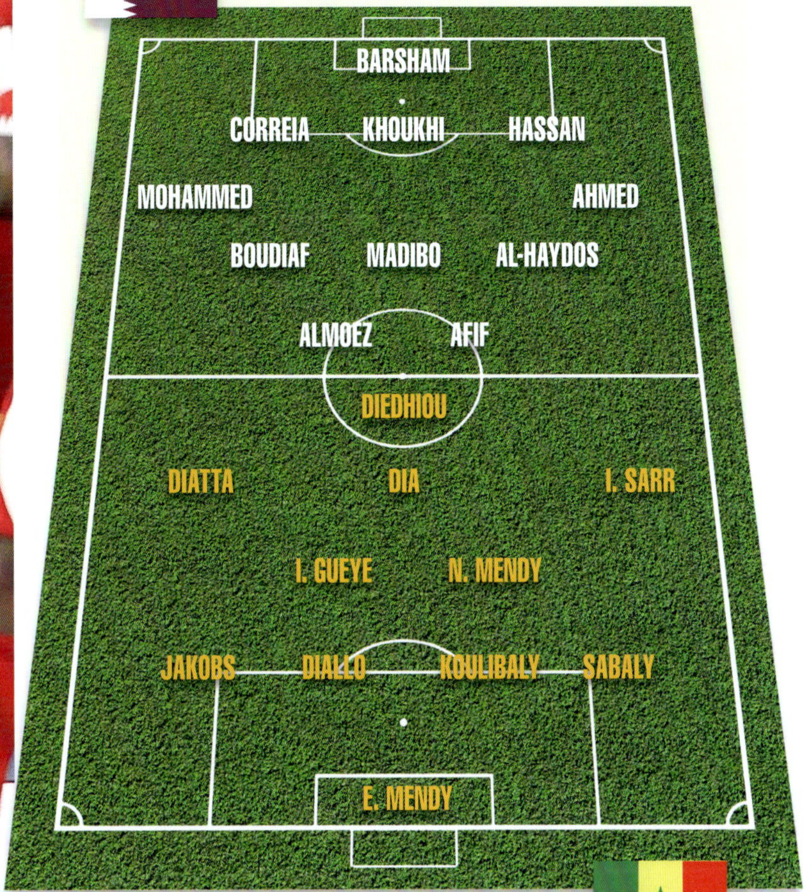

Trainer: Aliou Cissé

Eingewechselt:

Katar	Senegal
Abdulaziz Hatem für Boudiaf (69.)	Ciss für Diatta (64.)
Muntari für Al-Haydos (74.)	Ndiaye für I. Sarr (74.)
Waad für Correia (83.)	Dieng für Diedhiou (74.)
Salman für Ahmed (83.)	Cissé für Jakobs (78.)
	P. Sarr für N. Mendy (78.)

Tore: 0:1 Dia (41.), 0:2 Diedhiou (48.), 1:2 Muntari (78.), 1:3 Dieng (84.)

Gelbe Karten: Mohammed, Ahmed, Madibo / Jakobs, Dia, Ciss

Gelb-Rote Karte: –

Rote Karte: –

Schiedsrichter: Antonio Mateu Lahoz (Spanien)

Zuschauer: 41 797

Und so nahm das Unheil für Katar seinen Lauf: Sieben Minuten später legte Innenverteidiger Boualem Khoukhi im eigenen Strafraum den Ball ungeschickt für den Senegales Boulaye Dia auf – der ließ sich nicht zweimal bitten und brachte den Afrikameister in Führung. Technisch sauber herausgespielt war der zweite Treffer drei Minuten nach der Pause: Famara Diedhiou verlängerte einen Eckball des gebürtigen Kölners Ismail Jakobs vom Rande des Fünfmeterraums aus mit dem Kopf in die Maschen.
Sechs Minuten nach dem 1:2 schloss Bamba Dieng eine schöne Kombination mit dem dritten Treffer für den Senegal ab und sorgte damit für die Entscheidung.

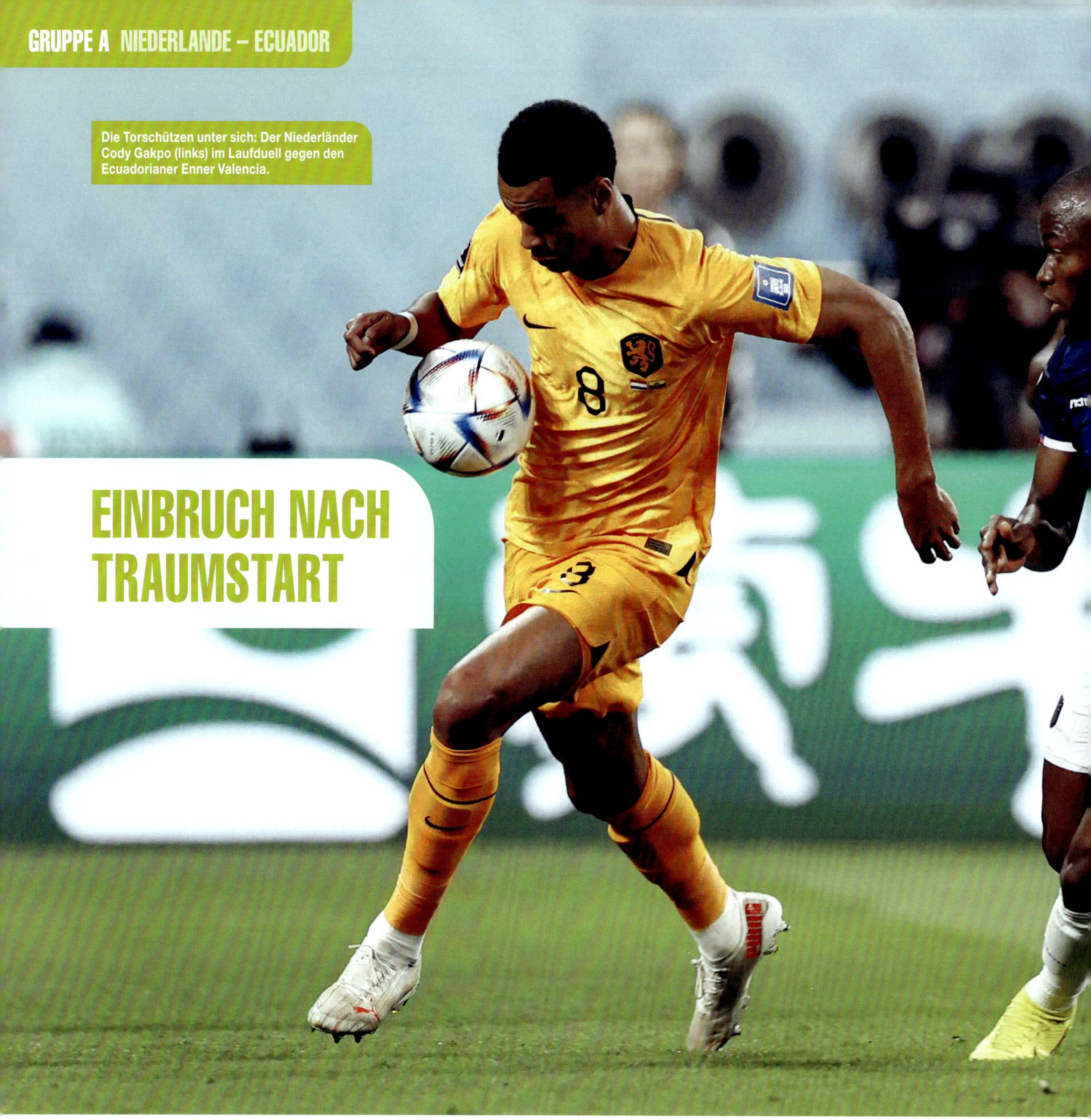

Die Torschützen unter sich: Der Niederländer Cody Gakpo (links) im Laufduell gegen den Ecuadorianer Enner Valencia.

EINBRUCH NACH TRAUMSTART

Die Niederlande erwischte in ihrem zweiten Gruppenspiel einen Traumstart, musste am Ende aber mit einem Zähler zufrieden sein. Ecuador war mit 15:2 Torschüssen, 4:1 Großchancen und 5:2 Ecken das deutlich bessere Team und hätte den Sieg mehr als verdient gehabt. »So ist eben Fußball«, stellte Gustavo Julio Alfaro, Trainer der Südamerikaner, hinterher resigniert fest. »Uns fehlt die Erfahrung.«

Cody Gakpo von der PSV Eindhoven hatte »Oranje« mit seinem zweiten Turniertor, einem strammen Schuss von der Strafraummarkierung, bereits in der sechsten Minute in Front gebracht – und das tat dem Spiel seiner Mannschaft kurioserweise nicht gut. Die Niederländer ließen sich mit der Führung im Rücken zunehmend in die eigene Hälfte zurückfallen und stellten ihre Offensivbemühungen quasi ein. Die Ecuadorianer übernahmen

SECHS TORE IN SERIE

Enner Valencia erzielte für Ecuador nicht nur die ersten drei Treffer bei dieser WM, sondern auch die einzigen drei bei der WM 2014 in Brasilien: beim 1:2 gegen die Schweiz und 2:1 gegen Honduras (2018 waren die Südamerikaner nicht qualifiziert). Sechs WM-Tore für ein Land in Serie schafften laut Fußballhistorikern zuvor nur der Portugiese Eusebio 1966, der Italiener Paolo Rossi 1982 und der Russe Oleg Salenko 1994.

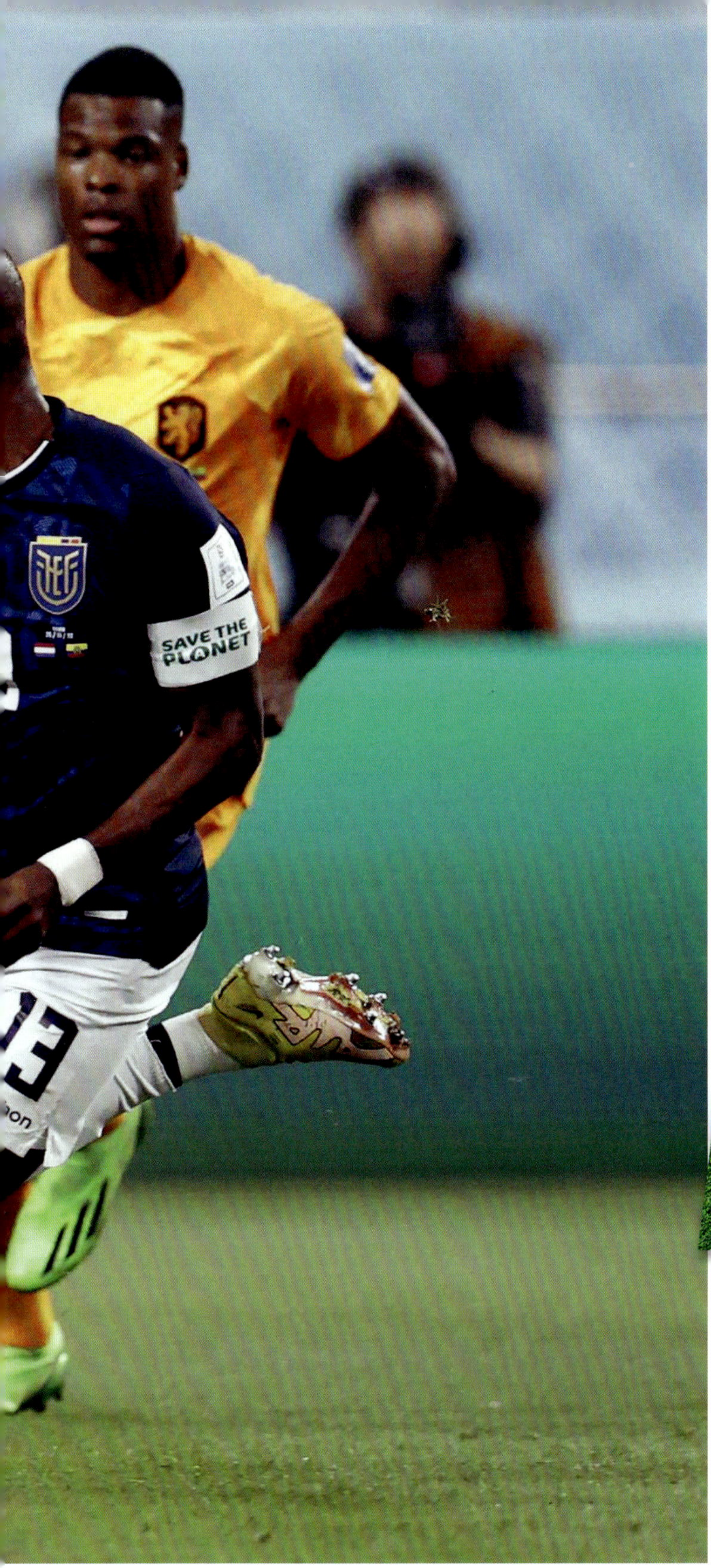

25. November 2022, 17 Uhr Ortszeit, Khalifa International Stadium

NIEDERLANDE – ECUADOR

1 : 1

Trainer: Louis van Gaal

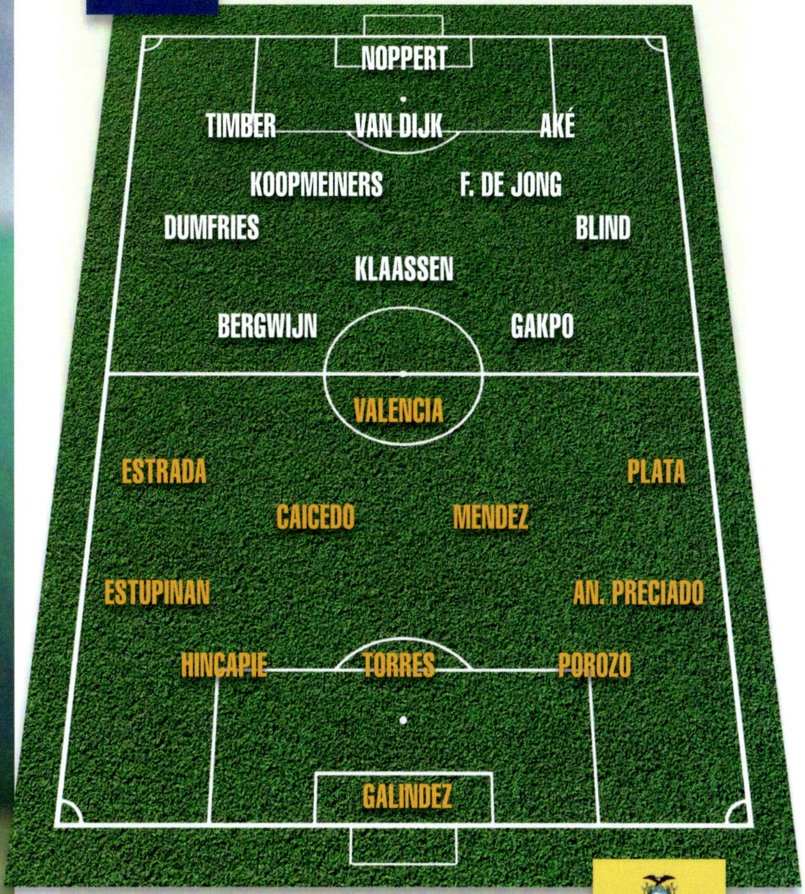

Trainer: Gustavo Julio Alfaro

Eingewechselt:

Niederlande	Ecuador
Depay für Bergwijn (46.)	Sarmiento für Estrada (74.)
Berghuis für Klaassen (69.)	Rodriguez für Valencia (90.)
Weghorst für Gakpo (79.)	Ibarra für Plata (90.)
de Roon für Koopmeiners (80.)	

die Spielkontrolle und freuten sich in der Nachspielzeit der ersten Halbzeit bereits über den Ausgleich. Nach Ansicht des Videobeweises erkannte Schiedsrichter Mustapha Ghorbal (Algerien) den Treffer von Pervis Estupian jedoch nicht an, weil dessen Teamkollege Jackson Porozo dabei im Abseits stand und dem niederländischen Torhüter Andries Noppert die Sicht verdeckte.
Nach Seitenwechsel drängte »La Tri« weiter. Enner Valencia erzielte in der 49. Minute per Abstauber das verdiente 1:1. Mitte der zweiten Hälfte traf Gonzalo Plata noch die Latte. Kurz vor Spielende musste der Torschütze wegen einer Knöchelverletzung auf einer Trage vom Platz getragen werden.

Tore: 1:0 Gakpo (6.), 1:1 Valencia (49.)

Gelbe Karte: – / Mendez

Gelb-Rote Karte: –

Rote Karte: –

Schiedsrichter: Mustapha Ghorbal (Algerien)

Zuschauer: 44 833

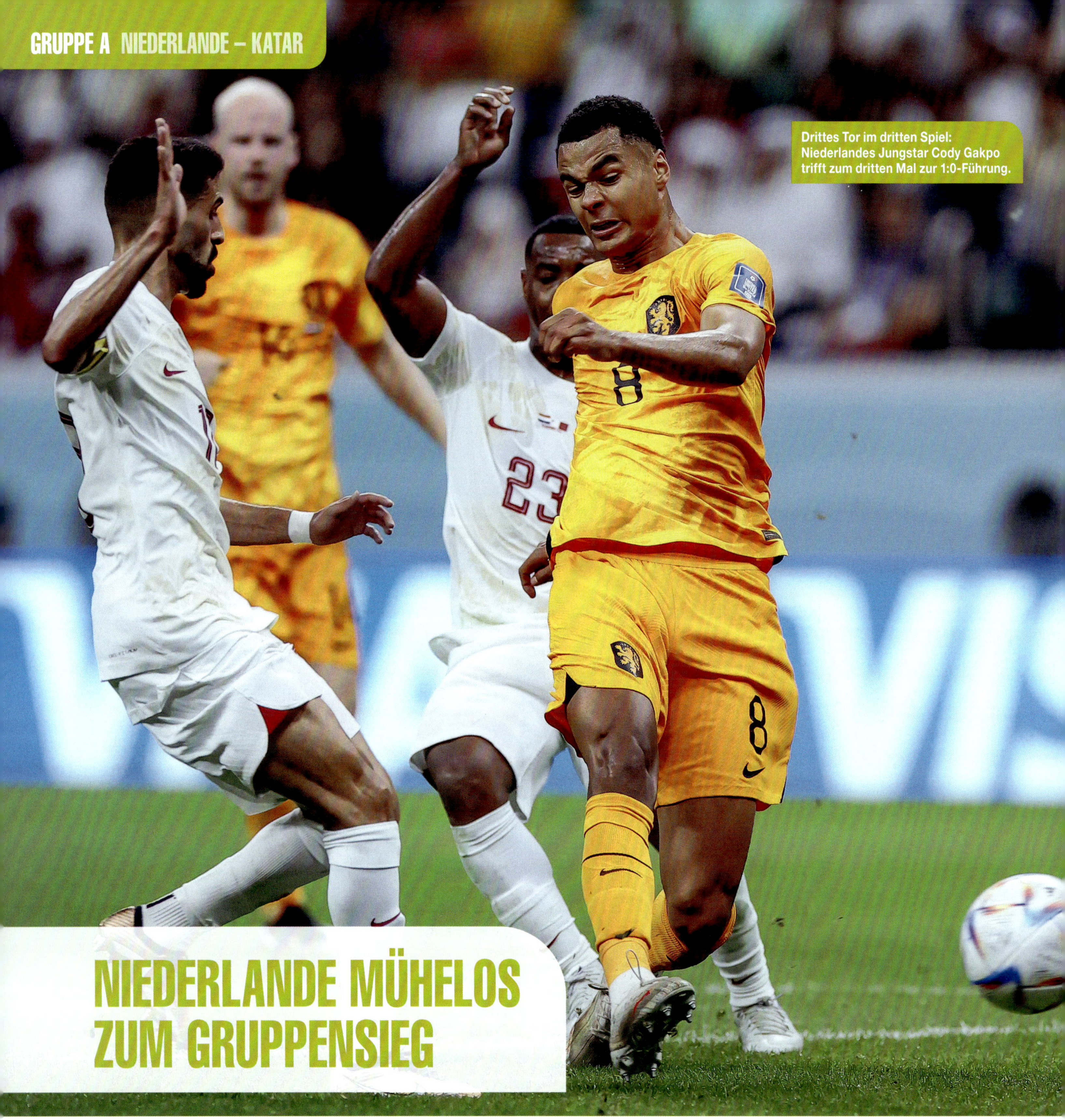

Drittes Tor im dritten Spiel: Niederlandes Jungstar Cody Gakpo trifft zum dritten Mal zur 1:0-Führung.

NIEDERLANDE MÜHELOS ZUM GRUPPENSIEG

Ohne nennenswerte Probleme machte die Niederlande gegen Katar den Gruppensieg perfekt. Der WM-Gastgeber hatte schon vor der Partie keine Chancen aufs Weiterkommen mehr und wollte sich wenigstens erhobenen Hauptes aus dem Turnier verabschieden – aber selbst das gelang nicht. »Oranje« war von Beginn an das bessere Team, ohne sich sonderlich zu verausgaben. Jungstar Cody Gakpo stellte in der 22. Minute mit seinem dritten Turniertor die Weichen auf Sieg – zum dritten Mal traf er zum 1:0. An der Strafraummarkierung ließ der 23-Jährige drei Gegenspieler stehen und zog stramm mit rechts ins rechte untere Eck ab. Den zweiten Treffer der Niederländer kurz nach der Pause bereitete unfreiwillig der Katarer Boualem Khoukhi vor. Eine Flanke des Ex-Bremers Davy Klaassen verlängerte er mit dem Kopf direkt vor die Füße von Memphis Depay. Dessen Schuss aus kurzer Distanz konnte Torhüter Meshaal Barsham mit einem starken Reflex noch parieren, doch Frenkie de Jong staubte zum 2:0 ab. Danach gab es ein kurzes Aufbäumen der Gastgeber, spielerisch waren sie jedoch einfach zu limitiert, um »Oranje« in irgendeiner Form zu gefährden. Schlussmann Andries Noppert erlebte einen ruhigen Abend. Einem weiteren Treffer der Niederländer durch den kurz zuvor eingewechselten Steven Berghuis in der 68. Minute wurde von Schiedsrichter Bakary Papa Gassama (Gambia) nach Ansicht des

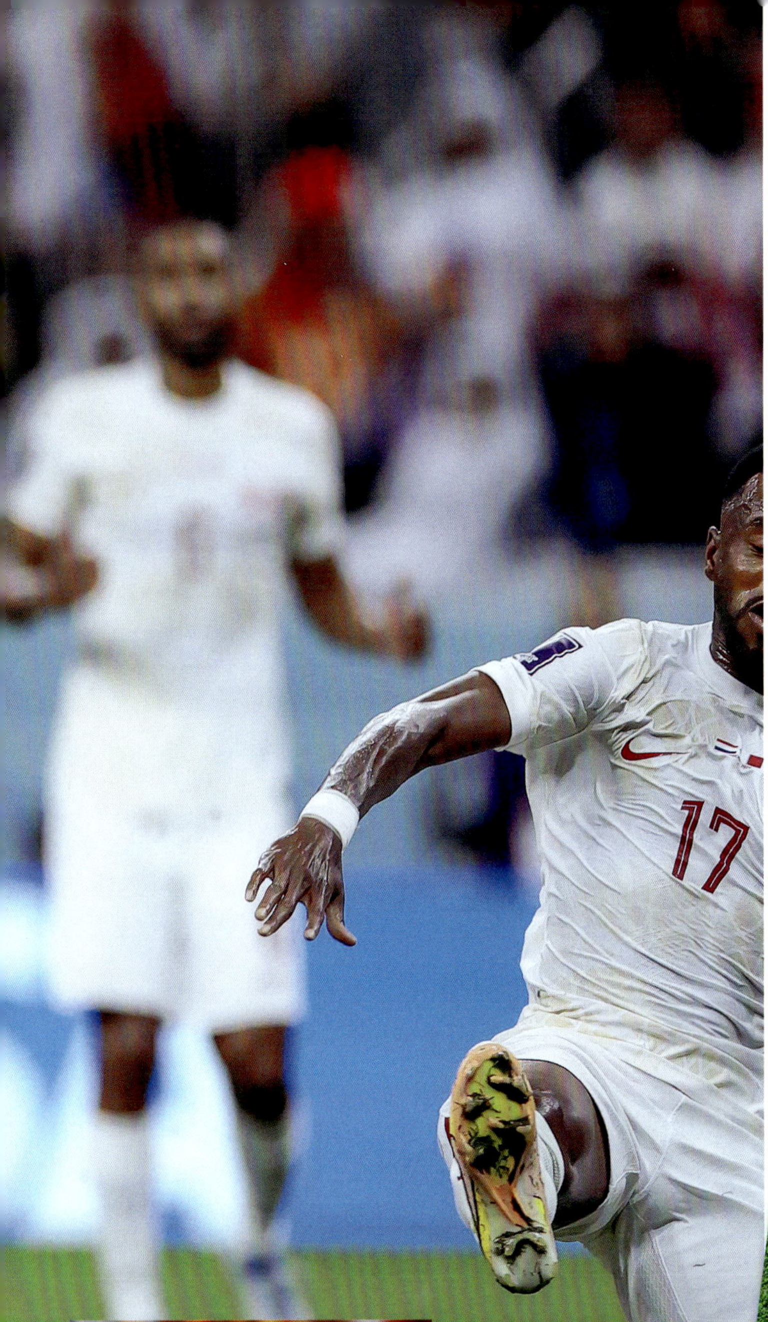

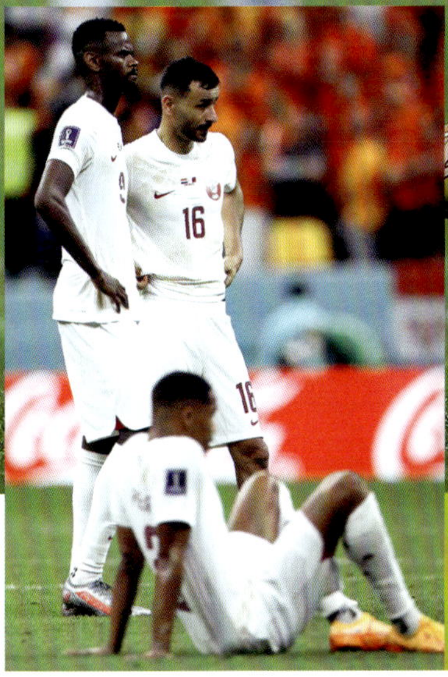

Enttäuschte Gastgeber: Die Katarer Mohammed Muntari (links), Boualem Khoukhi und Abdelkarim Hassan (sitzend).

Videobeweises die Anerkennung verweigert – Cody Gakpo hatte bei dessen Entstehung mit der Hand den Ball berührt.
Katars Trainer Felix Sanchez hatte trotz der verheerenden Bilanz mit drei Niederlagen und nur einem Tor – noch nie war ein WM-Gastgeber so schlecht – lobende Worte für seine Schützlinge und das Publikum parat: »Die Spieler haben sich reingehängt. Ich danke den Fans für die Unterstützung gegen eine wirklich gute Mannschaft. Wir verfolgen einen langfristigen Plan.«

29. November 2022, 18 Uhr Ortszeit, Al-Bayt Stadium

NIEDERLANDE – KATAR
2 : 0

Trainer: Louis van Gaal

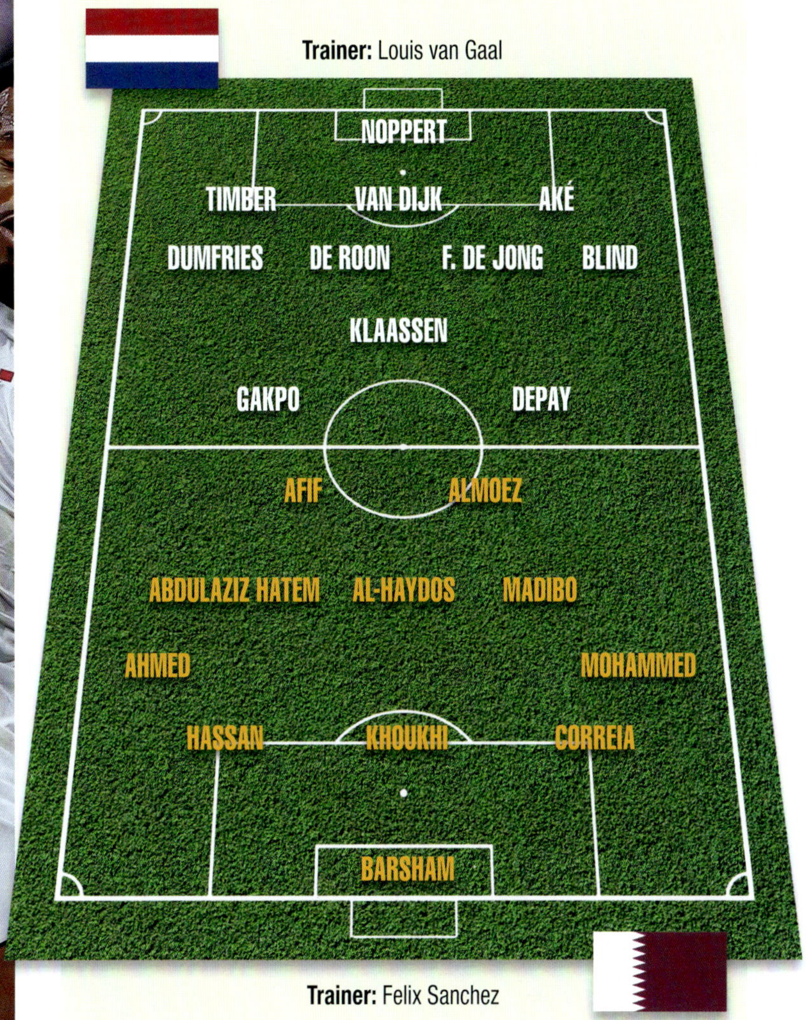

Trainer: Felix Sanchez

Eingewechselt:

Niederlande	Katar
Janssen für Depay (66.)	Boudiaf für Madibo (64.)
Berghuis für Klaassen (66.)	Muntari für Almoez (64.)
Weghorst für Gakpo (82.)	Ali Assadalla für Al-Haydos (64.)
Koopmeiners für de Roon (82.)	Khidir für Mohammed (85.)
Taylor für F. de Jong (86.)	Ahmed Alaaeldin für Abdulaziz Hatem (85.)

Tore: 1:0 Gakpo (26.), 2:0 F. de Jong (49.)

Gelbe Karte: Aké / –

Gelb-Rote Karte: –

Rote Karte: –

Schiedsrichter: Bakary Papa Gassama (Gambia)

Zuschauer: 66 784

SENEGAL IM FREUDENTAUMEL

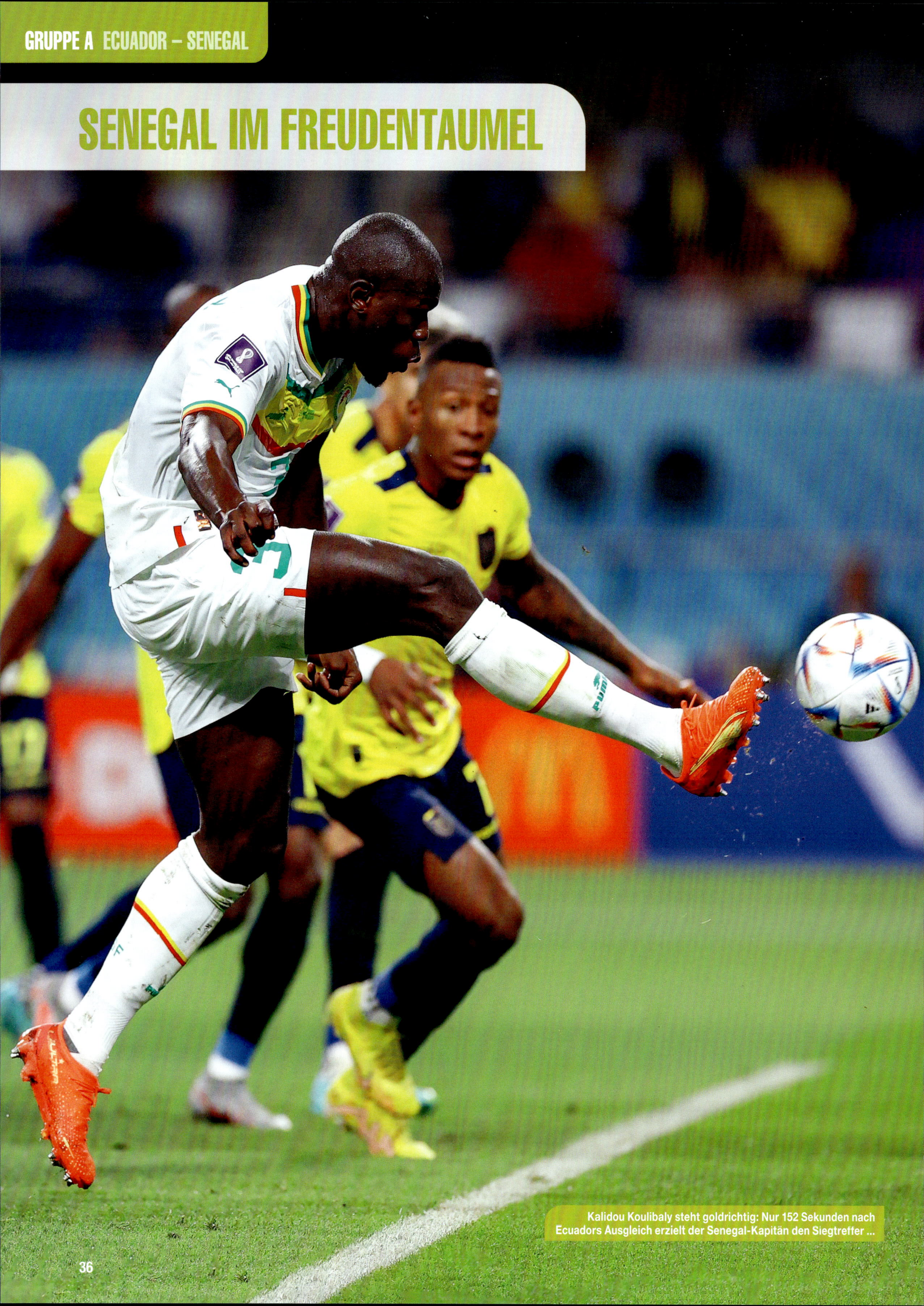

Kalidou Koulibaly steht goldrichtig: Nur 152 Sekunden nach Ecuadors Ausgleich erzielt der Senegal-Kapitän den Siegtreffer ...

Zu einer Art »Endspiel« um das zweite Achtelfinalticket hinter dem designierten Gruppensieger Niederlande – spielte zeitgleich gegen den überforderten WM-Gastgeber Katar – wurde das Duell zwischen Ecuador und Senegal. Die Ausgangslage war klar: Den Südamerikanern (zuvor vier Punkte) würde ein Unentschieden zum Weiterkommen reichen. Für die Westafrikaner (drei Punkte) indes war ein Sieg Pflicht.
Entsprechend angriffslustig hatte Trainer Aliou Cissé seine Mannschaft eingestellt. Senegal hatte in der ersten Halbzeit mehr vom Spiel und die größeren Chancen. Die Führung durch ein Elfmetertor von Ismaila Sarr kurz vor der Pause war mehr als verdient.
Der Angreifer vom FC Watford war zuvor selbst von Ecuadors Bundesligalegionär Piero Hincapie (Leverkusen) gefoult worden.
Die Südamerikaner kamen offensiver aus der Kabine. In der 67. Minute verlängerte Felix Torres einen Eckball per Kopf, und Moises Caicedo brauchte am zweiten Pfosten nur noch zum 1:1 einschieben. Während sich die Fans der »Tri« noch über den Ausgleich freuten, schlug der Afrikameister zurück. Nach einem Freistoß herrschte kurz Unordnung im Strafraum Ecuadors.
Der Ball fiel vor die Füße von Kalidou Koulibaly, und der Senegal-Kapitän ließ sich die Gelegenheit zur erneuten Führung nicht nehmen – lediglich 152 Sekunden waren seit dem Ausgleich vergangen. Trainer Cissé widmete den Sieg und das damit verbundene Weiterkommen dem auf den Tag genau zwei Jahre zuvor an der Nervenkrankheit ALS verstobenen Ex-Nationalspieler Papa Bouba Diop: »Der Sieg war für ihn, aber auch für viele andere Menschen. Es gibt so viele Menschen, die in den vergangenen Jahren hart dafür gearbeitet haben, dass wir so weit kommen.« Bei ihrer erst dritten WM-Teilnahme überhaupt zogen die »Teranga-Löwen« zum zweiten Mal nach 2002 ins Achtelfinale ein. Diop hatte damals drei von fünf Toren geschossen.

29. November 2022, 18 Uhr Ortszeit, Khalifa International Stadium

ECUADOR – SENEGAL
1 : 2

Trainer: Gustavo Julio Alfaro

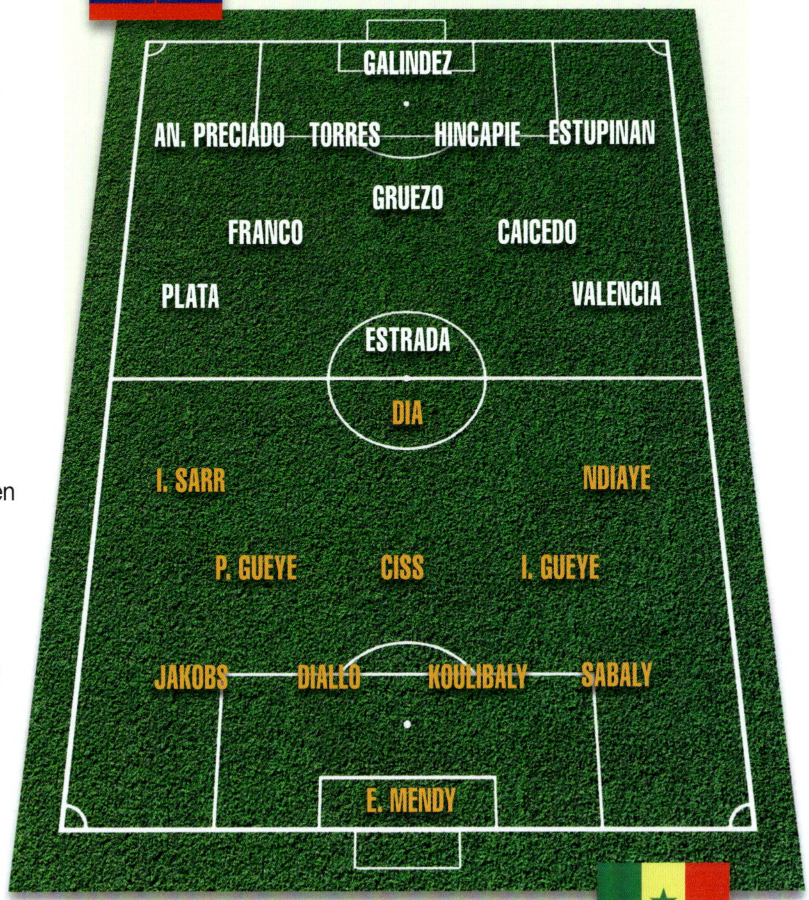

Trainer: Aliou Cissé

Eingewechselt:

Ecuador	Senegal
Cifuentes für Gruezo (46.)	N. Mendy für Ciss (74.)
Sarmiento für Franco (46.)	Dieng für Ndiaye (74.)
Reasco für Estrada (64.)	Cissé für Dia (90.+5)
Porozo für An. Preciado (85.)	

Tore: 0:1 I. Sarr (44., Foulelfmeter), 1:1 Caicedo (67.), 1:2 Koulibaly (70.)

Gelbe Karte: – / I. Gueye

Gelb-Rote Karte: –

Rote Karte: –

Schiedsrichter: Clement Turpin (Frankreich)

Zuschauer: 44 569

... und setzt danach zu einem Freudenlauf an.

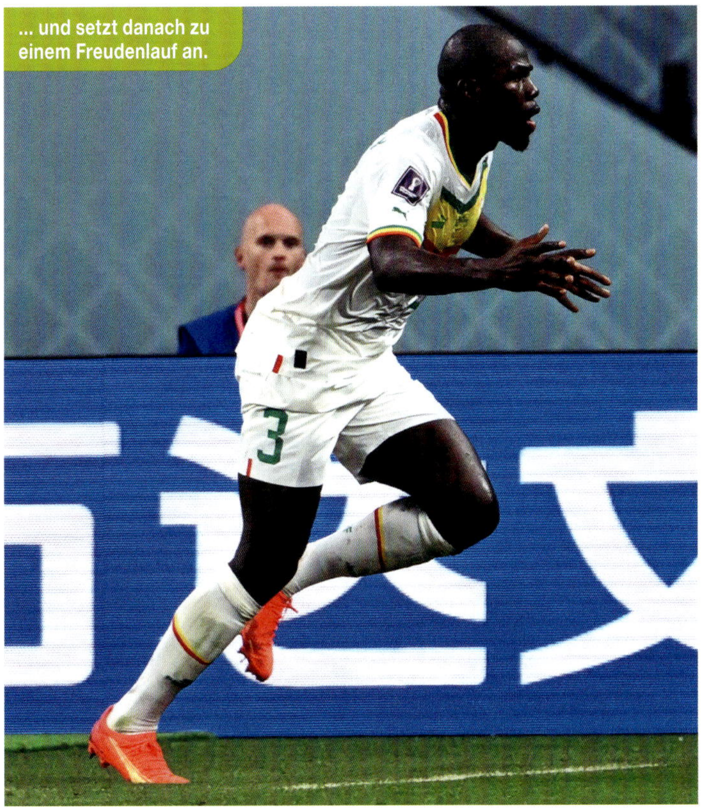

GRUPPE B

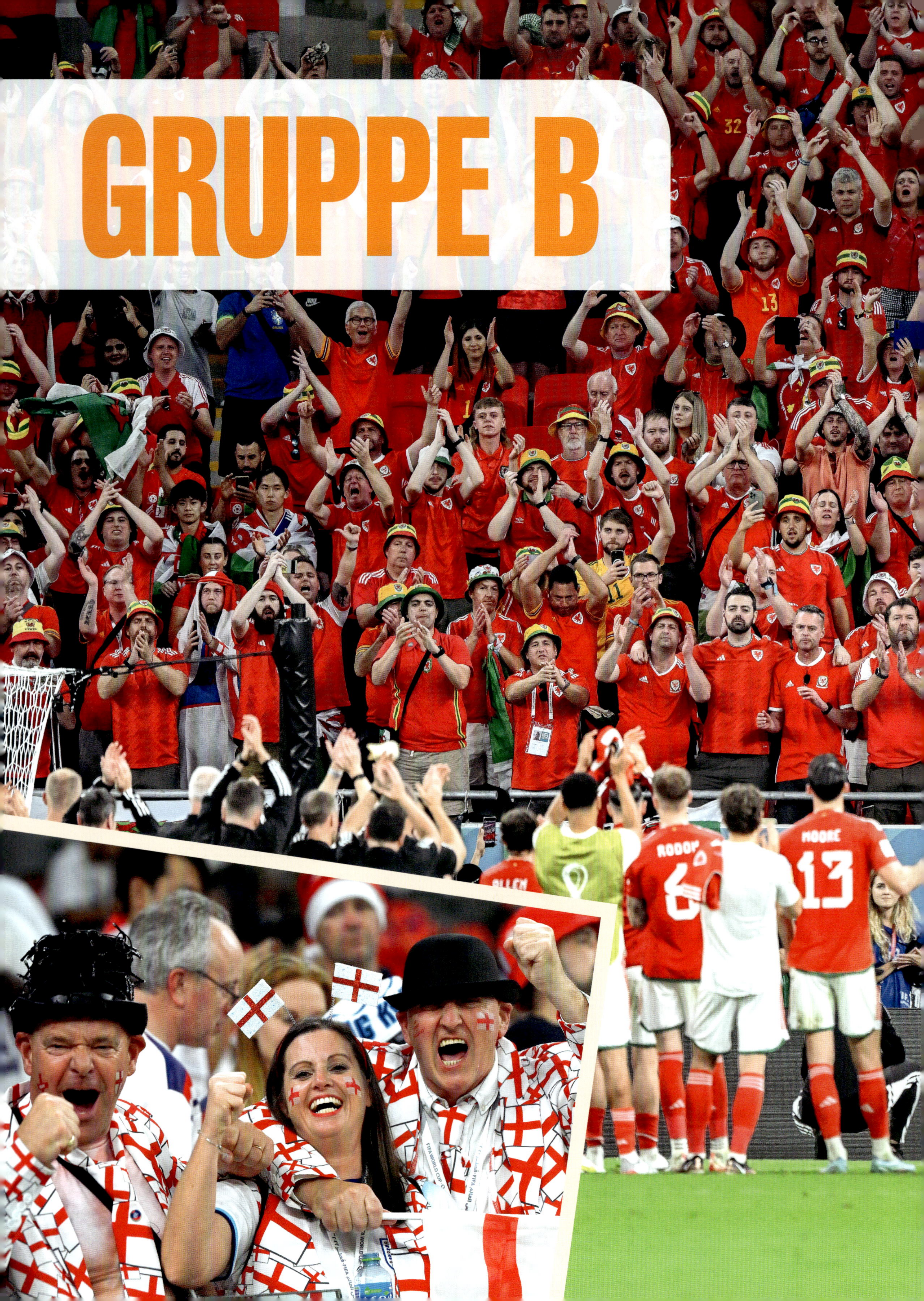

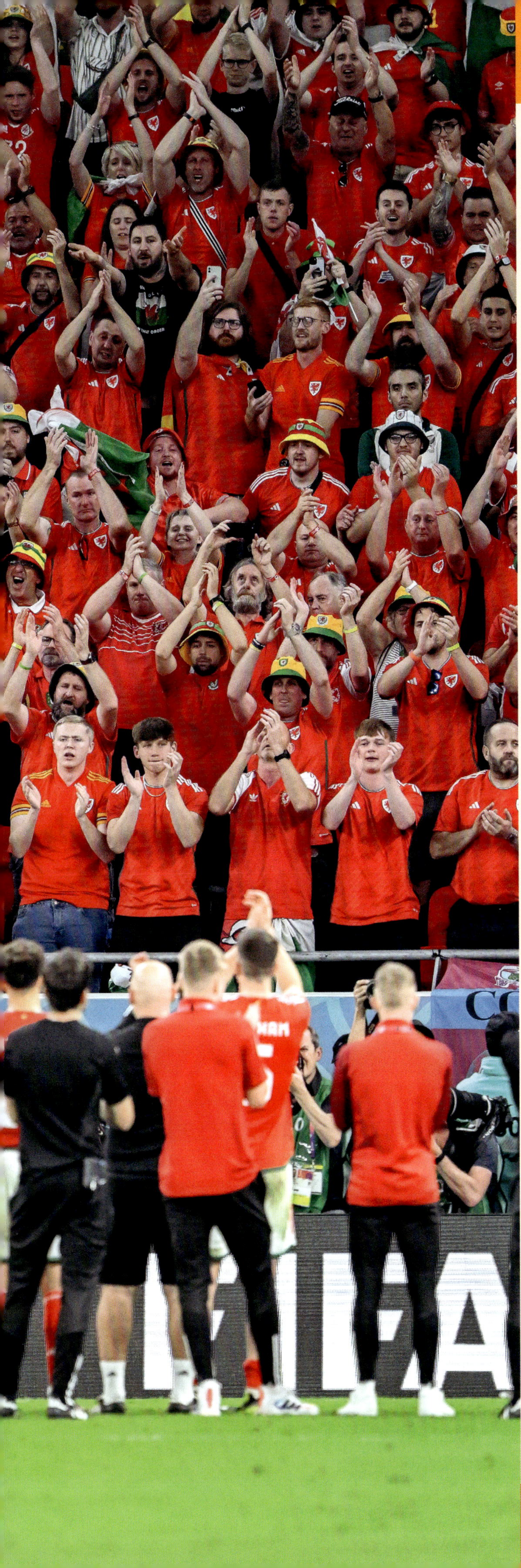

	Team		Spiele	Tore	Punkte
1.	**England**		3	9:2	7
2.	**USA**		3	2:1	5
3.	Iran		3	4:7	3
4.	Wales		3	1:6	1

England – Iran	6:2 (3:0)
USA – Wales	1:1 (1:0)
Wales – Iran	0:2 (0:0)
England – USA	0:0
Wales – England	0:3 (0:0)
Iran – USA	0:1 (0:1)

Mit einem 6:2-Kantersieg zum Auftakt gegen den Iran stelle England frühzeitig die Weichen zum Gruppensieg. Nach einer Nullnummer gegen die USA ließ der Vizeeuropameister mit dem 3:0 im »Battle of Britain« gegen Wales nichts mehr anbrennen. Den Amerikanern reichten zwei Tore zum zweiten Platz, in der entscheidenden Partie ums Weiterkommen am letzten Spieltag bezwangen sie den Iran 1:0. Die WM-Teilnahme der Vorderasiaten wurde beeinflusst durch die politischen Unruhen im Lande, den Spielern fiel es schwer, die Geschehnisse auszublenden. Wales war bei seinem WM-Comeback nach 64 Jahren mit nur einem Punkt und einem Tor – und das nicht mal aus dem Spiel heraus – eine der größten Enttäuschungen des Turniers.

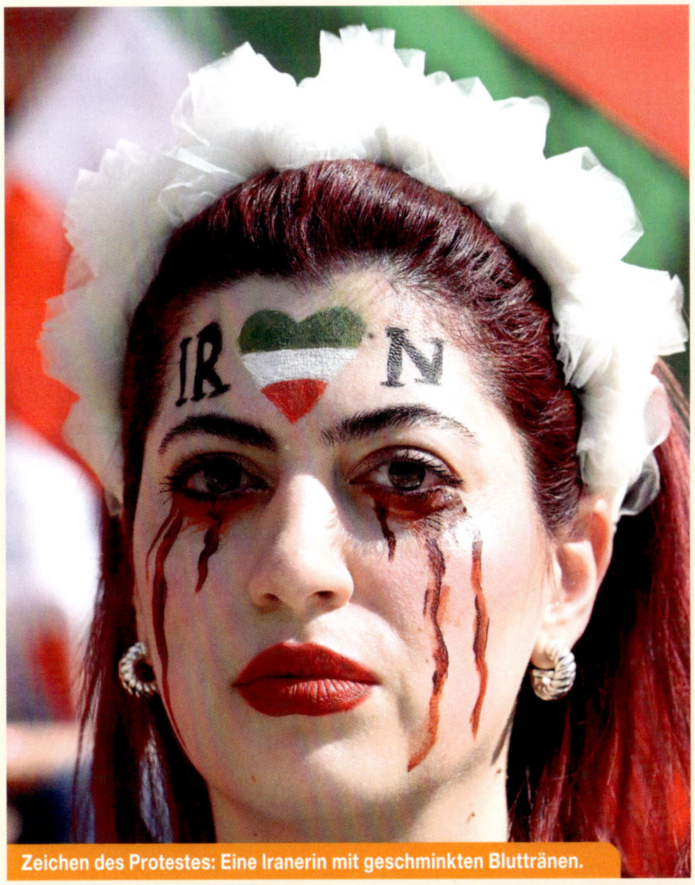

Zeichen des Protestes: Eine Iranerin mit geschminkten Bluttränen.

FUSSBALL IM XL-FORMAT

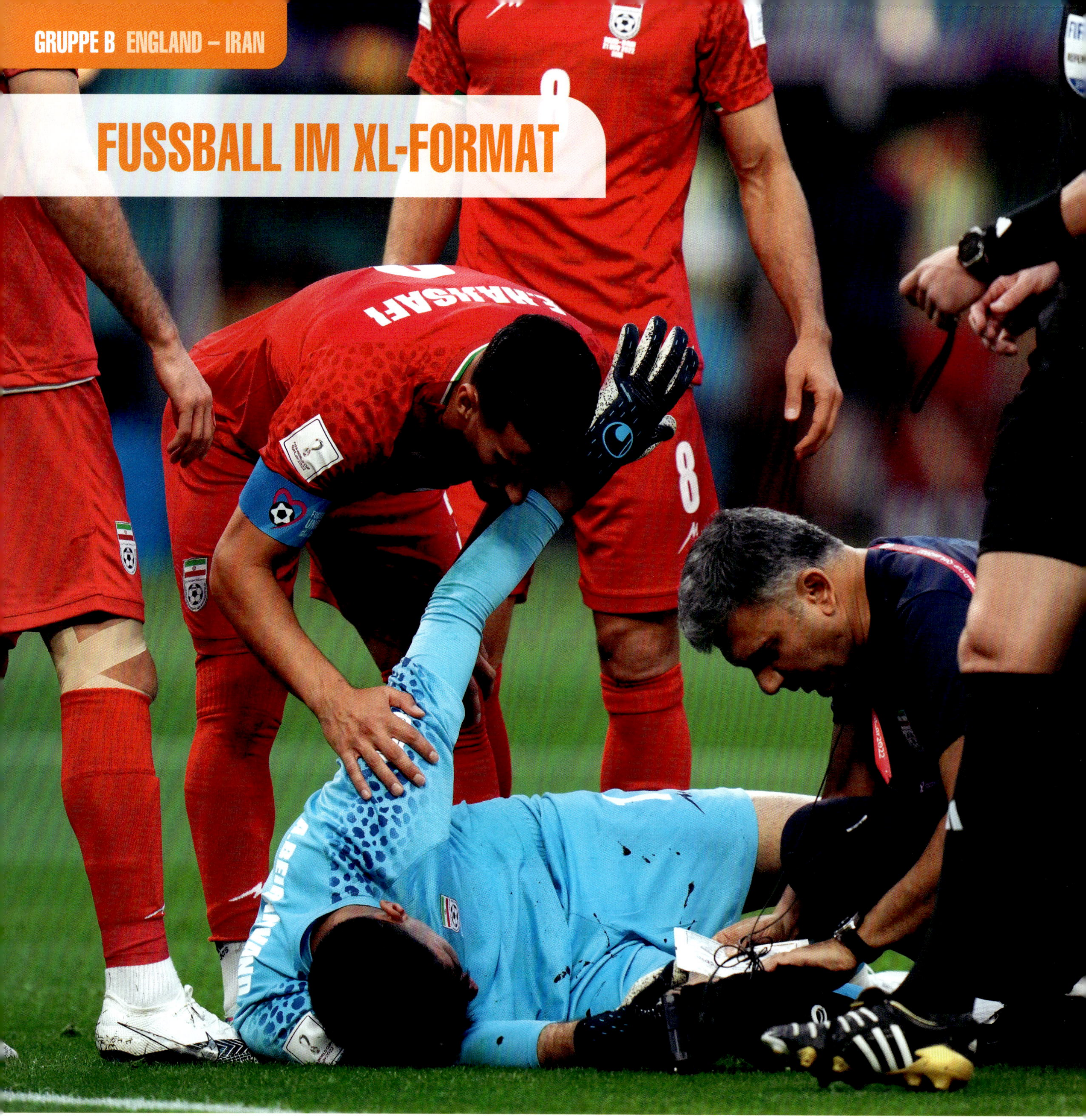

Seit 1930 finden Fußball-Weltmeisterschaften statt. Und noch immer kommt es zu Premieren. Das Auftaktspiel in Gruppe B zwischen England und dem Iran (6:2) hatte gleich mehrere. Erstmals wechselte ein Trainer mehr als die halbe Mannschaft aus, Irans Coach Carlos Queiroz brachte gleich sechs Neue. In der 20. Minute machte der Portugiese, einst tätig bei Real Madrid, von einer neuen von einer neuen Regel (Concussion Protocol) Gebrauch, nach der Auswechslungen wegen Kopfverletzungen nicht ins Kontingent fallen. Bereits in der achten Spielminute war Torhüter Alireza Beiranvand mit Verteidiger Majid Hosseini zusammengeprallt. Als Beiranvand nach minutenlanger Behandlung noch immer einen benommenen Eindruck hinterließ, wurde er vom Feld getragen. Es folgten im weiteren Spielverlauf fünf Wechsel aus taktischen Gründen. Und noch nie gab es eine Partie mit derart langer

STUMMES ZEICHEN

Normalerweise singen die iranischen Spieler ihre Nationalhymne inbrünstig mit. Vor der Partie gegen England blieben ihre Lippen jedoch ausnahmsweise stumm. Es war ein klares Zeichen gegen das theokratische Regime in der Heimat, wo die Bevölkerung seit Monaten in Massen protestierte. Mehrere Hundert Demonstranten wurden getötet.

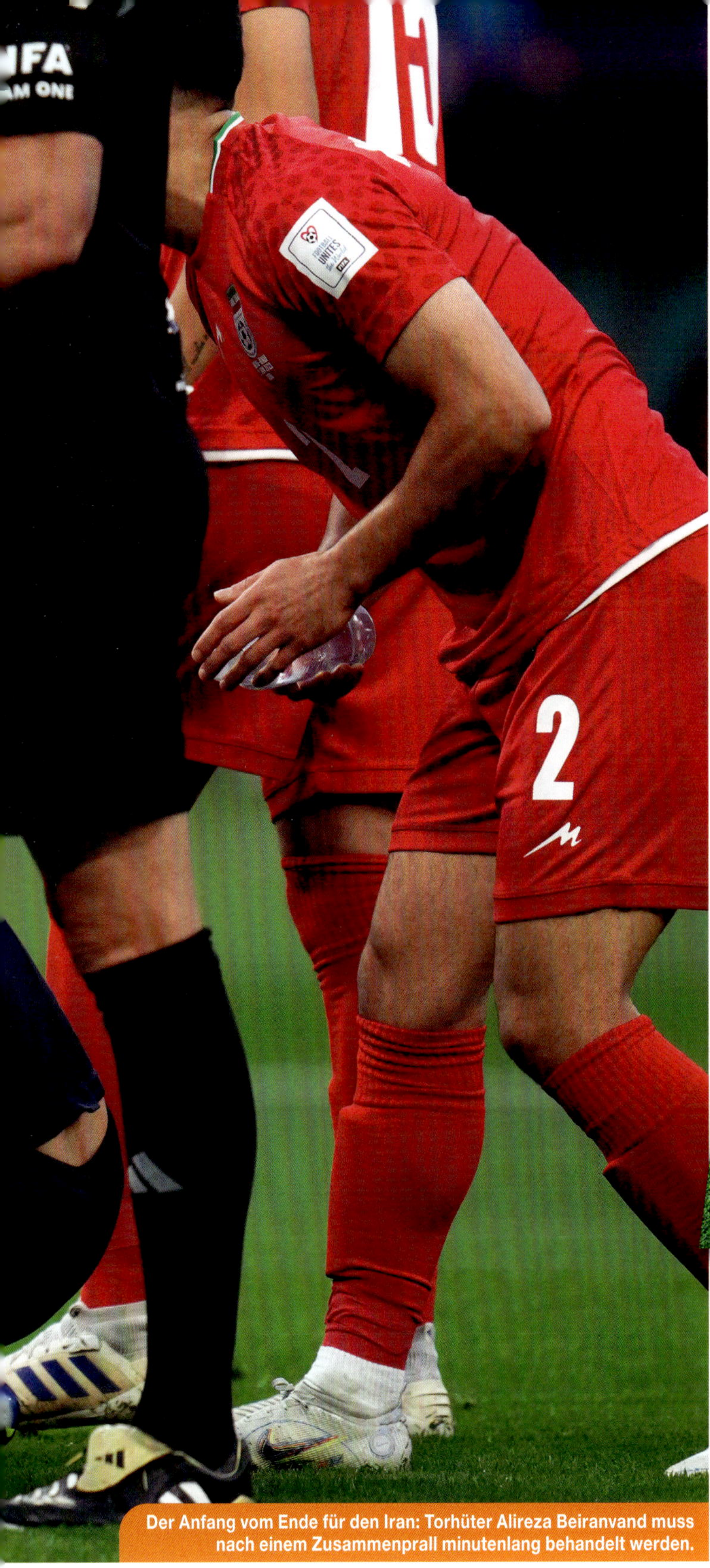

Der Anfang vom Ende für den Iran: Torhüter Alireza Beiranvand muss nach einem Zusammenprall minutenlang behandelt werden.

Nachspielzeit: In der ersten Hälfte ließ Schiedsrichter Raphael Claus (Brasilien) 14, in der zweiten 13 Minuten nachholen. Insgesamt 27 Minuten, länger als eine halbe Halbzeit. Fußball gespielt wurde im Khalifa International Stadium auch noch – und wie! Vizeeuropameister England brannte gegen die überforderten Iraner phasenweise ein Feuerwerk ab. Dem Führungstreffer durch den Dortmunder Jude Bellingham folgten in der ersten Hälfte weitere sehenswerte Treffer durch Bukayo Saka und Raheem Sterling. Nach Seitenwechsel wurde es deutlich. Mehdi Taremi verhinderte für den Iran ein höheres Debakel, seinen zweiten Treffer erzielte er durch einen trotz Videobeweis fragwürdigen Foulelfmeter.

21. November 2022, 20 Uhr Ortszeit, Ahmed Bin Ali Stadium

ENGLAND – IRAN
6 : 2

Trainer: Gareth Southgate

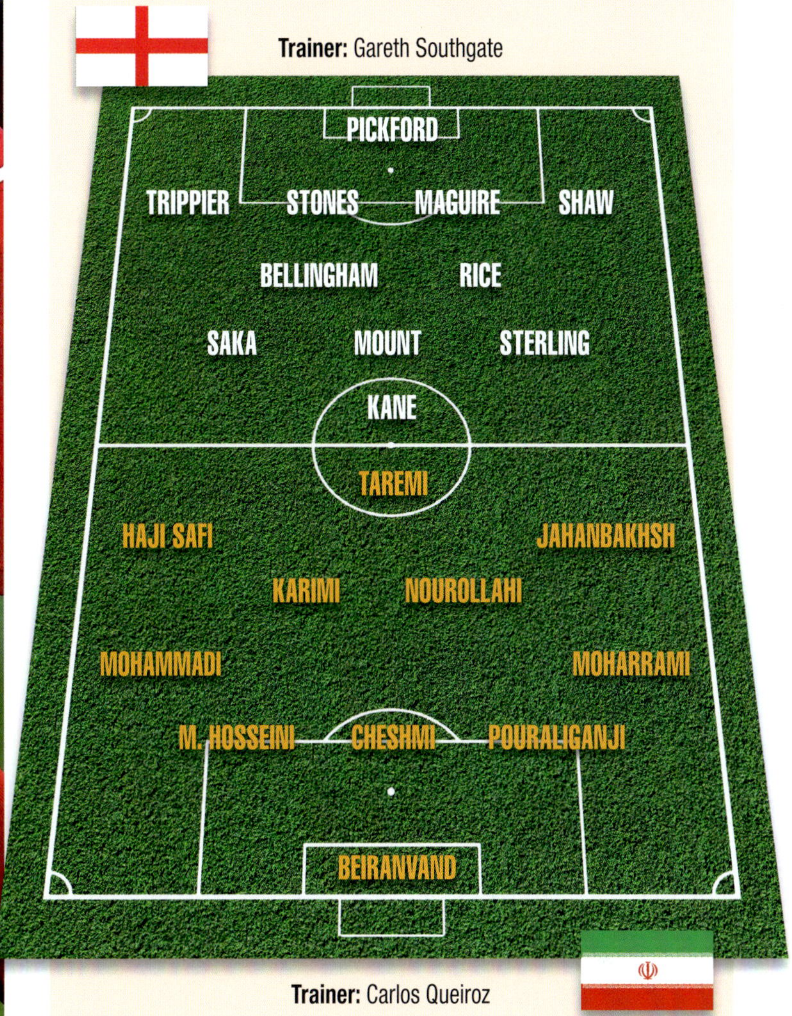

Trainer: Carlos Queiroz

Eingewechselt:

England	Iran
Dier für Magiure (70.)	S. Hosseini für Beiranvand (20./Concussion Protocol)
Rashford für Saka (70.)	Kanaani für Rouzbeh (46.)
Foden für Mount (70.)	Gholizadeh für Jahanbakhsh (46.)
Wilson für Kane (75.)	Ezatolahi für Karimi (46.)
	Torabi für Mohammadi (63.)
	Azmoun für Ahmad (77.)

Tore: 1:0 Bellingham (35.), 2:0 Saka (43.), 3:0 Sterling (45.+1), 4:0 Saka (62.), 4:1 Taremi (65.), 5:1 Rashford (71.), 6:1 Grealish (90.), 6:2 Taremi (90.+13, Foulelfmeter)

Gelbe Karten: – / Jahanbakhsh, Pouraliganji

Gelb-Rote Karte: –

Rote Karte: –

Schiedsrichter: Raphael Claus (Brasilien)

Zuschauer: 43 418

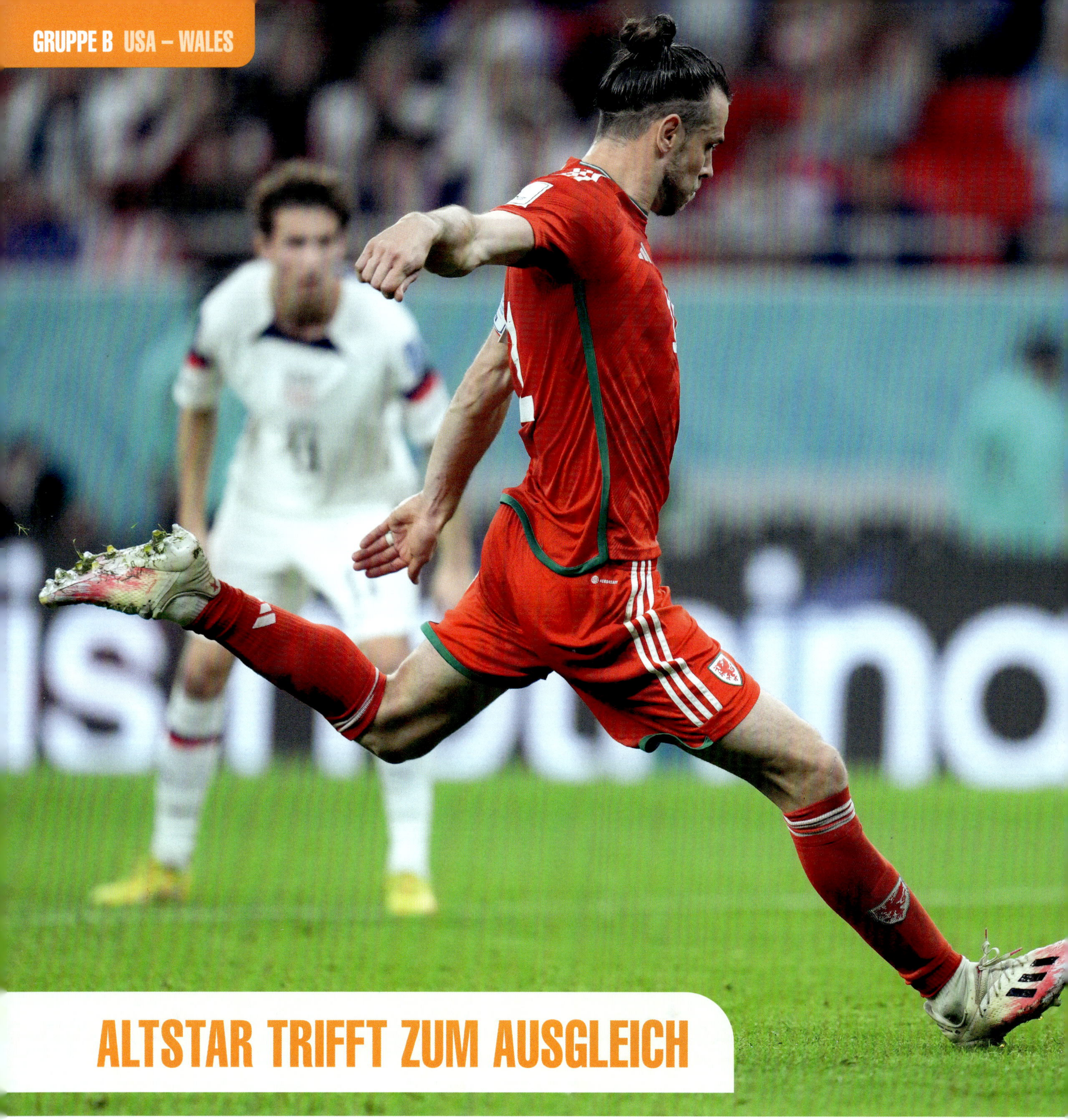

ALTSTAR TRIFFT ZUM AUSGLEICH

Ein leistungsgerechtes Unentschieden gab es zwischen den USA und Wales im zweiten Spiel in Gruppe B. Die Amerikaner bestimmten in der ersten Hälfte das Geschehen auf dem Rasen des Ahmed bin Ali Stadium in Al-Rayyan. In der 26. Minute gingen sie durch Timothy Weah nach traumhaftem Zuspiel des ehemaligen Dortmunders Christian Pulisic verdient in Führung. Elegant spitzelte der Sohn des ehemaligen Weltfußballers George Weah den Ball am herausgeeilten Torhüter Wayne Hennessey vorbei ins Tor.
Nach Seitenwechsel drängten die Waliser auf den Ausgleich. Den erzielte in der 82. Minute ausgerechnet der Wahlamerikaner Gareth Bale, der Altstar, der seine Karriere bei Los Angeles Galaxy ausklingen lässt. Innenverteidiger Walker Zimmerman war Bale im Strafraum ungeschickt in die Beine gefahren, als ein Angriff schon

23 533 TAGE

Einen derart langen Abstand zwischen zwei WM-Toren einer Mannschaft gab es noch nie: 64 Jahre, genau gerechnet 23 533 Tage, lagen zwischen dem Elfmetertor von Gareth Bale in Al-Rayyan und dem 2:1-Siegtreffer von Terry Medwin gegen Ungarn 1958 im schwedischen Solna. Dazwischen konnten sich die »Dragons« in 15 Anläufen nicht für die WM qualifizieren.

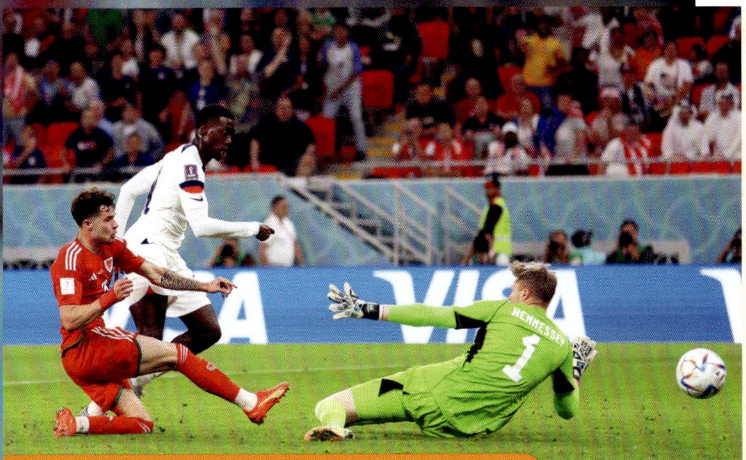

Führung für die USA: Timothy Weah spitzelt den Ball am herausgeeilten Torhüter Wayne Hennessey vorbei ins Tor.

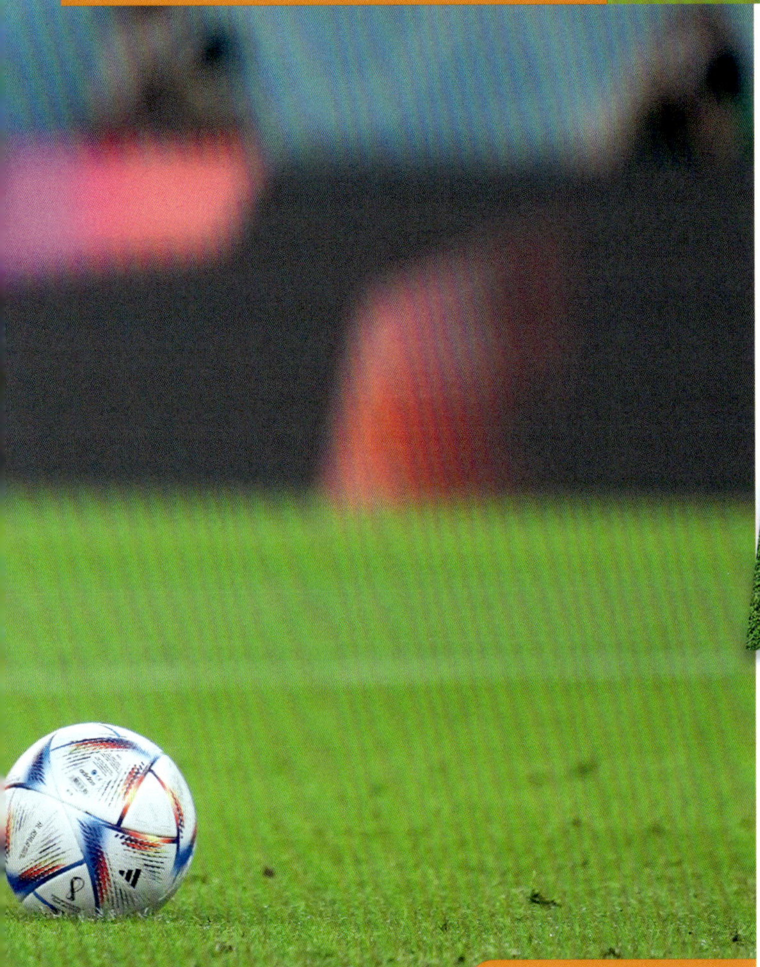

Eiskalt vom Elfmeterpunkt: Gareth Bale sorgt für das 1:1.

fast geklärt schien. Der frühere Star von Real Madrid übernahm selbst Verantwortung vom Punkt und sorgte mit einem knallharten Schuss ins rechte Eck für das 1:1.
In den verbleibenden 19 Minuten (inklusive Nachspielzeit) hatten sowohl die Amerikaner als auch die Waliser noch Chancen, das Spiel zu ihren Gunsten zu entscheiden. »In der Kabine hat man den Jungs nach dem Spiel die Enttäuschung über das Ergebnis angesehen«, sagte US-Coach Gregg Berhalter, wie vier seiner Profis einst in der Bundesliga aktiv. Sein Gegenüber Robert Page war mit dem Remis indes zufrieden: »Es war wichtig für uns, das erste Spiel nicht zu verlieren. Am Ende hing wieder einmal alles an Gareth Bale.«

21. November 2022, 20 Uhr Ortszeit, Ahmed Bin Ali Stadium

USA – WALES

1 : 1

Trainer: Gregg Berhalter

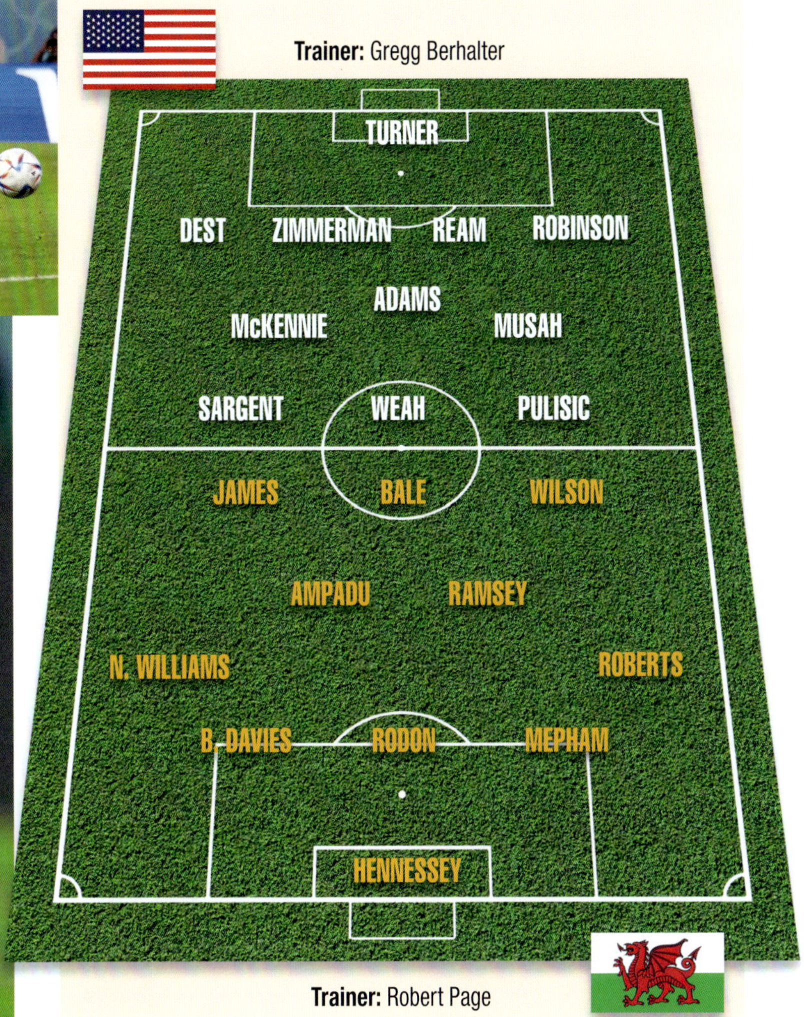

Trainer: Robert Page

Eingewechselt:

USA	Wales
Aaronson für McKennie (66.)	Moore für James (46.)
Yedlin für Dest (74.)	Johnson für N. Williams (79.)
Acosta für Musah (74.)	Thomas für Wilson (90.+3)
Wright für Sargent (74.)	Morrell für Ampadu (90.+5)
Morris für Weah (88.)	

Tore: 1:0 Weah (36.), 1:1 Bale (82., Foulelfmeter)

Gelbe Karten: Ream, McKennie, Dest, Acosta / Bale, Mepham

Gelb-Rote Karte: –

Rote Karte: –

Schiedsrichter: Abdulrahman Al Jassim (Katar)

Zuschauer: 43 418

ZWEI TORE IN DER NACHSPIELZEIT

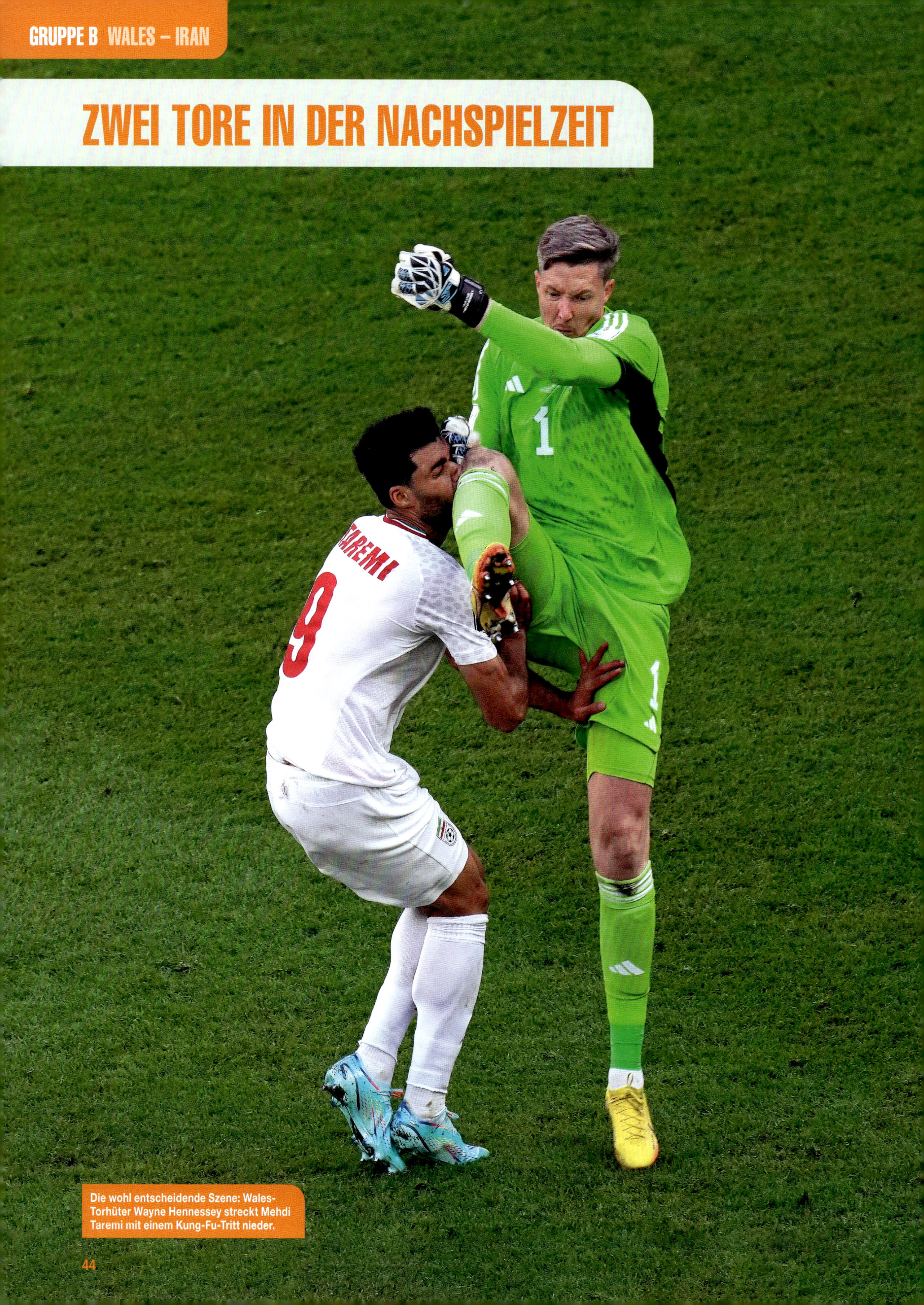

Die wohl entscheidende Szene: Wales-Torhüter Wayne Hennessey streckt Mehdi Taremi mit einem Kung-Fu-Tritt nieder.

So viel Nachspielzeit wie bei dieser WM gab es noch nie. Der Iran nutzte die neue FIFA-Linie, die Nettospielzeit zu erhöhen, im Spiel gegen Wales konsequent. Rouzbeh Cheshmi traf in der neunten Minute der »Overtime« mit einem satten Rechtsschuss aus 23 Metern zum 1:0, Ramin Rezaeian drei Minuten später mit einem technisch feinen Lupfer zum 2:0.
Der Sieg der Vorderasiaten, deren Trainer Carlos Queiroz im Vergleich zur 2:6-Auftaktpleite gleich fünf Änderungen in der Startelf vorgenommen hatte, kam zwar spät zustande, war aber vollauf verdient. Der frühe Treffer von Ali Gholizadeh nach Doppelpass mit dem Leverkusener Sardar Azmoun wurde von Schiedsrichter Mario Escobar (Guatemala) nach Ansicht des Videobeweises annulliert. Zu Beginn der zweiten Hälfte trafen Azmoun und Gholizadeh innerhalb weniger Sekunden den rechten bzw. linken Pfosten.
Die möglicherweise entscheidende Szene fand fünf Minuten vor Ende der regulären Spielzeit statt. Wales-Torhüter Wayne Hennessey streckte 25 Meter vor seinem Gehäuse den nach einem langen Ball durchgebrochenen Mehdi Taremi mit einem Kung-Fu-Tritt nieder. Erstaunlich, dass Schiedsrichter Escobar die brutale Szene zunächst nur mit der Gelben Karte geahndet hatte und seine Entscheidung erst nach dem Videobeweises auf Rot korrigierte – im 17. Spiel war es der erste Platzverweis dieser WM. Die Iraner erhöhten danach gegen nur noch zehn Waliser den Druck und kamen letztlich zu den zwei Toren.
Der walisische Nationaltrainer Robert Page zeigte sich als fairer Verlierer: »Die Iraner haben den Sieg verdient, sie haben das Spiel beherrscht. Von uns war es zu wenig.« Die einzige Chance für sein Team hatte kurz vor dem Platzverweis Ben Davies mit einem satten Schuss von der Strafraummarkierung, den Irans Torhüter Seyed Hossein Hosseini über die Latte lenkte.
Superstar Gareth Bale avancierte mit seinem 110. Einsatz zum Rekordnationalspieler, blieb aber blass.

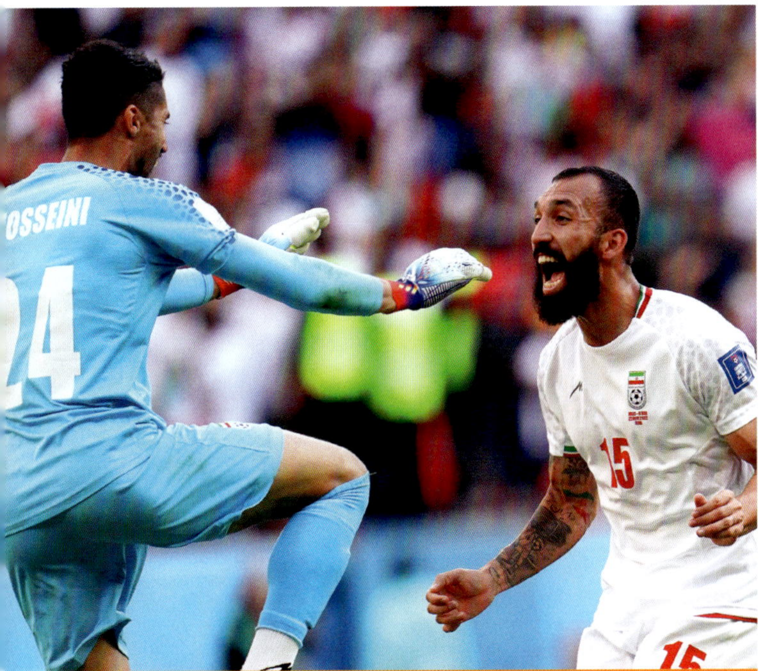

Jubelnde Iraner: Torhüter Seyed Hossein Hosseini (links) und Siegtorschütze Rouzbeh Cheshmi.

25. November 2022, 13 Uhr Ortszeit, Ahmed Bin Ali Stadium

WALES – IRAN
0 : 2

Trainer: Robert Page

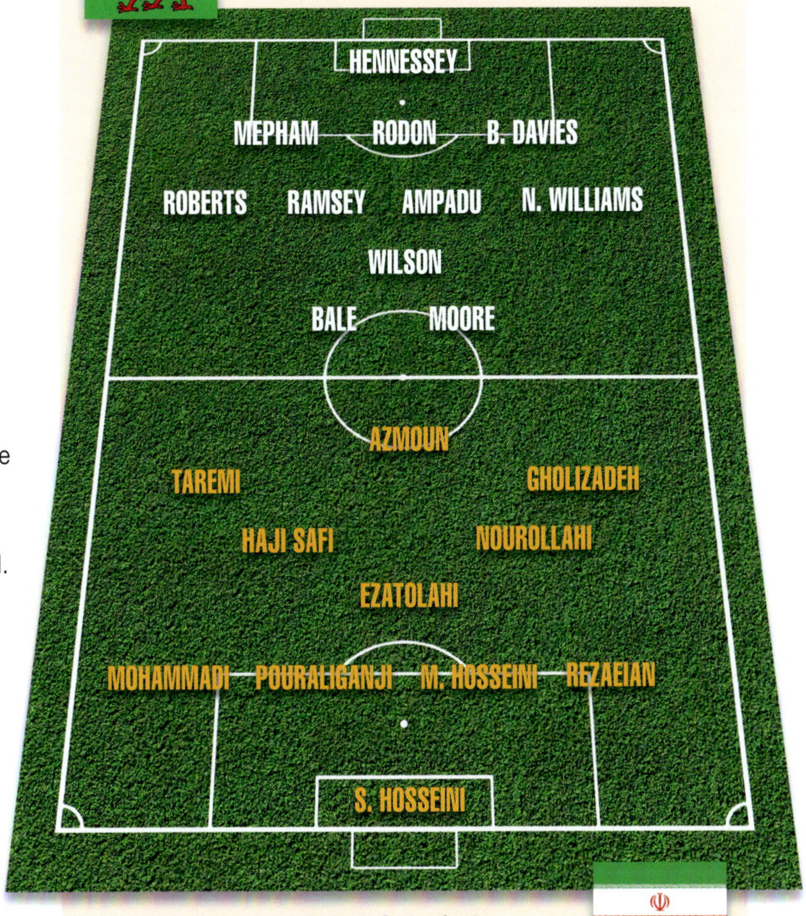

Trainer: Carlos Queiroz

Eingewechselt:

Wales	Iran
James für Wilson (57.)	Ansarifard für Azmoun (68.)
Johnson für Roberts (57.)	Torabi für Gholizadeh (77.)
Allen für Ampadu (77.)	Jahanbakhsh für Haji Safi (77.)
Ward für Ramsey (87.)	Cheshmi für Nourollahi (77.)
	Karimi für Ezatolahi (83.)

Tore: 0:1 Cheshmi (90.+8), 0:2 Rezaeian (90.+11)

Gelbe Karten: Rodon / Rezaeian, Jahanbakhsh

Gelb-Rote Karte: –

Rote Karte: Hennessey wegen groben Foulspiels nach Videobeweis (86.) / –

Schiedsrichter: Mario Escobar (Guatemala)

Zuschauer: 40 875

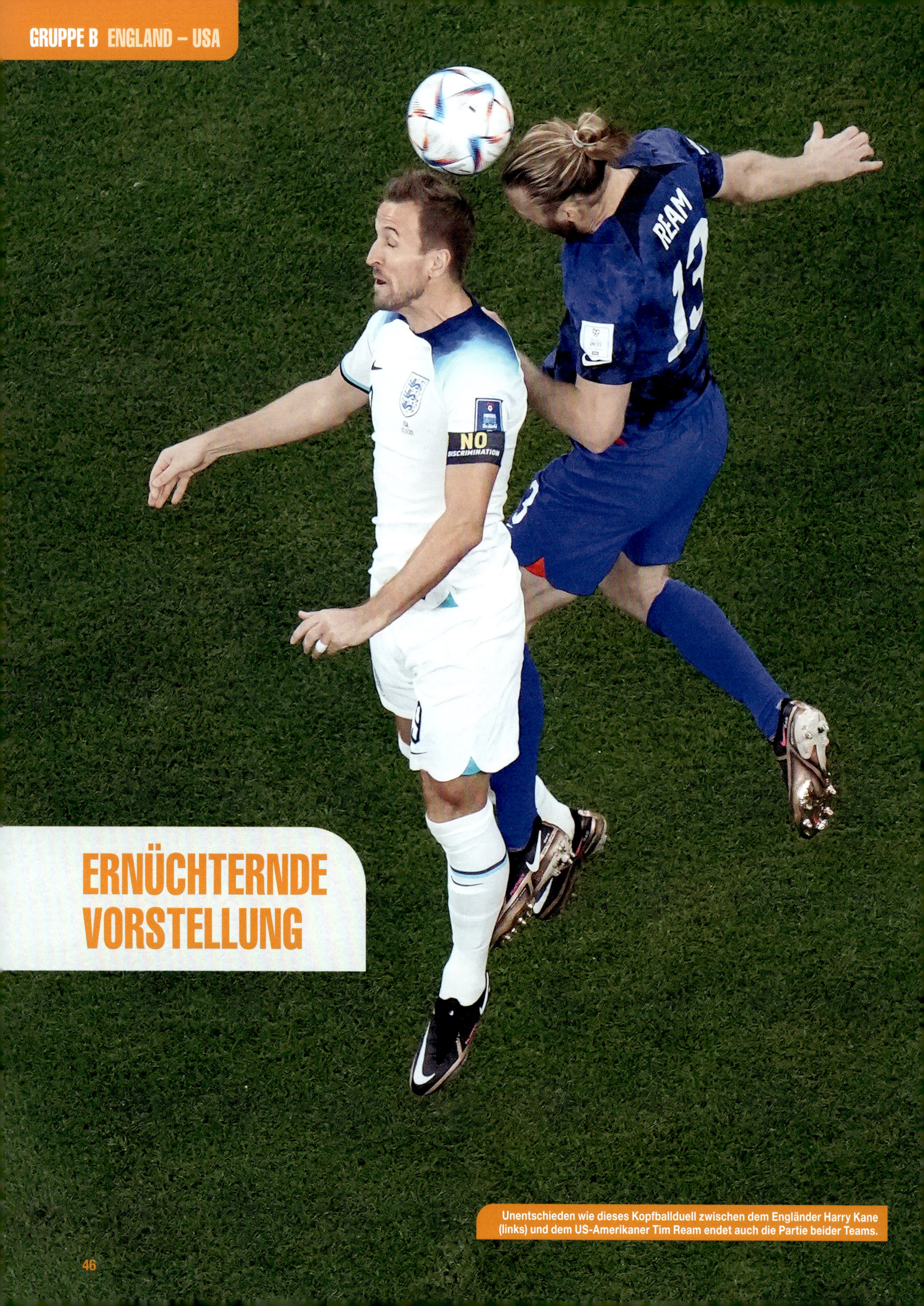

ERNÜCHTERNDE VORSTELLUNG

Unentschieden wie dieses Kopfballduell zwischen dem Engländer Harry Kane (links) und dem US-Amerikaner Tim Ream endet auch die Partie beider Teams.

Die Erwartungen waren groß vor dem Duell der beiden Teams, die in ihren Auftaktspielen in Gruppe B spielerisch zu überzeugen wussten. Umso ernüchternder gingen die 95 tor- und kartenlosen Minuten (inklusive Nachspielzeit) im Al-Bayt Stadium in Al-Chaur über die Bühne. Es schien, als hätten die Engländer mit dem 6:2 gegen den Iran ihr Pulver bereits verschossen. Merkwürdig uninspiriert agierten sie im Spiel nach vorn. Die Statistiker notierten auf beiden Seiten lediglich zwei ernstzunehmende Torchancen, allesamt in der ersten Hälfte. Die größte hatte in der 33. Minute der ehemalige Dortmunder Christian Pulisic für die USA, der mit einem wuchtigen Schuss aus zwölf Metern die Latte traf.
Die Amerikaner registrierten zu spät, dass an diesem Abend mehr als ein Punkt drin gewesen wäre. Nach dem Seitenwechsel wurden sie mutiger, waren spielbestimmend, zwingende Chancen gegen die defensiv gut gestaffelten Engländer blieben aber aus. US-Trainer Gregg Berhalter trauerte später dem verpassten Überraschungscoup hinterher: »Das Ergebnis könnte natürlich besser sein. Wir haben England viele Probleme bereitet.« Dessen Trainer Gareth Southgate gab sich eher kleinlaut, nachdem die »Three Lions« auch im dritten WM-Duell gegen die USA nach 1950 (0:1) und 2010 (1:1) sieglos geblieben waren: »Die Spieler waren enttäuscht, aber ich habe ihnen gesagt, dass sie das nicht sein müssen. Nicht viele Mannschaften gewinnen alle Vorrundenspiele.«

REMISKÖNIGE
Die Nullnummer gegen die USA war bereits das 22. Remis und das zwölfte torlose Spiel der »Three Lions« in ihrem 71. WM-Spiel seit der ersten Teilnahme 1950. Damit sind sie nun in beiden Kategorien Rekordhalter vor den für ihren defensiven und oftmals destruktiven Fußball bekannten Italienern, die in 83 WM-Spielen 21 Unentschieden, sieben davon torlos, verbuchen.

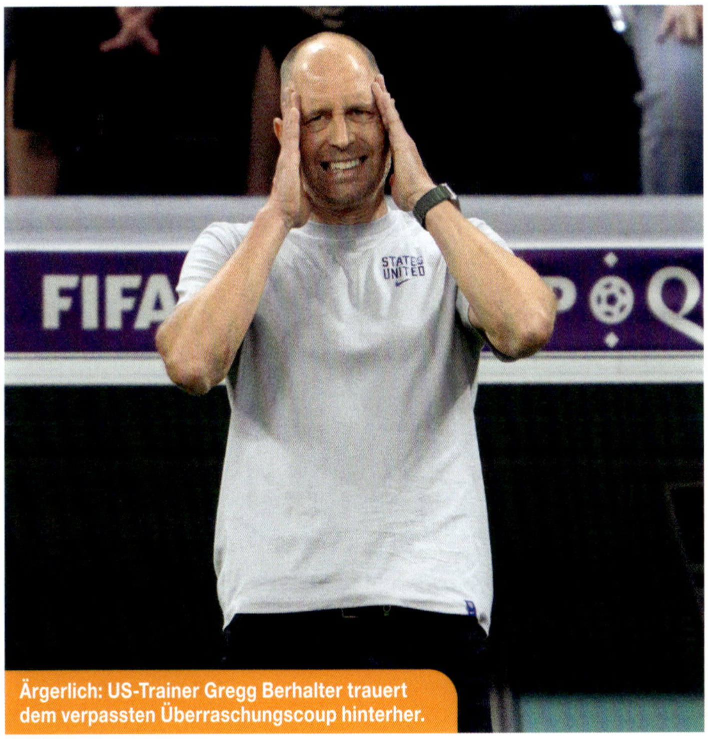

Ärgerlich: US-Trainer Gregg Berhalter trauert dem verpassten Überraschungscoup hinterher.

25. November 2022, 22 Uhr Ortszeit, Al-Bayt Stadium

ENGLAND – USA
0 : 0

Trainer: Gareth Southgate

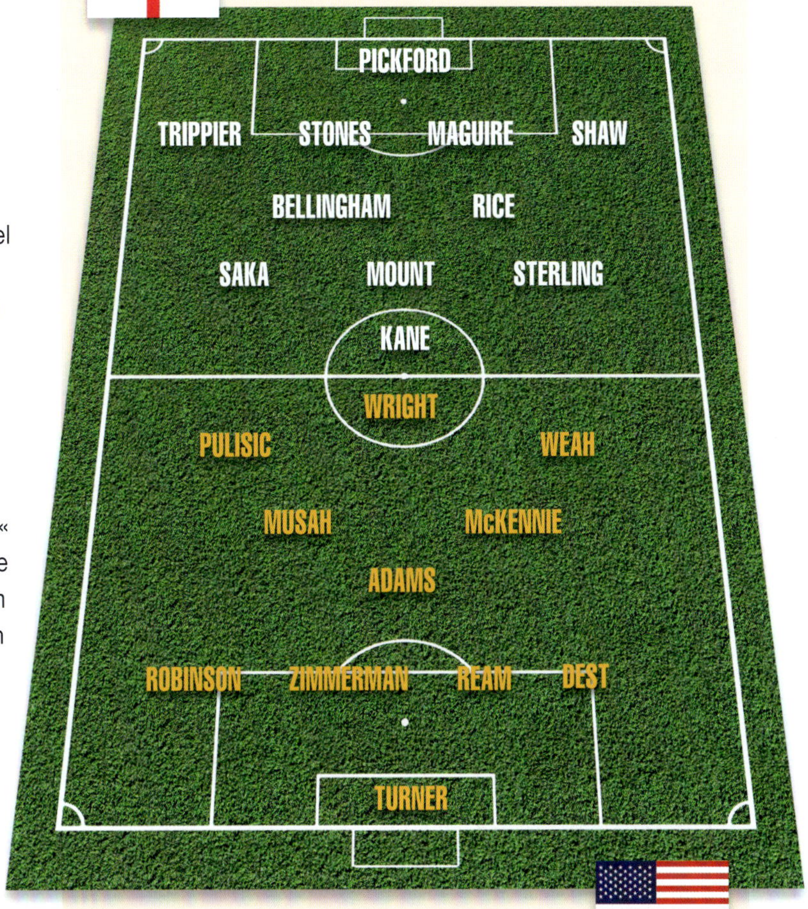

Trainer: Gregg Berhalter

Eingewechselt:

England:
Grealish für Sterling (68.)
Henderson für Bellingham (68.)
Rashford für Saka (77.)

USA:
Aaronson für McKennie (77.)
Moore für Dest (77.)
Reyna für Weah (83.)
Sargent für Wright (83.)

Tore: –

Gelbe Karte: –

Gelb-Rote Karte: –

Rote Karte: –

Schiedsrichter: Jesus Valenzuela (Venezuela)

Zuschauer: 68 463

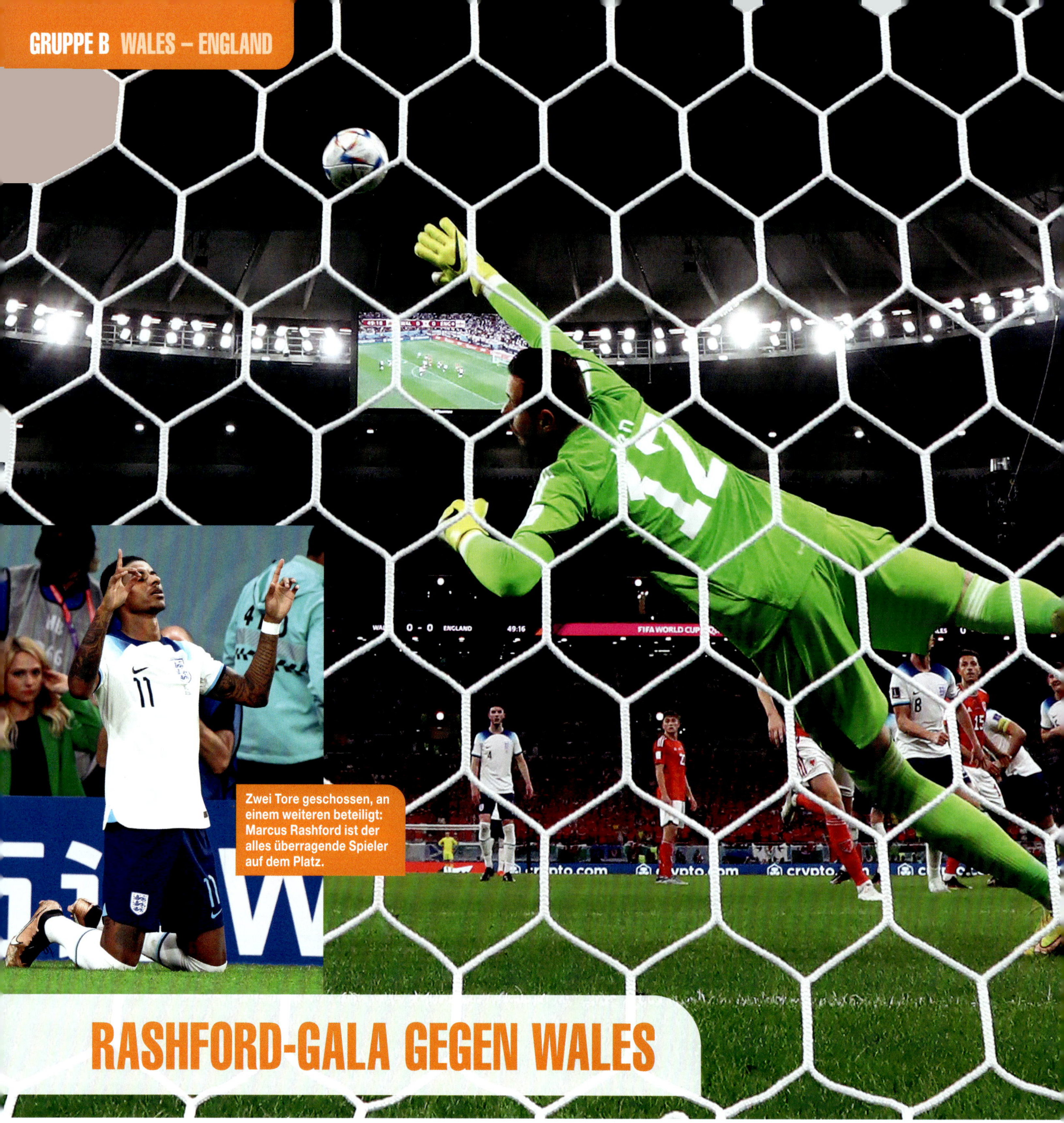

Zwei Tore geschossen, an einem weiteren beteiligt: Marcus Rashford ist der alles überragende Spieler auf dem Platz.

RASHFORD-GALA GEGEN WALES

Durch einen souveränen 3:0-Sieg im »Battle of Britain« gegen Wales sicherte sich England den ersten Platz in Gruppe B. Nach einer langweiligen ersten Hälfte drehte der Vizeeuropameister nach Seitenwechsel richtig auf, insbesondere in Person von Marcus Rashford. Der Angreifer von Manchester United erzielte das 1:0 und 3:0 selbst, beim zweiten Treffer war er an der Entstehung beteiligt.

Schon in Halbzeit eins waren die »Three Lions« mit 74 Prozent Ballbesitz und 9:2 Torschüssen das dominierende Team, allerdings ohne die letzte Konsequenz vor und im gegnerischen Strafraum. Die Waliser, die für das Weiterkommen einen Sieg benötigt hätten, agierten überraschend passiv und mutlos im Spiel nach vorn. Nach der Pause blieb dann auch noch ihr Stürmerstar Gareth Bale leicht angeschlagen auf der Bank.

Durch einen Doppelschlag zu Beginn der zweiten Halbzeit belohnten sich die Engländer endlich für ihre Bemühungen. Wie ein Strich schlug der Freistoß von Marcus Rashford aus 20 Metern im Tor der Waliser ein. 96 Sekunden später das 2:0: Rashford eroberte auf der rechten Seite den Ball, Harry Kane flankte in den Fünfmeterraum und Phil Foden brauchte dort nur noch einzuschieben. Mitte der zweiten Hälfte sorgte Rashord für den Endstand. Im Strafraum spielte er Connor Roberts aus, sein

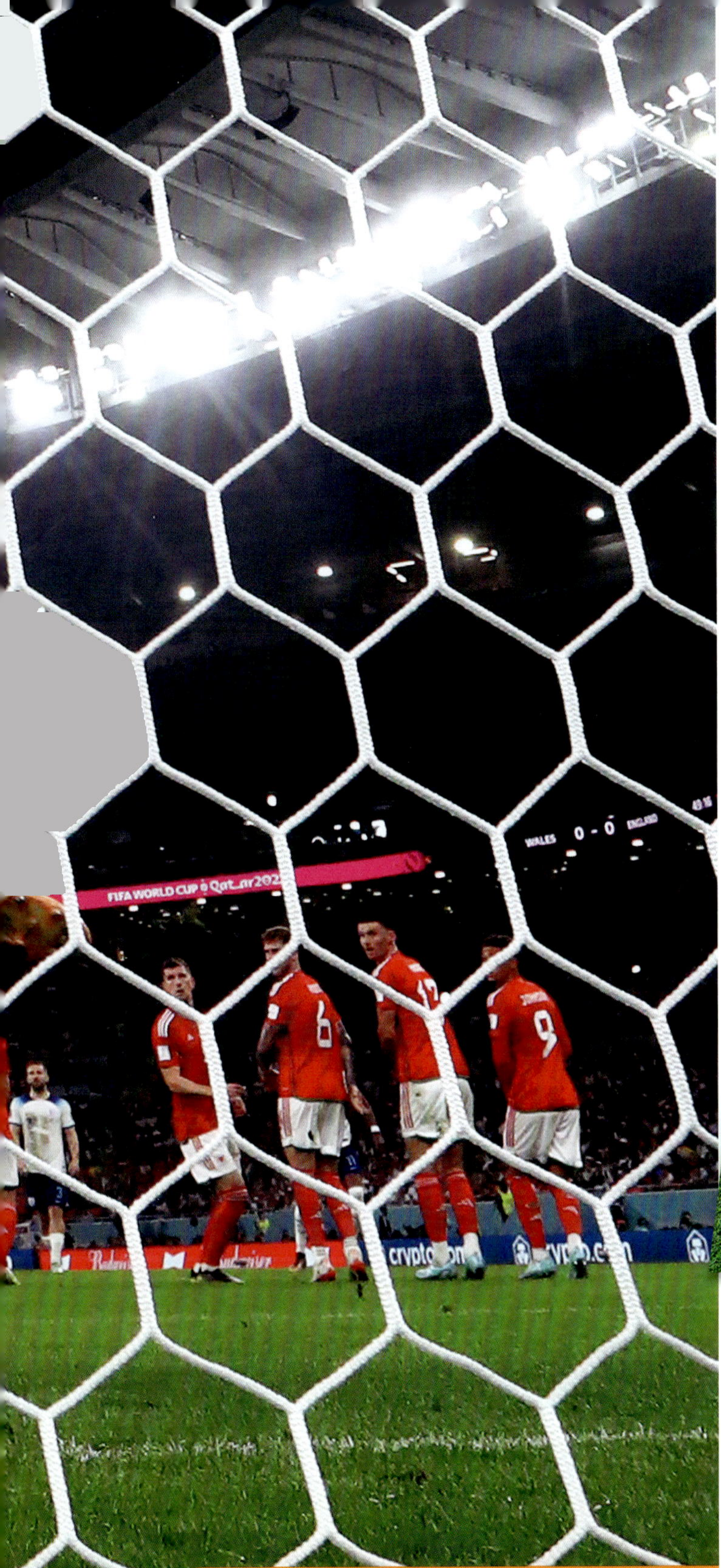

Wie ein Strich: Unhaltbar für Torhüter Danny Ward schlägt der Freistoß von Marcus Rashford im Gehäuse der Waliser ein.

29. November 2022, 22 Uhr Ortszeit, Ahmed Bin Ali Stadium

WALES – ENGLAND
0 : 3

Trainer: Robert Page

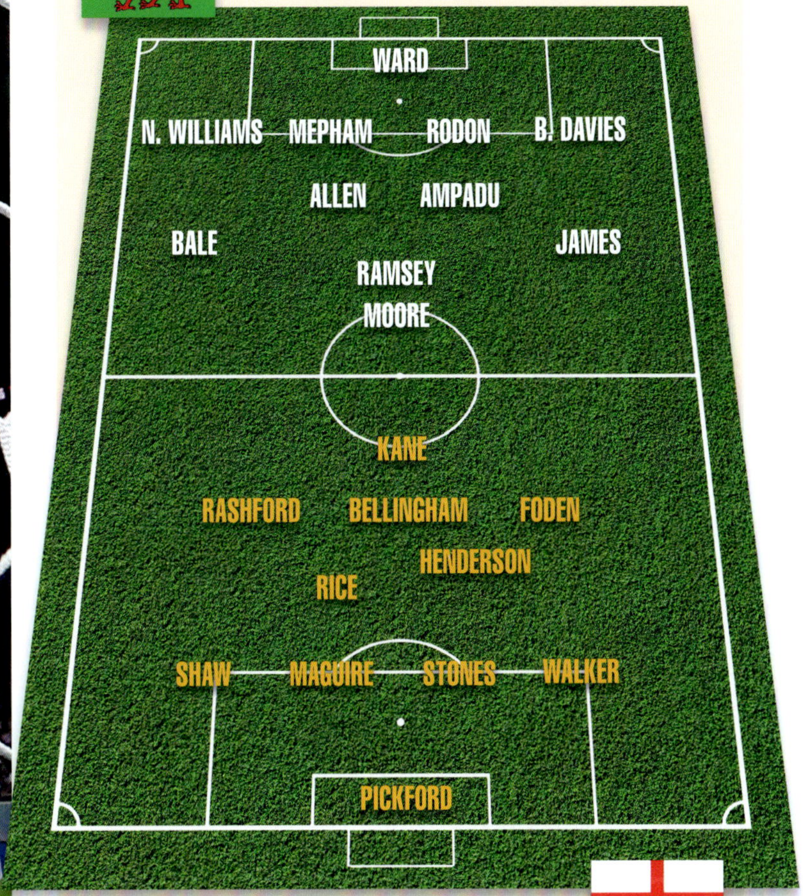

Trainer: Gareth Southgate

Eingewechselt:

Wales:
Roberts für Williams (36./Concussion Protocol)
Johnson für Bale (46.)
Morrell für Davies (57.)
Wilson für James (77.)
Colwill für Allen (81.)

England:
Wilson für Kane (57.)
Phillips für Rice (57.)
Trippier für Shaw (65.)
Grealish für Rashford (75.)

Tore: 0:1 Rashford (50.), 0:2 Foden (51.), 0:3 Rashford (68.)

Gelbe Karten: James, Ramsey / –

Gelb-Rote Karte: –

Rote Karte: –

Schiedsrichter: Slavko Vincic (Slowenien)

Zuschauer: 44 297

Schuss aus rund zehn Metern schlug durch die Beine von Torhüter Danny Ward im Gehäuse ein. Es war der 100. Treffer der Engländer bei einer WM.
Mit nur einem Punkt und einem Tor in drei Spielen, dem verwandelten Elfmeter von Gareth Bale zum Auftakt gegen die USA, verlief die erste WM-Teilnahme der Waliser seit 1958 in Schweden ernüchternd. Nationaltrainer Robert Page aber war schon mit der Teilnahme zufrieden: »Wir haben eine Weltmeisterschaft erreicht, und das war eine unglaubliche Leistung für diese Gruppe von Spielern. Wir haben alles gegeben. Meine Botschaft lautet: Seid nicht enttäuscht.«

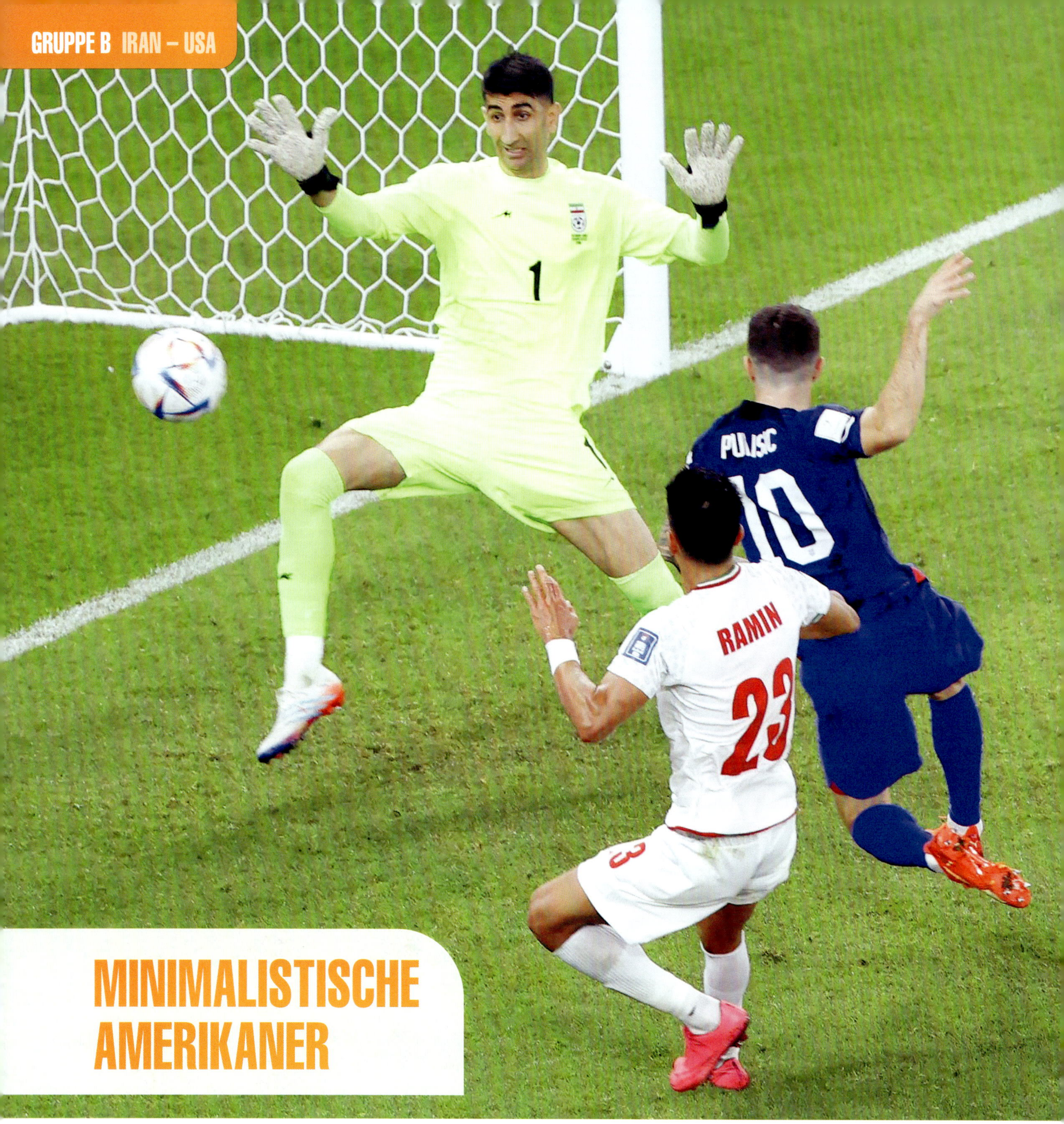

MINIMALISTISCHE AMERIKANER

Zwei Tore in drei Gruppenspielen reichten den US-Amerikanern für den zweiten Platz in Gruppe B. Dem 1:1 zum Auftakt gegen Wales und der Nullnummer gegen England ließen sie einen 1:0-Arbeitssieg gegen den Iran folgen. Für die USA war ein Sieg im letzten Gruppenspiel Pflicht, dem Iran hätte ein Unentschieden fürs Weiterkommen gereicht, ein Sieg der klar favorisierten Engländer im Parallelspiel gegen Außenseiter Wales vorausgesetzt. Entsprechend angriffslustig gingen die Amerikaner in die Partie, von Beginn an waren sie das spielbestimmende Team. In der 38. Minute sorgte Christian Pulisic für die verdiente Führung. Der frühere Schalker Weston McKennie hatte den Ball hoch in

EMOTIONALER ABSCHIED

Nur für die Dauer der WM war Carlos Queiroz im Herbst 2022 kurzfristig zur iranischen Nationalmannschaft zurückgekehrt, die er bereits von 2011 bis 2019 trainiert hatte. Nach dem 0:1 gegen die USA verabschiedete sich der 69-jährige Portugiese mit einer – auch in Bezug auf die politischen Unruhen im Lande – emotionalen Botschaft bei *Instagram* von seinen Spielern: »Es war mir eine Ehre und ein Privileg, Teil dieser Fußballfamilie gewesen zu sein. Ich glaube, dass ihr vollen Respekt dafür verdient, eurem Land und den Fußballfans Glaubwürdigkeit geschenkt zu haben.«

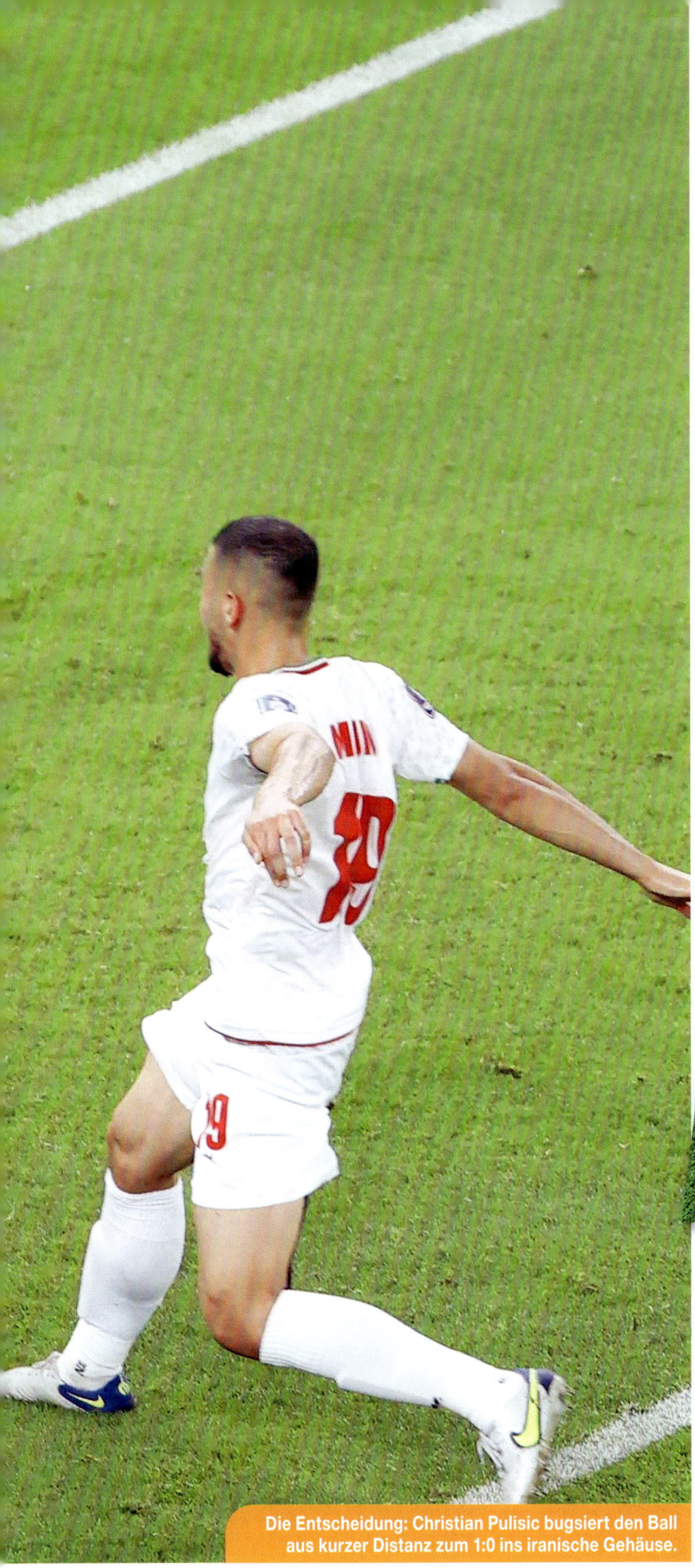

Die Entscheidung: Christian Pulisic bugsiert den Ball aus kurzer Distanz zum 1:0 ins iranische Gehäuse.

29. November 2022, 22 Uhr Ortszeit, Al-Thumama Stadium

IRAN – USA
0 : 1

Trainer: Carlos Queiroz

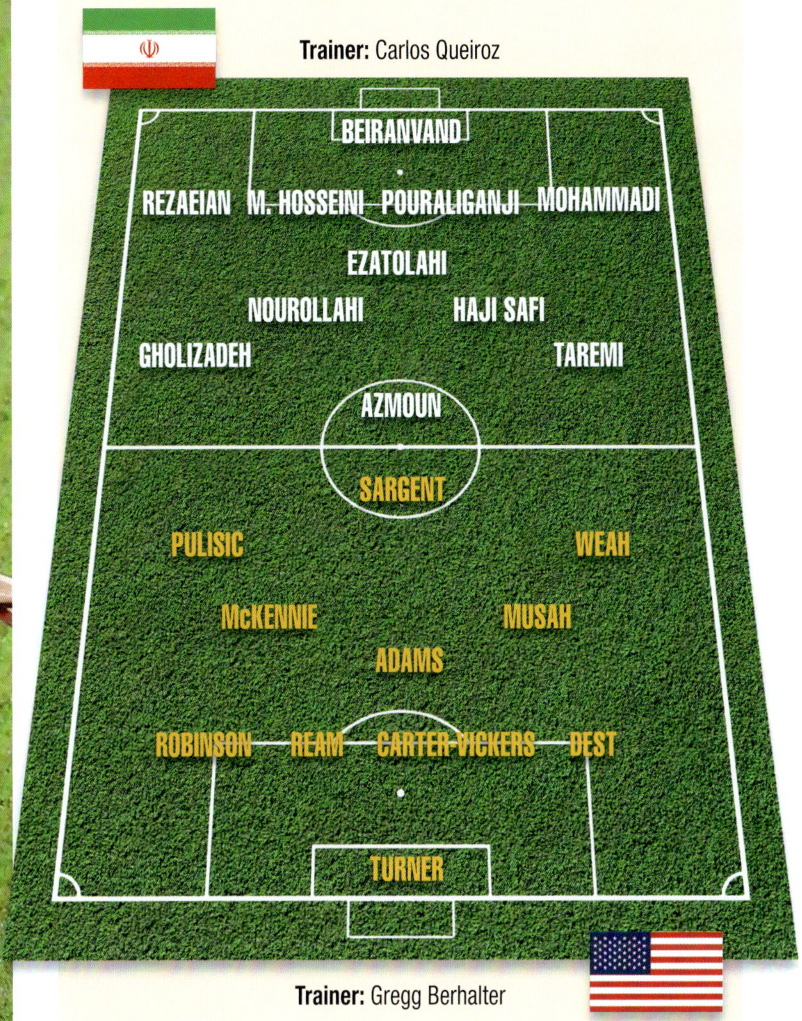

Trainer: Gregg Berhalter

Eingewechselt:

Iran	USA
Karimi für Mohammadi (45.+2)	Aaronson für Pulisic (46.)
Ghoddos für Azmoun (46.)	Acosta für McKennie (65.)
Torabi für Nourollahi (71.)	Wright für Sargent (77.)
Jalali für Haji Safi (71.)	Moore für Dest (82.)
Ansarifard für Gholizadeh (77.)	Zimmerman für Weah (82.)

Tor: 0:1 Pulisic (38.)

Gelbe Karten: M. Hosseini, Jalali / Adams

Gelb-Rote Karte: –

Rote Karte: –

Schiedsrichter: Antonio Mateu Lahoz (Spanien)

Zuschauer: 42 127

den Strafraum gezirkelt, Sergino Dest köpfte ihn in die Mitte, und dort stand Pulisic goldrichtig. Nach seinem Treffer prallte der Ex-Dortmunder mit dem iranischen Torhüter Alireza Beiranvand zusammen, musste minutenlang behandelt und schließlich in der Halbzeitpause wegen einer Beckenprellung ausgewechselt werden.
Nach Wiederanpfiff erhöhten die Iraner den Druck, drängten auf den Ausgleich. Die größte Chance hatten sie in der neunten Minute der Nachspielzeit, als US-Torhüter Matt Turner der Ball durch die Beine rutschte, Walker Zimmerman schlug ihn aber noch vor der Linie weg.

GRUPPE C

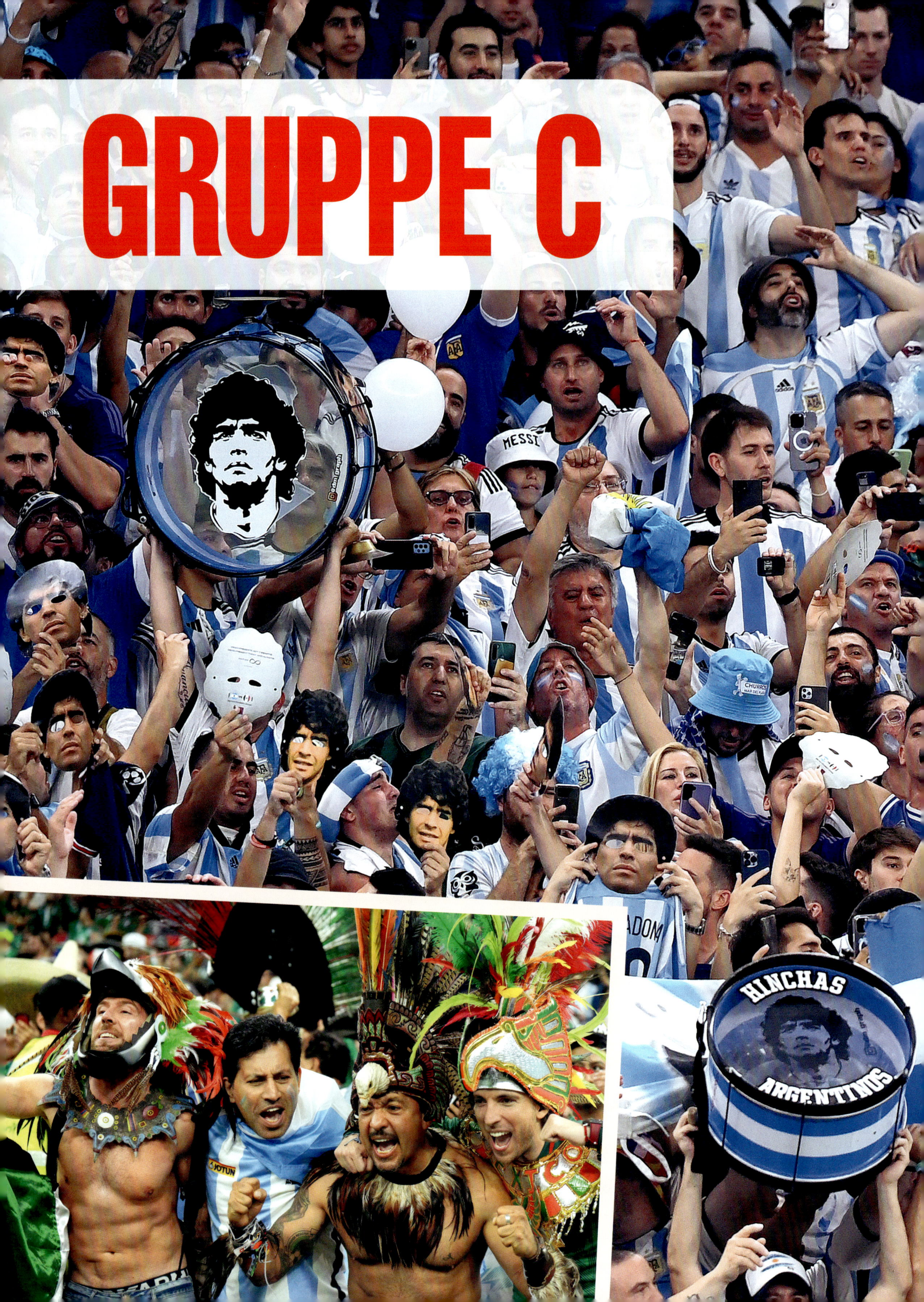

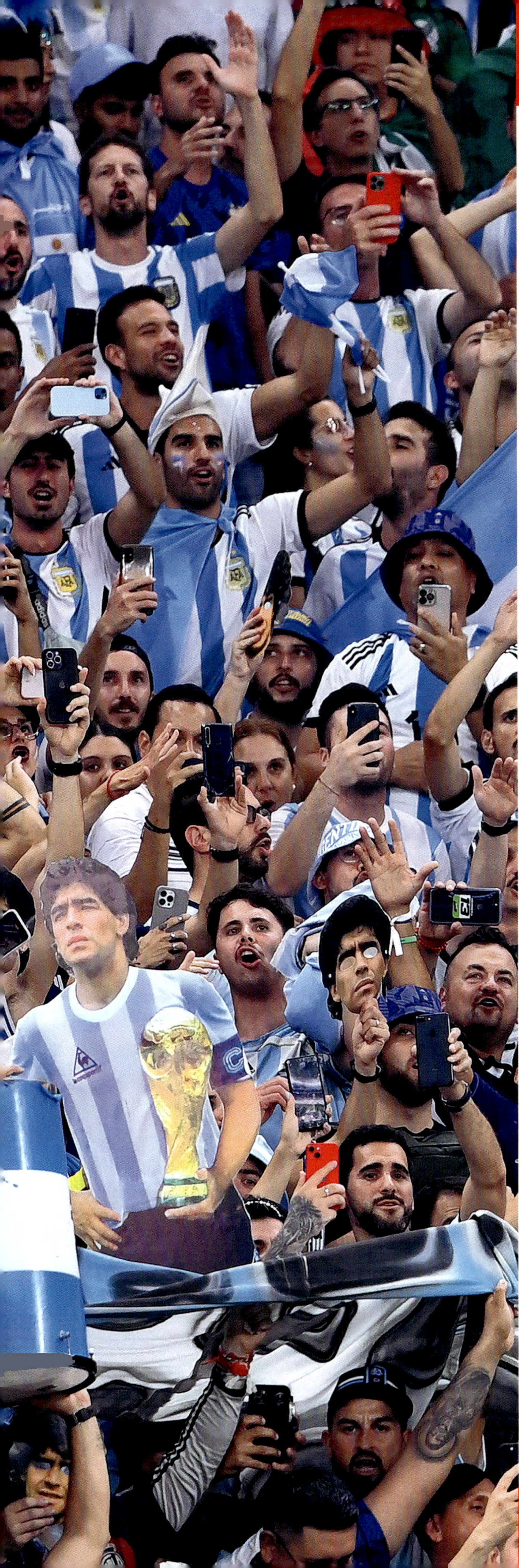

	Team		Spiele	Tore	Punkte
1.	**Argentinien**		3	5:2	6
2.	**Polen**		3	2:2	4
3.	Mexiko		3	2:3	4
4.	Saudi-Arabien		3	3:5	3

Argentinien – Saudi-Arabien	1:2 (1:0)
Mexiko – Polen	0:0
Polen – Saudi-Arabien	2:0 (1:0)
Argentinien – Mexiko	2:0 (0:0)
Polen – Argentinien	0:2 (0:0)
Saudi–Arabien – Mexiko	1:2 (0:0)

Trotz der 1:2-Blamage zum Auftakt gegen Saudi-Arabien machte WM-Mitfavorit Argentinien in Gruppe C das Rennen. Gegen Mexiko und Polen setzte sich der zweimalige Weltmeister jeweils souverän mit 2:0 durch. Spannend bis in die Nachspielzeit hinein verlief am dritten und letzten Spieltag das Fernduell um den zweiten Platz zwischen Polen und Mexiko. Beinahe hätte sogar die Fairplay-Wertung (Anzahl der Gelben und Roten Karten) den Ausschlag geben müssen. Letztendlich setzten sich die Europäer aufgrund eines weniger kassierten Gegentreffers durch und zogen erstmals seit 1986 wieder ins Achtelfinale ein. Saudi-Arabien ließ dem Sensationssieg gegen Argentinien keine weiteren Heldentaten folgen und verabschiedete sich als Gruppenletzter aus dem Turnier.

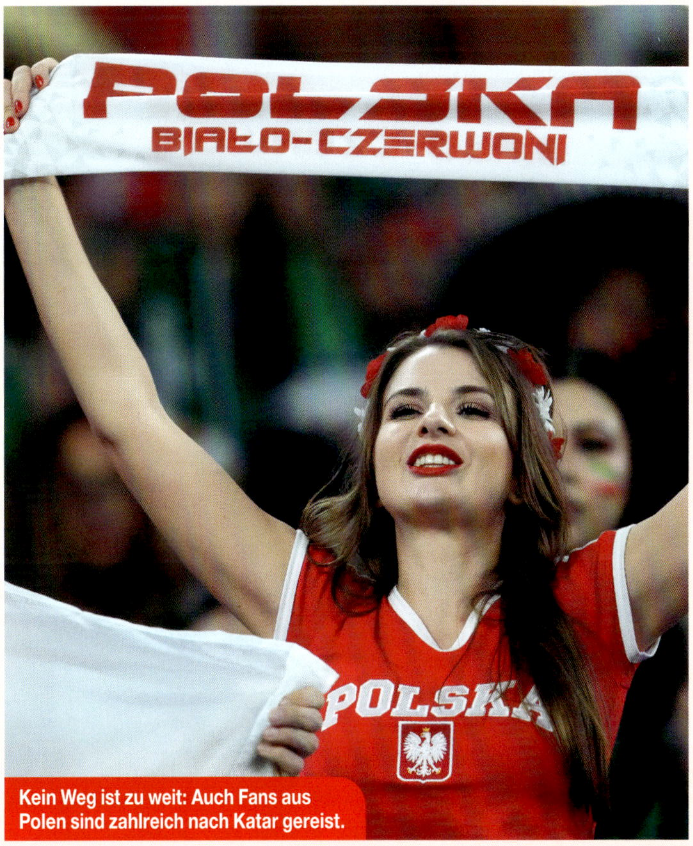

Kein Weg ist zu weit: Auch Fans aus Polen sind zahlreich nach Katar gereist.

MESSIS DEMÜTIGUNG

Mit einem Salto feiert Salem Al-Dawsari den Siegtreffer.

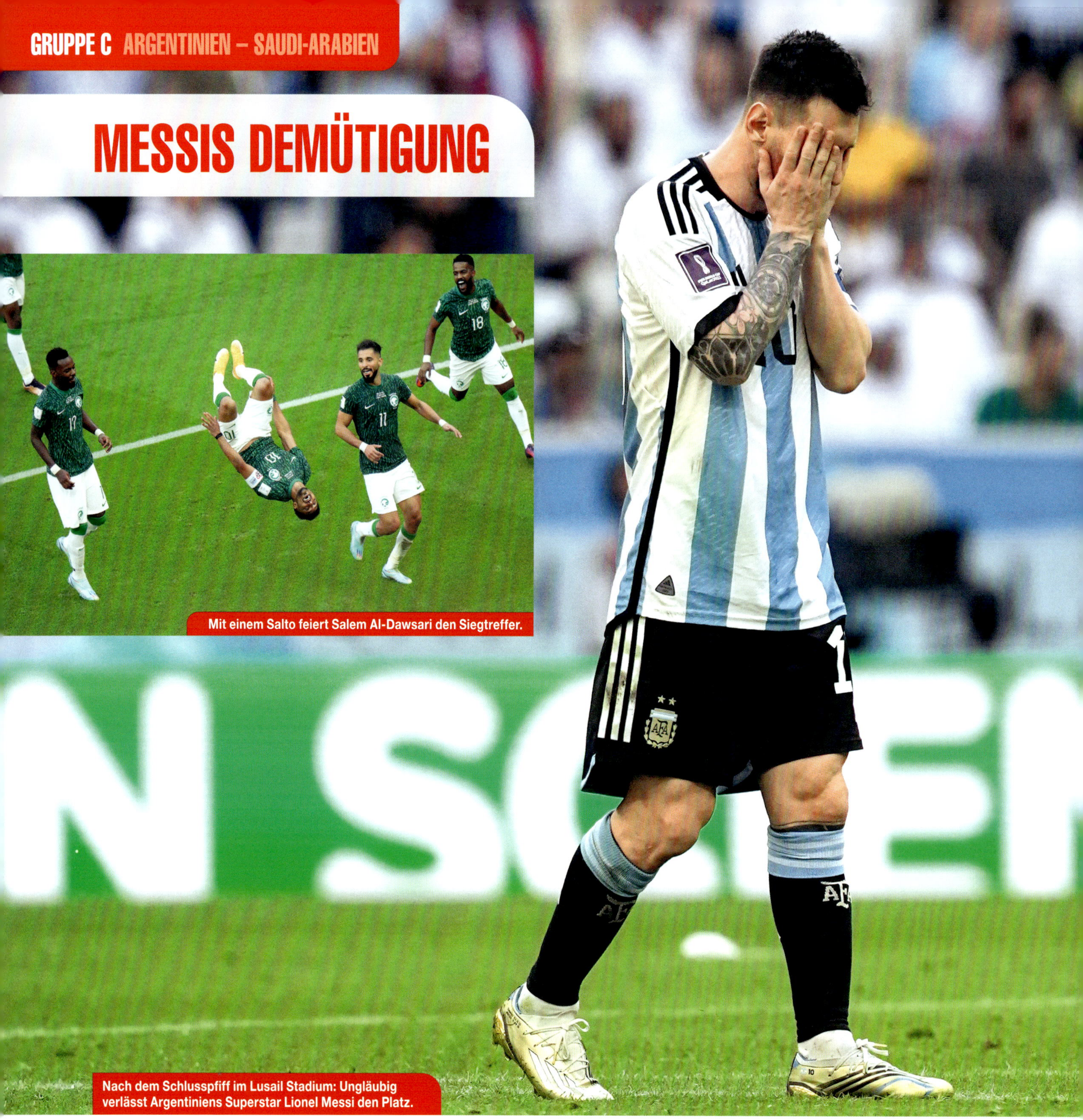

Nach dem Schlusspfiff im Lusail Stadium: Ungläubig verlässt Argentiniens Superstar Lionel Messi den Platz.

Das Auftaktspiel in Gruppe C lieferte die erste Sensation dieser WM. Die Nachrichtenagenturen ordneten die 1:2-Niederlage von Mitfavorit Argentinien gegen Außenseiter Saudi-Arabien sogar als eine der größten Blamagen der WM-Geschichte ein.

Dabei schien es nach einer ersten Halbzeit, in der die »Albiceleste« durch ein Elfmetertor von Lionel Messi schon nach zehn Minuten in Führung gegangen war, nur noch um die Höhe des Sieges zu gehen. Die Argentinier kontrollierten das Spielgeschehen. Weitere Treffer von Messi in der 22. sowie von Lautaro Martinez in der 27. und 35. Minute wurden von Schiedsrichter Slavko Vincic nach Ansicht des Videobeweises beziehungsweise einem Hinweis seines Assistenten wegen Abseits nicht anerkannt. Auch Messis Elfmetertor ging der Videobeweis voraus:

WELTREKORD VERPASST

36 Spiele beziehungsweise 1238 Tage waren die Argentinier vor dem Spiel ungeschlagen, die letzte Niederlage datierte aus dem Juli 2019 (0:2 gegen Brasilien). Mit einem Sieg oder einem Unentschieden hätten sie den Weltrekord der Italiener (37 Spiele ohne Niederlage zwischen 2018 und 2021) egalisiert. Als Trost bleibt ihnen Platz zwei vor den jeweils 35 Spielen ungeschlagenen Spaniern (2007 bis 2009) und Brasilianern (1993 bis 1996).

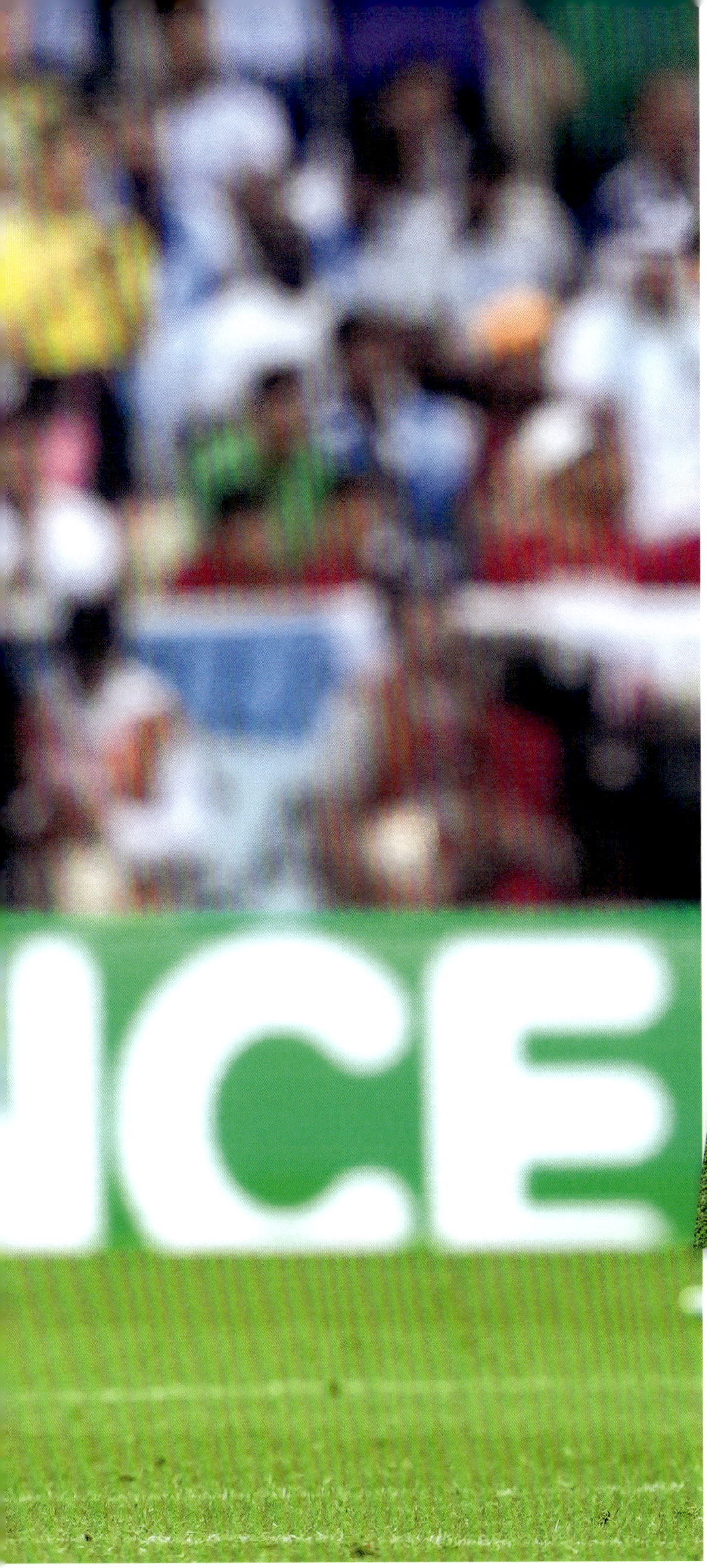

22. November 2022, 13 Uhr Ortszeit, Lusail Stadium

ARGENTINIEN – SAUDI-ARABIEN

1 : 2

Trainer: Lionel Scaloni

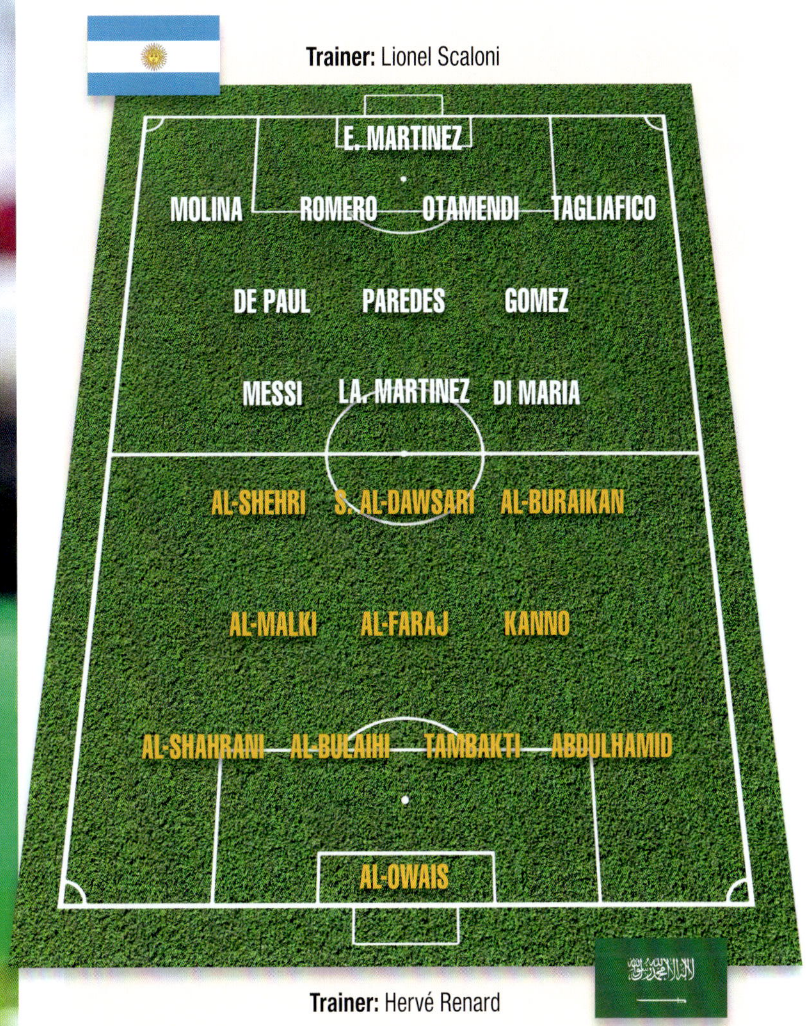

Trainer: Hervé Renard

Eingewechselt:

Argentinien	Saudi-Arabien
Li. Martinez für Romero (59.)	Al-Abed für Al-Faraj (45.+3)
Fernandez für Paredes (59.)	Al-Ghanam für Al-Shehri (78.)
Alvarez für Gomez (59.)	Al-Amri für Al-Abed (88.)
Acuna für Tagliafico (71.)	Asiri für Al-Buraikan (88.)
	Al-Burayk für Al-Shahrani (90.+9)

Saud Abdulhamid hatte Leandro Paredes nach einem Eckball im Strafraum mit einem Ringergriff zu Fall gebracht. Saudi-Arabien war zur Halbzeit mit dem 0:1 gut bedient.
Nach Seitenwechsel folgte die nie für möglich gehaltene Wende. Die Argentinier gingen das Spiel viel zu locker an. Ein leichtfertiger Ballverlust von Messi im Mittelfeld führte zum schnellen Ausgleich durch Saleh Al-Shehri in der 48. Minute. Nur fünf Minuten später sorgte Salem Al-Dawsari mit einem Schlenzer von der Strafraumkante für die Führung des Außenseiters. Die Argentinier rannten danach wütend an, doch Saudi-Arabiens Torhüter Mohammed Al-Owais rettete im Verbund mit seinen Vorderleuten den Sensationssieg über die Zeit.

Tore: 1:0 Messi (10., Foulelfmeter), 1:1 Al-Shehri (48.), 1:2 S. Al-Dawsari (53.)

Gelbe Karten: – / Al-Owais, Abdulhamid, Al-Bulaihi, Al-Malki, S. Al-Dawsari, Al-Abed

Gelb-Rote Karte: –

Rote Karte: –

Schiedsrichter: Slavko Vincic (Slowenien)

Zuschauer: 88 012

FATALER FEHLSCHUSS

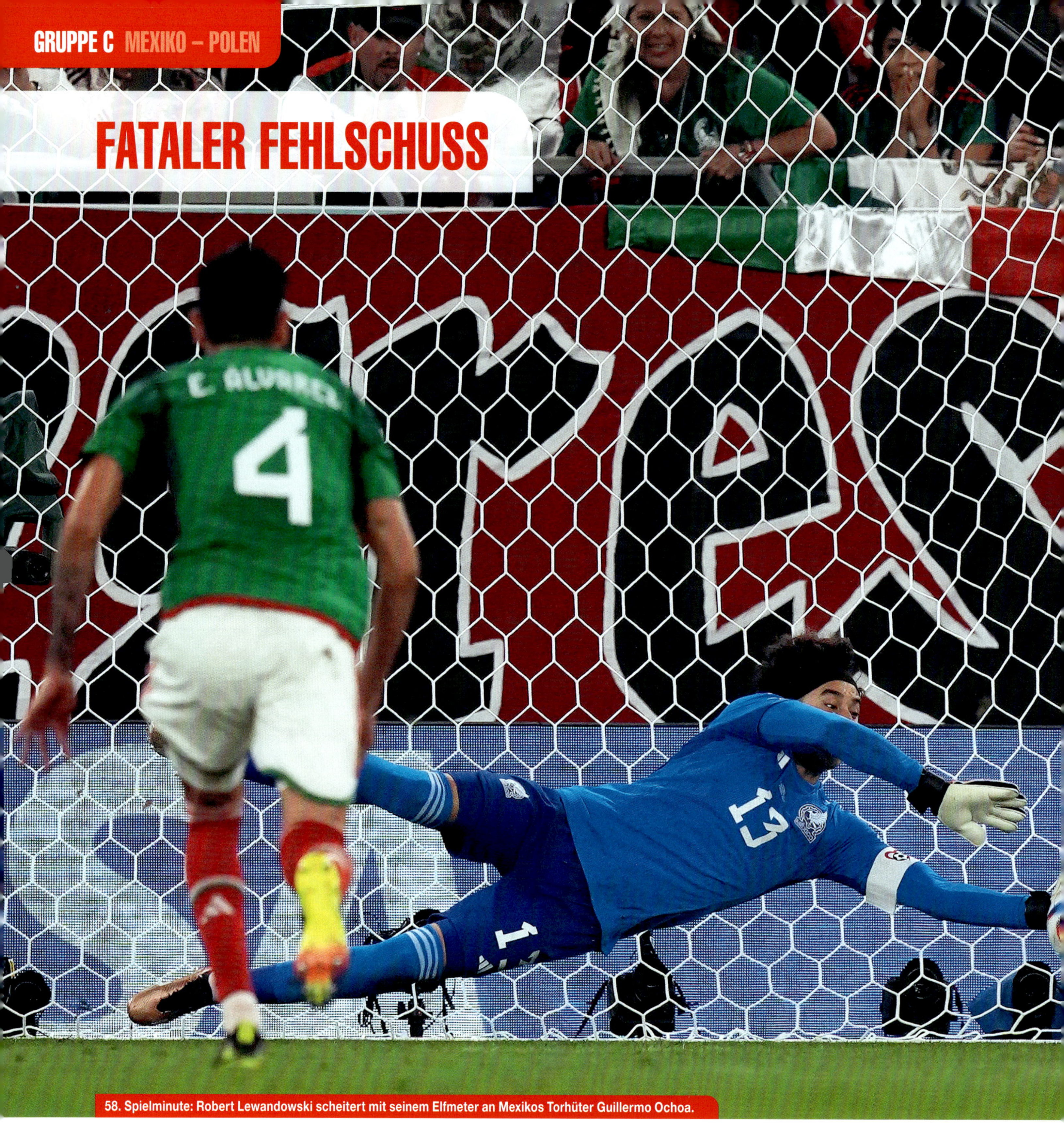

58. Spielminute: Robert Lewandowski scheitert mit seinem Elfmeter an Mexikos Torhüter Guillermo Ochoa.

Zu 62 Strafstößen war Robert Lewandowski in seinen 14 Profijahren in Verein und Nationalmannschaft angetreten, 54 davon hatte er verwandelt. 87 Prozent – eine herausragende Quote. Beim 63. versagten dem zweimaligen FIFA-Weltfußballer jedoch die Nerven. Entgegen seiner sonstigen Gepflogenheit lief der Pole ohne Verzögerung an – und scheiterte dann mit seinem Schuss in die rechte untere Ecke an Mexikos Torhüter-Oldie Guillermo Ochoa (37 Jahre). Lewandowskis Elfmeter in der 58. Spielminute war die größte Chance in der ansonsten faden und torlosen Partie zwischen Polen und Mexiko. Der ehemalige Profi von Borussia Dortmund und des FC Bayern München, seit Sommer 2022 beim FC Barcelona unter Vertrag und einer der verlässlichsten Torjäger der Welt, blieb damit auch in seinem vierten Spiel bei einer Weltmeisterschaft ohne Treffer.

WM-REKORDTEILNEHMER

Mexikos Torhüter Guillermo Ochoa und sein Teamkollege Andrés Guardado stiegen in den Kreis der WM-Rekordteilnehmer auf. Beide sind nach 2006, 2010, 2014 und 2018 zum fünften Mal dabei. Den elitären Kreis komplettieren Lothar Matthäus, der Italiener Gianluigi Buffon, der Argentinier Lionel Messi, der Portugiese Cristiano Ronaldo sowie Rafael Márquez und Antonio Carbajal, beide ebenfalls Mexikaner.

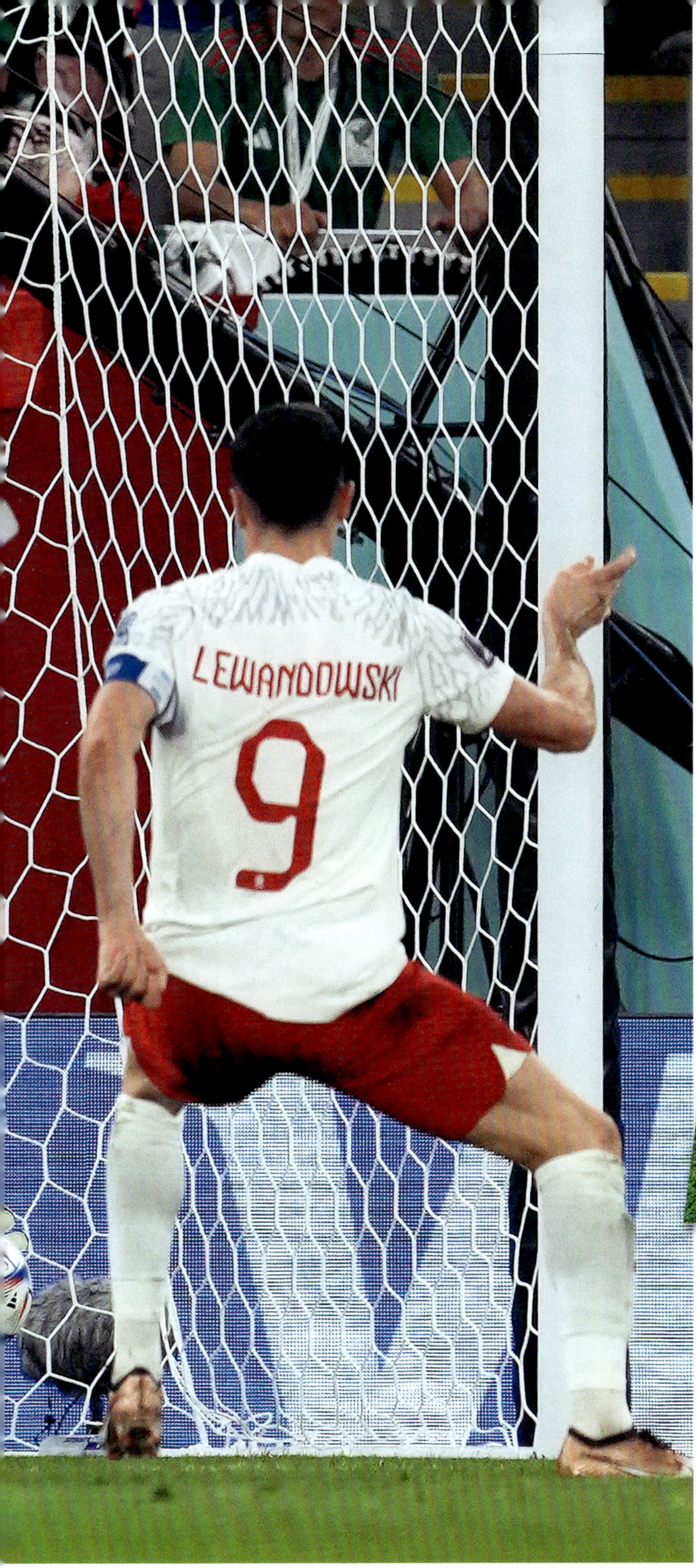

22. November 2022, 19 Uhr Ortszeit, Stadium 974

MEXIKO – POLEN

0 : 0

Trainer: Gerardo Martino

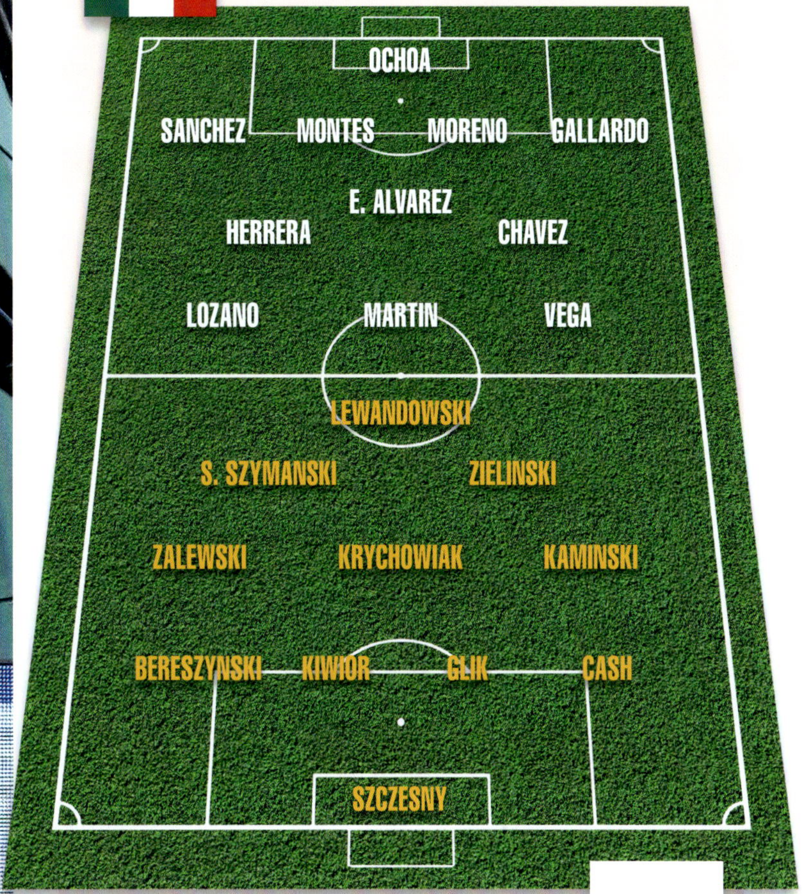

Trainer: Czeslaw Michniewicz

Eingewechselt:

Mexiko	Polen
Jimenez für Martin (71.)	Bielik für Zalewski (46.)
Rodriguez für Herrera (71.)	Frankowski für S. Szymanski (71.)
Antuna für Vega (84.)	Milik für Zielinski (87.)

»Ich kann das besser«, sagte er hinterher über seine ungewohnt lange Torflaute.
Der Strafstoß wurde an Lewandowski selbst verschuldet, Mexikos Innenverteidiger Hector Moreno hatte ihn zunächst gehalten und anschließend noch umgestoßen. Schiedsrichter Christopher Beath deutete nach Ansicht des Videobeweises auf den Punkt.
Die Polen haderten über die vergebene Großchance, die Mexikaner feierten ihren Elfmetertöter Guillermo Ochoa. Auch sie hätten die Partie gewinnen können. Über die gesamte Spielzeit hinweg war »El Tri« das bessere Team, hatte 60 Prozent Ballbesitz und schoss doppelt so oft aufs Tor wie die Polen, nämlich zehnmal.

Tore: –

Gelbe Karten: Sanchez, Moreno / Frankowski

Gelb-Rote Karte: –

Rote Karte: –

Schiedsrichter: Christopher Beath (Australien)

Zuschauer: 39 369

LEWANDOWSKIS ERLÖSUNG

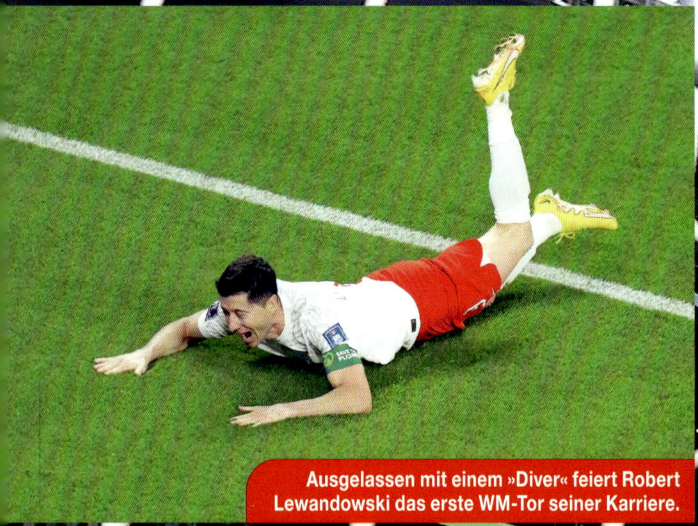

Ausgelassen mit einem »Diver« feiert Robert Lewandowski das erste WM-Tor seiner Karriere.

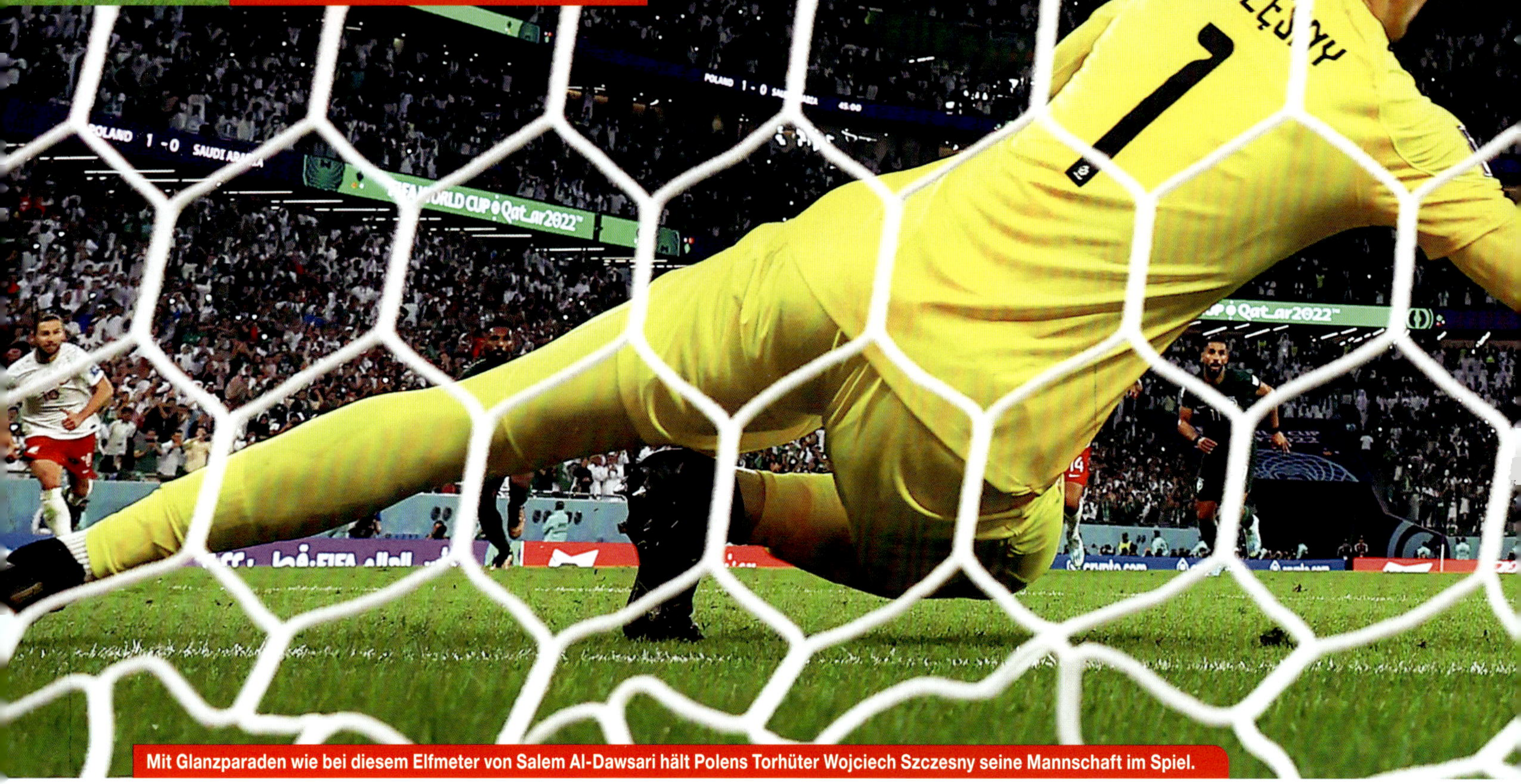

Mit Glanzparaden wie bei diesem Elfmeter von Salem Al-Dawsari hält Polens Torhüter Wojciech Szczesny seine Mannschaft im Spiel.

Vier Tage nach dem Sensationssieg gegen Argentinien setzte es für Saudi-Arabien einen Dämpfer. Trotz spielerischer Überlegenheit mit 16:9 Torschüssen, 55 Prozent gewonnener Zweikämpfe und gar 64 Prozent Ballbesitz fanden die »Grünen Falken« in den international erfahreneren Polen ihren Meister. Lautstark unterstützt von mehreren Zehntausend Schlachtenbummlern im Education City Stadium machte Saudi-Arabien das Spiel, Polen aber machte die Tore, zwei an der Zahl. An beiden war der zweimalige Weltfußballer Robert Lewandowski beteiligt: Das erste in der 40. Minute durch Piotr Zielinski bereitete er mit einem Rückpass vor. Das zweite in der 82. Minute erzielte er selbst. An der Strafraumkante luchste er Abdulellah Al-Malki den Ball ab und schob diesen am herauseilenden Torhüter Mohammed Al-Owais vorbei ins Tor. Mit einem »Diver« und Tränen in den Augen feierte der frühere Dortmunder und Münchner sein erstes WM-Tor überhaupt. Auch nach Spielende emotional noch sichtlich bewegt sagte er: »Ich hatte diesen Traum in mir, von Kindheit an. Dieser Traum ist wahr geworden, das bedeutet mir so viel.«
Polens Matchwinner jedoch war Wojciech Szczesny. Mit zahlreichen Glanzparaden hielt der Torhüter von Juventus Turin die Weiß-Roten im Spiel. Seine größte: In der Nachspielzeit der

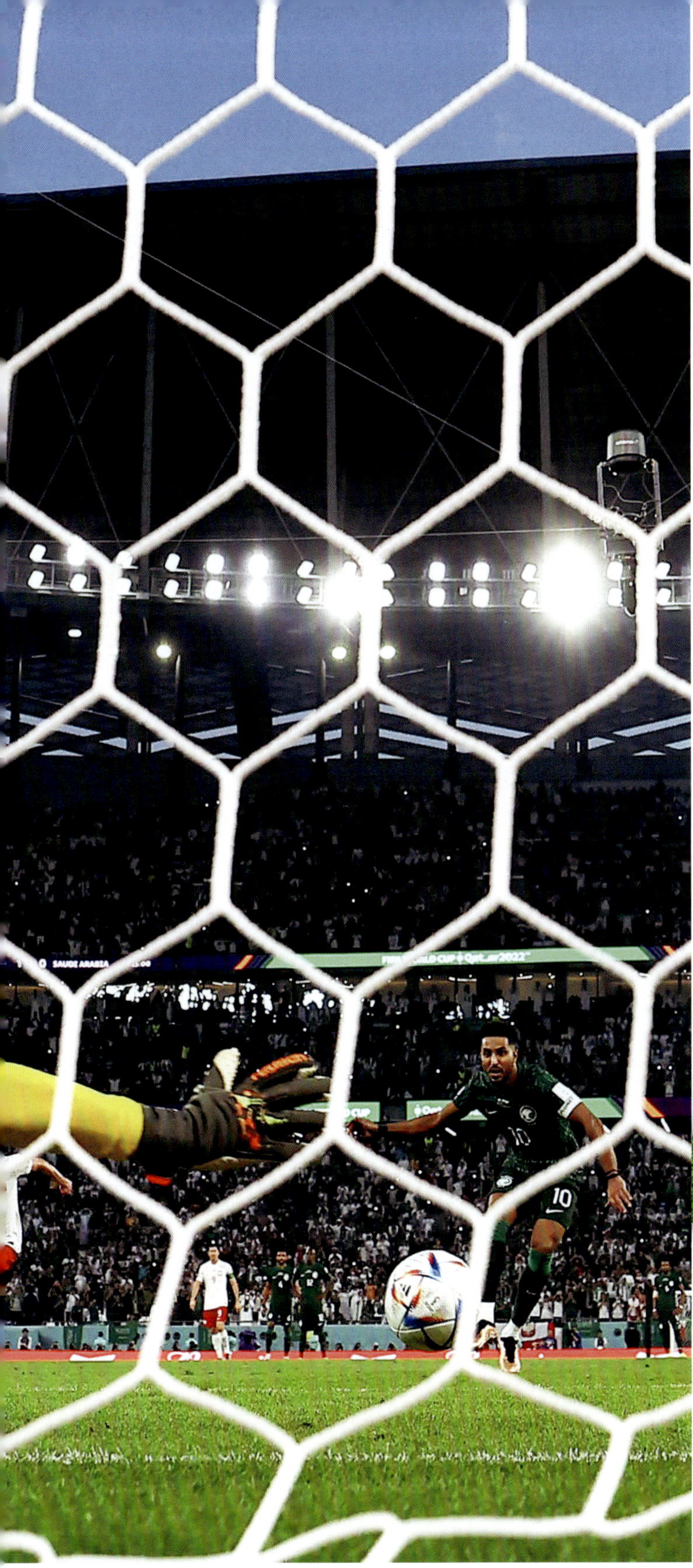

26. November 2022, 16 Uhr Ortszeit, Education City Stadium

POLEN – SAUDI-ARABIEN
2 : 0

Trainer: Czeslaw Michniewicz

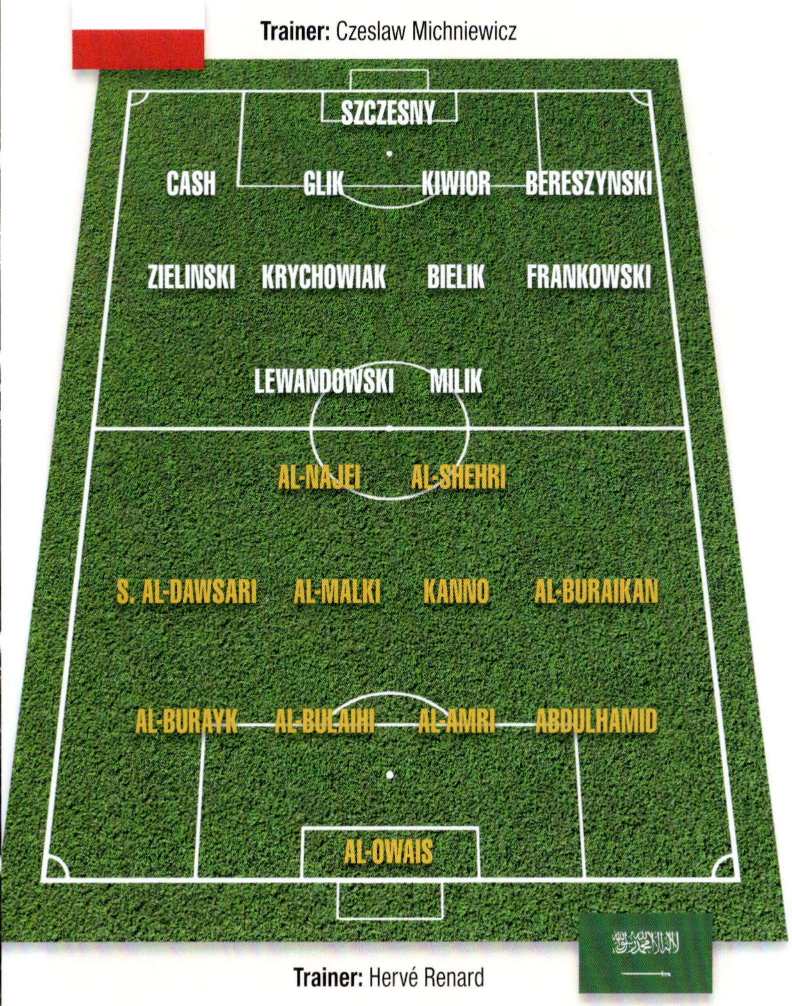

Trainer: Hervé Renard

Eingewechselt:

Kaminski für Zielinski (63.)
Piatek für Milik (71.)

Al-Abed für Al-Najei (46.)
Al-Ghanam für Al-Burayk (65.)
Al-Obud für Al-Malki (85.)
Al-Dawsari für Al-Shehri (85.)
Bahebri für Al-Abed (90.+5)

ersten Hälfte entschärfte er den Elfmeter von Salem Al-Dawsari und den anschließenden Nachschuss von Mohammed Al-Burayk. Verschuldet hatte den Strafstoß Krystian Bielik mit einem leichten Tritt gegen den theatralisch zu Boden fallenden Saleh Al-Shehri. Schiedsrichter Wilton Pereira Sampaio (Brasilien) entschied nach Videobeweis auf den Punkt.

Nicht unerwähnt bleiben dürfen zwei Großchancen der Polen: In der 66. Minute köpfte Szczesnys Vereinskollege Arkadiusz Milik den Ball an die Latte, in der 69. traf Lewandowski den Pfosten. Eine knappe Viertelstunde später dann die (auch persönliche) Erlösung.

Tore: 1:0 Zielinski (40.), 2:0 Lewandowski (82.)

Gelbe Karten: Cash, Kiwior, Milik / Al-Amri, Al-Malki

Gelb-Rote Karte: –

Rote Karte: –

Schiedsrichter: Wilton Pereira Sampaio (Brasilien)

Zuschauer: 44 259

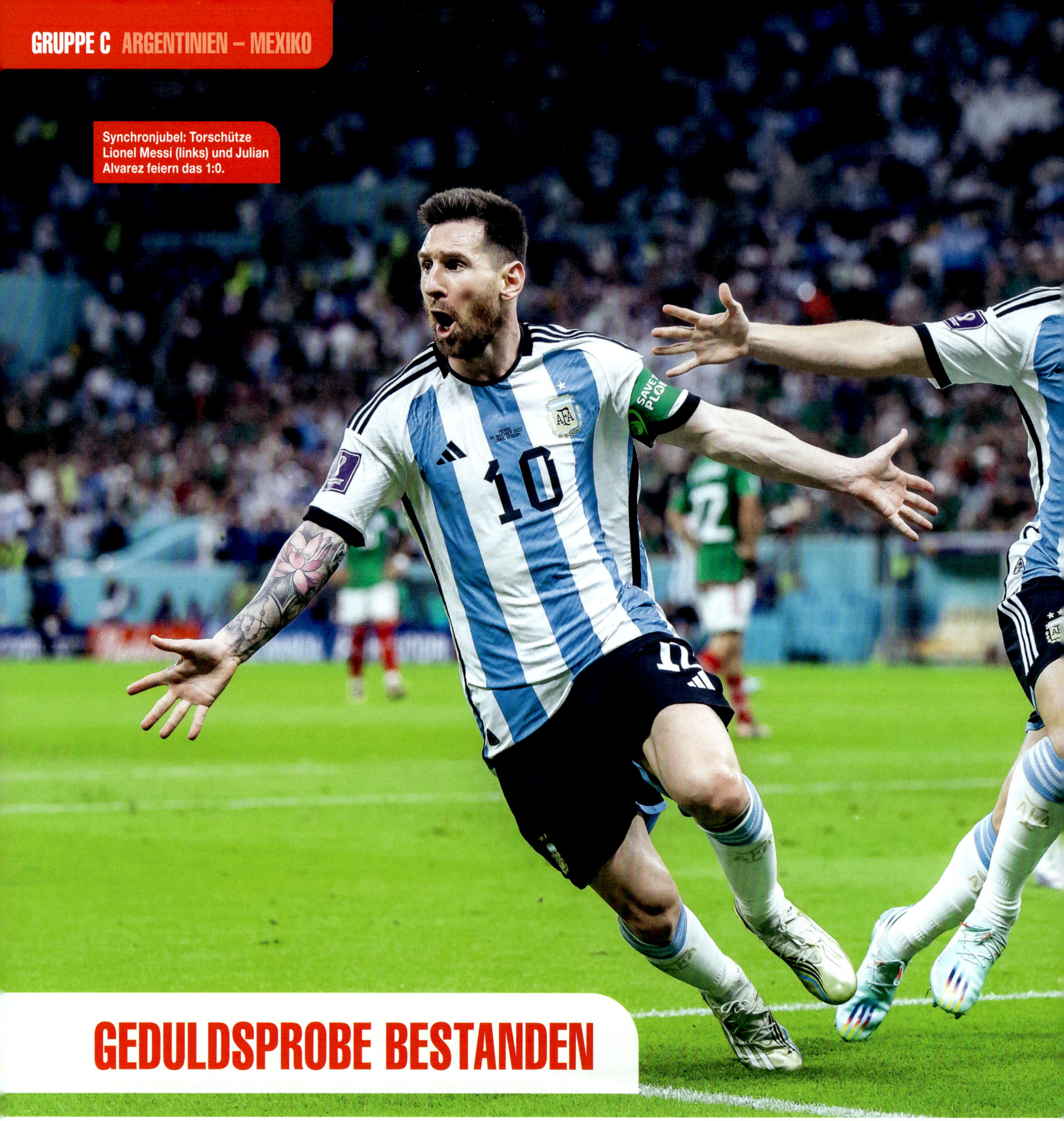

Synchronjubel: Torschütze Lionel Messi (links) und Julian Alvarez feiern das 1:0.

GEDULDSPROBE BESTANDEN

Dank einer Energieleistung kehrte Argentinien vier Tage nach der Blamage zum Auftakt gegen Saudi-Arabien in die Erfolgsspur zurück. Die Drucksituation für den zweifachen Weltmeister und Mitfavoriten dieser WM hatte sich vor dem Duell gegen Mexiko noch einmal verschärft: Durch den 2:0-Sieg Polens gegen Saudi-Arabien war ein Sieg Pflicht, um die Chance aufs Weiterkommen zu wahren. Und die »Albiceleste« hielt der Belastung stand.
Es war lange eine Geduldsprobe gegen die in der Defensive dicht gestaffelten und wenig zimperlich zur Sache gehenden Mexikaner. Die in der Startelf auf fünf Positionen veränderten Argentinier hatten mehr vom Spiel, zwingende Chancen sprangen aber nicht heraus. Nach einer enttäuschenden ersten Hälfte lief ihnen zunehmend die Zeit davon. Für die Erlösung sorgte schließlich in der 64. Minute Superstar Lionel Messi mit einer Einzelaktion. Aus rund 20 Metern zog der sechsmaliger FIFA-Weltfußballer mit dem linken Fuß ab, der Ball schlug unhaltbar für Torhüter Guillermo Ochoa in der rechten unteren Ecke ein.
Mexiko blieb auch danach im Spiel nach vorn erschreckend harm- und ideenlos, die Argentinier drängten auf den zweiten Treffer. Den erzielte in der 87. Minute Enzo Fernandez. Mit einer Körpertäuschung ließ der 21-jährige Mittelfeldmann von Benfica Lissabon den Mexikaner Gutierrez Erick im Strafraum alt aussehen und

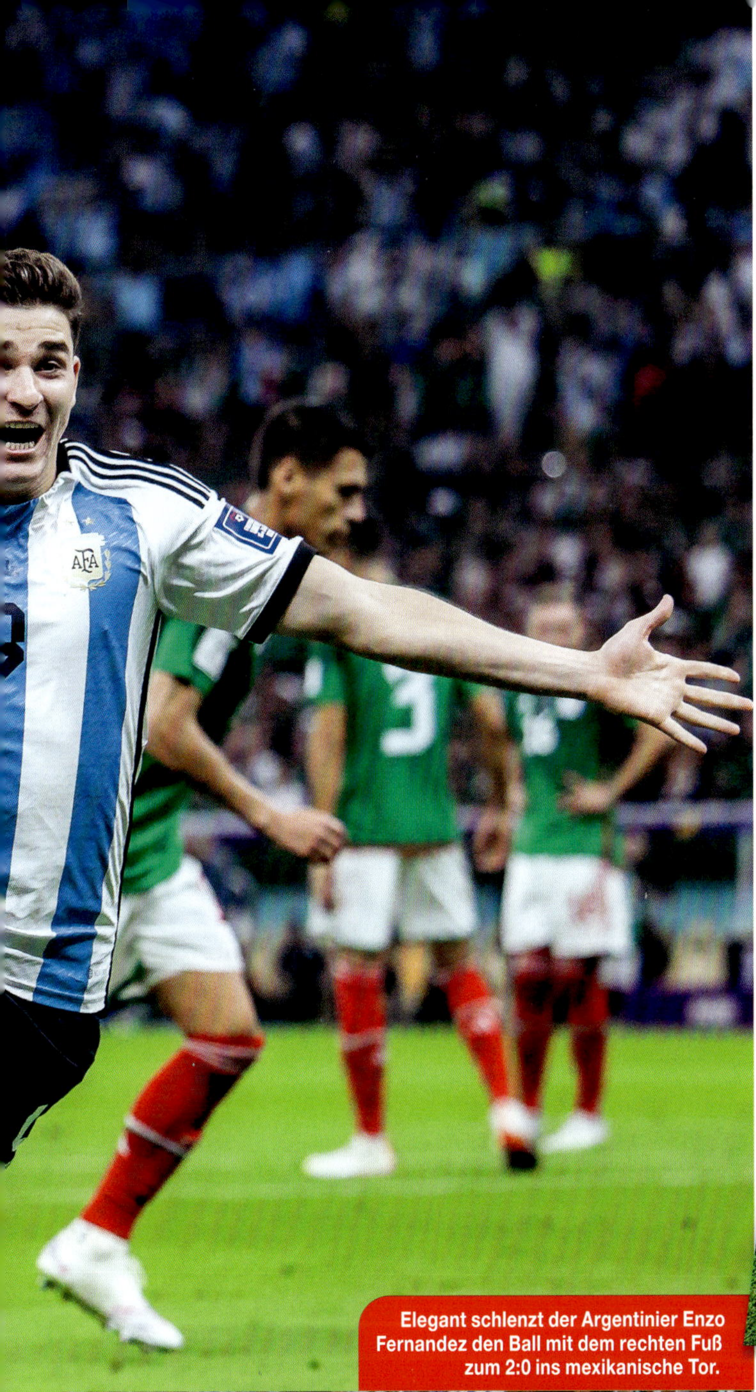

26. November 2022, 22 Uhr Ortszeit, Lusail Stadium

ARGENTINIEN – MEXIKO
2 : 0

Trainer: Lionel Scaloni

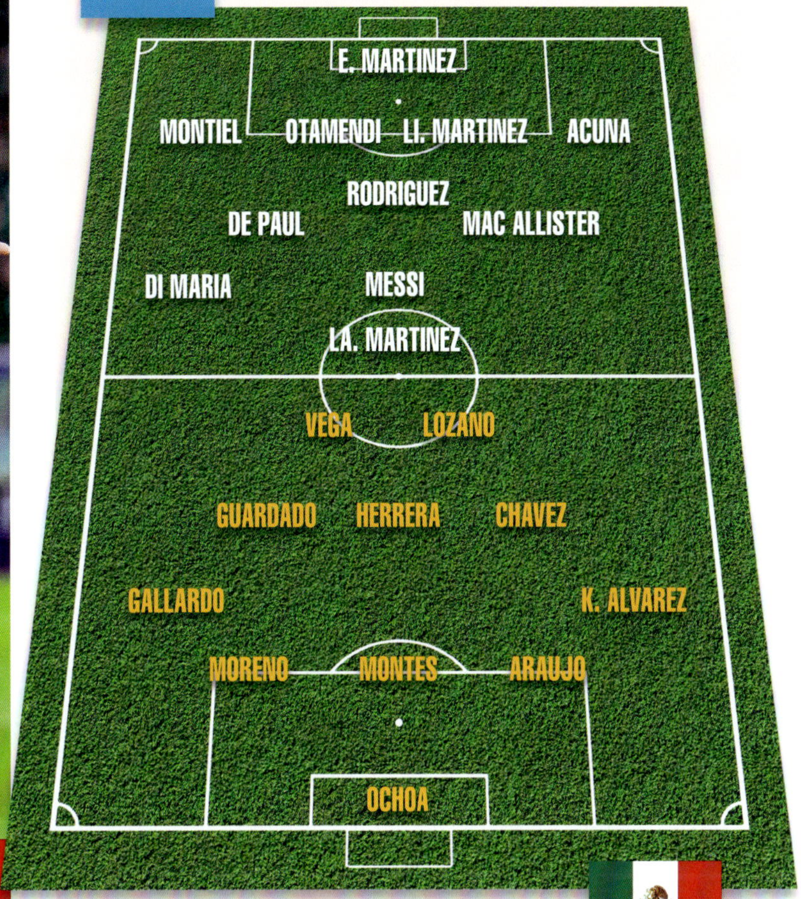

Trainer: Gerardo Martino

Eingewechselt:

Argentinien	Mexiko
Fernandez für Rodriguez (57.)	Gutierrez für Guardado (42.)
Molina für Montiel (63.)	Antuna für Vega (66.)
Alvarez für La. Martinez (63.)	Jimenez für Alvarez (66.)
Romero für di Maria (69.)	Alvarado für Lozano (73.)
Palacios für Mac Allister (69.)	

Tore: 1:0 Messi (64.), 2:0 Fernandez (87.)

Gelbe Karten: Montiel / Araujo, Herrera, Gutierrez, Alvarado

Gelb-Rote Karte: –

Rote Karte: –

Schiedsrichter: Daniele Orsato (Italien)

Zuschauer: 88 966

Elegant schlenzt der Argentinier Enzo Fernandez den Ball mit dem rechten Fuß zum 2:0 ins mexikanische Tor.

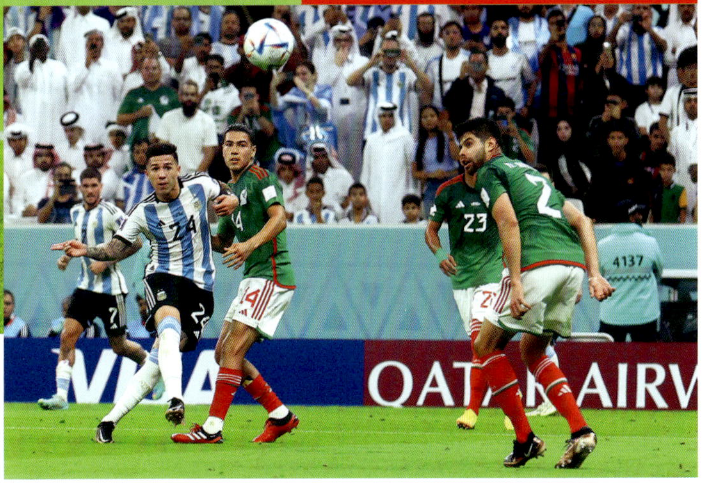

schlenzte den Ball elegant ins lange Eck. »Wir wussten, dass es ein schweres Spiel würde, weil Mexiko einen defensiven Stil spielt«, sagte hinterher Trainer Lionel Scaloni.
Die größte Chance der spielerisch enttäuschenden und auch nach dem zweiten Turnierspiel torlosen »El Tri« resultierte aus einer Standardsituation, als Alexis Vega in der Nachspielzeit der ersten Hälfte mit einem präzise geschossenen Freistoß Argentiniens Torhüter Emiliano Martinez zu einer Glanzparade zwang.

SPIEL AUF EIN TOR

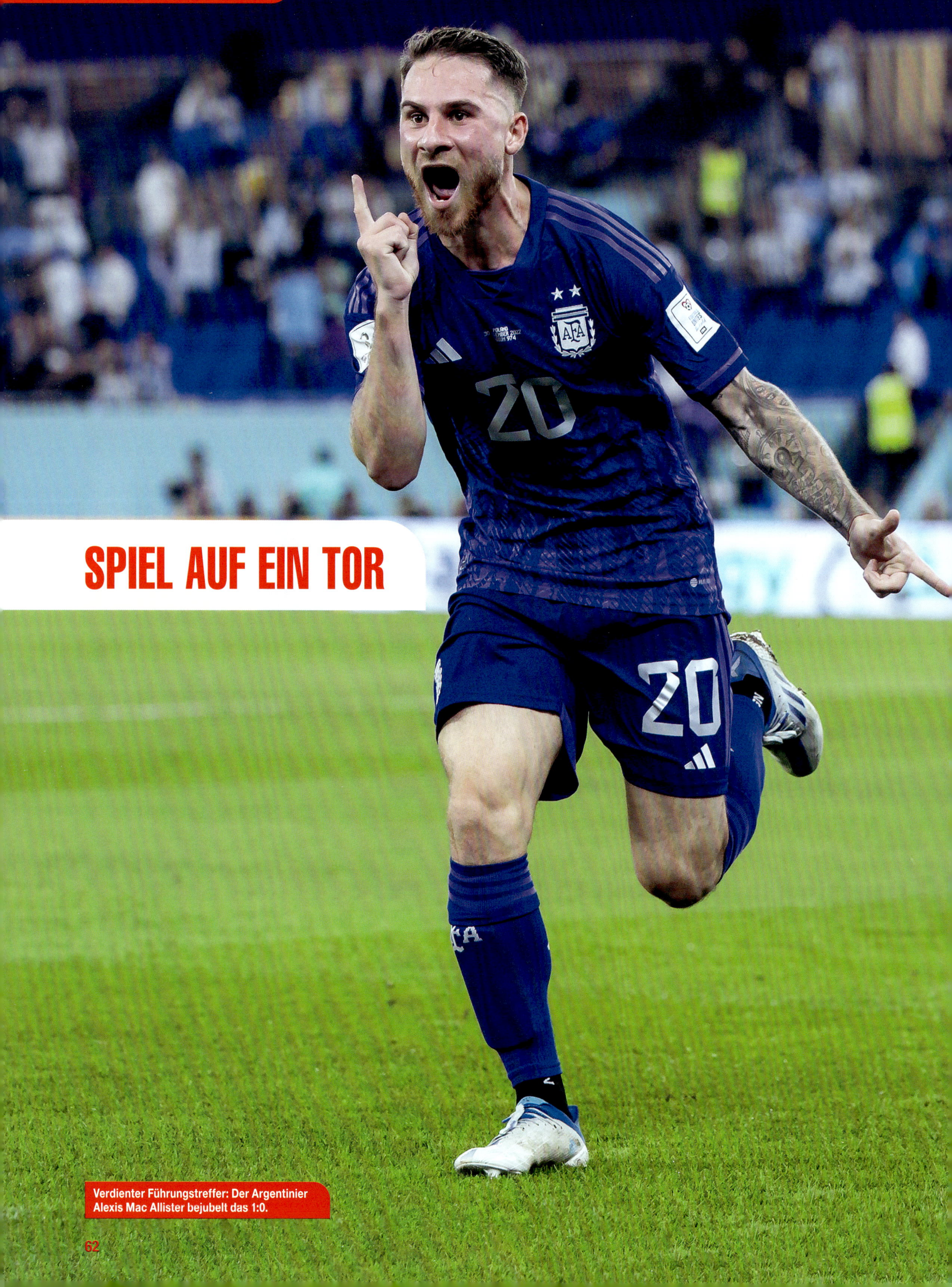

Verdienter Führungstreffer: Der Argentinier Alexis Mac Allister bejubelt das 1:0.

Das Stadium 974 war fest in argentinischer Hand, die Tribünen erstrahlten in himmelblau-weiß. Die »Albiceleste« ließ sich in ihrem letzten Gruppenspiel gegen Polen von der Heimspielatmosphäre beflügeln. Für Lionel Messi und Kollegen war ein Punktgewinn oder sogar – je nach Ausgang des Parallelspiels Saudi-Arabien gegen Mexiko – ein Sieg fürs Weiterkommen Pflicht, Polen hätte ein Unentschieden sicher gereicht.
Das Spiel verlief nur auf ein Tor, die Überlegenheit der Argentinier war mit 23:4 Torschüssen und 73:27 Prozent Ballbesitz geradezu absurd. In der 39. Minute nahm Lionel Messi ein Elfmetergeschenk von Schiedsrichter Danny Makkelie (Niederlande) nicht an. Polen-Keeper Wojciech Szczesny hatte den sechsmaligen FIFA-Weltfußballer bei einer hohen Hereingabe leicht mit der Hand am Kopf berührt. Messis Schuss fischte er spektakulär aus dem rechten Eck – bereits sein zweiter gehaltener Strafstoß bei dieser WM.
Weniger spektakulär war die längst verdiente Führung der Argentinier nur 69 Sekunden nach der Pause. Alexis Mac Allister traf den Ball nicht mal richtig, doch der trudelte an Szczesny vorbei ins Tor. Mitte der zweiten Halbzeit ließ Julian Alvarez mit einem präzisen Schluss aus zwölf Metern ins rechte obere Eck den zweiten Treffer folgen. Polens Weiterkommen hing nun am seidenen Faden. Im Parallelspiel war Mexiko gegen Saudi-Arabien 2:0 in Führung gegangen und damit in der Echtzeittabelle mit vier Punkten und 2:2 Toren gleichgezogen. Nur die Fairplay-Wertung sprach mit 5:7 Gelben Karten noch für die Osteuropäer, ein weiteres Tor Argentiniens oder Mexikos hätte ihr Aus bedeutet. Mit Hängen und Würgen retteten sie die Zwei-Tor-Niederlage über die Zeit und verfolgten danach auf dem Rasen per Smartphone das Geschehen im Parallelspiel. Dort fing sich Mexiko in der Nachspielzeit einen Gegentreffer ein, und die Polen durften den ersten Einzug ins Achtelfinale seit 1986 in Mexiko bejubeln. »Erstmals in meinem Leben bin ich nach einer Niederlage glücklich«, sagte Robert Lewandowski hinterher.

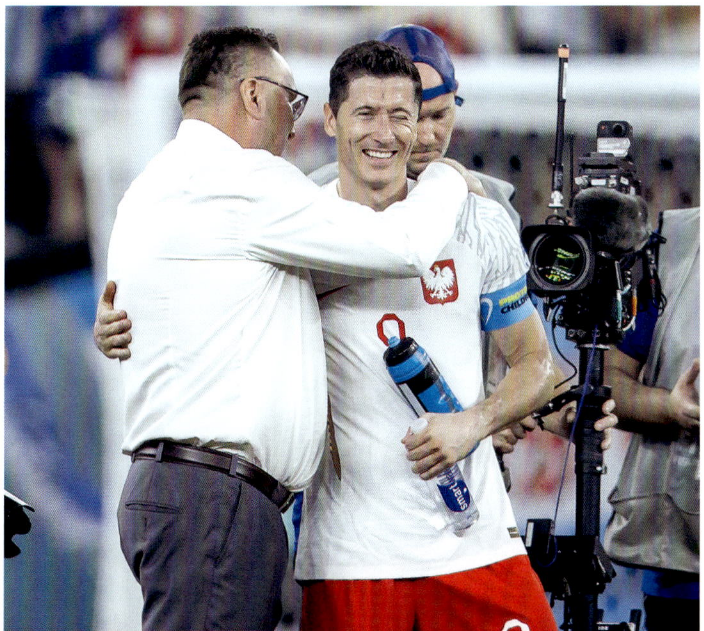

Trotz Niederlage zufrieden: Trainer Czeslaw Michniewicz und Robert Lewandowski freuen sich über den Achtelfinaleinzug.

30. November 2022, 22 Uhr Ortszeit, Stadium 974

POLEN – ARGENTINIEN
0 : 2

Trainer: Czeslaw Michniewicz

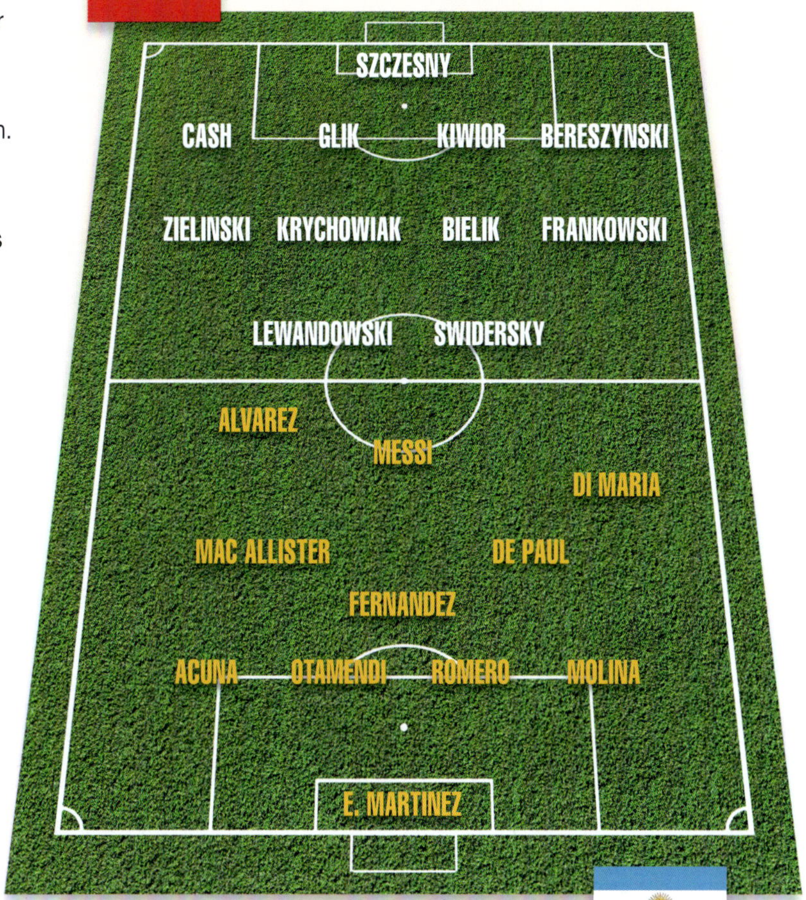

Trainer: Lionel Scaloni

Eingewechselt:

Polen	Argentinien
Skoras für Swiderski (46.)	Paredes für di Maria (59.)
Kaminski für Frankowski (46.)	Tagliafico für Acuna (59.)
Szymanski für Bielik (62.)	Pezzella für Fernandez (79.)
Jedrzejczyk für Bereszynski (72.)	La. Martinez für Alvarez (79.)
Piatek für Krychowiak (83.)	Almada für Mac Allister (83.)

Tore: 0:1 Mac Allister (46.), 0:2 Alvarez (67.)

Gelbe Karten: Krychowiak / Acuna

Gelb-Rote Karte: –

Rote Karte: –

Schiedsrichter: Danny Makkelie (Niederlande)

Zuschauer: 44 089

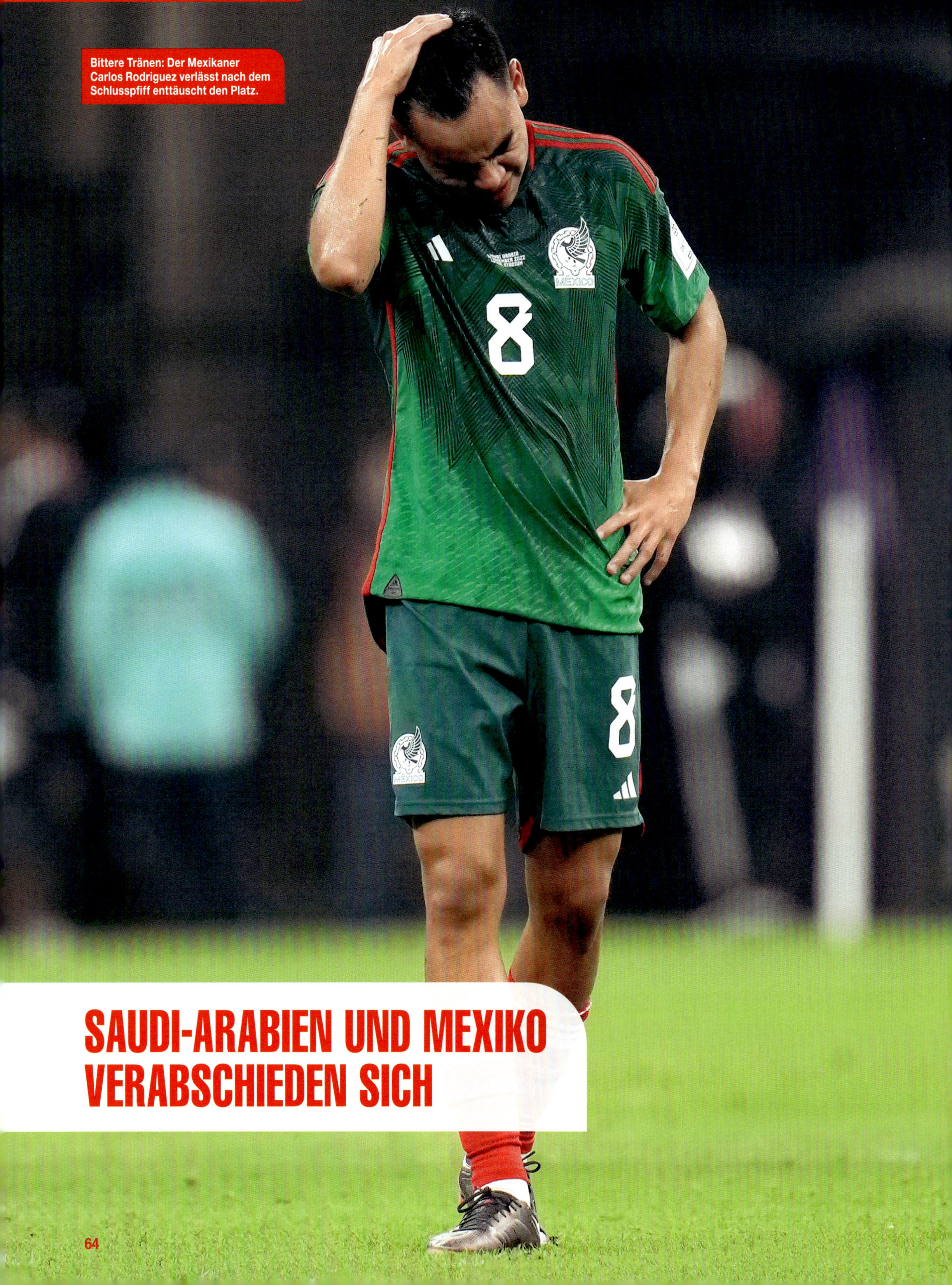

Bittere Tränen: Der Mexikaner Carlos Rodriguez verlässt nach dem Schlusspfiff enttäuscht den Platz.

SAUDI-ARABIEN UND MEXIKO VERABSCHIEDEN SICH

Kein Tor in den ersten zwei Spielen – Mexiko war bis dahin eine der großen Enttäuschungen dieser WM. Im letzten Gruppenspiel trumpfte »El Tri« endlich wie erwartet auf. Beim 2:1-Sieg gegen Außenseiter Saudi-Arabien waren die Mittelamerikaner das dominierende Team auf dem Platz, nur ein weiterer Treffer fehlte ihnen zur achten Achtelfinalteilnahme in Folge. Zahlreiche Fans auf den Rängen und selbst erfahrene Spieler vergossenen nach Schlusspfiff bittere Tränen.
Ein möglichst hoher Sieg war nötig, dementsprechend offensiv mit drei Angreifern hatte Trainer Gerardo Martino seine Elf aufgestellt. Saudi-Arabien hätte unter günstigsten Umständen sogar schon ein Remis für die erste Teilnahme an der Runde der besten 16 seit 28 Jahren gereicht. Vom Argentinienbezwinger des ersten Spieltages war aber anfangs nichts und später nur wenig zu sehen.
Erst kurz nach Wiederbeginn münzten die Mexikaner ihre drückende Überlegenheit in Zählbares um: Cesar Montes verlängerte einen Eckball mit dem Kopf in den Fünfmeterraum, und dort drückte Henry Martin den Ball zur Führung über die Linie. Nur fünf Minuten später ließ Luis Chavez mit einem knallhart geschossenen Freistoß aus fast 30 Metern eines der schönsten Tore des Turniers folgen.

MARTINO HÖRT AUF

Unmittelbar nach dem Spiel kündigte Mexikos Trainer Gerardo Martino seinen Abschied an. »Ich übernehme die Verantwortung für das Scheitern«, sagte der 60-jährige Argentinier, der auch schon den FC Barcelona und die Nationalmannschaft seines Heimatlandes trainiert hatte. In Mexiko stand er seit seinem Amtsantritt 2019 in der Kritik.

Die letzte halbe Stunde verlief geradezu dramatisch. Nach dem Zwischenergebnis aus dem Parallelspiel waren Mexiko und Polen mit jeweils vier Punkten und 2:2 Toren gleichauf, die Fairplay-Wertung sprach jedoch für die Europäer.
»El Tri« bedrängte weiterhin vehement das gegnerische Tor, hatte Chancen zuhauf.
In der Nachspielzeit versetzte Salem Al-Dawsari den Mexikanern mit dem 1:2 nach feinem Doppelpass mit Hattan Bahebri endgültig den K.o.

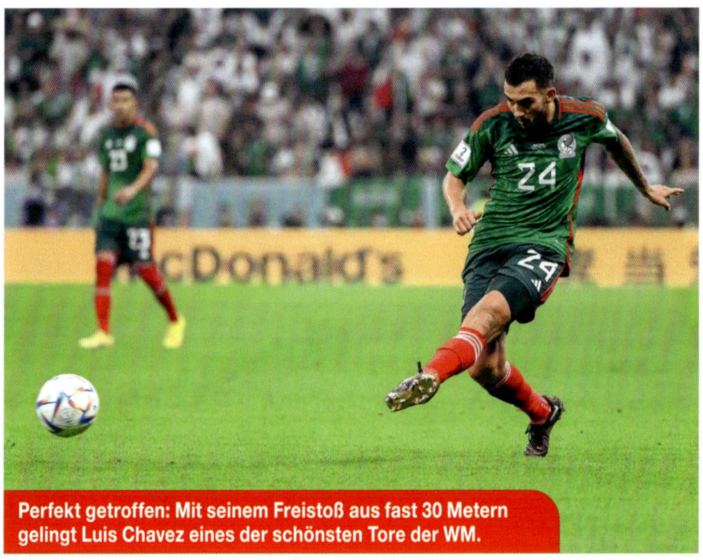

Perfekt getroffen: Mit seinem Freistoß aus fast 30 Metern gelingt Luis Chavez eines der schönsten Tore der WM.

30. November 2022, 22 Uhr Ortszeit, Lusail Stadium

SAUDI-ARABIEN – MEXIKO
1 : 2

Trainer: Hervé Renard

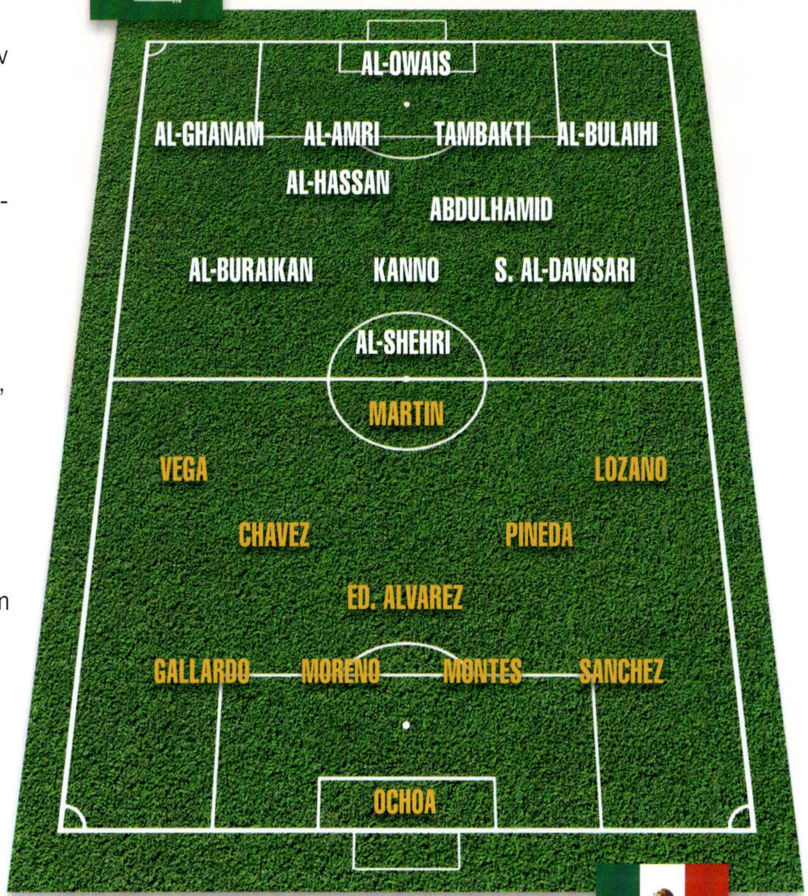

Trainer: Gerardo Martino

Eingewechselt:

Saudi-Arabien	Mexiko
Sharahili für Al-Bulaihi (37.)	Antuna für Vega (46.)
Madu für Al-Hassan (46.)	Rodriguez für Pineda (77.)
Al-Obud für Al-Shehri (62.)	Jimenez für Martin (77.)
Bahebri für Al-Ghanam (88.)	K. Alvarez für Sanchez (86.)
	Funes Mori für Ed. Alvarez (87.)

Tore: 0:1 Martin (47.), 0:2 Chavez (52.), 1:2 S. Al-Dawsari (90.+5)

Gelbe Karten: Al-Amri, Tambakti, Al-Hassan, Al-Shehri, Madu / Ed. Alvarez

Gelb-Rote Karte: –

Rote Karte: –

Schiedsrichter: Michael Oliver (England)

Zuschauer: 84 985

GRUPPE D

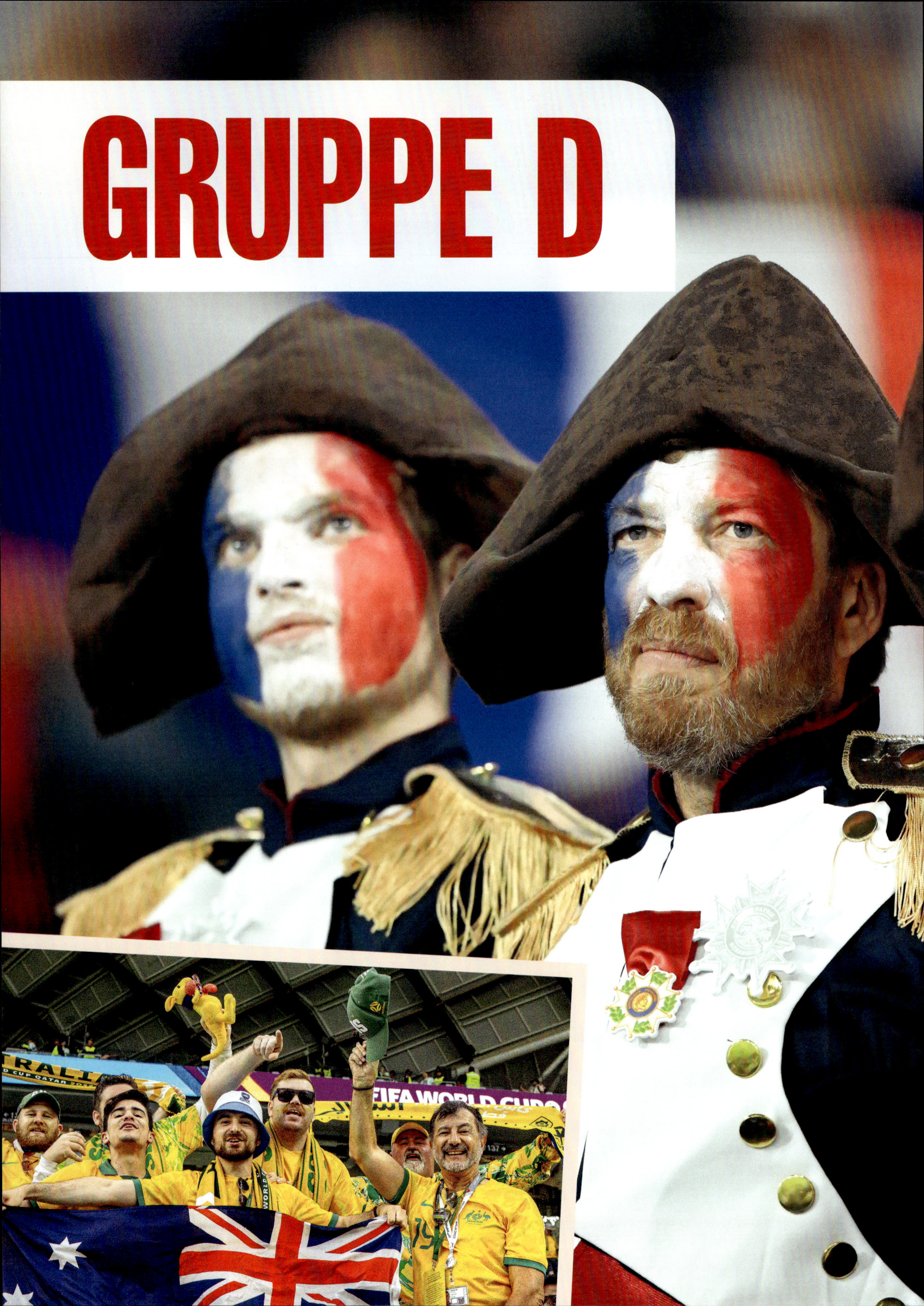

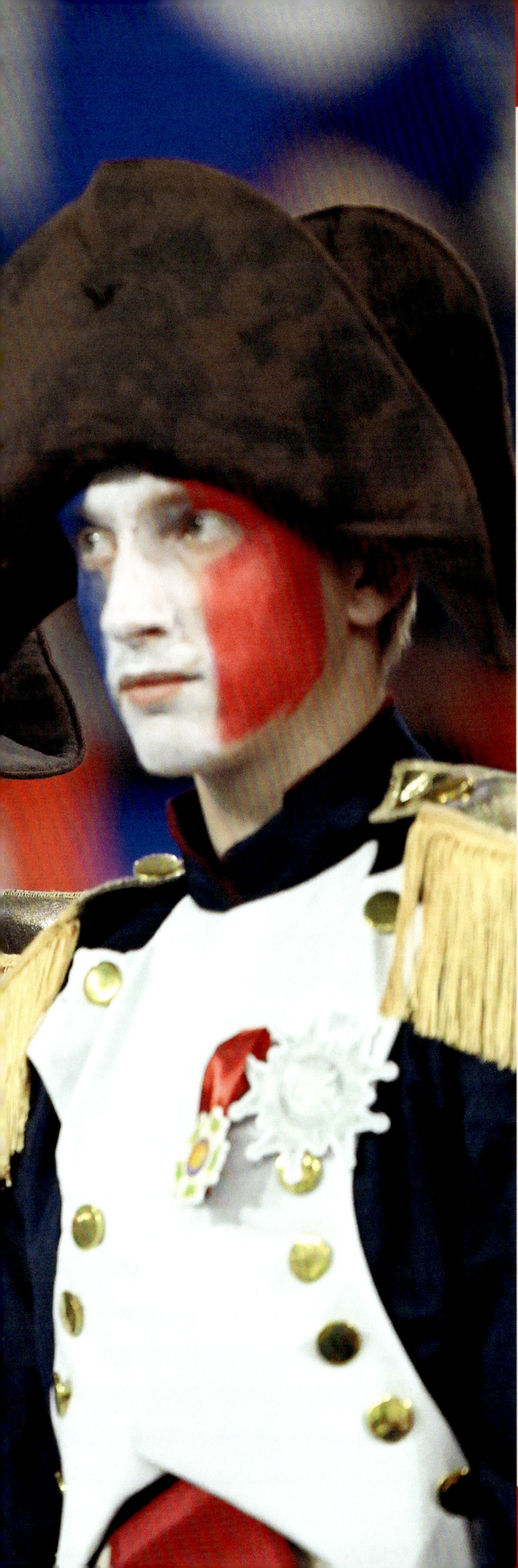

	Team		Spiele	Tore	Punkte
1.	**Frankreich**		3	6:3	6
2.	**Australien**		3	3:4	6
3.	Tunesien		3	1:1	4
4.	Dänemark		3	1:3	1

Dänemark – Tunesien	0:0
Frankreich – Australien	4:1 (2:1)
Tunesien – Australien	0:1 (0:1)
Frankreich – Dänemark	2:1 (0:0)
Australien – Dänemark	1:0 (0:0)
Tunesien – Frankreich	1:0 (0:0)

Titelverteidiger Frankreich gab sich in Gruppe D keine Blöße und sicherte sich nach Siegen gegen Australien und Dänemark bereits vor dem abschließenden Gruppenspiel gegen Tunesien den Einzug ins Achtelfinale. Zu einer der größten Enttäuschungen des Turniers avancierte hingegen Dänemark. Der EM-Halbfinalist von 2021 landete mit nur einem Punkt und einem geschossenen Tor völlig überraschend auf dem letzten Platz. Neben Frankreich sicherte sich die Minimalisten aus Australien das Weiterkommen. Nach der Auftaktniederlage genügten ihnen zwei 1:0-Siege, um zum ersten Mal seit der WM 2006 in Deutschland wieder ein Achtelfinale zu erreichen.

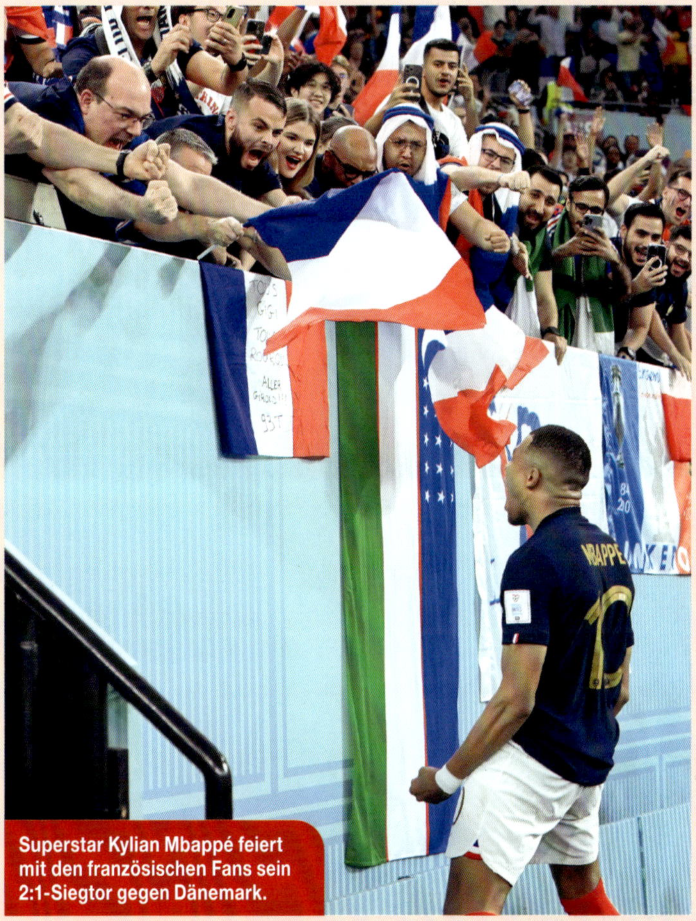

Superstar Kylian Mbappé feiert mit den französischen Fans sein 2:1-Siegtor gegen Dänemark.

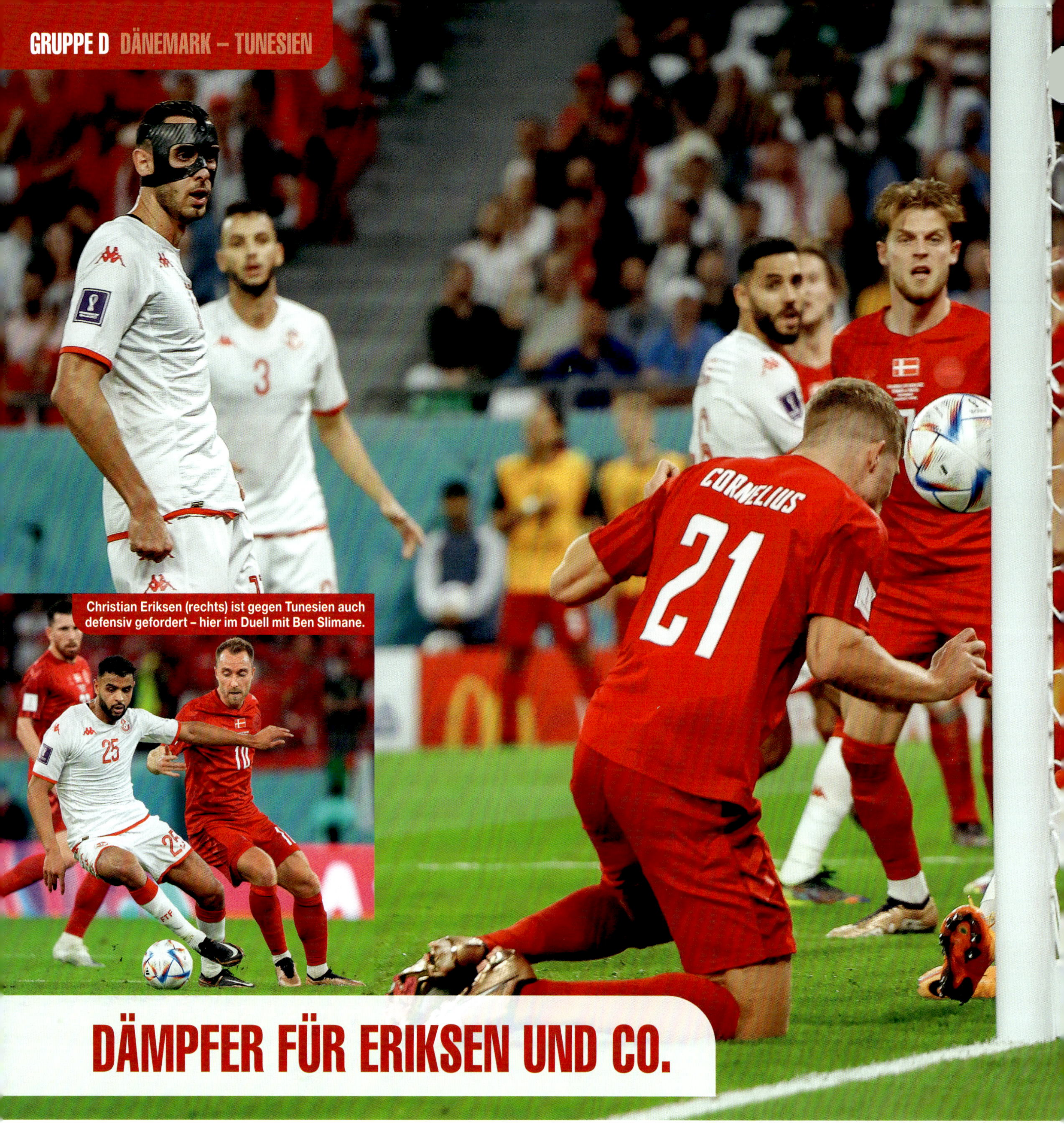

Christian Eriksen (rechts) ist gegen Tunesien auch defensiv gefordert – hier im Duell mit Ben Slimane.

DÄMPFER FÜR ERIKSEN UND CO.

Am 12. Juni 2021 entrann Christian Eriksen nur knapp dem Tod. Beim EM-Spiel gegen Finnland brach der dänische Mittelfeldspieler plötzlich zusammen. Seine Mitspieler bildeten einen Kreis um ihn, in ihren Gesichtern spiegelte sich Sorge und Entsetzen. Es war eines der eindrücklichsten Bilder der Europameisterschaft. Später stellte sich heraus, dass Eriksen einen Herzstillstand erlitten hatte und von Notärzten wiederbelebt werden musste. Im Krankenhaus bekam der Top-Spieler der Dänen einen Defibrillator eingesetzt, und niemand wusste in diesem Moment, ob Eriksen auf den Fußballplatz zurückkehren würde. Doch 258 Tage später war es soweit. Der Spielmacher, inzwischen beim englischen Premier-League-Klub FC Brentford unter Vertrag, wurde im Heimspiel gegen Newcastle United eingewechselt. 29 Tage darauf feierte er sein Comeback in der Nationalmannschaft und erzielte beim Freundschaftsspiel in den Niederlanden zwei Minuten nach seiner Einwechslung sofort ein Tor.

Inzwischen ist Eriksen wieder unumstrittener Stammspieler. Im WM-Auftaktspiel gegen Tunesien erlebten die Dänen, die in der WM-Qualifikation neun ihrer zehn Spiele gewonnen hatte, jedoch eine Enttäuschung. Sie mussten sich mit einem Remis gegen die renitenten Tunesier begnügen. Die Nordafrikaner, angetrieben von ihren zahlreichen und lautstarken Fans, legten vom Anpfiff weg

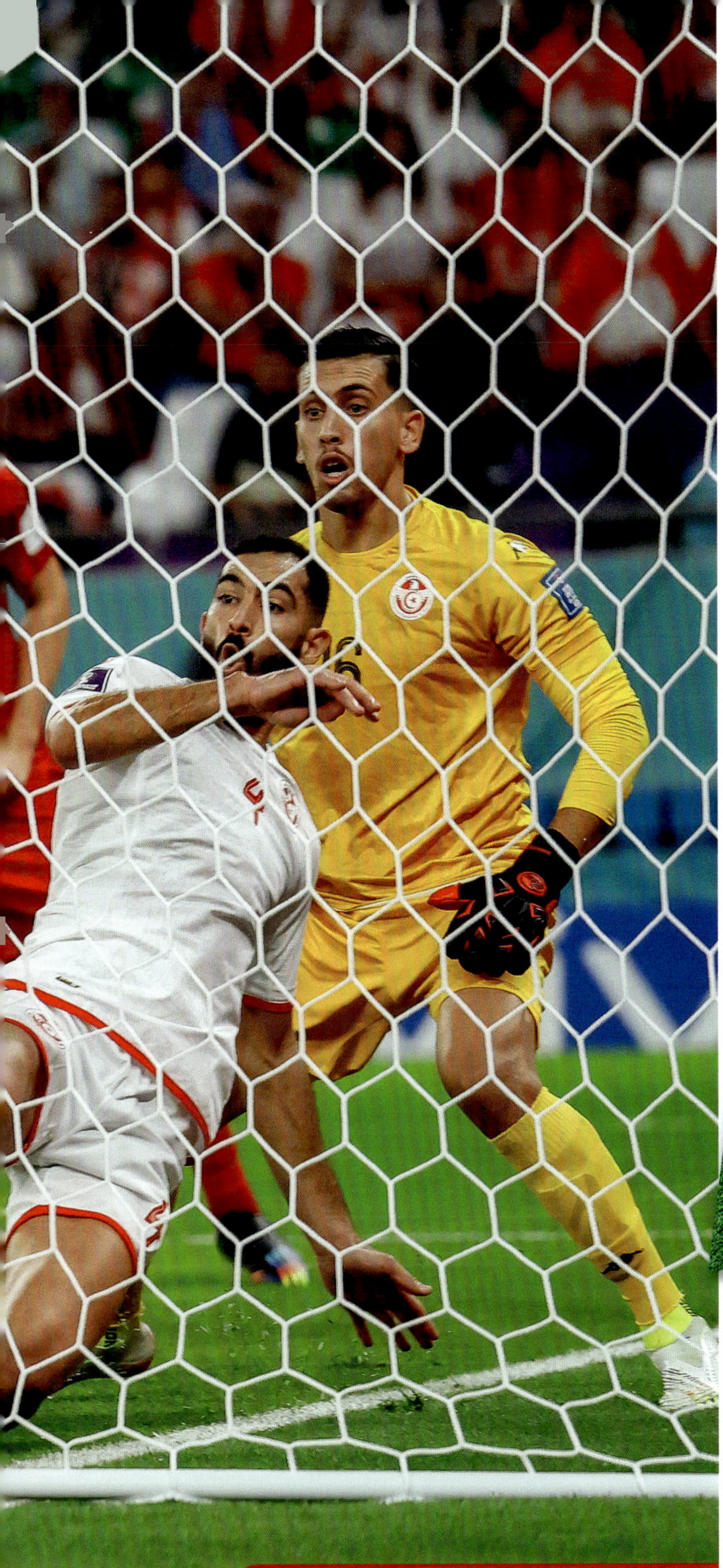

Andreas Cornelius vergibt die Riesenchance zum Sieg. Aus kurzer Distanz köpft der Däne an den Pfosten.

sehr viel Herz in dieses Spiel. Sie attackierten die Dänen früh und schalteten bei Ballgewinnen blitzschnell um. Mohamed Drägers Distanzschuss rauschte nur haarscharf am Tor vorbei (11.), und kurz vor der Pause rettete der starke dänische Torwart Kasper Schmeichel gegen Issam Jebali. Auch in der zweiten Halbzeit blieben die Tunesier über Konter gefährlich, doch auch die Dänen fanden nun über längere Ballbesitzphasen besser ins Spiel. Tunesiens Torwart Ayman Dahmen wehrte einen Eriksen-Schuss jedoch exzellent ab (69.). Eine Minute später hatte er Glück, dass Andreas Cornelius mit seinem Kopfball aus kurzer Distanz nur den Pfosten traf. So blieb es beim leistungsgerechten Remis.

22. November 2022, 16 Uhr Ortszeit, Education City Stadium

DÄNEMARK – TUNESIEN
0 : 0

Trainer: Kasper Hjulmand

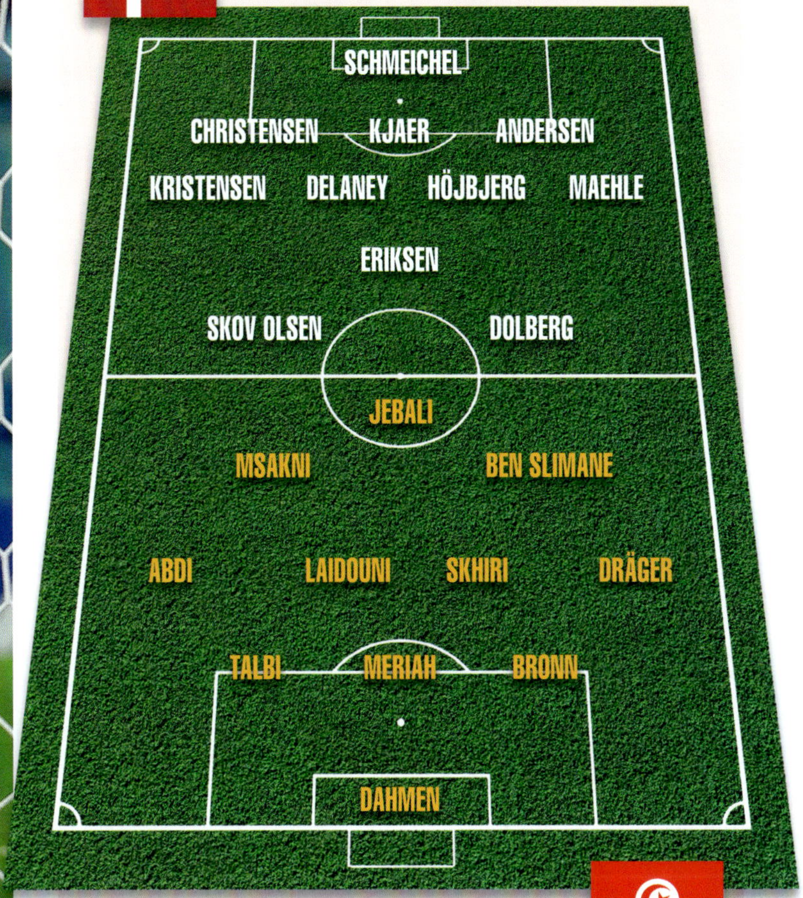

Trainer: Jalel Kadri

Eingewechselt:

Damsgaard für Delaney (45.+1)
Jensen für Kjaer (65.)
Cornelius für Dolberg (65.)
Lindström für Skov Olsen (65.)

Sliti für Ben Slimane (67.)
Khenissi für Jebali (80.)
Hannibal für Msakni (80.)
Kechrida für Dräger (88.)
Sassi für Laidouni (88.)

Tore: –

Gelbe Karten: Kristensen, Jensen / Khenissi

Gelb-Rote Karte: –

Rote Karte: –

Schiedsrichter: Cesar Arturo Ramos Palazuelos (Mexiko)

Zuschauer: 42 925

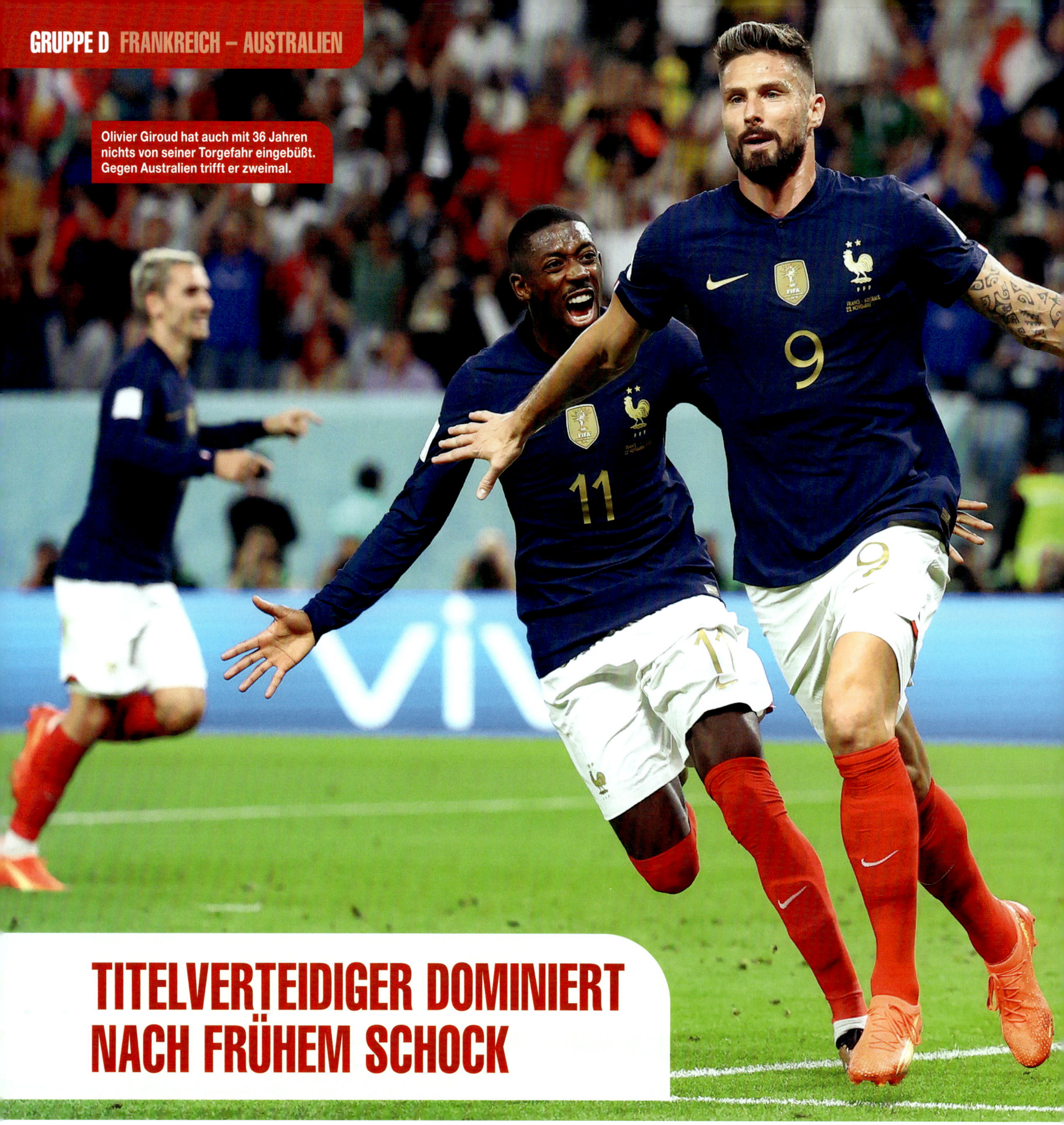

Olivier Giroud hat auch mit 36 Jahren nichts von seiner Torgefahr eingebüßt. Gegen Australien trifft er zweimal.

TITELVERTEIDIGER DOMINIERT NACH FRÜHEM SCHOCK

Paul Pogba? Verletzt. N'Golo Kanté? Verletzt. Christopher Nkunku? Verletzt. Karim Benzema? Verletzt. Die WM hatte noch nicht einmal begonnen, da machten die Franzosen bereits einen schwer angeschlagenen Eindruck. Und es waren ja nicht nur die personellen Hiobsbotschaften, die dem Titelverteidiger zusetzten. Nach dem frühen EM-Aus 2021 und einer uninspirierten WM-Qualifikation hatten sich die Gerüchte gemehrt, dass es dem Starensemble von Trainer Didier Deschamps an Teamgeist mangele. Die WM sollte zeigen, ob diese französische Auswahl mehr sein kann als eine Ansammlung herausragender Individualisten. Das Turnier begann für die Franzosen indes so, wie die Vorbereitung geendet hatte – mit einer weiteren Verletzung. Ohne Fremdeinwirkung hatte sich Lucas Hernandez am Knie verletzt, und während der Verteidiger des FC Bayern mit schmerzverzerrtem Gesicht auf dem Boden lag, flankte sein Gegenspieler Mathew Leckie an den zweiten Pfosten, wo Craig Goodwin zur frühen Führung für Australien traf (9.). Es war ein Horrorstart für die »Equipe Tricolore«, die etwas Zeit benötigte, um sich von dem frühen Schock zu erholen. Die erste nennenswerte Offensivaktion brachte dann aber direkt den Ausgleich ein. Nach einer Halbfeld-Flanke des eingewechselten Theo Hernandez schraubte sich Mittelfeldspieler Adrien Rabiot hoch und köpfte zum 1:1 ein.

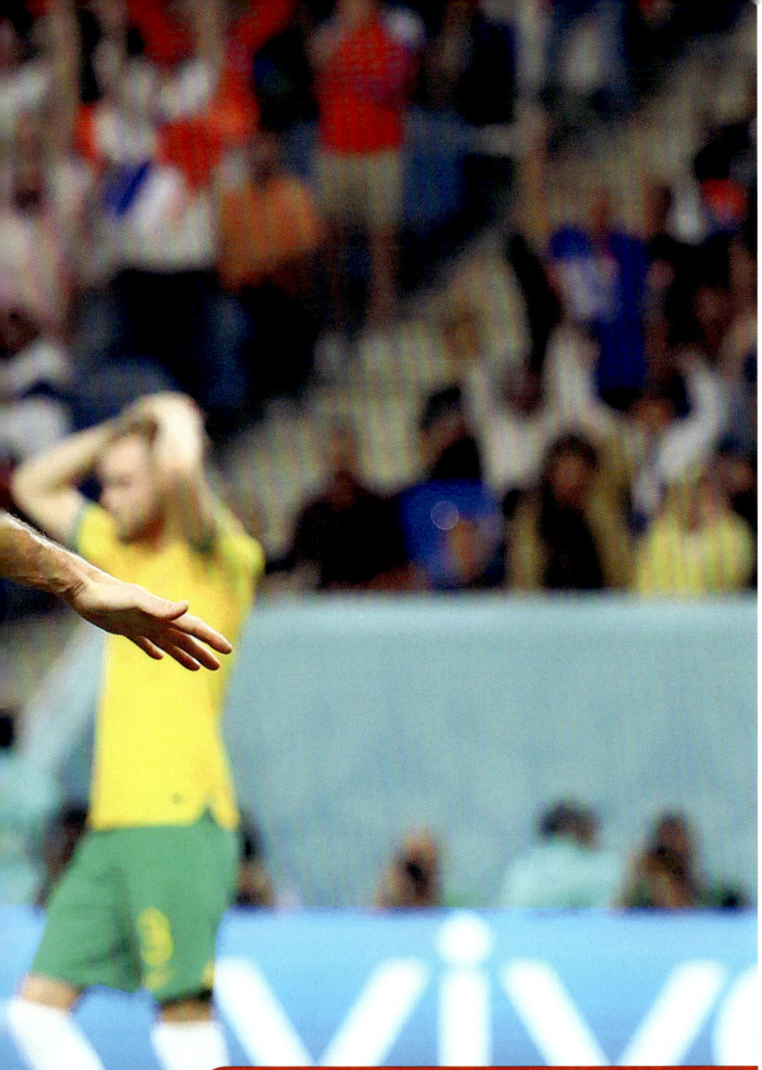

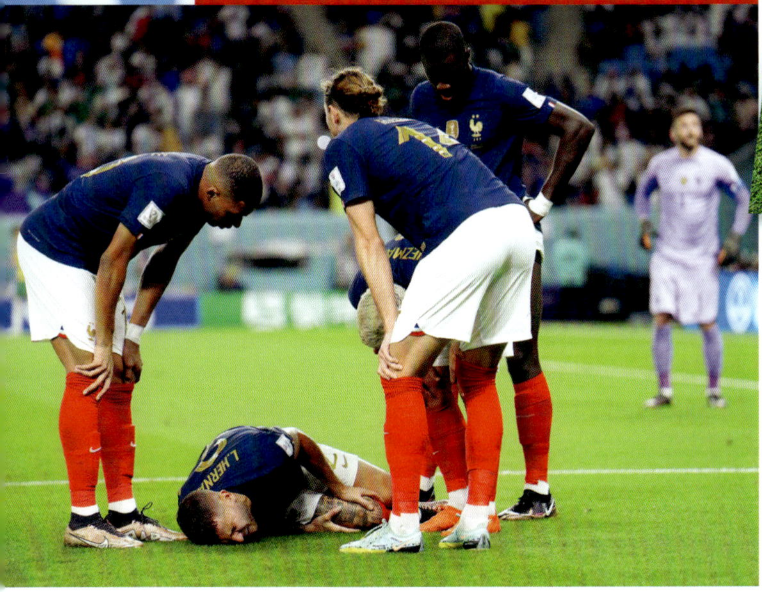

Lucas Hernandez wird von Mitspielern umringt. Die Verletzung des Verteidigers trübt die Freude der Franzosen.

22. November 2022, 22 Uhr Ortszeit, Al-Janoub Stadium

FRANKREICH – AUSTRALIEN
4 : 1

Trainer: Didier Deschamps

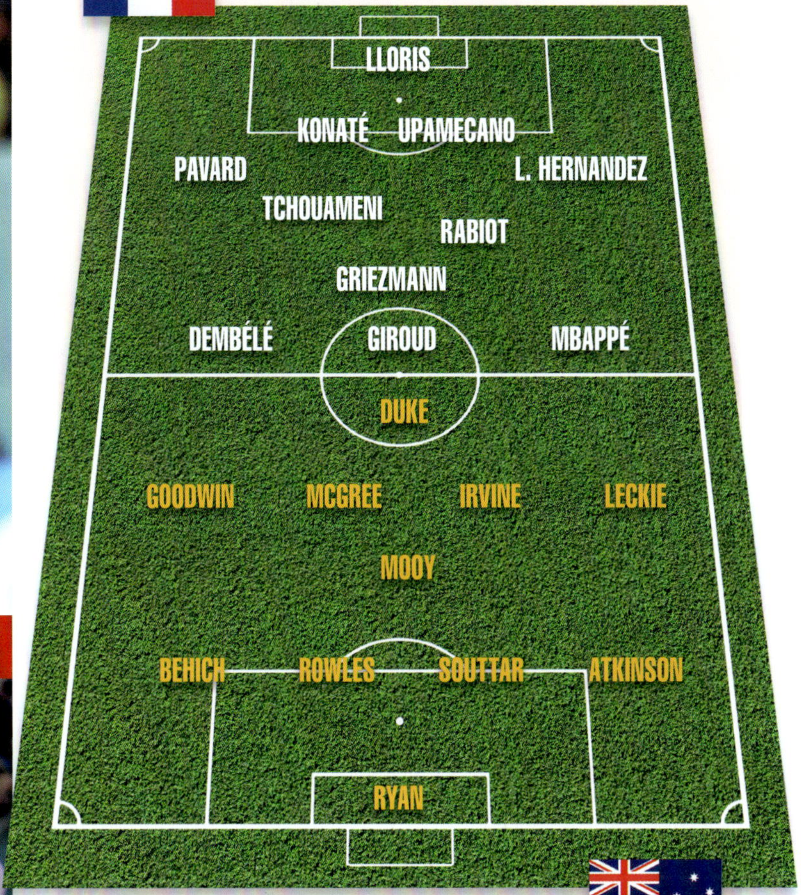

Trainer: Graham Arnold

Eingewechselt:

Frankreich	Australien
T. Hernandez für L. Hernandez (13.)	Cummings für Duke (56.)
Fofana für Tchouameni (77.)	Mabil für McGree (73.)
Coman für Dembélé (77.)	Kuol für Goodwin (73.)
Thuram für Giroud (89.)	Baccus für Irvine (85.)
Koundé für Pavard (89.)	Degenek für Atkinson (85.)

Tore: 0:1 Goodwin (9.), 1:1 Rabiot (27.), 2:1 Giroud (32.), 3:1 Mbappé (68.), 4:1 Giroud (71.)

Gelbe Karten: – / Duke, Irvine, Mooy

Gelb-Rote Karte: –

Rote Karte: –

Schiedsrichter: Victor Miguel Gomes (Südafrika)

Zuschauer: 40 875

Der Treffer löste die Fesseln bei den Franzosen, die fortan mit deutlich mehr Esprit agierten und schnell das 2:1 nachlegten. Nach einem Ballverlust der Australier tief in der eigenen Hälfte bediente Rabiot Sturmspitze Olivier Giroud, der eiskalt vollstreckte (32.). Frankreich dominierte nun insbesondere über seine schnellen Außen, hatte kurz vor der Pause aber eine Schrecksekunde zu überstehen, als Jackson Irvine per Kopf nur den Außenpfosten traf. In der zweiten Halbzeit münzte die »Equipe Tricolore« ihre Überlegenheit in weitere Treffer um. Superstar Kylian Mbappé (68.) und abermals Giroud (71.) mit seinem 51. Länderspieltor erhöhten auf 4:1 gegen überforderte Australier.

DUKE ENTSCHEIDET ZÄHES SPIEL

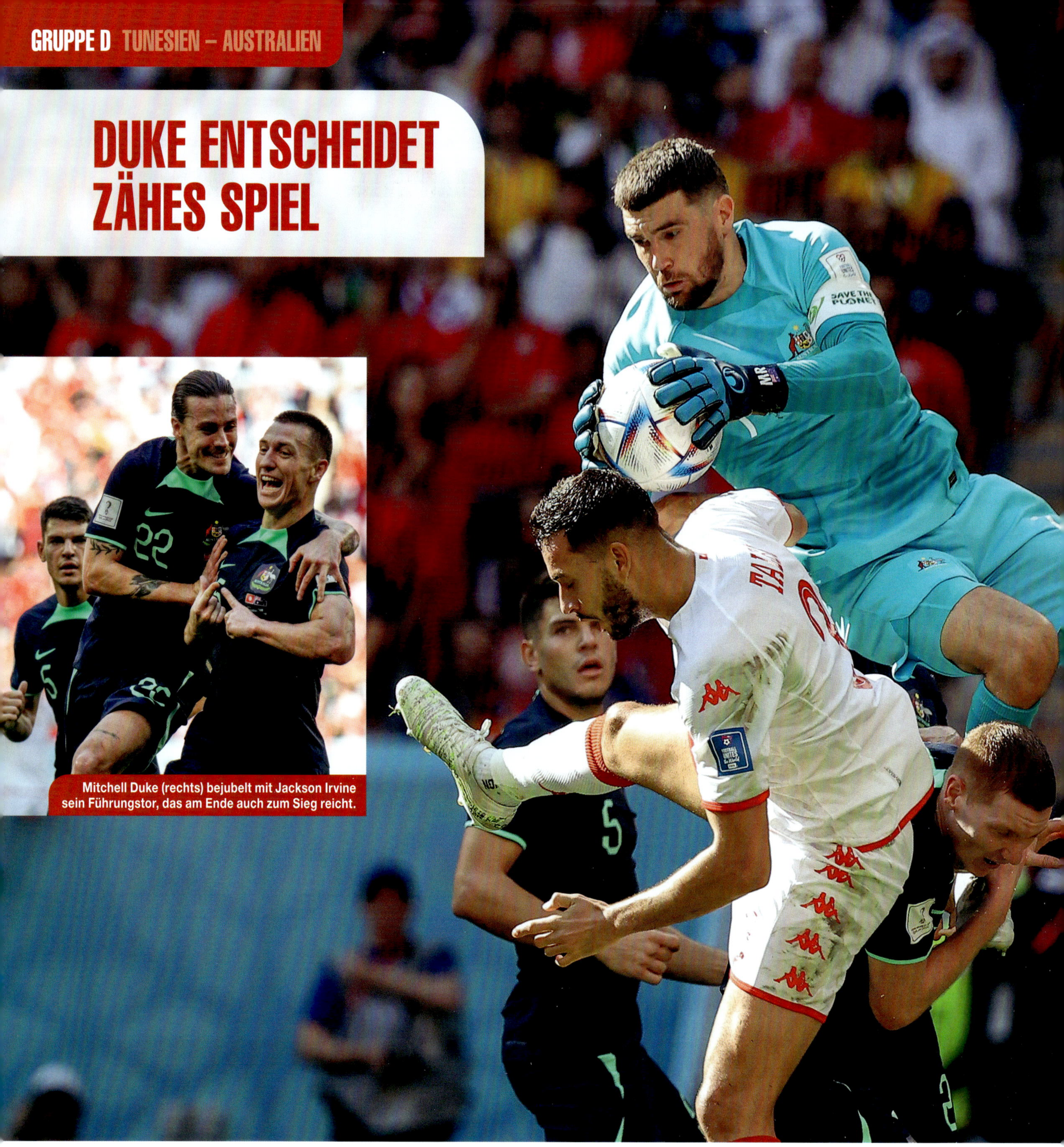

Mitchell Duke (rechts) bejubelt mit Jackson Irvine sein Führungstor, das am Ende auch zum Sieg reicht.

Es hat schon packendere WM-Spiele gegeben, aber zumindest ein Mann auf dem Platz dürfte dieses Duell im Al-Janoub Stadium in bleibender Erinnerung behalten: Schiedsrichter Daniel Siebert. Erstmals leitete der 38-jährige Berliner ein Spiel bei einer Weltmeisterschaft. Und er bot eine gute Leistung. Dagegen trauerten die Tunesier wegen einer verpassten Chance. Nachdem sie im ersten Spiel den favorisierten Dänen ein 0:0 abgetrotzt hatten, wollten die Nordafrikaner mit einem Sieg gegen Australien das Tor zum Achtelfinale weit aufstoßen. Doch das Team von Trainer Jalel Kadri wirkte in der Anfangsphase seltsam gehemmt und passiv. Die Australier waren die aktivere Mannschaft und belohnten sich nach 23 Minuten. Craig Goodwin marschierte die linke Außenbahn entlang und flankte scharf nach innen. Von Mohamed Dräger leicht abgefälscht, landete der Ball auf dem Kopf von Stoßstürmer Mitchell Duke, der ihn mit dem Hinterkopf zum 1:0 ins lange Eck lenkte.

Der Rückstand diente den Tunesiern als Weckruf. Sie investierten nun deutlich mehr, prallten aber zunächst an der kompakten australischen Defensive ab. Das änderte sich in der Nachspielzeit der ersten Hälfte. Issam Jebali fand mit einer flachen Hereingabe

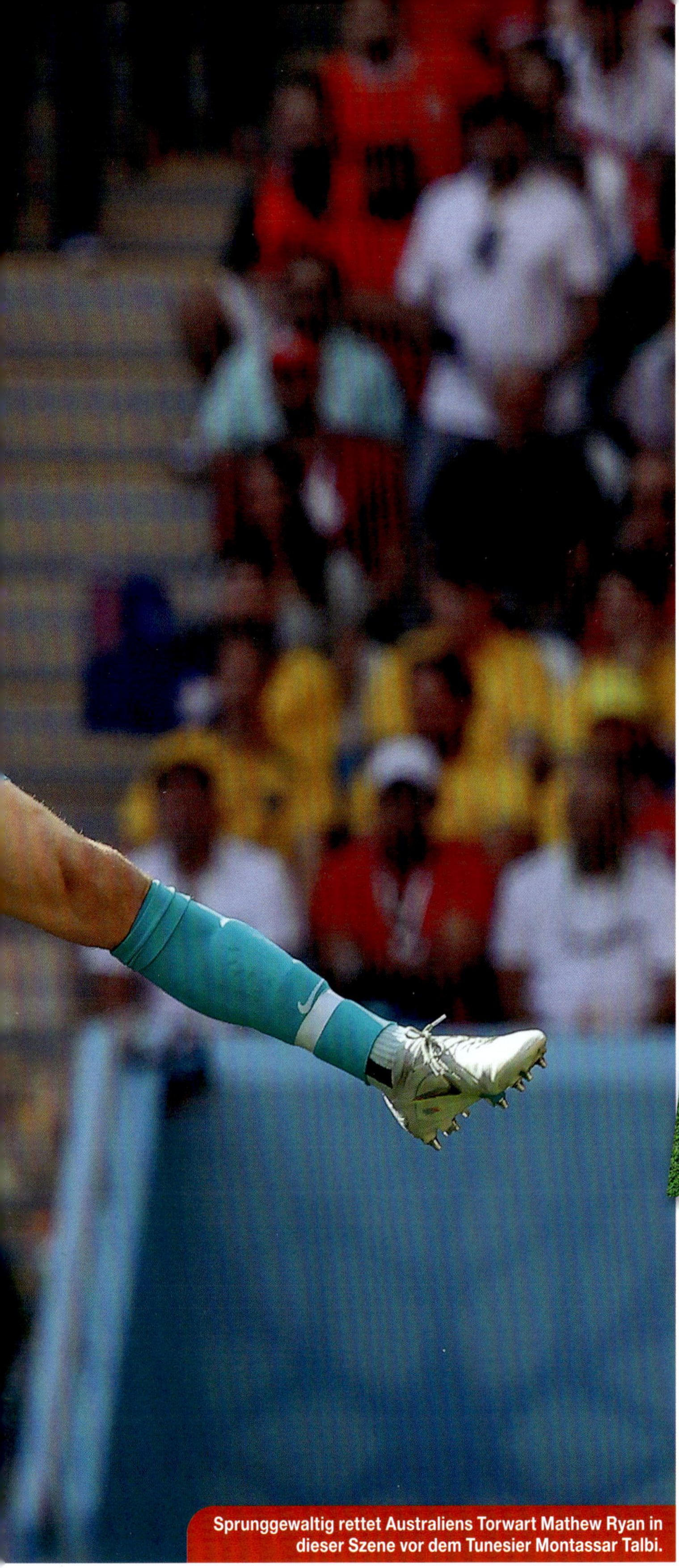

Sprunggewaltig rettet Australiens Torwart Mathew Ryan in dieser Szene vor dem Tunesier Montassar Talbi.

den völlig freistehenden Youssef Msakni, der jedoch das Kunststück fertigbrachte, aus sieben Metern knapp rechts am Tor vorbeizuschießen. Nach der Pause rannten die Tunesier weiter an und verlagerten das Spielgeschehen zunehmend in die australische Hälfte. Mit Ungenauigkeiten im Passspiel standen sie sich aber häufig selbst im Weg. Australien kam bei einem Konter dem 2:0 ganz nahe, Mathew Leckie fehlte nach Zuspiel von Jamie Maclaren nur eine Fußspitze (73.). Kurz vor Schluss bewahrte Torwart Mathew Ryan die Australier mit einer starken Parade gegen Wahbi Khazri vor dem Ausgleich (88.).

26. November 2022, 13 Uhr Ortszeit, Al-Janoub Stadium

TUNESIEN – AUSTRALIEN
0 : 1

Trainer: Jalel Kadri

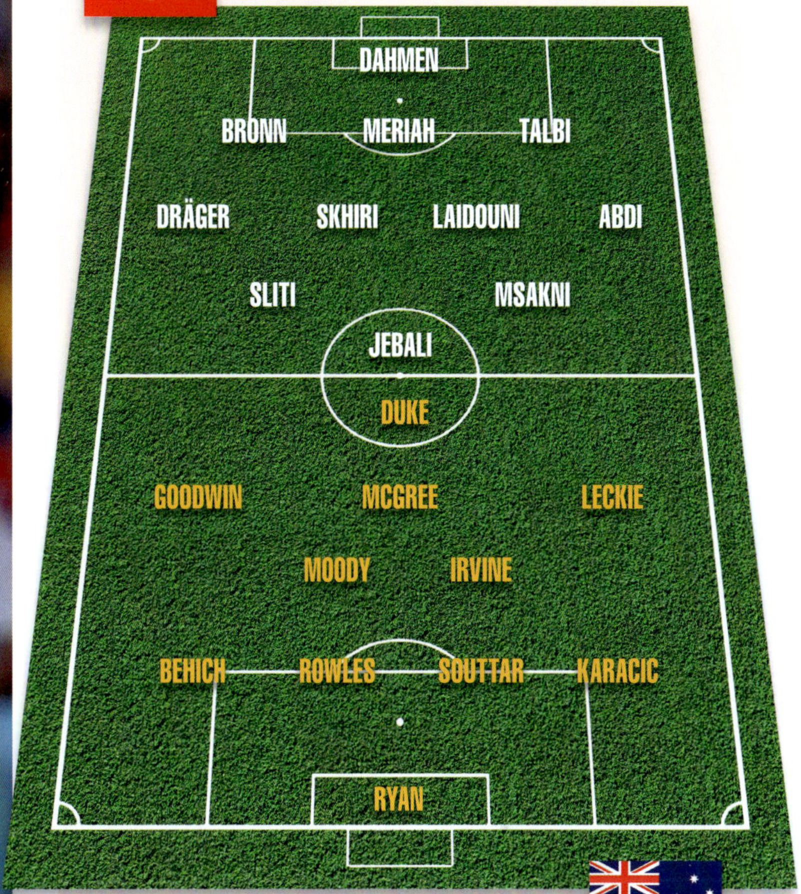

Trainer: Graham Arnold

Eingewechselt:

Tunesien	Australien
Sassi für Dräger (46.)	Maclaren für Duke (64.)
Khazri für Laidouni (67.)	Hrustic für McGree (64.)
Kechrida für Bronn (73.)	Degenek für Karacic (75.)
Khenissi für Jebali (73.)	Baccus für Leckie (85.)
	Mabil für Goodwin (85.)

Tor: 0:1 Duke (23.)

Gelbe Karten: Laidouni, Abdi, Sassi / –

Gelb-Rote Karte: –

Rote Karte: –

Schiedsrichter: Daniel Siebert (Deutschland)

Zuschauer: 41 823

MBAPPÉ MACHT DEN UNTERSCHIED

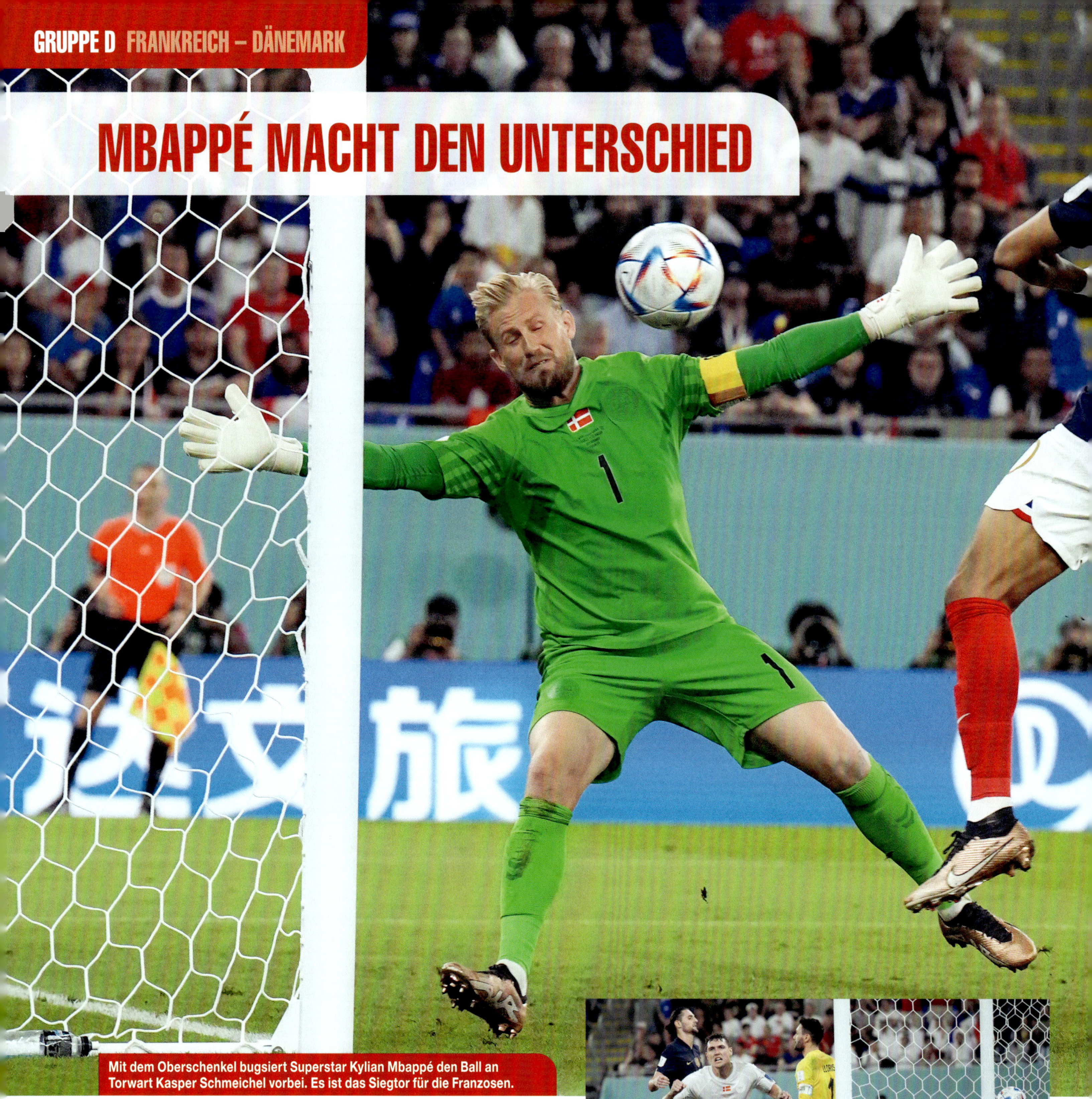

Mit dem Oberschenkel bugsiert Superstar Kylian Mbappé den Ball an Torwart Kasper Schmeichel vorbei. Es ist das Siegtor für die Franzosen.

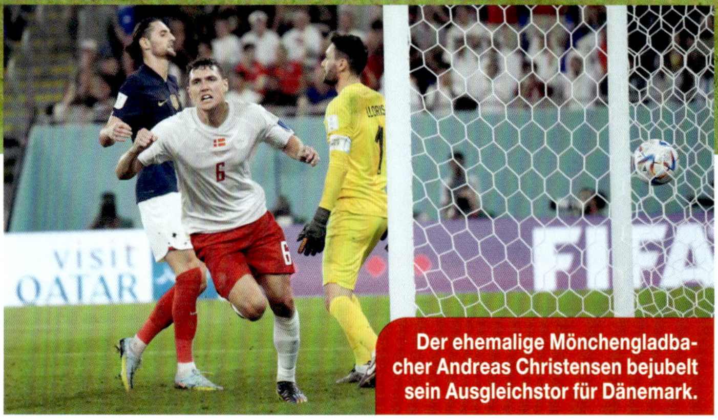

Der ehemalige Mönchengladbacher Andreas Christensen bejubelt sein Ausgleichstor für Dänemark.

Nach dem überzeugenden Auftaktsieg gegen Australien wartete auf den Titelverteidiger die vermeintlich schwerste Prüfung in der Vorrunde. Gegen die Dänen hatte die »Equipe Tricolore« in diesem Jahr bereits zweimal verloren, in der Nations League gab es ein 1:2 und ein 0:2. Nun mag man dies kein Wettbewerb sein, dem die französischen Stars eine ausgeprägte Bedeutung beimessen, aber die Konteranfälligkeit, die in diesen Spielen zu Tage getreten war, musste doch als Warnung begriffen werden. Also waren die Franzosen erst einmal um risikolose Spielkontrolle bemüht.

Die Dänen standen jedoch zunächst sehr stabil. So dauerte es bis zur 21. Minute, ehe der Favorit erstmals gefährlich wurde. Der auffällige Ex-Dortmunder Ousmane Dembélé schlug eine butterweiche Flanke ins Zentrum, wo Adrien Rabiot den dänischen Torwart Kasper Schmeichel zu einer Glanztat zwang. Der Druck der Franzosen nahm stetig zu, auch die Außenverteidiger Theo Hernandez und Jules Koundé schalteten sich nun immer wieder in die Angriffe ein. Einmal stimmte die Konterabsicherung nicht, über zwei Stationen kam der Ball zu Andreas Cornelius, der knapp vorbeischoss (36.). Auch nach der Pause spielte sich die Partie vornehmlich in der dänischen Hälfte ab. Vor allem einer in Blau war nun gewillt, das

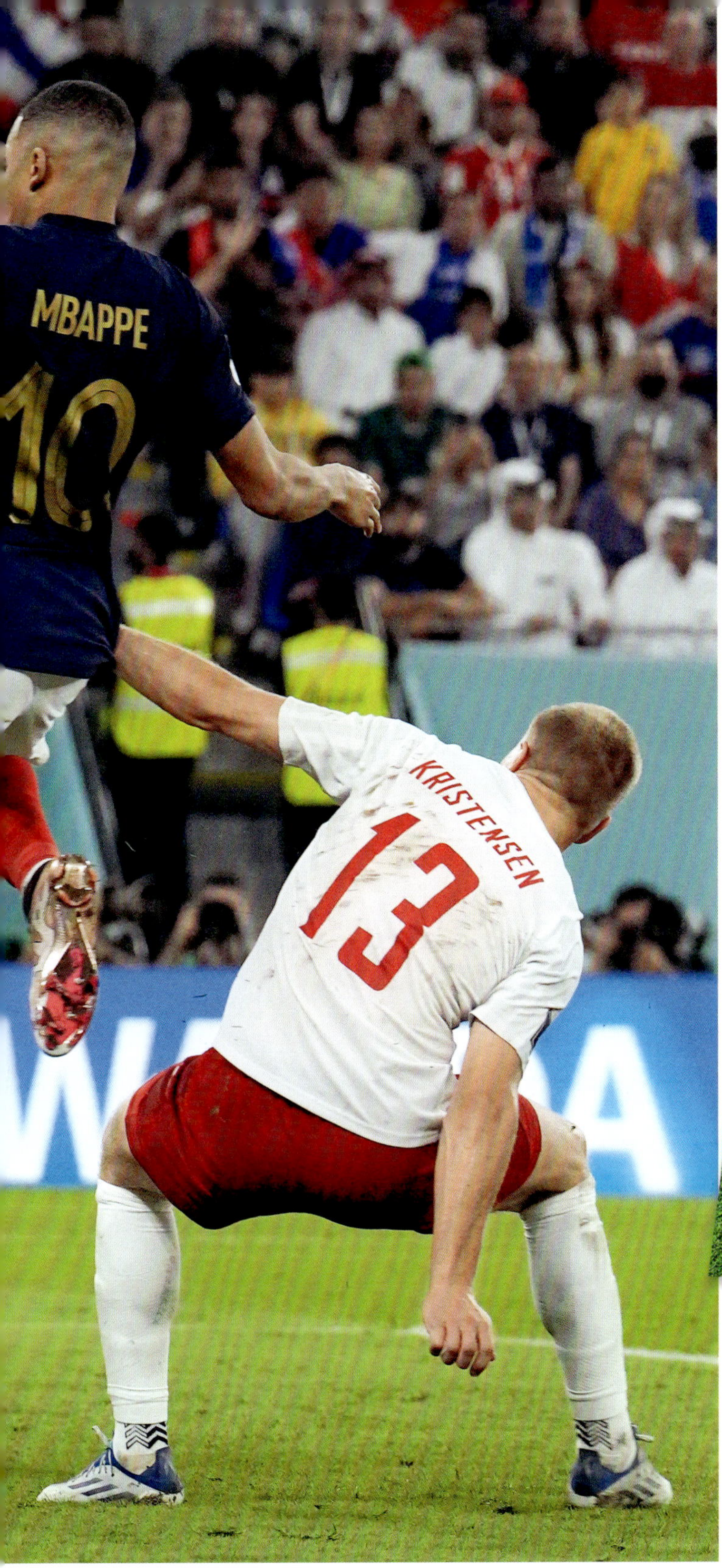

26. November 2022, 19 Uhr Ortszeit, Stadium 974

FRANKREICH – DÄNEMARK
2 : 1

Trainer: Didier Deschamps

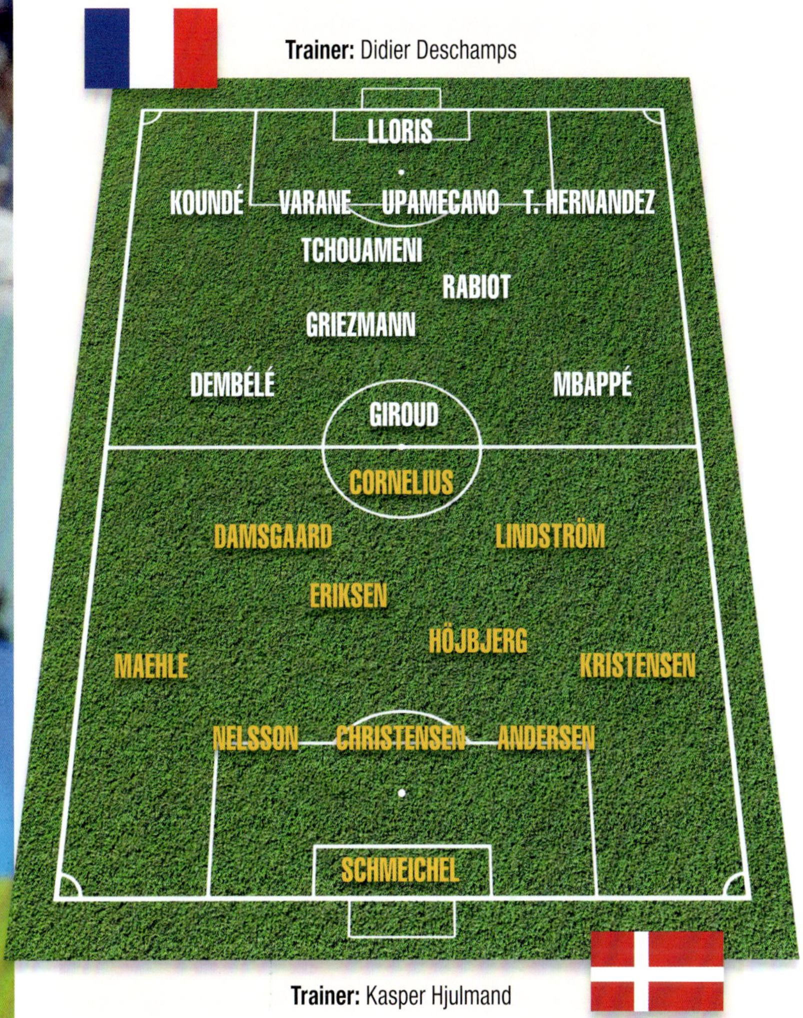

Trainer: Kasper Hjulmand

Eingewechselt:

Frankreich	Dänemark
Thuram für Giroud (63.)	Braithwaite für Cornelius (46.)
Coman für Dembélé (75.)	Dolberg für Damsgaard (73.)
Konaté für Varane (75.)	Nörgaard für Lindström (85.)
Fofana für Griezmann (90.+2)	Bah für Kristensen (90.+2)

Spiel an sich zu reißen: Wann immer Kylian Mbappé an den Ball kam, ging ein Raunen durchs Publikum. In der 57. Minute scheiterte der Superstar noch an Schmeichel, doch vier Minuten später war es soweit: Nach brillantem Doppelpass mit Theo Hernandez traf der Stürmer von Paris Saint-Germain zur verdienten Führung. Dänemark musste nun mehr wagen – und kam nur sieben Minuten darauf zum Ausgleich, als Abwehrchef Andreas Christensen nach einer Ecke goldrichtig stand. Die Schlussphase entwickelte sich zu einem rasanten Schlagabtausch. Aurelien Tchouameni vergab aus kurzer Distanz (79.), ehe Martin Braithwaite den Außenpfosten traf (81.). Das letzte Wort hatte Mbappé, der nach toller Flanke von Antoine Griezmann mit dem Oberschenkel das vorzeitige Weiterkommen der »Equipe Tricolore« sicherte (86.).

Tore: 1:0 Mbappé (61.), 1:1 Christensen (68.), 2:1 Mbappé (86.)

Gelbe Karten: Koundé / Christensen, Cornelius

Gelb-Rote Karte: –

Rote Karte: –

Schiedsrichter: Szymon Marciniak (Polen)

Zuschauer: 42 860

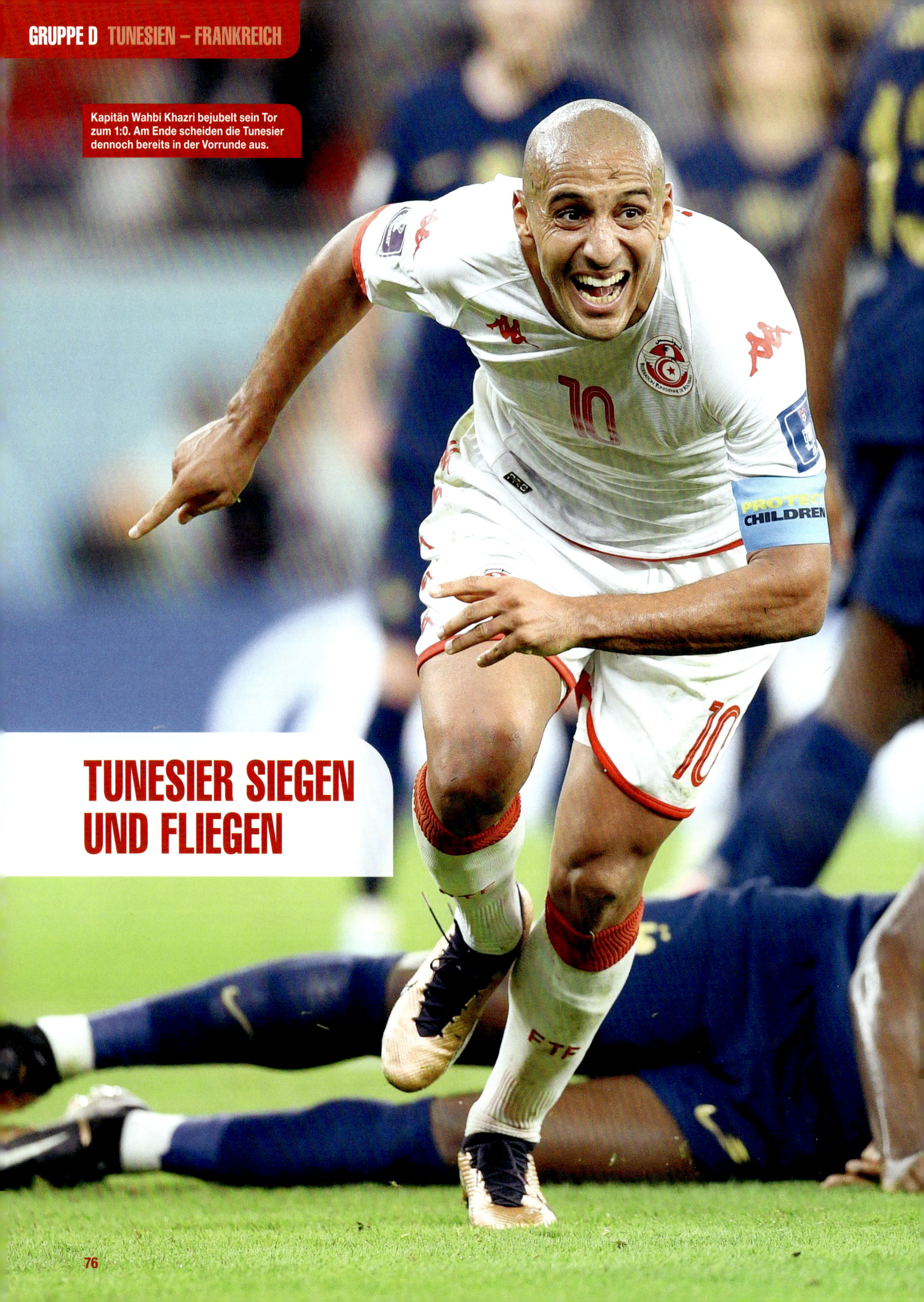

Kapitän Wahbi Khazri bejubelt sein Tor zum 1:0. Am Ende scheiden die Tunesier dennoch bereits in der Vorrunde aus.

TUNESIER SIEGEN UND FLIEGEN

Wer den Tunesiern vor der WM prophezeit hätte, aus den Spielen gegen Frankreich und Dänemark vier Punkte zu holen, hätte voraussichtlich in sehr erstaunte Gesichter geblickt. Nun, Tunesien holte tatsächlich vier Punkte gegen die Favoriten, doch das genügte nicht, um das Achtelfinale zu erreichen, weshalb trotz des 1:0-Coups gegen Frankreich die Gesichter der Tunesier von Enttäuschung gekennzeichnet waren. Die 0:1-Niederlage gegen Australien hatte die Nordafrikaner um die Früchte ihrer Arbeit gebracht.
Zugegebenermaßen trafen sie im letzten Gruppenspiel aber nicht auf die Stammelf der »Equipe Tricolore«, was die Aufgabe deutlich erleichterte. Nach dem vorzeitigen Achtelfinal-Einzug veränderte Trainer Didier Deschamps die Startelf der Franzosen auf neun Positionen. Nur Innenverteidiger Raphael Varane und Mittelfeldspieler Aurelien Tchouameni fielen der großen Rotation nicht zum Opfer. Die Tunesier suchten vom Anpfiff weg ihre Chance und begeisterten ihre Anhänger mit einem leidenschaftlichen Auftritt, während Frankreich sehr nonchalant zu Werke ging. Schon nach acht Minuten jubelte der Außenseiter über die vermeintliche Führung, doch der Treffer von Nader Ghandri nach einer Freistoßflanke von Wahbi Khazri fand zu Recht wegen einer Abseitsstellung keine Anerkennung. Tunesien drückte weiter, doch der letzte Pass kam meist nicht an.
Eine beherzte Einzelleistung von Khazri brachte die Nordafrikaner nach einer knappen Stunde dann aber doch verdient in Führung (58.). Der Kapitän setzte sich gegen Varane und Tchouameni durch und überwand Torwart Steve Mandanda mit einem präzisen Schuss ins rechte Eck. Deschamps reagierte und brachte seine Offensivstars um Kylian Mbappé, die allerdings erst in der Schlussphase gefährlich wurden. Nach starkem Solo scheiterte Mbappé jedoch an Torwart Aymen Dahmen (89.). Den vermeintlichen Ausgleich durch Antoine Griezmann kassierte Schiedsrichter Matthew Conger nach Videobeweis wieder ein (90.+8).

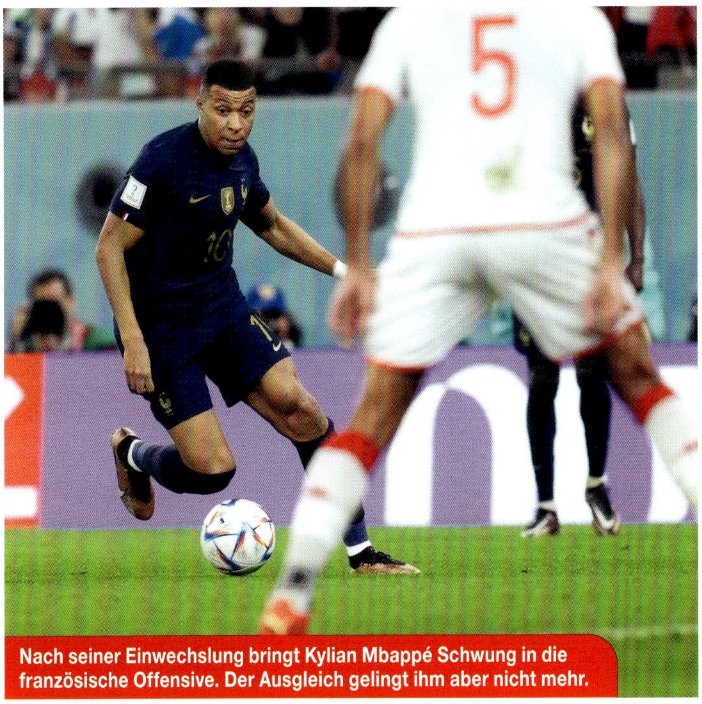
Nach seiner Einwechslung bringt Kylian Mbappé Schwung in die französische Offensive. Der Ausgleich gelingt ihm aber nicht mehr.

30. November 2022, 18 Uhr Ortszeit, Education City Stadium

TUNESIEN – FRANKREICH
1 : 0

Trainer: Jalel Kadri

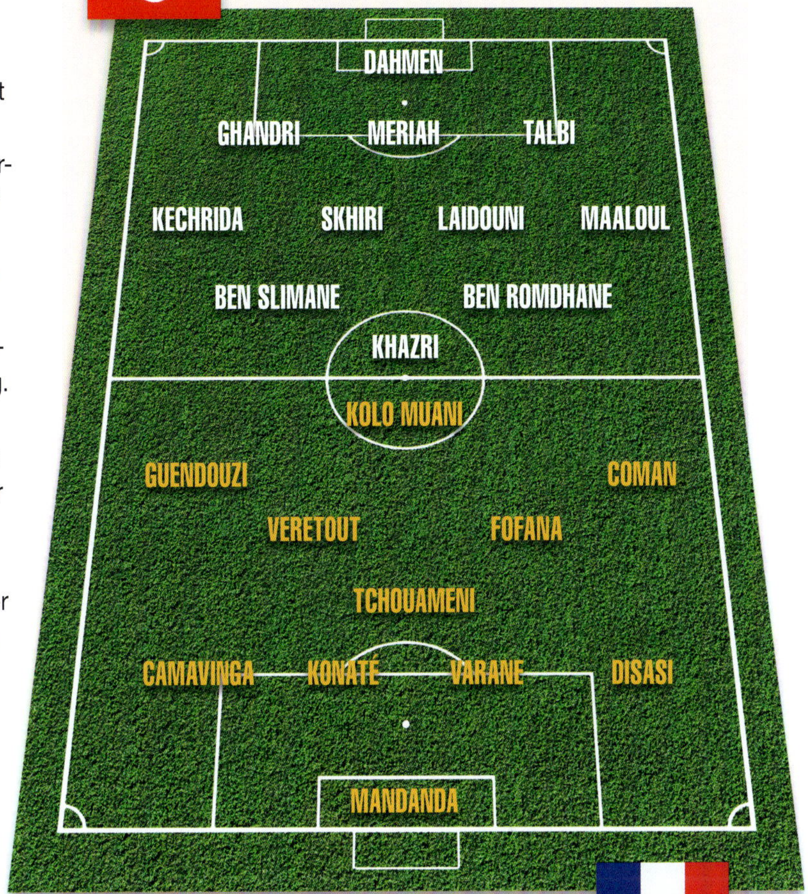

Trainer: Didier Deschamps

Eingewechselt:

Jebali für Khazri (60.)
Chaalali für Ben Romdhane (74.)
Abdi für Ben Slimane (83.)

Rabiot für Veretout (63.)
Mbappé für Coman (63.)
Saliba für Varana (63.)
Griezmann für Fofana (73.)
Dembélé für Guendouzi (79.)

Tor: 1:0 Khazri (58.)

Gelbe Karte: Kechrida / –

Gelb-Rote Karte: –

Rote Karte: –

Schiedsrichter: Matthew Conger (Neuseeland)

Zuschauer: 43 627

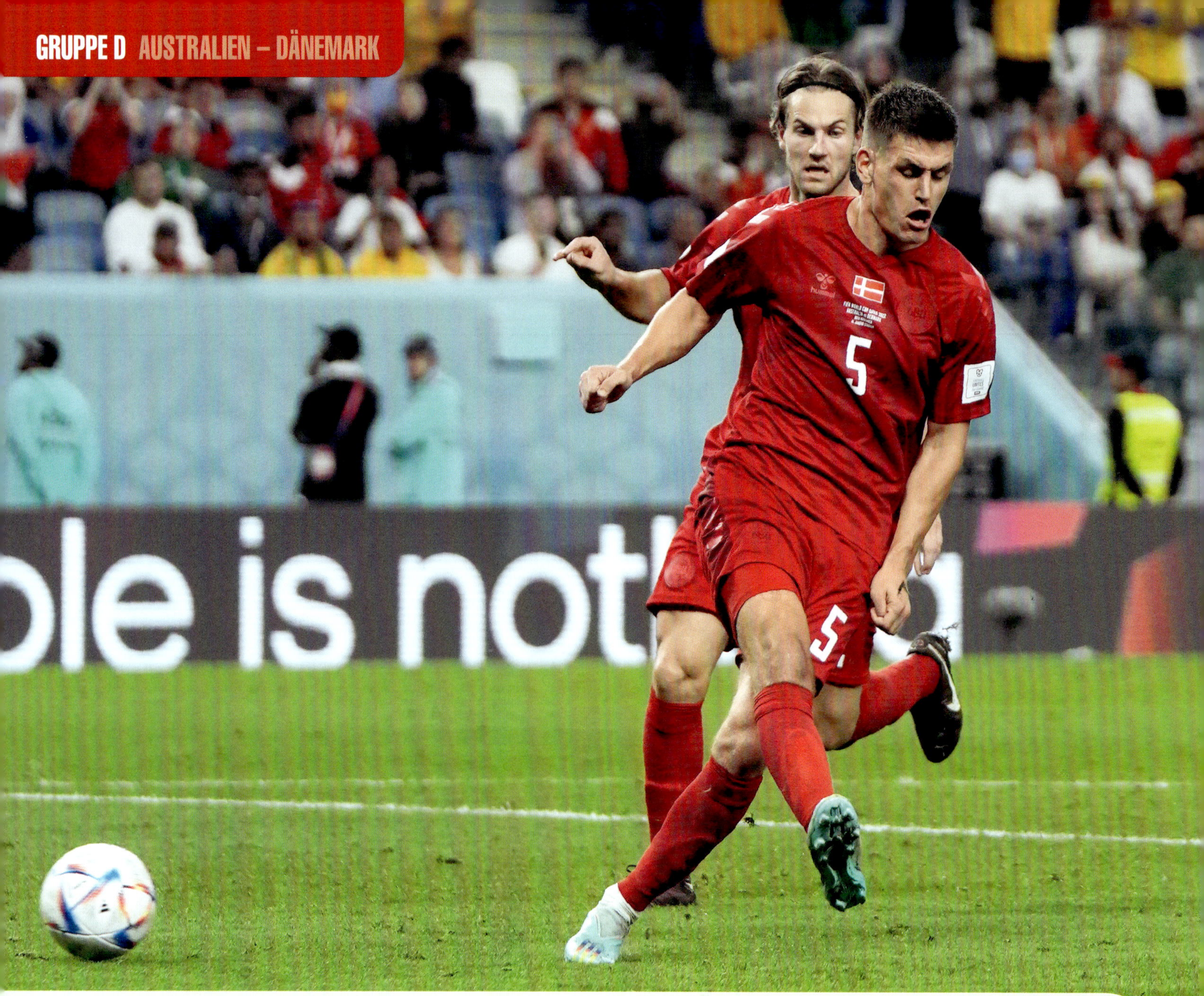

LECKIE SCHIESST AUSTRALIEN INS ACHTELFINALE

Sie spielten eine großartige Europameisterschaft 2021, die sie bis ins Halbfinale führte. Sie eilten in der WM-Qualifikation von Sieg zu Sieg. Und sie bezwangen in diesem Jahr zweimal Frankreich. Ja, die Dänen hatten sich den Ruf als Geheimfavorit bei der WM in Katar redlich verdient. Doch dann benötigten sie nur drei Spiele, um die Euphorie in ihrer Heimat komplett zu zertrampeln. Nach einem 0:1 gegen Australien flog das Team von Trainer Kasper Hjulmand als siegloser Tabellenletzter der Gruppe D vorzeitig aus dem Turnier. »Das ist zu 100 Prozent meine Verantwortung«, sagte der Coach der Dänen, der in der Bundesligasaison 2014/15 den FSV Mainz 05 betreut hatte. Seine Mannschaft hatte im gesamten Turnier seltsam gehemmt gewirkt und nie ihr volles Leistungsvermögen abrufen können. Gegen Australien bekamen die dänischen Fans lediglich in der Anfangsphase einen schwungvollen Auftritt von Christian Eriksen und Co. geboten. Der Favorit übernahm vom Anpfiff weg das Kommando und erspielte sich in der elften Minute nach einem

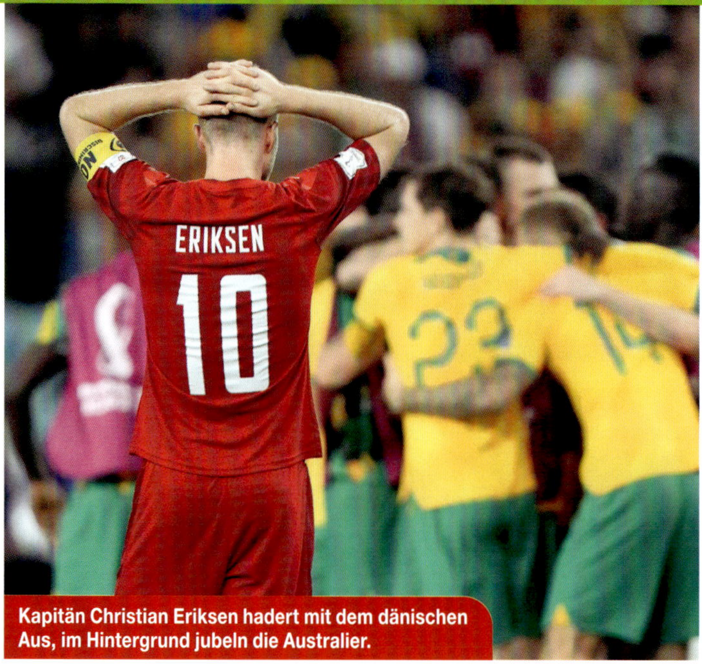

Kapitän Christian Eriksen hadert mit dem dänischen Aus, im Hintergrund jubeln die Australier.

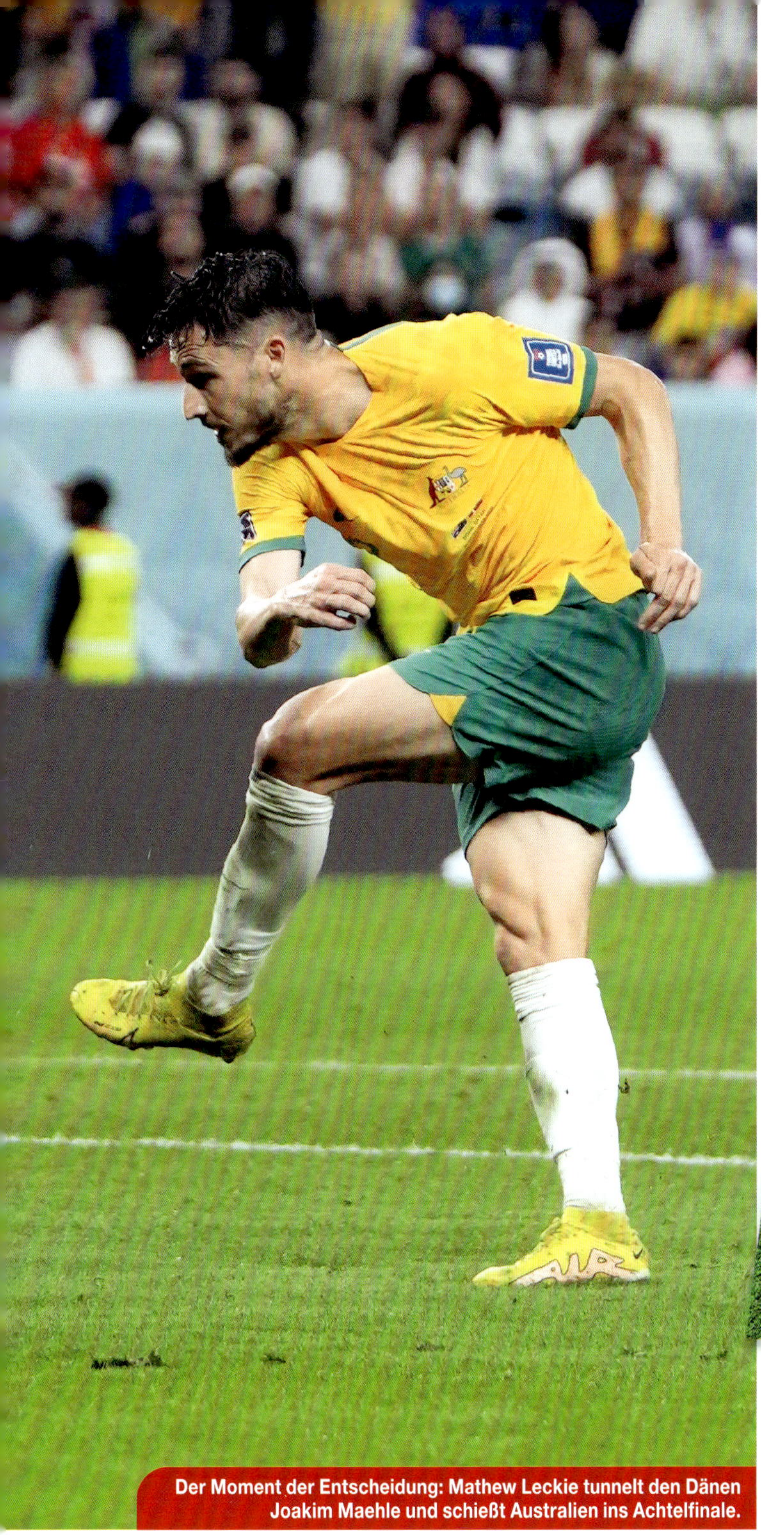

Der Moment der Entscheidung: Mathew Leckie tunnelt den Dänen Joakim Maehle und schießt Australien ins Achtelfinale.

schnell vorgetragenen Angriff die erste gute Chance in dieser Partie durch Mathias Jensen, der allerdings am beim FC Kopenhagen unter Vertrag stehenden australischen Torhüter Mathew Ryan scheiterte. Spätestens ab Mitte der ersten Hälfte verfielen die Dänen aber in alte Muster. Sie verzeichneten zwar fast 70 Prozent Ballbesitz, ihren Aktionen fehlten aber Dynamik und Kreativität. Die Australier, die in der ersten Hälfte zu passiv agiert hatten, kamen mit deutlich mehr Offensivdrang aus der Kabine. Jackson Irvine schoss aus guter Position drüber (48.), doch wenig später stand Down Under Kopf. Nach einem mustergültigen Konter düpierte der ehemalige Bundesliga-Profi Mathew Leckie seinen Gegenspieler Joakim Maehle mit zwei schnellen Haken und traf ins lange Eck zum 1:0 für den Außenseiter (60.). Hjulmand reagierte mit zwei offensiven Wechseln, doch mehr als zwei Halbchancen erspielten sich die Dänen gegen die kompakte Defensive der Australier nicht mehr.

30. November 2022, 18 Uhr Ortszeit, Al-Janoub Stadium

AUSTRALIEN – DÄNEMARK
1 : 0

Trainer: Graham Arnold

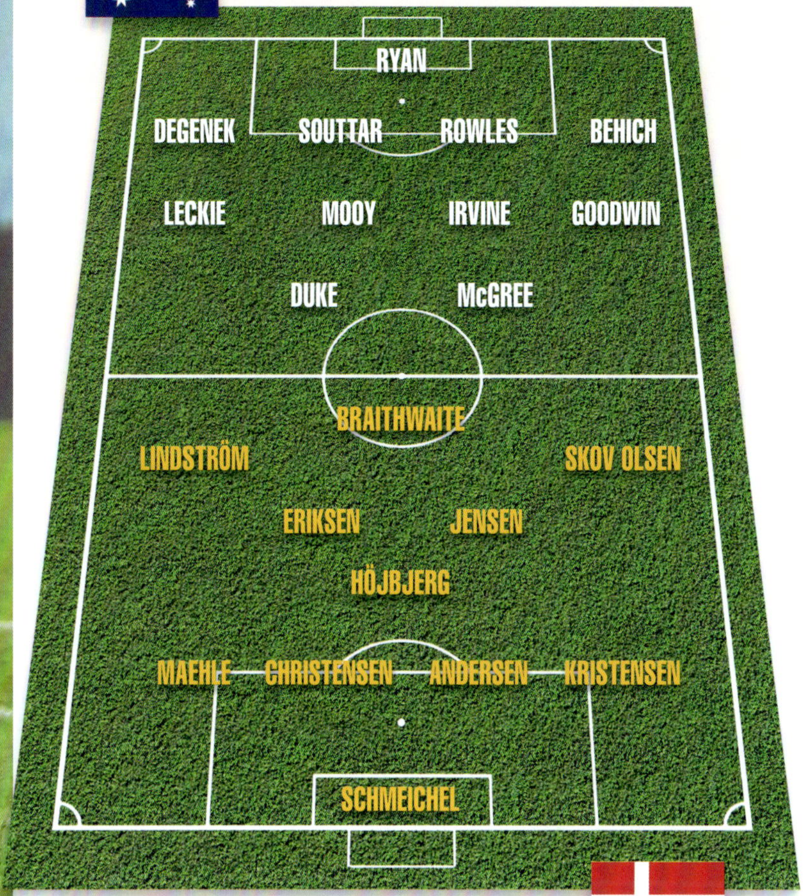

Trainer: Kasper Hjulmand

Eingewechselt:

Australien:
Baccus für Goodwin (46.)
Wright für McGree (74.)
Maclaren für Duke (82.)
Hrustic für Leckie (89.)

Dänemark:
Bah für Kristensen (46.)
Dolberg für Braithwaite (59.)
Damsgaard für Jensen (59.)
Cornelius für Maehle (69.)
Skov für Skov Olsen (69.)

Tor: 1:0 Leckie (60.)

Gelbe Karten: Behich, Degenek / Skov

Gelb-Rote Karte: –

Rote Karte: –

Schiedsrichter: Mustapha Gorbal (Algerien)

Zuschauer: 41 232

GRUPPE E

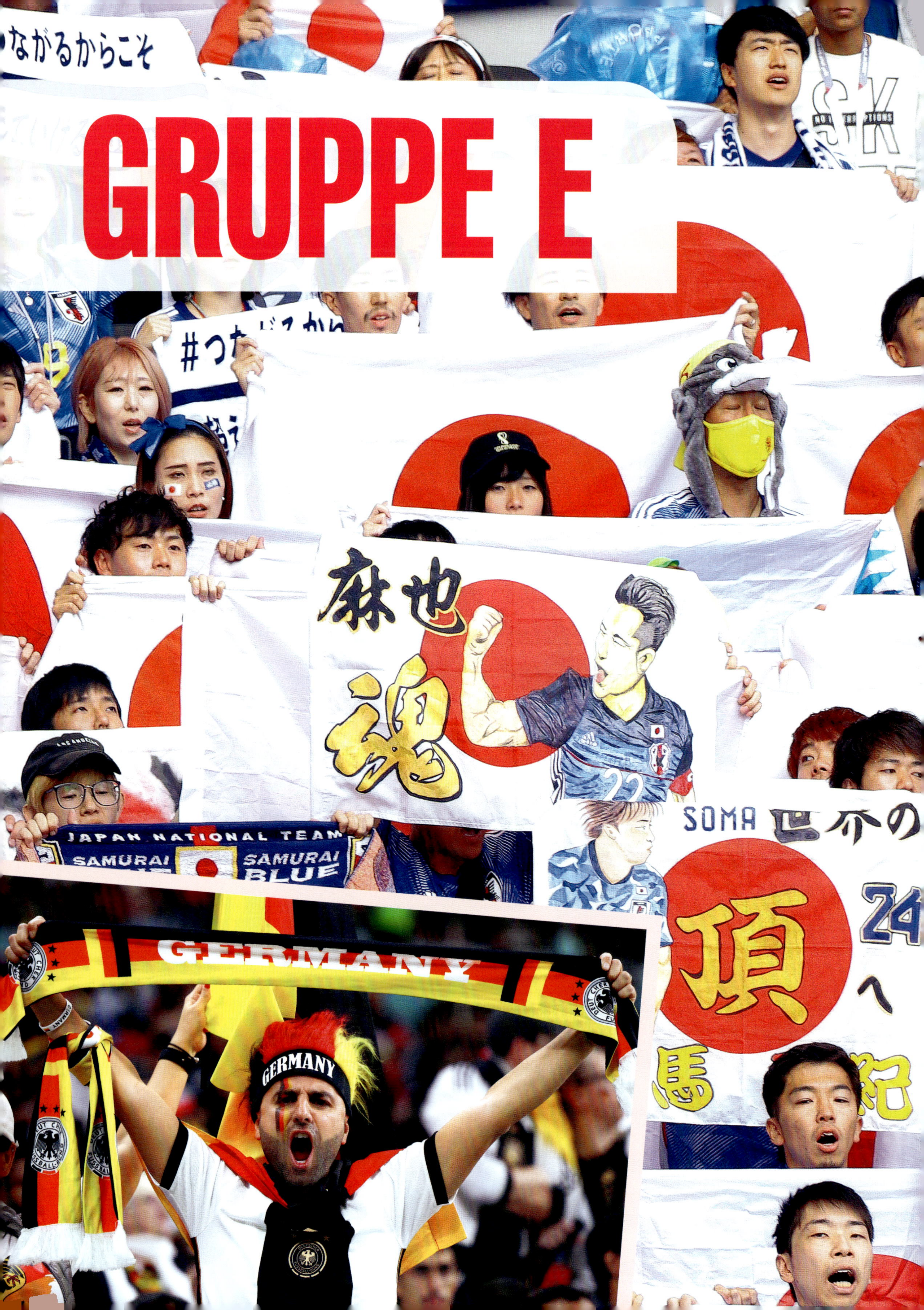

ながるからこそ
麻也
魂
JAPAN NATIONAL TEAM
SAMURAI
SAMURAI BLUE
SOMA
頂
24
へ
GERMANY
GERMANY

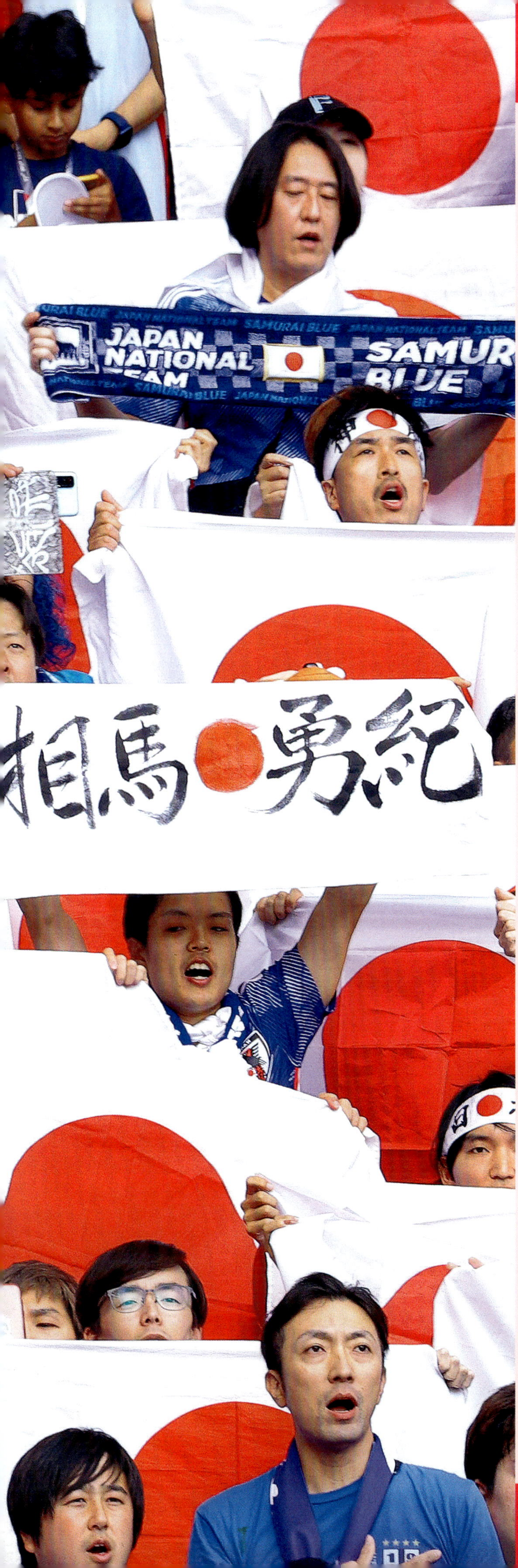

	Team		Spiele	Tore	Punkte
1.	**Japan**		3	4:3	6
2.	**Spanien**		3	9:3	4
3.	Deutschland		3	6:5	4
4.	Costa Rica		3	3:11	3

Deutschland – Japan	1:2 (1:0)
Spanien – Costa Rica	7:0 (3:0)
Japan – Costa Rica	0:1 (0:0)
Spanien – Deutschland	1:1 (0:0)
Japan – Spanien	2:1 (0:1)
Costa Rica – Deutschland	2:4 (0:1)

Der Traum vom fünften Stern war für Deutschland in Katar schnell ausgeträumt. Zum zweiten Mal in Folge schied die DFB-Auswahl bereits in der WM-Vorrunde aus. Zum Verhängnis wurde den Deutschen dabei die unnötige 1:2-Auftaktniederlage gegen Japan, als sie sich nach einem über eine lange Zeit dominanten Auftritt zweimal düpieren ließen. Das 1:1 gegen Spanien und die unerwartete 0:1-Niederlage Japans gegen Costa Rica eröffnete der Mannschaft von Trainer Hansi Flick vor dem letzten Gruppenspieltag aber wieder eine realistische Chance aufs Weiterkommen. Das 4:2 gegen Costa Rica reichte aber nicht, weil Japan völlig überraschend Spanien mit 2:1 besiegte und sich dadurch sogar den Gruppensieg sicherte.

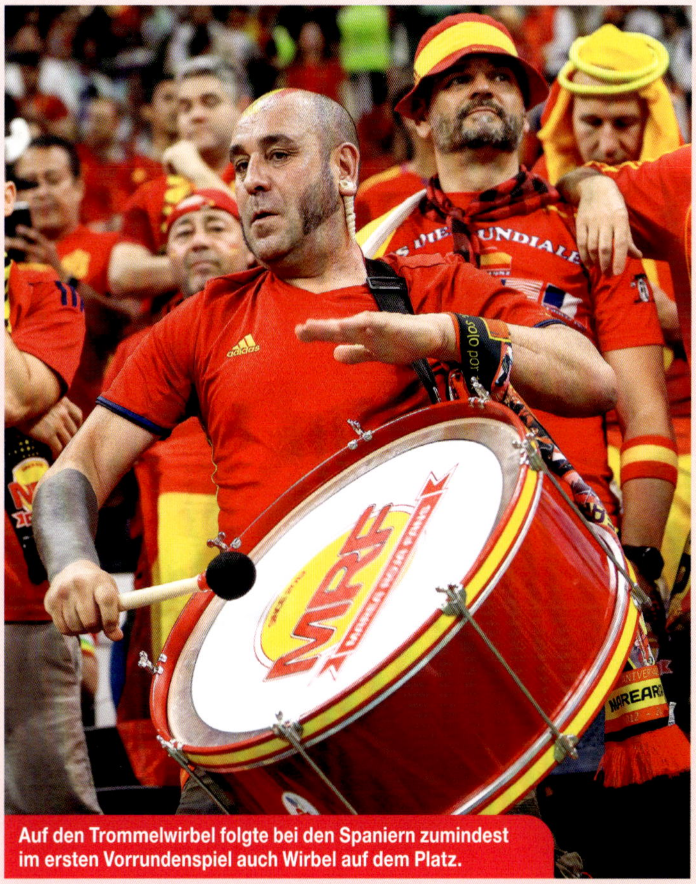

Auf den Trommelwirbel folgte bei den Spaniern zumindest im ersten Vorrundenspiel auch Wirbel auf dem Platz.

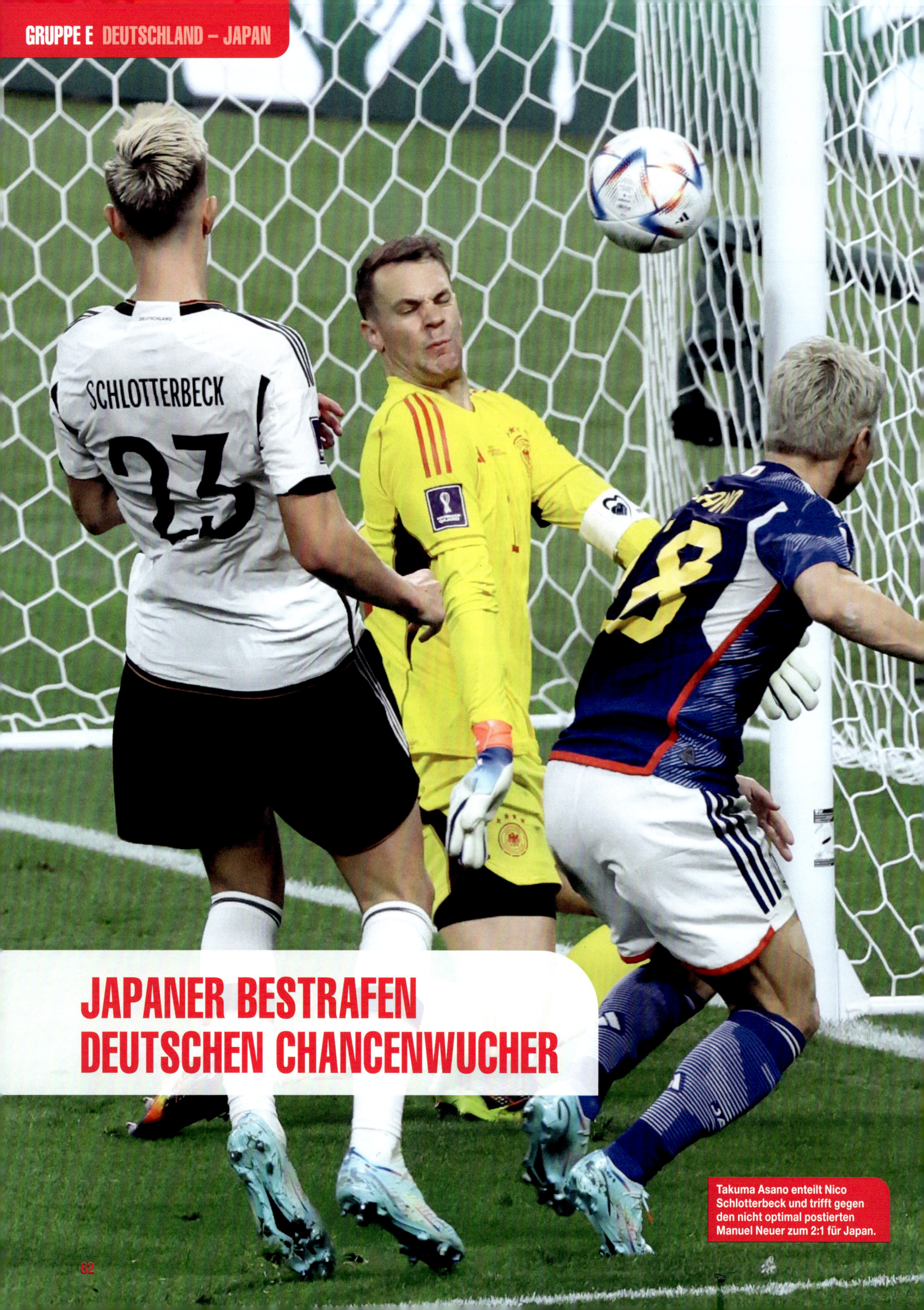

JAPANER BESTRAFEN DEUTSCHEN CHANCENWUCHER

Takuma Asano enteilt Nico Schlotterbeck und trifft gegen den nicht optimal postierten Manuel Neuer zum 2:1 für Japan.

Vor dem ersten WM-Spiel lässt sich für gewöhnlich eine nervöse Vorfreude beobachten oder zumindest ein leidenschaftliches Rätseln über Aufstellung und Taktik. Diesmal fiel beides aus. Tage des Spekulierens wandelten sich in Tage des Debattierens. Alle redeten über eine Binde. Mit dem Schriftzug »One Love« wollte Kapitän Manuel Neuer ein kleines Zeichen gegen Diskriminierung und für Vielfalt setzen. Für die FIFA war selbst das zu viel. Sie verbot die Binde und drohte im Falle einer Zuwiderhandlung Sanktionen an. Der DFB fügte sich. Die Spieler wirkten angesichts des gewaltigen Echos ziemlich hilflos, aber als sie sich unmittelbar vor dem Auftaktspiel gegen Japan zum Mannschaftsfoto versammelten, rangen sie sich zu einer anderen Geste durch: Sie hielten sich die Hand vor den Mund. Dann durften sie endlich spielen.

Nach einer nervösen Anfangsphase übernahm der Favorit die Kontrolle. Ilkay Gündogan und Joshua Kimmich schwangen sich zu Herrschern des Mittelfelds auf. Auch am Führungstor war die Schaltzentrale des deutschen Spiels maßgeblich beteiligt. Kimmichs starker Diagonalball auf David Raum führte zum Elfmeter, den Gündogan sicher verwandelte. Nach der Pause setzte die DFB-Elf, die nun auch ihre Außenspieler besser einband, ihre Dominanz fort. Ein Schuss von Serge Gnabry touchierte das Lattenkreuz (47.), ehe Jamal Musiala durch den Strafraum tänzelte und aus zentraler Position übers Tor schoss (51.). Gündogan traf freistehend von der Strafraumgrenze nur den rechten Außenpfosten (60.). Der Chancenwucher sollte sich rächen. Den auf Umschaltmomente lauernden Japanern gelangen nun wieder verstärkt Entlastungsangriffe. Neuer musste sein ganzes Können aufbieten, um gegen Junya Ito zu retten (73.), war zwei Minuten später jedoch geschlagen. Eine scharfe Hereingabe von Takumi Minamino wehrte Neuer zur Mitte ab, wo der eingewechselte Ritsu Doan zum Ausgleich abstaubte. Acht Minuten später präsentierte sich die deutsche Abwehr erneut indisponiert. Nach einem langen Ball von Ko Itakura auf Takuma Asano hob Niklas Süle das Abseits auf, und Nico Schlotterbeck ließ sich im Laufduell vom Profi des VfL Bochum abkochen – 1:2. Die DFB-Elf wirkte geschockt, die einzige Chance zum Ausgleich vergab Leon Goretzka in der Nachspielzeit (90.+5).

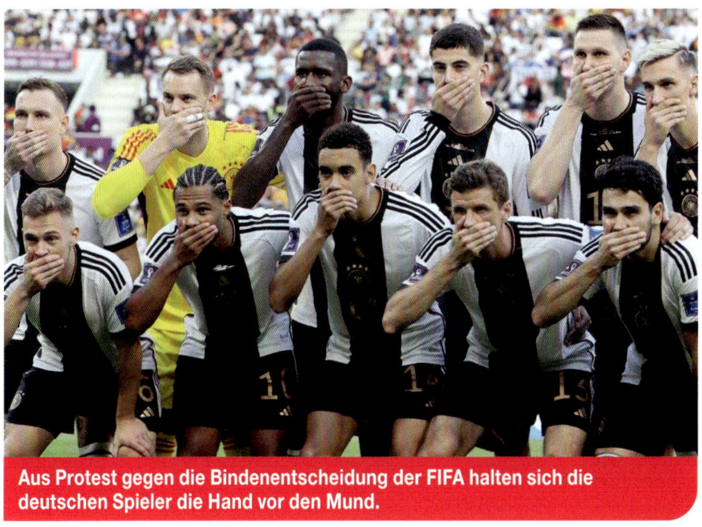

Aus Protest gegen die Bindenentscheidung der FIFA halten sich die deutschen Spieler die Hand vor den Mund.

23. November 2022, 16 Uhr Ortszeit, Khalifa International Stadium

DEUTSCHLAND – JAPAN
1 : 2

Trainer: Hansi Flick

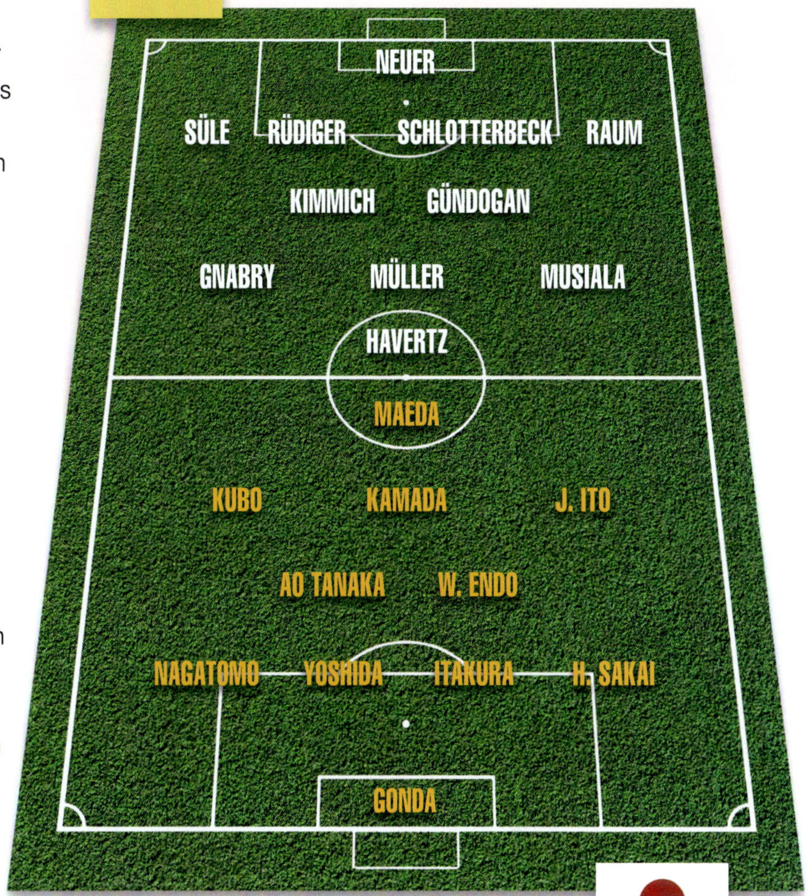

Trainer: Hajime Moriyasu

Eingewechselt:

Deutschland	Japan
Hofmann für Müller (67.)	Tomiyasu für Kubo (46.)
Goretzka für Gündogan (67.)	Asano für Maeda (57.)
Götze für Musiala (79.)	Mitoma für Nagatomo (57.)
Füllkrug für Havertz (79.)	Doan für Tanaka (71.)
Moukoko für Gnabry (90.)	Minamino für Sakai (75.)

Tore: 1:0 Gündogan (33., Foulelfmeter), 1:1 Doan (75.), 1:2 Asano (83.)

Gelbe Karte: –

Gelb-Rote Karte: –

Rote Karte: –

Schiedsrichter: Ivan Barton (El Salvador)

Zuschauer: 42 608

SPANIER BEGEISTERN ZUM AUFTAKT

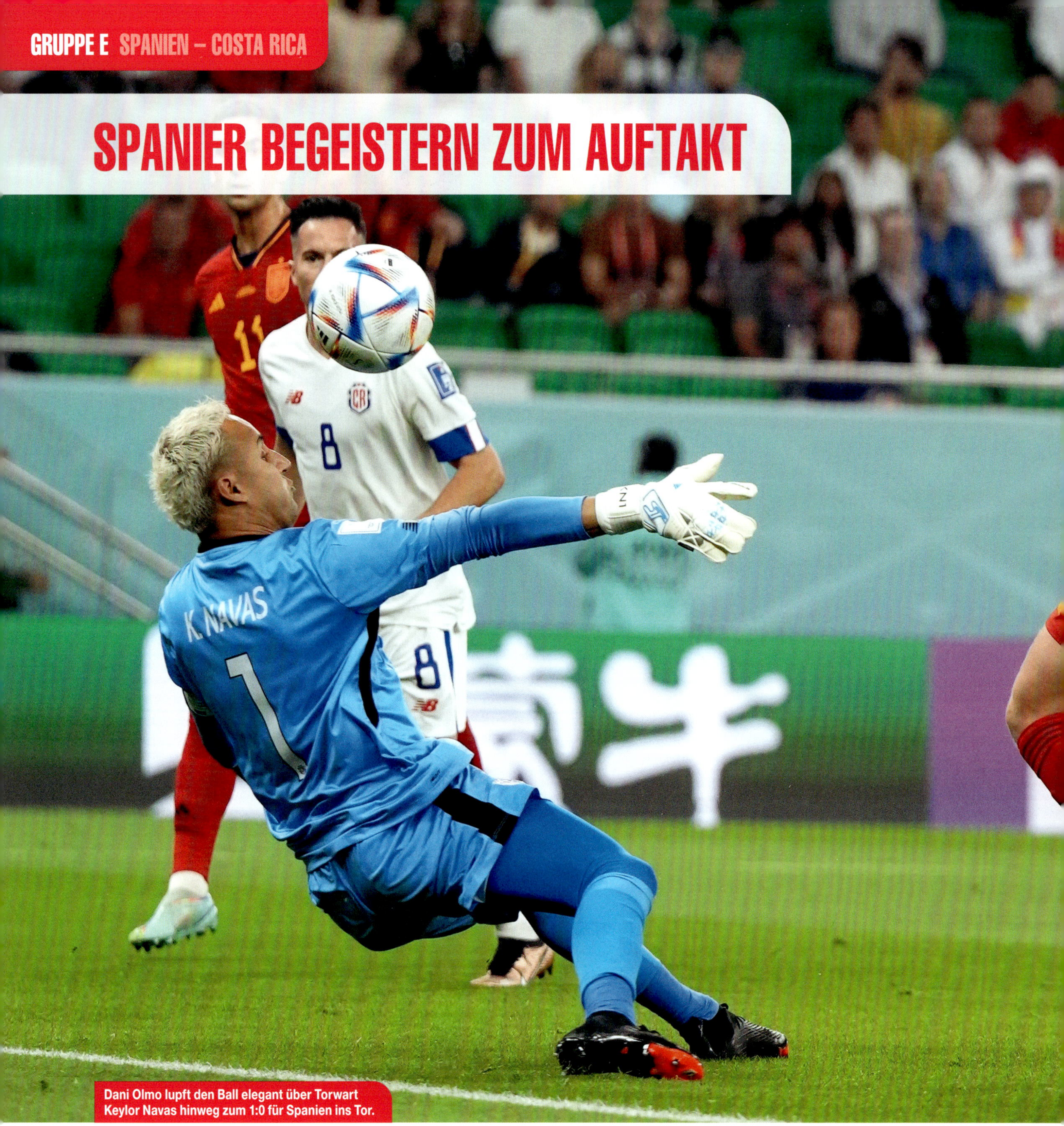

Dani Olmo lupft den Ball elegant über Torwart Keylor Navas hinweg zum 1:0 für Spanien ins Tor.

Den Spaniern wird ja gern vorgeworfen, in Schönheit zu sterben. Mit viel Glanz und Gloria kombinieren sie sich vor den gegnerischen Kasten, nur um dann zu vergessen, dass auch Tore zu einem Fußballspiel dazugehören. Zum WM-Auftakt räumten die Iberer mit diesem Vorurteil jedoch eindrucksvoll auf. Sie spielten nicht nur schön, sondern auch effizient. Costa Rica, 2014 immerhin WM-Viertelfinalist, hatte den wendigen und ballsicheren Spaniern von Beginn an wenig entgegenzusetzen. Nach einem traumhaften Pass von Gavi nahm der in der Bundesliga für RB Leipzig spielende Dani Olmo den Ball wunderbar an, drehte sich um die eigene Achse und überwand überwand Costa Ricas herausstürzenden Torhüter-Routinier Keylor Navas per Lupfer zum 1:0 (11.). Nach einer scharfen Hereingabe von Jordi Alba erhöhte Marcos Asensio zehn Minuten später auf 2:0, und spätestens nach dem Elfmetertor von Ferran Torres zum 3:0 (31.) konnte es keinen Zweifel mehr geben, wer diese Partie gewinnen würde.

Nach der Pause nahmen die Spanier ein wenig Tempo raus, kamen gegen die überforderten Zentralamerikaner aber dennoch zu weiteren Chancen – und Toren. Torres (54.), Gavi (74.), Carlos Soler (90.) und Alvaro Morata (90.+2) machten den Kantersieg perfekt und sendeten ein Zeichen der Stärke an den zweiten Gruppengegner, die deutsche Mannschaft.

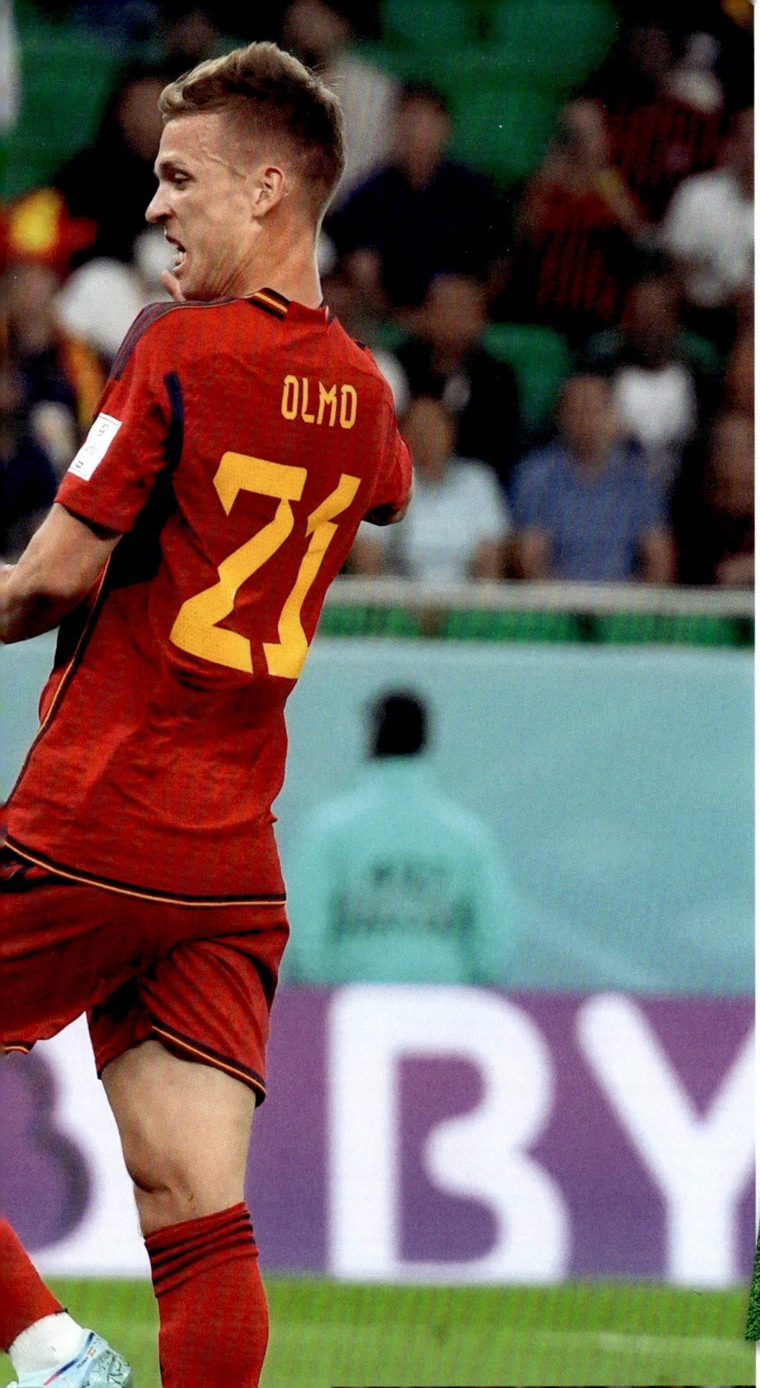

23. November 2022, 19 Uhr Ortszeit, Al-Thumama Stadium

SPANIEN – COSTA RICA
7 : 0

Trainer: Luis Enrique

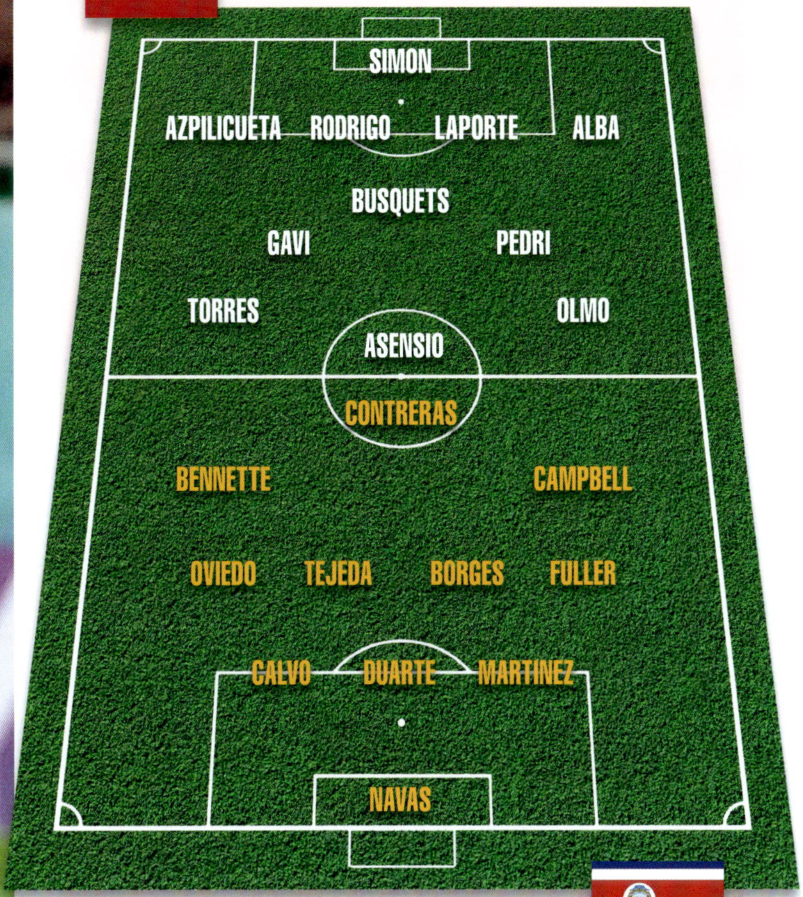

Trainer: Luis Fernando Suarez

Eingewechselt:

Spanien:
Morata für Torres (57.)
Soler für Pedri (57.)
Koke für Busquets (64.)
Balde für Alba (64.)
Williams für Asensio (69.)

Costa Rica:
Waston für Martinez (46.)
Ruiz für Bennette (61.)
Zamora für Contreras (61.)
Aguilera für Borges (72.)
Matarrita für Oviedo (82.)

Tore: 1:0 Olmo (11.), 2:0 Asensio (21.), 3:0 Torres (21.), 4:0 Torres (54., Foulelfmeter), 5:0 Gavi (74.), 6:0 Soler (90.), 7:0 Morata (90.+2)

Gelbe Karten: – / Calvo, Campbell

Gelb-Rote Karte: –

Rote Karte: –

Schiedsrichter: Mohammed Abdulla Hassan Mohamed (VAE)

Zuschauer: 40 013

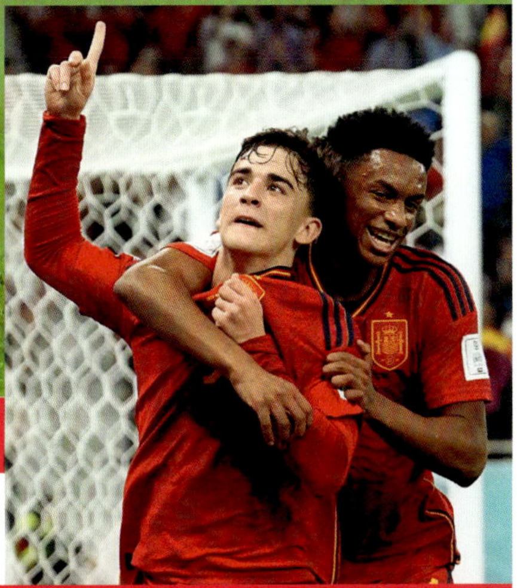

Der 18-jährige Gavi nach seinem Tor zum 5:0.

EIN SPIEL DER REKORDE

Beim 7:0 gegen Costa Rica feierten die Spanier den höchsten WM-Sieg ihrer Geschichte und erzielten erstmals bei einer WM drei Treffer in der ersten Halbzeit. Der überragende Gavi vom FC Barcelona, mit 18 Jahren der jüngste spanische WM-Spieler aller Zeiten, avancierte mit seinem Treffer zum 5:0 zum jüngsten WM-Torschützen seit Pelé. Der brasilianische Superstar war bei der WM 1958 erst 17 Jahre alt.

FULLER STELLT SPIELVERLAUF AUF DEN KOPF

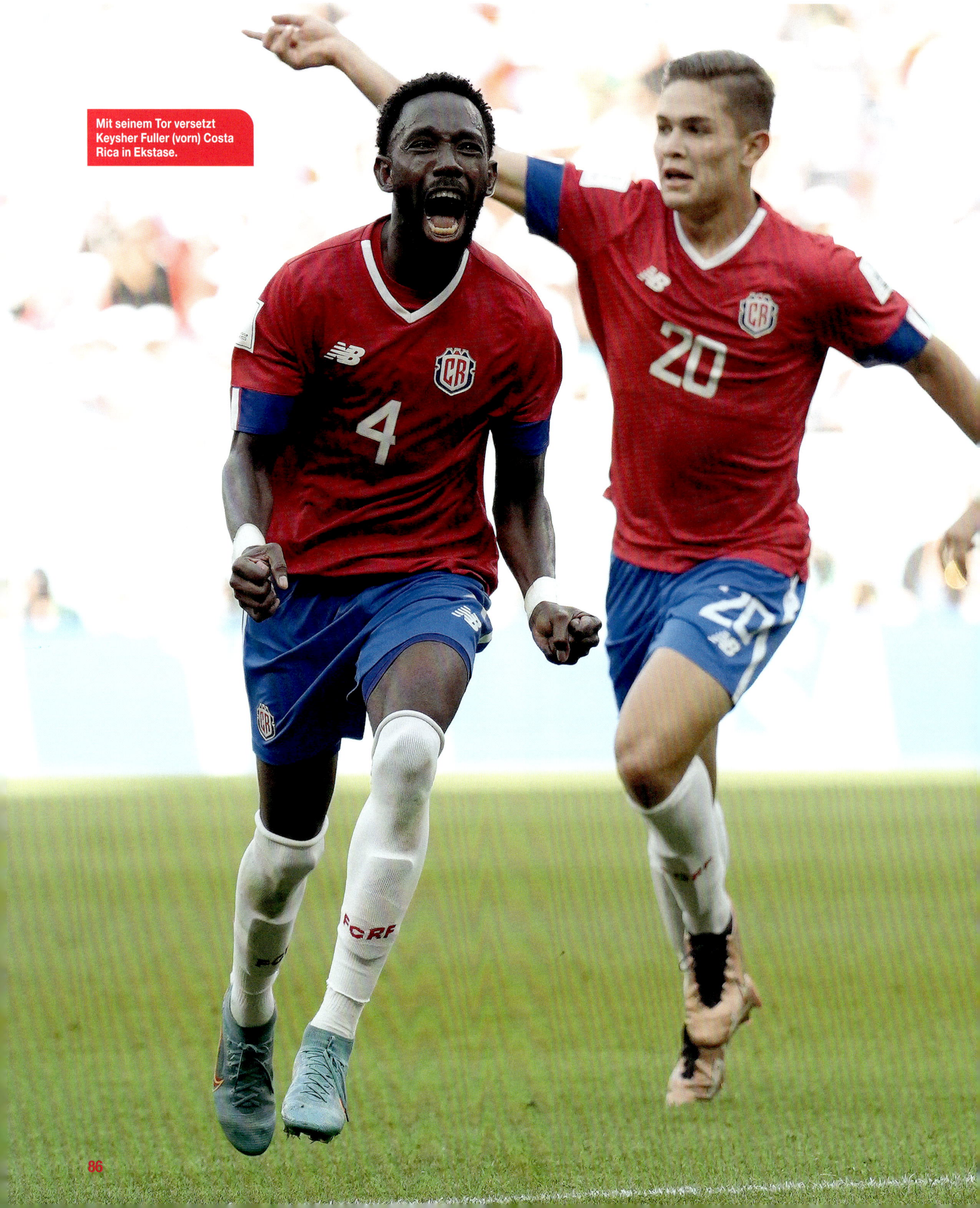

Mit seinem Tor versetzt Keysher Fuller (vorn) Costa Rica in Ekstase.

Das Schöne am Fußball ist ja, dass er nicht immer zu erklären ist. Er beugt sich keinen mathematischen Gesetzen, sondern breitet seine Arme dem Zufall aus. Als Japan, beflügelt durch den Sieg gegen Deutschland, auf Costa Rica, gedemütigt von Spanien, traf, konnte es eigentlich nur einen Sieger geben. Die klar favorisierten Japaner scheiterten jedoch krachend. Sie scheiterten, weil sie dem plötzlichen Erwartungsdruck, der nach dem Coup gegen die DFB-Elf auf sie einwirkte, nicht gewachsen waren. Und weil sie mit der Spielweise des Außenseiters nicht zurechtkamen. Costa Rica verschanzte sich tief in der eigenen Hälfte. Mitunter wirkten es so, als wollten die Spieler aus Zentralamerika den Ball gar nicht besitzen.
Die Japaner, die das Konterspiel bevorzugen, waren so gezwungen, das Spiel zu machen. Zwar kontrollierten die ballsicheren Asiaten das Geschehen, gaben gegen die aggressiv verteidigenden Costa Ricaner aber in der gesamten ersten Hälfte keinen ernstzunehmenden Schuss aufs Tor ab. Mit der Einwechslung von Takuma Asano kam dann jedoch frischer Wind ins statische Angriffsspiel der Japaner. Hidemasa Morita zwang Keylor Navas zu einer starken Parade (46.), zwei Minuten später behielt der Torhüter-Routinier auch gegen Asano die Oberhand. Japan schien sich die Costa Ricaner nun zurechtzulegen, doch die verteidigten leidenschaftlich und stellten schließlich den Spielverlauf auf den Kopf. Nach einem Fehler von Morita, der vor dem eigenen Sechzehner den Ball vertändelte, bediente Yeltsin Tejeda den an der Strafraumkante lauernden Keysher Fuller, der mit einem nicht unhaltbaren Schlenzer zur Führung für Costa Rica traf (81.). Die »Samurai Blue« gingen in der Folge volles Risiko, Navas entschärfte aber auch die letzte Chance durch Eintracht Frankfurts Daichi Kamada (88.).

27. November 2022, 13 Uhr Ortszeit, Ahmed Bin Ali Stadium

JAPAN – COSTA RICA
0 : 1

Trainer: Hajime Moriyasu

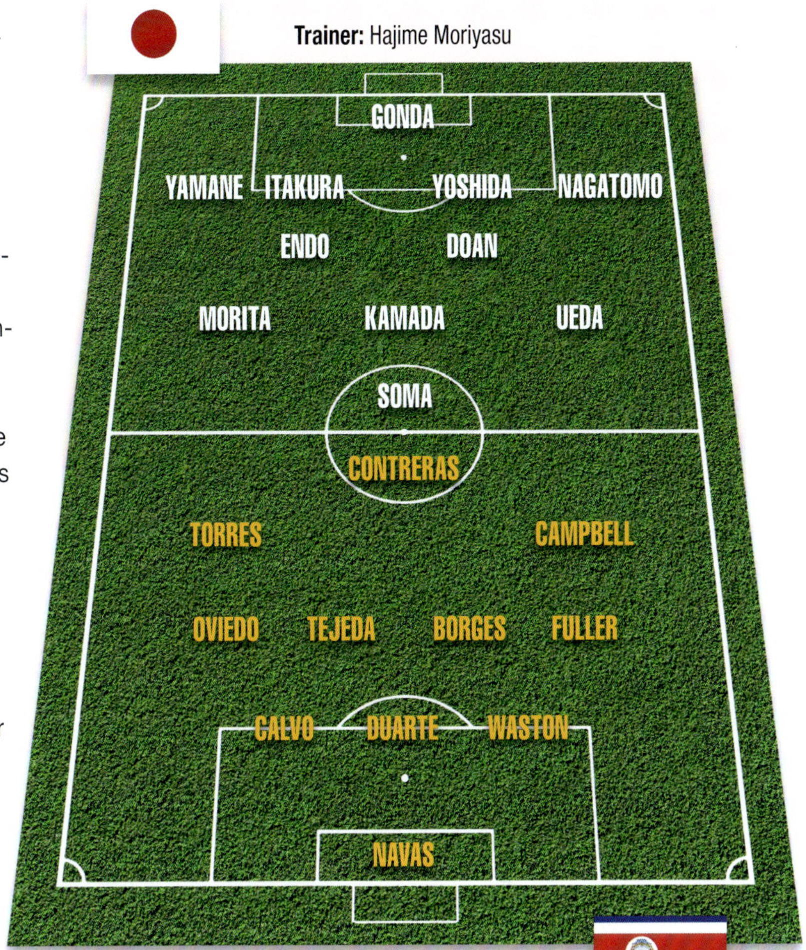

Trainer: Luis Fernando Suarez

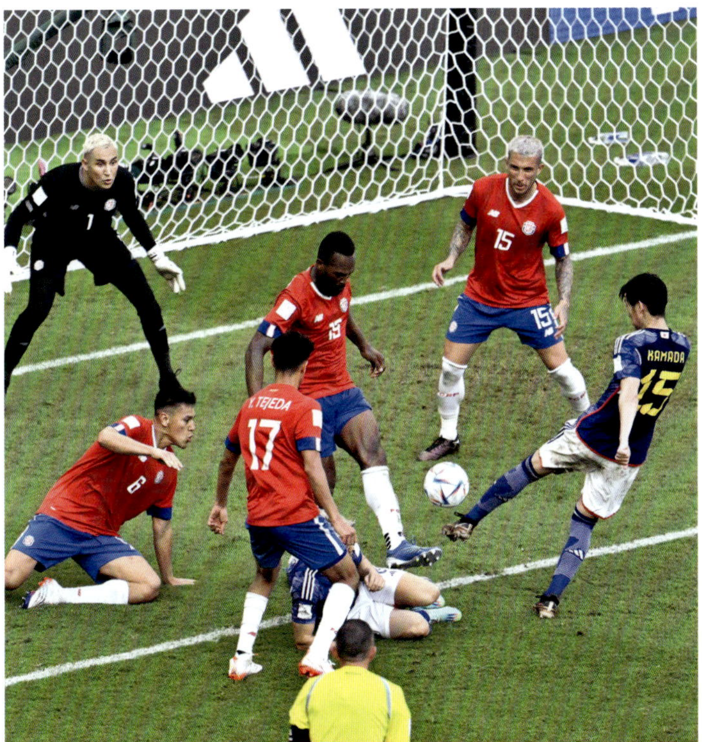

Mit Mann und Maus verteidigen die Costa Ricaner die Führung. Daichi Kamada vergibt die letzte große Chance für Japan.

Eingewechselt:

Japan	Costa Rica
Asano für Ueda (46.)	Aguilera für Contreras (65.)
H. Ito für Nagatomo (46.)	Bennette für Torres (65.)
Mitoma für Yamane (62.)	Salas für Borges (90.)
J. Ito für Doan (67.)	Chacon für Campbell (90.+5)
Minamino für Soma (82.)	

Tore: 0:1 Fuller (81.)

Gelbe Karten: Yamane, Itakura, Endo / Contreras, Borges, Calvo

Gelb-Rote Karte: –

Rote Karte: –

Schiedsrichter: Michael Oliver (England)

Zuschauer: 41 479

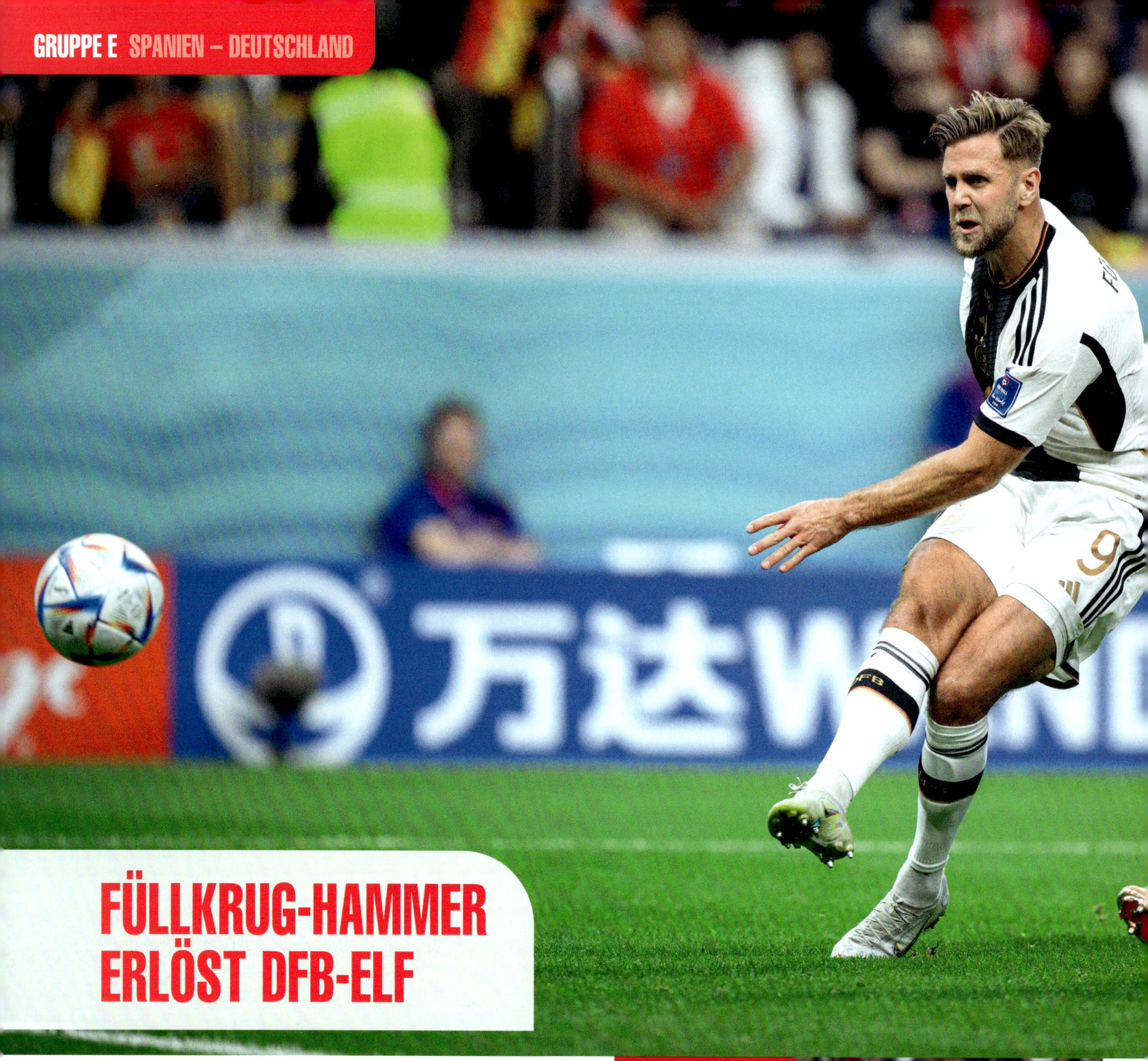

FÜLLKRUG-HAMMER ERLÖST DFB-ELF

Das zweite Gruppenspiel hatte noch nicht einmal begonnen, da fühlten sich die deutschen Spieler schon von einer schweren Last befreit. Nach dem völlig überraschenden Sieg Costa Ricas gegen Japan war die DFB-Elf gegen Spanien nicht mehr zum Siegen verdammt, um ihre Chance auf das Erreichen des Achtelfinales wahren zu können. Die verbesserte Ausgangslage setzte zu Beginn aber noch keine neuen Kräfte beim Flick-Team frei. Spanien, das beim 7:0-Auftaktsieg gegen Costa Rica viel Selbstvertrauen getankt hatte, dominierte die Anfangsphase. Sie setzten den deutschen Spielaufbau frühzeitig unter Druck und entfachten bei eigenem Ballbesitz zunächst einen beeindruckenden Angriffswirbel. Nach einem strammen Schuss von Dani Olmo lenkte Torwart Manuel Neuer den Ball mit der linken Hand noch an die Unterkante der Latte (7.). Es konnte einem angst und bange um die DFB-Elf werden. Doch während die Spanier dieses Niveau nicht konservieren konnten, steigerten sich die Deutschen spätestens ab Mitte der zweiten Hälfte. Sie hatten nun längere

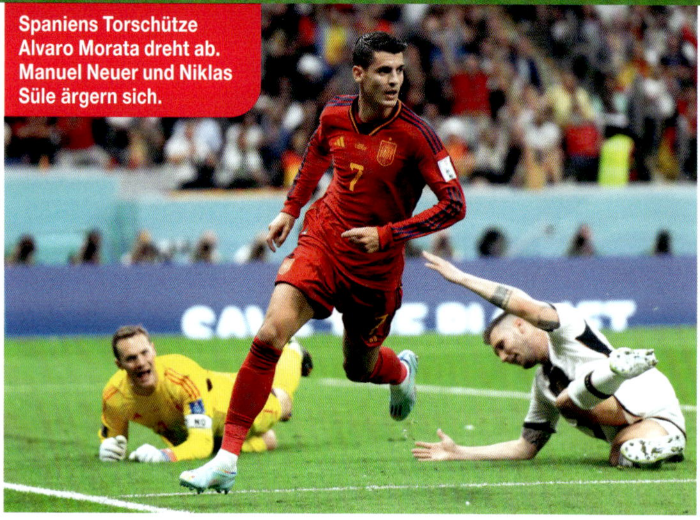

Spaniens Torschütze Alvaro Morata dreht ab. Manuel Neuer und Niklas Süle ärgern sich.

Ballbesitzphasen, wenngleich im Spiel nach vorn das Tempo fehlte. Das schien egal zu sein, als Antonio Rüdiger den Ball in der 40. Minute nach einem Freistoß von Joshua Kimmich ins Tor köpfte. Doch Deutschlands Abwehrchef stand leicht im Abseits,

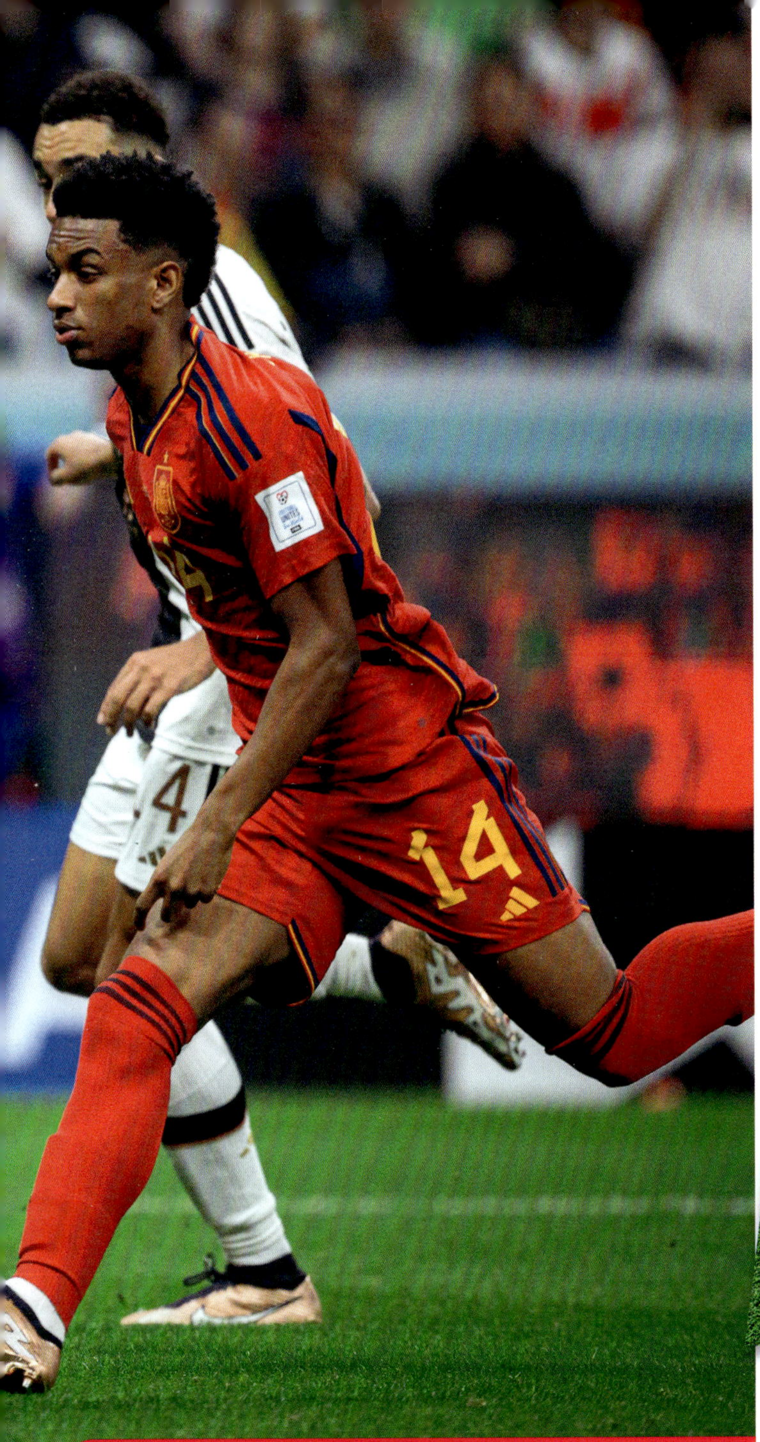

Der Spanier Alejandro Balde kann nur zusehen, wie der eingewechselte DFB-Stürmer Niclas Füllkrug den Ball mit Wucht zum 1:1 ins Netz jagt.

der Jubel erstickte. Nach der Pause war die DFB-Elf zunächst die aktivere Mannschaft und besaß durch Kimmich eine gute Chance (56.). Mitten in diese starke deutsche Phase hinein fiel dann aber Spaniens Führung. Thilo Kehrer ließ auf seiner rechten Abwehrseite Jordi Alba viel zu viel Platz zum Flanken, und in der Mitte reagierte Niklas Süle zu langsam, um den eingewechselten Alvaro Morata am Abschluss hindern zu können. Flick reagierte und brachte mit Niclas Füllkrug für Thomas Müller eine echte Neun fürs Sturmzentrum. Sofort band der Bremer die Aufmerksamkeit der spanischen Verteidiger. Davon profitierte auch Jamal Musiala, der jedoch freistehend an Spaniens Torwart Unai Simon scheiterte (73.). Zehn Minuten später belohnte sich die deutsche Mannschaft für eine überlegene zweite Hälfte. Über Leroy Sané und Jamal Musiala gelangte der Ball zu Niclas Füllkrug in den Strafraum, der ihn mit Karacho in den Winkel jagte. Es war ein echtes Stürmertor, das die Hoffnungen der Deutschen auf ein Weiterkommen am Leben hielt.

27. November 2022, 22 Uhr Ortszeit, Al-Bayt Stadium

SPANIEN – DEUTSCHLAND

1 : 1

Trainer: Luis Enrique

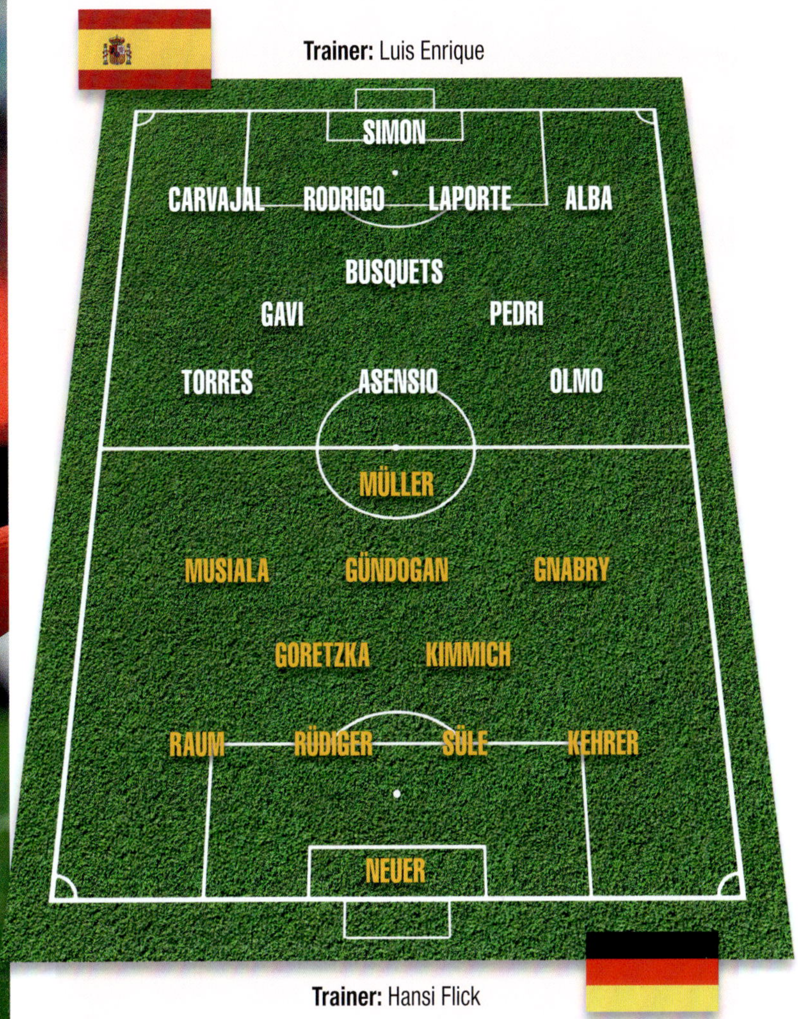

Trainer: Hansi Flick

Eingewechselt:

Spanien	Deutschland
Morata für Torres (54.)	Füllkrug für Müller (70.)
Koke für Asensio (66.)	Sané für Gündogan (70.)
Williams für Gavi (66.)	Klostermann für Kehrer (70.)
Balde für Alba (82.)	Hofmann für Gnabry (85.)
	Schlotterbeck für Raum (87.)

Tore: 1:0 Morata (62.), 1:1 Füllkrug (83.)

Gelbe Karten: Busquets / Kehrer, Goretzka, Kimmich

Gelb-Rote Karte: –

Rote Karte: –

Schiedsrichter: Danny Makkelie (Niederlande)

Zuschauer: 68 895

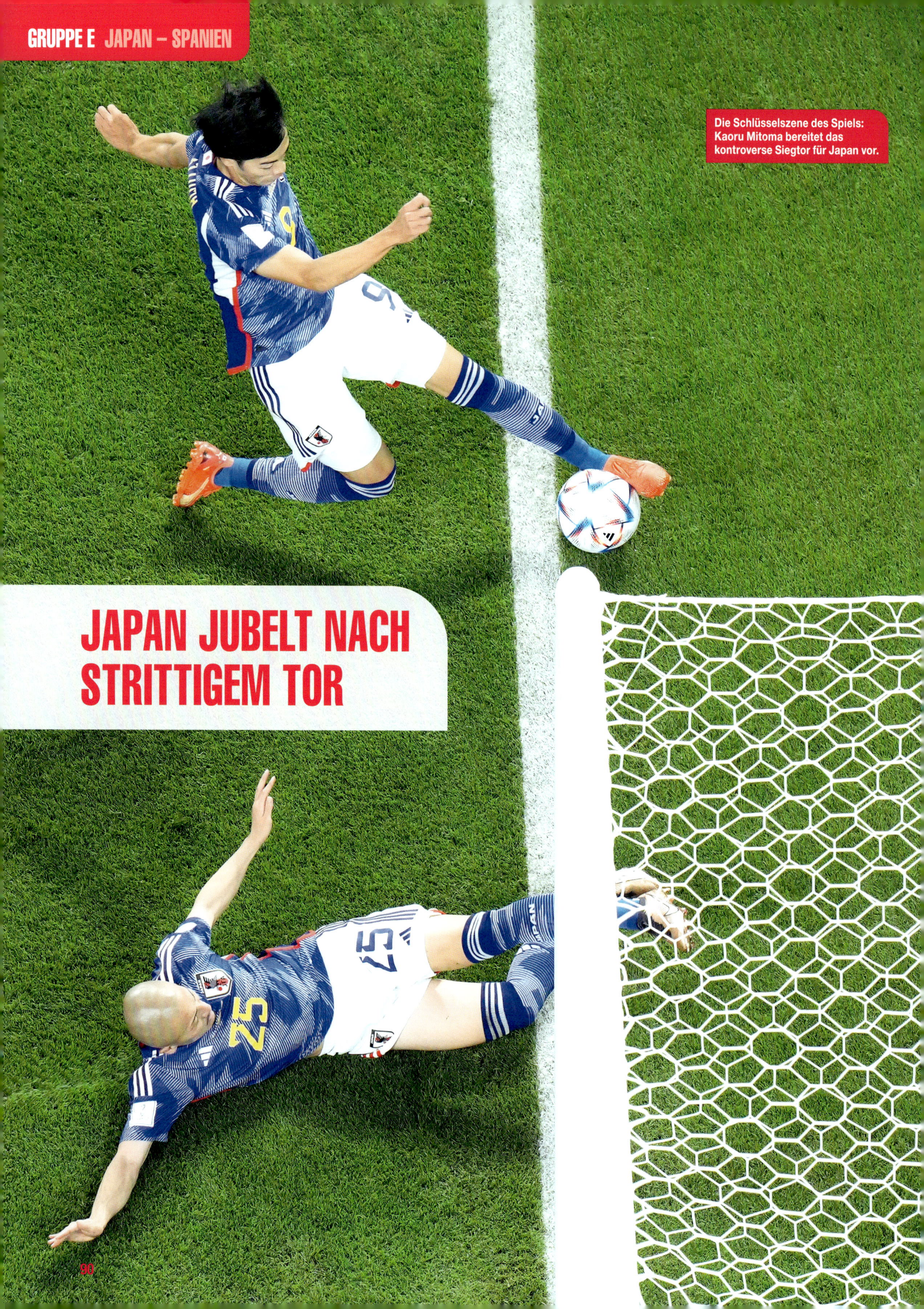

Die Schlüsselszene des Spiels: Kaoru Mitoma bereitet das kontroverse Siegtor für Japan vor.

JAPAN JUBELT NACH STRITTIGEM TOR

Selbst die Zeitlupe brachte keine Gewissheit. Hatte der Ball die Grundlinie bereits im vollen Umfang überschritten, ehe Kaoru Mitoma den Torschüzen Ao Tanaka im Zentrum bediente? Oder doch nicht? Die Bilder suggerierten, dass der Ball bereits im Aus gewesen war, doch mit hundertprozentiger Sicherheit konnte das niemand sagen. Schiedsrichter Victor Miguel Gomes gab den Treffer. Es war eine der strittigsten Entscheidungen bei dieser WM, eine, die Japan ins Achtelfinale brachte und letztlich auch das vorzeitige Aus der deutschen Mannschaft besiegelte.

Binnen drei Minuten hatten die Asiaten die Partie in der zweiten Halbzeit gegen Spanien gedreht. Erst traf Ritsu Doan vom SC Freiburg mit einem wuchtigen, aber nicht unhaltbaren Schuss von der Strafraumgrenze zum Ausgleich (58.), dann stand Tanaka (Fortuna Düsseldorf) goldrichtig und brachte Japan mit 2:1 in Führung. Die Spanier wirkten geschockt, erst in der Schlussphase drückten sie auf den Ausgleich, den Deutschland so dringend benötigt hätte. Den Iberern mangelte es gegen die sehr diszipliniert verteidigenden Japaner aber an Ideen, nur einmal brach Dani Olmo im Strafraum durch, scheiterte allerdings aus sechs Metern mit einem schwachen Abschluss an Japans Torwart Shuichi Gonda.

Der Auftritt der Spanier, die zum Auftakt noch ein 7:0-Torfestival gefeiert hatten, erinnerte in diesem Spiel fatal an die zurückliegenden beiden Weltmeisterschaften, als brotloser Ballbesitzfußball jeweils zu einem frühen Ausscheiden geführt hatte. Gegen Japan verzeichnete die Mannschaft von Trainer Luis Enrique 82 Prozent Ballbesitz, schlug aber nur einmal zu, als Alvaro Morata per Kopf eine exzellente Flanke von Cesar Azpilicueta veredelte (11.). Trotz des Achtelfinal-Einzugs war Enrique hinterher erbost: »Ich habe nichts zu feiern, ich bin überhaupt nicht zufrieden.«

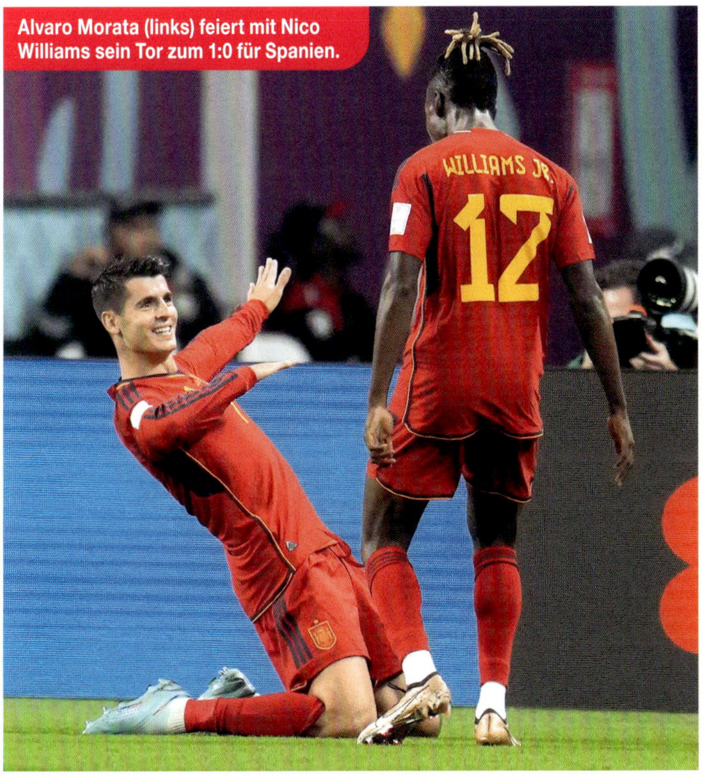

Alvaro Morata (links) feiert mit Nico Williams sein Tor zum 1:0 für Spanien.

1. Dezember 2022, 22 Uhr Ortszeit, Khalifa International Stadium

JAPAN – SPANIEN
2 : 1

Trainer: Hajime Moriyasu

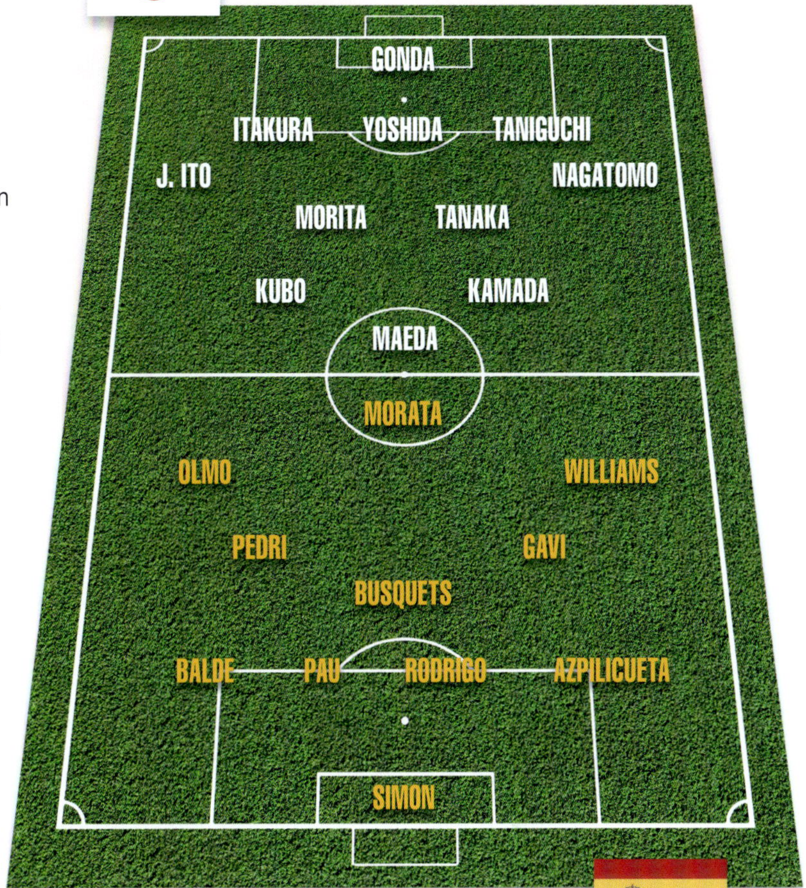

Trainer: Luis Enrique

Eingewechselt:

Japan	Spanien
Doan für Kubo (46.)	Carvajal für Azpilicueta (46.)
Mitoma für Nagatomo (46.)	Torres für Williams (57.)
Asano für Maeda (61.)	Asensio für Morata (57.)
Tomiyasu für Kamada (69.)	Fati für Gavi (68.)
Endo für Tanaka (87.)	Alba für Balde (68.)

Tore: 0:1 Morata (11.), 1:1 Doan (48.), 2:1 Tanaka (51.)

Gelbe Karten: Itakura, Taniguchi, Yoshida / –

Gelb-Rote Karte: –

Rote Karte: –

Schiedsrichter: Victor Miguel Gomes (Südafrika)

Zuschauer: 44 851

DFB-AUSWAHL SCHEITERT TROTZ SIEG

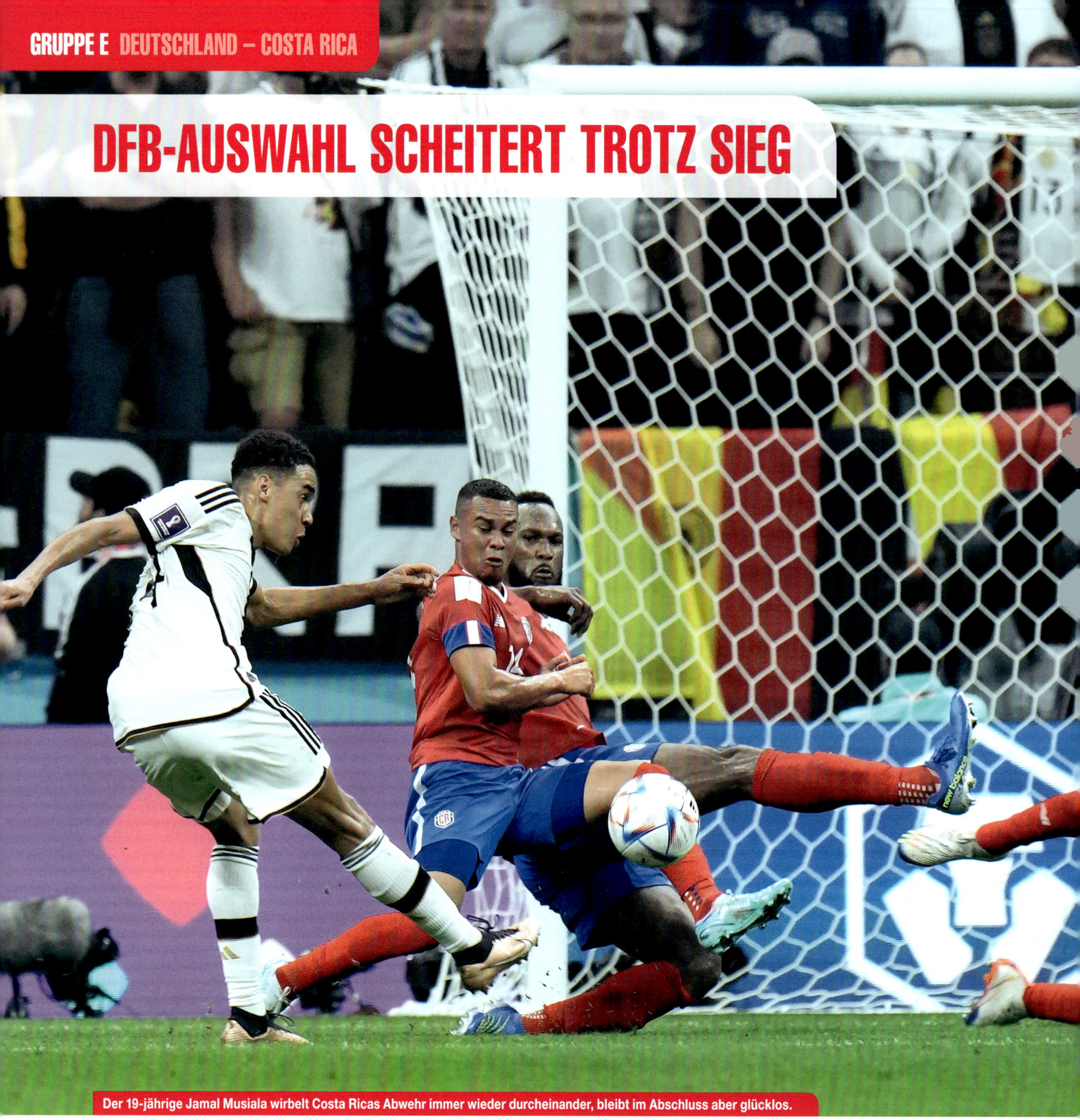

Der 19-jährige Jamal Musiala wirbelt Costa Ricas Abwehr immer wieder durcheinander, bleibt im Abschluss aber glücklos.

Das Horrorszenario ist wahr geworden. Vier Jahre nach dem frühen Scheitern bei der WM in Russland ereilte die hoch veranlagte DFB-Auswahl auch in Katar das Aus nach nur drei Spielen. Über den Sieg gegen Außenseiter Costa Rica konnte sich bei den Deutschen niemand freuen. Mit versteinerten Gesichtern standen sie nach dem Schlusspfiff von Schiedsrichterin Stéphanie Frappart da, die Leere drohte sie zu verschlingen. Weil Japan im Parallelspiel Spanien überraschend mit 2:1 bezwang, genügte der deutschen Mannschaft auch ein 4:2 gegen Costa Rica nicht. Sie hätte mit 9:2 gewinnen müssen, um in der Tabelle an den Spaniern vorbeiziehen zu können.
Was grotesk klingt, wäre sogar möglich gewesen, hätte das Team von Trainer Hansi Flick seine Chancen konsequenter genutzt. 32-mal (!) schossen die streckenweise drückend überlegenen Deutschen aufs Tor. Der atemberaubend aufspielende Jamal Musiala traf zweimal lediglich den Pfosten (61. und 67.), dasselbe Schicksal traf auch Antonio Rüdiger (62.). Der eingewechselte Niclas Füllkrug scheiterte aus nächster Nähe an einem überragenden Reflex von Costa Ricas Torwart-Oldie Keylor Navas (76.). Chancen in dieser Qualität gab es für Deutschland zuhauf, doch nur Serge Gnabry (10.), Kai Havertz (73. und 85.) und Füllkrug (89.) trafen. In den dominanten Auftritt hinein mischten sich aber auch Phasen horrenden Defensivverhaltens. Kurz vor der Pause legte Antonio Rüdiger, der ansonsten

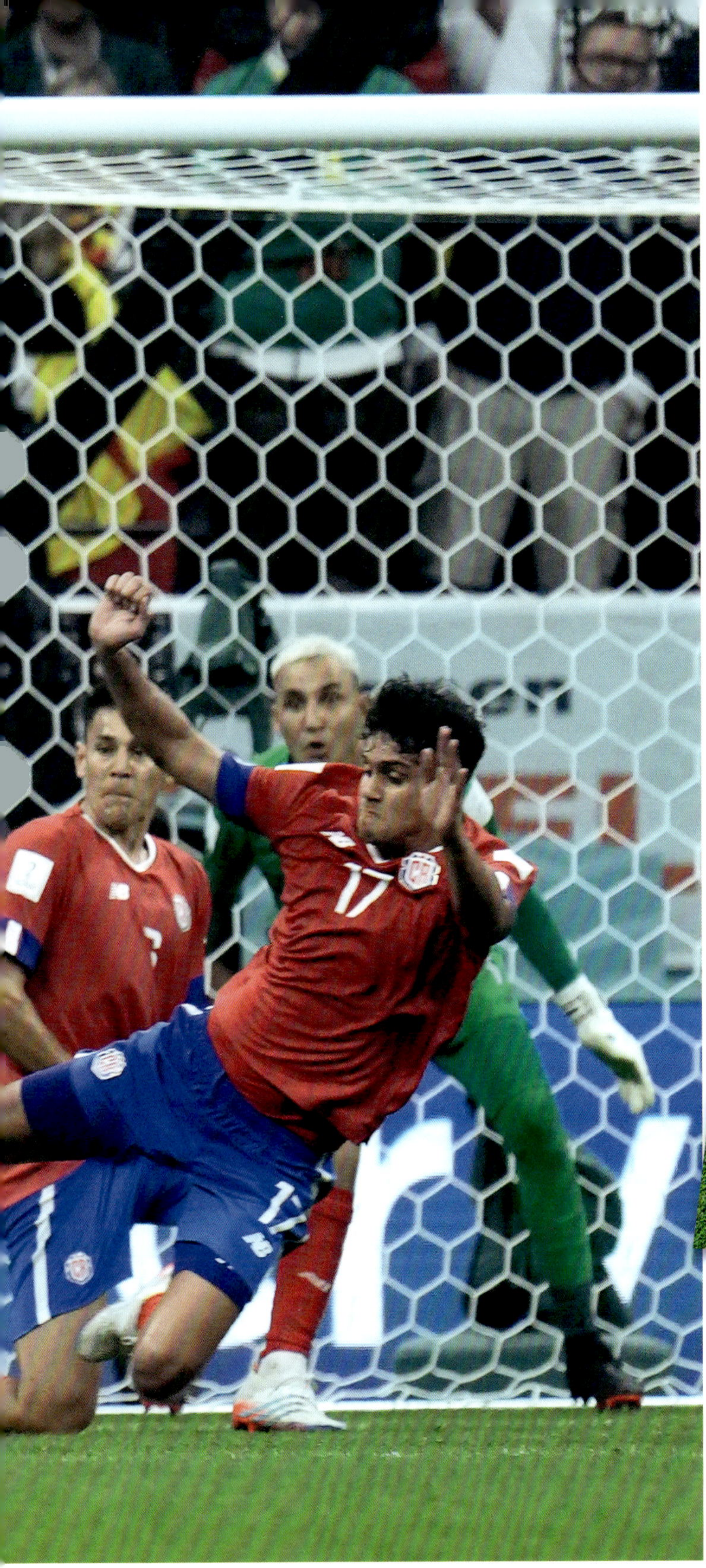

22. November 2022, 16 Uhr Ortszeit, Education City Stadium

COSTA RICA – DEUTSCHLAND
2 : 4

Trainer: Luis Fernando Suarez

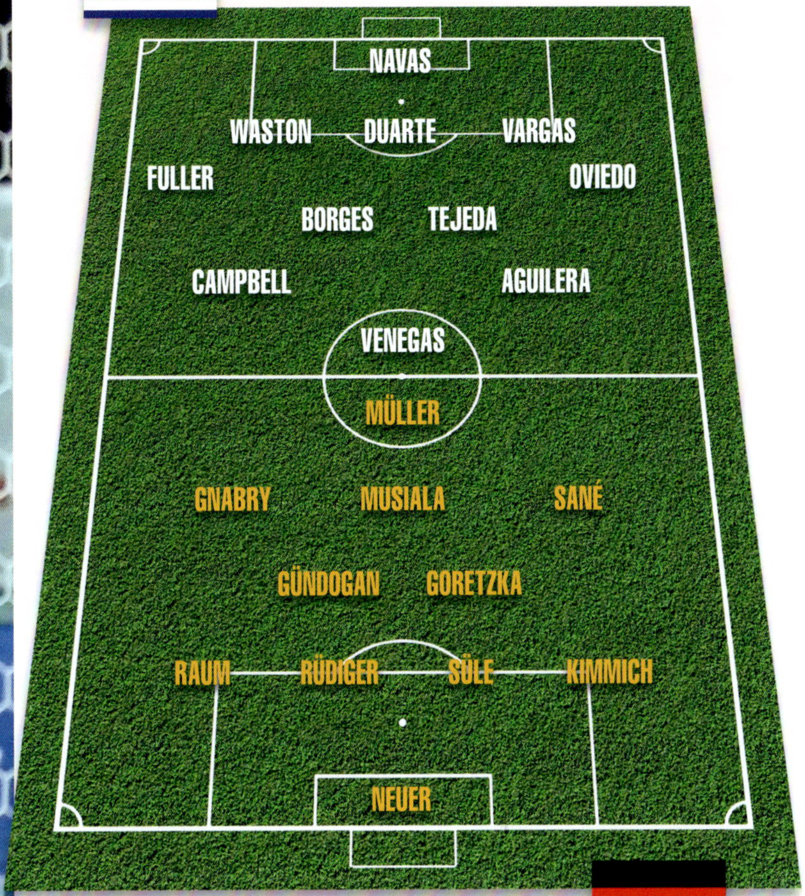

Trainer: Hansi Flick

Eingewechselt:

Costa Rica	Deutschland
Salas für Aguilera (46.)	Klostermann für Goretzka (46.)
Matarrita für Venegas (74.)	Füllkrug für Gündogan (55.)
Bennette für Fuller (74.)	Havertz für Raum (66.)
Wilson für Tejeda (90.+3)	Götze für Müller (67.)
Contreras für Oviedo (90.+3)	Ginter für Süle (90.+3)

mit Abstand beste DFB-Verteidiger bei diesem Turnier, den Ball unfreiwillig für Keysher Fuller auf, der an einem starken Reflex von Torwart Manuel Neuer scheiterte.

Nach der Pause war die deutsche Mannschaft dann kurzzeitig völlig von der Rolle. Sie ließ sich in Zweikämpfen den Schneid abkaufen und wirkte völlig unsortiert. Beim 1:1 durch Yeltsin Tejeda (58.) reichte die Fehlerkette von David Raum, der einen unnötigen Fehlpass spielte, bis zu Manuel Neuer, der den Kopfball von Kendall Waston vor die Füße des Torschützen abklatschte. Auch beim 1:2 (70.) agierten die Mittelamerikaner schlichtweg entschlossener als die DFB-Elf. Die drei Treffer in der Schlussphase zum 4:2 hatten keine Bedeutung mehr.

Tore: 0:1 Gnabry (10.), 1:1 Tejeda (58.), 2:1 Neuer (70., Eigentor), 2:2 Havertz (73.), 2:3 Havertz (85.), 2:4 Füllkrug (89.)

Gelbe Karte: Duarte / –

Gelb-Rote Karte: –

Rote Karte: –

Schiedsrichter: Stéphanie Frappart (Frankreich)

Zuschauer: 67 504

GRUPPE F

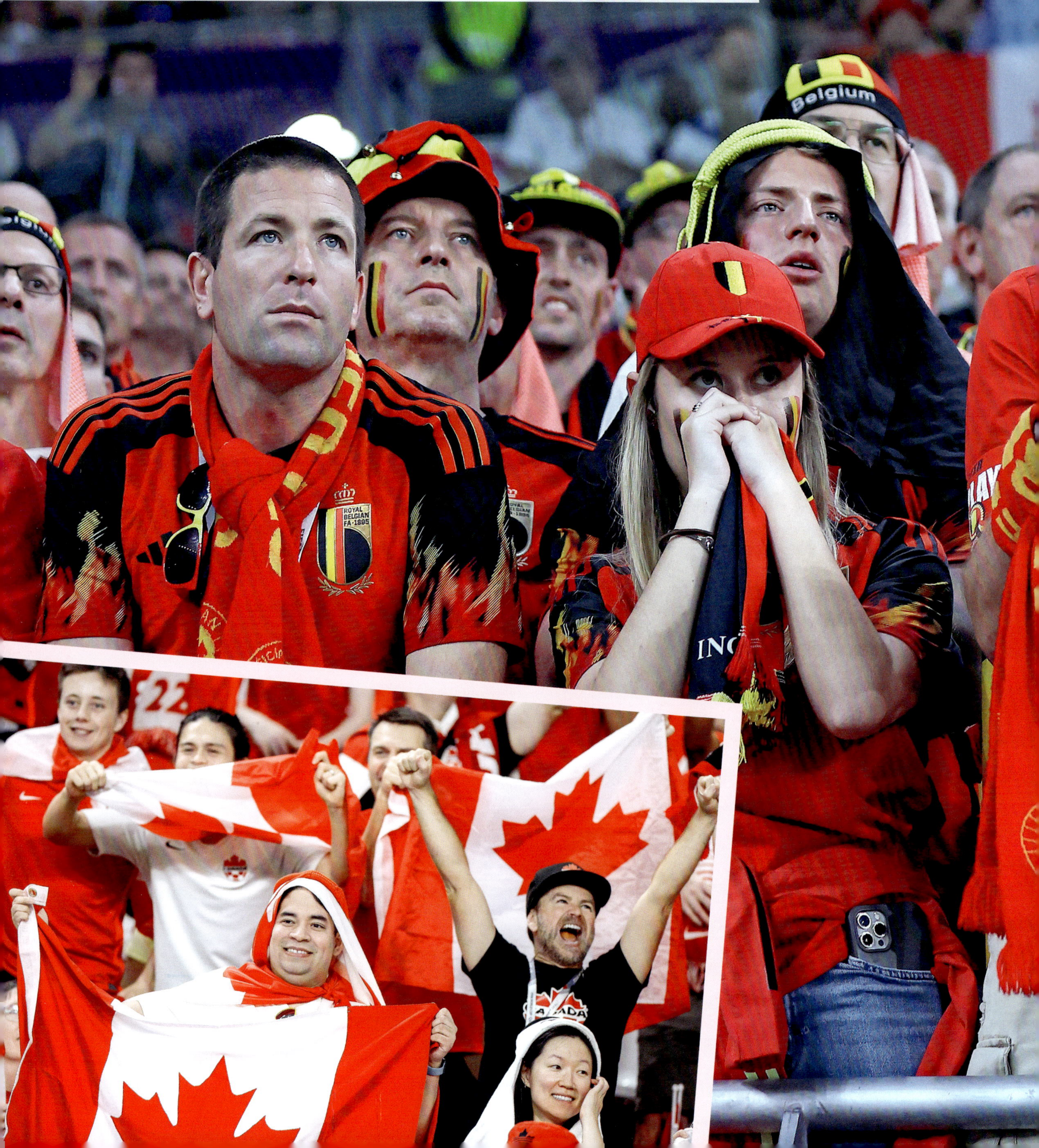

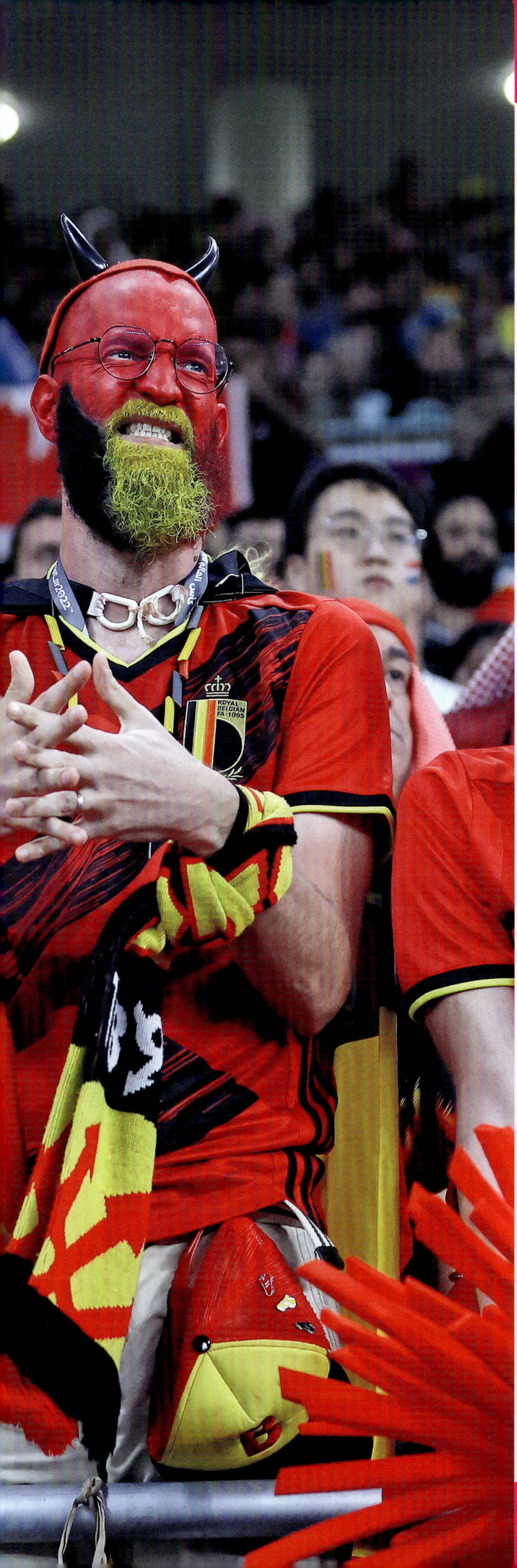

	Team		Spiele	Tore	Punkte
1.	**Marokko**		3	4:1	7
2.	**Kroatien**		3	4:1	5
3.	Belgien		3	1:2	4
4.	Kanada		3	2:7	0

Marokko – Kroatien	0:0
Belgien – Kanada	1:0 (1:0)
Belgien – Marokko	0:2 (0:0)
Kroatien – Kanada	4:1 (1:2)
Kanada – Marokko	1:2 (1:2)
Kroatien – Belgien	0:0

Für eine der größten Überraschungen dieser WM sorgte Marokko in Vorrundengruppe F. Mit leidenschaftlichen Auftritten spielten sich die Nordafrikaner in die Herzen der Fans und holten völlig verdient den Gruppensieg. Belgien, bei der WM 2018 noch Dritter, erlebte dagegen das Ende seiner Goldenen Generation. Nach indiskutablen Auftritten gegen Kanada und Marokko steigerten sich Kevin De Bruyne und Co. im abschließenden Gruppenspiel zwar erheblich, mussten sich trotz zahlreicher Chancen aber mit einem 0:0 gegen Kroatien zufriedengeben. Die Kroaten zitterten sich dadurch ins Achtelfinale. Außenseiter Kanada spielte zwar mutig, hatte letztlich aber keine Chance, in dieser Gruppe zu bestehen.

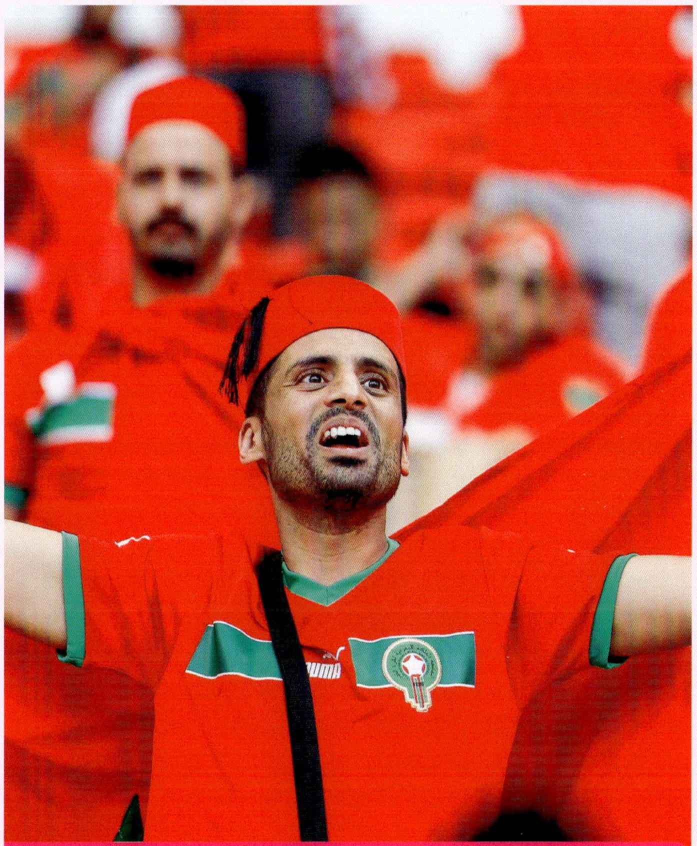

Marokkos Fans feiern den völlig überraschenden Gruppensieg ihres Teams.

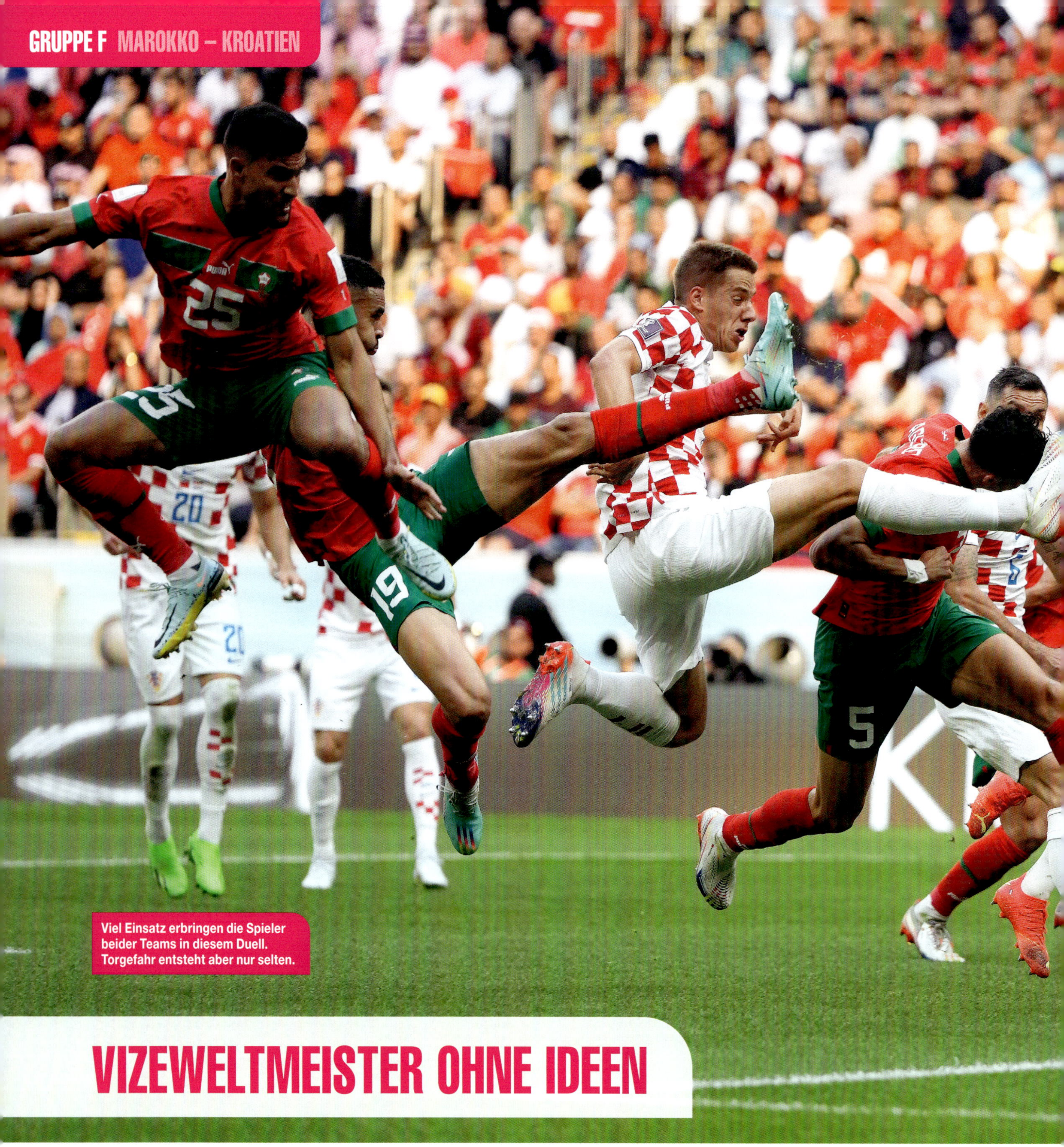

Viel Einsatz erbringen die Spieler beider Teams in diesem Duell. Torgefahr entsteht aber nur selten.

VIZEWELTMEISTER OHNE IDEEN

Vier Jahre sind im Fußball eine Ewigkeit. Von der kroatischen Mannschaft, die bei der WM 2018 sensationell das Finale erreicht hatte, war in Katar jedenfalls nicht mehr viel übrig. Nur vier Spieler, die bei der damaligen 2:4-Endspielniederlage gegen Frankreich auf dem Platz standen, wirkten auch beim WM-Auftaktspiel der Kroaten im Al-Bayt Stadium mit: Luka Modric (37), Ivan Perisic (33), Dejan Lovren (33) und Marcelo Brozovic (30). Die Routiniers sind für Trainer Zlatko Dalic immer noch unverzichtbar, aber sie sind eben auch vier Jahre älter geworden. Die Kroaten gingen dennoch als Favorit in die Partie. Sie mussten jedoch schnell feststellen, dass sie auf erbitterten Widerstand trafen. Marokko stand defensiv sehr kompakt und lauerte auf Umschaltmomente. Der Vizeweltmeister verzeichnete zwar mehr Ballbesitz, ihm mangelte es im letzten Spieldrittel jedoch an zündenden Ideen. So entwickelte sich ein zähes Spiel, das erst Sekunden vor der Pause den Puls in die Höhe schnellen ließ. Eine Co-Produktion zweier Bundesligalegionäre eröffnete den Kroaten die große Chance zur Führung, doch nach Zuspiel von Borna Sosa (VfB Stuttgart) scheiterte Andrej Kramaric (TSG Hoffenheim) am glänzend reagierenden Torwart Yassine Bounou.

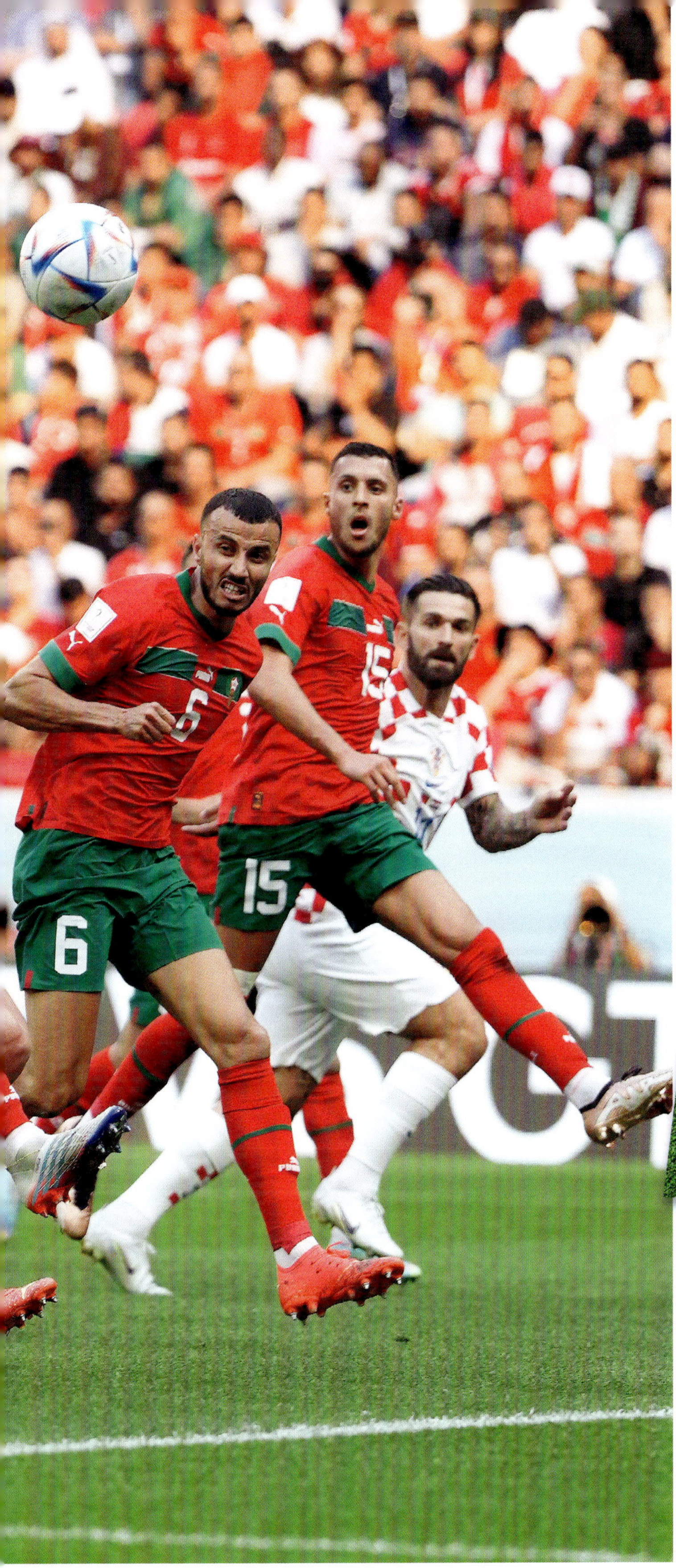

23. November 2022, 13 Uhr Ortszeit, Al-Bayt Stadium

MAROKKO – KROATIEN
0 : 0

Trainer: Walid Regragui

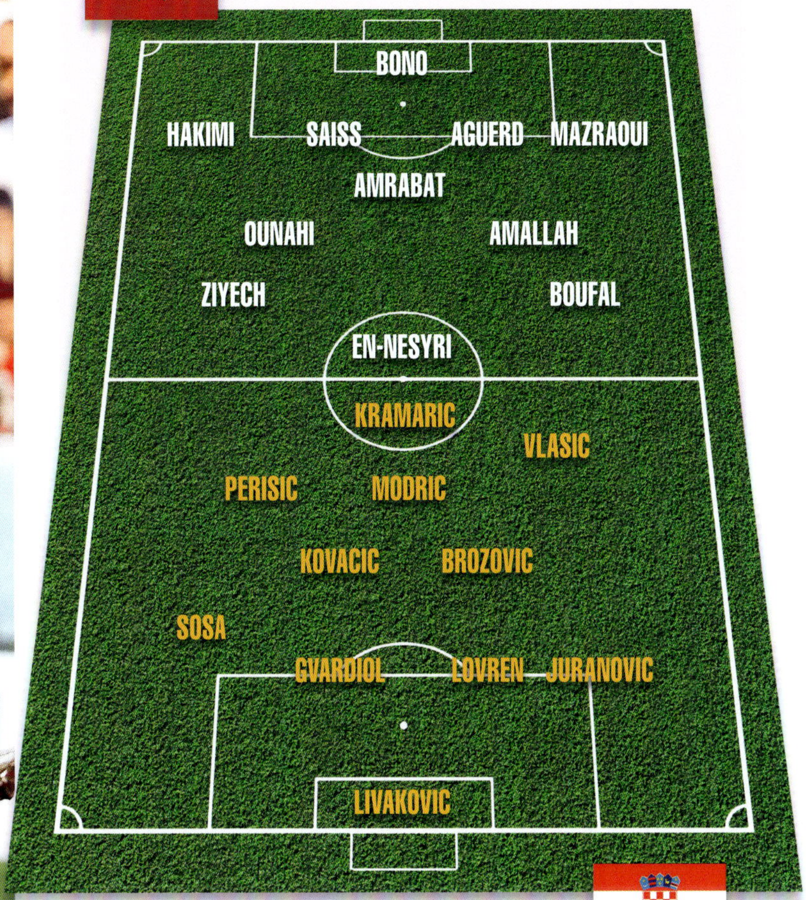

Trainer: Zlatko Dalic

Eingewechselt:

Attiyat Allah für Mazraoui (60.)
Abde für Boufal (65.)
Hamdallah für En-Nesyri (81.)
Sabiri für Ounahi (81.)

Pasalic für Vlasic (46.)
Livaja für Kramaric (71.)
Majer für Kovacic (79.)
Orsic für Perisic (90.)

Auch nach der Pause blieben packende Strafraumszenen Mangelware. Noussair Mazraoui verzeichnete eine vernünftige Kopfballchance für Marokko (51.), musste kurze Zeit später aber verletzungsbedingt den Platz verlassen, was auch in München für schlechte Laune gesorgt haben dürfte. Nach Lucas Hernandez, der beim Auftaktsieg der Franzosen gegen Australien einen Kreuzbandriss erlitt, musste bereits der zweite Spieler des FC Bayern in diesem Turnier verletzt raus. In der Schlussphase neutralisierten sich beide Teams überwiegend im Mittelfeld, es blieb beim torlosen Remis.

Tore: –

Gelbe Karten: Amrabat / –

Gelb-Rote Karte: –

Rote Karte: –

Schiedsrichter: Fernando Rapallini (Argentinien)

Zuschauer: 59 407

BATSHUAYI RETTET SCHWACHE BELGIER

Alphonso Davies (links) kann es nicht fassen. Mit seinem verschossenen Elfmeter avanciert der Bayern-Star zur tragischen Figur.

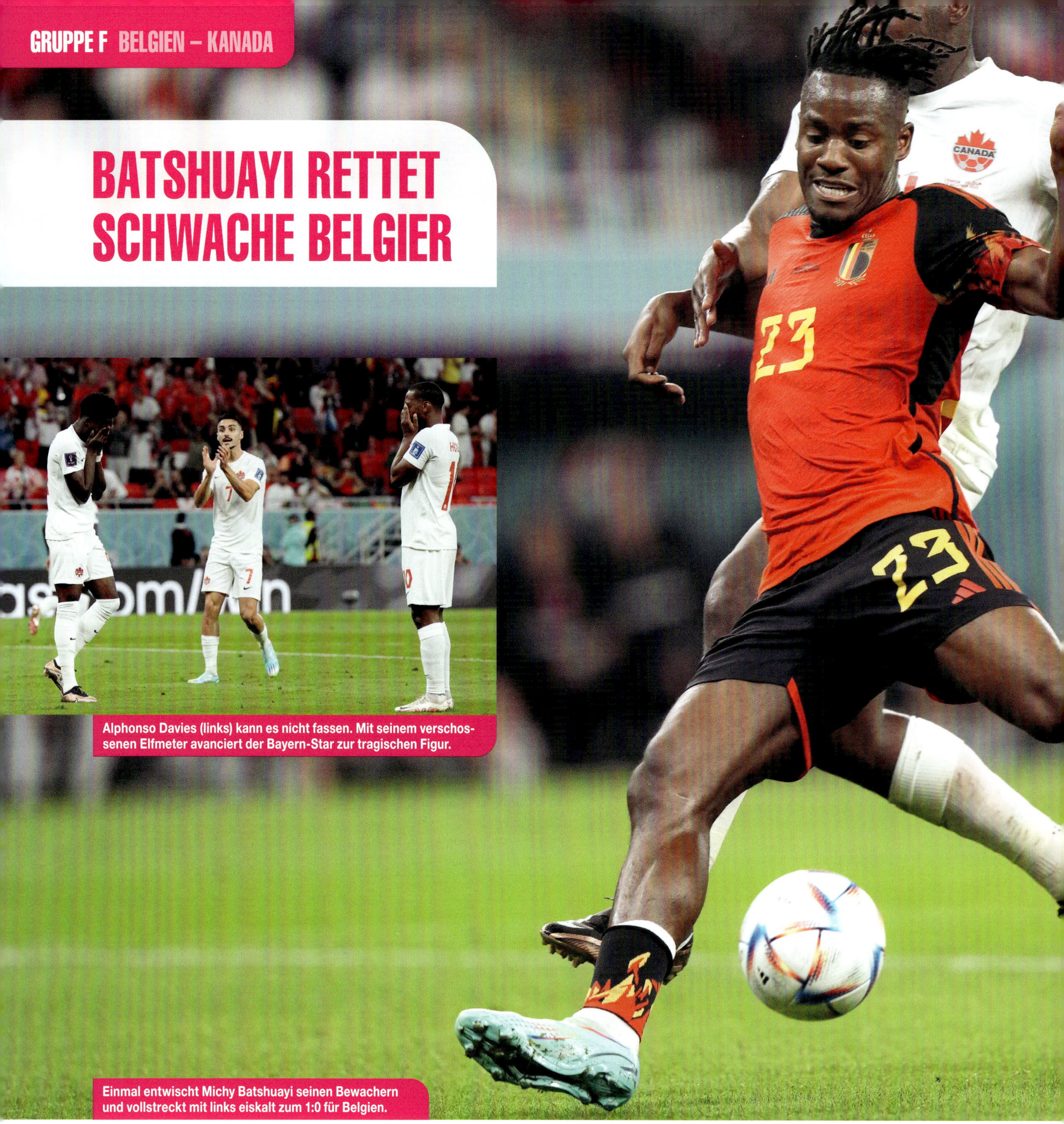

Einmal entwischt Michy Batshuayi seinen Bewachern und vollstreckt mit links eiskalt zum 1:0 für Belgien.

Die Goldene Generation der Belgier ist in die Jahre gekommen. Mit Toby Alderweireld (33), Jan Vertonghen (35), Eden Hazard (31), Axel Witsel (33) und Kevin De Bruyne (31) haben mehrere Leistungsträger die 30 überschritten, und so schwang vor dem WM-Start das Gefühl mit, dass es wohl die letzte Chance dieser verdienten Spieler werden würde, doch noch einen großen Titel mit den »Roten Teufel« zu gewinnen. Trainer Roberto Martinez, seit 2016 im Amt, scheute sich bislang davor, den großen Umbruch einzuleiten. Das Auftaktspiel gegen Kanada förderte das Vertrauen in seine Altstars aber nicht unbedingt. Die Kanadier, erst zum zweiten Mal seit 1986 bei einer WM dabei, zeigten jedenfalls keine Angst vor großen Namen und setzten den Spielaufbau der Belgier sehr früh unter Druck. Und das zeigte Wirkung. Die Roten Teufel leisteten sich zahlreiche Fehlpässe und hatten größte Mühe, die erste Linie der enthusiastischen Kanadier zu überspielen. Als Yannick Carrasco einen Schuss von Tajon Buchanan im Strafraum mit der Hand abwehrte, zeigte Schiedsrichter Janny Sikazwe nach Ansicht des Videobeweises auf den Punkt.

Alphonso Davies vom FC Bayern hatte die große Möglichkeit, den ersten WM-Treffer überhaupt für Kanada zu erzielen, doch mit einem unplatzierten Schuss scheiterte er an Belgiens

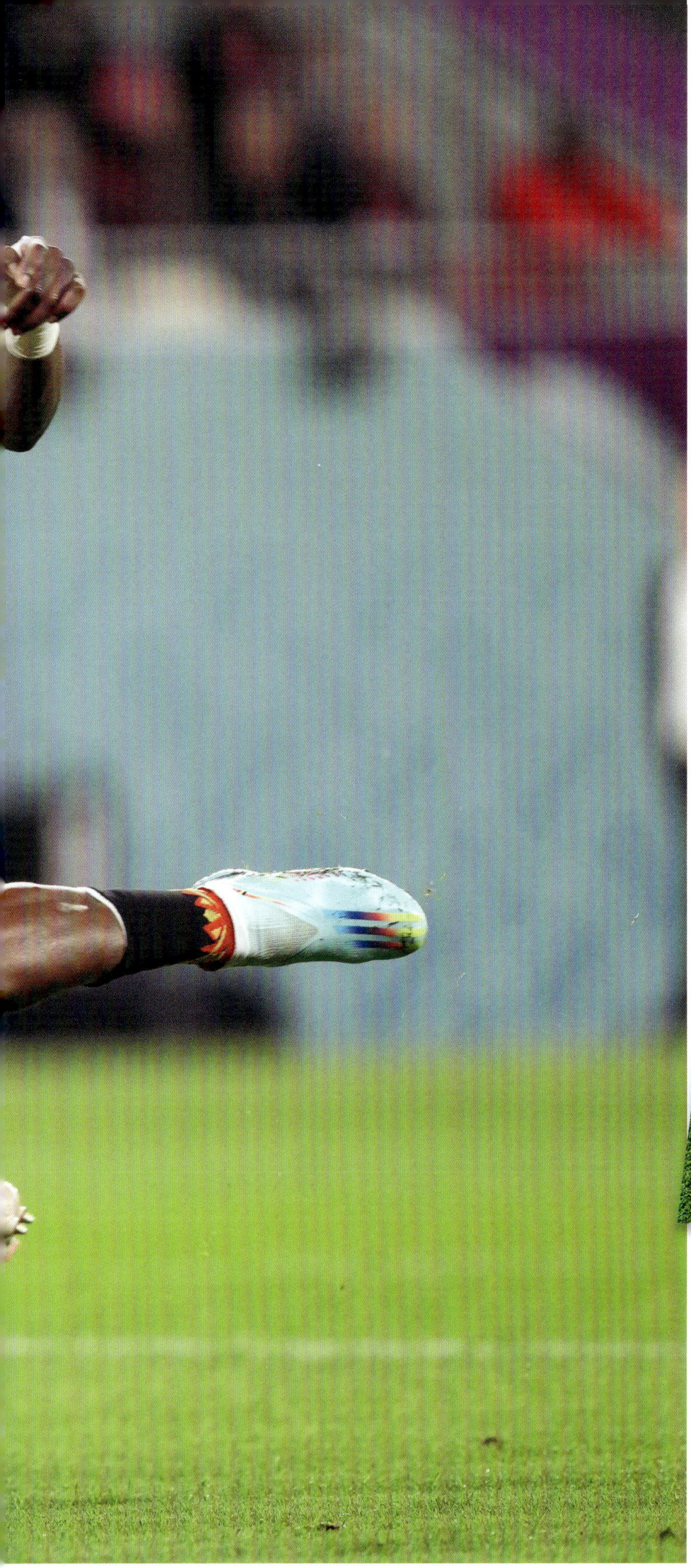

Torwart Thibaut Courtois. Die Kanadier ließen sich davon aber nicht beeindrucken und drückten weiter aufs Tempo. In der 38. Minute forderten sie erneut Elfmeter, doch Sikazwe entschied trotz eines klar ersichtlichen Fouls von Axel Witsel an Richie Laryea auf Weiterspielen. Stattdessen gingen die Belgier aus heiterem Himmel in Führung. Nach einem weiten Ball aus der eigenen Hälfte düpierte Michy Batshuayi die zu weit aufgerückte Abwehr des Außenseiters und traf humorlos zum 1:0 (44.). Nach der Pause schwanden bei den Kanadiern zunehmend die Kräfte. Belgien spielte seine Kontergelegenheiten aber schlecht aus und musste so bis zum Ende um den Auftaktsieg zittern.

23. November 2022, 22 Uhr Ortszeit, Ahmed Bin Ali Stadium

BELGIEN – KANADA

1 : 0

Trainer: Roberto Martinez

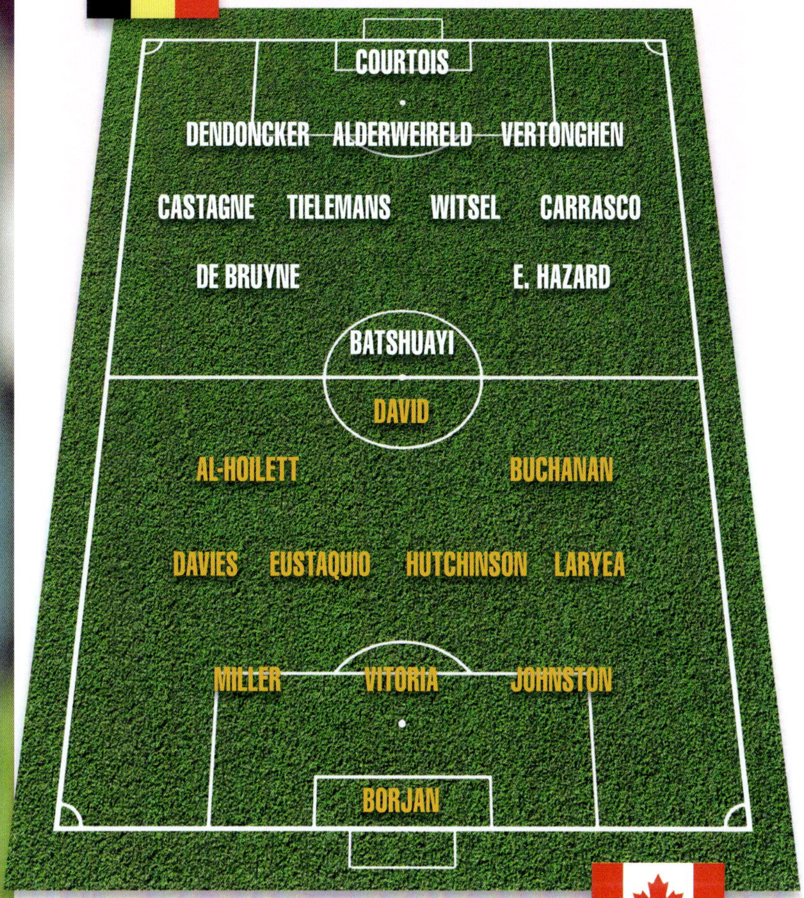

Trainer: John Herdman

Eingewechselt:

Belgien	Kanada
Meunier für Carrasco (46.)	Larin für Hoilett (58.)
Onana für Tielemans (46.)	Koné für Hutchinson (58.)
Trossard für E. Hazard (62.)	Adekugbe für Laryea (74.)
Openda für Batshuayi (78.)	Millar für Buchanan (81.)
	Osorio für Eustaquio (81.)

Tore: 1:0 Batshuayi (44.)

Gelbe Karten: Carrasco, Meunier, Onana / Davies, Johnston

Gelb-Rote Karte: –

Rote Karte: –

Schiedsrichter: Janny Sikazwe (Sambia)

Zuschauer: 40 432

MAROKKO SCHOCKT DEN FAVORITEN

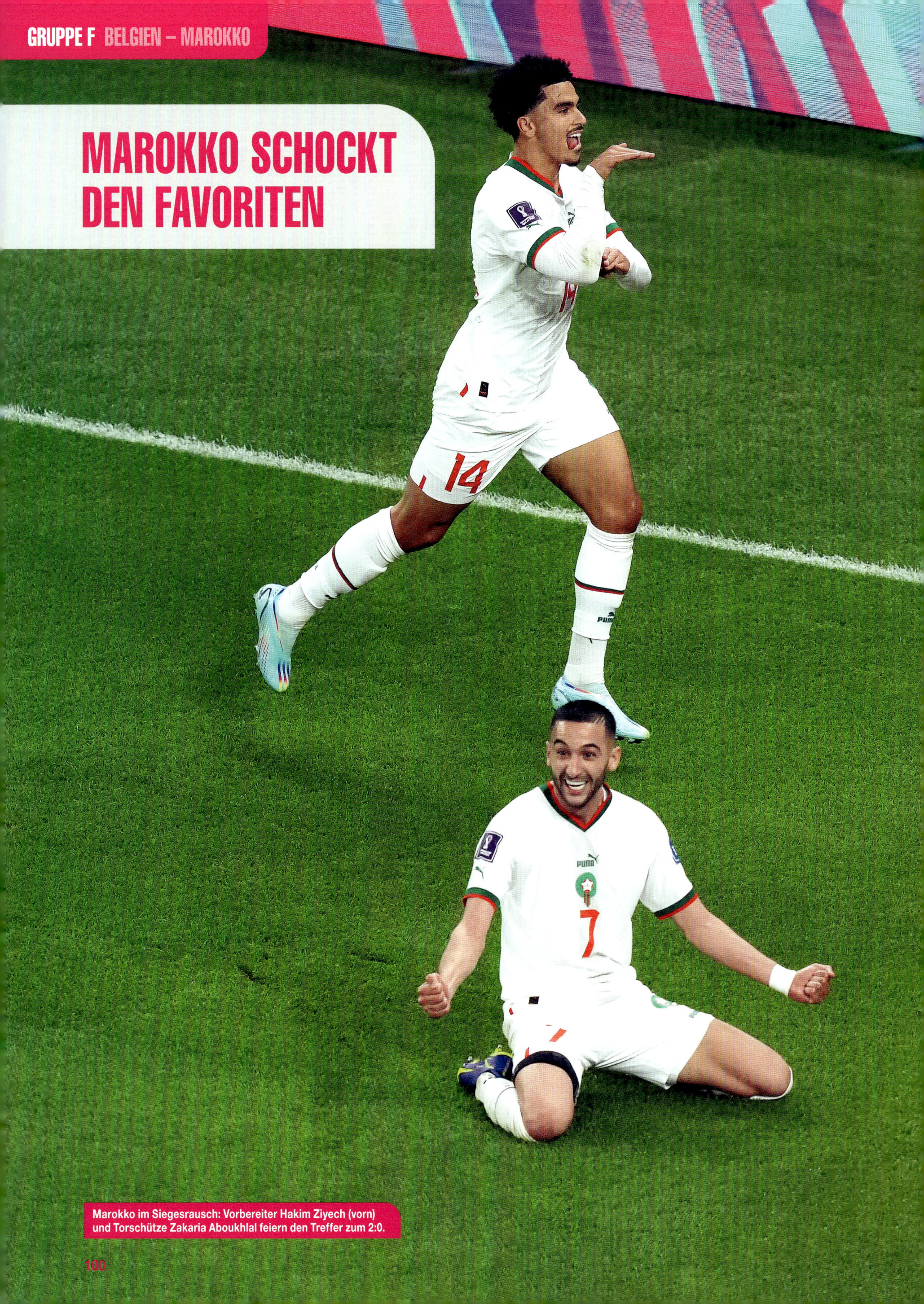

Marokko im Siegesrausch: Vorbereiter Hakim Ziyech (vorn) und Torschütze Zakaria Aboukhlal feiern den Treffer zum 2:0.

Schon vor der Weltmeisterschaft übte sich Kevin De Bruyne in Demut. Auf die WM-Chancen der Belgier angesprochen, sagte der Superstar von Manchester City dem britischen Guardian unmissverständlich: »Unser Chance war 2018. Jetzt sind wir zu alt.« Nach der verdienten Niederlage gegen Marokko durfte sich De Bruyne bestätigt fühlen. Nur in den ersten 20 Minuten machten die Belgier den Eindruck, aus dem schlappen Auftritt gegen Kanada (1:0) gelernt zu haben. Sie wirkten viel präsenter in den Zweikämpfen und suchten das vertikale Spiel nach vorn. Schon nach 15 Minuten hatten sich die »Roten Teufel« sechs Ecken erarbeitet. Doch gefährlich wurde es für den kurzfristig ins marokkanische Tor gerückten Munir Mohamedi nur selten. Die Nordafrikaner verteidigten sehr diszipliniert und fanden gegen Ende der ersten Halbzeit auch mehr Zutrauen in der Offensive. Kurz vor der Pause jubelten die Marokkaner erstmals, nachdem ein Freistoß von Hakim Ziyech hinter Thibaut Courtois eingeschlagen hatte. Der Videobeweis belegte jedoch, dass der im Abseits postierte Romain Saiss dem belgischen Torwart die Sicht versperrt hatte. Nach der Pause vergab zunächst der glücklose Eden Hazard die einzige gute Chance für Belgien (52.), ehe die Marokkaner die Partie endgültig an sich rissen und schon durch Sofiane Boufal der Führung nahekamen (56.), die allerdings nicht mehr lang auf sich warten ließ. Nach einem unnötigen Foul von Thomas Meunier zog der eingewechselte Abdelhamid Sabiri den Freistoß aus spitzem Winkel direkt aufs Tor und düpierte Courtois im kurzen Eck (73.). Der Jubel bei den mehrheitlich marokkanischen Fans im Al-Thumama Stadium kannte keine Grenzen mehr. Auch die Einwechslung des angeschlagenen Top-Stürmers Romelu Lukaku half den Belgiern nichts mehr, weil sie viel zu langsam und umständlich agierten. Nach brillantem Zuspiel von Ziyech sorgte Zakaria Aboukhlal in der Nachspielzeit für die endgültige Entscheidung.

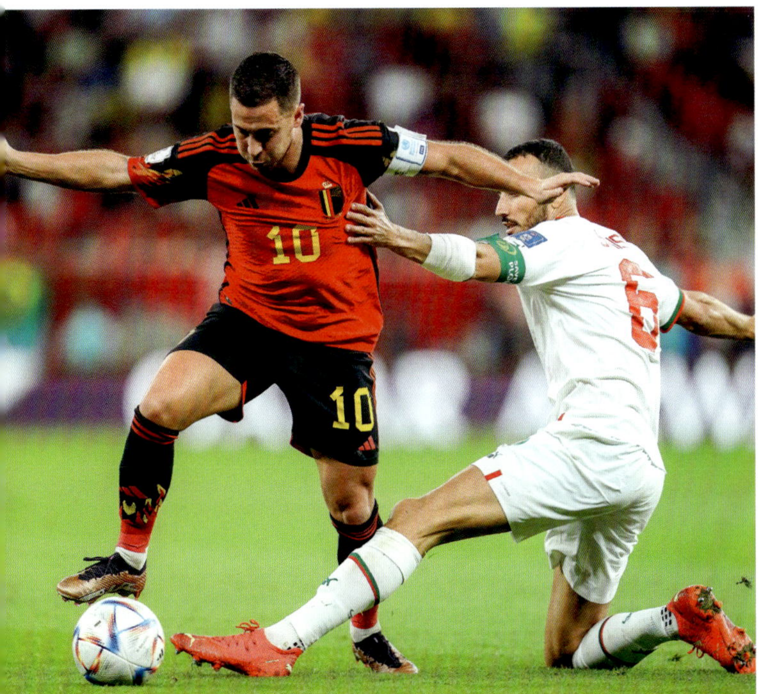

Belgiens Dribbelkönig Eden Hazard – hier im Duell mit Romain Saiss – kann sich kaum einmal durchsetzen.

27. November 2022, 16 Uhr Ortszeit, Al-Thumama Stadium

BELGIEN – MAROKKO

0 : 2

Trainer: Roberto Martinez

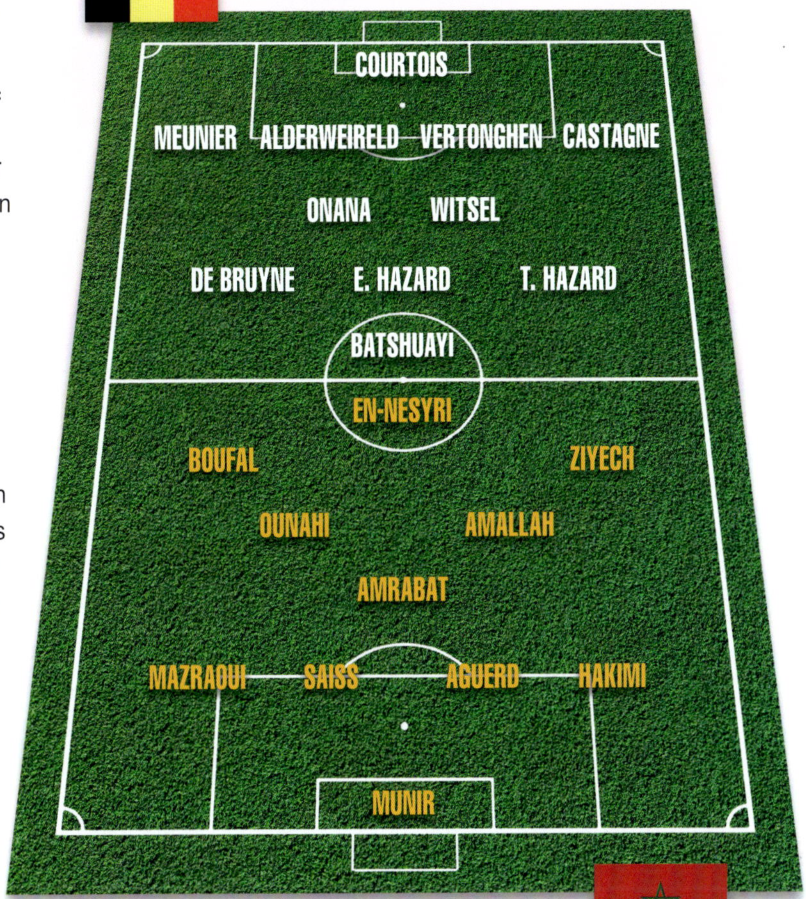

Trainer: Walid Regragui

Eingewechselt:

Belgien	Marokko
Tielemans für Onana (60.)	Sabiri für Amallah (67.)
Mertens für E. Hazard (60.)	Attiyat Allah für Hakimi (68.)
De Ketelaere für Batshuayi (75.)	Hamdallah für En-Nesyri (73.)
Trossard für T. Hazard (75.)	Aboukhlal für Boufal (73.)
Lukaku für Meunier (81.)	El Yamiq für Ounahi (78.)

Tore: 0:1 Sabiri (73.), 0:2 Aboukhlal (90.+2)

Gelbe Karten: Onana / Sabiri

Gelb-Rote Karte: –

Rote Karte: –

Schiedsrichter: Cesar Arturo Ramos Palazuelos (Mexiko)

Zuschauer: 43 738

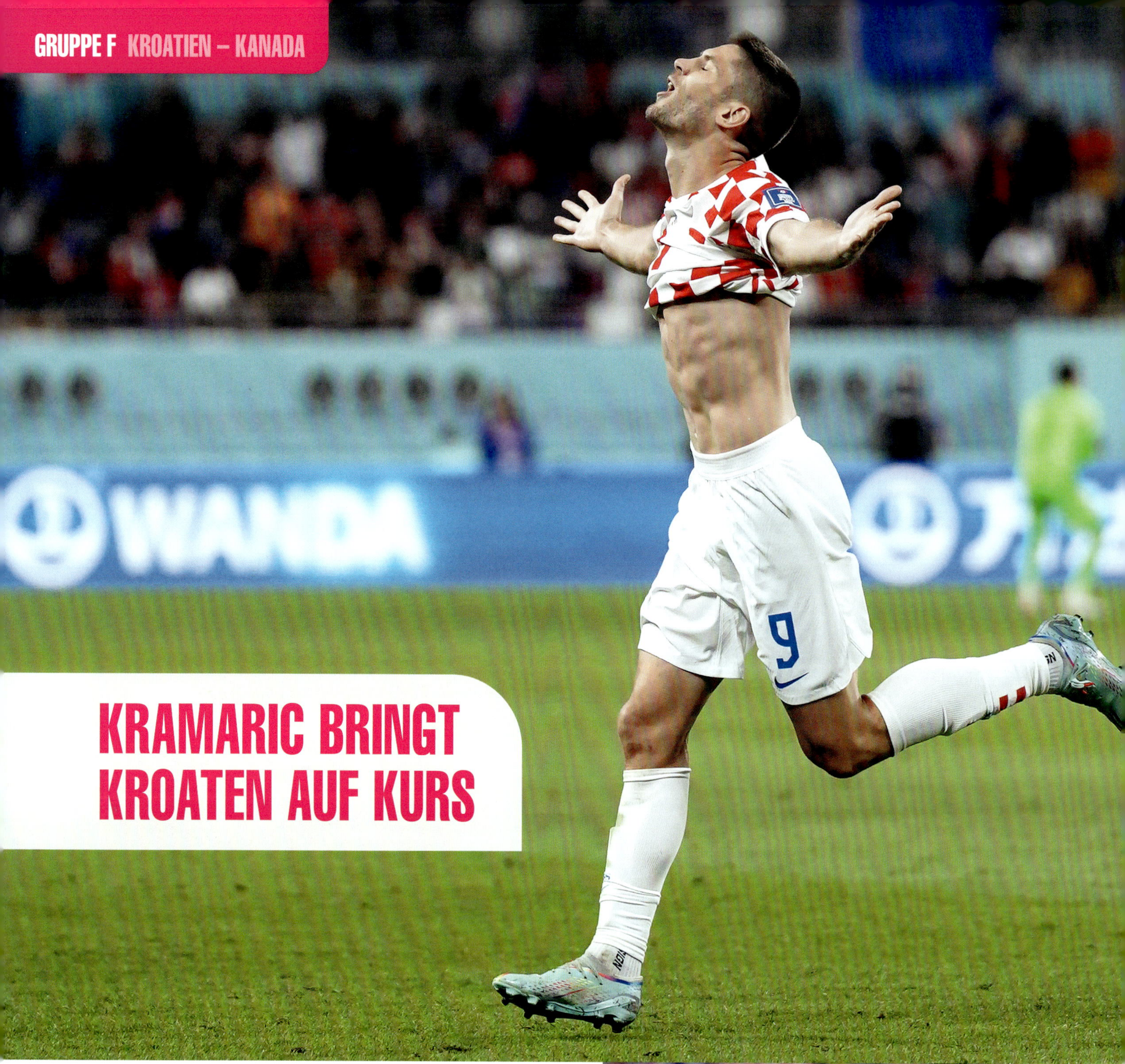

KRAMARIC BRINGT KROATEN AUF KURS

John Herdman gilt als großartiger Motivator. Der Engländer, der Kanada zur ersten WM-Teilnahme seit 1986 geführt hatte, ließ nach der unglücklichen 0:1-Auftaktniederlage gegen Belgien also nicht den Kopf hängen, sondern schwor seine Mannschaft noch auf dem Platz auf das kommende Duell gegen Kroatien ein. Blöd nur, dass ihm dabei die Parole »Fuck Croatia!« entglitt. Natürlich bekamen die Kroaten Wind davon, und sie machten vor dem Aufeinandertreffen mit den Kanadiern keinen Hehl daraus, aus Herdmans Kampfansage einen Schuss Extra-Motivation zu destillieren. Doch kaum hatte das Spiel begonnen, lag der Favorit schon zurück. Tajon Buchanan schlug eine Flanke aus dem rechten Halbfeld in den Strafraum, wo Alphonso Davies Josip Juranovic entwischte und per Kopf zum 1:0 traf. Es war nicht irgendein Tor, sondern das erste in der kanadischen WM-Geschichte überhaupt. Ein Tor für die Ewigkeit! Die Kanadier wollten gar nicht mehr aufhören mit Jubeln, die Emotionen mussten raus, auch bei Davies,

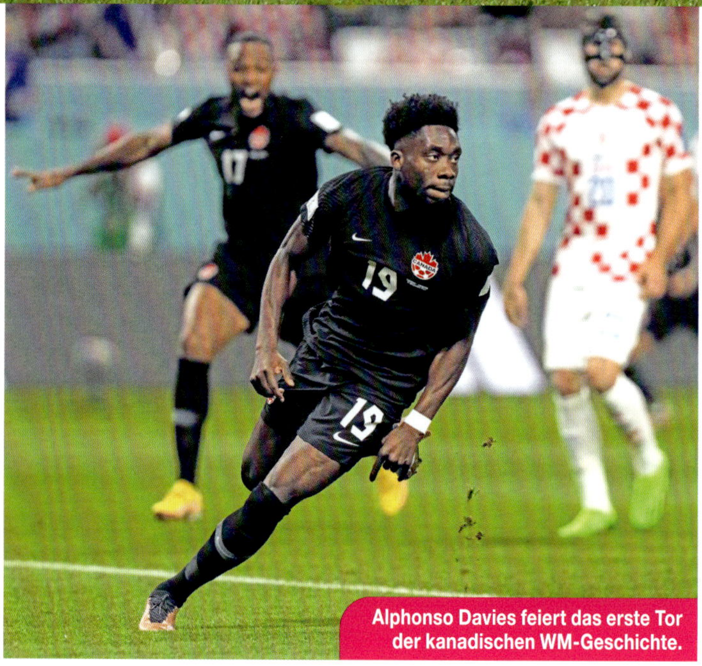
Alphonso Davies feiert das erste Tor der kanadischen WM-Geschichte.

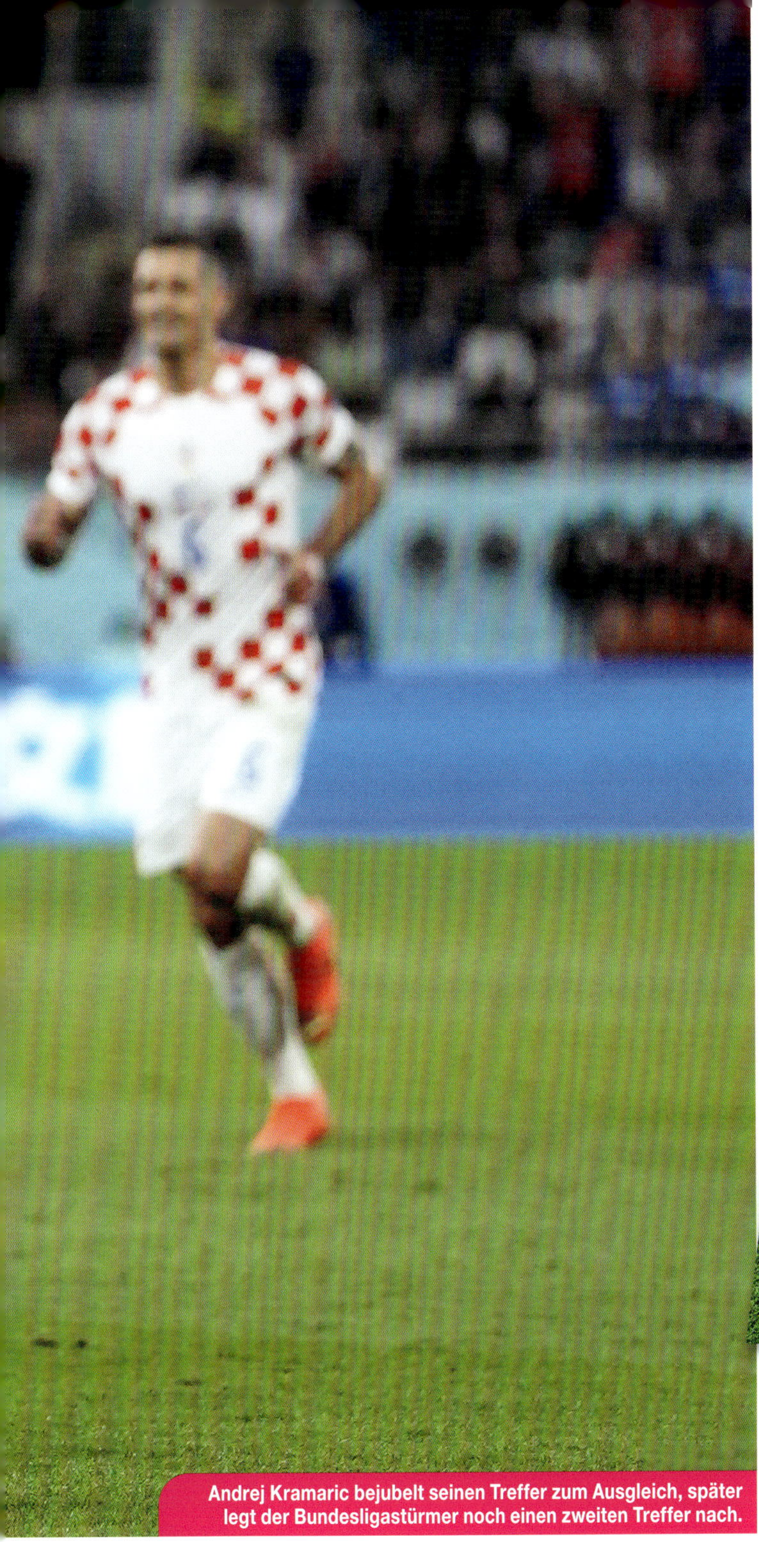

Andrej Kramaric bejubelt seinen Treffer zum Ausgleich, später legt der Bundesligastürmer noch einen zweiten Treffer nach.

27. November, 19 Uhr Ortszeit, Khalifa International Stadium

KROATIEN – KANADA
4 : 1

Trainer: Zlatko Dalic

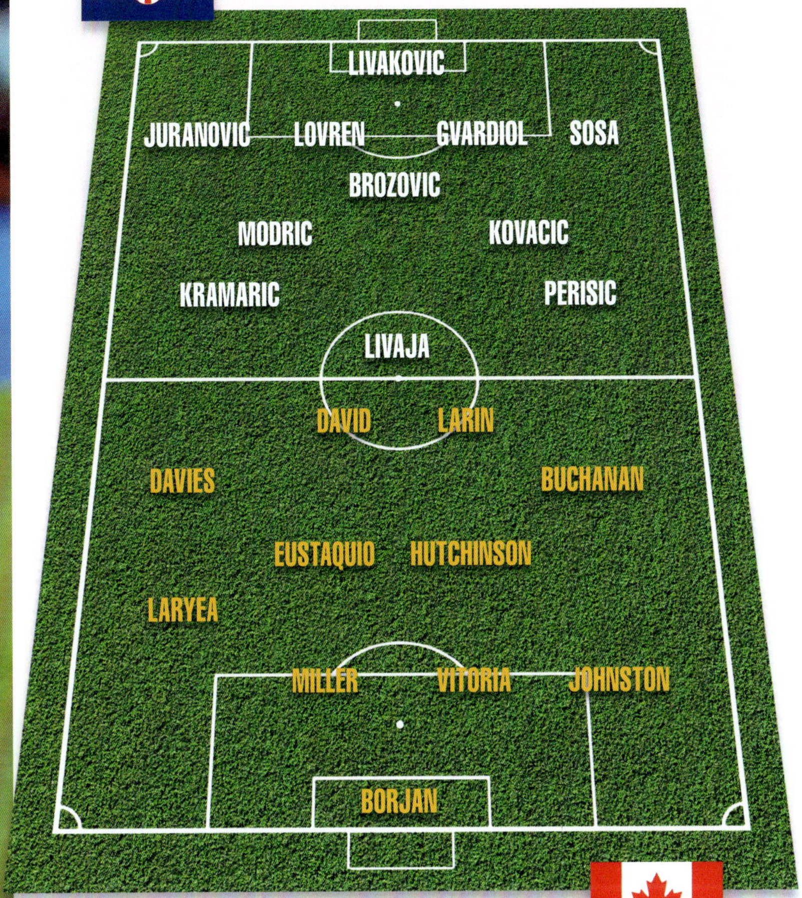

Trainer: John Herdman

Eingewechselt:

Kroatien	Kanada
Petkovic für Livaja (60.)	Osorio für Eustaquio (46.)
Vlasic für Kramaric (73.)	Koné für Larin (46.)
Orsic für Perisic (86.)	Hoilett für Laryea (62.)
Pasalic für Modric (86.)	Cavallini für David (72.)
Majer für Kovacic (86.)	Adekugbe für Hutchinson (73.)

Tore: 0:1 Davies (2.), 1:1 Kramaric (37.), 2:1 Livaja (44.), 3:1 Kramaric (70.), 4:1 Majer (90.+4)

Gelbe Karten: Lovren, Modric / Buchanan, Miller

Gelb-Rote Karte: –

Rote Karte: –

Schiedsrichter: Andres Matonte (Uruguay)

Zuschauer: 44 374

der noch gegen Belgien einen Elfmeter verschossen hatte. Der Höhenflug des Außenseiters hielt aber nicht lang an, denn die Kroaten machten ernst. Sie übernahmen die Kontrolle im Mittelfeld und hebelten die kanadische Defensive immer wieder mit schnellen Pässen aus. Ein vermeintlicher Treffer von Andrej Kramaric wurde in der 26. Minute noch zurückgepfiffen, doch elf Minuten später schlug der Angreifer der TSG Hoffenheim aus halblinker Position erneut zu. Und diesmal zählte der Treffer. Noch vor der Pause legte Marko Livaja mit einem präzisen Schuss aus 17 Metern das 2:1 für Kroatien nach (44.). Zu Beginn der zweiten Halbzeit bäumten sich die Kanadier noch einmal auf, Kroatiens Keeper Dominik Livakovic verhinderte gegen Jonathan David den möglichen Ausgleich (56.). Luka Modric und Co. blieben jedoch die tonangebende Mannschaft, erneut Kramaric führte mit seinem zweiten Treffer die Vorentscheidung herbei (70.). In der Nachspielzeit gelang Lovro Majer noch das vierte Tor für überzeugende Kroaten.

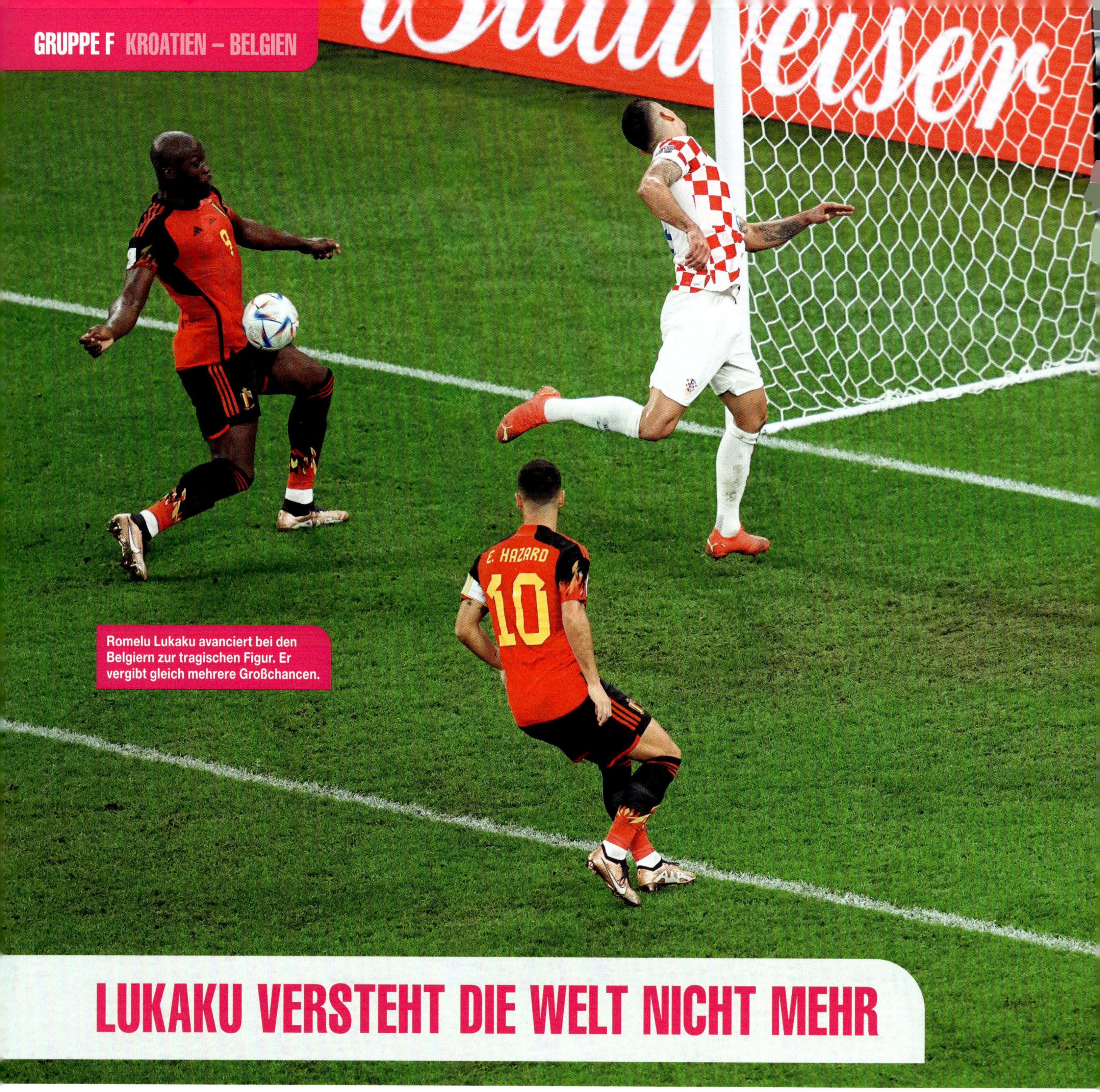

Romelu Lukaku avanciert bei den Belgiern zur tragischen Figur. Er vergibt gleich mehrere Großchancen.

LUKAKU VERSTEHT DIE WELT NICHT MEHR

Romelu Lukaku schaute, als sei ihm ein böser Streich gespielt worden. Eine Mischung aus Verwunderung und Entsetzen streifte sein Gesicht, dieser Weltklasse-Stürmer mit der beeindruckenden Statur wirkte wie ein Häuflein Elend. Drei Großchancen hatte der Superstar nach seiner Einwechslung vergeben und damit den Belgiern die Chance auf das Weiterkommen gekostet. Erst traf er aus zehn Metern nur den Innenpfosten (60.), dann setzte er einen Kopfball aus kurzer Distanz über den leeren Kasten (62.). Und in der Schlussphase, als die Belgier die Kroaten in deren Hälfte einschnürten, misslang ihm einen Meter vor der Torlinie eine Ballannahme (90.) mit der Brust. Das Tor wäre leer gewesen, denn Kroatiens Keeper Dominik Livakovic hatte sich bei der Flanke von Thorgan Hazard böse verschätzt. So aber blieb es beim für die Kroaten schmeichelhaften 0:0, das ihnen den Einzug ins Achtelfinale sicherte.

Die Goldene Generation der Belgier, die nach dem 0:2 gegen Marokko aus den Medien verbal heftige Prügel bezogen hatte, drehte in dieser Partie noch einmal die Zeit zurück und verab-

BELGIENS TRAINER MARTINEZ TRITT ZURÜCK

Nach dem überraschenden Aus in der Vorrunde zog Belgiens Trainer Roberto Martinez noch am selben Tag Konsequenzen. »Das war heute mein letztes Spiel als Nationaltrainer. Das ist natürlich sehr emotional«, sagte der Spanier, der Belgiens Goldene Generation seit August 2016 trainierte. Den größten Erfolg feierte er mit Rang drei bei der WM 2018 in Russland.

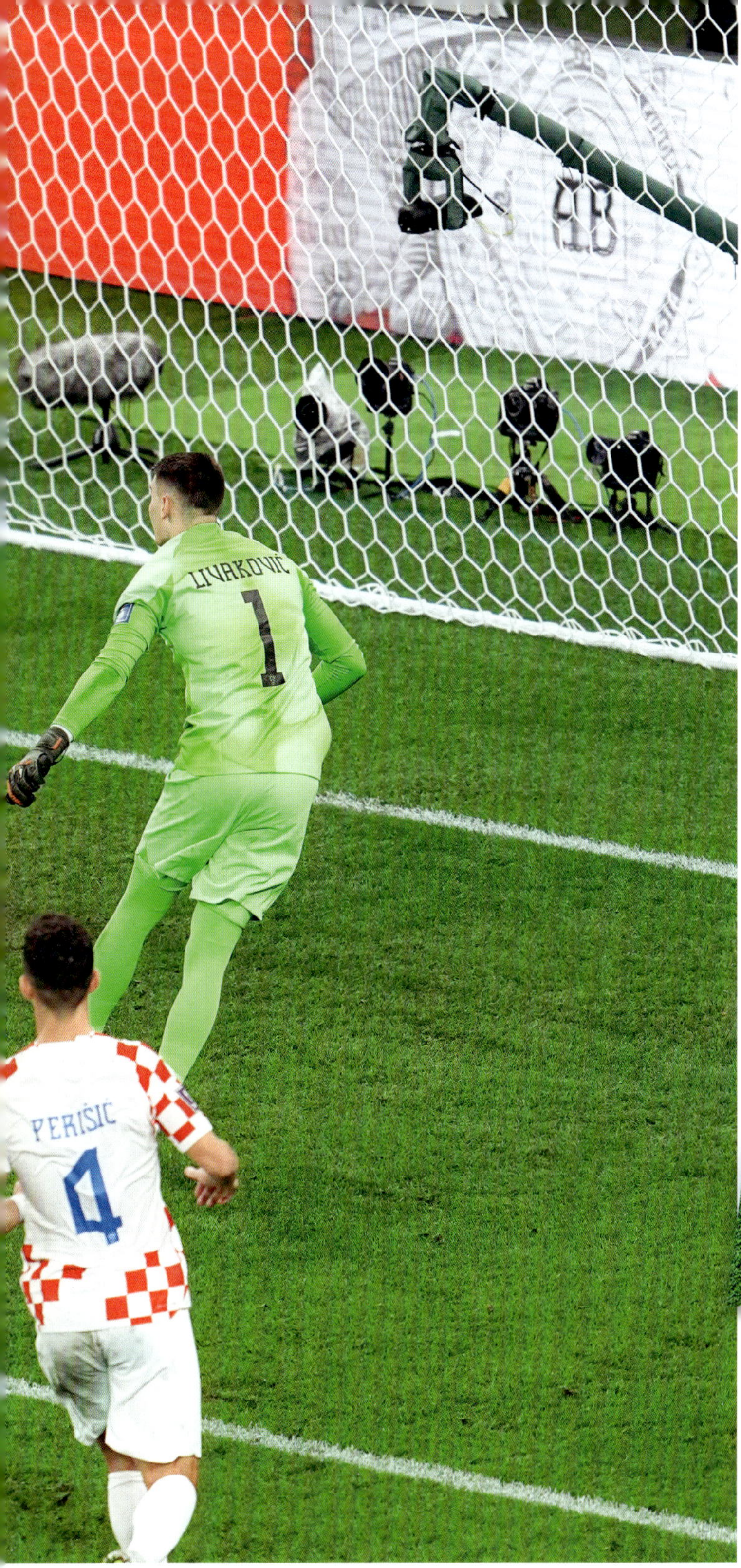

1. Dezember 2022, 18 Uhr Ortszeit, Ahmed bin Ali Stadium

KROATIEN – BELGIEN
0 : 0

Trainer: Zlatko Dalic

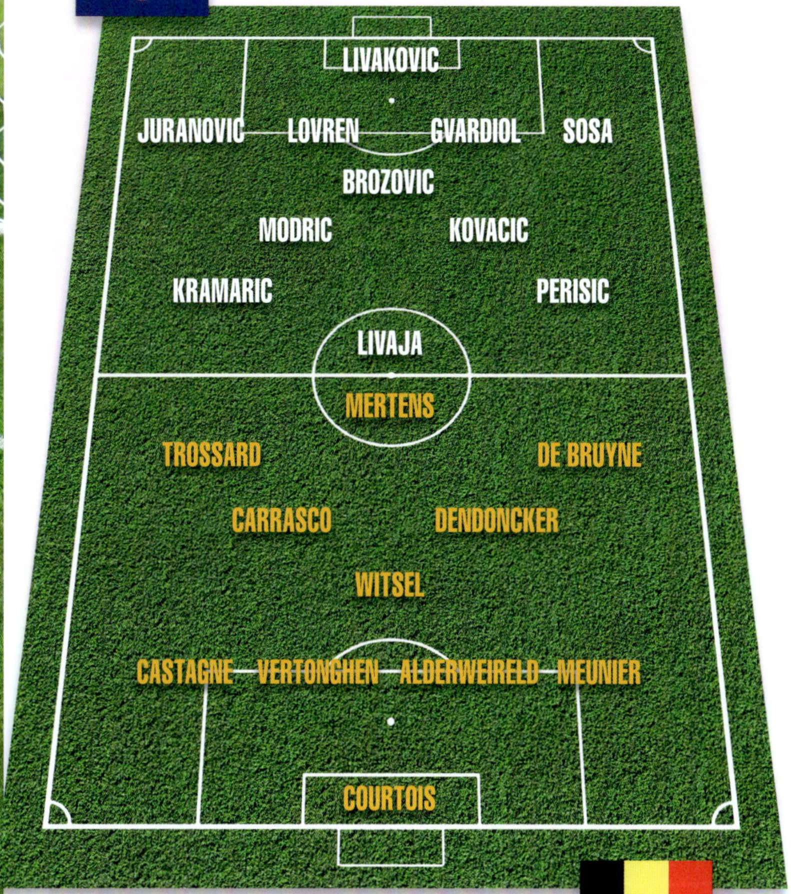

Trainer: Roberto Martinez

Eingewechselt:

Petkovic für Livaja (64.)
Pasalic für Kramaric (64.)
Majer für Kovacic (90.+1)

Lukaku für Mertens (46.)
T. Hazard für Trossard (58.)
Doku für Carrasco (72.)
Tielemans für Dendoncker (72.)
E. Hazard für Meunier (88.)

schiedete sich erhobenen Hauptes aus dem Turnier. Mit ihrem starken zentralen Mittelfeld um Altstar Luka Modric kontrollierten die Kroaten zwar weite Strecken der Partie und ließen den Ball sehr ansehnlich laufen, allerdings fehlte ihnen das Tempo, um gegen die aufmerksame belgische Defensive Gefahr heraufzubeschwören. Lediglich in der Anfangsphase entwickelte der Vizeweltmeister von 2018 Zug zum Tor. Nach nur acht Sekunden verzog Ivan Perisic knapp, ein Elfmeter wurde nach Ansicht der Videobilder zurückgenommen, weil Dejan Lovren vor dem Foul von Yannick Carrasco ganz knapp im Abseits stand (18.). Die Belgier kultivierten hingegen ihre längst vergessen geglaubten Stärken im Umschaltspiel. Nach einem brillanten Passe von Kevin De Bruyne vergab Dries Mertens die beste Chance in der ersten Halbzeit (13.). Mit Lukaku entwickelten die »Roten Teufel« nach der Pause noch mehr Verve, doch am Ende blieb nur bittere Enttäuschung.

Tore: –

Gelbe Karte: – / Dendoncker

Gelb-Rote Karte: –

Rote Karte: –

Schiedsrichter: Anthony Taylor (England)

Zuschauer: 43 984

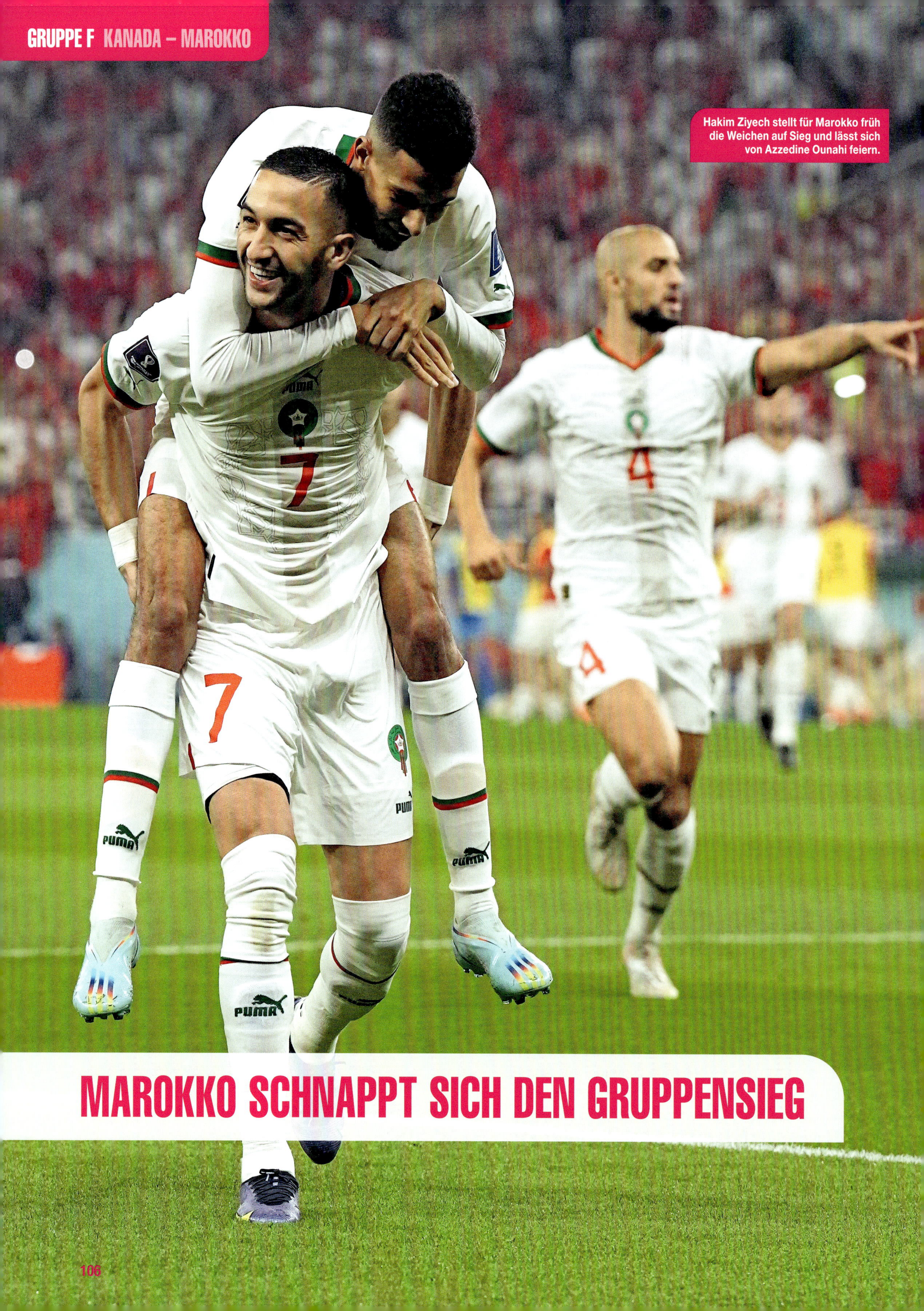

Hakim Ziyech stellt für Marokko früh die Weichen auf Sieg und lässt sich von Azzedine Ounahi feiern.

MAROKKO SCHNAPPT SICH DEN GRUPPENSIEG

Nicht Belgien, auch nicht Kroatien, sondern der Außenseiter aus Marokko setzte sich als stärkstes Team der Vorrundengruppe E durch. Im abschließenden Duell gegen Kanada ließen sich die »Atlas-Löwen« den Gruppensieg nicht mehr nehmen und erreichten erstmals seit 1986 die K.-o.-Phase einer Weltmeisterschaft. Damals folgte in Mexiko das Achtelfinal-Aus gegen die deutsche Mannschaft, für die Lothar Matthäus kurz vor Schluss das goldene Tor erzielte.

Den Grundstein zum Sieg gegen Kanada legten die Marokkaner bereits in der Anfangsphase. Beim Führungstor durch ihren Offensivstar Hakim Ziyech profitierten sie allerdings von einem schlimmen Patzer des kanadischen Torwarts Milan Borjan. Nach einem schlechten Rückpass von Innenverteidiger Steven Vitoria spielte er den Ball genau vor die Füße von Ziyech, der mit einem eleganten Lupfer ins verwaiste Tor zur frühen Führung traf (4.). Den Marokkanern war das Bemühen anzumerken, in diesem Spiel frühzeitig eine Vorentscheidung herbeizuführen. Sie blieben am Drücker und nutzten auch ihre zweite Chance eiskalt aus. Nach einem langen Ball des ehemaligen Dortmunds Achraf Hakimi entwischte Youssef En-Nesyri zwei Gegenspielern und schloss mit einem wuchtigen Schuss ins kurze Eck zum 2:0 ab (23.).

Im Gefühl der sicheren Führung schalteten die Nordafrikaner dann jedoch ein paar Gänge zurück. Die Kanadier konnten das zunächst nicht ausnutzen, hatten dann aber Glück, dass Marokkos Innenverteidiger Nayef Aguerd eine Hereingabe von Sam Adekugbe unhaltbar für seinen Torwart Bono zum kanadischen Anschlusstreffer ins Tor lenkte. Dennoch beschränkten sich die Marokkaner auch in der zweiten Halbzeit darauf, das Ergebnis zu verwalten. Und das wäre fast noch ins Auge gegangen: Der eingewechselte Atiba Hutchinson traf für Kanada mit einem Kopfball aber nur die Unterkante der Latte (72.).

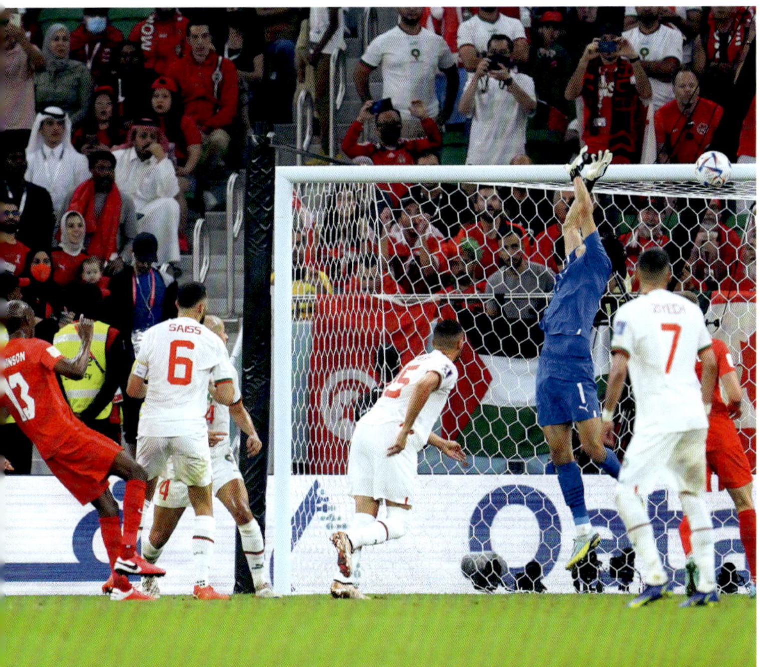

Mit diesem Kopfball vergibt Atiba Hutchinson (links) die große Chance zum 2:2-Ausgleich für die Kanadier.

1. Dezember 2022, 18 Uhr Ortszeit, Al-Thumama Stadium

KANADA – MAROKKO

1 : 2

Trainer: John Herdman

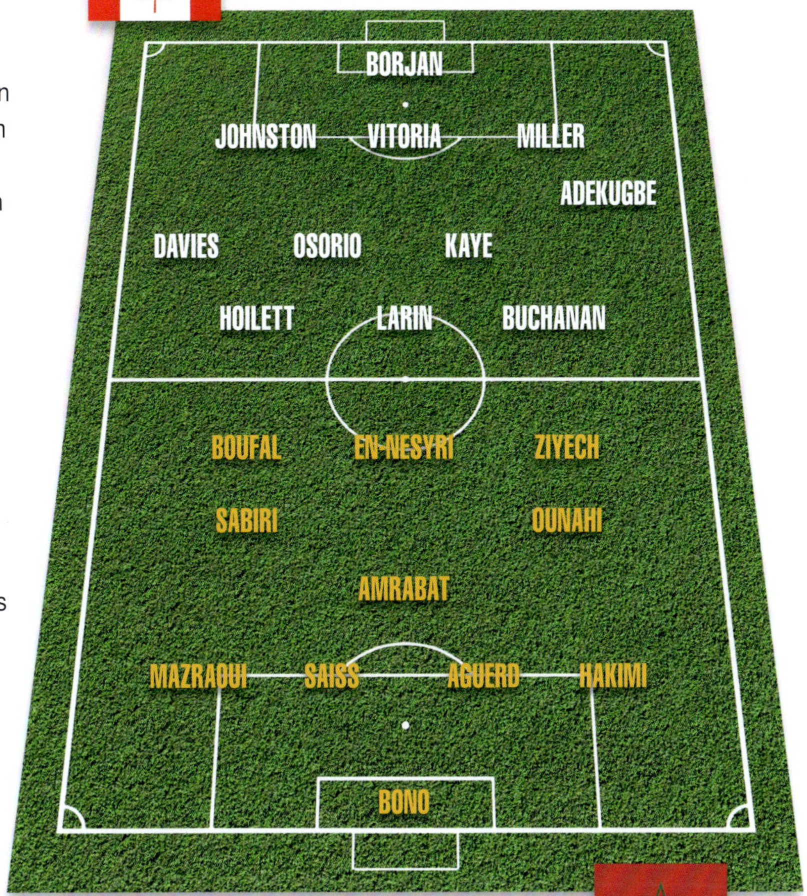

Trainer: Walid Regragui

Eingewechselt:

Kanada	Marokko
Hutchinson für Kaye (60.)	Aboukhlal für Boufal (65.)
David für Larin (60.)	Amallah für Sabiri (65.)
Koné für Adekugbe (60.)	Hamdallah für Ziyech (76.)
Laryea für Osorio (65.)	El Yamiq für Ounahi (76.)
Wotherspoon für Hoilett (76.)	Jabrane für Hakimi (85.)

Tore: 0:1 Ziyech (4.), 0:2 En-Nesyri (23.), 1:2 Aguerd (40., Eigentor)

Gelbe Karten: Hoilett, Osorio, Adekugbe, Vitoria / –

Gelb-Rote Karte: –

Rote Karte: –

Schiedsrichter: Raphael Claus (Brasilien)

Zuschauer: 43 102

GRUPPE G

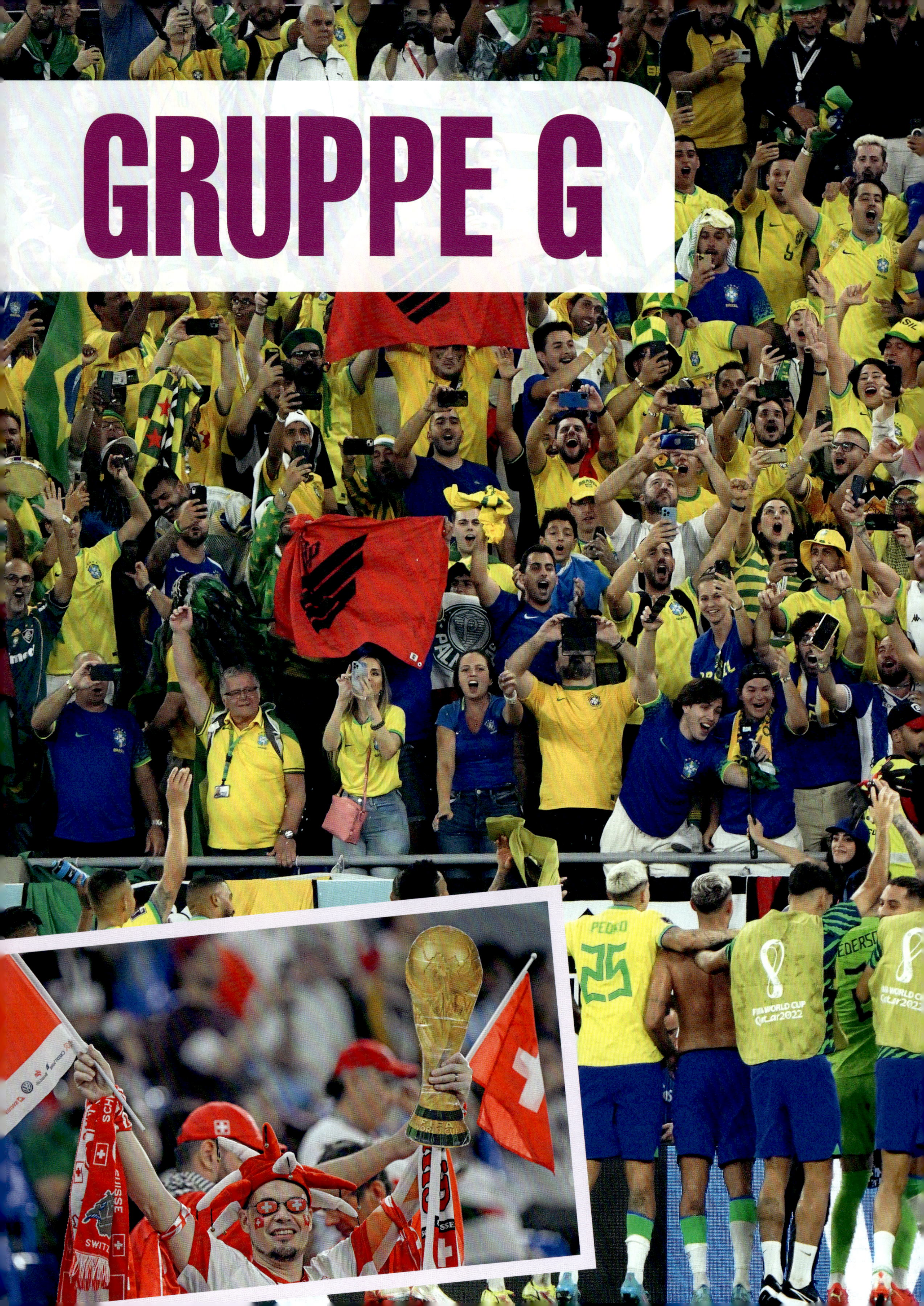

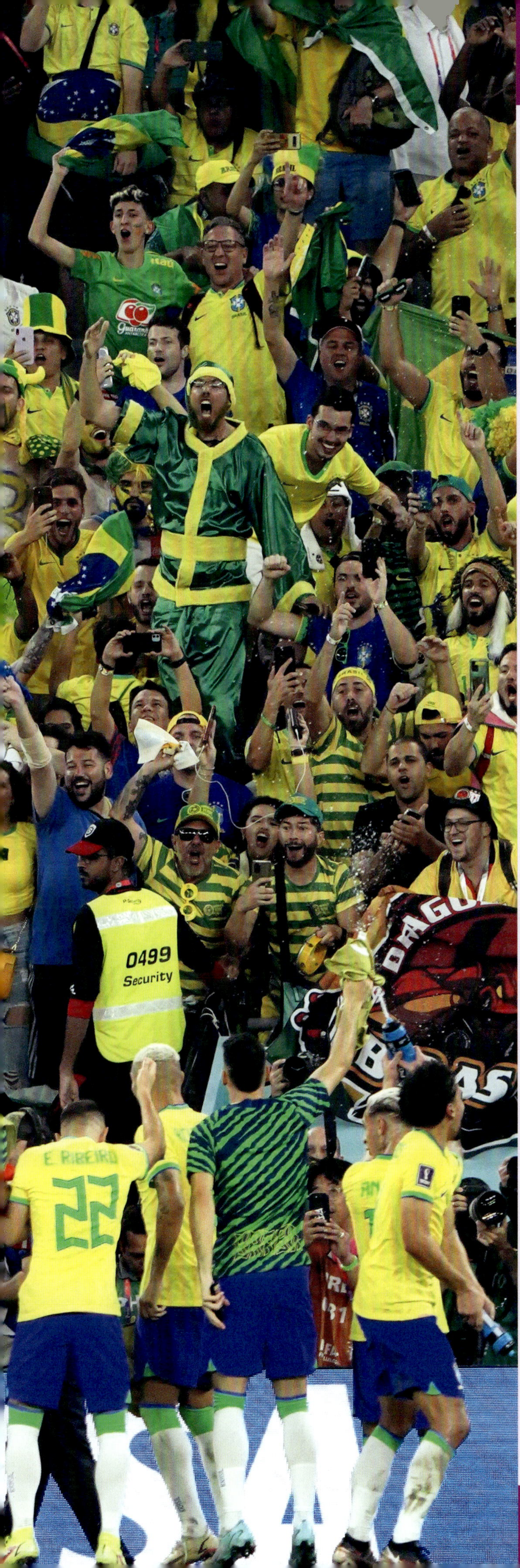

	Team		Spiele	Tore	Punkte
1.	**Brasilien**		3	3:1	6
2.	**Schweiz**		3	4:3	6
3.	Kamerun		3	4:4	4
4.	Serbien		3	5:8	1

Schweiz – Kamerun	1:0 (0:0)
Brasilien – Serbien	2:0 (0:0)
Kamerun – Serbien	3:3 (1:2)
Brasilien – Schweiz	1:0 (0:0)
Kamerun – Brasilien	1:0 (0:0)
Serbien – Schweiz	2:3 (2:2)

Nach der überraschenden 0:1-Niederlage von Brasilien am letzten Spieltag gegen Kamerun stand fest: Keiner der 32 WM-Teilnehmer hat alle drei Gruppenspiele gewonnen. Das hatte es zuletzt 1994 in den USA gegeben. Mit zwei Siegen gegen Serbien und die Schweiz und nur einem Gegentor beendete der Rekordweltmeister die Vorrunde dennoch zum elften Mal hintereinander auf dem ersten Platz, obwohl er ab dem zweiten Spiel auf seinen verletzten Superstar Neymar verzichten musste. Um den zweiten Gruppenplatz gab es einen bis zuletzt spannenden Dreikampf zwischen der Schweiz, Serbien und Kamerun – mit erfolgreichem Ende für die Eidgenossen. Mit einem 3:2-Sieg gegen Serbien machten sie die dritte WM-Achtelfinalteilnahme in Folge perfekt.

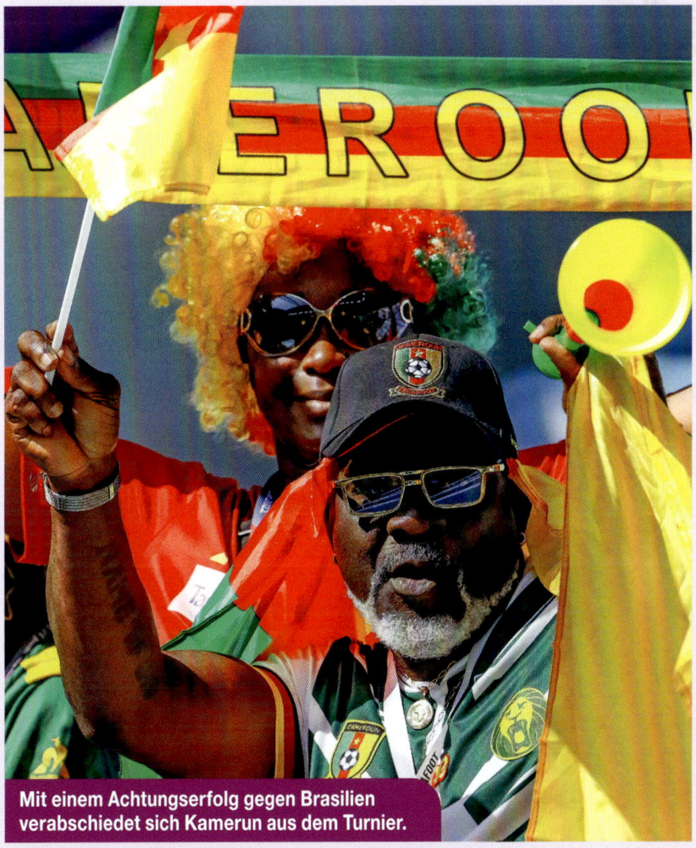

Mit einem Achtungserfolg gegen Brasilien verabschiedet sich Kamerun aus dem Turnier.

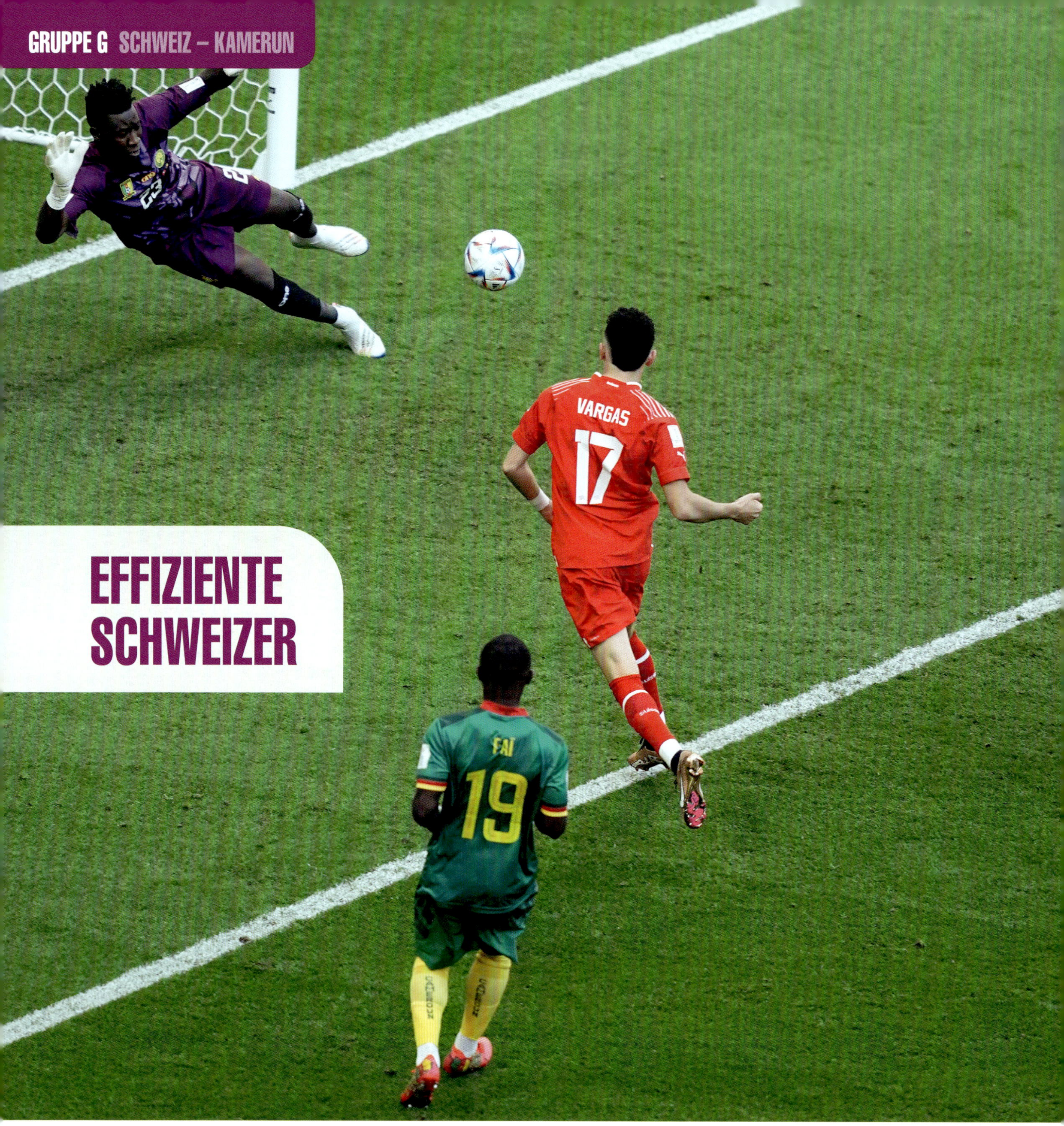

EFFIZIENTE SCHWEIZER

Ein Musterbeispiel an Effizienz lieferte die Schweiz in ihrem Auftaktspiel gegen Kamerun. Die mit zehn aktuellen oder ehemaligen Bundesligaprofis in der Startelf angetretenen Eidgenossen gingen kurz nach Seitenwechsel mit ihrem ersten Torschuss im Spiel überhaupt 1:0 in Führung – und schaukelten danach das Ergebnis relativ souverän über die Zeit. Von einer »reifen Leistung« sprach danach Nationaltrainer Murat Yakin, auch er trat einst in der Bundesliga in Stuttgart und Kaiserslautern gegen den Ball.

Das Tor für die Schweiz erzielte ausgerechnet der gebürtige Kameruner Breel Embolo. Seine Mutter war einst mit ihren zwei Söhnen aus Afrika nach Basel gekommen, kurz vor seinem 18. Geburtstag erhielt er die Staatsbürgerschaft der Schweiz. Später spielte er in der Bundesliga für Schalke und Mönchengladbach, im Sommer 2022 wechselte er nach Monaco. Embolo verzichtete nach seinem Treffer – einem Rechtsschuss aus sechs Metern nach feiner Hereingabe des ehemaligen Münchners Xherdan Shaqiri – auf ausgiebigen Jubel und formte stattdessen mit seinen Händen ein Herz.

Die Kameruner durften sich über die Niederlage ärgern. In der ersten Hälfte waren sie das bessere, spielbestimmende Team, blieben aber im Abschluss glücklos, auch ihr in den Monaten

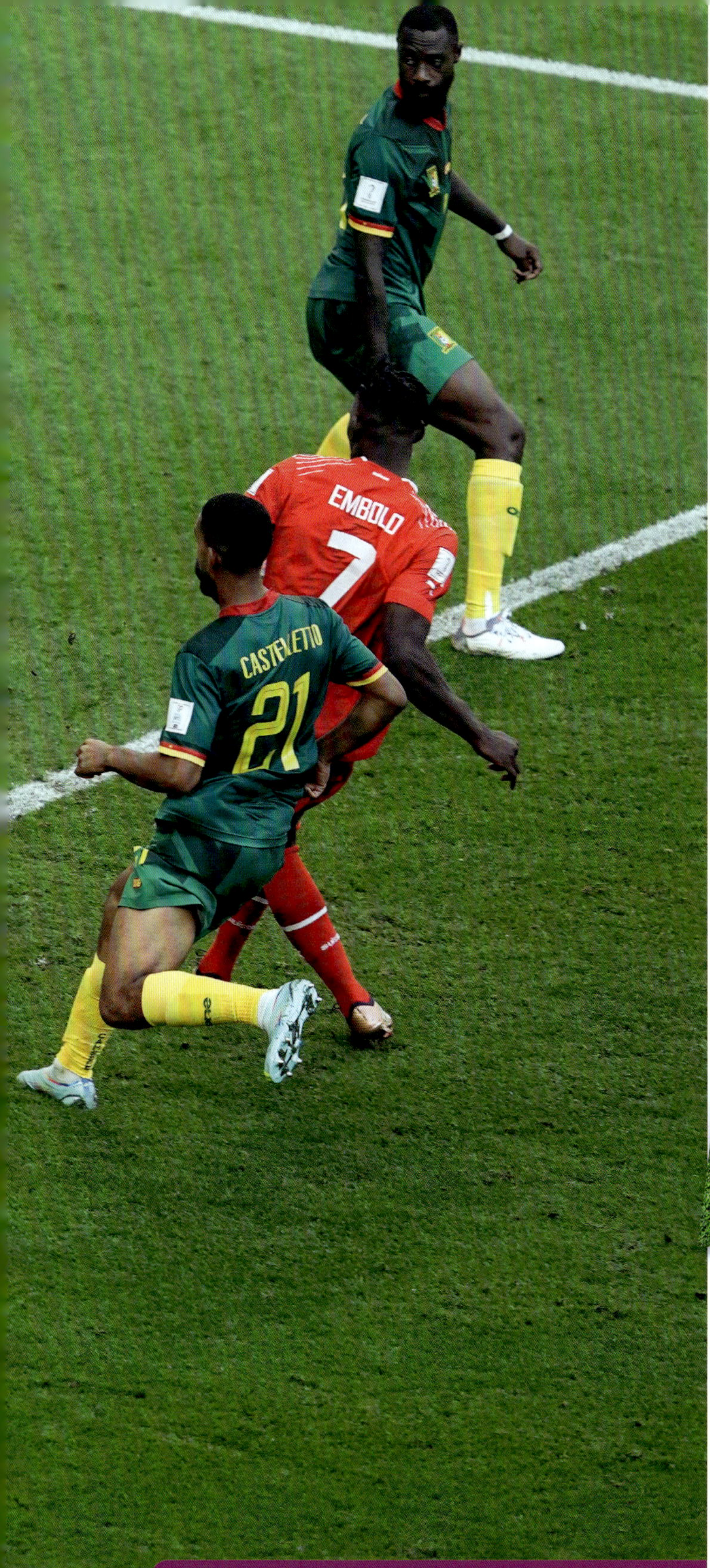

Das einzige Tor des Spiels: Breel Embolo trifft in der 48. Minute.

24. November 2022, 13 Uhr Ortszeit, Al-Janoub Stadium

SCHWEIZ – KAMERUN
1 : 0

Trainer: Murat Yakin

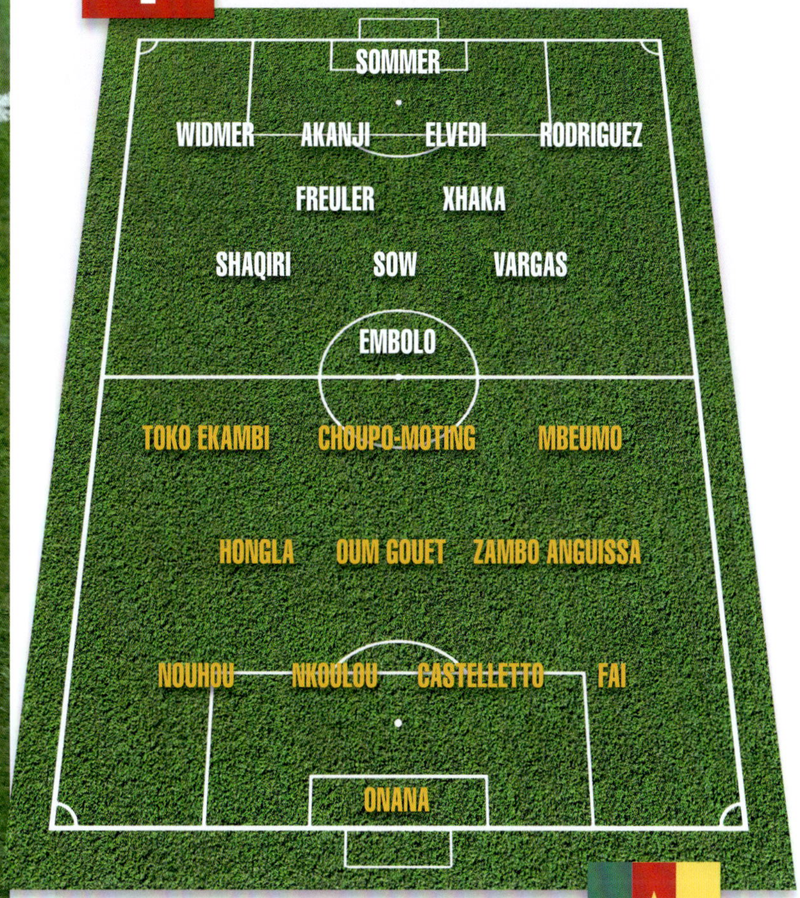

Trainer: Rigobert Song

Eingewechselt:

Frei für Sow (72.)
Seferovic für Embolo (72.)
Okafor für Shaqiri (72.)
Rieder für Vargas (81.)
Cömert für Rodriguez (90.)

Ondoua für Hongla (68.)
Aboubakar für Choupo-Moting (74.)
Nkoudou für Toko Ekambi (74.)
Moumi Ngamaleu für Mbeumo (81.)

zuvor in der Bundesliga so treffsicherer Stürmerstar Eric Maxim Choupo-Moting. In der 14. Minute scheiterte der Angreifer des FC Bayern München nach einem Alleingang am Schweizer Torhüter Yann Sommer von Borussia Mönchengladbach.
Nach dem Rückstand drängten die Zentralafrikaner zunächst auf den Ausgleich, unter anderem fand Choupo-Moting erneut in Sommer seinen Meister. Mit zunehmender Spieldauer schwanden ihnen jedoch die Kräfte. »Das Gegentor haben wir nicht erwartet, das hat uns aus der Ruhe gebracht«, meinte Kameruns Nationaltrainer, der frühere Kölner Rigobert Song. Die Schweizer hatten noch Chancen auf das 2:0.

Tore: 1:0 Embolo (48.)

Gelbe Karten: Akanji, Elvedi / Fai

Gelb-Rote Karte: –

Rote Karte: –

Schiedsrichter: Facundo Tello (Argentinien)

Zuschauer: 39 089

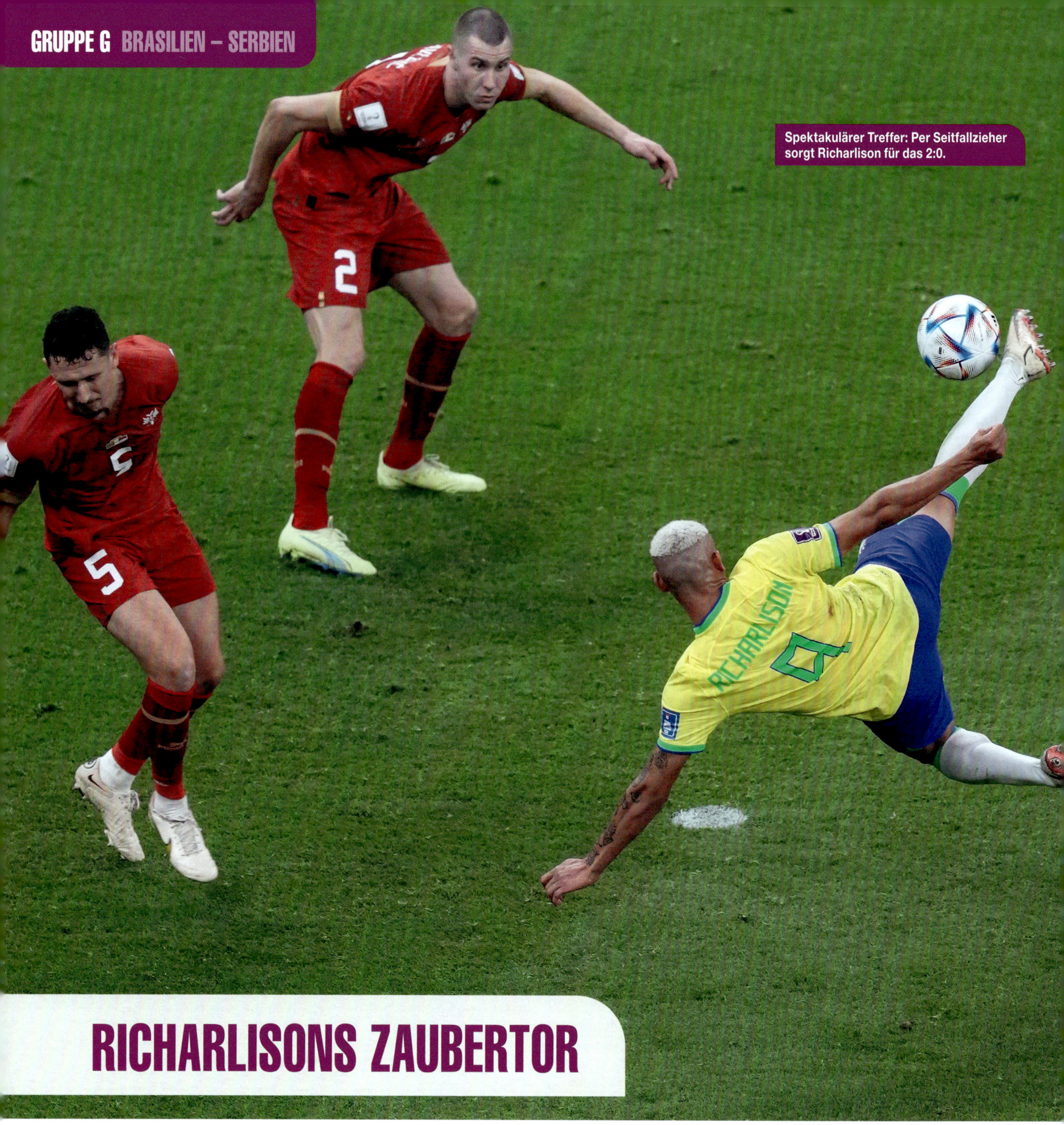

Spektakulärer Treffer: Per Seitfallzieher sorgt Richarlison für das 2:0.

RICHARLISONS ZAUBERTOR

Eine Halbzeit lang benötigte Rekordweltmeister Brasilien, für viele auch der Topfavorit bei dieser WM, in seinem ersten Turnierspiel gegen Serbien Anlaufzeit. Abgesehen von einer direkt aufs Tor gezirkelten Ecke von Superstar Neymar – Serbiens Torhüter Vanja Milinkovic-Savic faustete den Ball über die Latte – blieben Torchancen Mangelware. Nach Seitenwechsel war die »Seleção« dann warmgespielt und zeigte ihr Können. Alex Sandro gab in der 60. Minute mit einem Distanzschuss aus gut 30 Metern, der lautstark gegen den Pfosten klatschte, einen ersten Warnschuss ab. Zwei Minuten traf Richarlison per Abstauber nach einem Schuss von Vinicius Junior zur verdienten Führung.«

In der 73. Minute sorgte der Angreifer von Tottenham Hotspur mit einem spektakulären Seitfallzieher für die Entscheidung – es war der bis dahin der schönste Treffer des Turniers. Mit dem Rücken zum Tor hatte sich Richarlison auf Höhe des Elfmeterpunktes den Ball selbst vorgelegt und dann zu seinem Luftsprung um die eigene Achse angesetzt. Auch diesem Treffer ging die Vorbereitung durch Vinicius Junior von Real Madrid voraus, der den Ball mit dem Außenrist in den Sechzehner flankte.
Danach waren die Brasilianer dem 3:0 nahe. Ihr Superstar Neymar erlebte die Schlussphase mit einem Eisbeutel um das

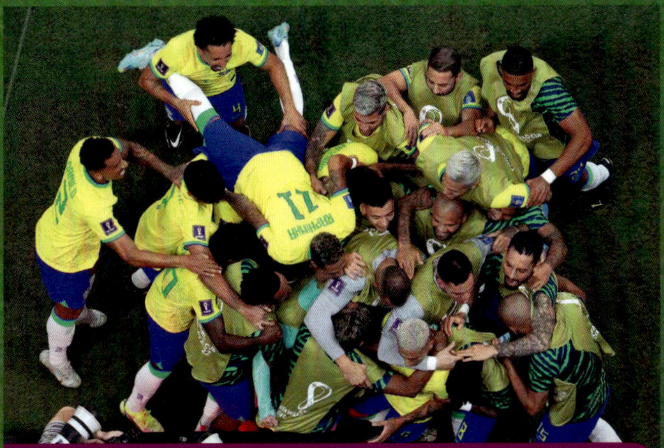

Jubelnde Brasilianer: Doppeltorschütze Richarlison wird von seinen Mitspielern gefeiert. Raphinha (Nummer 11) ist obenauf.

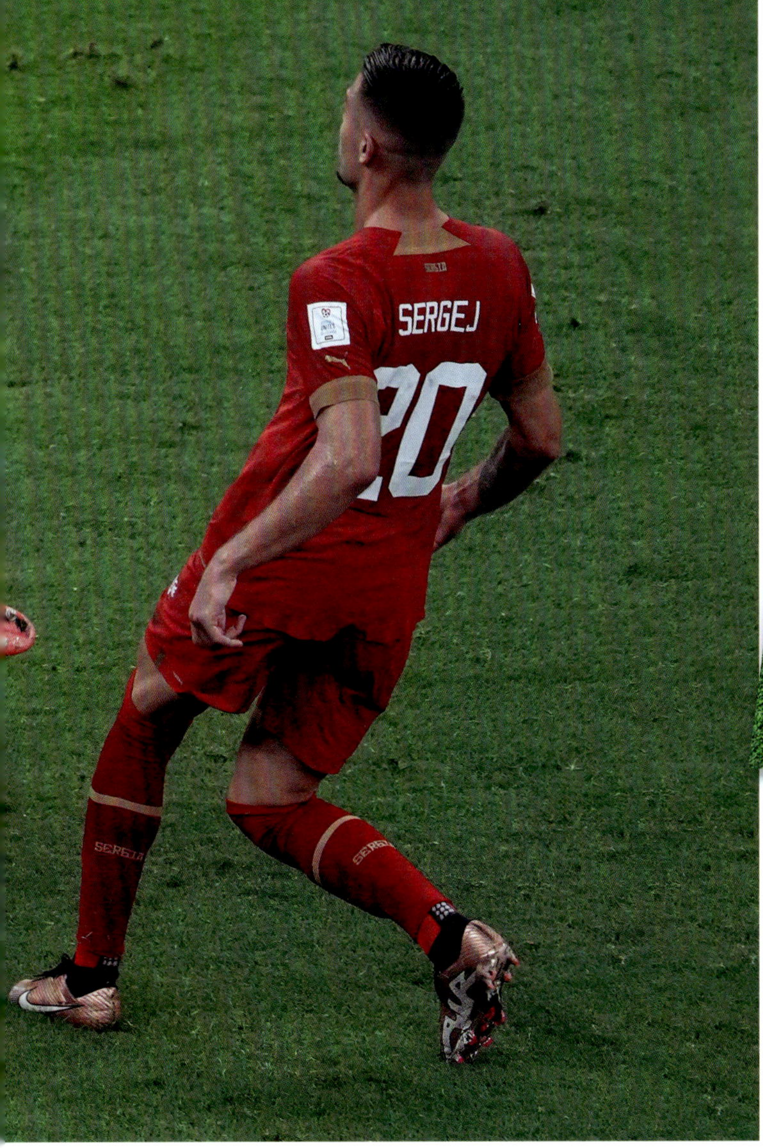

24. November 2022, 20 Uhr Ortszeit, Lusail Stadium

BRASILIEN – SERBIEN
2 : 0

Trainer: Tite

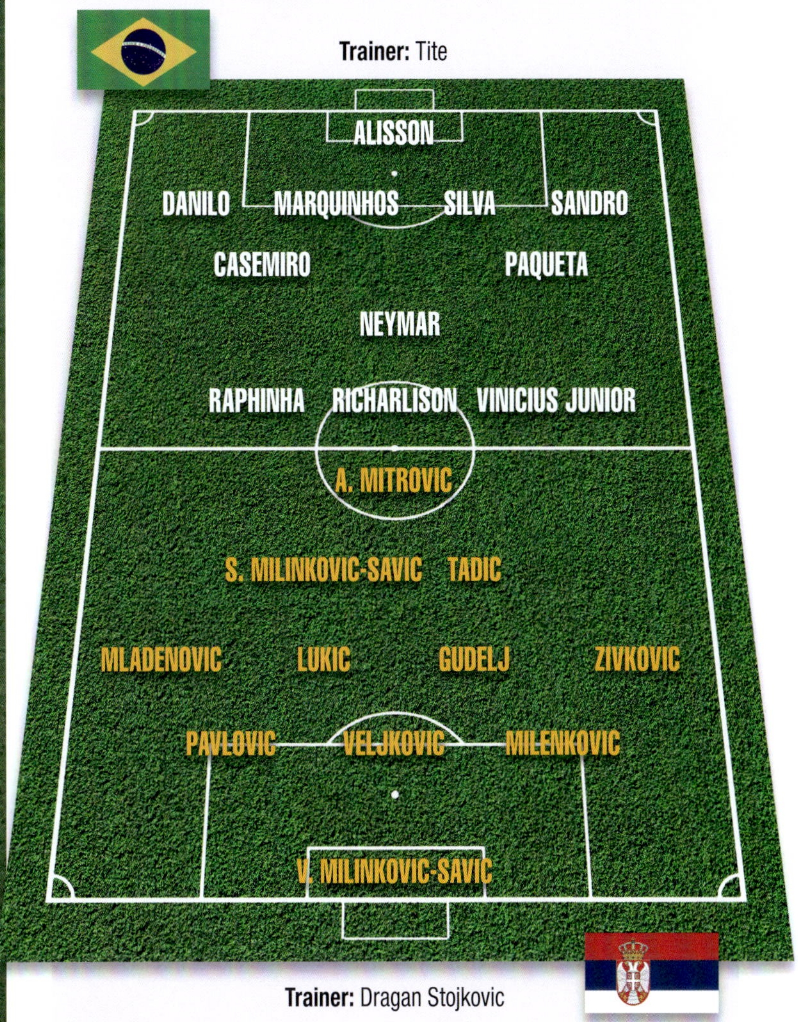

Trainer: Dragan Stojkovic

Eingewechselt:

Brasilien	Serbien
Fred für Paqueta (75.)	Ilic für Gudelj (57.)
Rodrygo für Vinicius (75.)	Radonjic für Zivkovic (57.)
Jesus für Richarlison (79.)	Lazovic für Lukic (66.)
Antony für Neymar (79.)	Vlahovic für Mladenovic (66.)
Martinelli für Raphinha (87.)	Maksimovic für Mitrovic (83.)

Tore: 1:0 Richarlison (62.), 2:0 Richarlison (73.)

Gelbe Karten: – / Pavlovic, Gudelj, Lukic

Gelb-Rote Karte: –

Rote Karte: –

Schiedsrichter: Alireza Faghani (Iran)

Zuschauer: 88 103

rechte Fußgelenk auf der Bank. Nach einem Foul von Nikola Milenkovic musste er verletzungsbedingt ausgewechselt werden. In der zweiten Halbzeit habe man die Positionierung etwas verändert und damit mehr zu seinem Spiel gefunden, analysierte Nationaltrainer Tite die Partie. »Wir hatten dann fast 20 Torschüsse, das Kollektiv hat super funktioniert.«
Die Serben um Abwehrchef Milos Veljkovic von Werder Bremen spielten zwar sehr strukturiert und diszipliniert in der Defensive, blieben in der Offensive aber in letzter Konsequenz viel zu harmlos und hatten insbesondere in der zweiten Halbzeit der individuellen Klasse der »Seleção« nichts entgegensetzen.

BEGEISTERNDES OFFENSIVSPEKTAKEL

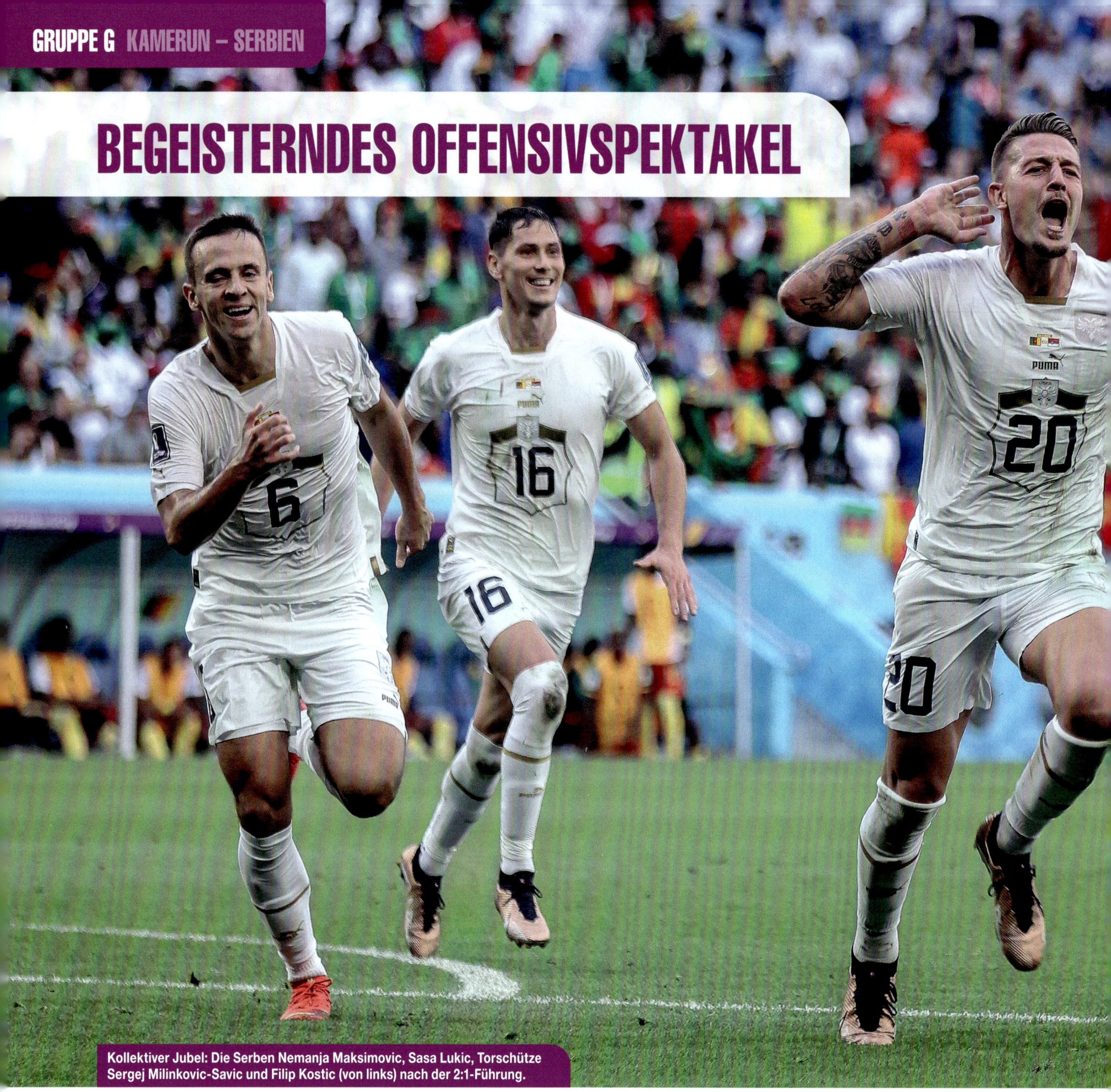

Kollektiver Jubel: Die Serben Nemanja Maksimovic, Sasa Lukic, Torschütze Sergej Milinkovic-Savic und Filip Kostic (von links) nach der 2:1-Führung.

Nach ihren Fehlstarts durften sich Kamerun und Serbien keine weitere Niederlage leisten. Statt mit defensiver und ergebnisorientierter Taktik begegneten sich beide Teams jedoch mit offenem Visier. Bereits in der elften Minute deutete der Serbe Aleksandar Mitrovic mit einem Pfostenschuss an, was für ein Offensivspektakel die knapp 40 000 Zuschauer im Al-Janoub Stadium in Al-Wakrah erwarten sollte.
Das Team vom Balkan war zu Beginn überlegen, den ersten Treffer erzielten in der 29. Minute jedoch die Afrikaner: Nicolas Nkoulou verlängerte per Kopf einen Eckball und Jean-Charles Castelletto schob unbedrängt am zweiten Pfosten ein. Die sechsminütige Nachspielzeit der ersten Halbzeit nutzten die Serben effektiv: Strahinja Pavlovic sorgte mit einem platzierten Kopfball für den Ausgleich, Sergej Milinkovic-Savic nach einem Abwehrpatzer der Kameruner sogar für die Führung.
Nach dem dritten Tor durch Aleksandar Mitrovic wenige Minuten nach Seitenwechsel – voraus ging eine traumhafte Passstafette mit Filip Kostic, Sergej Milinkovic-Savic und Andrija Zivkovic – schienen die Serben auf der Siegerstraße. Doch Kamerun schlug mit einem Doppelschlag zurück: Der eingewechselte Vincent Aboubakar schloss einen Konter mit einem sehenswerten Lupfer über Serbien-Torhüter Vanja Milinkovic-Savic hinweg zum Anschlusstreffer ab (64.). Der Linienrichter hatte wegen Abseits die Fahne gehoben, er wurde jedoch vom Videoschiedsrichter korrigiert.
Auch der Ausgleich nur zwei Minuten später resultierte aus einem Konter: Erneut war Aboubakar auf und davon, diesmal passte er den Ball quer nach innen zu Eric Maxim Choupo-Moting.

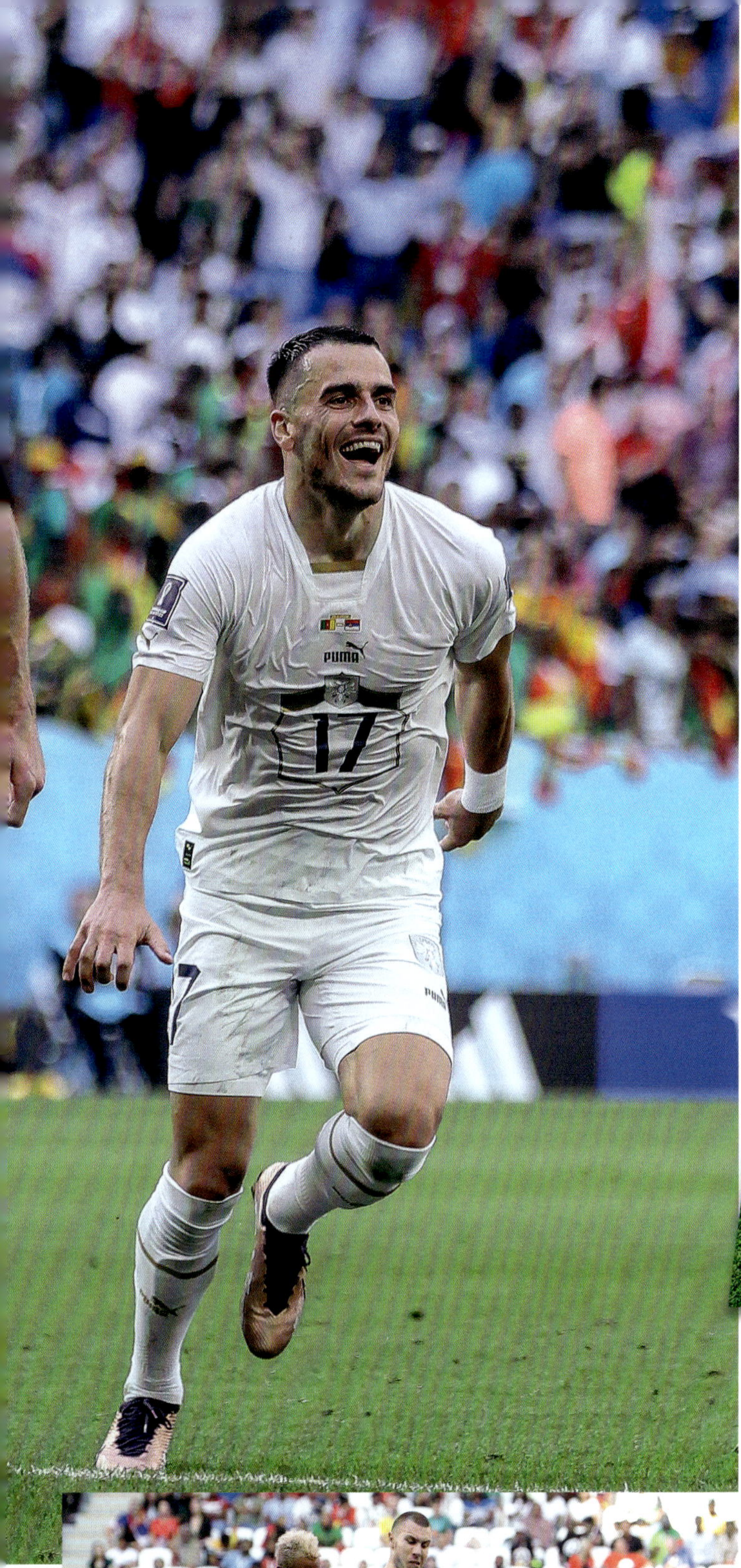

28. November 2022, 13 Uhr Ortszeit, Al-Janoub Stadium

KAMERUN – SERBIEN
3 : 3

Trainer: Rigobert Song

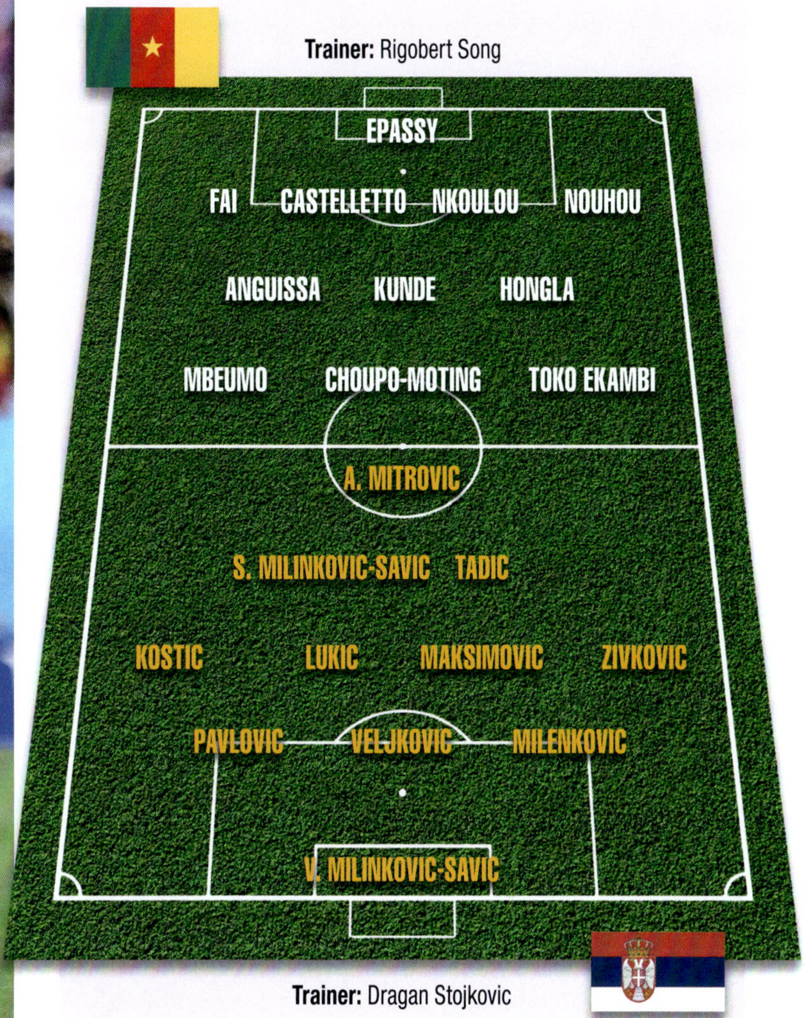

Trainer: Dragan Stojkovic

Eingewechselt:

Kamerun	Serbien
Aboubakar für Hongla (55.)	S. Mitrovic für Pavlovic (55.)
Bassogog für Toko Ekambi (67.)	Babic für Veljkovic (78.)
Ondoua für Kunde (67.)	Radonjic für Zivkovic (78.)
Oum Gouet für Zambo Anguissa (81.)	Grujic für S. Milinkovic-Savic (78.)
Nkoudou für Mbeumo (81.)	Djuricic für Kostic (90.+3)

Tore: 1:0 Castelletto (29.), 1:1 Pavlovic (45.+1), 1:2 Milinkovic-Savic (45.+3), 1:3 A. Mitrovic (53.), 2:3 Aboubakar (64.), 3:3 Choupo-Moting (66.)

Gelbe Karten: Nkoulou, Bassogog / Jovic (als Ersatzspieler), Milenkovic

Gelb-Rote Karte: –

Rote Karte: –

Schiedsrichter: Mohammed Abdulla Hassan Mohamed (VAE)

Zuschauer: 39 789

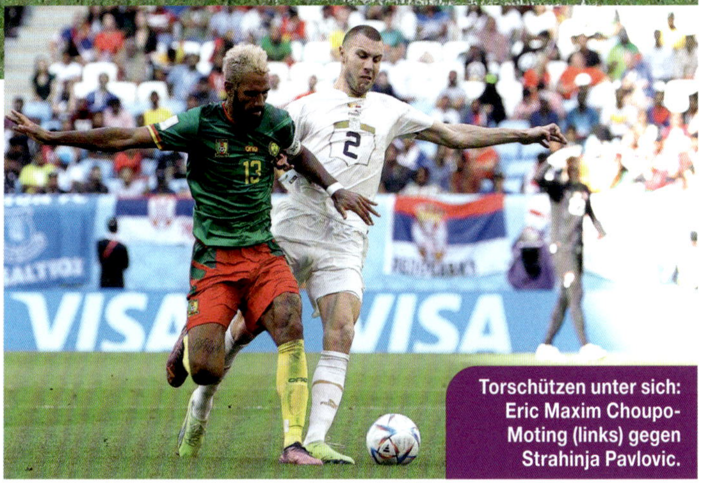

Torschützen unter sich: Eric Maxim Choupo-Moting (links) gegen Strahinja Pavlovic.

Der Angreifer des FC Bayern München brauchte nur noch einzuschieben. »Als wir das Spiel unter Kontrolle hatten, haben wir zu viele Fehler in der Defensive gemacht«, haderte Serbiens Trainer Dragan Stojkovic. »Das hat uns den Sieg gekostet.«

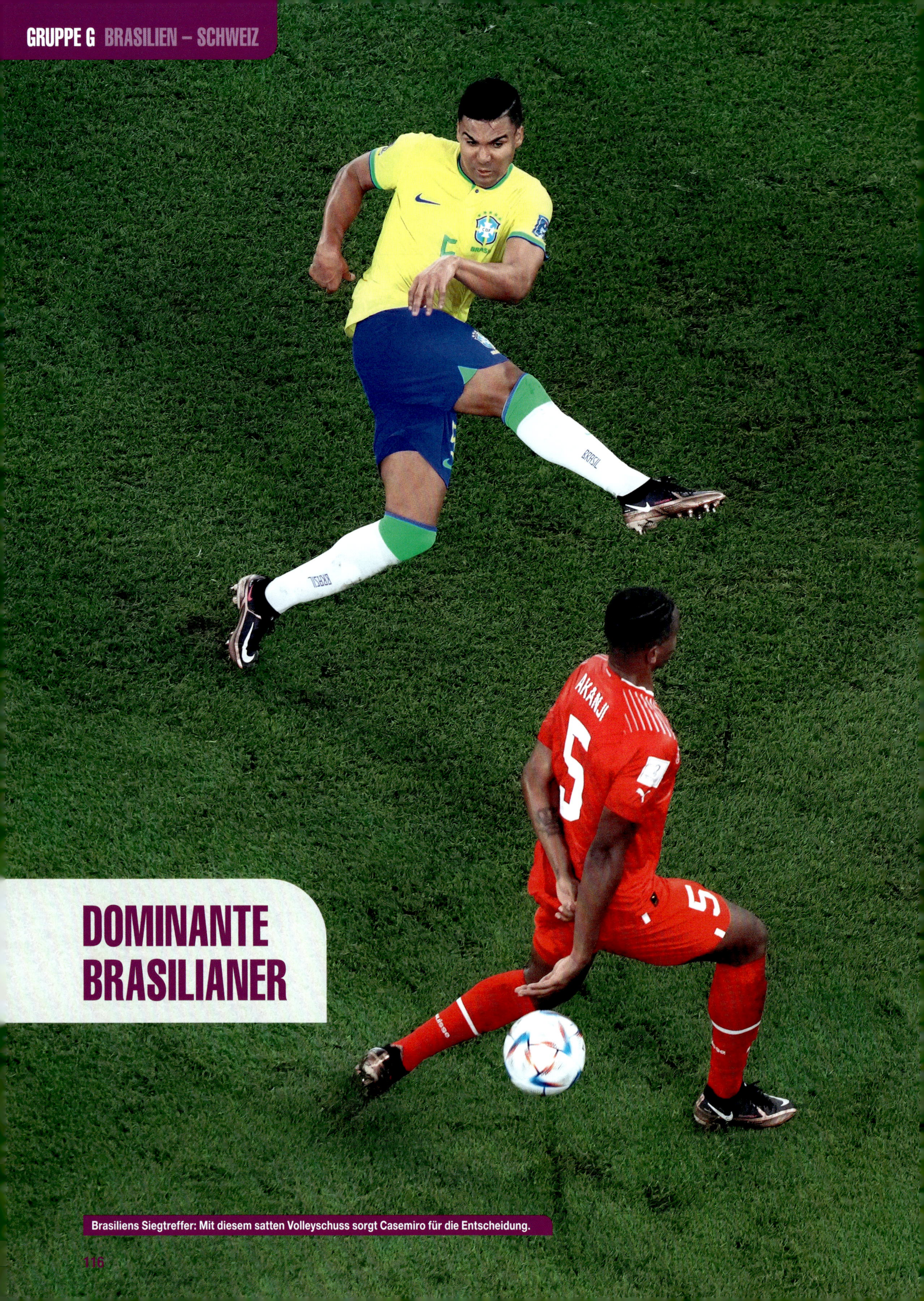

DOMINANTE BRASILIANER

Brasiliens Siegtreffer: Mit diesem satten Volleyschuss sorgt Casemiro für die Entscheidung.

Durch ein spektakuläres Volleytor von Casemiro hat Brasilien bereits im zweiten Gruppenspiel den Einzug ins Achtelfinale perfekt gemacht. Der Treffer des Mittelfeldspielers von Manchester United in der 83. Minute war der verdiente Lohn für das unermüdliche Anrennen der Seleção gegen die defensiv gut eingestellten, im Spiel nach vorn jedoch mutlosen Eidgenossen. Auch ohne Superstar Neymar, der wegen seiner Fußverletzung aus dem Auftaktspiel gegen Serbien nicht eingesetzt werden konnte und die Begegnung im Mannschaftshotel vor dem TV-Gerät verfolgte, war Brasilien das überlegene Team. Die größte Gelegenheit zur Führung in der ersten Hälfte vergab Vinicius Junior nach einer feinen Flanke von Raphinha.

In der zweiten Halbzeit erhöhte der Rekordweltmeister den Druck. Nach einem Alleingang von Vinicius Junior in der 64. Minute lagen sich die Spieler bereits glücklich in den Armen. Schiedsrichter Ivan Barton (El Salvador) nahm den vermeintlichen Führungstreffer jedoch nach Videobeweis zurück: Richarlison hatte bei dessen Entstehung im Abseits gestanden und danach mit einem Ballkontakt entscheidend eingegriffen.

Die Brasilianer ließen sich von dieser Entscheidung jedoch nicht entmutigen und durften sieben Minuten vor Ablauf der regulären Spielzeit doch noch über das 1:0 jubeln. Rodrygo legte den Ball an der Strafraummarkierung trocken auf Casemiro ab. Dessen satter Schuss aus elf Metern wurde noch leicht vom Schweizer Manuel Akanji abgefälscht und war für Torhüter Yann Sommer unhaltbar.

17 GRUPPENSPIELE UNGESCHLAGEN

Mit dem Sieg gegen die Schweiz hat Brasilien einen Rekord der deutschen Mannschaft überboten. Die »Seleção« blieb im 17. WM-Gruppenspiel hintereinander ungeschlagen, ihre letzte Niederlage datiert von der WM 1998 in Frankreich (1:2 gegen Norwegen). Die DFB-Elf hatte zwischen 1990 und 2010 in 16 aufeinanderfolgenden Gruppenspielen nicht verloren.

28. November 2022, 19 Uhr Ortszeit, Stadium 974

BRASILIEN – SCHWEIZ
1 : 0

Trainer: Tite

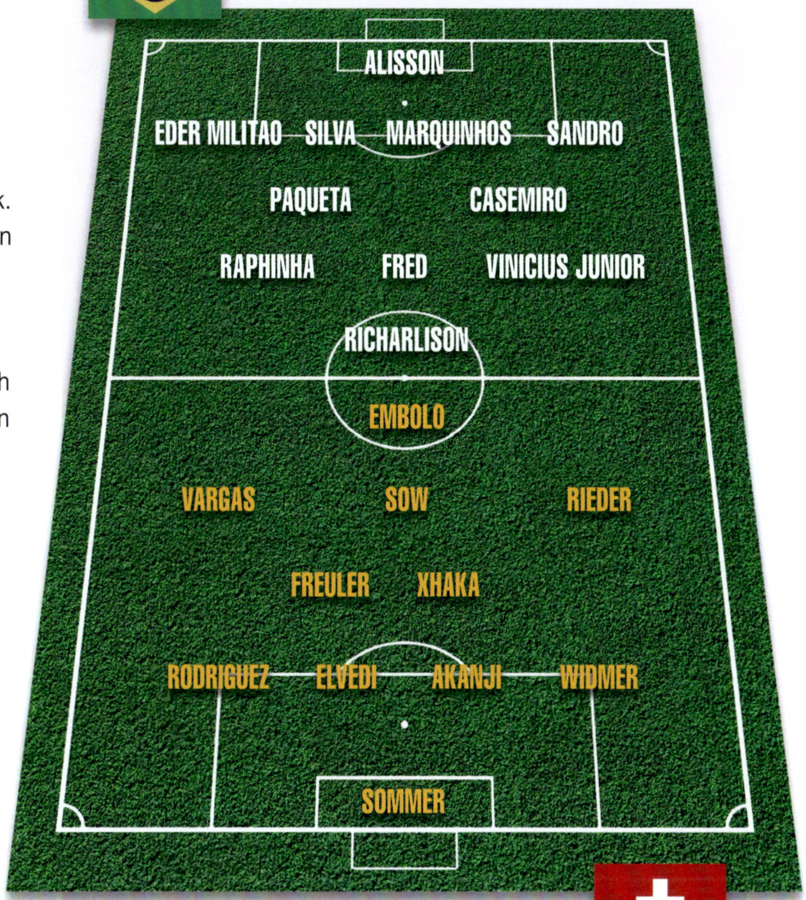

Trainer: Murat Yakin

Eingewechselt:

Brasilien	Schweiz
Rodrygo für Paqueta (46.)	Fernandes für Vargas (58.)
Guimaraes für Fred (58.)	Steffen für Rieder (58.)
Antony für Raphinha (73.)	Aebischer für Sow (76.)
Jesus für Richarlison (73.)	Seferovic für Embolo (76.)
Telles für Sandro (86.)	Frei für Widmer (86.)

Tore: 1:0 Casemiro (83.)

Gelbe Karten: Fred / Rieder

Gelb-Rote Karte: –

Rote Karte: –

Schiedsrichter: Ivan Barton (El Salvador)

Zuschauer: 43 649

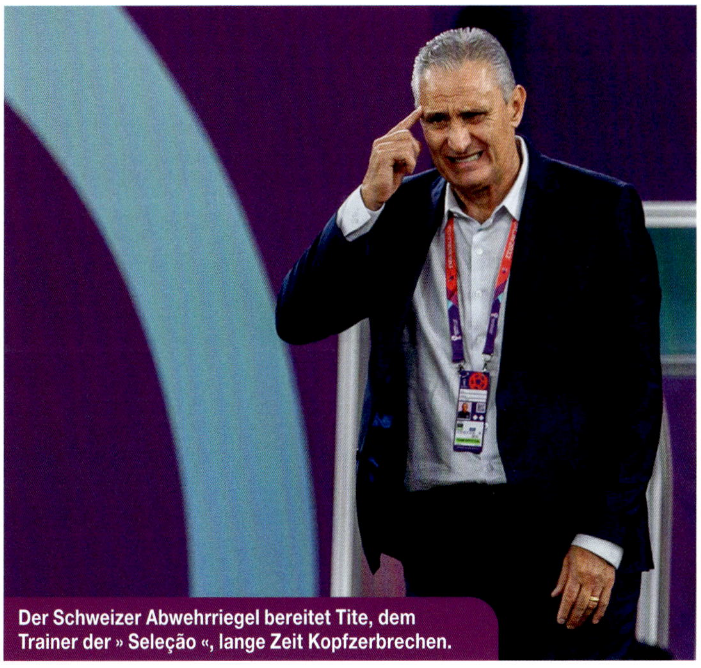

Der Schweizer Abwehrriegel bereitet Tite, dem Trainer der » Seleção «, lange Zeit Kopfzerbrechen.

ACHTUNGSERFOLG FÜR KAMERUN

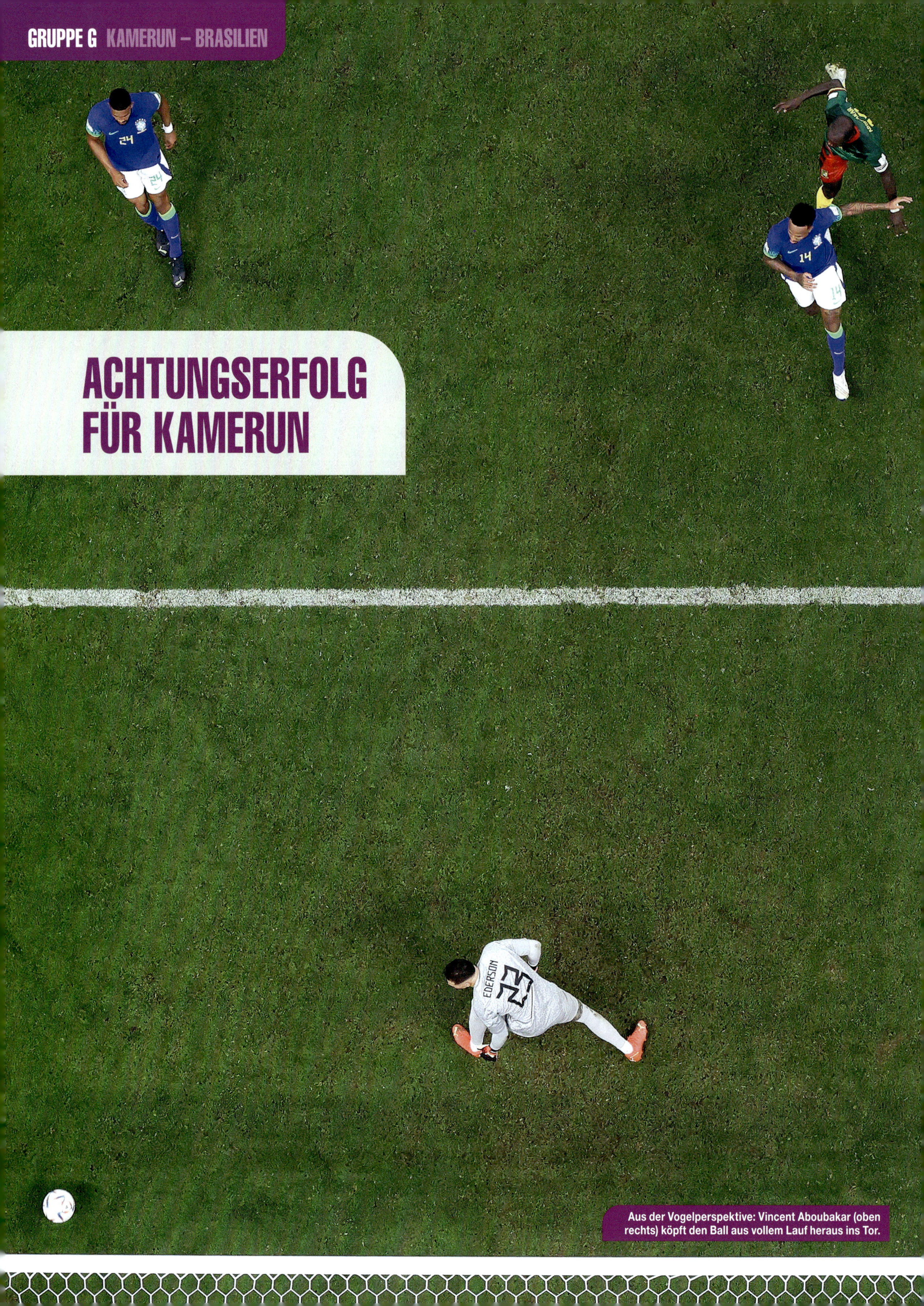

Aus der Vogelperspektive: Vincent Aboubakar (oben rechts) köpft den Ball aus vollem Lauf heraus ins Tor.

Nach dem 2:0 gegen Serbien und dem 1:0 gegen die Schweiz war Brasilien bereits vorzeitig für das Achtelfinale qualifiziert. Nationaltrainer Tite nutzte die Gelegenheit und ließ seine zweite Garnitur ran, der 39 Jahre alte frühere Barcelona-Star Daniel Alves durfte die Kapitänsbinde tragen. Auch mit seiner B-Elf hatte der Rekordweltmeister das Geschehen auf dem Rasen lange im Griff, kombinierte gefällig und spielte sich die besseren Chancen heraus gegen anfangs defensiv orientiere Kameruner, die fürs Weiterkommen einen Sieg und im Parallelspiel serbische Schützenhilfe gegen die Schweiz benötigt hätten.
Erst mit zunehmender Spielzeit wurden die Afrikaner mutiger. Wohl auch die Zwischenergebnisse aus dem Parallelspiel – Serbien lag in Führung – machten den »Lions Indomptables«, den unbezähmbaren Löwen, Beine. Die zweite Halbzeit verlief ausgeglichen mit Chancen auf beiden Seiten. Der einzige Treffer der Partie ließ aber bis in die zweite Minute der Nachspielzeit auf sich warten: Jerome Ngom Mbekeli flankte hoch in den brasilianischen Strafraum, und Vincent Aboubakar köpfte den Ball aus vollem Lauf heraus ins Tor. Nach seinem Jubellauf sah der Torschütze Gelb-Rot, weil er sein Trikot ausgezogen hatte. Aboubakar beendete mit seinem Treffer Kameruns Durststrecke von neun WM-Spielen ohne Sieg. Fürs Weiterkommen reichte der Achtungserfolg gegen den Rekordweltmeister dennoch nicht, weil Serbien doch noch gegen die Schweiz verlor. »Wir sind zufrieden mit unserer letzten Leistung, darauf bin ich stolz«, sagte Nationaltrainer Rigobert Song. »Es überwiegt aber die Enttäuschung über das Ausscheiden.« Bitter für die Brasilianer: Gabriel Jesus und Alex Telles mussten wegen Knieverletzungen ausgewechselt werden. Für beide sei die WM vorzeitig beendet, teilte der brasilianische Verband wenige Stunden nach dem Spiel mit. Nachnominierungen sieht das Regelwerk nicht vor.

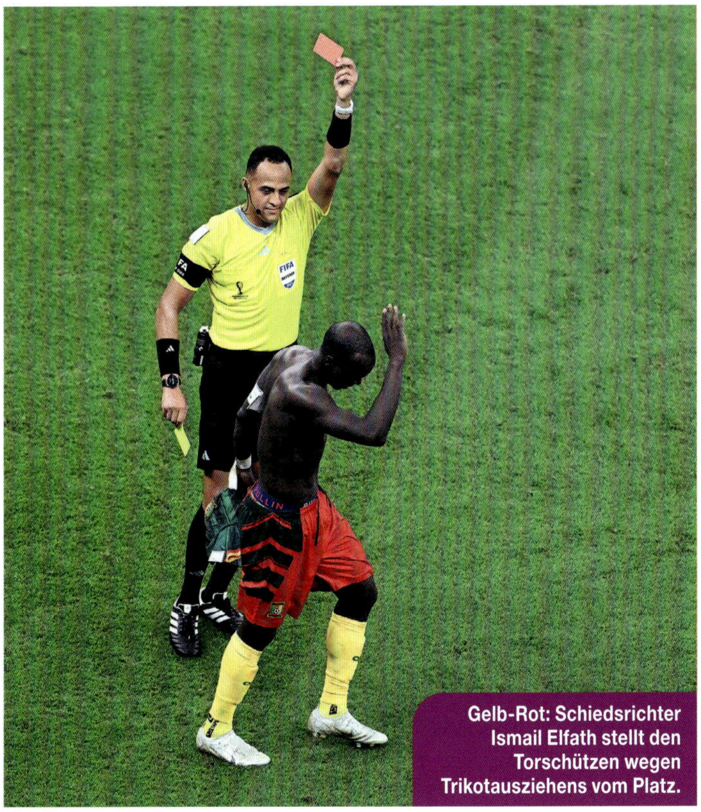
Gelb-Rot: Schiedsrichter Ismail Elfath stellt den Torschützen wegen Trikotausziehens vom Platz.

2. Dezember 2022, 22 Uhr Ortszeit, Lusail Stadium

KAMERUN – BRASILIEN
1 : 0

Trainer: Rigobert Song

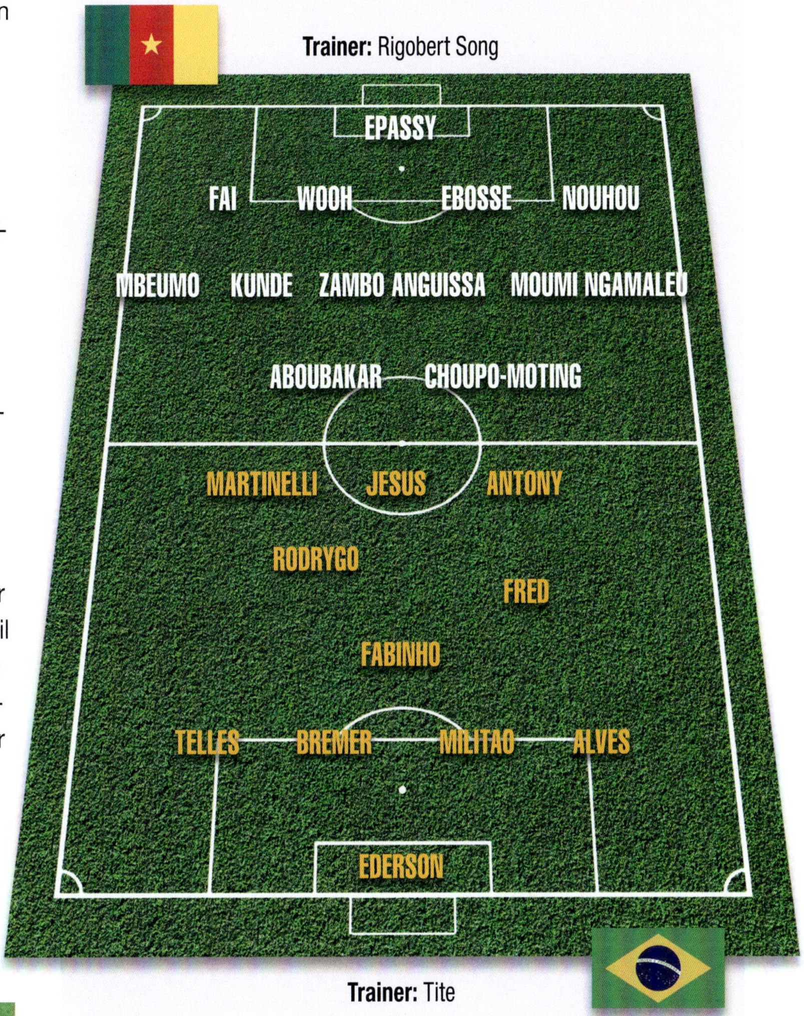

Trainer: Tite

Eingewechselt:

Kamerun:
Toko Ekambi für Mbeumo (64.)
Ntcham für Kunde (68.)
Kgom Mbekeli für Moumi Ngamaleu (86.)

Brasilien:
Marquinhos für Telles (54.)
Ribeiro für Rodrygo (54.)
Guimaraes für Fred (54.)
Pedro für Jesus (64.)
Raphinha für Antony (79.)

Tor: 1:0 Aboubakar (90.+2)

Gelbe Karten: Fai, Nouhou, Kunde / Militao, Guimaraes

Gelb-Rote Karte: Aboubakar / –

Rote Karte: –

Schiedsrichter: Ismail Elfath (USA)

Zuschauer: 85 986

SCHWEIZ LÖST LETZTES ACHTELFINALTICKET

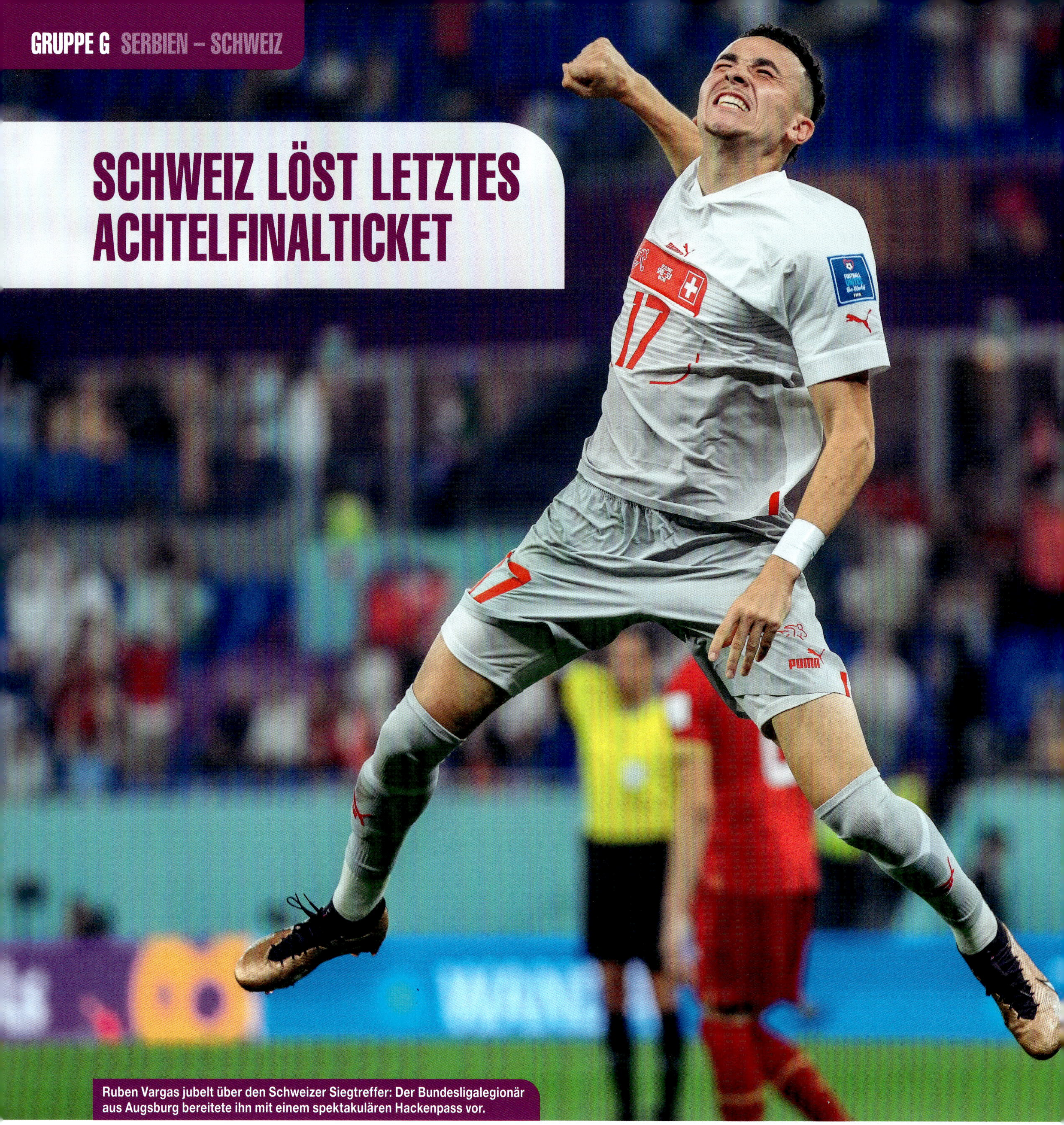

Ruben Vargas jubelt über den Schweizer Siegtreffer: Der Bundesligalegionär aus Augsburg bereitete ihn mit einem spektakulären Hackenpass vor.

Die Schweiz qualifizierte sich als 16. und letzte Mannschaft fürs Achtelfinale. In einem hitzigen Duell gegen Serbien mit fünf Toren und elf Gelben Karten setzten sich die Eidgenossen 3:2 durch und sammelten damit den fürs Weiterkommen nötigen Punkt. Auch Serbien hätte mit einem möglichst hohen Sieg erstmals überhaupt den Sprung in die K.-o.-Phase schaffen können. Nicht nur wegen der sportlichen Konstellation lag Spannung in der Luft: Beim Aufeinandertreffen beider Teams vier Jahre zuvor bei der WM in Russland hatten die kosovostämmigen Schweizer Granit Xhaka und Xherdan Shaqiri beim Jubel nach dem 2:1-Siegtreffer politisch motivierte Gesten in Richtung der Serben gesetzt.

Von Beginn an begegneten sich beide Teams mit offenem Visier. In der elften Minute traf Andrija Zivkovic den Schweizer Pfosten. Neun Minuten später machte es Shaqiri auf der Gegenseite besser, mit einem satten Linksschuss – noch abgefälscht von Strahinja Pavlovic – sorgte der frühere Münchner für das 1:0. Aleksandar Mitrovic mit einem herrlichen Kopfball aus vollem Lauf und Dusan Vlahovic nach einem kapitalen Schweizer Abwehrfehler drehten binnen neun Minuten die Partie. Kurz vor der Pause vollendete Breel Embolo eine schöne Schweizer Kombination über Djibril Sow und

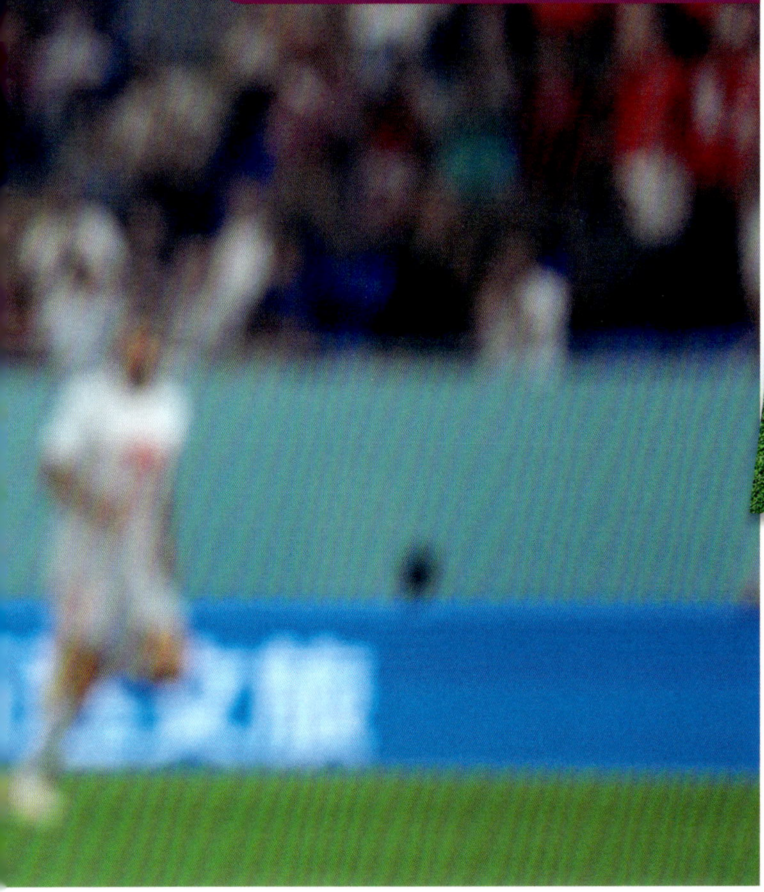

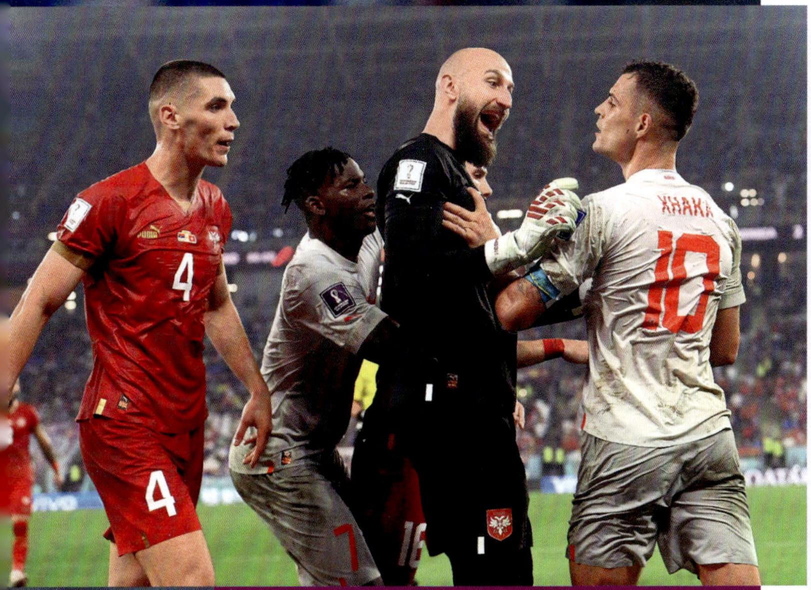

Emotionen kochen über: Serbiens Keeper Vanja Milinkovic-Savic knöpft sich den provozierenden Granit Xhaka vor.

2. Dezember 2022, 22 Uhr Ortszeit, Stadium 974

SERBIEN – SCHWEIZ
2 : 3

Trainer: Dragan Stojkovic

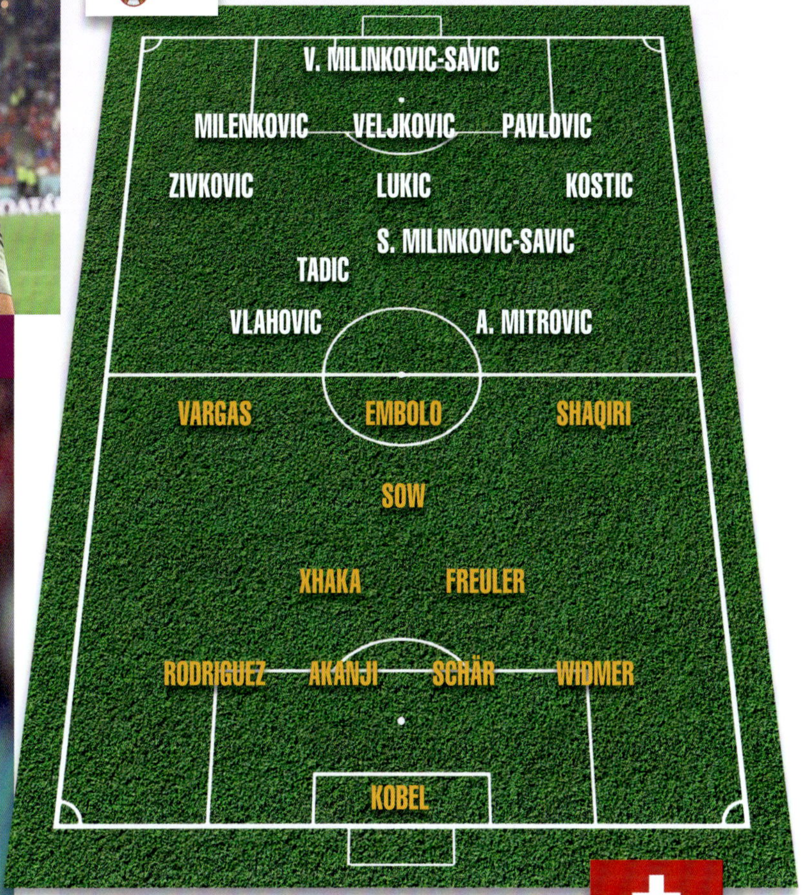

Trainer: Murat Yakin

Eingewechselt:

Serbien	Schweiz
Jovic für Vlahovic (55.)	Fernandes für Sow (69.)
Gudelj für Veljkovic (55.)	Zakaria für Shaqiri (69.)
Maksimovic für S. Milinkovic-Savic (68.)	Fassnacht für Vargas (83.)
Djuricic für Tadic (78.)	Okafor für Embolo (90.+6)
Radonjic für Zivkovic (78.)	

Tore: 0:1 Shaqiri (20.), 1:1 A. Mitrovic (26.), 2:1 Vlahovic (35.), 2:2 Embolo (44.), 2:3 Freuler (48.)

Gelbe Karten: S. Milinkovic-Savic, Pavlovic, Rajkovic, Gudelj, A. Mitrovic, Milenkovic, Lukic / Widmer, Vargas, Xhaka, Schär

Gelb-Rote Karte: –

Rote Karte: –

Schiedsrichter: Fernando Rapallini (Argentinien)

Zuschauer: 41 378

Silvan Widmer aus kurzer Distanz zum 2:2 – und sorgte damit für die torreichste erste Halbzeit der Gruppenphase. Den Schweizer Siegtreffer erzielte kurz nach Seitenwechsel Remo Freuler nach spektakulärem Hackenpass von Ruben Vargas. Danach wurde es ruppiger, zahlreiche Fouls ließen die Emotionen überkochen. Eine Rudelbildung in der Nachspielzeit wäre beinahe eskaliert: Keeper Vanja Milinkovic-Savic würgte den unermüdlich provozierenden Xhaka, Denis Zakaria setzte zu einem Kopfstoß gegen Pavlovic an. Neun Gelbe Karten verhängte Schiedsrichter Fernando Rapallini (Argentinien) allein nach Seitenwechsel – auch das Rekord.

GRUPPE H

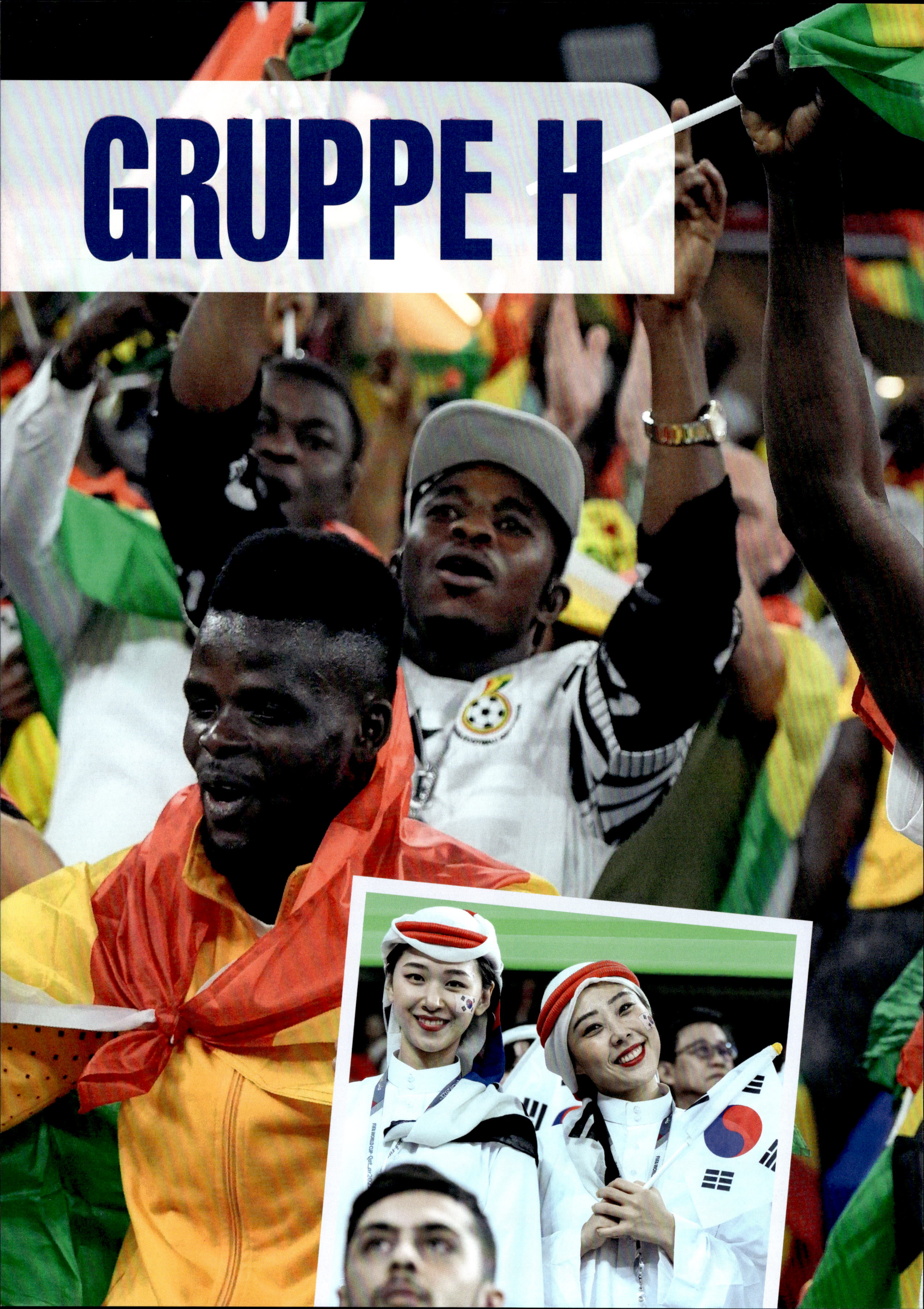

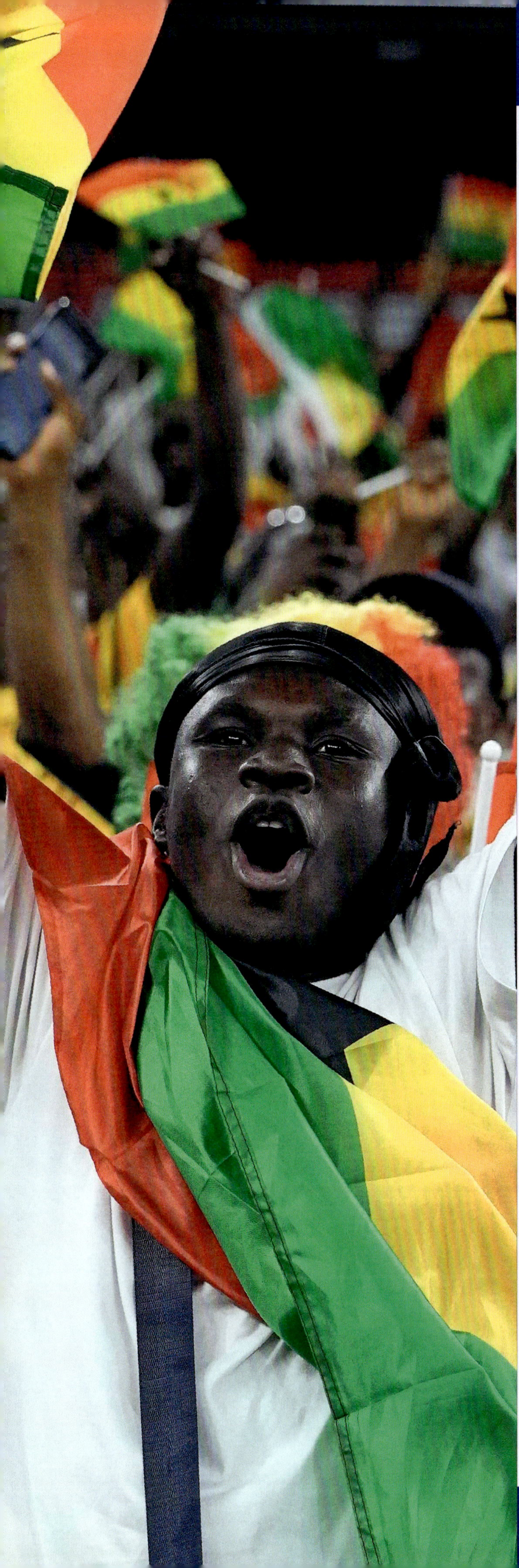

	Team		Spiele	Tore	Punkte
1.	**Portugal**		3	6:4	6
2.	**Südkorea**		3	4:4	4
3.	Uruguay		3	2:2	4
4.	Ghana		3	5:7	3

Uruguay – Südkorea	0:0
Portugal – Ghana	3:2 (0:0)
Südkorea – Ghana	2:3 (0:2)
Portugal – Uruguay	2:0 (0:0)
Ghana – Uruguay	0:2 (0:2)
Südkorea – Portugal	2:1 (1:1)

Mit zwei Siegen gegen Ghana und Uruguay sicherte sich Gruppenfavorit Portugal vorzeitig den Einzug ins Achtelfinale. Dramatik pur bot die Entscheidung um Platz zwei. Die zuvor noch torlosen Uruguayer schossen gegen Ghana schnell eine 2:0-Führung heraus und steuerten auf Kurs Richtung Achtelfinale, weil es im Parallelspiel zwischen Südkorea und Portugal lange Zeit 1:1 stand. Als die Südkoreaner in der Nachspielzeit aber das 2:1 erzielten, benötigte Uruguay plötzlich ein weiteres Tor gegen Ghana. Das gelang allerdings nicht mehr, auch weil dem Team von Trainer Diego Alonso in der Nachspielzeit ein Elfmeter verwehrt wurde. Das unterlegene Ghana rutschte durch die Niederlage vom zweiten auf den vierten Platz ab.

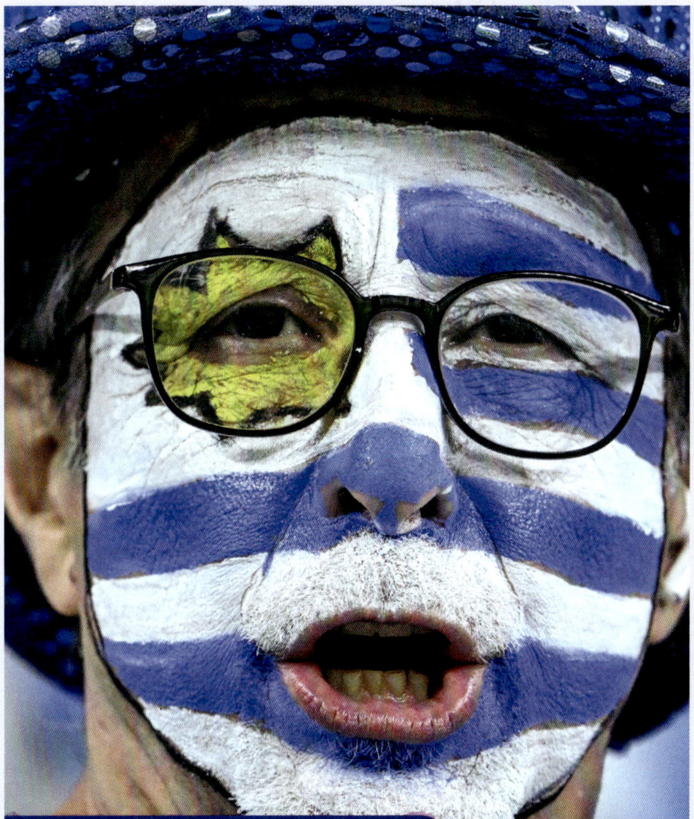

Sonne im Gesicht, Trauer im Herzen: Uruguay scheitert in der Vorrunde denkbar unglücklich.

SUAREZ UND CO. OHNE BISS

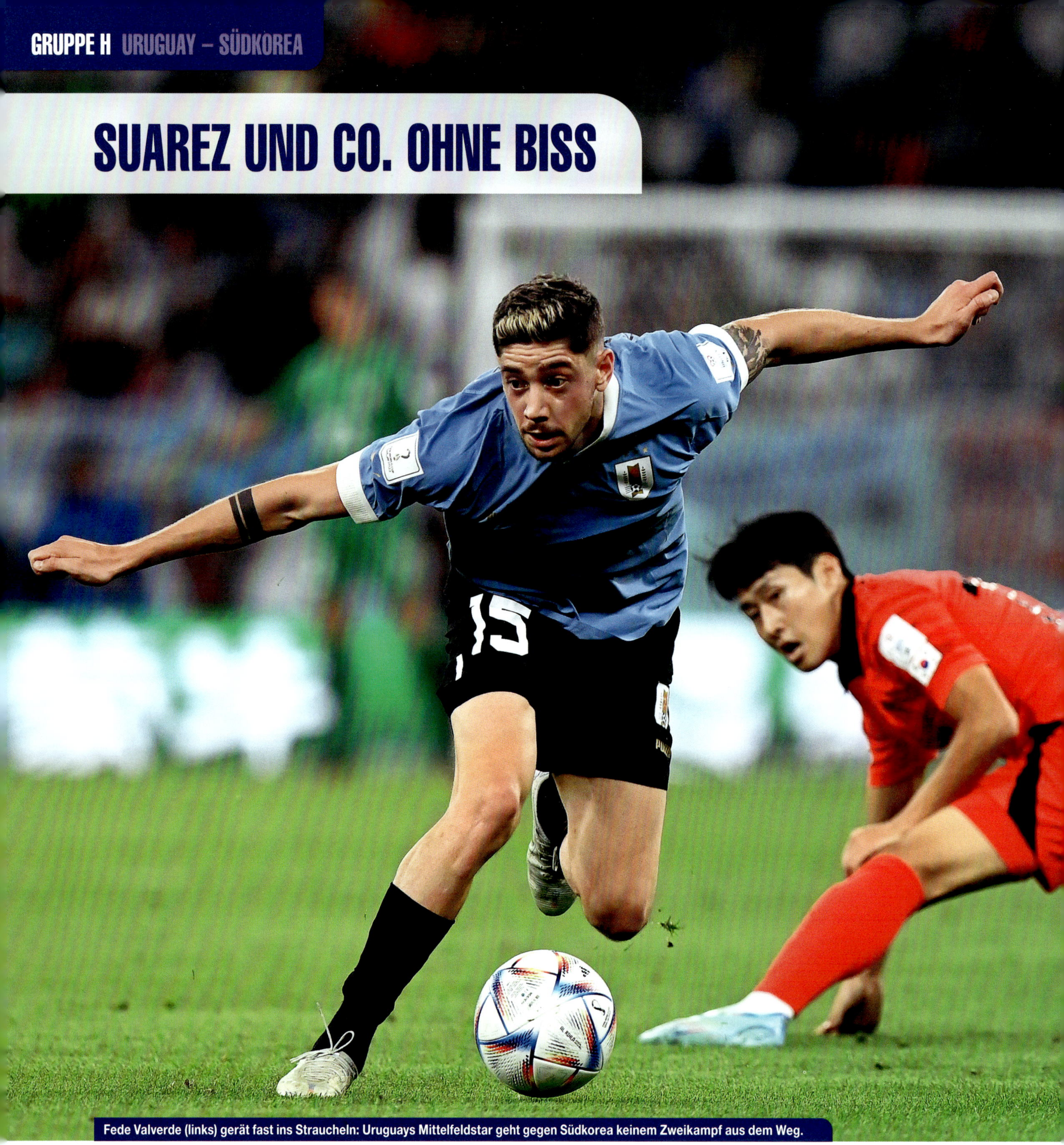

Fede Valverde (links) gerät fast ins Straucheln: Uruguays Mittelfeldstar geht gegen Südkorea keinem Zweikampf aus dem Weg.

Das Spiel plätscherte seinem Ende entgegen, als sich Fede Valverde doch noch einmal ein Herz fasste. Der Mittelfeldstar der Uruguayer trieb den Ball nach vorn, schaute einmal kurz auf und zog aus 25 Metern kraftvoll ab. Der Ball klatschte an den linken Pfosten. Valverde, der später zum Spieler des Spiels gekürt wurde, sank zu Boden, von einem Krampf geplagt. Beide Mannschaften hatten in dieser Partie viel investiert. Sie waren viel gelaufen, hatten sich in Zweikämpfen aufgerieben, aber sie hatten eben auch kaum Gefahr heraufbeschworen. Die leicht favorisierten Uruguayer verzeichneten zwar ein optisches Übergewicht, doch von dem fulminanten Schuss von Valverde abgesehen, kreierten sie keine einzige Großchance aus dem Spiel heraus. Nach einer Ecke traf Abwehr-Oldie Diego Godin kurz vor der Pause per Kopf ebenfalls nur den Pfosten. Die laufstarken und renitenten Südkoreaner um den gerade noch rechtzeitig fit gewordenen Superstar Heung-Min Son beraubten die Himmelblauen ihrer Spielfreude. Im Sturmzentrum fehlte es zudem dem aufstrebenden Darwin und dem Altstar Luis Suarez an Biss. Südkorea versuchte zwar, mit frühem Pressing Ballgewinne zu erzielen,

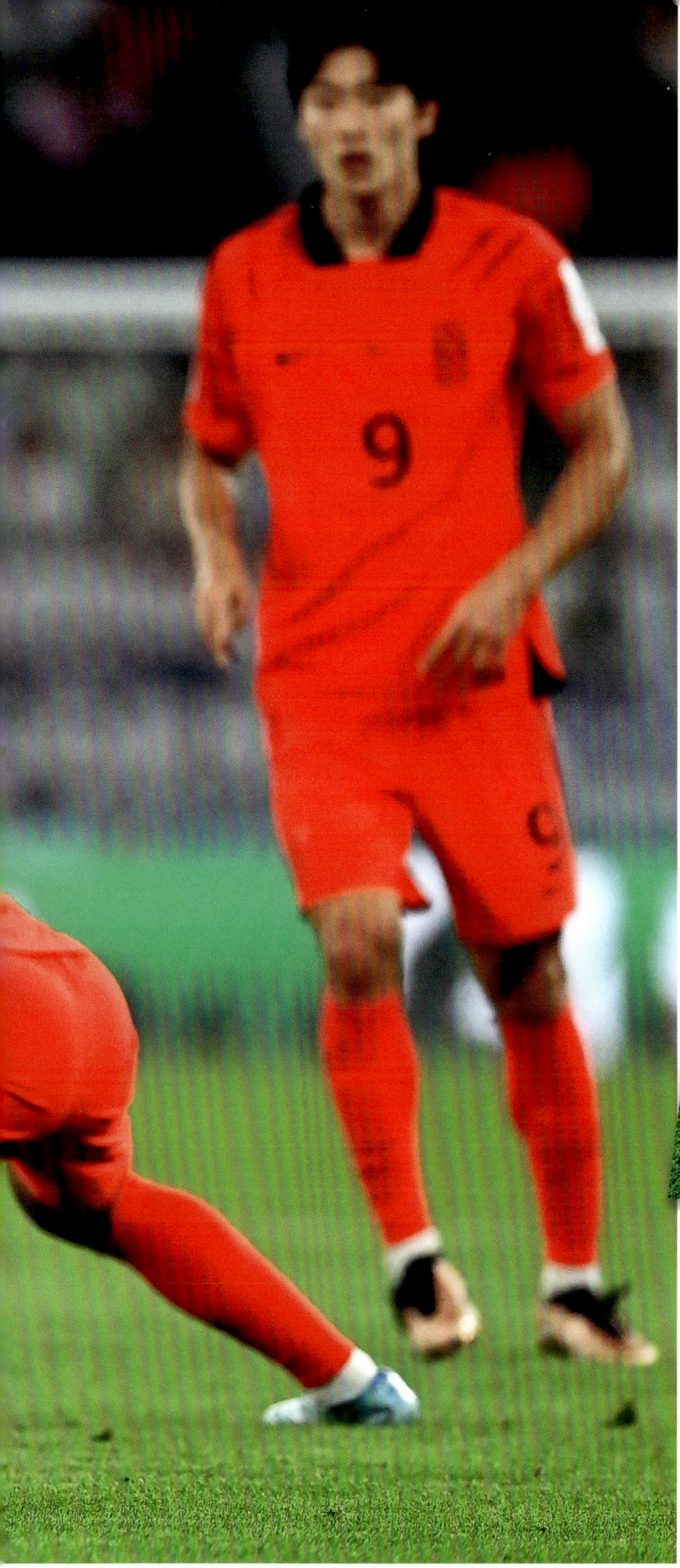

24. November 2022, 16 Uhr Ortszeit, Education City Stadium

URUGUAY – SÜDKOREA
0 : 0

Trainer: Diego Alonso

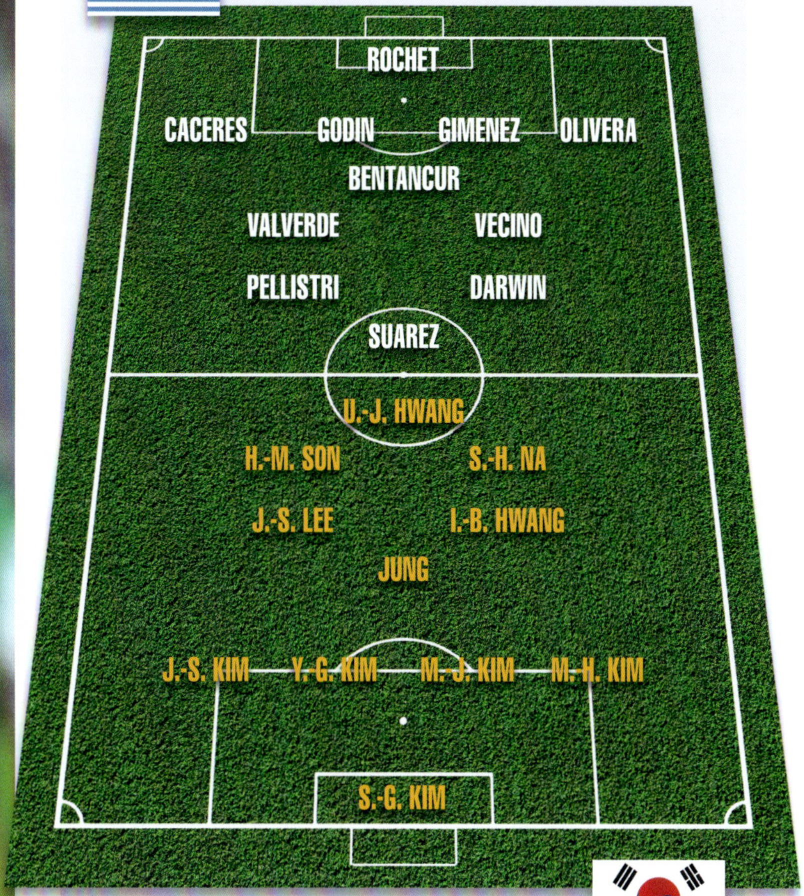

Trainer: Paulo Bento

Eingewechselt:

Uruguay	Südkorea
Cavani für Suarez (64.)	Cho für U.-J. Hwang (74.)
Vina für Olivera (79.)	K.-I. Lee für Na (74.)
de la Cruz für Vecino (79.)	J.-H. Son für J.-S. Lee (74.)
Varela für Pellistri (88.)	

Tore: –

Gelbe Karten: Caceres / Cho, Bento

Gelb-Rote Karte: –

Rote Karte: –

Schiedsrichter: Clement Turpin (Frankreich)

Zuschauer: 41 663

was aber nur selten gelang. Eine Großchance erspielt sich die Mannschaft des portugiesischen Trainers Paulo Bento aber doch. Ui-Jo Hwang kam aus zentraler Position acht Meter vor dem Tor freistehend zum Abschluss, geriet aber in Rücklage und schoss deutlich drüber (34.). Ansonsten bot die Partie nur wenige Höhepunkte. Für einen Moment, der im Gedächtnis bleibt, sorgte unfreiwilligerweise Südkoreas Abwehrchef Min-Jae Kim, der einen Ball so unglücklich klärte, dass ihn sein Trainer ins Gesicht bekam. Bento schüttelte sich kurz und coachte weiter.

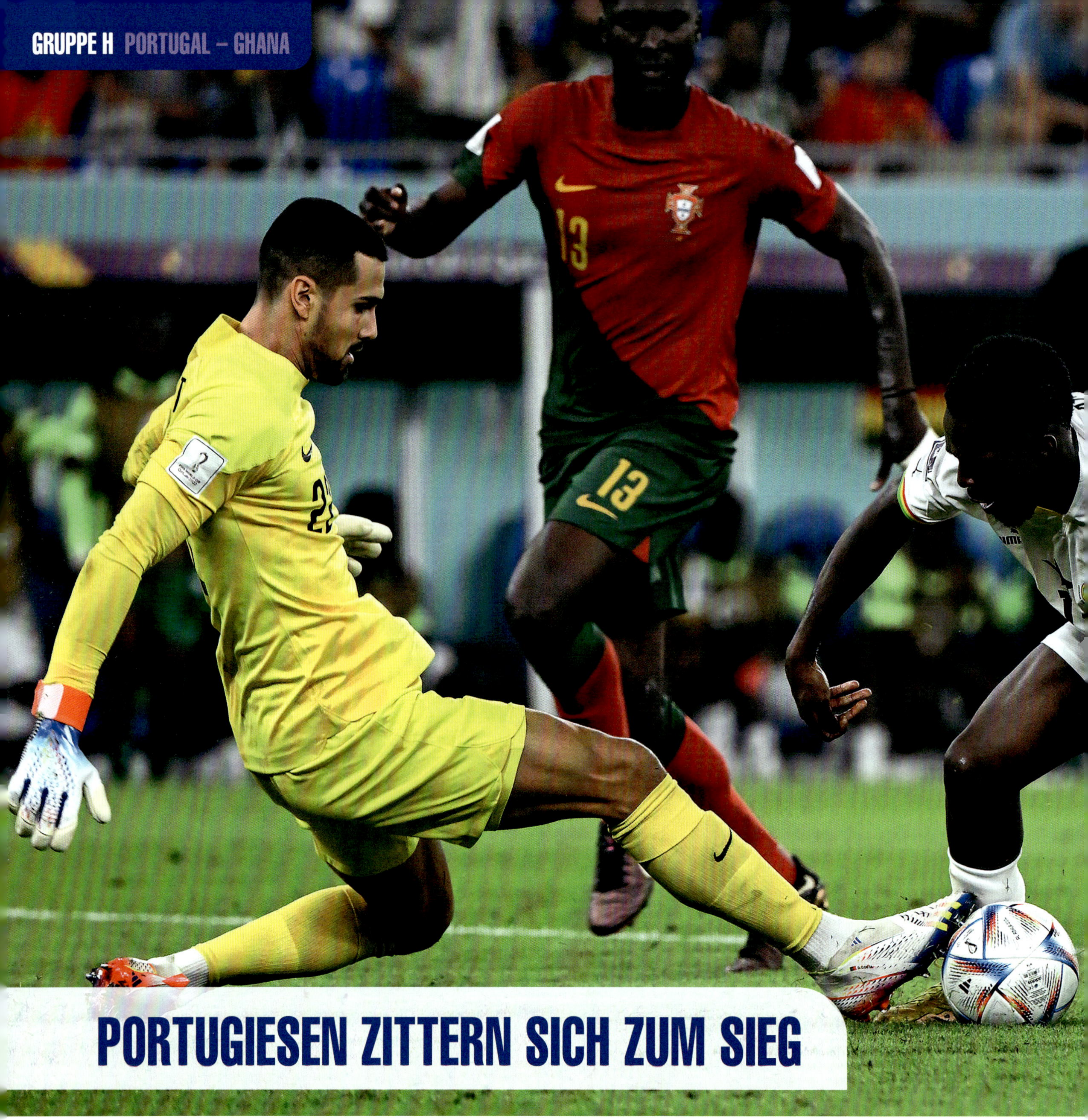

PORTUGIESEN ZITTERN SICH ZUM SIEG

Cristiano Ronaldo bestimmte die Schlagzeilen. Mal wieder. Einen Tag vor dem WM-Auftakt der Portugiesen gegen Ghana verkündete Ronaldos Arbeitgeber Manchester United, den Vertrag mit dem Superstar aufgelöst zu haben. Es war das Ende einer Beziehung, die zunehmend toxisch geworden war. Der 37-Jährige hatte bei ManUnited in dieser Saison keine große Rolle mehr gespielt, was dieser als Majestätsbeleidigung empfand. Das Fass zum Überlaufen brachte ein Interview, das Ronaldo mit dem britischen Journalisten Piers Morgan führte und zu einer Generalabrechnung mit Trainer Erik ten Hag und anderen Entscheidungsträgern bei Manchester United geriet. In der portugiesischen Auswahl wagte es niemand, am Thron des alternden Stars zu rütteln, und so stand Ronaldo gegen Ghana in der Startelf. Dass er seinem Team auch im fortgeschrittenen Fußballeralter noch helfen kann, bewies er in der 31. Minute, als er sich im Zweikampf gegen Alexander Djiku behauptete und aus spitzem Winkel zur vermeintlichen Führung traf. Ismail Elfath wollte zuvor jedoch ein Foul von Ronaldo gesehen haben. In der 62. Minute lag der Amerikaner erneut falsch, diesmal profitierte der Superstar jedoch davon, der im Sechzehner leicht zu Boden gegangen war. Es gab Elfmeter. Ronaldo verwandelte sicher und schrieb WM-Geschichte. Als erster Spieler überhaupt traf er damit bei fünf Weltmeisterschaften. Die Partie nahm nun Fahrt auf. Nach starker Vorarbeit von Mohammed Kudus traf Routinier André Ayew aus kurzer Distanz

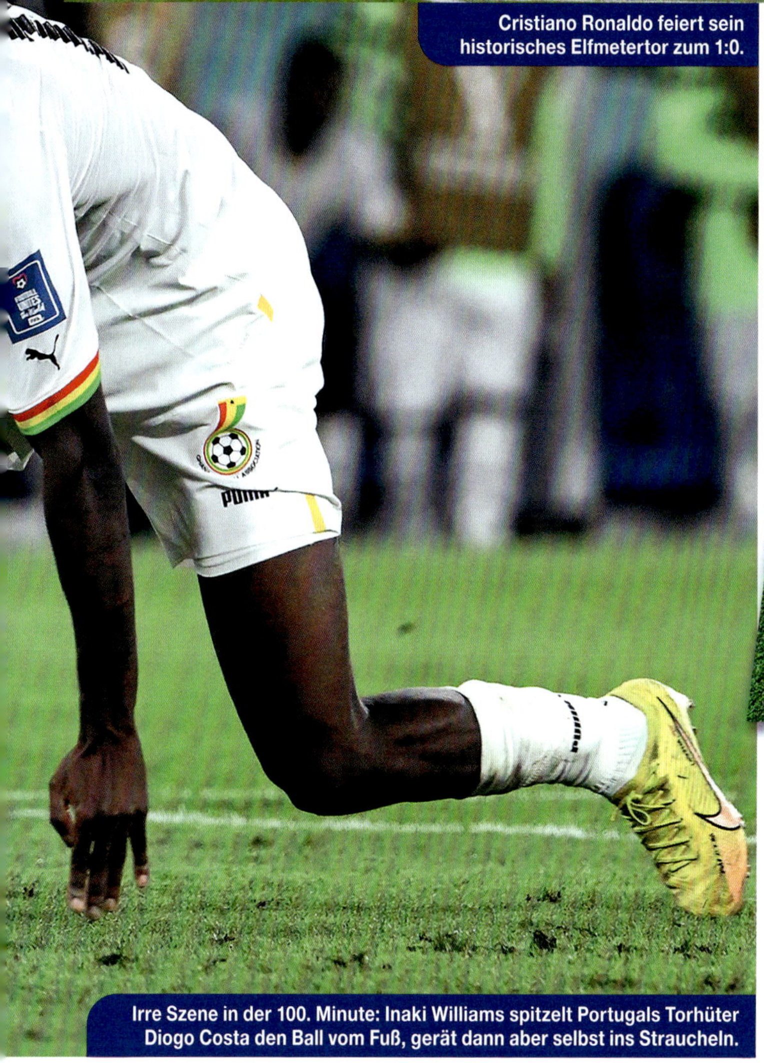

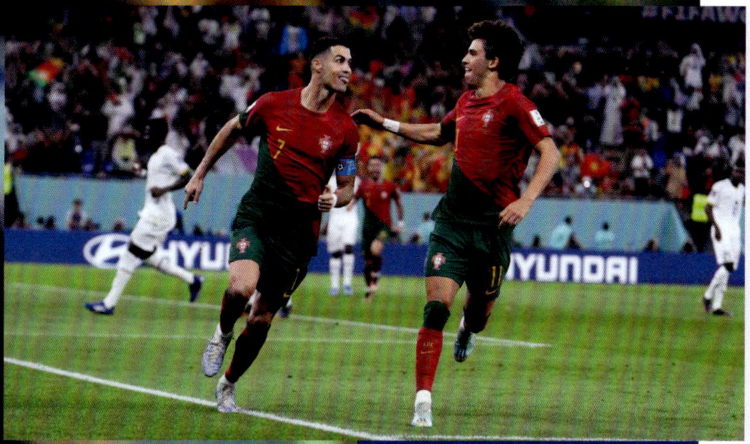

Cristiano Ronaldo feiert sein historisches Elfmetertor zum 1:0.

Irre Szene in der 100. Minute: Inaki Williams spitzelt Portugals Torhüter Diogo Costa den Ball vom Fuß, gerät dann aber selbst ins Straucheln.

24. November 2022, 19 Uhr Ortszeit, Stadium 974

PORTUGAL – GHANA
3 : 2

Trainer: Fernando Santos

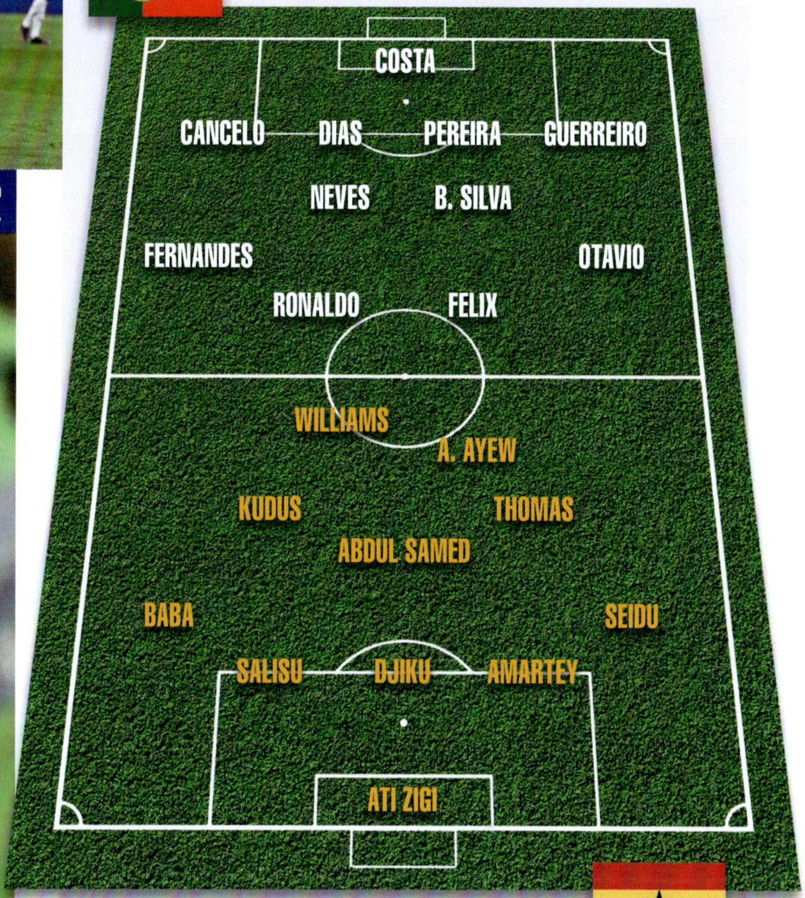

Trainer: Otto Addo

Eingewechselt:

Portugal	Ghana
Carvalho für Otavio (56.)	Lamptey für Seidu (66.)
Leao für Neves (77.)	Bukari für Kudus (77.)
Palhinha für B. Silva (88.)	J. Ayew für A. Ayew (77.)
Ramos für Ronaldo (88.)	Kyereh für Abdul Samed (90.+2)
Mario für Felix (88.)	Semenyo für Djiku (90.+2)

zum Ausgleich. Wenn Portugal schnell umschaltete, wackelte jedoch die Defensive der Westafrikaner. Joao Felix (78.) und der eingewechselte Rafael Leao (80.) bestraften das mit einem Doppelschlag zum 3:1 für den Favoriten. Die Ghanaer steckten allerdings nicht auf und verkürzten durch Osman Bukari (89.). Und fast hätte diese Partie noch eine verrückte Schlusspointe bekommen.
In der zehnten Minute der Nachspielzeit legte Portugals Torhüter Diogo Costa den Ball auf den Boden, um ihn mit einem weiten Schlag ein letztes Mal nach vorn zu befördern. Doch er übersah, dass hinter seinem Rücken Inaki Williams lauerte. Tatsächlich schaffte es der Ghanaer, Costa den Ball vom Fuß zu spitzeln. Doch er rutschte dabei aus, die Chance verpuffte.

Tore: 1:0 Ronaldo (65., Foulelfmeter), 1:1 A. Ayew (73.), 2:1 Felix (78.), 3:1 Leao (80.), 3:2 Bukari (89.)

Gelbe Karten: Pereira, Fernandes / Kudus, A. Ayew, Seidu, Williams

Gelb-Rote Karte: –

Rote Karte: –

Schiedsrichter: Ismail Elfath (USA)

Zuschauer: 42 662

KUDUS ENTSCHEIDET WILDES SPIEL

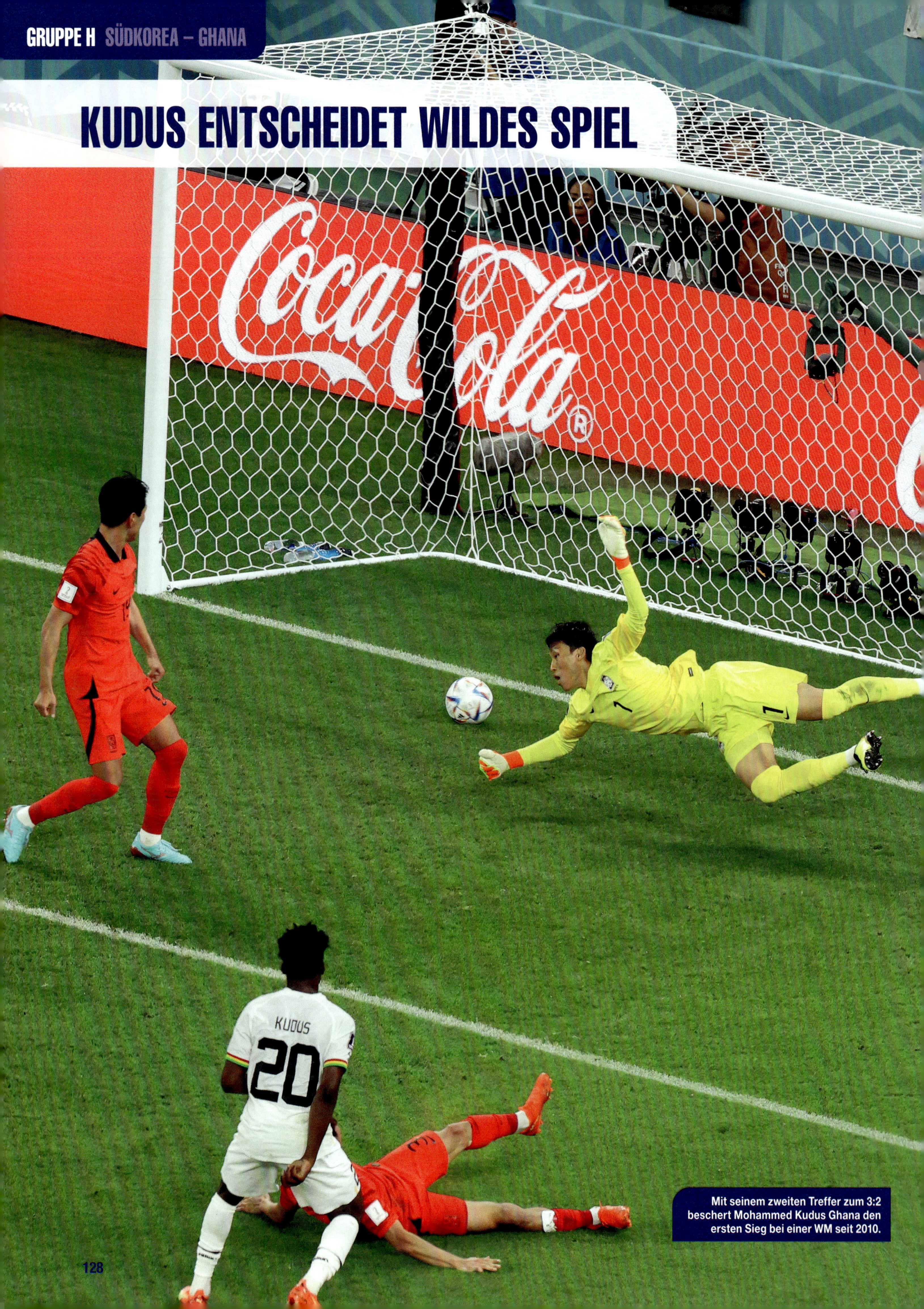

Mit seinem zweiten Treffer zum 3:2 beschert Mohammed Kudus Ghana den ersten Sieg bei einer WM seit 2010.

Bereits zum elften Mal nahmen die Südkoreaner an einer Fußball-Weltmeisterschaft teil, doch das Duell gegen Ghana war eine Premiere. Erstmals begegneten sich beide Teams auf der größten Bühne, und zu diesem Anlass boten sie eines der spektakulärsten Spiele dieser WM, das insbesondere von seinen zahlreichen Wendungen lebte. Südkorea übernahm zunächst das Kommando, doch es waren die »Black Stars«, die aus dem Nichts in Führung gingen. Nach einem Freistoß von Jordan Ayew herrschte im Strafraum Verwirrung, und der aufgerückte Innenverteidiger Mohammed Salisu traf aus der Drehung zum 1:0 (24.). Der Treffer veränderte das Momentum. Die Ghanaer agierten nun deutlich zielstrebiger und legten zehn Minuten später erneut Südkoreas Anfälligkeit bei hohen Bällen offen. Erneut flankte Jordan Ayew, diesmal fand er im Sechzehner den auffälligen Mohammed Kudus, der per Kopfball auf 2:0 erhöhte. Auf eine unterhaltsame erste Halbzeit folgte eine spektakuläre zweite. Dabei rückte Gue-Sung Cho in den Mittelpunkt. Der Stürmer, der noch in der Heimat kickt und während der WM zum Social-Media-Star avancierte, scheiterte zunächst noch per Kopf an Ghanas Torhüter Lawrence Ati Zigi (53.). Fünf Minuten später brachen die Südkoreaner nach einem Ballverlust von Tariq Lamptey über die linke Seite durch. Die Flanke des kurz zuvor eingewechselten Kang-In Lee köpfte der sträflich freistehende Cho zum Anschlusstor ein (58.). Nur drei Minuten später ging es bei Südkorea erneut über links, wieder segelte die Flanke in den Strafraum, und wieder vollendete Cho.

Mitten in die asiatische Euphorie hinein eroberte Ghana jedoch die Führung zurück. Nach einer flachen Hereingabe stand Kudus im Strafraum goldrichtig und überwand Südkoreas Torhüter Seung-Gyu Kim per Linksschuss (69.). Südkorea drängte in der Folge mit Macht auf den Ausgleich. Die letzte große Chance vergab Cho in der Nachspielzeit, er scheiterte am glänzenden Ati Zigi. Der heftig reklamierende Trainer der Südkoreaner, Paulo Bento, sah nach Schlusspfiff noch die Rote Karte. Bereits im ersten Gruppenspiel war der Portugiese mit Gelb verwarnt worden.

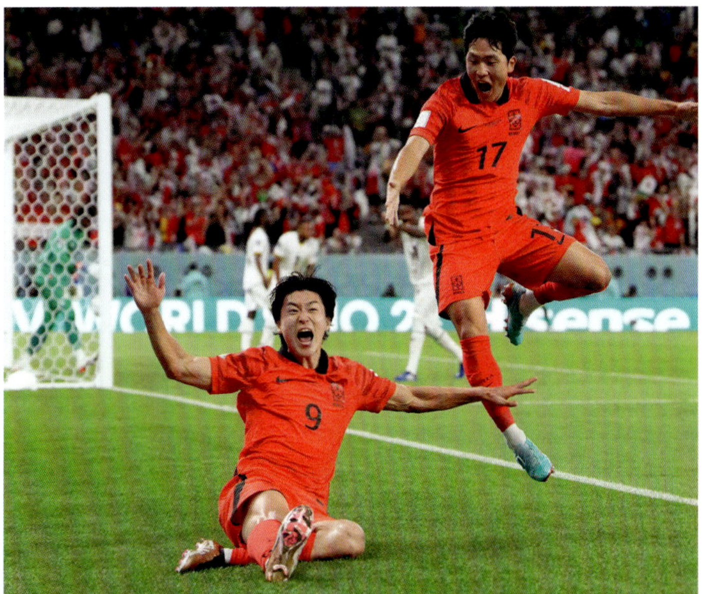

Gue-Sung Cho (vorn) feiert sein zweites Tor überschwänglich. In der Nachspielzeit vergibt der Stürmer jedoch die große Chance zum 3:3.

27. November 2022, 16 Uhr Ortszeit, Education City Stadium

SÜDKOREA – GHANA

2 : 3

Trainer: Paulo Bento

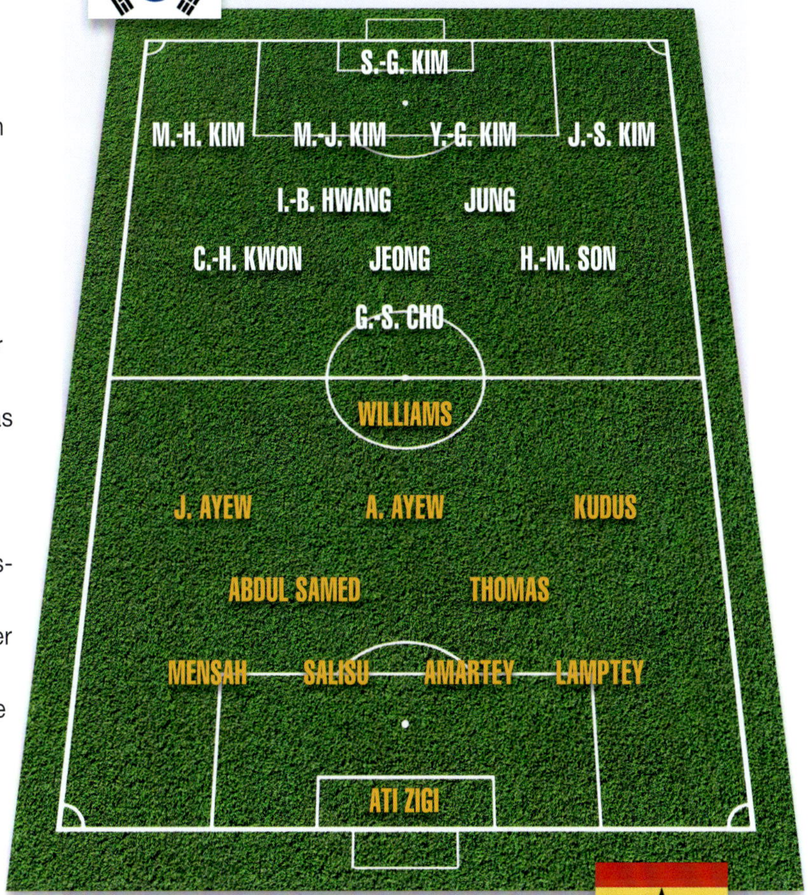

Trainer: Otto Addo

Eingewechselt:

Südkorea	Ghana
Na für Jeong (46.)	Kyereh für A. Ayew (78.)
K.-I. Lee für C-H. Kwon (57.)	Odoi für Lamptey (78.)
U.-J. Hwang für Jung (78.)	Sulemana für J. Ayew (78.)
K.-W. Kwon für M.-J. Kim (90.+2)	Djiku für Kudus (83.)
	Baba für Mensah (88.)

Tore: 0:1 Salisu (24.), 0:2 Kudus (34.), 1:2 G.-S. Cho (58.), 2:2 G.-S. Cho (61.), 2:3 Kudus (69.)

Gelbe Karten: Jung, Y.-G. Kim / Amartey, Lamptey

Gelb-Rote Karte: –

Rote Karte: Bento (Trainer) / –

Schiedsrichter: Anthony Taylor (England)

Zuschauer: 43 983

FERNANDES STIEHLT RONALDO DIE SHOW

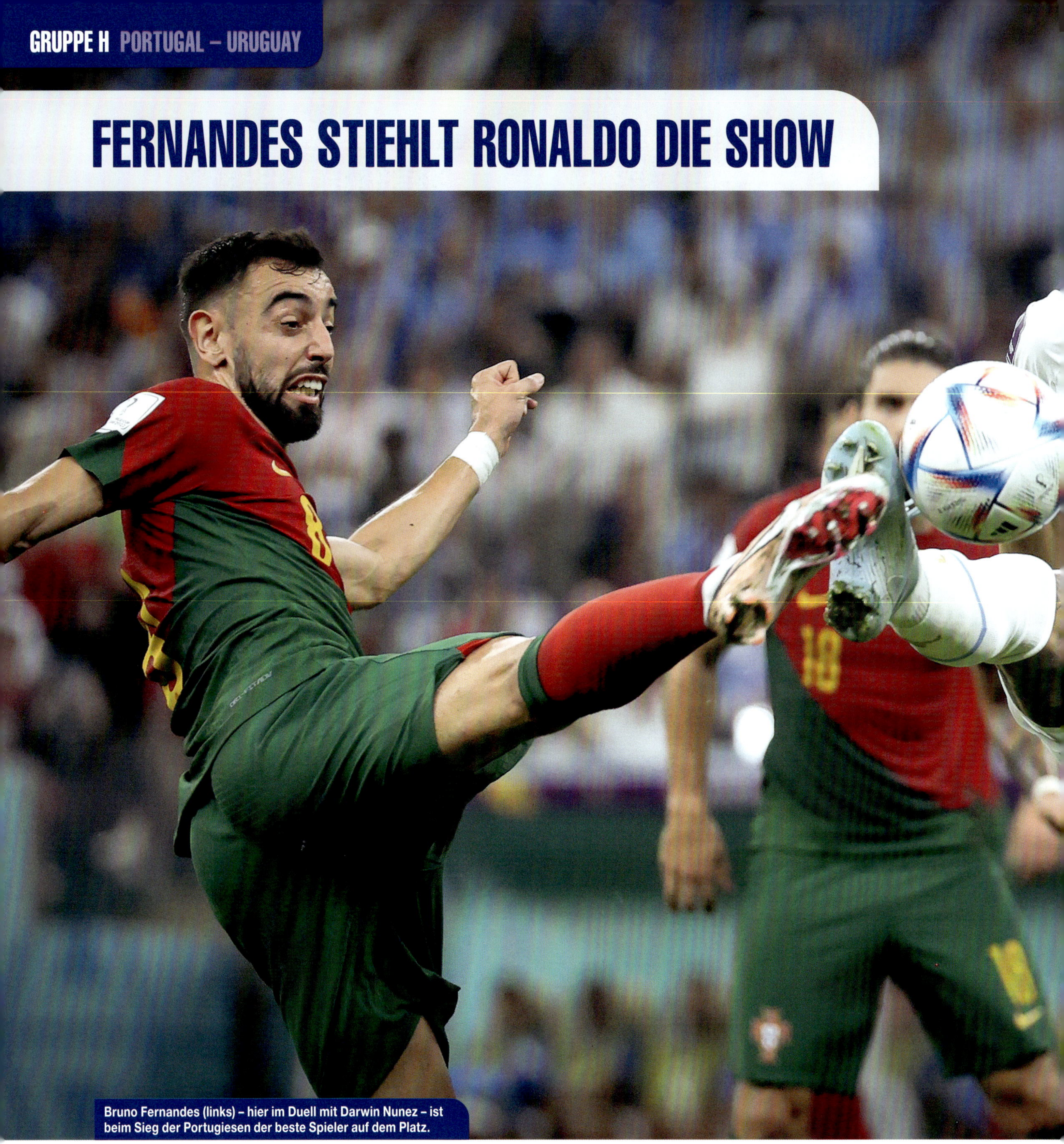

Bruno Fernandes (links) – hier im Duell mit Darwin Nunez – ist beim Sieg der Portugiesen der beste Spieler auf dem Platz.

Cristiano Ronaldo streckte sofort den rechten Zeigefinger nach oben, um allen klarzumachen, wer denn gerade den portugiesischen Führungstreffer erzielt habe. Die Fans im Stadion konnte der Superstar mit seiner selbstbewussten Pose täuschen, nicht jedoch die Zeitlupe. Und die entlarvte, dass Ronaldo den Flankenball von Bruno Fernandes eben nur fast mit den Haarspitzen berührt hätte. Er irritierte Uruguays Torhüter Sergio Rochet aber immerhin so sehr, dass der Ball im Tor einschlug (54.). Nur: Auf sein neuntes WM-Tor, mit dem er zu seinem legendären Landsmann Eusebio aufgeschlossen hätte, musste Ronaldo weiter warten. Portugals Führungstor vitalisierte ein Spiel, das zuvor Einschlafpotenzial offenbart hatte. Was vor allem an den Uruguayern lag, die sich darauf beschränkt hatten, hinten Beton anzurühren. Einzig Rodrigo Bentancur ignorierte in der ersten Halbzeit einmal die Marschroute und tankte sich bis vors portugiesische Tor durch, wo Keeper Diogo Costa in höchster Not rettete (32.). Portugal verzeichnete über 70 Prozent Ballbesitz, mehr als Halbchancen sprangen dabei allerdings nicht heraus. Nach dem Treffer von Fernandes ergab sich ein völlig anderes Bild.
Die Südamerikaner zeigten plötzlich, wie viel spielerisches

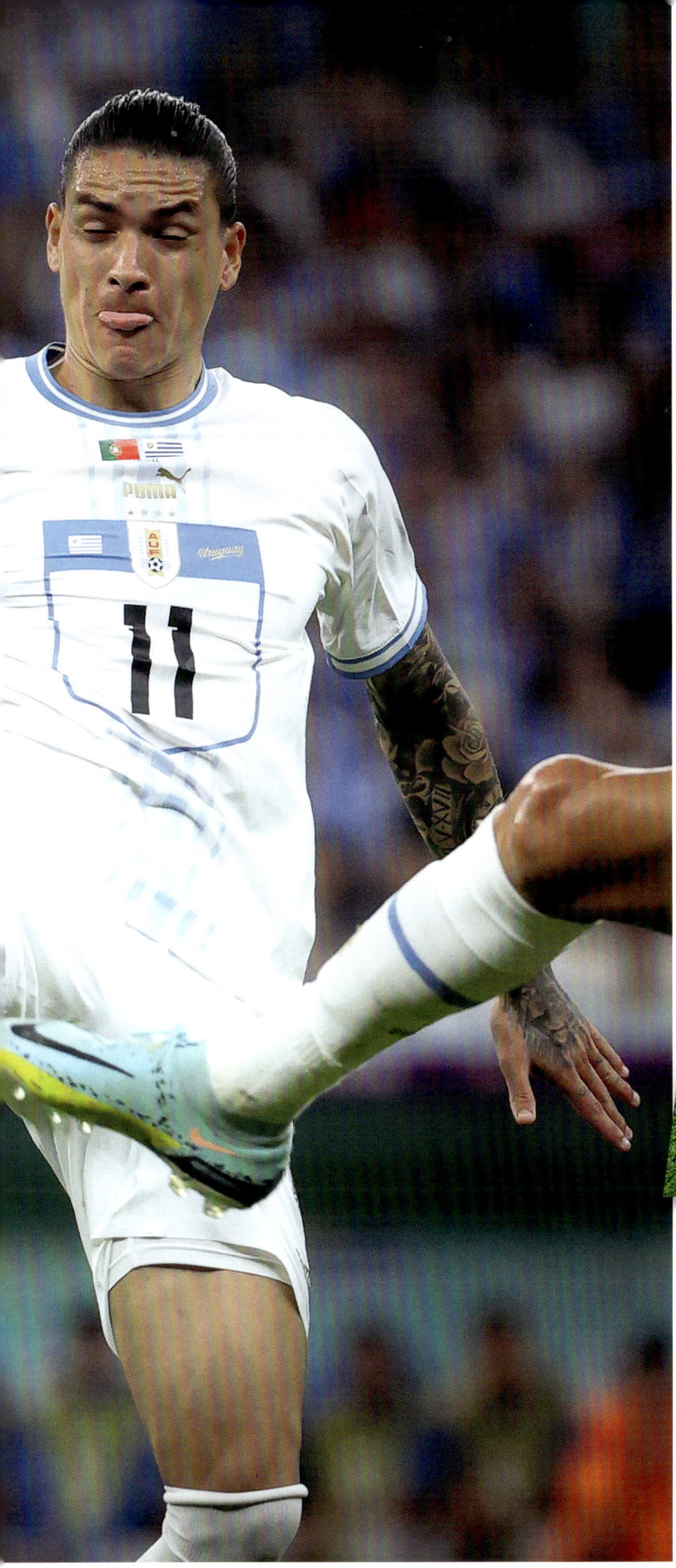

28. November 2022, 22 Uhr Ortszeit, Lusail Stadium

PORTUGAL – URUGUAY
2 : 0

Trainer: Fernando Santos

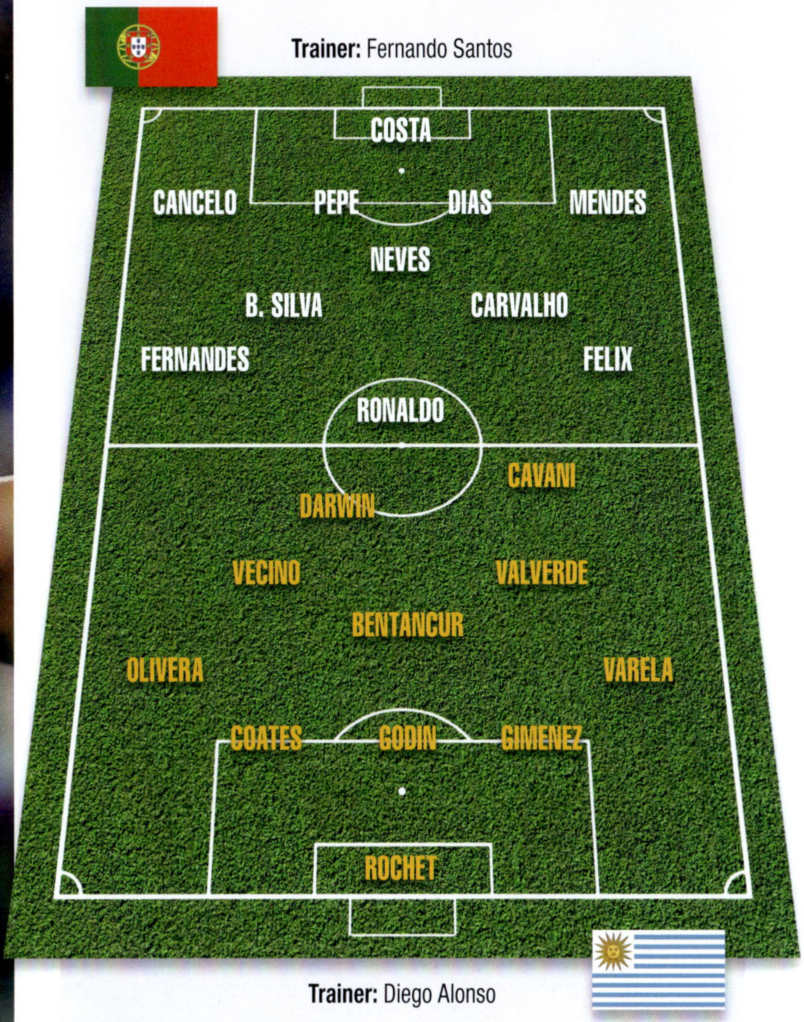

Trainer: Diego Alonso

Eingewechselt:

Portugal	Uruguay
Guerreiro für Mendes (42.)	Pellistri für Godin (62.)
Leao für Neves (69.)	de Arrascaeta für Vecino (62.)
Nunes für Felix (82.)	Gomez für Darwin (72.)
Ramos für Ronaldo (82.)	Suarez für Cavani (72.)
Palhinha für Carvalho (82.)	Vina für Olivera (86.)

Tore: 1:0 Fernandes (54.), 2:0 Fernandes (90.+3, Handelfmeter)

Gelbe Karten: Neves, Felix, Dias / Bentancur, Olivera

Gelb-Rote Karte: –

Rote Karte: –

Schiedsrichter: Alireza Faghani (Iran)

Zuschauer: 88 668

Potenzial in ihnen steckt. Maxi Gomez scheiterte nach Ablage von Facundo Pellistri am Pfosten, der ebenfalls als Joker eingewechselte Altstar Luis Suarez schoss aus kurzer Distanz links vorbei (78.), und Costa entschärfte einen Heber von Giorgian de Arrascaeta (79.). Uruguay hätte den Ausgleich verdient gehabt, doch stattdessen riss ein Elfmeterpfiff die »Celeste« aus allen Träumen. Innenverteidiger José Maria Gimenez hatte den Ball unabsichtlich mit der Hand berührt, und der überragende Fernandes ließ sich die Chance nicht nehmen, um vom Punkt den 2:0-Endstand zu besorgen. Portugal erreichte damit vorzeitig das Achtelfinale.

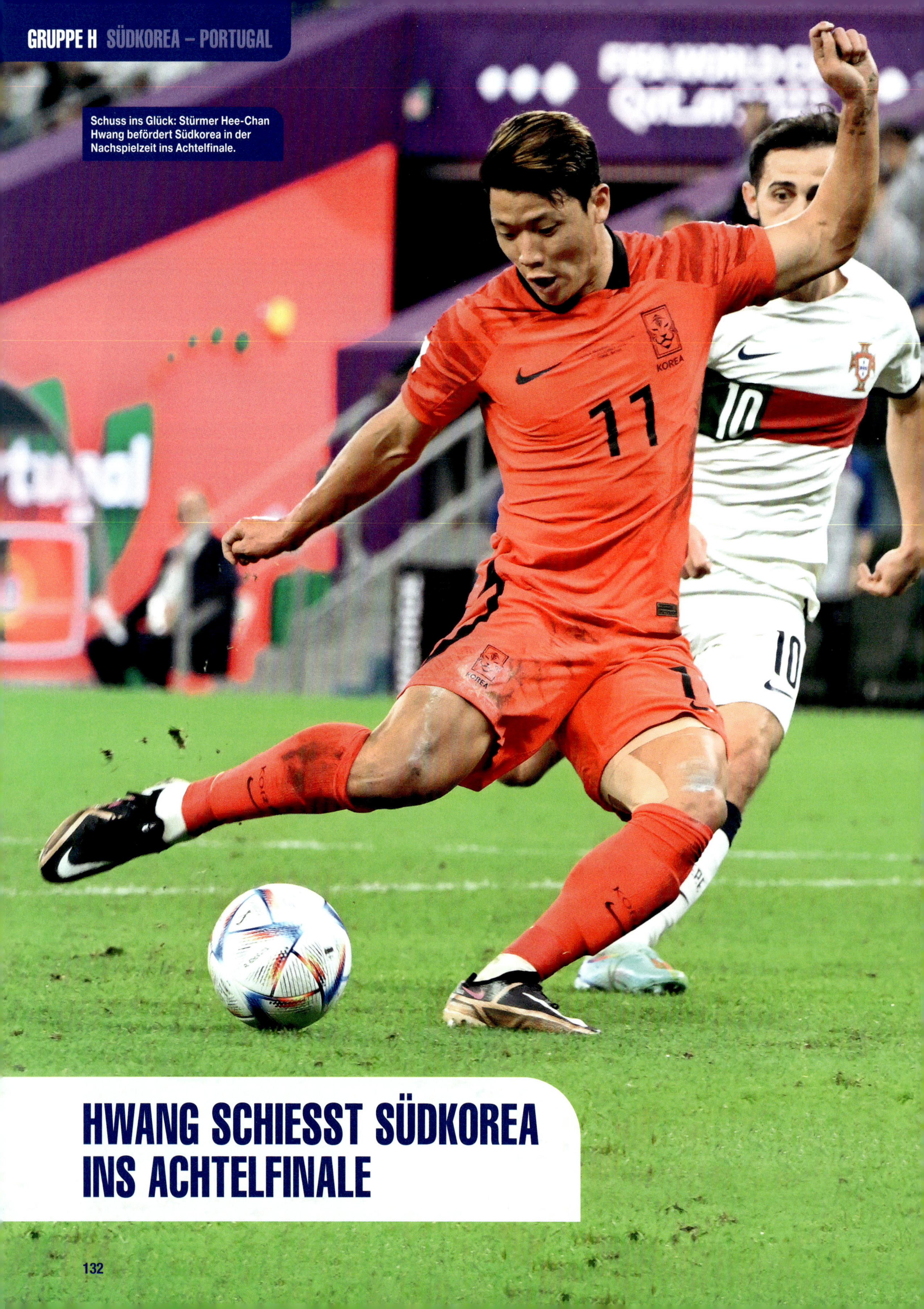

Schuss ins Glück: Stürmer Hee-Chan Hwang befördert Südkorea in der Nachspielzeit ins Achtelfinale.

HWANG SCHIESST SÜDKOREA INS ACHTELFINALE

Es lief schon die Nachspielzeit, da trat Heung-Min Son noch einmal an. Mit raumgreifenden Schritten rauschte der Kapitän der Südkoreaner energisch durch das Mittelfeld. 30, 40 Meter trieb er den Ball, bis er sich an der Strafraumgrenze von vier Portugiesen umzingelt sah. Doch der Star von Tottenham Hotspur blieb in dieser Drucksituation cool und spielte einen traumhaften Steckpass auf Hee-Chan Hwang, der Portugals Torwart Diogo Costa zum 2:1 überwand. Kurze Zeit später war Schluss, Son weinte, die Südkoreaner lagen sich in den Armen und bejubelten den kaum noch für möglich gehaltenen Einzug ins Achtelfinale dieser WM.

Die Portugiesen, die sich bereits vor diesem Spiel für die K.-o.-Runde qualifiziert hatten, traten ohne den bis dato überragend aufspielenden Bruno Fernandes an, den Trainer Fernando Santos für das Achtelfinale schonte. Das Fehlen des Stars von Manchester United merkte man den Portugiesen zunächst aber nicht an. Schon in der fünften Minute vollendete der neu ins Team gerückte Ricardo Horta ein präzises Zuspiel von Diogo Dalot zum 1:0 für den Favoriten. Die Portugiesen hatten danach alles im Griff, verfielen aber bei einem Eckball der Südkoreaner in kollektiven Tiefschlaf. So kam Young-Gwon Kim aus kurzer Distanz unbedrängt zum Abschluss und stellte den Ausgleich her (27.). Die Südkoreaner spielten danach mutiger, fanden aber kein Durchkommen gegen die kompakte Defensive Portugals. Die besseren Chancen hatten Cristiano Ronaldo und Co., der Superstar selbst ließ zwei Möglichkeiten liegen und musste weiter auf sein neuntes WM-Tor warten, mit dem er den legendären Eusebio überflügelt hätte. Nach der Pause verlegte sich Portugal fast nur noch aufs Kontern. Südkorea rannte ideenlos an – bis Son die Partie mit seinem Geistesblitz entschied.

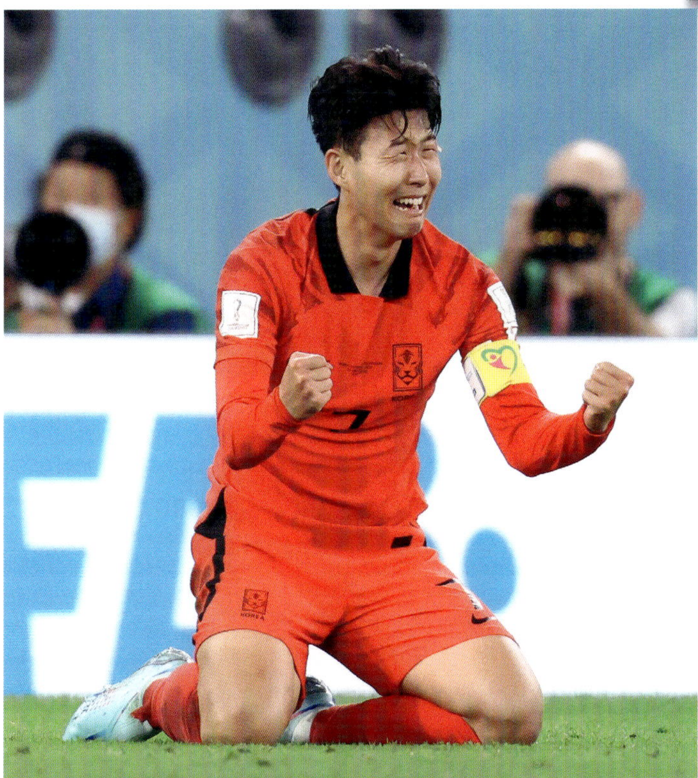

Südkoreas Superstar Heung-Min Son kann seine Emotionen nach dem Schlusspfiff nicht zurückhalten.

2. Dezember 2022, 18 Uhr Ortszeit, Education City Stadium

SÜDKOREA – PORTUGAL

2 : 1

Trainer: Paulo Bento

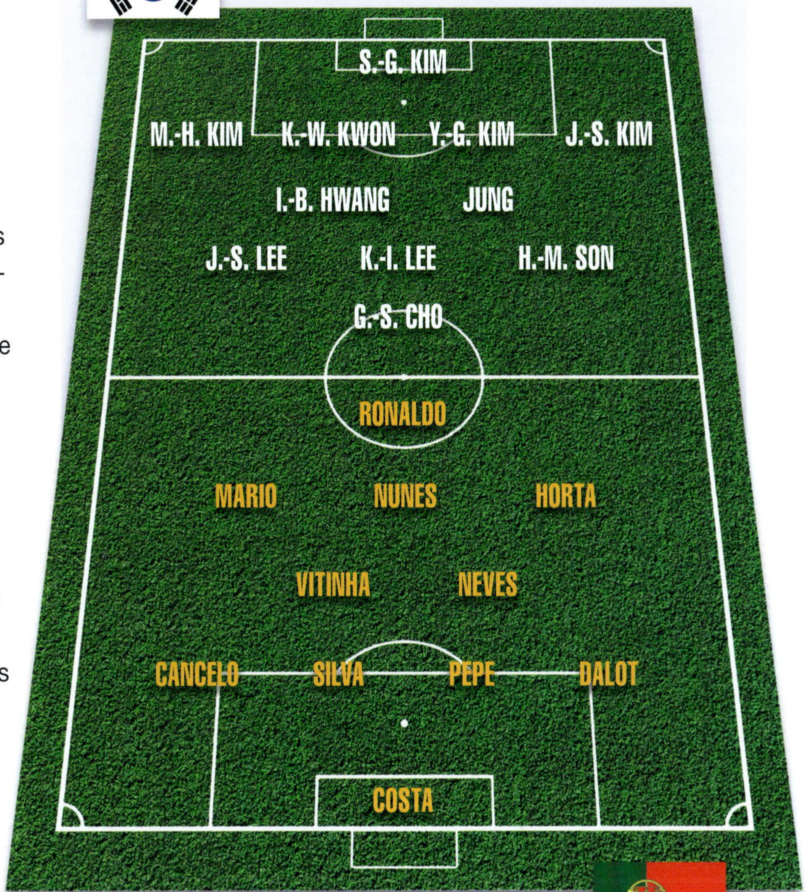

Trainer: Fernando Santos

Eingewechselt:

Südkorea:
H.-C. Hwang für J.-S. Lee (65.)
J.-H. Son für K.-I. Lee (81.)
U.-J. Hwang für Y.-G. Kim (81.)

Portugal:
Leao für Nunes (65.)
A. Silva für Ronaldo (65.)
Palhinha für Neves (65.)
B. Silva für Mario (81.)
Carvalho für Vitinha (81.)

Tore: 0:1 Horta (5.), 1:1 Y.-G. Kim (27.), 2:1 H.-C. Hwang (90.+1)

Gelbe Karten: K.-I. Lee, H.-C. Hwang / –

Gelb-Rote Karte: –

Rote Karte: –

Schiedsrichter: Facundo Tello (Argentinien)

Zuschauer: 44 097

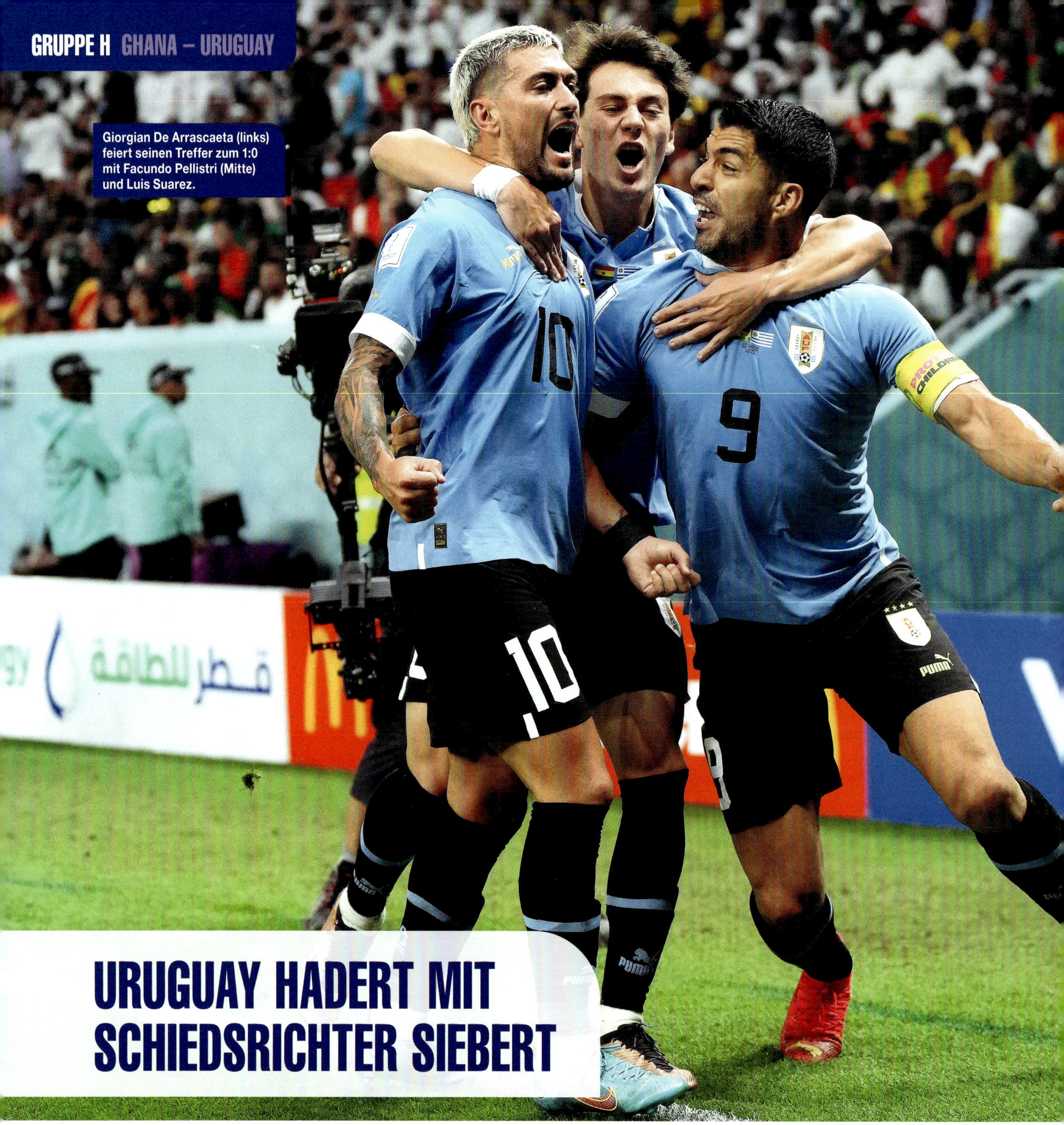

Giorgian De Arrascaeta (links) feiert seinen Treffer zum 1:0 mit Facundo Pellistri (Mitte) und Luis Suarez.

URUGUAY HADERT MIT SCHIEDSRICHTER SIEBERT

Luis Suarez vergoss bittere Tränen, während seine Mitspieler Daniel Siebert noch immer umringten und hektisch auf ihn einredeten. Den deutschen Schiedsrichter hatten die Uruguayer nach dem Schlusspfiff schnell als Hauptschuldigen für das Vorrundenaus ausgemacht. Nur ein Treffer fehlte den Südamerikanern in der Endabrechnung zum Erreichen des Achtelfinales. Ein Treffer, der durchaus möglich gewesen wäre, hätte Siebert in der Nachspielzeit auf Elfmeter entschieden. Alidu Seidu war Edinson Cavani im Strafraum ungeschickt in die Beine gefahren. Doch Siebert erkannte das Foul nicht, und der Video Assistant Referee schaltete sich unerklärlicherweise nicht ein.

Bereits in der 57. Minute hatten die Uruguayer Elfmeter gefordert, doch nach Ansicht der Videobilder ließ Siebert den grenzwertigen Einsatz von Daniel Amartey gegen Darwin Nunez durchgehen.

Der Frust der Uruguayer war verständlich. Sie hatten in ihrem letzten Gruppenspiel endlich ihre Zurückhaltung aufgegeben und die Partie über weite Strecken dominiert. Giorgian de Arrascaeta belohnte den starken Auftritt der bei dieser WM bis dato torlosen »Celeste« mit einem Doppelpack zum 2:0 (26. und 32.). Beide Treffer bereitete Altstar Suarez vor. Ghana konnte hingegen nicht an die Leistungen aus den vorangegangenen

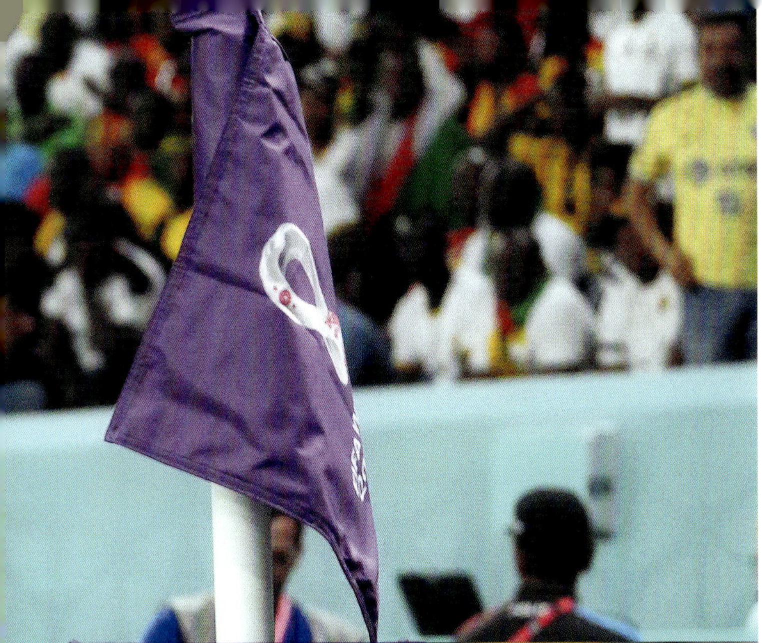

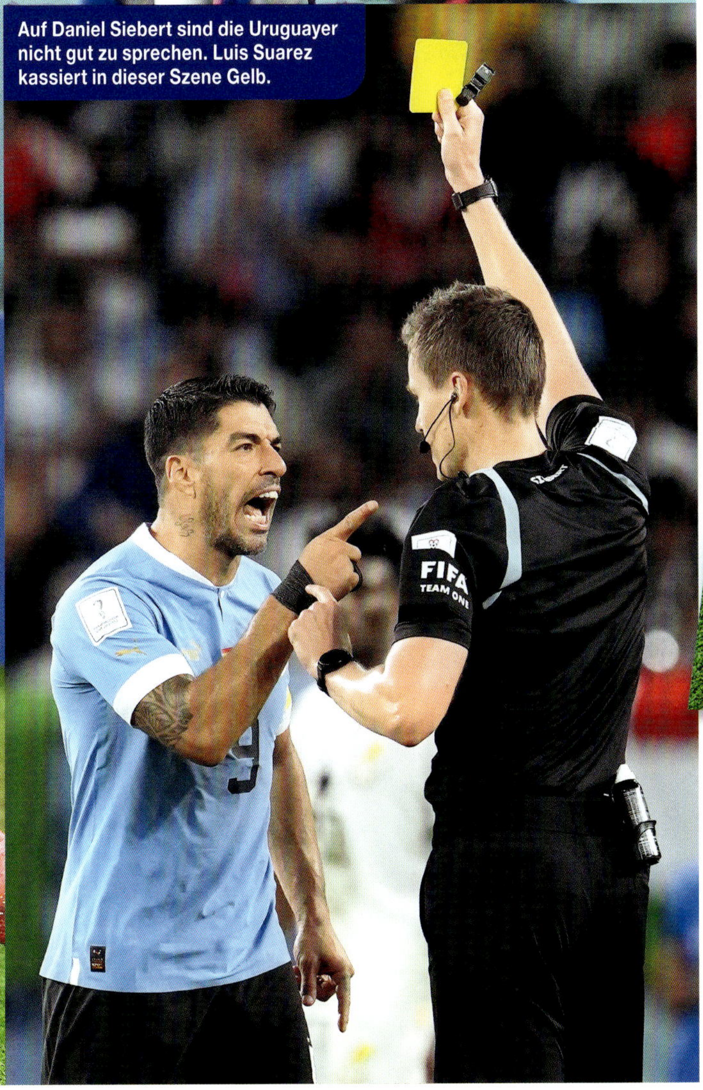

Auf Daniel Siebert sind die Uruguayer nicht gut zu sprechen. Luis Suarez kassiert in dieser Szene Gelb.

2. Dezember 2022, 18 Uhr Ortszeit, Al-Janoub Stadium

GHANA – URUGUAY
0 : 2

Trainer: Otto Addo

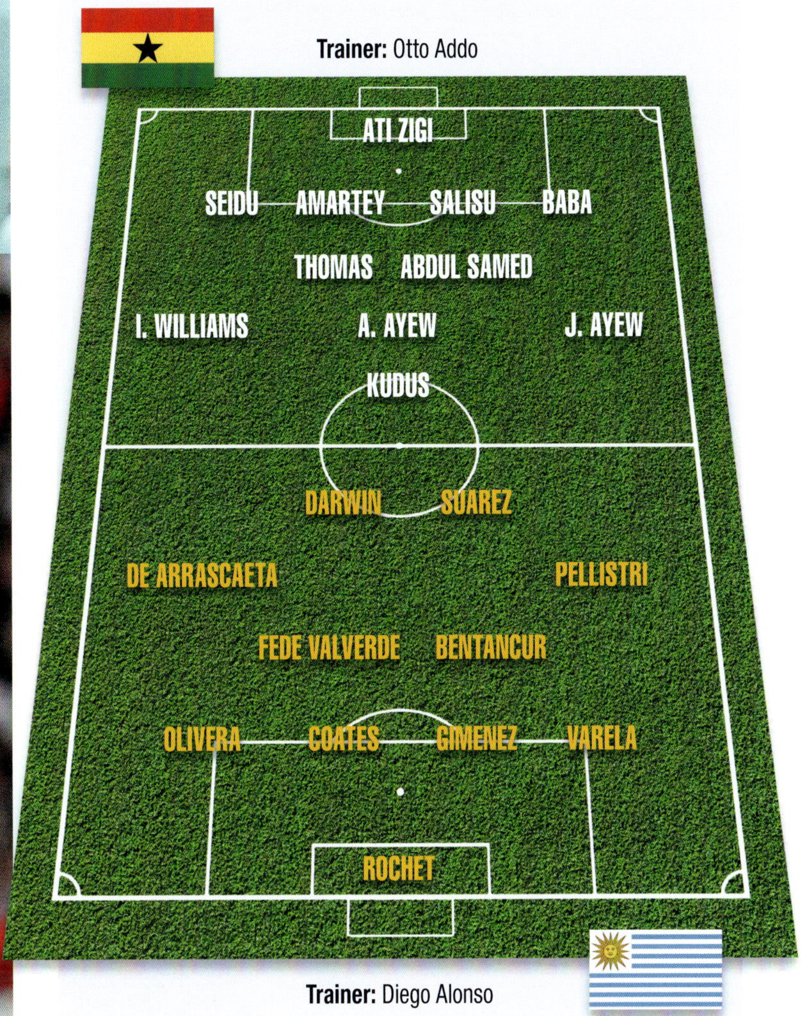

Trainer: Diego Alonso

Eingewechselt:

Ghana	Uruguay
Bukari für A. Ayew (46.)	Vecino für Bentancur (34.)
Sulemana für J. Ayew (46.)	Cavani für Suarez (66.)
Semenyo für Williams (72.)	de la Cruz für Pellistri (66.)
Kyereh für Abdul Samed (72.)	Gomez für De Arrascaeta (80.)
Issahaku für Kudus (90.+8)	Canobbio für Darwin (80.)

Spielen anknüpfen. Dennoch ergab sich in der 21. Minute die große Chance zur Führung. Nach einem ungeschickten Einsteigen von Torwart Sergio Rochet hatte Siebert auf Elfmeter entschieden. Doch Jordan Ayew ließ sich die Chance vom Punkt entgehen, er scheiterte mit seinem schwachen Versuch an Rochet. Die Ghanaer fühlten sich in diesem Moment an die WM 2010 erinnert, als Asamoah Gyan in der Nachspielzeit der Verlängerung einen Handelfmeter verschossen und Ghana dadurch den Einzug ins Halbfinale verpasst hatte. Die Gelegenheit zur Revanche ließ Ghana nun also aus und fuhr deshalb ebenfalls bereits nach der Vorrunde nach Hause.

Tore: 0:1 de Arrascaeta (26.), 0:2 de Arrascaeta (32.)

Gelbe Karten: Sulemana, Seidu / Darwin, Suarez, Coates, Gimenez, Cavani

Gelb-Rote Karte: –

Rote Karte: –

Schiedsrichter: Daniel Siebert (Deutschland)

Zuschauer: 43 443

DIE WM-STADIEN

Zehntausende Gastarbeiter haben für Billiglöhne und unter oftmals unwürdigen Bedingungen sieben neue, architektonisch spektakuläre Stadien in den Wüstensand gesetzt, ein Stadion wurde renoviert. Sechs Spielstätten werden nach der Weltmeisterschaft auf das halbe Fassungsvermögen zurückgebaut, eins wird sogar komplett demontiert. Sitze und sonstige Bauteile sollen weltweit in anderen Sportstätten wiederverwendet werden. Drei WM-Spielstätten befanden sich direkt in der Hauptstadt Doha, zwei in der direkt angrenzenden Stadt Al-Rayyan, jeweils eine in Ad-Da'ayan, in Al-Wakrah und in Al-Chaur. Alle acht WM-Stadien lagen in einem Umkreis von lediglich 65 Kilometern.

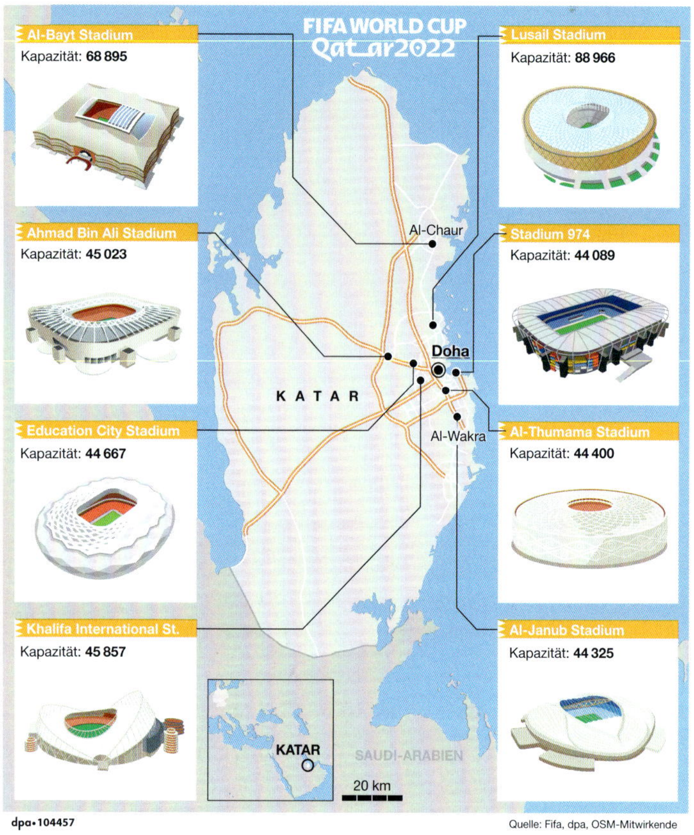

LUSAIL STADIUM

Kapzität: 88 966 Zuschauer

Kosten: 674 Millionen Euro; Eröffnung: November 2021

Im größten und zuletzt fertiggestellten WM-Stadion fanden die meisten Spiele statt (zehn), u.a. ein Halbfinale und das Finale. Es liegt im nördlich an Doha angrenzenden Urbanisierungsprojekt Lusail City in der Gemeinde Ad-Da'ayan. Das Design der golden glitzernden Fassade wurde einer traditionellen arabischen Laterne nachempfunden. Nach der WM wird die Kapazität halbiert, dafür werden ein Einkaufszentrum, Schulen und sogar ein Krankenhaus eingebaut.

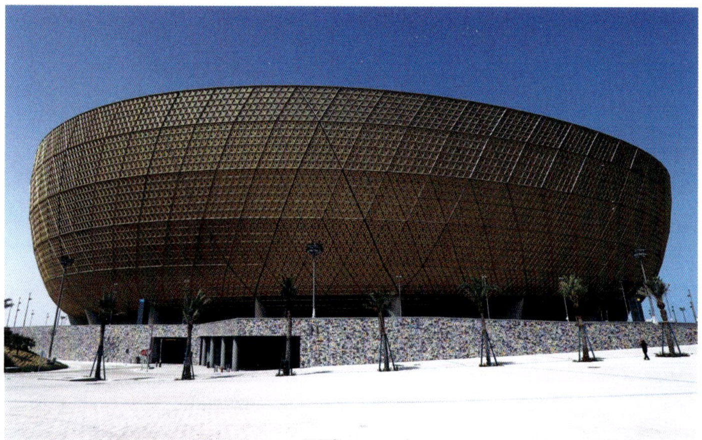

AHMAD BIN ALI STADIUM

Kapzität: 45 032 Zuschauer

Kosten: 366 Millionen Euro; Eröffnung: Dezember 2020

Wie das Khalifa International Stadium liegt auch das Ahmad Bin Ali Stadium in Al-Rayyan. An gleicher Stelle befand sich das 2003 eröffnete und 2014 abgerissene alte Ahmad Bin Ali Stadium. Einige Materialien wurden für den Neubau verwendet. Merkmal des Stadions ist die gemusterte, an die katarische Kultur angelehnte, beleuchtbare Fassade. Nach der WM wird der Oberrang ausgebaut und damit das Fassungsvermögen halbiert.

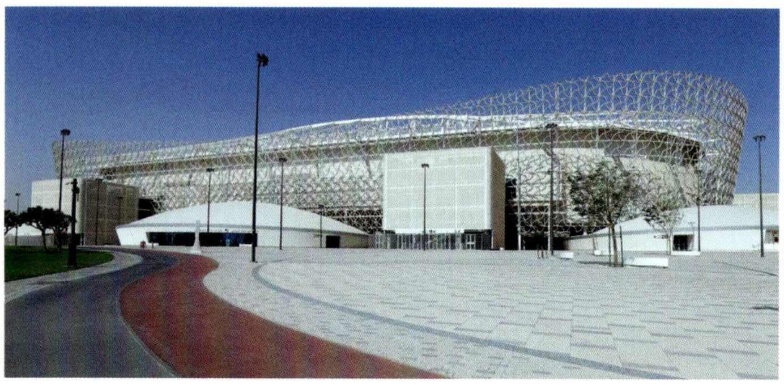

AL-JANOUB STADIUM

Kapzität: 44 325 Zuschauer

Kosten: 587 Millionen Euro; Eröffnung: Mai 2019

Als erster der sieben WM-Neubauten wurde im Frühjahr 2019 das Al-Janoub Stadium in der Hafenstadt Al-Wakra rund 15 Kilometer südlich von Doha fertiggestellt. Seine einem Dau-Segelschiff nachempfundene Fassade ist eine Reminiszenz an die Seefahrervergangenheit des Ortes. Das Stadion besitzt ein verschließbares Dach. Nach der WM wird der komplette Oberrang ausgebaut und die Kapazität auf 20 000 Zuschauer reduziert.

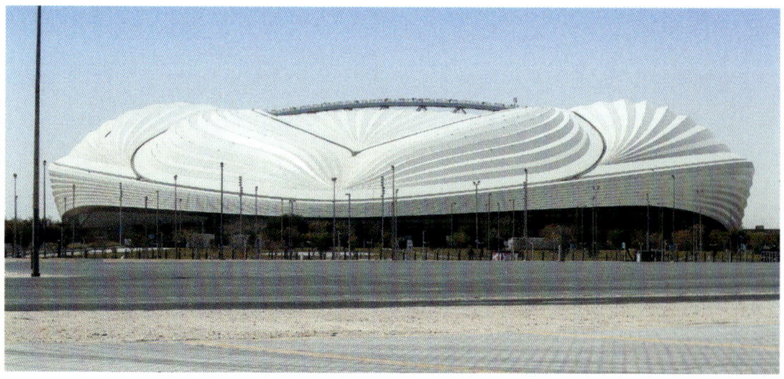

KHALIFA INTERNATIONAL STADIUM

Kapzität: 45 857 Zuschauer

Kosten: 381 Millionen Euro; Eröffnung: 1976 (Umbauten 2005, 2017, 2020)

Das bekannteste und mit Abstand älteste WM-Stadion in der Stadt Al-Rayyan westlich von Doha gilt als Nationalstadion Katars. Das Stadion wurde seit seiner Eröffnung 1976 mehrmals umgebaut: für die Asienspiele 2006 und für die Leichtathletik-WM 2019, anschließend wurde die Laufbahn überdeckt. Markenzeichen ist das geschwungene Dach mit zwei Bögen.

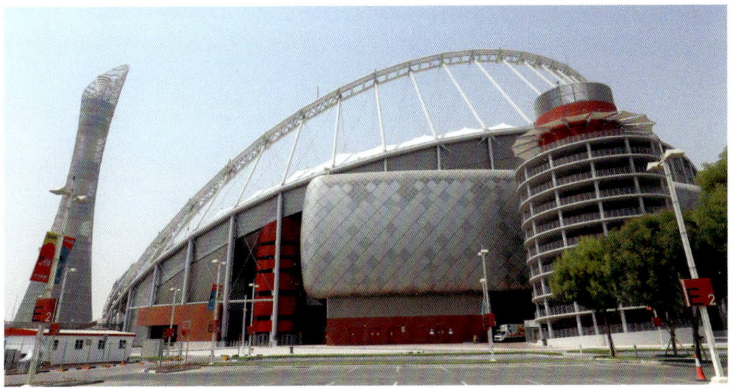

STADIUM 974

Kapzität: 44 089 Zuschauer

Kosten: unbekannt; Eröffnung: November 2021

Der Name des im Stadtteil Ras Abu Aboud im Westen Dohas gelegenen Stadions geht auf die internationale Telefonvorwahl Katars zurück und auf die 974 farbigen Schiffscontainer, die in den Bau integriert wurden. Es ist das einzige Stadion dieser WM ohne integriertes Kühlsystem und das erste temporäre Stadion der WM-Geschichte. Nach dem Turnier wird es demontiert.

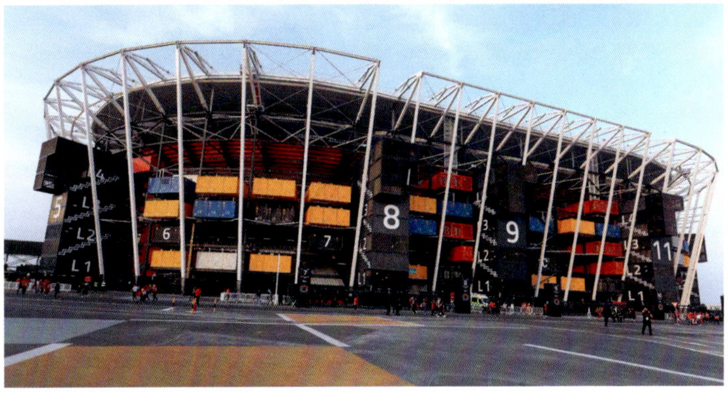

AL-THUMAMA STADIUM

Kapzität: 44 400 Zuschauer

Kosten: 282 Millionen Euro; Eröffnung: Oktober 2021

Auch das im gleichnamigen Stadtteil im Süden Dohas gelegene kreisrunde Stadion wird nach der WM um die Hälfte zurückgebaut. Der Oberrang wird durch ein Hotel ersetzt. Das Design der Ornamentfassade soll eine Gahfiya darstellen, eine in der Golfregion vor allem von jungen Männern getragene Kopfbedeckung.

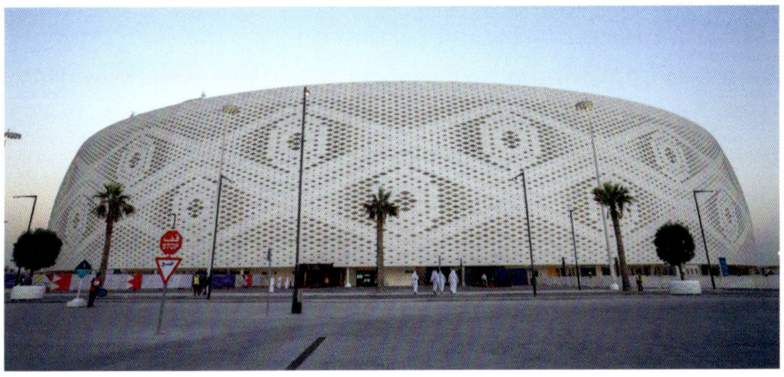

EDUCATION CITY STADIUM

Kapzität: 44 667 Zuschauer

Kosten: 713 Millionen Euro; Eröffnung: Juni 2020

Die Fassade des Stadions ist einem Diamanten nachempfunden. Es liegt in der Education City, einem 14 Quadratkilometer großen Stadtquartier mit Bildungseinrichtungen wie Schulen, Universitäten, Museen und Bibliotheken. Nach der WM wird es auf 20 000 Plätze zurückgebaut und für den Hochschulsport genutzt.

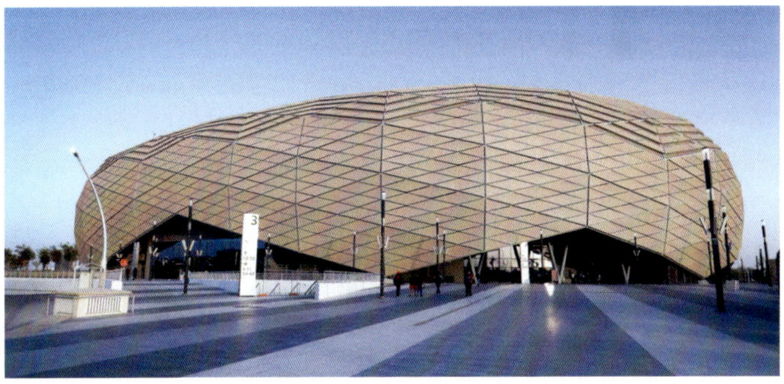

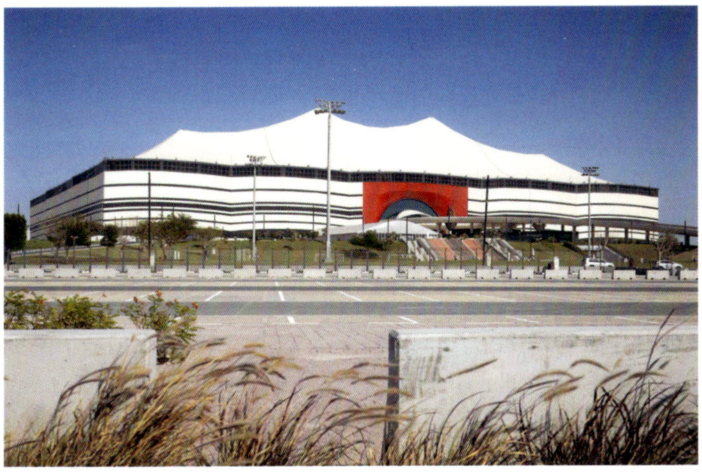

AL-BAYT STADIUM

Kapzität: 68 895 Zuschauer

Kosten: 770 Millionen Euro; Eröffnung: November 2021

Das Stadion mit verschließbarem Dach befindet sich in der Küstenstadt Al-Chaur im Norden Katars und ist mit 50 Kilometern am weitesten von Doha entfernt. Das Dach und die Fassade bestehen aus einer Membran, die Bauzeit der zweitgrößten WM-Spielstätte betrug mehr als sechs Jahre. Hier fanden u.a. das Eröffnungsspiel, zwei Vorrundenspiele der DFB-Elf und ein Halbfinale statt. Der Stadionname und die Architektur gehen auf die traditionellen Zelte der Nomadenvölker in der Golfregion zurück. Nach der WM wird der Oberrang abgetragen. Stattdessen werden ein Hotel und ein Einkaufszentrum integriert.

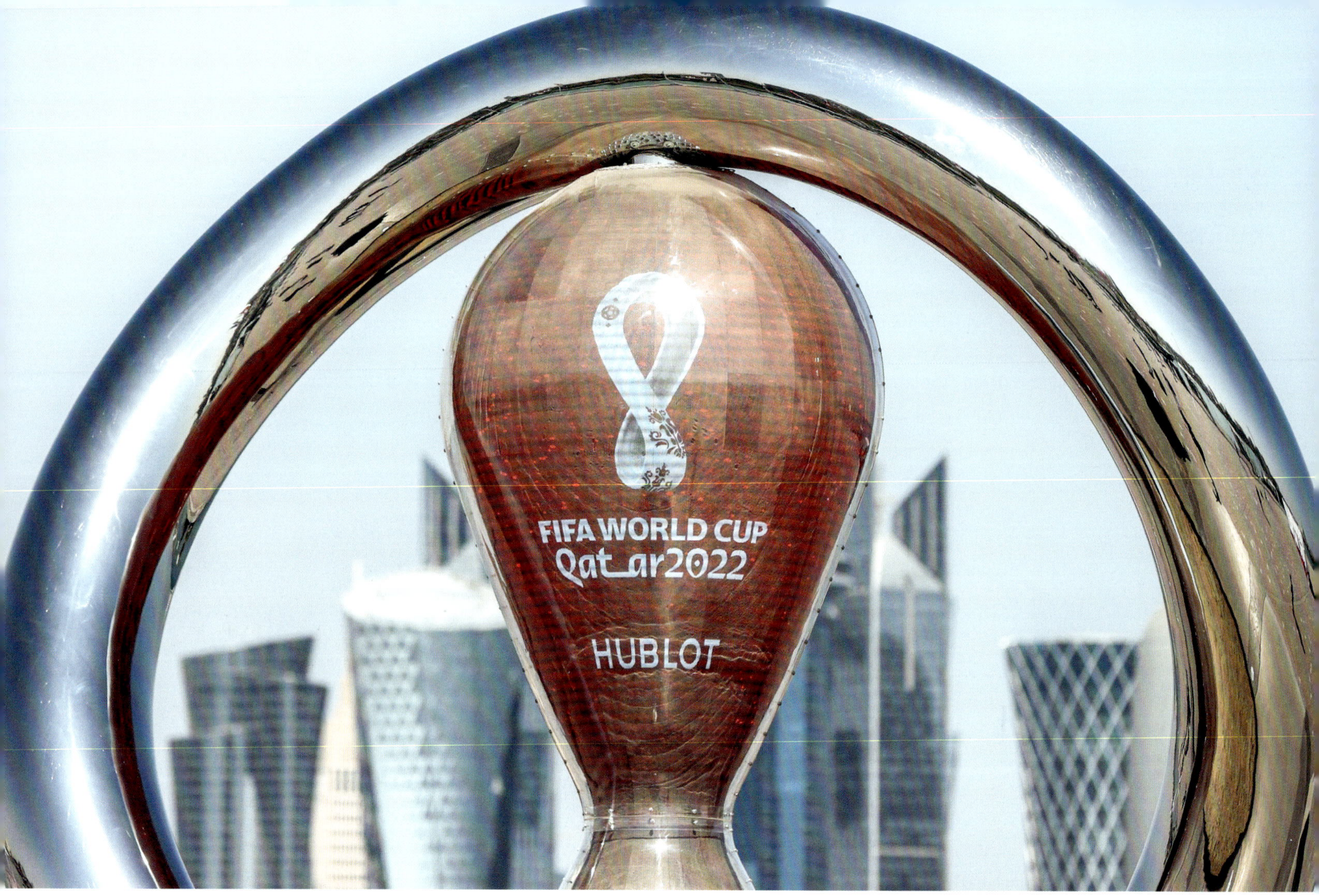

DIE 32 WM-TEILNEHMER

Insgesamt 832 Spieler aus 32 Nationen traten bei der WM in Katar an. Die meisten Akteure stellte der FC Barcelona (17) ab. Ebenfalls auf 17 Spieler hätte es der FC Bayern München gebracht, hätte Sadio Mané seine WM-Teilnahme mit dem Senegal nicht verletzungsbedingt absagen müssen. Aus der Bundesliga waren insgesamt 77 Profis dabei, dazu kamen drei Spieler aus der Zweiten Liga. Im internationalen Vergleich belegte die deutsche Beletage damit Rang drei hinter der spanischen Primera Division (86) und der englischen Premier League (164). Die elf WM-Teilnehmer von Tottenham Hotspur verteilten sich dabei auf zehn Nationen.

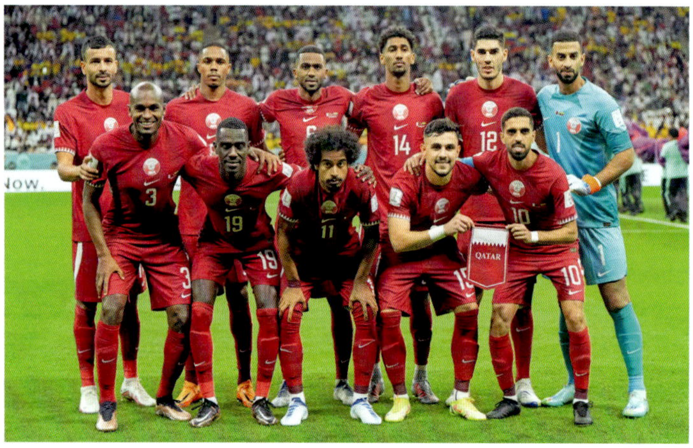

KATAR

TOR: #1 Saad Al-Sheeb (Al-Sadd Doha), #21 Hassan Yousef (Al-Gharafa Doha), #22 Meshaal Barsham (Al-Sadd Doha)
ABWEHR: #2 Pedro Correia (Al-Sadd Doha), #3 Hassan Abdelkarim (Al-Sadd Doha), #5 Tarek Salman (Al-Sadd Doha), #13 Mosaab Khidir (Al-Sadd Doha), #14 Homam Ahmed (Al-Gharafa Doha), #15 Bassam Al-Rawi (Al-Duhail SC Doha), #16 Boualem Khoukhi (Al-Sadd Doha), #20 Salem Al-Hajri (Al-Sadd Doha), #25 Gaber Jassem (Al-Arabi Doha)
MITTELFELD: #4 Mohammed Waad (Al-Sadd Doha), #6 Abdulaziz Hatem (Al-Rayyan SC), #8 Ali Assadalla (Al-Sadd Doha), #12 Karim Boudiaf (Al-Duhail SC Doha), #17 Ismaeel Mohammed (Al-Duhail SC Doha), #23 Assim Madibo (Al-Duhail SC Doha), #26 Moustafa Mashaal (Al-Sadd Doha)
ANGRIFF: #7 Ahmed Alaaeldin (Al-Gharafa Doha), #9 Mohammed Muntari (Al-Duhail SC Doha), #10 Hassan Al-Haydos (Al-Sadd Doha), #11 Akram Afif (Al-Sadd Doha), #18 Khalid Muneer (Al-Wakrah SC), #19 Ali Almoez (Al-Duhail SC Doha), #24 Naif Al-Hadhrami (Al-Rayyan SC)

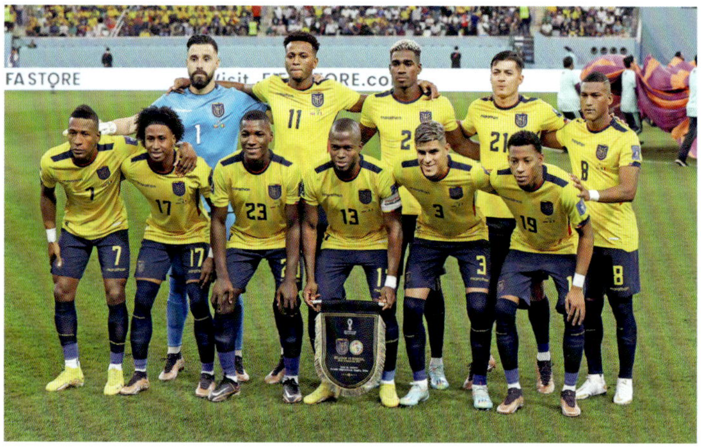

ECUADOR

TOR: #1 Hernan Galindez (SD Aucas Quito), #12 Moises Ramirez (Indepediente Del Valle), #22 Alexander Dominguez (LDU Quito)
ABWEHR: #2 Felix Torres (Santos Laguna), #3 Piero Hincapie (Bayer Leverkusen), #4 Robert Arboleda (FC Sao Paulo), #6 William Pacho (Royal Antwerpen), #7 Pervis Estupinan (Brighton & Hove Albion), #14 Xavier Arreaga (Seattle Sounders), #17 Angelo Preciado (KRC Genk), #18 Diego Palacios (Los Angeles FC), #25 Jackson Porozo (ES Troyes AC)
MITTELFELD: #5 José Cifuentes (Los Angeles FC), #8 Carlos Gruezo (FC Augsburg), #9 Ayrton Preciado (Santos Laguna), #10 Romario Ibarra (CF Pachuca), #15 Angel Mena (Club Leon), #16 Jeremy Sarmiento (Brighton & Hove Albion), #19 Gonzalo Plata (Real Valladolid), #20 Sebas Mendez (Los Angeles FC), #21 Alan Franco (Talleres Cordoba), #23 Moises Caicedo (Brighton & Hove Albion)
ANGRIFF: #11 Michael Estrada (Cruz Azul), #13 Enner Valencia (Fenerbahce Istanbul), #24 Djorkaeff Reasco (Newell's Old Boys), #26 Kevin Rodriguez (Imbabura SC Ibarra)

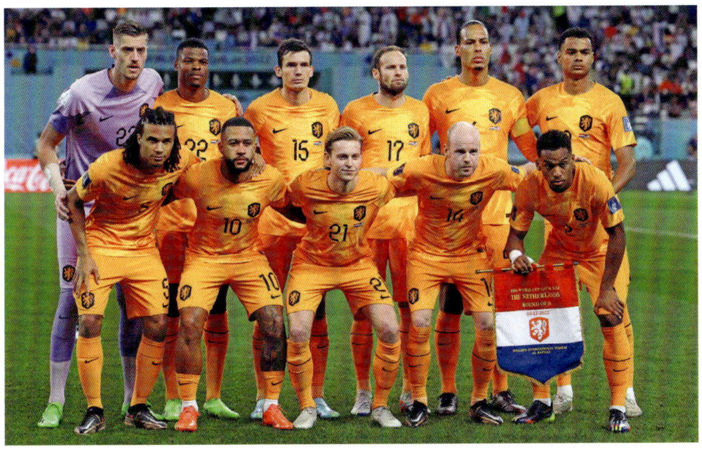

NIEDERLANDE

TOR: #1 Remko Pasveer (Ajax Amsterdam), #13 Justin Bijlow (Feyenoord Rotterdam), #23 Andries Noppert (SC Heerenveen)
ABWEHR: #2 Jurrien Timber (Ajax Amsterdam), #3 Matthijs de Ligt (FC Bayern München), #4 Virgil van Dijk (FC Liverpool), #5 Nathan Aké (Manchester City), #6 Stefan de Vrij (Inter Mailand), #16 Tyrell Malacia (Manchester United), #17 Daley Blind (Ajax Amsterdam), #22 Denzel Dumfries (Inter Mailand), #26 Jeremie Frimpong (Bayer Leverkusen)
MITTELFELD: #11 Steven Berghuis (Ajax Amsterdam), #14 Davy Klaassen (Ajax Amsterdam), #15 Marten de Roon (Atalanta Bergamo), #20 Teun Koopmeiners (Atalanta Bergamo), #21 Frenkie De Jong (FC Barcelona), #24 Kenneth Taylor (Ajax Amsterdam), #25 Xavi Simons (PSV Eindhoven)
ANGRIFF: #7 Steven Bergwijn (Ajax Amsterdam), #8 Cody Gakpo (PSV Eindhoven), #9 Luuk De Jong (PSV Eindhoven), #10 Memphis Depay (FC Barcelona), #12 Noa Lang (FC Brügge), #18 Vincent Janssen (Royal Antwerpen), #19 Wout Weghorst (Besiktas Istanbul)

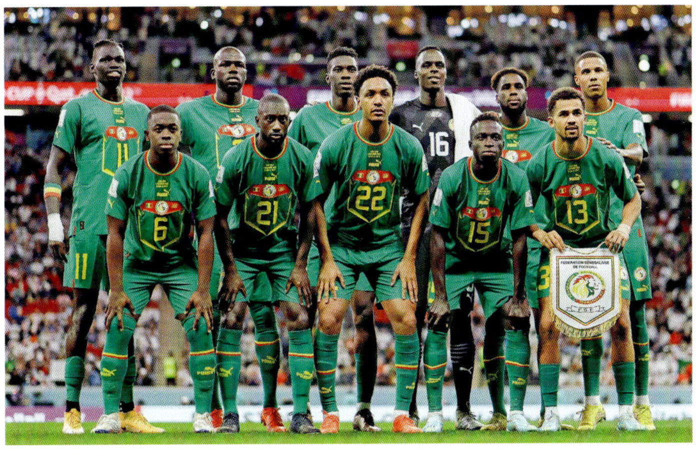

SENEGAL

TOR: #1 Seny Dieng (Queens Park Rangers), #16 Édouard Mendy (FC Chelsea), #23 Alfred Gomis (Stade Rennes)
ABWEHR: #2 Formose Mendy (SC Amiens), #3 Kalidou Koulibaly (FC Chelsea), #4 Pape Abou Cissé (AC Ajaccio), #8 Cheikhou Kouyaté (Nottingham Forest), #10 Moussa N'Diaye (RSC Anderlecht), #12 Fodé Ballo-Touré (AC Mailand), #14 Ismail Jakobs (AS Monaco), #21 Youssouf Sabaly (Betis Sevilla), #22 Abdou Diallo (RB Leipzig), #24 Moustpaha Name (Pafos FC)
MITTELFELD: #5 Idrissa Gueye (FC Everton), #6 Nampalys Mendy (Leicester City), #11 Pathé Ciss (Rayo Vallecano), #15 Krépin Diatta (AS Monaco), #17 Pape Sarr (Tottenham Hotspur), #25 Mamadou Loum (FC Reading), #26 Pape Gueye (Olympique Marseille)
ANGRIFF: #7 Nicolas Jackson (FC Villarreal), #9 Boulaye Dia (US Salernitana), #13 Iliman Ndiaye (Sheffield United), #18 Ismaila Sarr (FC Watford), #19 Famara Diédhiou (Alanyaspor), #20 Bamba Dieng (Olympique Marseille)

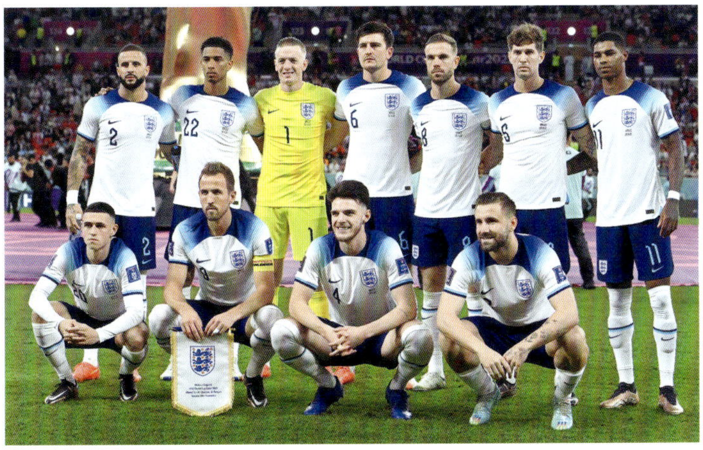

ENGLAND

TOR: #1 Jordan Pickford (FC Everton), #12 Nick Pope (Newcastle United), #23 Aaron Ramsdale (FC Arsenal)
ABWEHR: #2 Kyle Walker (Manchester City), #3 Luke Shaw (Manchester United), #5 John Stones (Manchester City), #6 Harry Maguire (Manchester United), #12 Kieran Trippier (Newcastle United), #15 Eric Dier (Tottenham Hotspur), #16 Conor Coady (FC Everton), #18 Trent Alexander-Arnold (FC Liverpool), #21 Ben White (FC Arsenal)
MITTELFELD: #4 Declan Rice (West Ham United), #8 Jordan Henderson (FC Liverpool), #14 Kalvin Phillips (Manchester City), #17 Bukayo Saka (FC Arsenal), #19 Mason Mount (FC Chelsea), #22 Jude Bellingham (Borussia Dortmund), #25 James Maddison (Leicester City), #26 Conor Gallagher (FC Chelsea)
ANGRIFF: #7 Jack Grealish (Manchester City), #9 Harry Kane (Tottenham Hotspur), #10 Raheem Sterling (FC Chelsea), #11 Marcus Rashford (Manchester United), #20 Phil Foden (Manchester City), #24 Callum Wilson (Newcastle United)

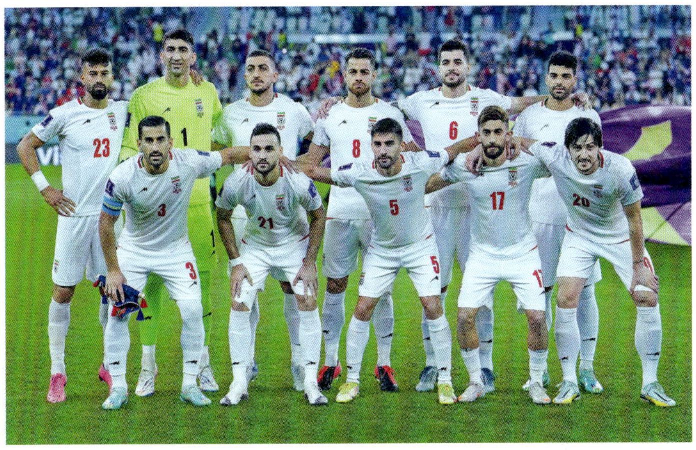

IRAN

TOR: #1 Alireza Beiranvand (Persepolis FC), #12 Payam Niazmand (Sepahan FC), #22 Amir Abedzadeh (SD Ponferradina), #24 Seyed Hossein Hosseini (Esteghlal FC)
ABWEHR: #2 Sadegh Moharrami (Dinamo Zagreb), #3 Ehsan Hajsafi (AEK Athen), #4 Shoje Khalilzadeh (Al Ahli Dubai), #5 Milad Mohammadi (AEK Athen), #8 Morteza Pouraliganji (Persepolis FC), #13 Hossein Kanaanizadegan (Al Ahli Dubai), #19 Majid Hosseini (Kayserispor), #23 Ramin Rezaeian (Sepahan FC), #25 Abolfazl Jalali (Esteghlal FC)
MITTELFELD: #6 Saeid Ezatolahi (Velje BK), #11 Vahid Amiri (Persepolis FC), #15 Roozbeh Cheshmi (Esteghlal FC), #16 Mehdi Torabi (Persepolis FC), #18 Ali Karimi (Kayserispor), #21 Ahmad Nourollahi (Shabab Al Ahli Club)
ANGRIFF: #7 Alireza Jahanbakhsh (Feyenoord Rotterdam), #9 Mehdi Taremi (FC Porto), #10 Karim Ansarifard (Omonia Nikosia), #14 Saman Ghoddos (FC Brentford), #17 Ali Gholizadeh (Sporting Charleroi), #20 Sardar Azmoun (Bayer Leverkusen)

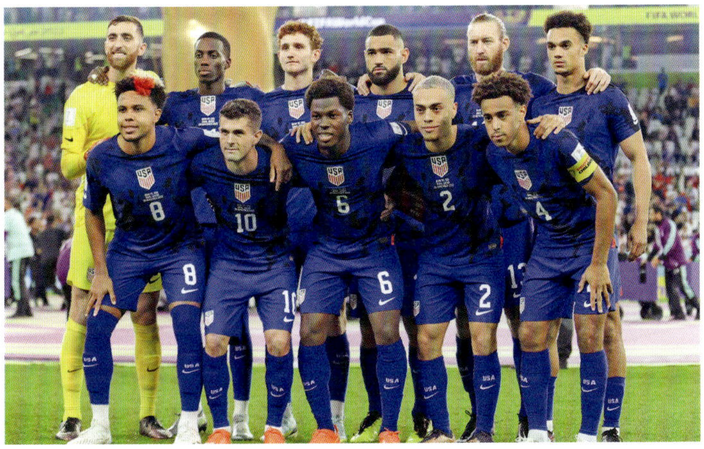

USA

TOR: #1 Matt Turner (FC Arsenal), #12 Ethan Horvath (Luton Town), #25 Sean Johnson (New York City FC)
ABWEHR: #2 Sergino Dest (AC Mailand), #3 Walker Zimmerman (Nashville SC), #5 Antonee Robinson (FC Fulham), #13 Tim Ream (FC Fulham), #15 Aaron Long (New York City RB), #18 Shaq Moore (Nashville SC), #20 Cameron Carter-Vickers (Celtic Glasgow), #22 Deandre Yedlin (Inter Miami), #26 Joe Scally (Borussia Mönchengladbach)
MITTELFELD: #4 Tyler Adams (Leeds United), #6 Yunus Musah (FC Valencia), #7 Giovanni Reyna (Borussia Dortmund), #8 Weston McKennie (Juventus Turin), #10 Christian Pulisic (FC Chelsea), #11 Brendan Aaronson (Leeds United), #14 Luca De La Torre (Celta Vigo), #17 Christian Roldan (Seattle Sounders), #23 Kellyn Acosta (Los Angeles FC)
ANGRIFF: #9 Jesus Ferreira (FC Dallas), #16 Jordan Morris (Seattle Sounders), #19 Haji Wright (Antalyaspor), #21 Timothy Weah (OSC Lille), #24 Josh Sargent (Norwich City)

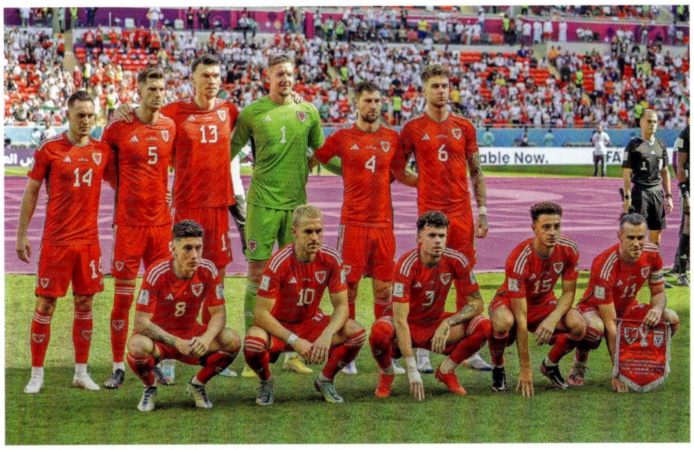

WALES

TOR: #1 Wayne Hennessey (Nottingham Forest), #12 Danny Ward (Leicester City), #21 Adam Davies (Sheffield United)
ABWEHR: #2 Chris Gunter (AFC Wimbledon), #3 Neco Williams (Nottingham Forest), #4 Ben Davies (Tottenham Hotspur), #5 Chris Mepham (AFC Bournemouth), #6 Joe Rodon (Stade Rennes), #14 Connor Roberts (FC Burnley), #15 Ethan Ampadu (Spezia Calcio), #17 Tom Lockyer (Luton Town), #24 Ben Cabango (Swansea City)
MITTELFELD: #7 Joe Allen (Swansea City), #8 Harry Wilson (FC Fulham), #10 Aaron Ramsey (OGC Nizza), #16 Joe Morrell (FC Portsmouth), #18 Jonathan Williams (Swindon Town), #23 Dylan Levitt (Dundee United), #25 Rubin Colwill (Cardiff City), #26 Matthew Smith (Milton Keynes Dons)
ANGRIFF: #9 Brennan Johnson (Nottingham Forest), #11 Gareth Bale (Los Angeles FC), #13 Kieffer Moore (AFC Bournemouth), #19 Mark Harris (Cardiff City), #20 Daniel James (FC Fulham), #22 Sorba Thomas (Huddersfield Town)

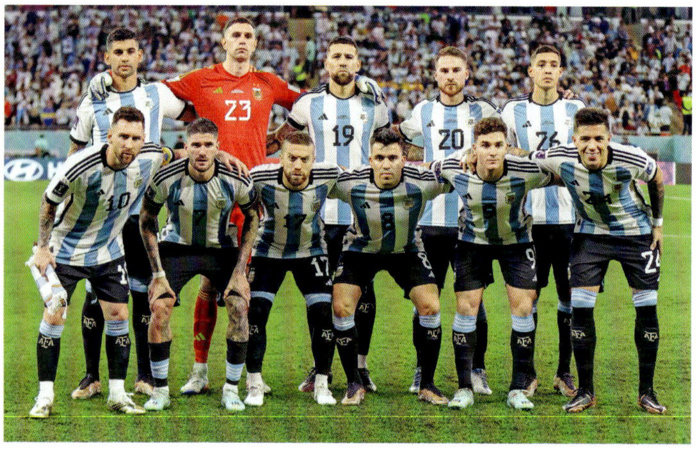

ARGENTINIEN

TOR: #1 Franco Armani (River Plate Buenos Aires), #12 Geronimo Rulli (FC Villarreal), #23 Emiliano Martinez (Aston Villa)
ABWEHR: #2 Juan Foyth (FC Villarreal), #3 Nicolas Tagliafico (Olympique Lyon), #4 Gonzalo Montiel (FC Sevilla), #6 Germán Pezzella (Betis Sevilla), #8 Marcos Acuna (FC Sevilla), #13 Cristian Romero (Tottenham Hotspur), #19 Nicolás Otamendi (Benfica Lissabon), #25 Lisandro Martinez (Manchester United), #26 Nahuel Molina (Atlético Madrid)
MITTELFELD: #5 Landro Paredes (Juventus Turin), #7 Rodrigo De Paul (Atlético Madrid), #11 Ángel di Maria (Juventus Turin), #14 Exequiel Palacios (Bayer Leverkusen), #16 Thiago Ezequiel Almada (Atlanta United), #17 Alejandro Gomez (FC Sevilla), #19 Guido Rodriguez (Betis Sevilla), #20 Alexis Mac Allister (Brighton & Hove Albion), #24 Enzo Fernández (Benfica Lissabon)
ANGRIFF: #9 Julian Alvarez (Manchester City), #10 Lionel Messi (Paris Saint-Germain), #15 Angel Correa (Atlético Madrid), #21 Paulo Dybala (AS Rom), #22 Lautaro Martinez (Inter Mailand)

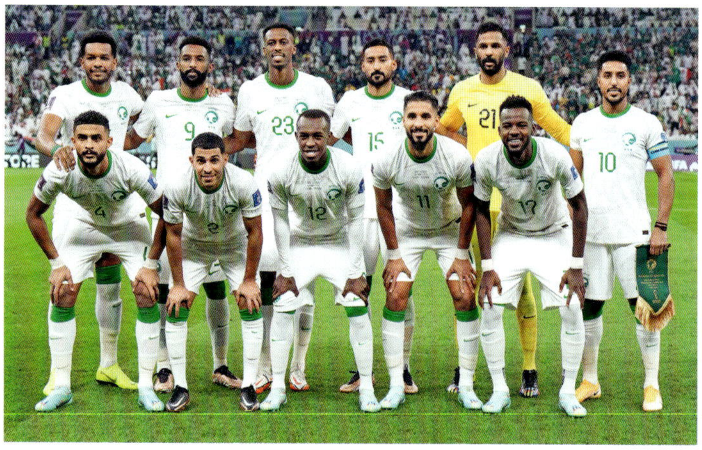

SAUDI-ARABIEN

TOR: #1 Mohammed Faradsch Al-Yami (Al-Ahli Dschidda), #21 Mohammed Al-Owais (Al-Hilal Riad), #22 Nawaf Al-Aqidi (Al-Nasr Riad)
ABWEHR: #2 Sultan Al-Ghanam (Al-Nasr Riad), #3 Abdullah Madu (Al-Nasr Riad), #4 Abdulelah Ali Al-Amri (Al-Nasr Riad), #5 Ali Al-Bulaihi (Al-Hilal Riad), #6 Mohammed Al-Buraik (Al-Hilal Riad), #12 Saud Abdullah Abdulhamid (Al-Hilal Riad), #13 Yasser Al-Sharani (Al-Hilal Riad), #17 Hassan Al-Tambakti (Al-Shabab Riad)
MITTELFELD: #7 Salman Mohammed Al-Faradsch (Al-Hilal Riad), #8 Abdulelah Al-Malki (Al-Hilal Riad), #14 Abdullah Otayf (Al-Hilal Riad), #15 Ali Sadik Al-Hassan (Al-Nasr Riad), #16 Sami Chalil Al-Nadschi (Al-Nasr Riad), #18 Nawaf Al-Abid (Al-Shabab Riad), #23 Mohamed Kanno (Al-Hilal Riad), #24 Nasser Al-Dawsari (Al-Hilal Riad), #26 Riyadh Sharahili (Abha Club)
ANGRIFF: #9 Feras Al-Brikan (Al-Fateh FC), #10 Salem Mohammed Al-Dausari (Al-Hilal Riad), #11 Saleh Al-Shehri (Al-Hilal Riad), #19 Hatan Bahbri (Al-Shabab Riad), #20 Abdulrahman Alobud (Al-Ittihad FC), #25 Haitham Asiri (Al-Ahli Dschidda)

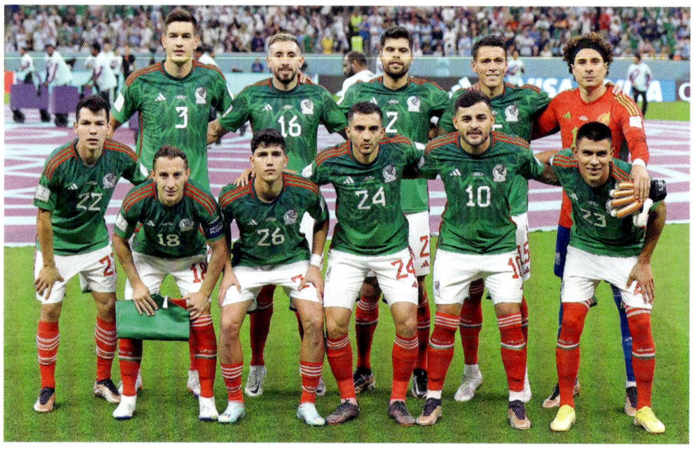

MEXIKO

TOR: #1 Alfredo Talavera (FC Juarez), #12 Rodolfo Cota (CD Guadalajara), #13 Guillermo Ochoa (Club América)
ABWEHR: #2 Nestor Araujo (Club América), #3 Cesar Montes (CF Monterrey), #4 Edson Alvarez (Ajax Amsterdam), #5 Johan Vasquez (US Cremonese), #6 Gerardo Arteaga (KRC Genk), #15 Hector Moreno (CF Monterrey), #19 Jorge Sanchez (Ajax Amsterdam), #26 Kevin Alvarez (CF Pachuca)
MITTELFELD: #7 Luis Romo (CF Monterrey), #8 Carlos Rodriguez (CD Cruz Azul), #14 Erick Gutiérrez (PSV Eindhoven), #16 Hector Herrera (Houston Dynamo), #18 Andrés Guardado (Betis Sevilla), #21 Uriel Antuna (CD Cruz Azul), #23 Jesus Gallardo (CF Monterrey), #24 Luis Chavez (CF Pachuca), #25 Roberto Alvarado (CD Guadalajara)
ANGRIFF: #9 Raúl Jiménez (Wolverhampton Wanderers), #10 Alexis Vega (CD Guadalajara), #11 Rogelio Funes Mori (CF Monterrey), #17 Orbelin Pineda (AEK Athen), #20 Henry Martin (Club América), #22 Hirving Lozano (SSC Neapel)

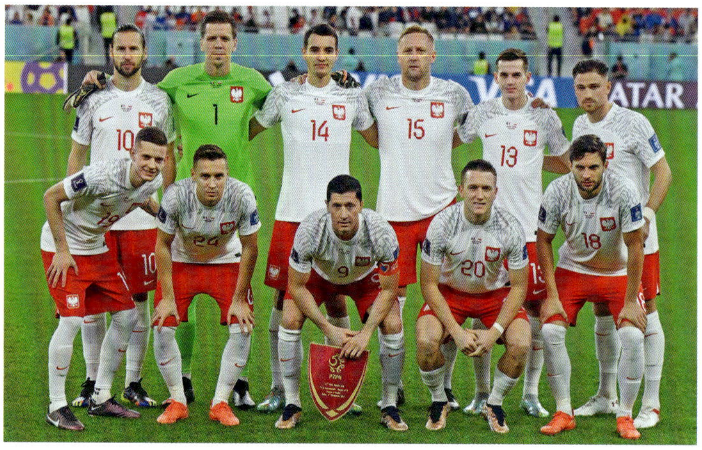

POLEN

TOR: #1 Wojciech Szczesny (Juventus Turin), #12 Lukasz Skorupski (FC Bologna), #22 Kamil Grabara (FC Kopenhagen)
ABWEHR: #3 Artur Jedrzejczyk (Legia Warschau), #4 Mateusz Wieteska (Clermont Foot), #5 Jan Bednarek (Aston Villa), #14 Jakub Kiwior (Spezia Calcio), #15 Kamil Glik (Benevento Calcio), #18 Bartosz Bereszynski (Sampdoria Genua), #25 Robert Gumny (FC Augsburg)
MITTELFELD: #2 Matty Cash (Aston Villa), #6 Krystian Bielik (Birmingham City), #8 Damian Szymanski (AEK Athen), #10 Grzegorz Krychowiak (Al-Shabab Riad), #11 Kamil Grosicki (Pogon Stettin), #13 Jakub Kaminski (VfL Wolfsburg), #17 Szymon Zurkowski (AC Florenz), #19 Sebastian Szymanski (Feyenoord Rotterdam), #20 Piotr Zielinski (SSC Neapel), #21 Nicola Zalewski (AS Rom), #24 Przemyslaw Frankowski (RC Lens)
ANGRIFF: #7 Arkadiusz Milik (Juventus Turin), #9 Robert Lewandowski (FC Barcelona), #16 Karol Swiderski (Charlotte FC), #23 Krzysztof Piatek (US Salernitana), #26 Michal Skoras (Lech Posen)

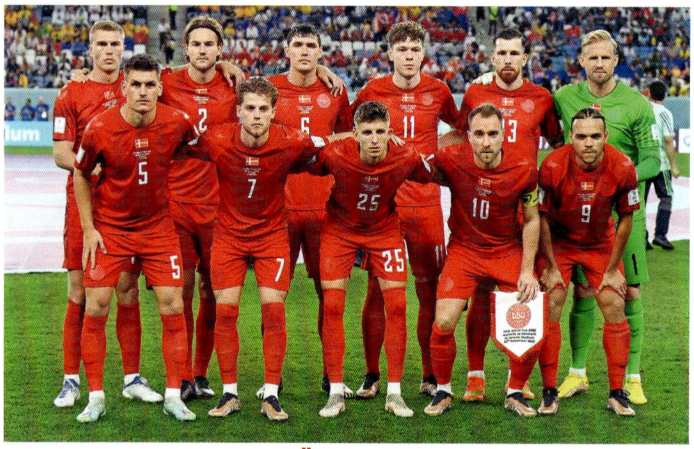

DÄNEMARK

TOR: #1 Kasper Schmeichel (OGC Nizza), #16 Oliver Christensen (Hertha BSC), #22 Frederik Rönnow (1. FC Union Berlin)
ABWEHR: #2 Joachim Andersen (Crystal Palace), #3 Victor Nelsson (Galatasaray Istanbul), #4 Simon Kjaer (AC Mailand), #5 Joakim Maehle (Atalanta Bergamo), #6 Andreas Christensen (FC Barcelona), #13 Rasmus Kristensen (Leeds United), #17 Jens Stryger Larsen (Trabzonspor), #18 Daniel Wass (Bröndby Kopenhagen), #26 Alexander Bah (Benfica Lissabon)
MITTELFELD: #7 Mathias Jensen (FC Brentford), #8 Thomas Delaney (FC Sevilla), #10 Christian Eriksen (Manchester United), #15 Christian Nörgaard (FC Brentford), #23 Pierre-Emile Höjbjerg (Tottenham Hotspur), #24 Robert Skov (TSG 1899 Hoffenheim), #25 Jesper Lindström (Eintracht Frankfurt)
ANGRIFF: #9 Martin Braithwaite (Espanyol Barcelona), #11 Andreas Skov Olsen (FC Brügge), #12 Kasper Dolberg (FC Sevilla), #14 Mikkel Damsgaard (FC Brentford), #19 Jonas Wind (VfL Wolfsburg), #20 Yussuf Poulsen (RB Leipzig), #21 Andreas Cornelius (FC Kopenhagen)

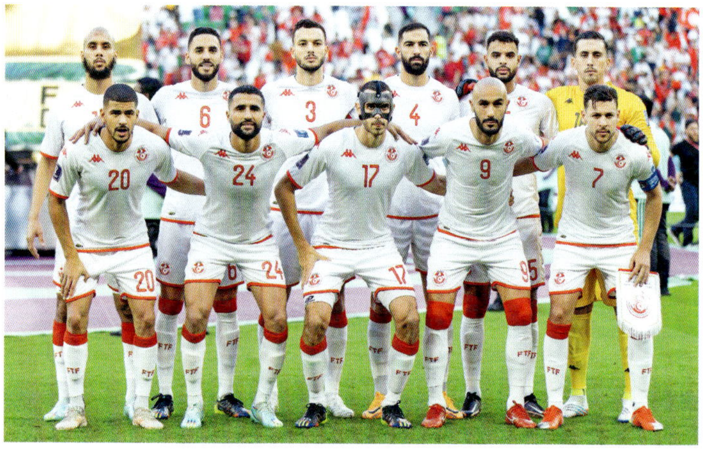

TUNESIEN

TOR: #1 Aymen Mathlouhti (ES du Sahel), #16 Aymen Dahmen (Club Sportif Sfaxien), #22 Bechir Ben Said (US Monastir), #26 Mouez Hassen (Club Africain)
ABWEHR: #2 Bilel Ifa (Al Kuwait SC), #3 Montassar Talbi (FC Lorient), #4 Yassine Meriah (ES Tunis), #6 Dylan Bronn (US Salernitana), #12 Ali Maalui (Al Ahly Kairo), #21 Wajdi Kechrida (Atromitos Athen), #24 Ali Abdi (SM Caen)
MITTELFELD: #5 Nader Ghandri (Club Africain), #8 Hannibal Mejbri (Birmingham City), #13 Ferjani Sassi (Al-Duhail SC), #14 Aissa Laidouni (Ferencváros Budapest), #15 Mohamed Ali Ben Romdhane (ES Tunis), #17 Ellyes Skhiri (1. FC Köln), #18 Gaylen Chaaleli (ES Tunis)
ANGRIFF: #7 Youssef Msakni (Al Arabi), #9 Issam Jebali (Odense BK), #10 Wahbi Khazri (HSC Montpellier), #11 Taha Yassine Khenissi (Al Kuwait SC), #19 Seifeddine Jaziri (Zamalek SC), #20 Mohamed Dräger (FC Luzern), #23 Naim Sliti (Al-Ettifaq), #25 Anis Slimane (Bröndby Kopenhagen)

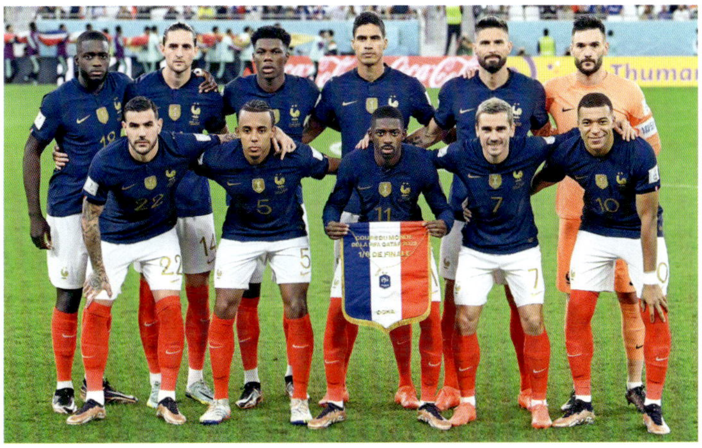

FRANKREICH

TOR: #1 Hugo Lloris (Tottenham Hotspur), #16 Steve Mandanda (Stade Rennes), #23 Alphonse Areola (West Ham United)
ABWEHR: #2 Benjamin Pavard (FC Bayern München), #3 Axel Disasi (AS Monaco), #4 Raphael Varane (Manchester United), #5 Jules Koundé (FC Barcelona), #17 William Saliba (FC Arsenal), #18 Dayot Upamecano (FC Bayern München), #21 Lucas Hernandez (FC Bayern München), #22 Theo Hernandez (Atlético Madrid), #24 Ibrahima Konaté (FC Liverpool)
MITTELFELD: #6 Matteo Guendouzi (Olympique Marseille), #8 Aurélien Tchouameni (Real Madrid), #13 Youssouf Fofana (AS Monaco), #14 Adrien Rabiot (Juventus Turin), #15 Jordan Veretout (Olympique Marseille), #20 Kingsley Coman (FC Bayern München), #25 Eduardo Camavinga (Real Madrid)
ANGRIFF: #7 Antoine Griezmann (Atlético Madrid), #9 Olivier Giroud (AC Mailand), #10 Kylian Mbappé (Paris Saint-Germain), #11 Ousmane Dembélé (FC Barcelona), #12 Randal Kolo Muani (Eintracht Frankfurt), #26 Marcus Thuram (Borussia Mönchengladbach)

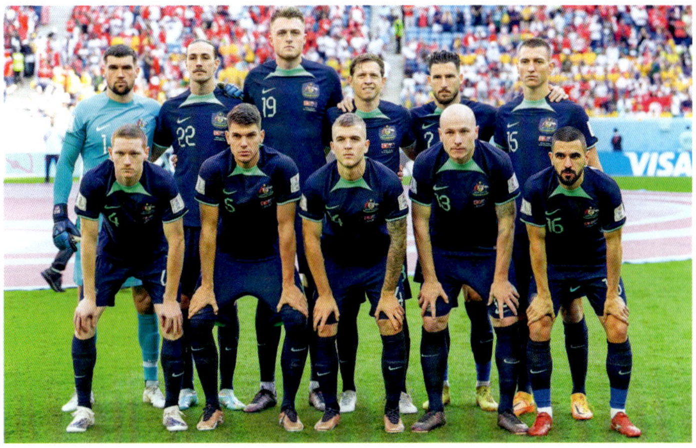

AUSTRALIEN

TOR: #1 Mathew Ryan (FC Kopenhagen), #12 Andrew Redmayne (Sydney FC), #18 Danny Vukovic (Central Coast FC)
ABWEHR: #2 Milos Degenek (Yokohama FM), #3 Nathaniel Atkinson (Heart of Midlothian), #4 Kye Rowles (Heart of Midlothian), #5 Fran Karacic (Brescia Calcio), #8 Bailey Wright (AFC Sunderland), #16 Aziz Behich (Dundee United), #19 Harry Souttar (Stoke City), #20 Thomas Deng (Albirex Niigata), #24 Joel King (Odense BK)
MITTELFELD: #10 Ajdin Hrustic (Hellas Verona), #13 Aaron Mooy (Celtic Glasgow), #14 Riley McGree (FC Middlesbrough), #17 Cameron Devlin (Heart of Midlothian), #22 Jackson Irvine (FC St. Pauli), #23 Craig Goodwin (Adelaide United), #26 Keanu Baccus (FC St. Mirren)
ANGRIFF: #6 Marco Tillio (Melbourne FC), #7 Mathew Leckie (Melbourne FC), #9 Jamie Maclaren (Melbourne FC), #11 Awer Mabil (FC Cádiz), #15 Mitchell Duke (Fagiano Okayama), #21 Garang Kuol (Central Coast FC), #25 Jason Cummings (Central Coast FC)

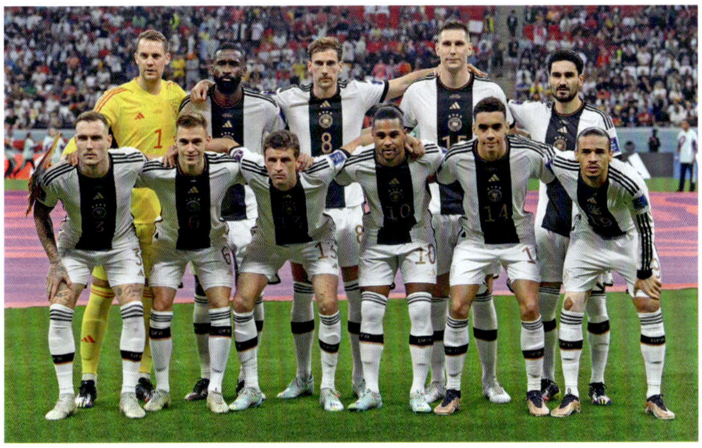

DEUTSCHLAND

TOR: #1 Manuel Neuer (FC Bayern München), #12 Kevin Trapp (Eintracht Frankfurt), #22 Marc-André ter Stegen (FC Barcelona)
ABWEHR: #2 Antonio Rüdiger (Real Madrid), #3 David Raum (RB Leipzig), #4 Matthias Ginter (SC Freiburg), #5 Thilo Kehrer (West Ham United), #15 Niklas Süle (Borussia Dortmund), #16 Lukas Klostermann (RB Leipzig), #20 Christian Günter (SC Freiburg), #23 Nico Schlotter-beck (Borussia Dortmund), #25 Armel Bella-Kotchap (FC Southampton)
MITTELFELD: #6 Joshua Kimmich (FC Bayern München), #8 Leon Goretzka (FC Bayern München), #10 Serge Gnabry (FC Bayern München), #11 Mario Götze (Eintracht Frankfurt), #13 Thomas Müller (FC Bayern München), #14 Jamal Musiala (FC Bayern München), #17 Julian Brandt (Borussia Dortmund), #18 Jonas Hofmann (Borussia Mönchengladbach), #19 Leroy Sané (FC Bayern München), #21 Ilkay Gündogan (Manchester City)
ANGRIFF: #7 Kai Havertz (FC Chelsea), #9 Niclas Füllkrug (Werder Bremen), #24 Karim Adeyemi (Borussia Dortmund), #26 Youssoufa Moukoko (Borussia Dortmund)

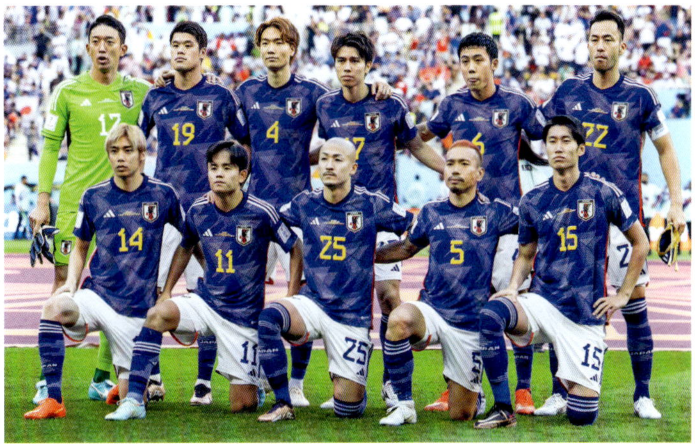

JAPAN

TOR: #1 Eiji Kawashima (Racing Straßburg), #12 Shuichi Gonda (Shimizu S-Pulse), #23 Daniel Schmidt (KVV St. Truiden)
ABWEHR: #2 Miki Yamane (Kawasaki Frontale), #3 Shogo Taniguchi (Kawasaki Frontale), #5 Yuto Nagatomo (FC Tokyo), #16 Takehiro Tomiyasu (FC Arsenal), #19 Hiroki Sakai (Urawa Red Diamonds), #22 Maya Yoshida (FC Schalke 04), #26 Ito Hiroki (VfB Stuttgart)
MITTELFELD: #4 Ko Itakura (Borussia Mönchengladbach), #6 Wataru Endo (VfB Stuttgart), #7 Gaku Shibasaki (CD Leganes), #10 Takumi Minamino (AS Monaco), #11 Takefusa Kubo (Real Sociedad San Sebastian), #13 Hidemasa Morita (Sporting Lissabon), #15 Daichi Kamada (Eintracht Frankfurt), #17 Ao Tanaka (Fortuna Düsseldorf), #18 Takuma Asano (VfL Bochum), #24 Yuki Soma (Nagoya Grampus)
ANGRIFF: #14 Junya Ito (Stade Reims), #20 Shuto Machino (Shonan Bellmare), #21 Ayase Ueda (Cercle Brügge), #25 Daizen Maeda (Celtic Glasgow)

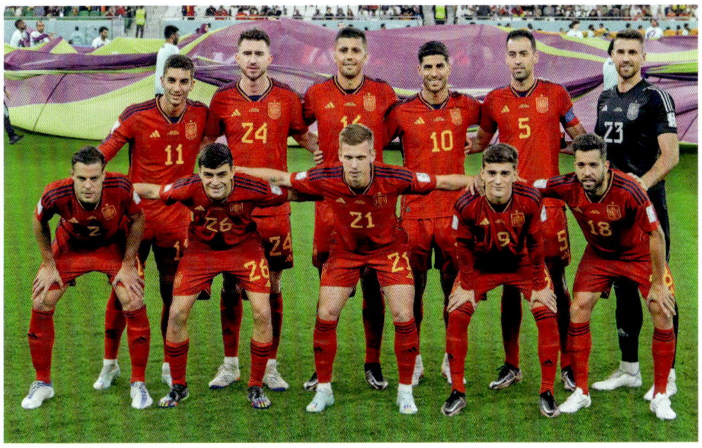

SPANIEN

TOR: #1 Robert Sanchez (Brighton & Hove Albion), #13 David Raya (FC Brentford), #23 Unai Simon (Athletic Bilbao)
ABWEHR: #2 César Azpilicueta (FC Chelsea), #3 Eric Garcia (FC Barcelona), #4 Pau Torres (FC Villarreal), #14 Alejandro Balde (FC Barcelona), #15 Hugo Guillamon (FC Valencia), #16 Rodrigo (Manchester City), #18 Jordi Alba (FC Barcelona), #20 Daniel Carvajal (Real Madrid), #24 Aymeric Laporte (Manchester City)
MITTELFELD: #5 Sergio Busquets (FC Barcelona), #6 Marcus Llorente (Atlético Madrid), #8 Koke (Atlético Madrid), #9 Gavi (FC Barcelona), #11 Ferran Torres (FC Barcelona), #19 Carlos Soler (Paris Saint-Germain), #21 Dani Olmo (RB Leipzig), #26 Pedri (FC Barcelona)
ANGRIFF: #7 Alvaro Morata (Atlético Madrid), #10 Marco Asensio (Real Madrid), #12 Nico Williams (Athletic Bilbao), #17 Yéremy Pino (FC Villarreal), #22 Pablo Sarabia (Paris Saint-Germain), #25 Ansu Fati (FC Barcelona)

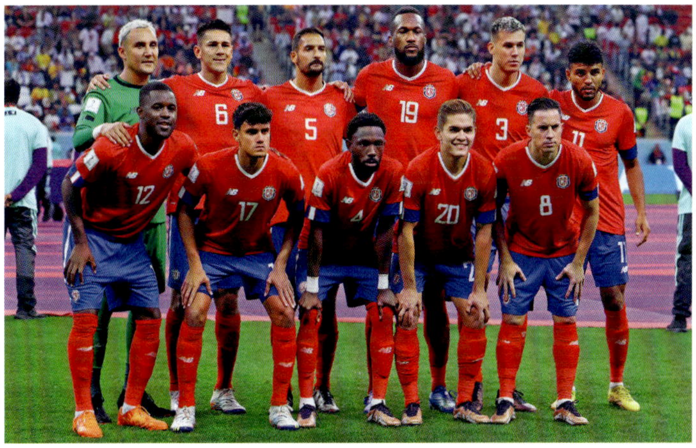

COSTA RICA

TOR: #1 Keylor Navas (Paris Saint-Germain), #18 Esteban Alvarado (CS Herediano), #23 Patrick Sequeira (CD Lugo)
ABWEHR: #3 Juan Pablo Vargas (Millonarios FC), #4 Keysher Fuller (CS Herediano), #6 Oscar Duarte (Al Wehda Club), #8 Bryan Oviedo (Real Salt Lake), #15 Francisco Calvo (Konyaspor), #16 Carlos Martinez (AD San Carlos), #19 Kendall Waston (Deportivo Saprissa), #22 Ronald Matarrita (FC Cincinnati)
MITTELFELD: #2 Daniel Chacon (Colorado Rapids II), #5 Celso Borges (LD Alajuelense), #9 Jewison Bennette (AFC Sunderland), #10 Bryan Ruiz (LD Alajuelense), #13 Gerson Torres (CS Herediano), #14 Youstin Salas (Deportivo Saprissa), #17 Yeltsin Tejeda (CS Herediano), #20 Brandon Aguilera (AD Guanacasteca), #21 Douglas Lopez (CS Herediano), #24 Roan Wilson (Municipal Grecia), #26 Alvaro Zamora (Deportivo Saprissa)
ANGRIFF: #7 Anthony Contreras (CS Herediano), #11 Johan Venegas (LD Alajuelense), #12 Joel Campbell (Club León), #25 Anthony Hernan-dez (Puntarenas FC)

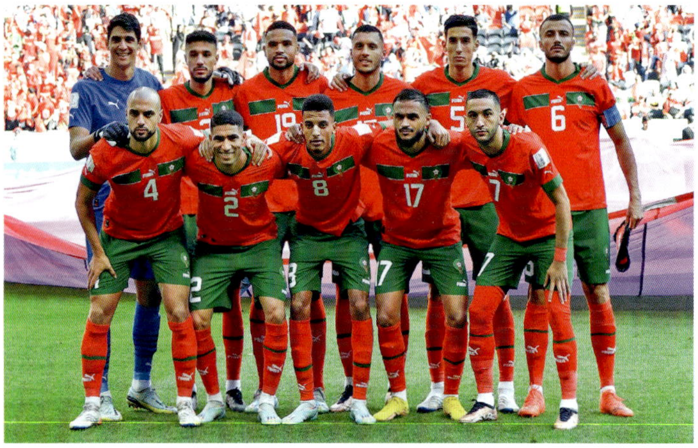

MAROKKO

TOR: #1 Bono (FC Sevilla), #12 Munir (Al Wehda Club), #22 Reda Tagnaouti (Wydad Casablanca)
ABWEHR: #2 Achraf Hakimi (Paris Saint-Germain), #3 Noussair Mazraoui (FC Bayern München), #5 Nayef Aguerd (West Ham United), #6 Romain Saiss (Besiktas Istanbul), #18 Jawad El Yamiq (Real Valladolid), #20 Achraf Dari (Stade Brest), #24 Badr Banoun (Qatar SC), #25 Yahya Attiat-Allah (Wydad Casablanca)
MITTELFELD: #4 Sofyan Amrabat (AC Florenz), #7 Hakim Ziyech (FC Chelsea), #8 Azzedine Ounahi (SCO Angers), #10 Anass Zaroury (FC Burnley), #11 Abdelhamid Sabiri (Sampdoria Genua), #13 Ilias Chair (Queens Park Rangers), #15 Selim Amallah (Standard Lüttich), #17 Sofiane Boufal (SCO Angers), #23 Bilal El Khannouss (KRC Genk), #26 Yahya Jabrane (Wydad Casablanca)
ANGRIFF: #9 Abderrazak Hamdallah (Al Ittihad Club), #14 Zakaria Aboukhlal (FC Toulouse), #16 Abde Ez (CA Osasuna), #19 Youssef En-Nesyri (FC Sevilla), #21 Walid Cheddira (SSC Bari)

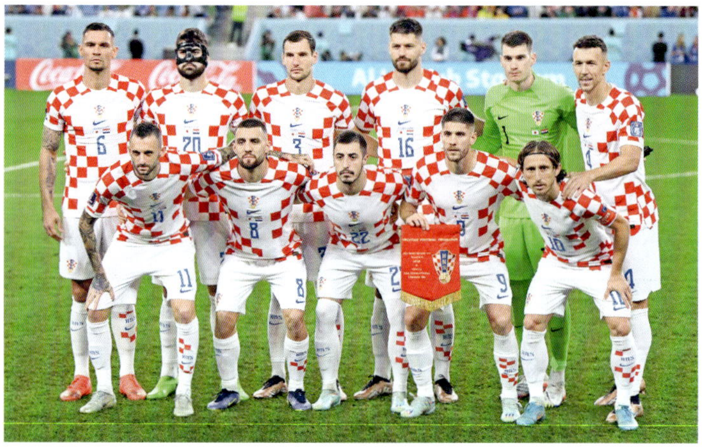

KROATIEN

TOR: #1 Dominik Livakovic (Dinamo Zagreb), #12 Ivo Grbic (Atlético Madrid), #23 Ivica Ivusic (NK Osijek)
ABWEHR: #2 Josip Stanisic (FC Bayern München), #3 Borna Barisic (Glasgow Rangers), #5 Martin Erlic (Sassuolo Calcio), #6 Dejan Lovren (Zenit St. Petersburg), #19 Borna Sosa (VfB Stuttgart), #20 Josko Gvardiol (RB Leipzig), #21 Domagoj Vida (AEK Athen), #22 Josip Juranovic (Celtic Glasgow), #24 Josip Sutalo (Dinamo Zagreb)
MITTELFELD: #4 Ivan Perisic (Tottenham Hotspur), #7 Lovro Majer (Stade Rennes), #8 Mateo Kovacic (FC Chelsea), #10 Luka Modric (Real Madrid), #11 Marcelo Brozovic (Inter Mailand), #13 Nikola Vlasic (FC Turin), #15 Mario Pasalic (Atalanta Bergamo), #25 Luka Sucic (RB Salzburg), #26 Kristijan Jakic (Eintracht Frankfurt)
ANGRIFF: #9 Andrej Kramaric (TSG 1899 Hoffenheim), #14 Marko Livaja (Hajduk Split), #16 Bruno Petkovic (Dinamo Zagreb), #17 Ante Budimir (CA Osasuna), #18 Mislav Orsic (Dinamo Zagreb)

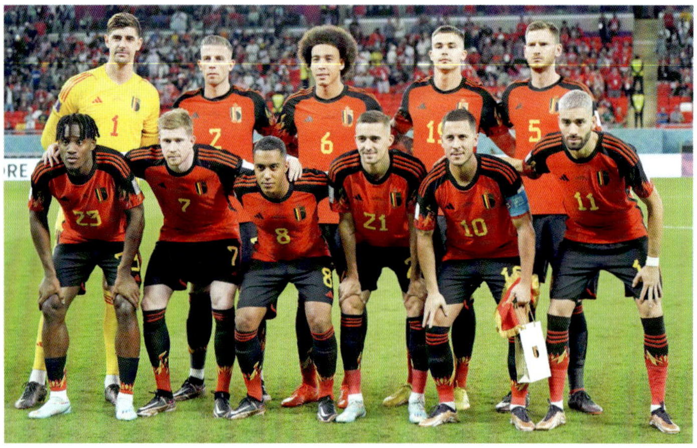

BELGIEN

TOR: #1 Thibaut Courtois (Real Madrid), #12 Simon Mignolet (FC Brügge), #13 Koen Casteels (VfL Wolfsburg)
ABWEHR: #2 Toby Alderweireld (Royal Antwerpen), #3 Arthur Theate (Stade Rennes), #4 Wout Faes (Leicester City), #5 Jan Vertonghen (RSC Anderlecht), #15 Thomas Meunier (Borussia Dortmund), #21 Timothy Castagne (Leicester City), #26 Zeno Debast (RSC Anderlecht)
MITTELFELD: #6 Axel Witsel (Atlético Madrid), #7 Kevin De Bruyne (Manchester City), #8 Youri Tielemans (Leicester City), #10 Eden Hazard (Real Madrid), #11 Yannick Carrasco (Atlético Madrid), #16 Thorgan Hazard (Borussia Dortmund), #17 Leandro Trossard (Brighton & Hove Albion), #18 Amadou Onana (FC Everton), #19 Leander Dendoncker (Aston Villa), #20 Hans Vanaken (FC Brügge)
ANGRIFF: #9 Romelu Lukaku (Inter Mailand), #14 Dries Mertens (Galatasaray Istanbul), #22 Charles De Ketelaere (AC Mailand), #23 Michy Batshuayi (Fenerbahce Istanbul), #24 Lois Openda (RC Lens), #25 Jérémy Doku (Stade Rennes)

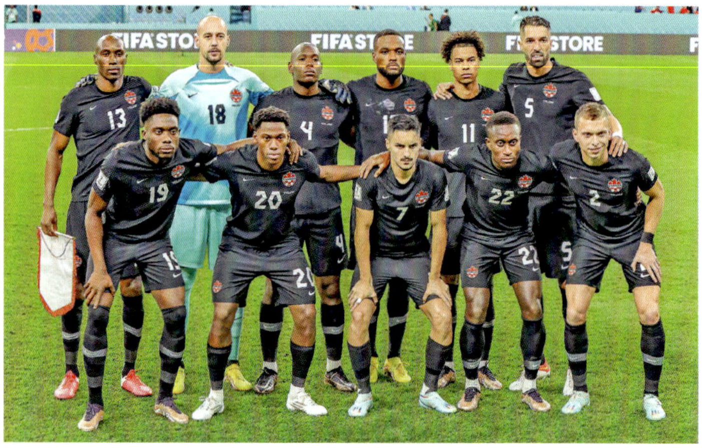

KANADA

TOR: #1 Dayne St. Clair (Minnesota United), #16 James Pantemis (CF Montreal), #18 Milan Borjan (Roter Stern Belgrad)
ABWEHR: #2 Alistair Johnston (CF Montreal), #3 Sam Adekugbe (Hatayspor), #4 Kamal Miller (CF Montreal), #5 Steven Vitoria (GD Chaves), #22 Richie Laryea (Toronto FC), #25 Derek Cornelius (Panetolikos GFS), #26 Joel Waterman (CF Montreal)
MITTELFELD: #6 Samuel Piette (CF Montreal), #7 Stephen Eustaquio (FC Porto), #8 Liam Fraser (KMSK Deinze), #10 Junior Hoilett (FC Reading), #13 Atiba Hutchinson (Besiktas Istanbul), #14 Mark-Anthony Kaye (Toronto FC), #15 Ismail Kone (CF Montreal), #19 Alphonso Davies (FC Bayern München), #21 Jonathan Osorio (Toronto FC), #24 David Wotherspoon (FC St. Johnstone)
ANGRIFF: #9 Lucas Cavallini (Vancouver Whitecaps), #11 Tajon Buchanan (FC Brügge), #12 Ike Ugbo (ES Troyes AC), #17 Cyle Larin (FC Brügge), #20 Jonathan David (OSC Lille), #23 Liam Millar (FC Basel)

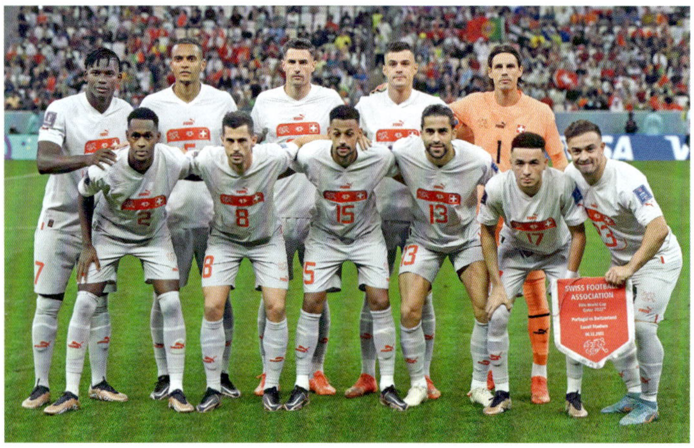

SCHWEIZ

TOR: #1 Yann Sommer (Borussia Mönchengladbach), #12 Jonas Omlin (HSC Montpellier), #21 Gregor Kobel (Borussia Dortmund), #24 Philipp Köhn (RB Salzburg)
ABWEHR: #3 Silvan Widmer (FSV Mainz 05), #4 Nico Elvedi (Borussia Mönchengladbach), #5 Manuel Akanji (Manchester City), #13 Ricardo Rodriguez (FC Turin), #14 Michel Aebischer (FC Bologna), #18 Eray Cömert (FC Valencia), #22 Fabian Schär (Newcastle United)
MITTELFELD: #2 Edmilson Fernandes (FSV Mainz 05), #6 Denis Zakaria (FC Chelsea), #8 Remo Freuler (Nottingham Forest), #10 Granit Xhaka (FC Arsenal), #11 Renato Steffen (FC Lugano), #15 Djibril Sow (Eintracht Frankfurt), #16 Christian Fassnacht (Young Boys Bern), #17 Ruben Vargas (FC Augsburg), #20 Fabian Frei (FC Basel), #23 Xherdan Shaqiri (Chicago Fire), #25 Fabian Rieder (Young Boys Bern), #26 Ardon Jashari (FC Luzern)
ANGRIFF: #7 Breel Embolo (AS Monaco), #9 Haris Seferovic (Galatasaray Istanbul), #19 Noah Okafor (RB Salzburg)

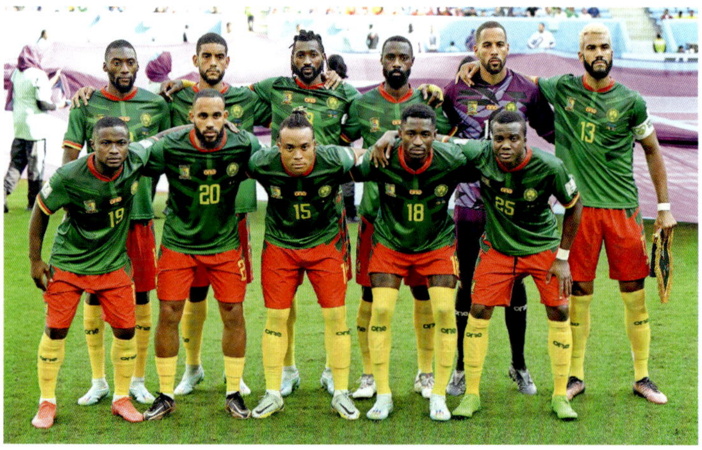

KAMERUN

TOR: #1 Simon Ngapandouetnbu (Olympique Marseille), #16 Devis Epassy (Abha Club), #23 André Onana (Inter Mailand)
ABWEHR: #2 Jerome Ngom Mbekeli (APEJES De Mfou), #3 Nicolas Nkoulou (Aris Saloniki), #4 Christopher Woo (Stade Rennes), #17 Olivier Mbaizo (Philadelphia Union), #19 Collins Fai (Al-Tai), #21 Jean-Charles Castelletto (FC Nantes), #24 Enzo Ebosse (Udinese Calcio), #25 Tolo Nouhou (Seattle Sounders)
MITTELFELD: #5 Gael Ondoua (Hannover 96), #7 Georges-Kevin Nkoudou (Besiktas Istanbul), #14 Samuel Oum Gouet (KV Mechelen), #15 Pierre Kunde (Olympiakos Piräus), #18 Martin Hongla (Hellas Verona), #22 Olivier Ntcham (Swansea City), #26 Souaibou Marou (Coton Sport FC)
ANGRIFF: #6 Nicolas Moumi Ngamaleu (Dynamo Moskau), #9 Jean-Pierre Nsame (Young Boys Bern), #10 Vincent Aboubakar (Al-Nasr Riad), #11 Christian Bassogog (Shanghai Shenhua), #12 Karl Toko Ekambi (Olympique Lyon), #13 Eric Maxim Choupo-Moting (FC Bayern München), #20 Bryan Mbeumo (FC Brentford)

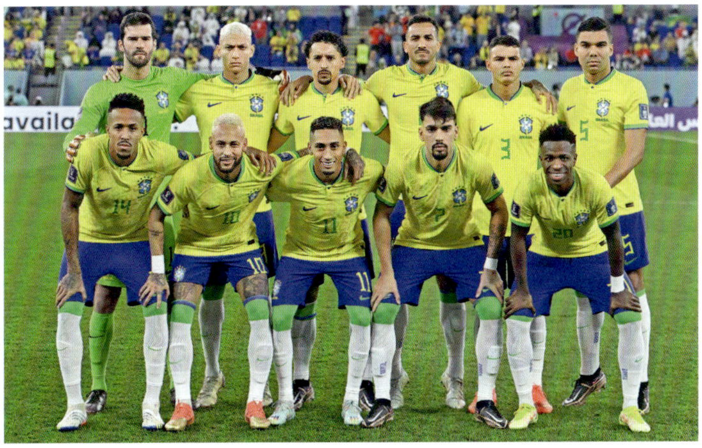

BRASILIEN

TOR: #1 Alisson (FC Liverpool), #12 Weverton (Pameiras Sao Paulo), #23 Ederson (Manchester City)
ABWEHR: #2 Danilo (Juventus Turin), #3 Thiago Silva (FC Chelsea), #4 Marquinhos (Paris Saint-Germain), #6 Alex Sandro (Juventus Turin), #13 Dani Alves (UNAM Pumas), #14 Éder Militao (Real Madrid), #16 Alex Telles (FC Sevilla), #24 Bremer (Juventus Turin)
MITTELFELD: #5 Casemiro (Manchester United), #7 Lucas Paqueta (West Ham United), #8 Fred (Manchester United), #15 Fabinho (FC Liverpool), #17 Brunio Guimaraes (Newcastle United), #22 Everton Ribeiro (Flamengo Rio de Janeiro)
ANGRIFF: #9 Richarlison (Tottenham Hotspur), #10 Neymar (Paris Saint-Germain), #11 Raphinha (FC Barcelona), #18 Gabriel Jesus (FC Arsenal), #19 Antony (Manchester United), #20 Vinicius Junior (Real Madrid), #21 Rodrygo (Real Madrid), #25 Pedro (Flamengo Rio de Janeiro), #26 Gabriel Martinelli (FC Arsenal)

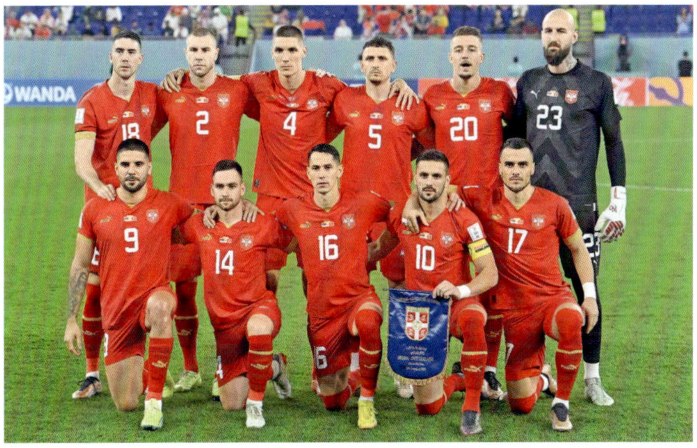

SERBIEN

TOR: #1 Marko Dmitrovic (FC Sevilla), #12 Predrag Rajkovic (RCD Mallorca), #23 Vanja Milinkovic-Savic (FC Turin)
ABWEHR: #2 Strahinja Pavlovic (RB Salzburg), #3 Strahinja Erakovic (Roter Stern Belgrad), #4 Nikola Milenkovic (AC Florenz), #5 Milos Veljkovic (Werder Bremen), #13 Stefan Mitrovic (FC Getafe), #15 Srdjan Babic (UD Almeria), #25 Filip Mladenovic (Legia Warschau)
MITTELFELD: #6 Nemanja Maximovic (FC Getafe), #8 Nemanja Gudelj (FC Sevilla), #10 Dusan Tadic (Ajax Amsterdam), #14 Andrija Zivkovic (PAOK Saloniki), #16 Sasa Lukic (FC Turin), #17 Filip Kostic (Juventus Turin), #19 Uros Racic (SC Braga), #20 Sergej Milinkovic-Savic (Lazio Rom), #21 Filip Djuricic (Sampdoria Genua), #22 Darko Lazovic (Hellas Verona), #24 Ivan Ilic (Hellas Verona), #26 Marko Grujic (FC Porto)
ANGRIFF: #7 Nemanja Radonjic (FC Turin), #9 Aleksandar Mitrovic (FC Fulham), #11 Luka Jovic (AC Florenz), #18 Dusan Vlahovic (Juventus Turin)

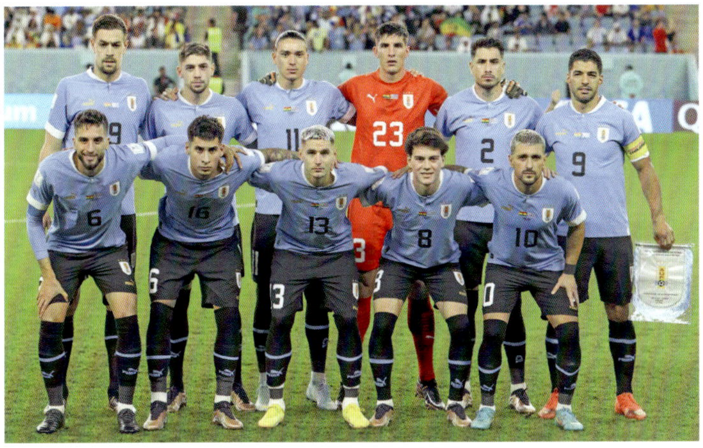

URUGUAY

TOR: #1 Fernando Muslera (Galatasaray Istanbul), #12 Sebastian Sosa (CA Independiente), #23 Sergio Rochet (Nacional Montevideo)
ABWEHR: #2 José Maria Gimenez (Atlético Madrid), #3 Diego Godin (Velez Sarsfield), #4 Ronald Araujo (FC Barcelona), #13 Guillermo Varela (Flamengo Rio de Janeiro), #16 Mathias Olivera (SSC Neapel), #17 Matias Vina (AS Rom), #19 Sebastian Coates (Sporting Lissabon), #22 Martin Caceres (Los Angeles Galaxy)
MITTELFELD: #5 Matias Vecino (Lazio Rom), #6 Rodrigo Bentancur (Tottenham Hotspur), #7 Nicolas De La Cruz (River Plate Buenos Aires), #10 Giorgian De Arrascaeta (Flamengo Rio de Janeiro), #14 Lucas Torreira (Galatasaray Istanbul), #15 Federico Valverde (Real Madrid), #24 Agustin Canobbio (Atletico Paranaense), #25 Manuel Ugarte (Sporting Lissabon)
ANGRIFF: #8 Facundo Pellistri (Manchester United), #9 Luis Suarez (Nacional Montevideo), #11 Darwin Nunez (FC Liverpool), #18 Maximiliano Gomez (Trabzonspor), #20 Facundo Torres (Orlando City), #21 Edinson Cavani (FC Valencia)

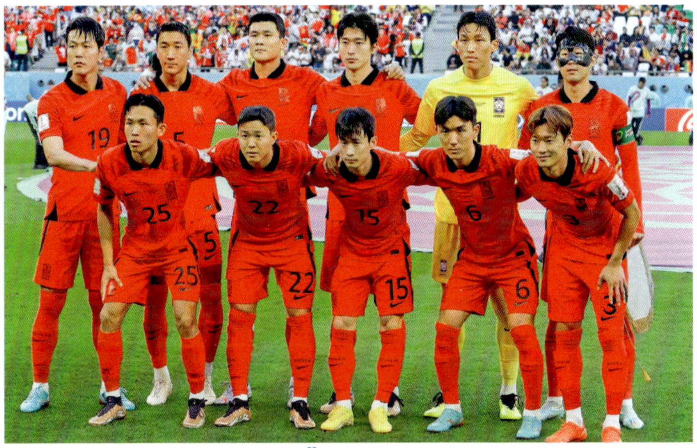

SÜDKOREA

TOR: #1 Seung-Gyu Kim (Al-Shabab Riad), #12 Bum-Keun Song (Chonbuk Hyundai), #21 Hyeon-Woo Jo (Ulsan Hyundai)
ABWEHR: #2 Jong-Gyu Yoon (FC Seoul), #3 Jin-Su Kim (Jeonbuk FC), #14 Chul Hong (Daegu FC), #15 Moon-Hwan Kim (Jeonbuk FC), #18 Kang-In Lee (RCD Mallorca), #19 Young-Gwon Kim (Ulsan Hyundai), #20 Kyung-Won Kwon (Gamba Osaka), #23 Tae-Hwan Kim (Ulsan Hyundai), #24 Yu-Min Cho (Daejon Citizen)
MITTELFELD: #5 Woo-Young Jung (Al-Sadd Club), #6 In-Beom Hwang (Olympiakos Piräus), #8 Seung-Ho Paik (Jeonbuk FC), #10 Jae-Sung Lee (FSV Mainz 05), #13 Jun-Ho Son (Shandong Taishan), #17 Sang-Ho Na (FC Seoul), #22 Chang-Hoon Kwon (Gimcheon Sangmu FC), #25 Woo-Yeong Jeong (SC Freiburg)
ANGRIFF: #7 Heung-Min Son (Tottenham Hotspur), #9 Gue-Sung Cho (Jeonbuk FC), #16 Ui-Jo Hwang (Olympiakos Piräus), #26 Min-Kyu Song (Jeonbuk FC)

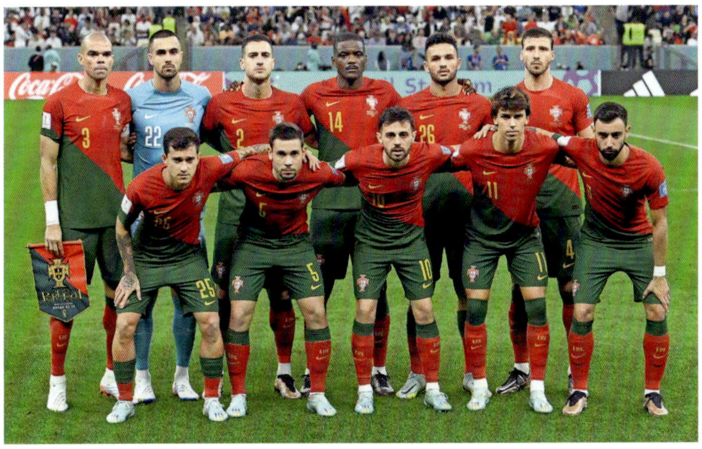

PORTUGAL

TOR: #1 Rui Patricio (AS Rom), #12 José Sa (Wolverhampton Wanderers), #22 Diogo Costa (FC Porto)
ABWEHR: #2 Diogo Dalot (Manchester United), #3 Pepe (FC Porto), #4 Ruben Dias (Manchester City), #5 Raphael Guerreiro (Borussia Dortmund), #19 Nuno Mendes (Paris Saint-Germain), #20 Joao Cancelo (Manchester City), #24 Antonio Silva (Sporting Lissabon)
MITTELFELD: #6 Joao Palhinha (FC Fulham), #8 Bruno Fernandes (Manchester United), #10 Bernardo Silva (Manchester City), #13 Danilo Pereira (Paris Saint-Germain), #14 William Carvalho (Betis Sevilla), #16 Vitinha (Paris Saint-Germain), #17 Joao Mario (Benfica Lissabon), #18 Ruben Neves (Wolverhampton Wanderers), #23 Matheus Nunes (Wolverhampton Wanderers), #25 Otavio (FC Porto)
ANGRIFF: #7 Cristiano Ronaldo (vereinslos), #9 André Silva (RB Leipzig), #11 Joao Félix (Atlético Madrid), #15 Rafael Leao (AC Mailand), #21 Ricardo Horta (SC Braga), #26 Goncalo Ramos (Benfica Lissabon)

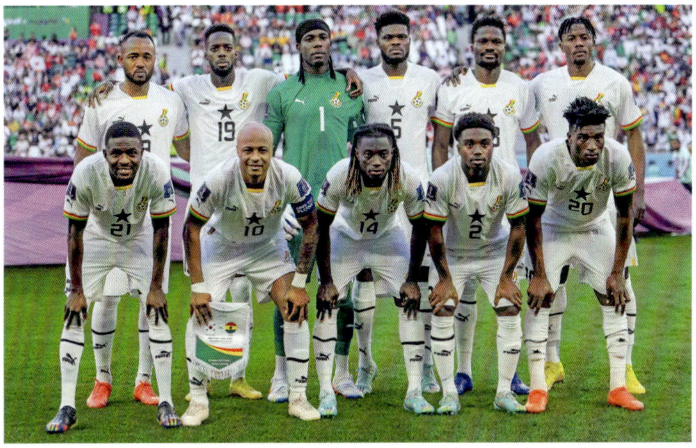

GHANA

TOR: #1 Lawrence Ati Zigi (FC St. Gallen), #12 Ibrahim Danlad (Asante Kotoko SC), #16 Manaf Nurudeen (KAS Eupen)
ABWEHR: #2 Tariq Lamptey (Brighton & Hove Albion), #3 Denis Odoi (FC Brügge), #4 Mohammed Salisu (FC Southampton), #14 Gideon Mensah (AJ Auxerre), #15 Joseph Aidoo (Celta Vigo), #17 Abdul Rahman Baba (FC Reading), #23 Alexander Djiku (Racing Strasbourg), #26 Seidu Alidu (Clermont Foot)
MITTELFELD: #5 Thomas Partey (FC Arsenal), #6 Elisha Owusu (KAA Gent), #7 Issahaku Fatawu (Sporting Lissabon), #8 Daniel-Kofi Kyereh (SC Freiburg), #10 André Ayew (Al-Sadd Club), #13 Daniel Afriyie (Accra Hearts of Oak), #18 Daniel Amartey (Leicester City), #20 Mohammed Kudus (Ajax Amsterdam), #21 Samed Salis Abdul (RC Lens)
ANGRIFF: #9 Jordan Ayew (Crystal Palace), #11 Osman Bukari (Roter Stern Belgrad), #19 Inaki Williams (Athletic Bilbao), #22 Kamaldeen Sulemana (Stade Rennes), #24 Kamal Sowah (FC Brügge), #25 Antoine Semenyo (Bristol City)

Niederlande – USA	3:1 (2:0)
Argentinien – Australien	2:1 (1:0)
Frankreich – Polen	3:1 (1:0)
England – Senegal	3:0 (2:0)
Japan – Kroatien	2:4 n.E. (1:1, 1:1, 1:0)
Brasilien – Südkorea	4:1 (4:0)
Marokko – Spanien	3:0 n.E. (0:0, 0:0, 0:0)
Portugal – Schweiz	6:1 (2:0)

Marokko blieb auch im Achtelfinale die große Überraschung dieser WM. Gegen Mitfavorit Spanien setzten sich die Nordafrikaner, die schon Vorrundengruppe F völlig unerwartet auf dem ersten Platz abgeschlossen hatten, im Elfmeterschießen mit 3:0 durch. In regulärer Spielzeit und Verlängerung waren keine Tore gefallen.

Marokko zog damit als erst viertes afrikanisches Team überhaupt nach Kamerun 1990, Senegal 2002 und Ghana 2010 in ein WM-Viertelfinale ein. In sechs der acht Achtelfinalspiele gab es teilweise beeindruckende Favoritensiege. Als einziger Gruppenerster blieb Japan nach einem 2:4 nach Elfmeterschießen gegen Kroatien auf der Strecke. Damit waren alle vier Teams aus der deutschen Vorrundengruppe E im Viertelfinale nicht mehr dabei.

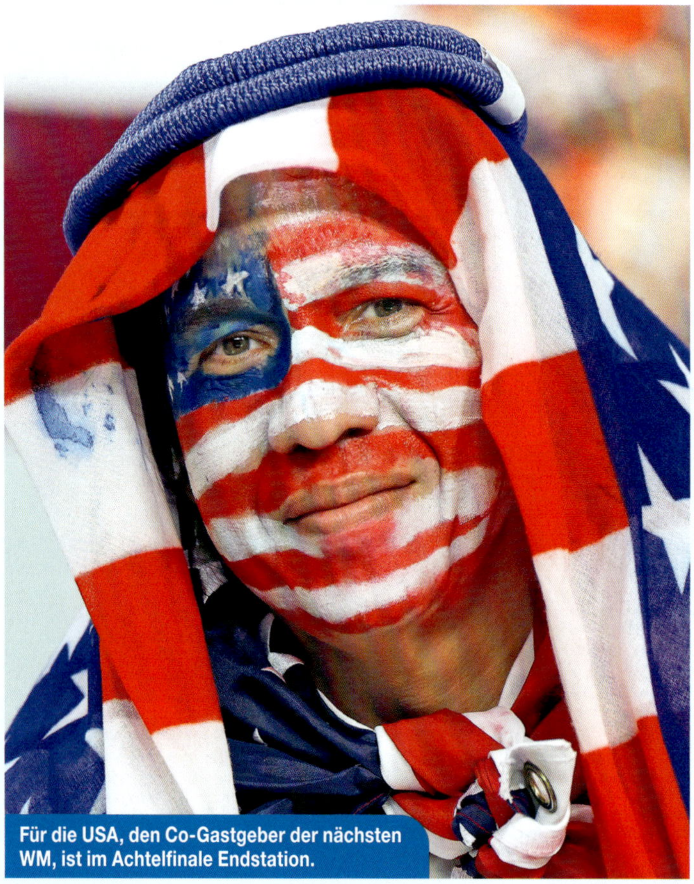

Für die USA, den Co-Gastgeber der nächsten WM, ist im Achtelfinale Endstation.

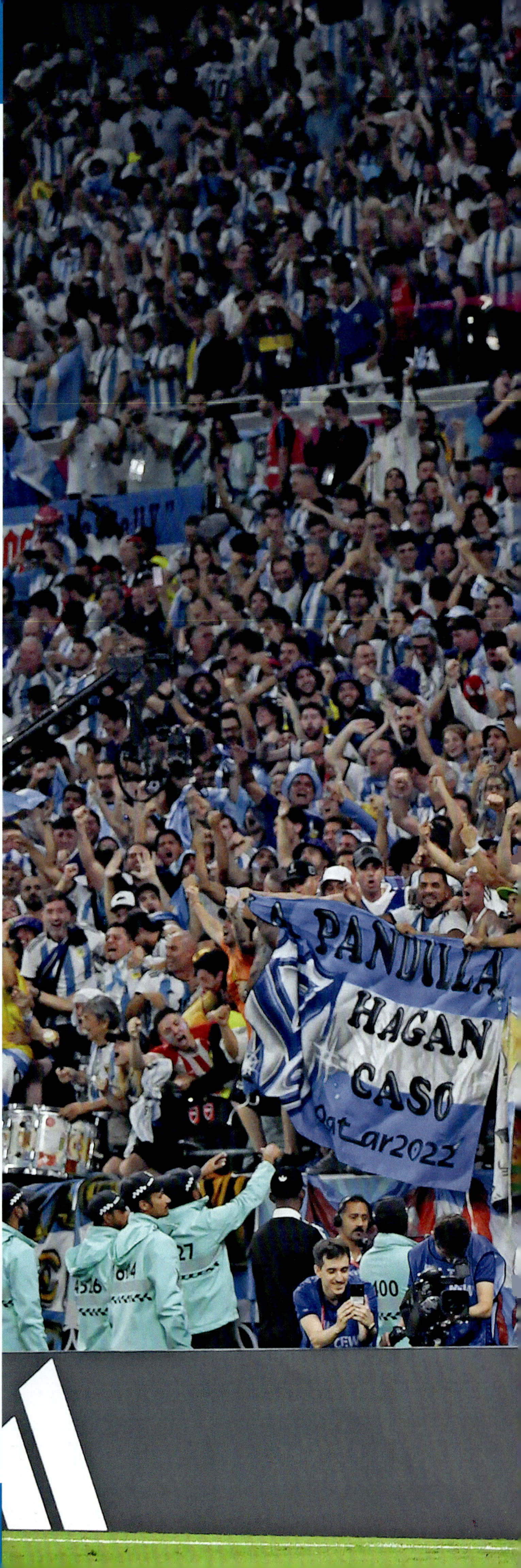

ACHTELFINALE

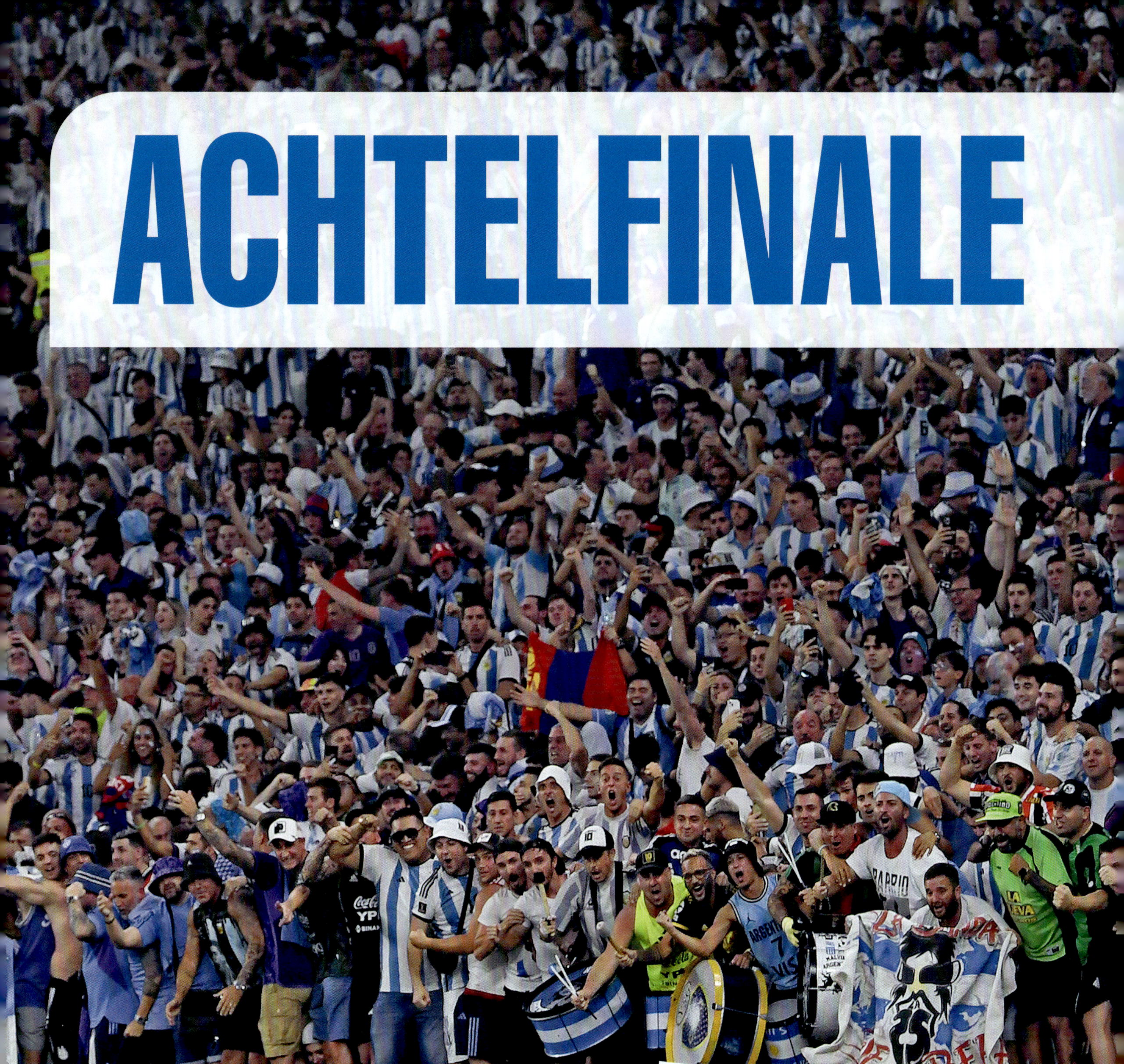

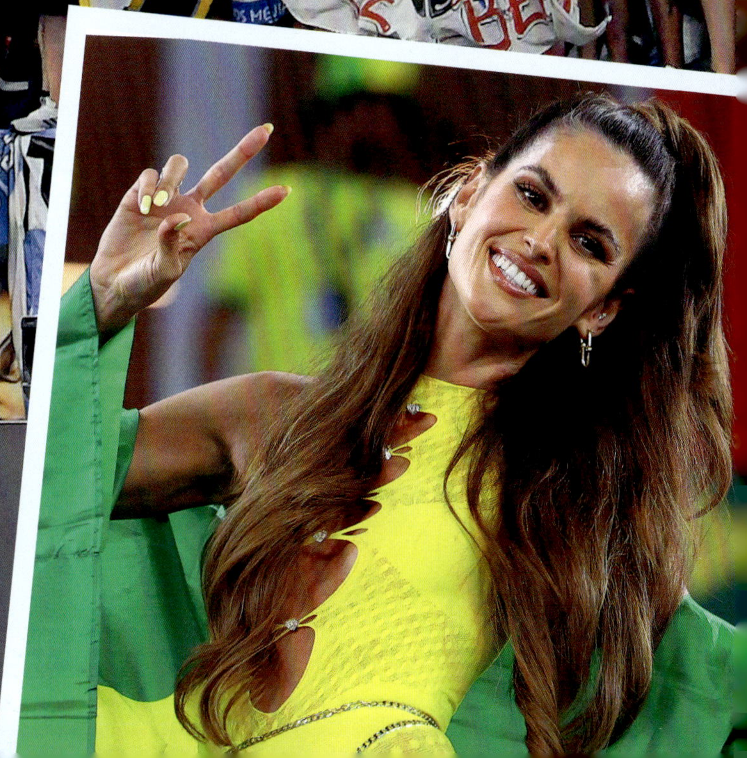

3. Dezember 2022, 18 Uhr Ortszeit, Khalifa International Stadium

NIEDERLANDE – USA
3 : 1

Trainer: Louis van Gaal

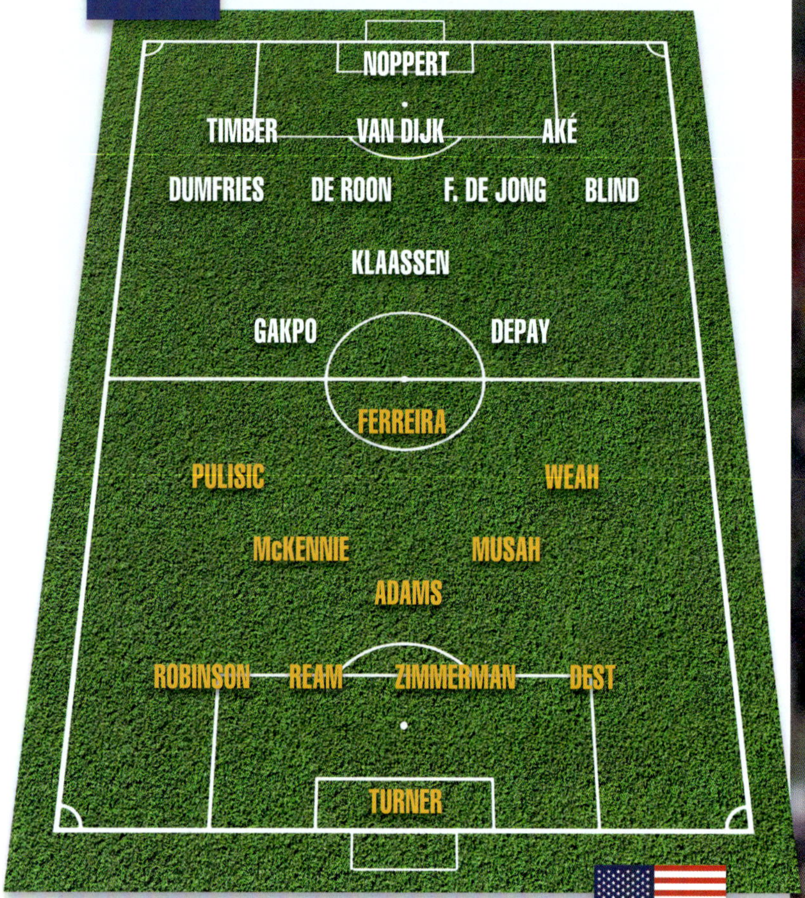

Trainer: Gregg Berhalter

Eingewechselt:

Niederlande	USA
Koopmeiners für Klaassen (46.)	Reyna für Ferreira (46.)
Bergwijn für de Roon (46.)	Aaronson für Weah (67.)
Simons für Depay (83.)	Wright für McKennie (67.)
Weghorst für Gakpo (90.+3)	Yedlin für Dest (75.)
de Ligt für Aké (90.+3)	Morris für Robinson (90.+2)

Tore: 1:0 Memphis (10.), 2:0 Blind (45.+1), 2:1 Wright (76.), 3:1 Dumfries (81.)

Gelbe Karten: F. de Jong, Koopmeiners / –

Gelb-Rote Karte: –

Rote Karte: –

Schiedsrichter: Wilton Pereira Sampaio (Brasilien)

Zuschauer: 44 846

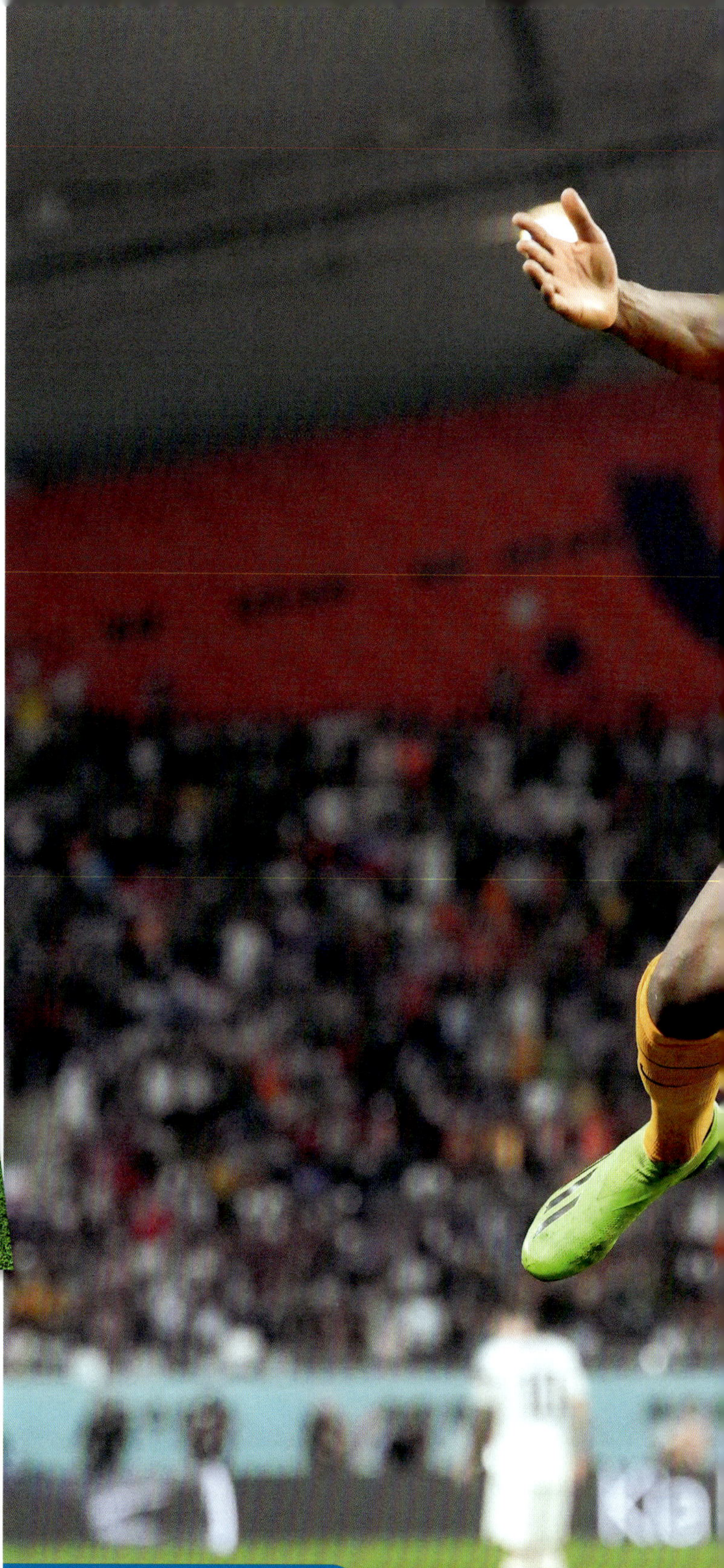

Niederlandes Matchwinner: Denzel Dumfries feiert seinen Treffer zum 3:1.

Mit einer überragenden Leistung hat Denzel Dumfries die Niederlande zum 3:1-Sieg gegen die USA und damit ins Viertelfinale geführt. Der bei Inter Mailand tätige Mittelfeldmann bereitete die ersten beiden Tore der »Elftal« mustergültig vor und erzielte den Endstand selbst. »Es war vielleicht mein bestes Spiel überhaupt«, sagte Dumfries hinterher. Bondscoach Louis van Gaal schätzt den 26-Jährigen sehr, der mit 17 in der A-Nationalmannschaft der Karibikinsel Aruba, der Heimat seines Vaters, spielte, und sich erst später für »Oranje« entschied. Als einer von vier Feldspielern stand Dumfries in allen drei Vorrundenspielen von der ersten bis zur letzten

DIE DENZEL-DUMFRIES-SHOW

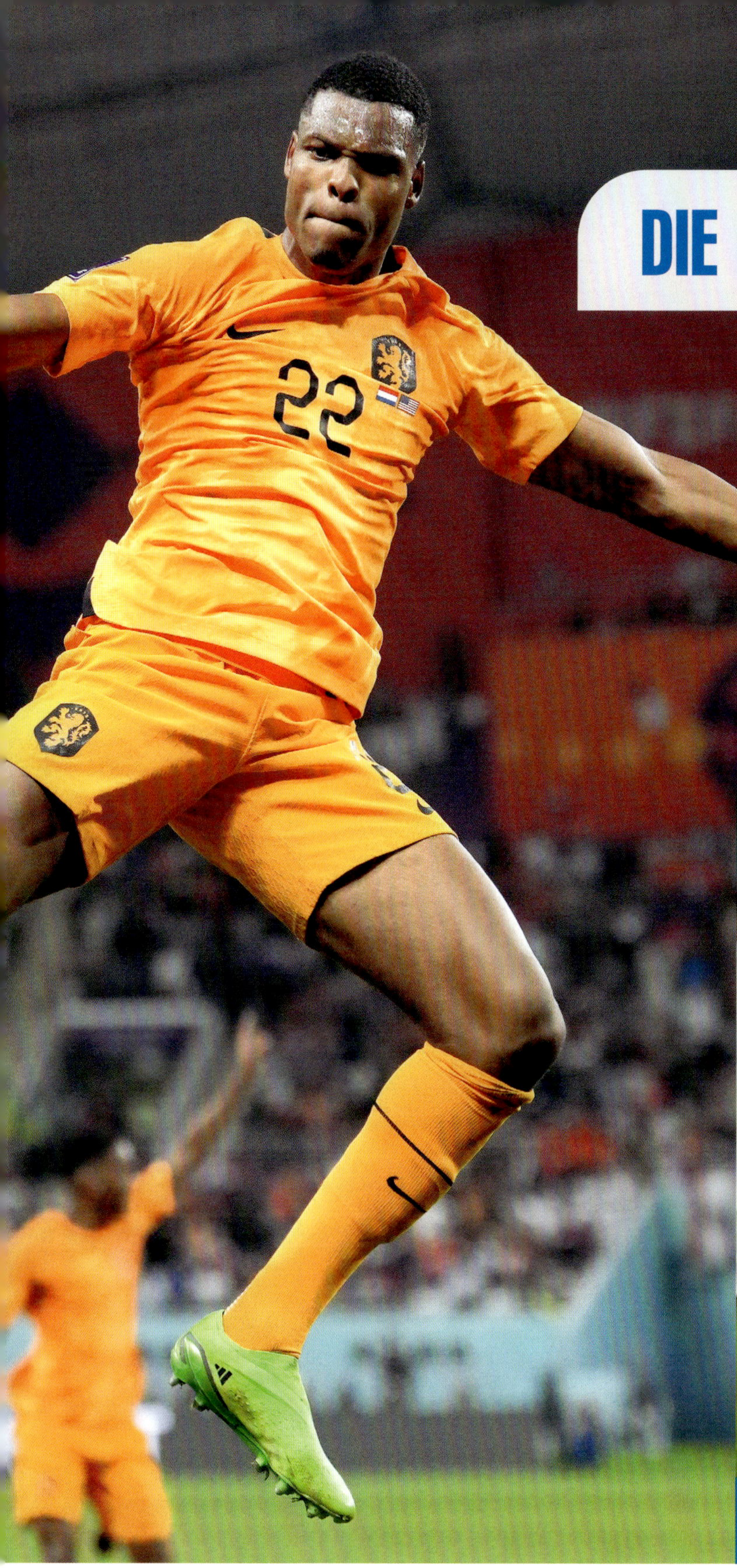

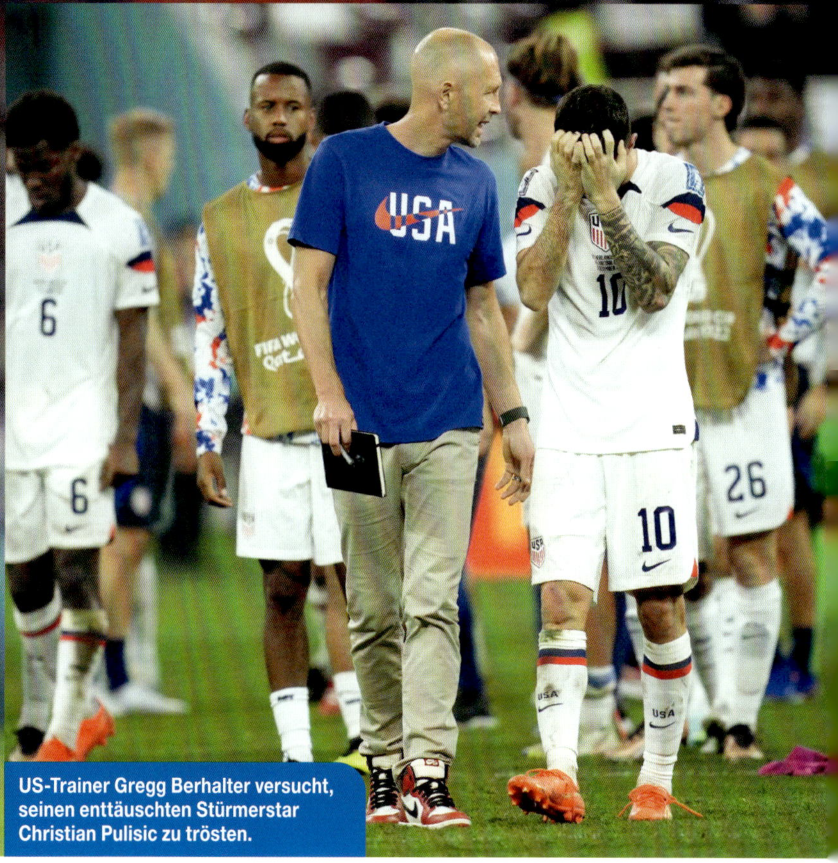

US-Trainer Gregg Berhalter versucht, seinen enttäuschten Stürmerstar Christian Pulisic zu trösten.

Minute auf dem Platz. Auch im Viertelfinale war er im 3–4–3-System auf der rechten Mittelfeldposition gesetzt. Gleich der erste Torschuss der Niederlande in der zehnten Minute führte zum 1:0: Dumfries war auf dem rechten Flügel durchgebrochen, seinen perfekt getimten Rückpass verwertete Memphis Depay mit einem Rechtsschuss aus 14 Metern. Nahezu eine Kopie das 2:0 in der Nachspielzeit der ersten Hälfte: Diesmal war es Daley Blind, der das Zuspiel von Dumfries vollendete.
Nach Wiederbeginn legten die Amerikaner zu, drängten auf den Anschlusstreffer. In der 76. Minute wurden sie dafür belohnt: Der ehemalige Schalker Haji Wright fälschte eine Hereingabe von Christian Pulisic ab – in hohem Bogen rotierte der Ball ins Tor. Die Entscheidung aber nur fünf Minuten später, diesmal trat Dumfries selbst als Torschütze in Erscheinung: Eine hohe Flanke von Blind drosch er volley aus fünf Metern ins Netz. Zwischendurch glänzte der Matchwinner noch in der Defensive, als er einen Schuss von Wright von der Linie kratzte.
Vier Jahre vor der WM im eigenen Land sagte US-Trainer Gregg Berhalter nach dem Ausscheiden: »Wir wollten dem Rest der Welt zeigen, wie wir Fußball spielen können. Dieses Ziel haben wir zumindest teilweise erreicht.«

3. Dezember 2022, 22 Uhr Ortszeit, Ahmed Bin Ali Stadium

ARGENTINIEN – AUSTRALIEN
2 : 1

Trainer: Lionel Scaloni

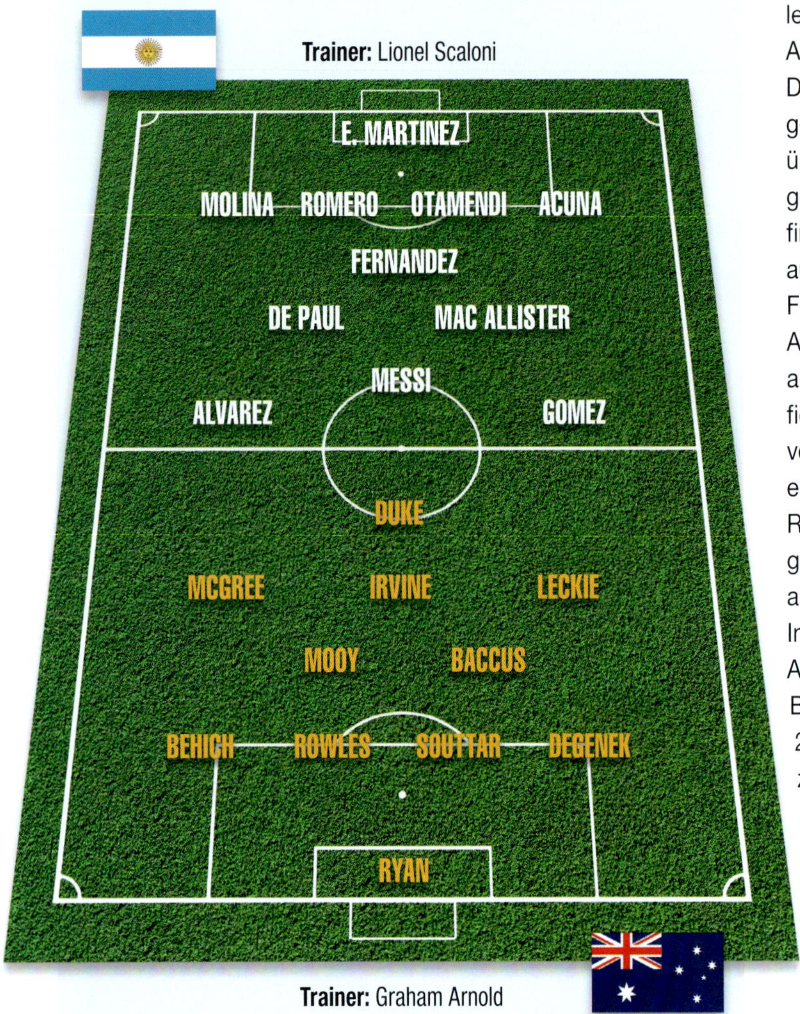

Trainer: Graham Arnold

Eingewechselt:

Argentinien	Australien
Li. Martinez für Gomez (50.)	Hrustic für Baccus (58.)
La. Martinez für Alvarez (72.)	Goodwin für McGree (58.)
Tagliafico für Acuna (72.)	Kuol für Leckie (72.)
Palacios für Molina (80.)	Karacic für Degenek (72.)
Montiel für Mac Allister (80.)	Maclaren für Duke (72.)

Tore: 1:0 Messi (35.), 2:0 Alvarez (57.), 2:1 Fernandez (77., Eigentor)

Gelbe Karten: – / Irvine, Degenek

Gelb-Rote Karte: –

Rote Karte: –

Schiedsrichter: Szymon Marciniak (Polen)

Zuschauer: 45 032

Achtmal hatte Lionel Messi schon bei Weltmeisterschaften ins Tor getroffen, erstmals beim 6:0-Sieg der Argentinier gegen Serbien und Montenegro 2006 in Gelsenkirchen. Sein neunter Treffer war der erste in der K.-o.-Phase eines WM-Turniers. Mit einem flachen Linksschuss aus 15 Metern zum 1:0 leitete er den 2:1-Sieg der »Albiceleste« im Achtelfinale gegen Australien ein.

Der WM-Mitfavorit hätte eigentlich höher gewinnen müssen gegen den Außenseiter von Down Under, der in Gruppe D überraschend auch die höher eingeschätzten Dänen hinter sich gelassen hatte. Die Euphorie nahmen die Australier mit ins Achtelfinale und machten Argentinien zunächst das Leben schwer. Wie aus dem Nichts dann in der 35. Minute der Führungstreffer durch Messi.

Ab da kontrollierten die Südamerikaner das Geschehen, hatten am Ende 61 Prozent Ballbesitz und 14:5 Torschüsse. Folgerichtig fiel das 2:0 durch Julian Alvarez in der 57. Minute. Der Angreifer von Manchester City luchste Torhüter Mathew Ryan, der durch einen schlampigen Rückpass von Kye Rowles in den Strafraum unter Druck geraten war, den Ball ab und schob aus kurzer Distanz ein.

In der Schlussphase gerieten die Argentinier noch einmal unnötig in die Bredouille, als Enzo Fernandez einen 20-Meter-Schuss von Craig Goodwin zum Anschlusstreffer der »Socceroos« abfälschte – erst das zweite Eigentor dieser WM. Zur Wende reichte es freilich nicht mehr.

Australiens Trainer Graham Arnold zog nach der zweiten Achtelfinalteilnahme nach 2006 zufrieden Bilanz: »Viele haben vorhergesagt, dass wir das schlechteste Team sind, das sich je für eine WM qualifiziert hat. Aber meine Jungs haben einen fantastischen Job gemacht.«

MEHR TORE ALS MARADONA

Bei der Anzahl der WM-Einsätze war Lionel Messi (22) bereits im letzten Gruppenspiel gegen Polen an Diego Maradona (21) vorbeigezogen. Zum Auftakt der K.-o-Phase überholte er mit seinem neunten WM-Treffer Argentiniens zwei Jahre zuvor verstorbenes Idol (8) nun auch in der Torschützenliste – und das im 1000. Pflichtspiel seiner Profikarriere.

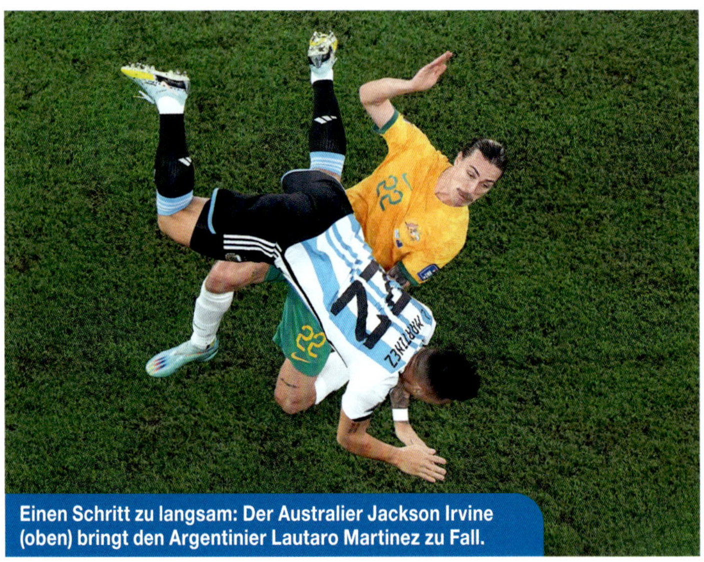

Einen Schritt zu langsam: Der Australier Jackson Irvine (oben) bringt den Argentinier Lautaro Martinez zu Fall.

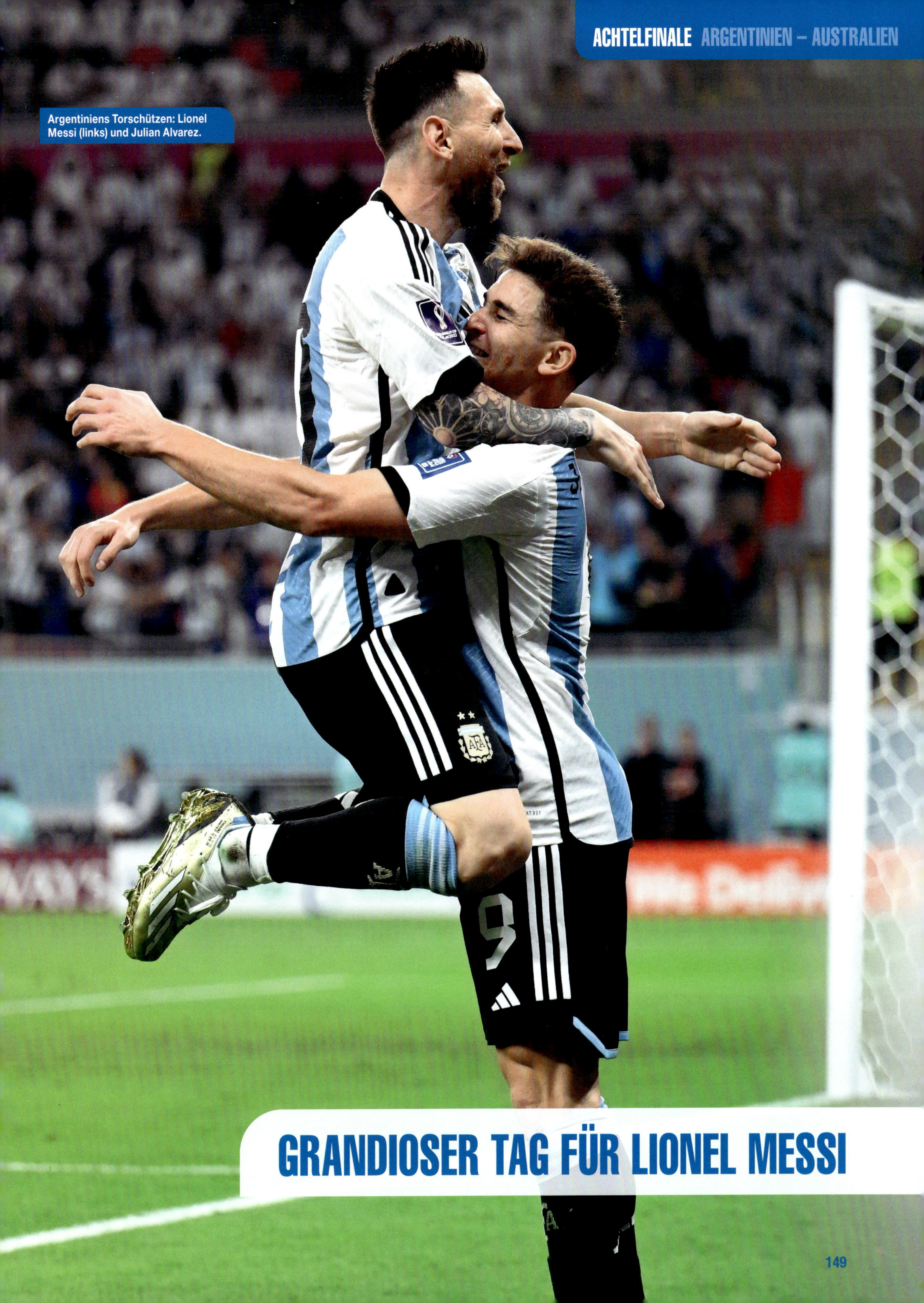

Argentiniens Torschützen: Lionel Messi (links) und Julian Alvarez.

GRANDIOSER TAG FÜR LIONEL MESSI

4. Dezember 2022, 18 Uhr Ortszeit, Al-Thumama Stadium

FRANKREICH – POLEN
3 : 1

Trainer: Didier Deschamps

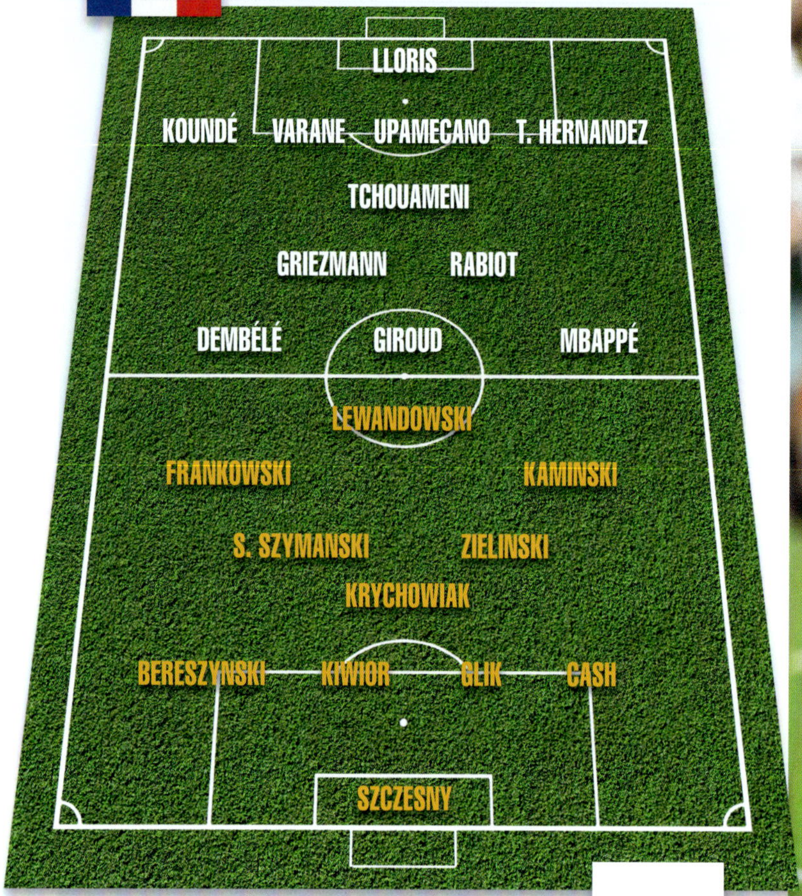

Trainer: Czeslaw Michniewicz

Eingewechselt:

Frankreich	Polen
Fofana für Tchouameni (66.)	Milik für S. Szymanski (64.)
Coman für Dembélé (76.)	Zalewski für Kaminski (71.)
Thuram für Giroud (76.)	Bielik für Krychowiak (71.)
Disasi für Koundé (90.+2)	Grosicki für Frankowski (87.)
	Bednarek für Kiwior (87.)

Tore: 1:0 Giroud (44.), 2:0 Mbappé (74.), 3:0 Mbappé (90.+1), 3:1 Lewandowski (90.+9, Elfmeter)

Gelbe Karten: Tchouameni / Bereszynski, Cash

Gelb-Rote Karte: –

Rote Karte: –

Schiedsrichter: Jesus Valenzuela (Venezuela)

Zuschauer: 40 989

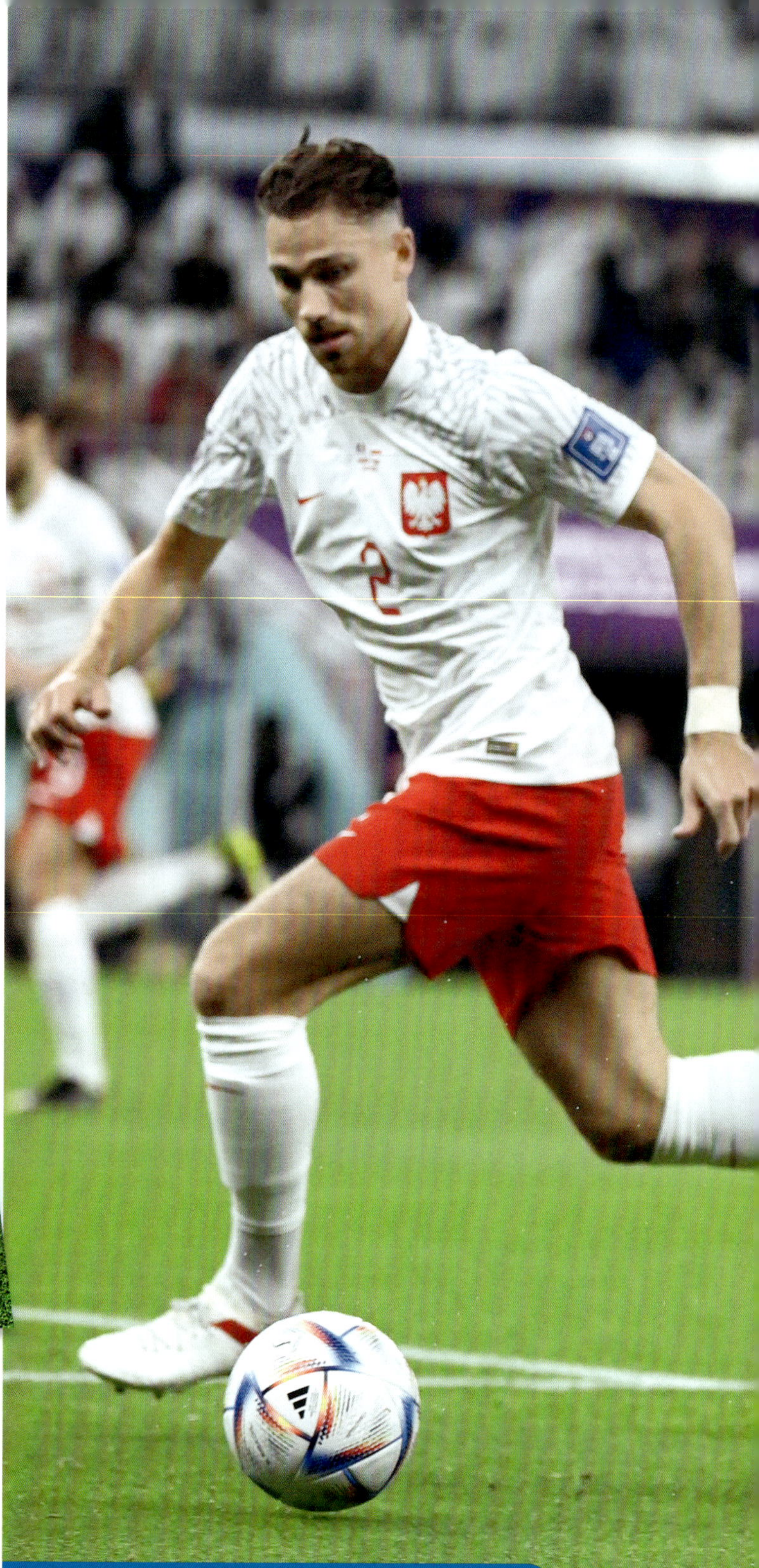

Mit einem fulminanten Antritt lässt Kylian Mbappé die Polen Matthew Cash (links) und Jakub Kaminski stehen.

Was unterscheidet einen sehr guten Spieler von einem Superstar? Nun, es ist nicht allein das Talent. Es ist die Fähigkeit, in großen Spielen das Leistungsmaximum abrufen und das eigene Team auf die Schultern nehmen zu können. Kylian Mbappé besitzt diese Fähigkeit. Für den hochbegabten, aber bei seinem Klub Paris Saint-Germain oft auch divenhaft wirkenden Franzosen war die Vorrunde nichts weiter als eine Fingerübung.

Seine ganze Klasse entfaltete der 23-Jährige erst mit Beginn der K.-o.-Runde und schwang sich im Achtelfinale gegen Polen zum überragenden Akteur auf dem Platz auf. Nichts, was die Osteuropäer ihm entgegenwarfen, schien ihn zu beeindrucken. Dabei bewies Mbappé, dass er ein Spiel nicht nur mit seinen Tempo-

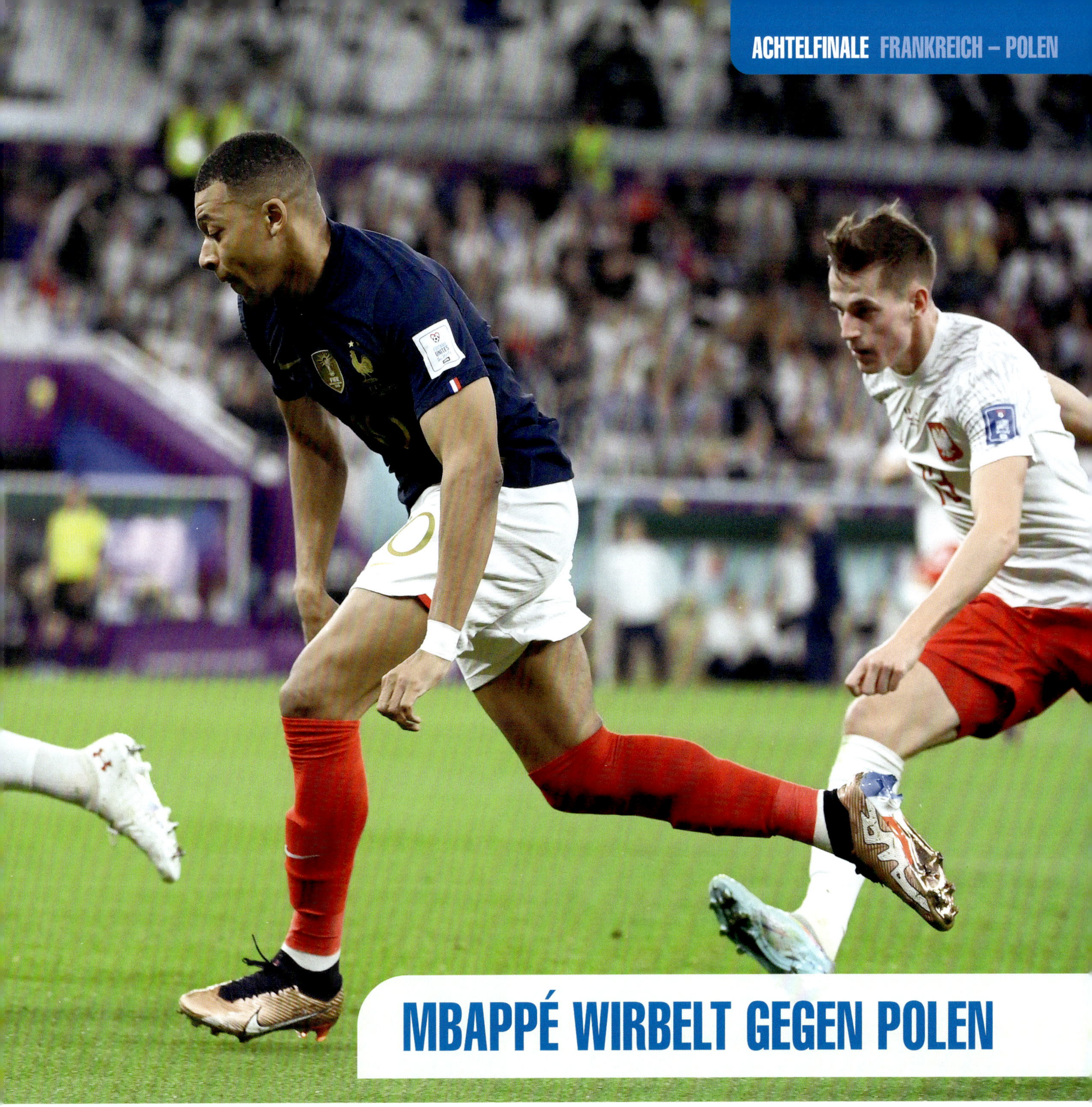

MBAPPÉ WIRBELT GEGEN POLEN

dribblings prägen kann. Mit einem famosen Steckpass bereitete er kurz vor der Pause die überfällige Führung durch Olivier Giroud vor (44.). Die sehr defensiv eingestellten Polen ließen sich im ersten Durchgang kaum einmal in der Offensive blicken, ihre einzige gefährliche Aktion hatte es aber in sich. Über die linke Seite kombinierten sich die Polen in den Strafraum, wo Piotr Zielinski zunächst an Frankreichs Torhüter Hugo Lloris scheiterte und Innenverteidiger Raphael Varane den Nachschuss von Jakub Kaminski auf der Linie klärte (38.).

Im zweiten Durchgang kontrollierte die »Equipe Tricolore« souverän das Geschehen, die kunstvollen Momente blieben erneut Mbappé vorbehalten. Zunächst schlenzte er die Kugel knapp innerhalb des Sechzehners sehenswert ins linke obere Eck (74.), ehe er in der Nachspielzeit aus ähnlicher Position in den rechten oberen Torwinkel traf (90.+1). Es sah kinderleicht aus. Mit einem verwandelten Handelfmeter gelang Robert Lewandowski kurz vor dem Abpfiff noch der polnische Ehrentreffer.

GIROUD ÜBERFLÜGELT HENRY

Er ist kein Ästhet wie seine Kollegen, sondern der Typ Brecher: Olivier Giroud. Für das Spiel der Franzosen ist der wuchtige Mittelstürmer aber unverzichtbar. Mit seinem dritten Turniertreffer zum 1:0 gegen Polen schrieb der 36-Jährige Geschichte. Mit seinem 52. Länderspieltor überflügelte er nämlich den bisherigen französischen Rekordschützen Thierry Henry.

4. Dezember 2022, 20 Uhr Ortszeit, Al-Bayt Stadium

ENGLAND – SENEGAL
3 : 0

Trainer: Gareth Southgate

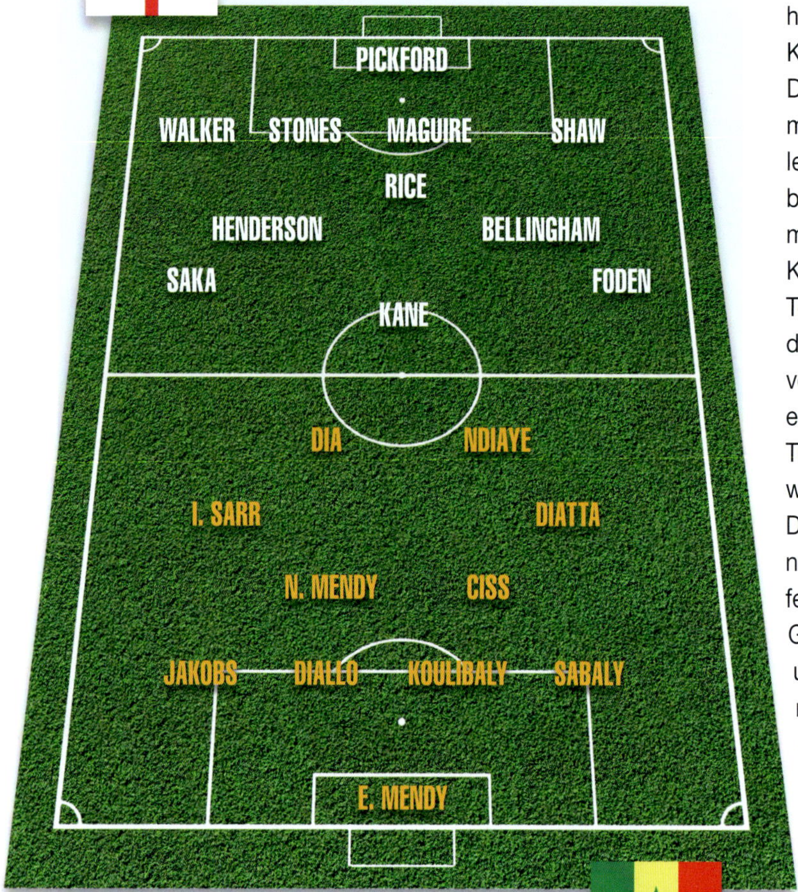

Trainer: Aliou Cissé

Eingewechselt:

England	Senegal
Rashford für Saka (65.)	B. Dieng für Ndiaye (46.)
Grealish für Foden (65.)	P. Sarr für Diatta (46.)
Mount für Bellingham (76.)	Gueye für Ciss (46.)
Dier für Stones (76.)	Diedhiou für Dia (72.)
Phillips für Henderson (82.)	Ballo-Touré für Jakobs (84.)

Tore: 1:0 Henderson (38.), 2:0 Kane (45.+3), 3:0 Saka (57.)

Gelbe Karte: – / Koulibaly

Gelb-Rote Karte: –

Rote Karte: –

Schiedsrichter: Ivan Barton (El Salvador)

Zuschauer: 65 985

Auch im Achtelfinale zeigten sich die Engländer in Torlaune und zogen mit einem 3:0-Sieg gegen Senegal souveräner als erwartet in die Runde der besten Acht ein. Routinier Jordan Henderson vom FC Liverpool, Kapitän Harry Kane von Tottenham Hotspur und Youngster Bukayo Saka vom FC Arsenal erzielten die Turniertore zehn, elf und zwölf der »Three Lions«. Der am meisten gefeierte Spieler des Abends war jedoch Jude Bellingham von Borussia Dortmund, der einzige Legionär im 26-köpfigen Kader.

Den Führungstreffer durch Henderson bereitete er mit einem mustergültigen Querpass im Strafraum vor, das 2:0 durch Kane leitete er mit einem schnellen Antritt im Mittelfeld ein (Phil Foden brauchte dann nur noch auf den Torschützen querzulegen). »Er macht alles so gut. Er ist sehr reif für sein Alter«, lobte Kapitän Kane nach dem Spiel den mit 19 Jahren jüngsten Spieler im Team. Die Boulevardzeitung *The Sun* bezeichnete den Dortmunder Mittelfeldmann als »Star of the Show«. Beide Tore waren kurz vor der Pause gefallen. In der 57. Minute ließ Bukayo Saka die endgültige Entscheidung folgen. Vorbereitet wurde dessen dritter Turniertreffer durch eine präzise Flanke von Phil Foden – auch er wie Bellingham überragend.

Den Senegalesen, die bei ihrer überhaupt erst dritten WM-Teilnahme zum zweiten Mal nach 2002 die K.-o.-Phase erreichten, fehlte der nach seiner zweiten Gelben Karte gesperrte Idrissa Gueye als ordnende Hand im Mittelfeld. Der individuellen Klasse und reiferen Spielanlage der Engländer konnte der Afrikameister nichts entgegensetzen. »Wir waren nicht so gut, wie es nötig gewesen wäre«, bilanzierte Trainer Aliou Cissé nach dem Spiel. »Wir haben Jahre dafür gearbeitet, das beste Team in Afrika zu werden. Jetzt haben wir gegen eine der besten fünf Mannschaften der Welt gespielt und man hat den Unterschied gesehen.«

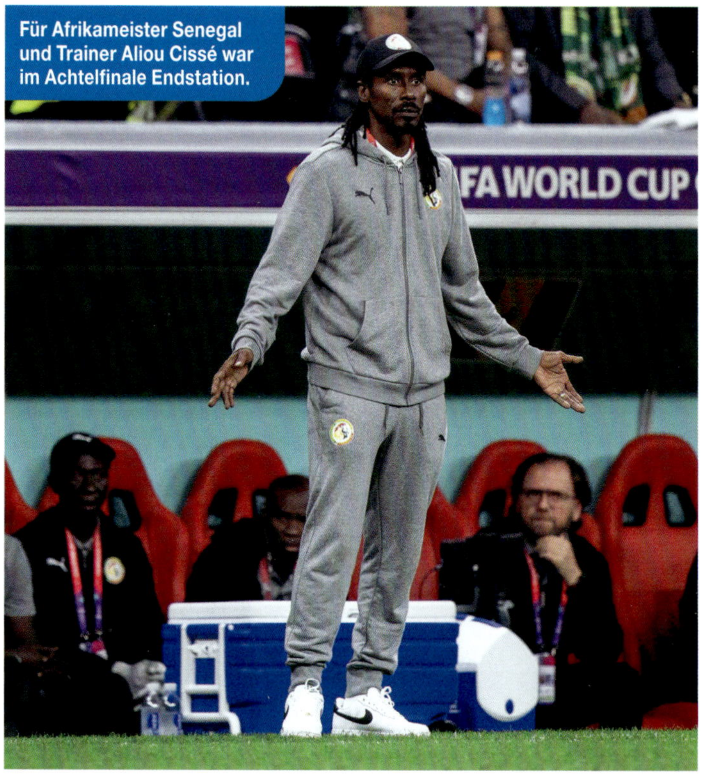
Für Afrikameister Senegal und Trainer Aliou Cissé war im Achtelfinale Endstation.

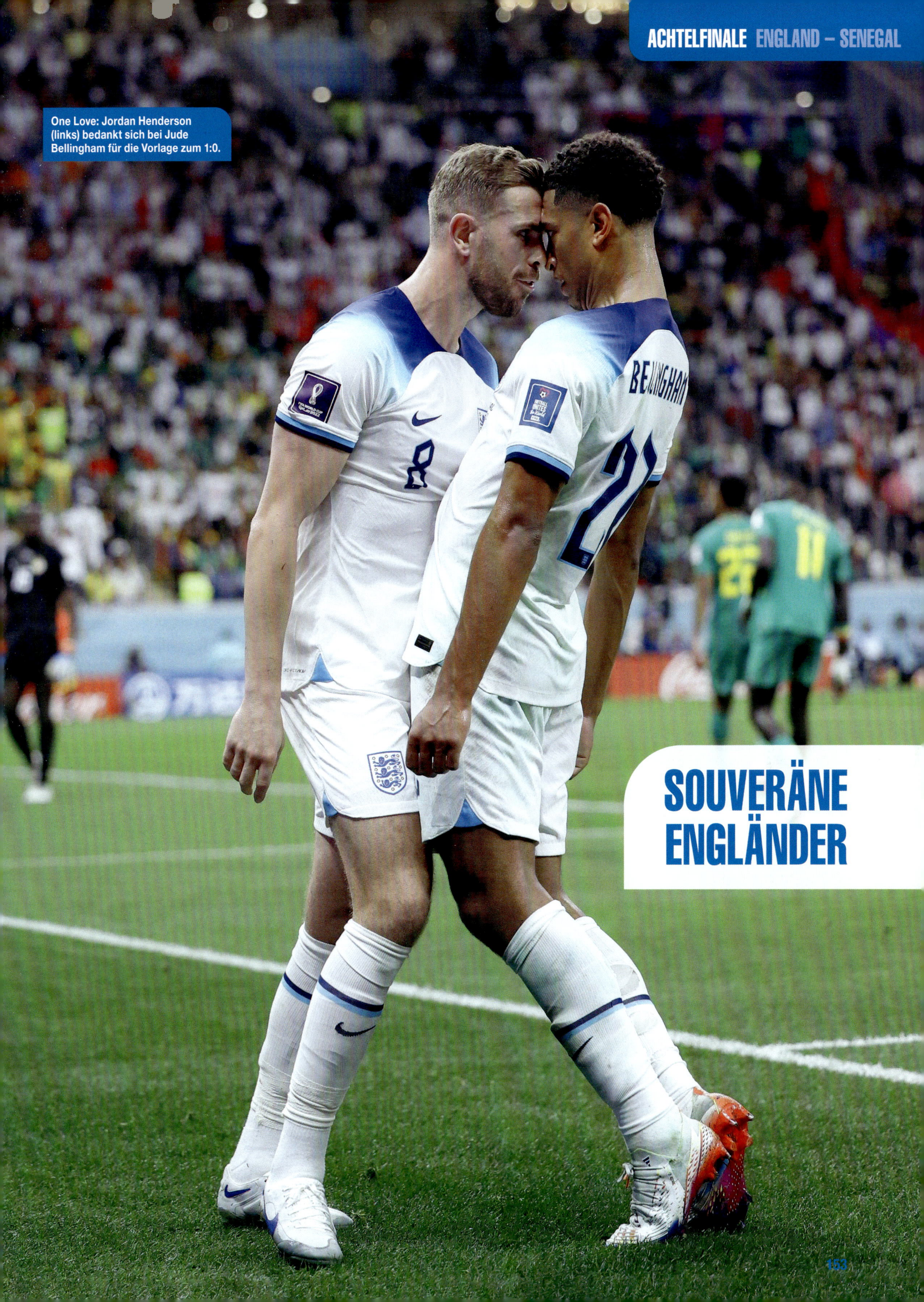

One Love: Jordan Henderson (links) bedankt sich bei Jude Bellingham für die Vorlage zum 1:0.

SOUVERÄNE ENGLÄNDER

5. Dezember 2022, 18 Uhr Ortszeit, Al-Janoub Stadium

JAPAN – KROATIEN

2 : 4 n.E.

Trainer: Hajime Moriyasu

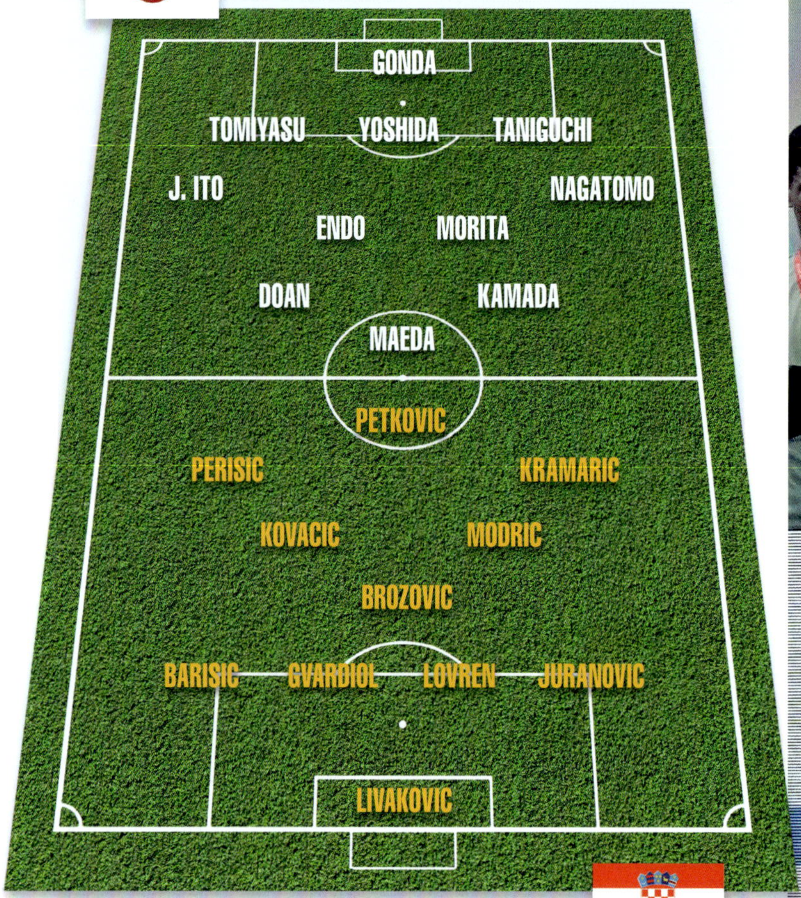

Trainer: Zlatko Dalic

Eingewechselt:

Japan	Kroatien
Asano für Maeda (64.)	Budimir für Petkovic (62.)
Mitoma für Nagatomo (64.)	Pasalic für Kramaric (68.)
Sakai für Kamada (75.)	Majer für Modric (99.)
Minamino für Doan (87.)	Vlasic für Kovacic (99.)
Tanaka für Morita (106.)	Livaja für Budimir (106.)

Tore: 1:0 Maeda (44.), 1:1 Perisic (55.)

Elfmeterschießen: Livakovic hält gegen Minamino, 1:2 Vlasic, Livakovic hält gegen Mitoma, 1:3 Brozovic, 2:3 Asano, Livaja schießt an den Pfosten, Livakovic hält gegen Yoshida, 2:4 Pasalic.

Gelbe Karten: – / Kovacic, Barisic

Gelb-Rote Karte: –

Rote Karte: –

Schiedsrichter: Ismail Elfath (USA)

Zuschauer: 42 523

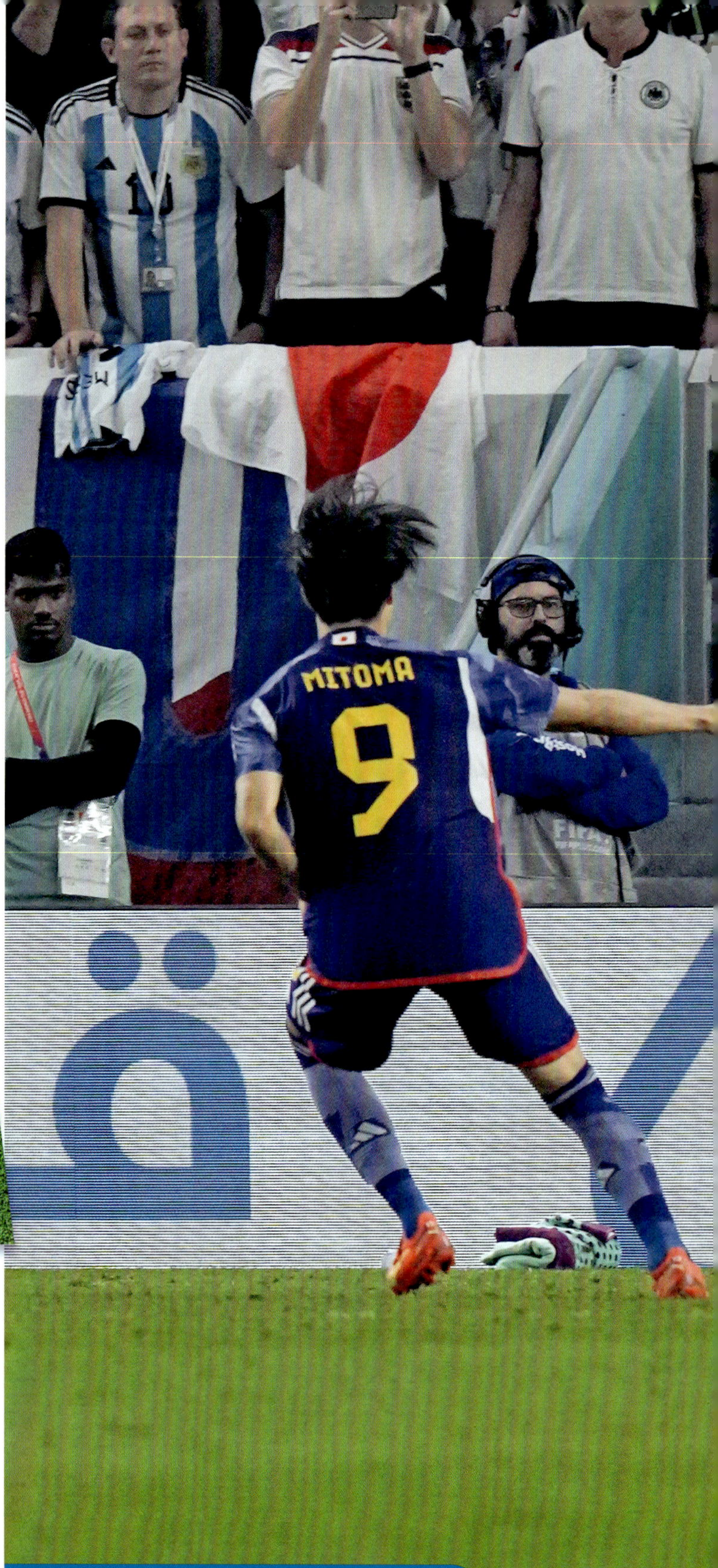

Mit drei parierten Elfmetern sichert Torwart Dominik Livakovic den Kroaten den Einzug ins Viertelfinale.

Sie hatten eine großartige WM gespielt, doch in diesem Moment erdrückte die Trauer den Stolz. Nach dem verlorenen Elfmeterschießen gegen Kroatien flossen bei den Japanern die Tränen, sie konnten gar nicht mehr aufhören zu weinen. Die Chance, erstmals in ein WM-Viertelfinale einzuziehen, sie war groß wie nie. Doch dann versagten den »Blue Samurai« vom Punkt reihenweise die Nerven. Man kann es aber auch anders ausdrücken: Kroatiens Torhüter Dominik Livakovic raubte ihnen die Chance zum Sieg. Drei von vier Elfmetern parierte der Schlussmann von Dinamo Zagreb. Einzig Bundesligaprofi Takuma Asano schaffte es, Livakovic zu

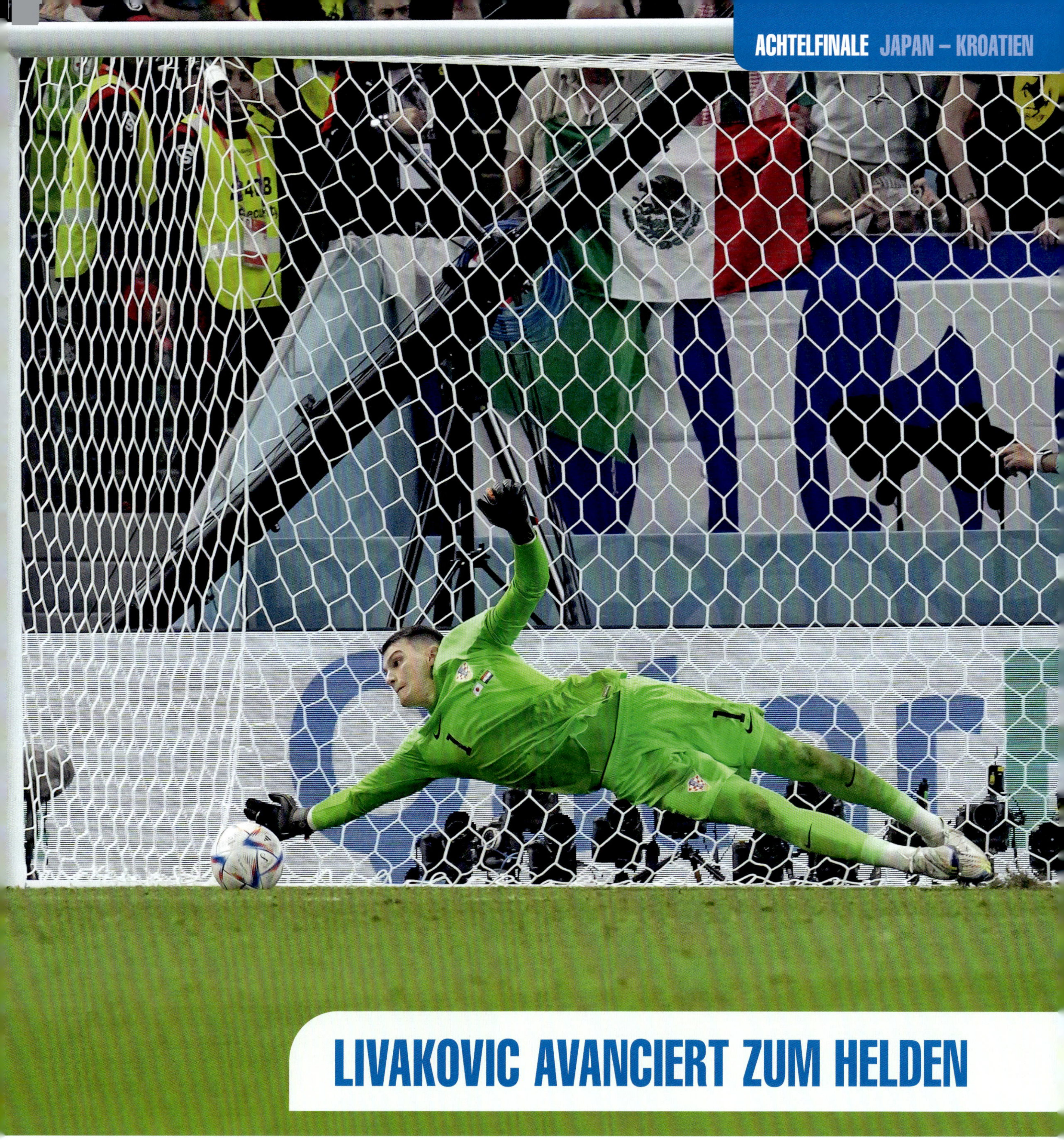

LIVAKOVIC AVANCIERT ZUM HELDEN

überwinden. Bei den Kroaten scheiterte nur Marko Livaja vom Punkt, den entscheidenden Treffer erzielte Mario Pasalic.
Ein dritter Favoritensturz der Japaner, die in der Vorrunde völlig überraschend Deutschland und Spanien jeweils mit 2:1 bezwungen hatten, blieb damit aus. Auch gegen Kroatien lieferte die Mannschaft von Trainer Hajime Moriyasu eine imponierende Vorstellung ab. Der Vizeweltmeister von 2018 verzeichnete zwar mehr Ballbesitz, fand gegen die gut strukturierten Asiaten aber kaum ein Durchkommen. Die konterstarken Japaner hinterließen in der ersten Halbzeit den stärkeren Eindruck, die Führung kurz vor der Pause war durchaus verdient. Einen kurz ausgeführten Eckball verlängerte Kapitän Maya Yoshida zu Daizen Maeda, der aus kurzer Distanz vollendete (44.). Nach der Pause pressten die Kroaten noch höher an und verlagerten das Spiel tief in die japanische Hälfte. In der 55. Minute fand Dejan Lovren mit einer Flanke aus dem Halbfeld den ehemaligen Bundesligaprofi Ivan Perisic, der zum 1:1 einköpfte. Wataru Endo (63.) und Luka Modric (66.) kamen in der besten Phase des Spiels jeweils dem Führungstor nahe, ehe die Partie immer mehr verflachte, weil beide Teams kein Risiko mehr eingehen wollten.

5. Dezember 2022, 22 Uhr Ortszeit, Stadium 974

BRASILIEN – SÜDKOREA
4 : 1

Trainer: Tite

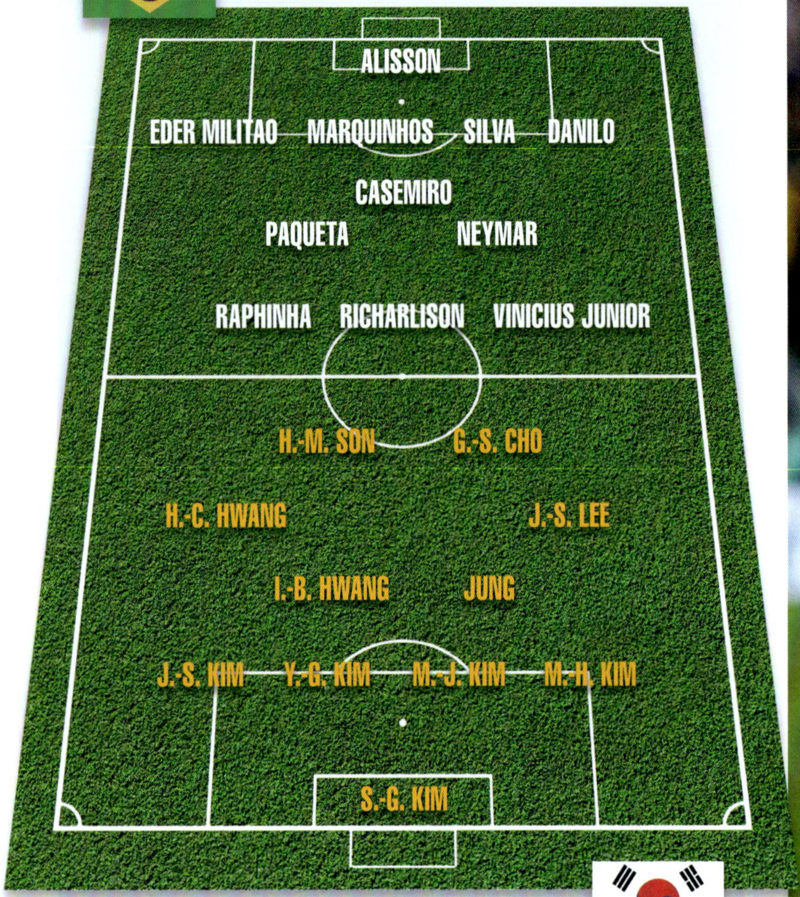

Trainer: Paulo Bento

Eingewechselt:

Brasilien	Südkorea
Alves für Militao (63.)	Son für Jung (46.)
Martinelli für Vinicius Junior (72.)	Hong für J.-S. Kim (46.)
Bremer für Danilo (72.)	Paik für I.-B. Hwang (65.)
Weverton für Alisson (80.)	K.-I. Lee für J.-S. Lee (74.)
Rodrygo für Neymar (80.)	U.-J. Hwang für G.-S. Cho (80.)

Tore: 1:0 Vinicius Junior (7.), 2:0 Neymar (13., Foulelfmeter), 3:0 Richarlison (29.), 4:0 Paqueta (36.), 4:1 Paik (76.)

Gelbe Karte: – / Jung

Gelb-Rote Karte: –

Rote Karte: –

Schiedsrichter: Clement Turpin (Frankreich)

Zuschauer: 43 847

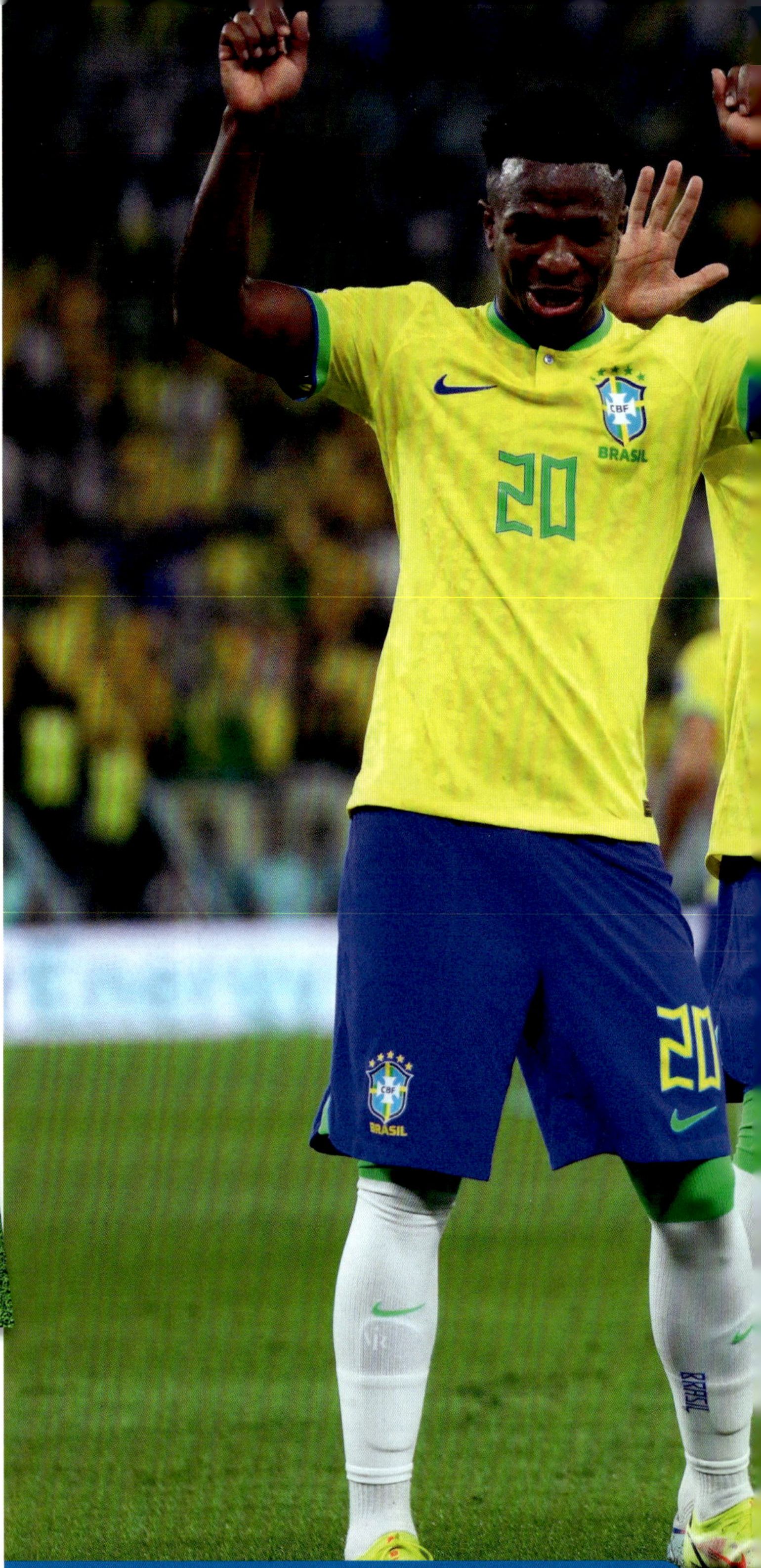

Samba im Blut: Gleich viermal können Vinicius Junior, Raphinha, Lucas Paqueta und Neymar (von links) einen ihrer einstudierten Tortänze zeigen.

Problemlos waren die Brasilianer durch die Vorrunde marschiert, den erhofften Glanz hatte die »Seleção« jedoch nicht versprüht. Es schien fast so, als habe der Rekordweltmeister und Mitfavorit dieser WM sein ganzes Können für den Auftakt der K.-o.-Phase aufgespart. Was die Mannschaft um den nach zwei Spielen Verletzungspause zurückgekehrten Superstar Neymar eine Halbzeit lang auf den Rasen des Stadium 974 zauberte, hatte man in dieser Form schon lange nicht mehr gesehen. Die Südkoreaner konnten einem fast leidtun.

Ein Treffer war schöner herausgespielt als der andere: In der siebten Minute schlenzte Vinicius Junior einen scharfen Rückpass von Raphinha aus zehn Metern elegant zur Führung ins

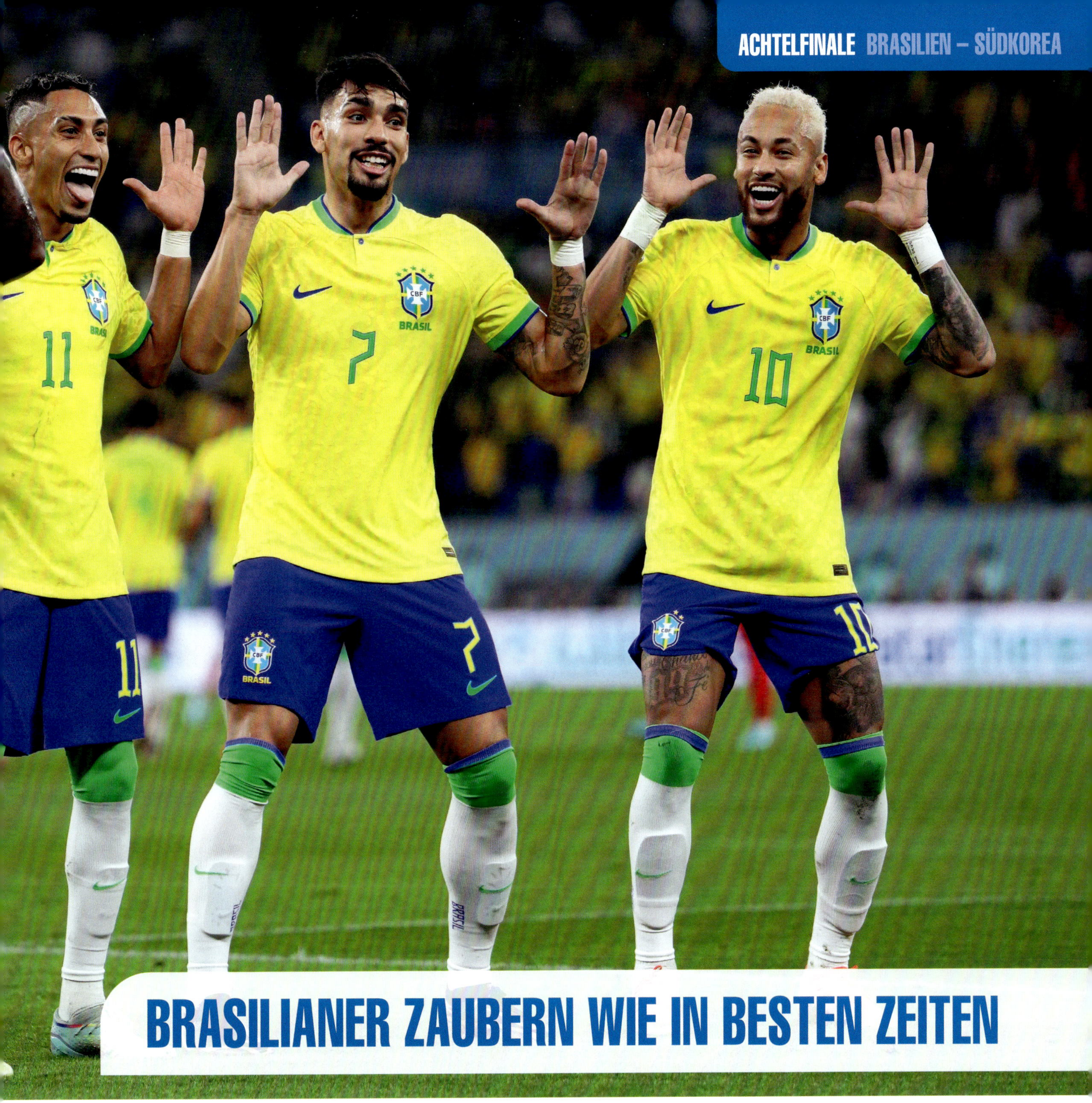

BRASILIANER ZAUBERN WIE IN BESTEN ZEITEN

Eck. In der 29. Minute ließ Richarlison den Ball wie im Training auf seinem Kopf tänzeln, dann schloss er eine Passstafette über Marquinhos und Thiago Silva mit einem Linksschuss zum 3:0 ab. In der 36. Minute lupfte Vinicius Junior den Ball direkt in den Lauf von Lucas Paqueta, und der nahm ihn volley zum 4:0. Dazwischen lag ein Elfmetertor von Neymar zum 2:0 (13.), Richarlison war von Woo-Young Jung gefoult worden.

Erst einmal hatte Brasilien bei einer WM zur Halbzeit genauso hoch geführt: 1954 beim 5:0-Sieg gegen Mexiko in Genf. In der zweiten Hälfte schaltete die »Seleção« zunehmend in den Verwaltungsmodus, Südkorea kam noch zum Ehrentreffer. Auch der war sehenswert: Der frühere Darmstädter Seung-Ho Paik zog aus 20 Metern unhaltbar für Torhüter Alisson ab. Kurz vor Schluss setzte Trainer Tite ein Zeichen für den Teamgeist und wechselte den dritten Torwart Weverton ein – damit wurden alle 26 Spieler im Kader mindestens einmal berücksichtigt.

SÜDKOREAS TRAINER HÖRT AUF

Direkt nach dem Spiel verkündete Südkoreas Trainer Paulo Bento seinen Abschied: »Ich mache eine Pause. Das habe ich den Spielern und dem Verbandspräsidenten gerade gesagt. Diese Entscheidung habe ich schon im September gefällt.« Der 53-jährige Portugiese, der auch schon als Nationaltrainer seines Heimatlandes tätig war, hatte das Team 2018 übernommen.

6. Dezember 2022, 18 Uhr Ortszeit, Education City Stadium

MAROKKO – SPANIEN
3 : 0 n.E.

Trainer: Walid Regragui

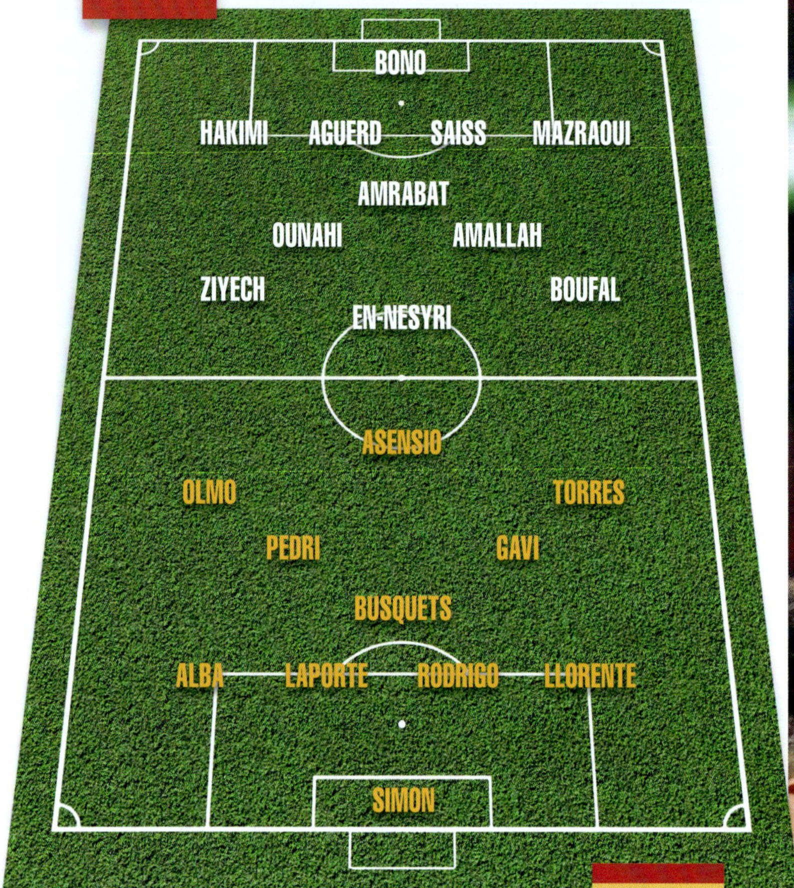

Trainer: Luis Enrique

Eingewechselt:

Marokko	Spanien
Abde für Boufal (66.)	Morata für Asensio (63.)
Cheddira für Amallah (82.)	Soler für Gavi (63.)
Sabiri für En-Nesyri (82.)	Williams für Torres (75.)
Attiyat Allah für Mazraoui (82.)	Balde für Alba (98.)
El Yamiq für Aguerd (84.)	Fati für Olmo (98.)
Banoun für Ounahi (120.)	Sarabia für Williams (118.)

Tore: –

Elfmeterschießen: 1:0 Sabiri, Sarabia schießt an den Pfosten, 2:0 Ziyech, Bono hält gegen Soler, Simon hält gegen Banoun, Bono hält gegen Busquets, 3:0 Hakimi

Gelbe Karten: Saiss / Laporte

Gelb-Rote Karte: –

Rote Karte: –

Schiedsrichter: Fernando Rapallini (Argentinien)

Zuschauer: 44 667

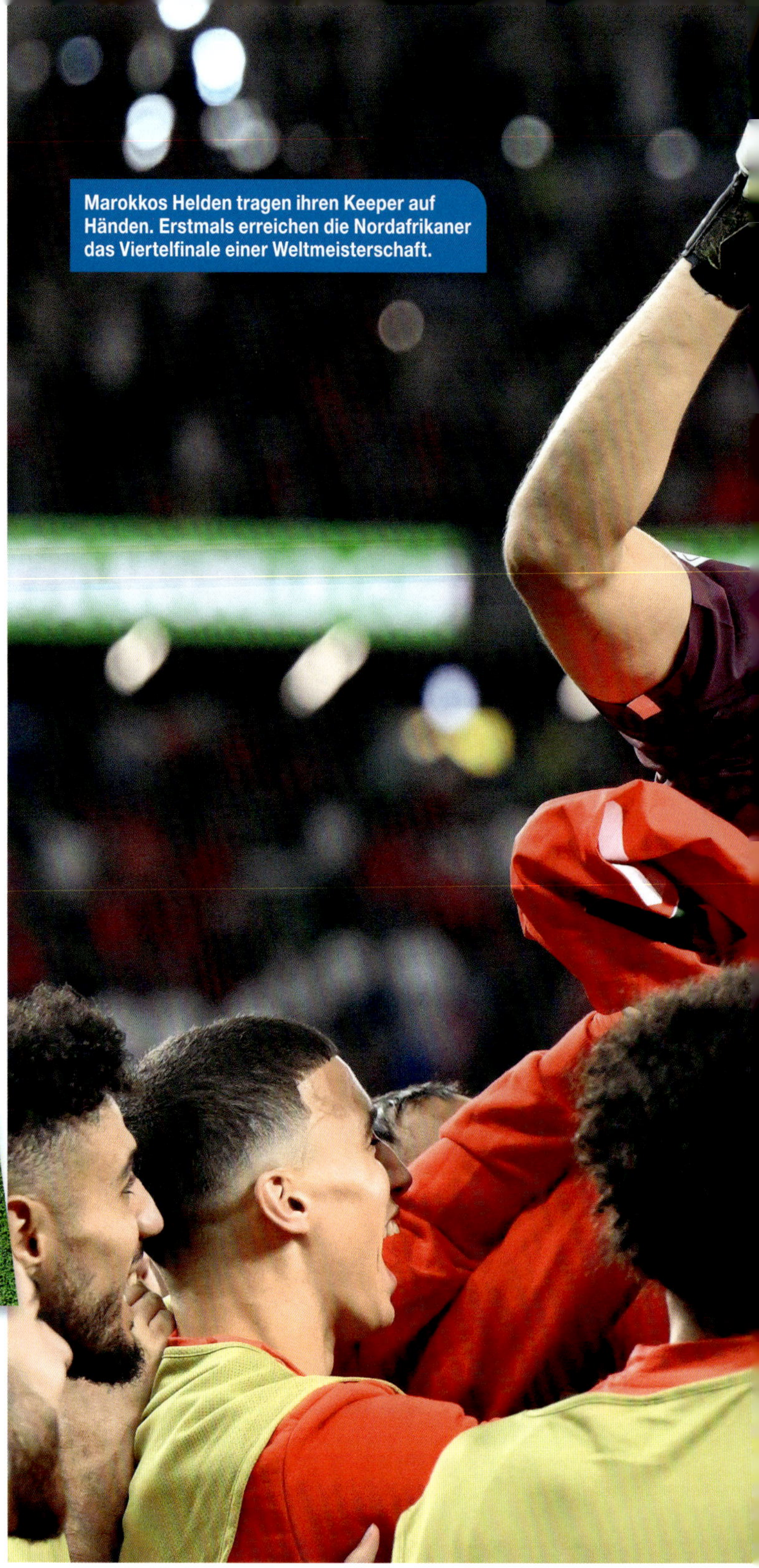

Marokkos Helden tragen ihren Keeper auf Händen. Erstmals erreichen die Nordafrikaner das Viertelfinale einer Weltmeisterschaft.

Als Pablo Sarabia in der Nachspielzeit der Verlängerung die beste spanische Chance vergab, sah man das Unheil bereits kommen. Sein Schuss aus spitzem Winkel war am linken Außenpfosten gelandet, und der 30-Jährige wirkte darüber so erschüttert, als wäre das Aus der Spanier bereits vor dem Elfmeterschießen besiegelt. Wenige Minuten später trat der Offensivmann von Paris Saint-Germain zum ersten spanischen Elfmeter an. Diesmal traf er den rechten Pfosten. Es war demoralisierend. Und mit Sarabia zerbrachen auch die weiteren spanischen Schützen am Druck. Carlos Soler scheiterte mit einem schwach geschossenen und Sergio Busquets mit einem passabel geschossenen Elfmeter am überragenden marokkanischen Torhüter Bono. Weil auf der Gegenseite Abdelhamid Sabiri, Hakim Ziyech und Achraf Hakimi trafen, bejubelten die

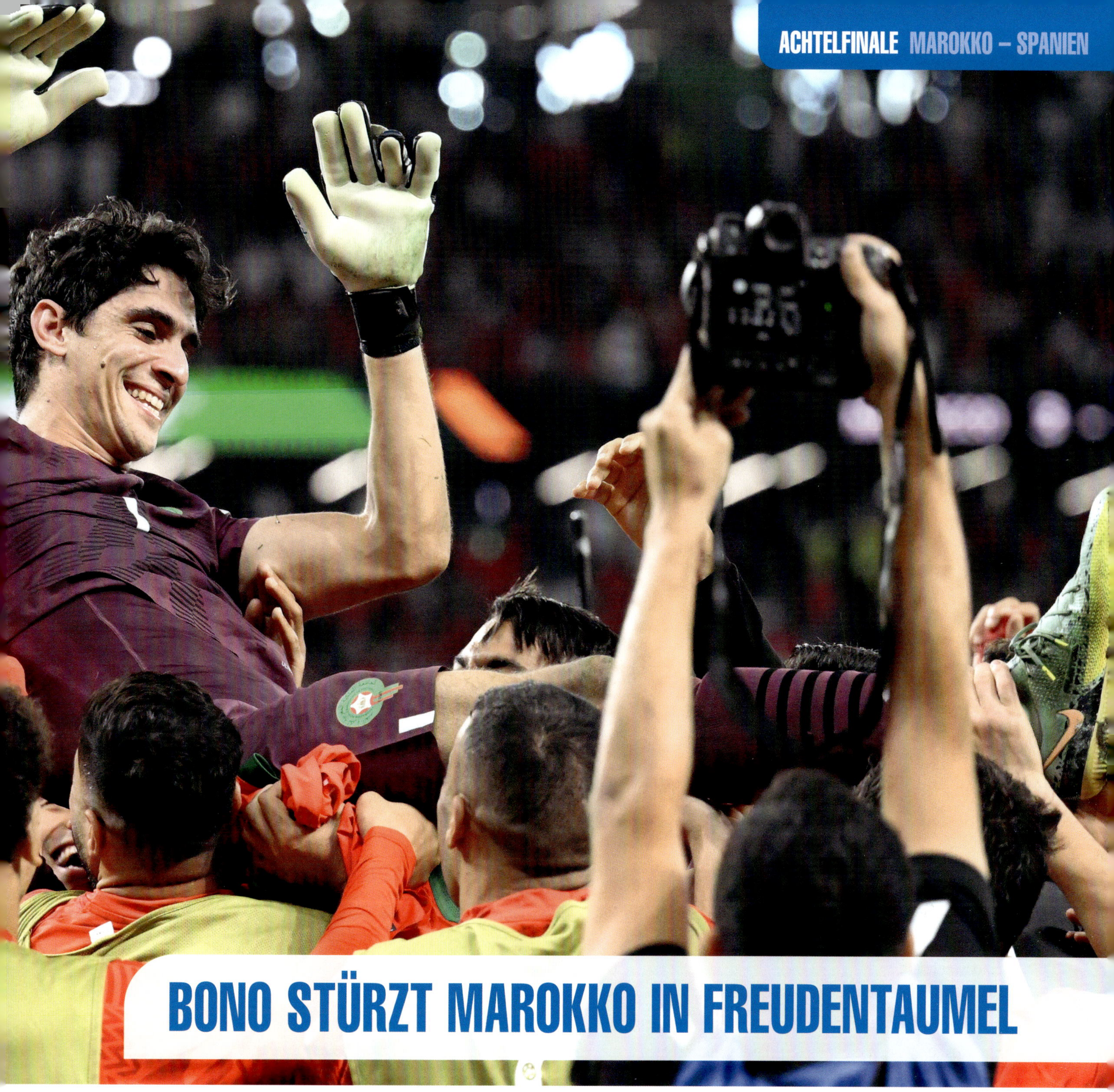

BONO STÜRZT MAROKKO IN FREUDENTAUMEL

Marokkaner als erst vierte afrikanische Mannschaft nach Kamerun (1990), Senegal (2002) und Ghana (2010) den Einzug in ein WM-Viertelfinale.
Walid Regragui, der neben der marokkanischen auch die französische Staatsbürgerschaft besitzt, erreichte sogar als erster afrikanische Trainer überhaupt die Runde der letzten Acht. In Deutschland dürfte ob des Scheiterns der Spanier ein wenig Schadenfreude um sich gegriffen haben. Schließlich waberte der Vorwurf durch den Raum, dass die Mannschaft ihr letztes Vorrundenspiel gegen Japan womöglich bereitwillig verlor, um nach einem gewonnenen Achtelfinale im Viertelfinale dem Turnierfavoriten Brasilien aus dem Weg gehen zu können. Nun: Spanien ging Brasilien tatsächlich aus dem Weg, aber anders als geplant. Die Niederlage gegen einen aufopferungsvoll kämpfenden, ungemein laufstarken und taktisch diszipliniert verteidigenden Gegner hatten sich die Spanier aber selbst zuzuschreiben. Sie hatten 77 Prozent Ballbesitz, entwickelten jedoch über 120 Minuten kaum Torgefahr. Marokko war meist mit Abwehrarbeit beschäftigt, hatte in der Verlängerung aber die große Gelegenheit zum Lucky Punch. Der herrlich freigespielte Walid Cheddira brachte den Ball jedoch nicht an Spaniens Torwart Unai Simon vorbei (104.).

ENRIQUE MUSS FÜR DE LA FUENTE WEICHEN

Nur zwei Tage nach dem Aus trennte sich der spanische Verband von Trainer Luis Enrique, seit Ende 2019 im Amt. Er wird von Luis de la Fuente, dem bisherigen U21-Nationaltrainer, abgelöst.

6. Dezember, 22 Uhr Ortszeit, Lusail Stadium

PORTUGAL – SCHWEIZ
6 : 1

Trainer: Fernando Santos

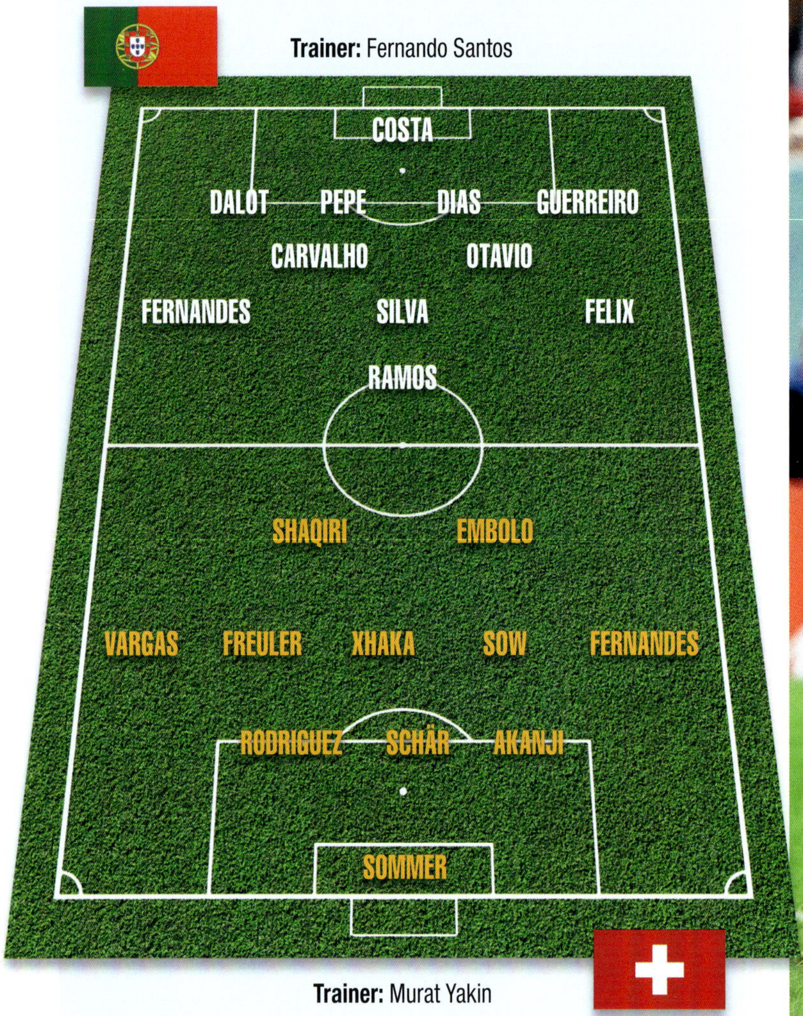

Trainer: Murat Yakin

Eingewechselt:

Portugal	Schweiz
Ronaldo für Ramos (74.)	Cömert für Schär (46.)
Horta für Felix (74.)	Zakaria für Freuler (54.)
Vitinha für Otavio (74.)	Seferovic für Sow (54.)
Neves für Silva (81.)	Okafor für Vargas (66.)
Leao für Fernandes (87.)	Jashari für Embolo (89.)

Tore: 1:0 Ramos (17.), 2:0 Pepe (33.), 3:0 Ramos (51.), 4:0 Guerreiro (56.), 4:1 Akanji (58.), 5:1 Ramos (67.), 6:1 Leao (90.+2)

Gelbe Karten: – / Schär, Cömert

Gelb-Rote Karte: –

Rote Karte: –

Schiedsrichter: Cesar Arturo Ramos Palazuelos (Mexiko)

Zuschauer: 83 720

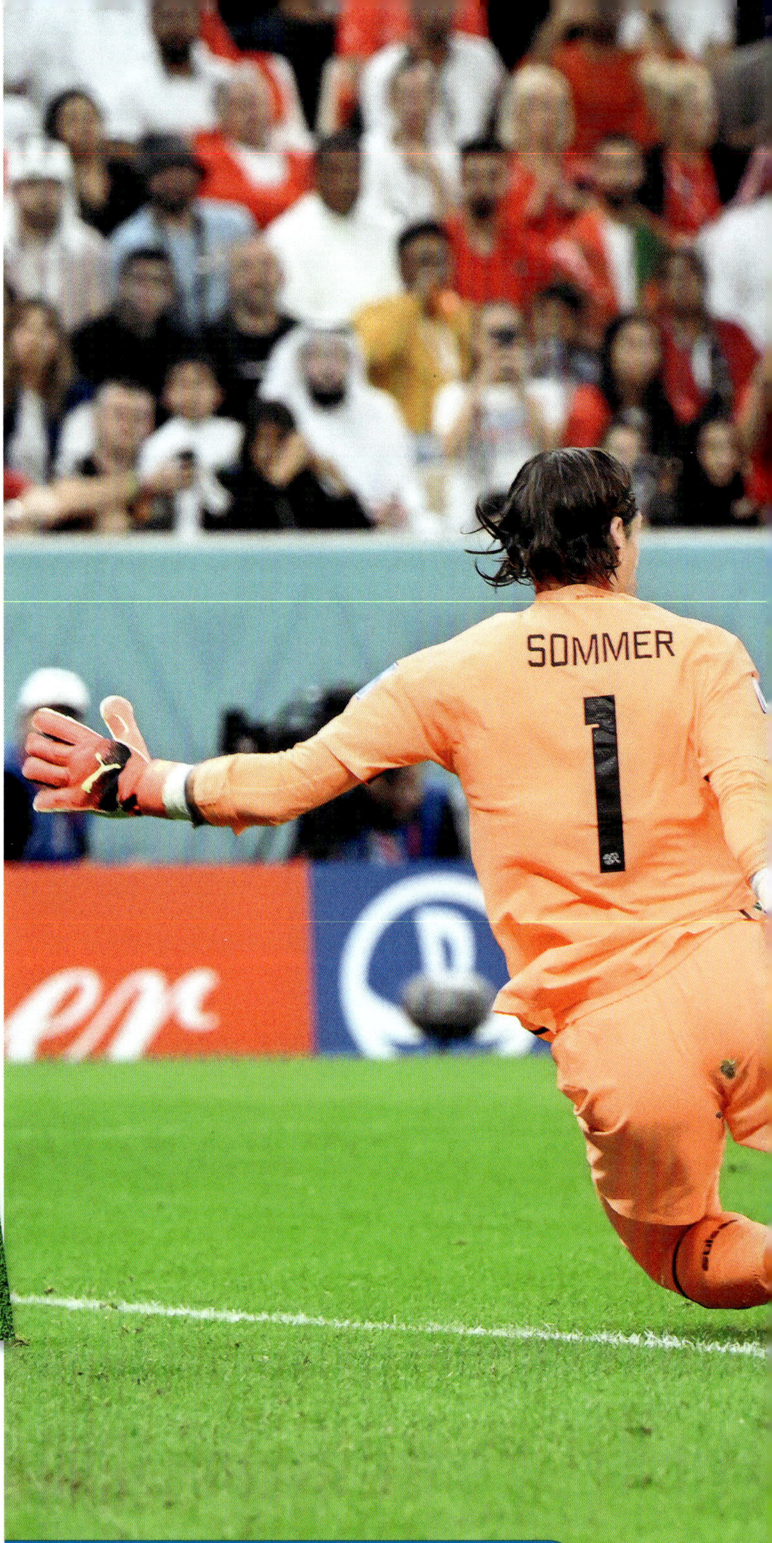

Das ist sein dritter Streich: Goncalo Ramos trifft zum 5:1 für Portugal, der Schweizer Torwart Yann Sommer ist machtlos.

Wäre dieses Spiel verloren gegangen, Fernando Santos hätte sich vermutlich wegen Blasphemie verantworten müssen. Portugals Trainer hatte im Achtelfinale nämlich auf Superstar Cristiano Ronaldo in der Startelf verzichtet. Dabei schien es in Portugal ein ungeschriebenes Gesetz zu geben, das besagte: Ronaldo spielt immer. Bei einem großen Turnier stand der Rekordnationalspieler letztmals 2008 nicht in der Startelf. Damals verpasste Ronaldo, zu diesem Zeitpunkt 23 Jahre jung, das bedeutungslose letzte Vorrundenspiel der Portugiesen bei der Europameisterschaft in Österreich und der Schweiz.
Santos, dem man nachsagt, dass er sehr gut mit Ronaldo kann, verzichtete also auf den langjährigen Fixstern und bot stattdessen den 21-jährigen Goncalo Ramos im Sturm auf. Santos hätte mit dieser Maßnahme krachend scheitern können. Tat er aber nicht.

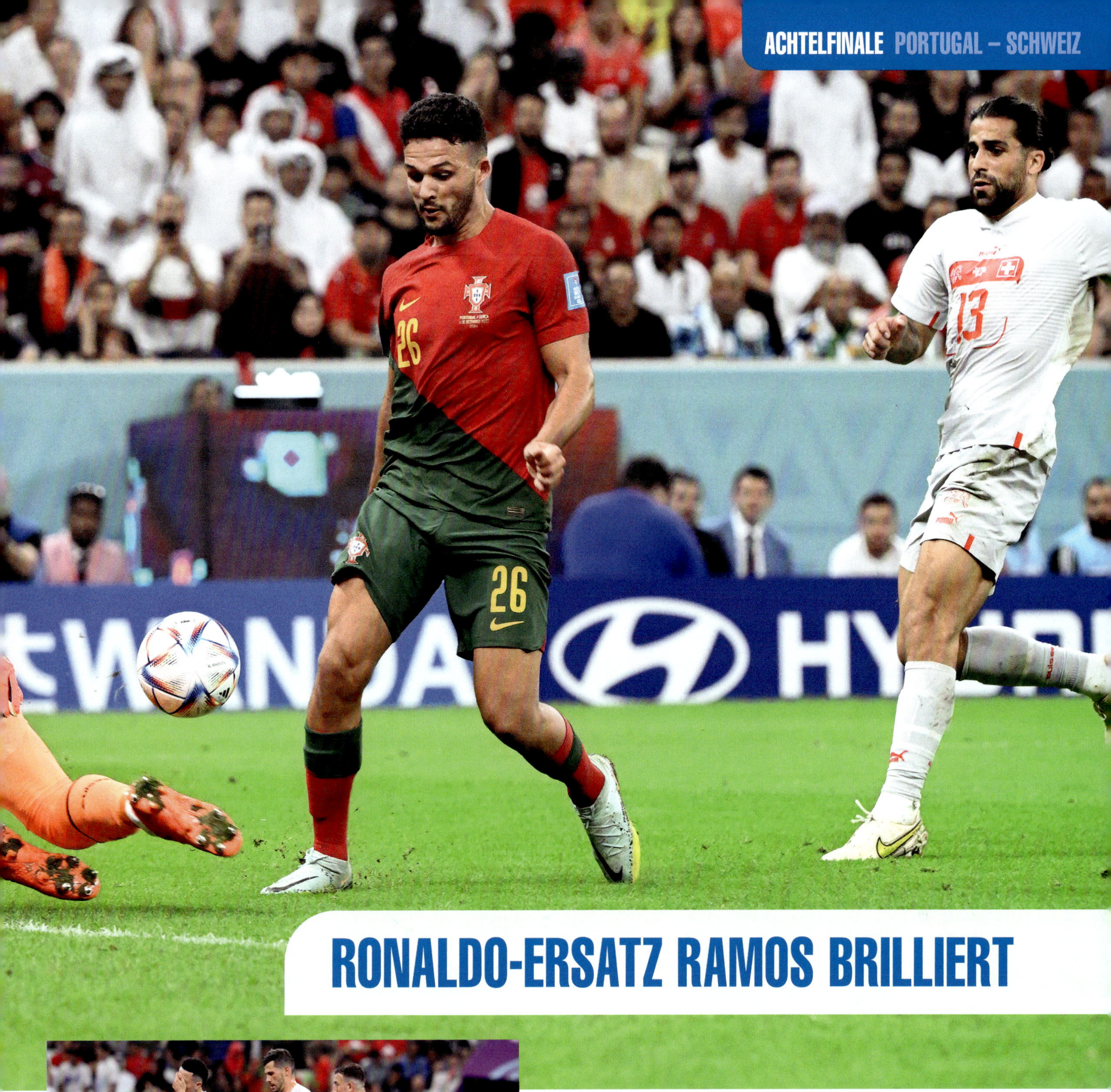

RONALDO-ERSATZ RAMOS BRILLIERT

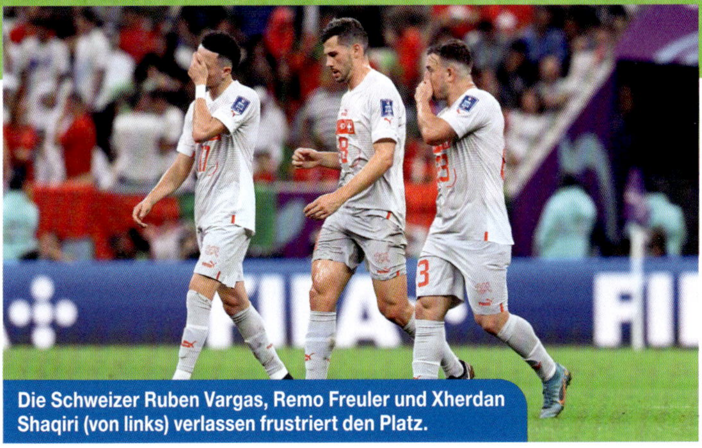

Die Schweizer Ruben Vargas, Remo Freuler und Xherdan Shaqiri (von links) verlassen frustriert den Platz.

Was daran lag, dass Ramos zum herausragenden Spieler einer wie entfesselt auftretenden Mannschaft avancierte. Drei Tore erzielte der Stürmer von Benfica Lissabon gegen überforderte Schweizer und bewies dabei ganz unterschiedliche Qualitäten. Das 1:0 in der 17. Minute entsprang einem Schuss, bei dem sich Wucht und Präzision vermählten. Beim 3:0 wählte er den perfekten Laufweg, um die Hereingabe von Diogo Dalot verwerten zu können (51.). Und beim 5:1 lupfte er den Ball technisch gekonnt über den aus dem Tor herausstürzenden Schweizer Torwart Yann Sommer hinweg (67.). Ramos spielte großartig, aber seine Teamkollegen standen ihm kaum nach. Die Portugiesen spielten auf einem Niveau, das ihnen nach den Eindrücken der Vorrunde nicht unbedingt zugetraut worden war. Krönung des herrlichen Kombinationsfußballs war der Treffer zum 4:0 durch Raphael Guerreiro (56.). Außerdem trafen Abwehrroutinier Pepe nach einem Eckball von Bruno Fernandes (33.) sowie der eingewechselte Rafael Leao (90.+2). Für die Schweizer, die nicht annähernd an ihre starken Vorrundenauftritte anknüpfen konnten, erzielte Manuel Akanji den Ehrentreffer (58.). Und Ronaldo? Der durfte immerhin noch in der Schlussphase ran.

Kroatien – Brasilien	5:3 n.E. (1:1, 0:0, 0:0)
Niederlande – Argentinien	5:6 n.E. (2:2, 2:2, 0:1)
Marokko – Portugal	1:0 (1:0)
England – Frankreich	1:2 (0:1)

Gleich zwei Viertelfinalpaarungen endeten mit einem Außenseitersieg: Marokko setzte seinen Erfolgszug mit einem 1:0 gegen Portugal fort und zog damit völlig überraschend als erste afrikanische Mannschaft überhaupt in ein WM-Halbfinale ein. Kroatien warf ebenso unerwartet Mitfavorit Brasilien aus dem Turnier. Die Südosteuropäer bestätigten mit dem 5:3 nach Elfmeterschießen und dem zweiten Halbfinaleinzug hintereinander, dass der zweite Platz vier Jahre zuvor in Russland kein Zufall war. Der Rekordweltmeister indes muss mindestens bis 2026 auf seinen sechsten Titel warten. In den Gigantenduellen setzten sich Titelverteidiger Frankreich mit 2:1 gegen England und Argentinien mit 6:5 nach Elfmeterschießen gegen die Niederlande durch.

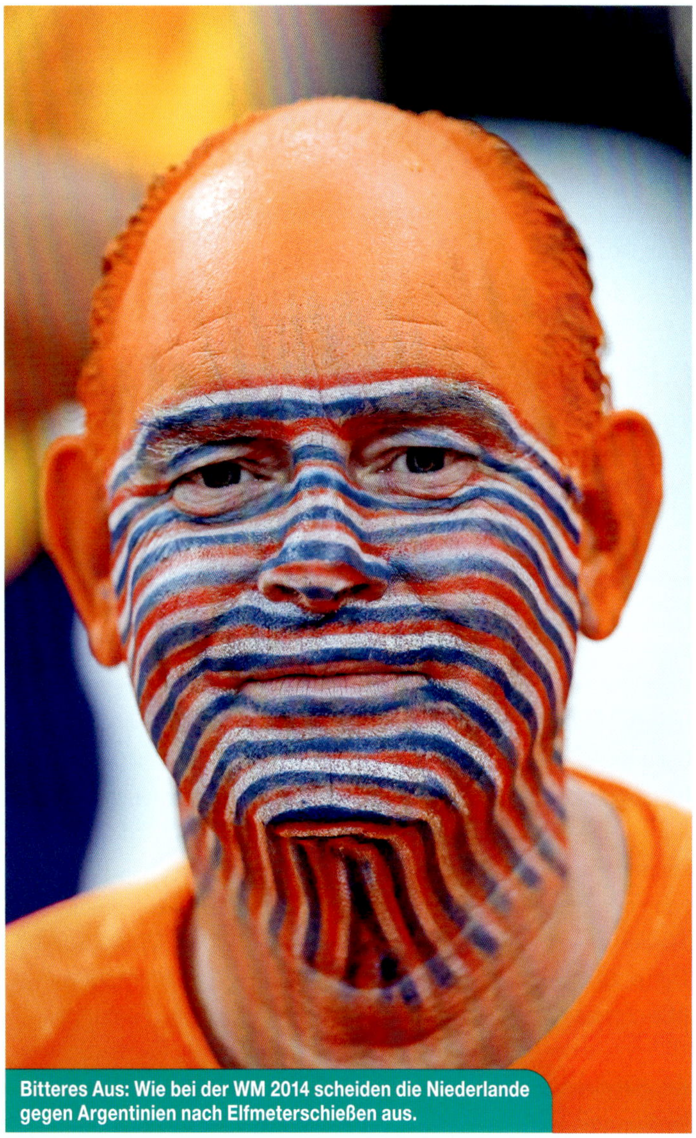

Bitteres Aus: Wie bei der WM 2014 scheiden die Niederlande gegen Argentinien nach Elfmeterschießen aus.

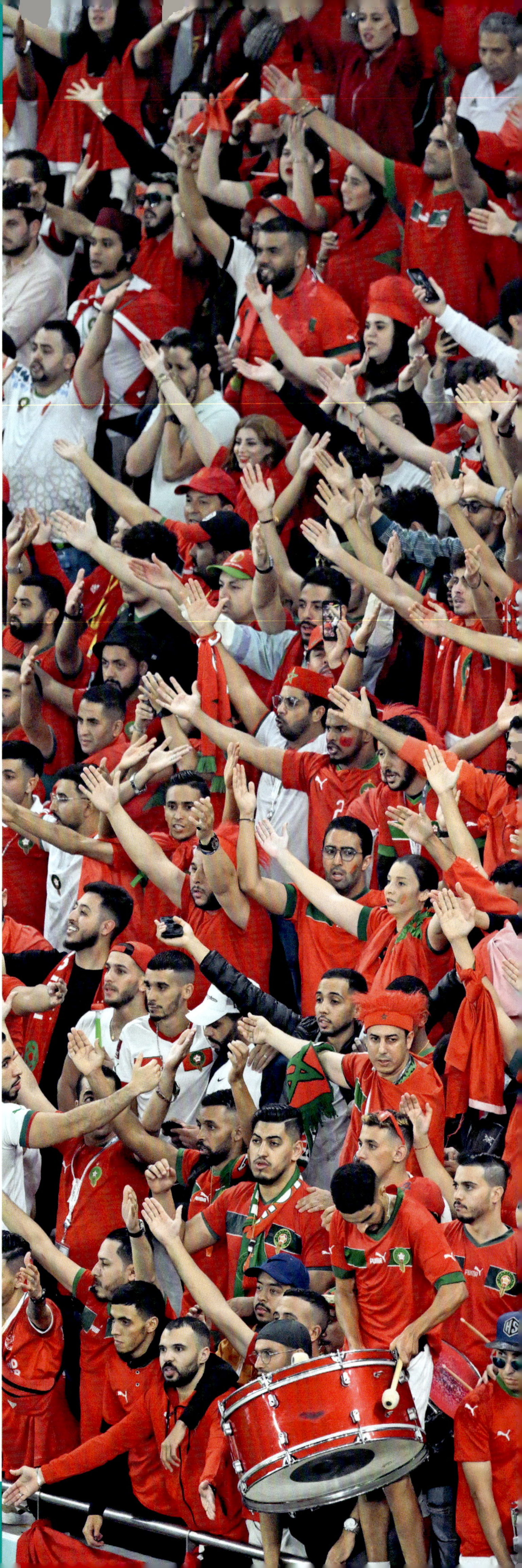

VIERTELFINALE

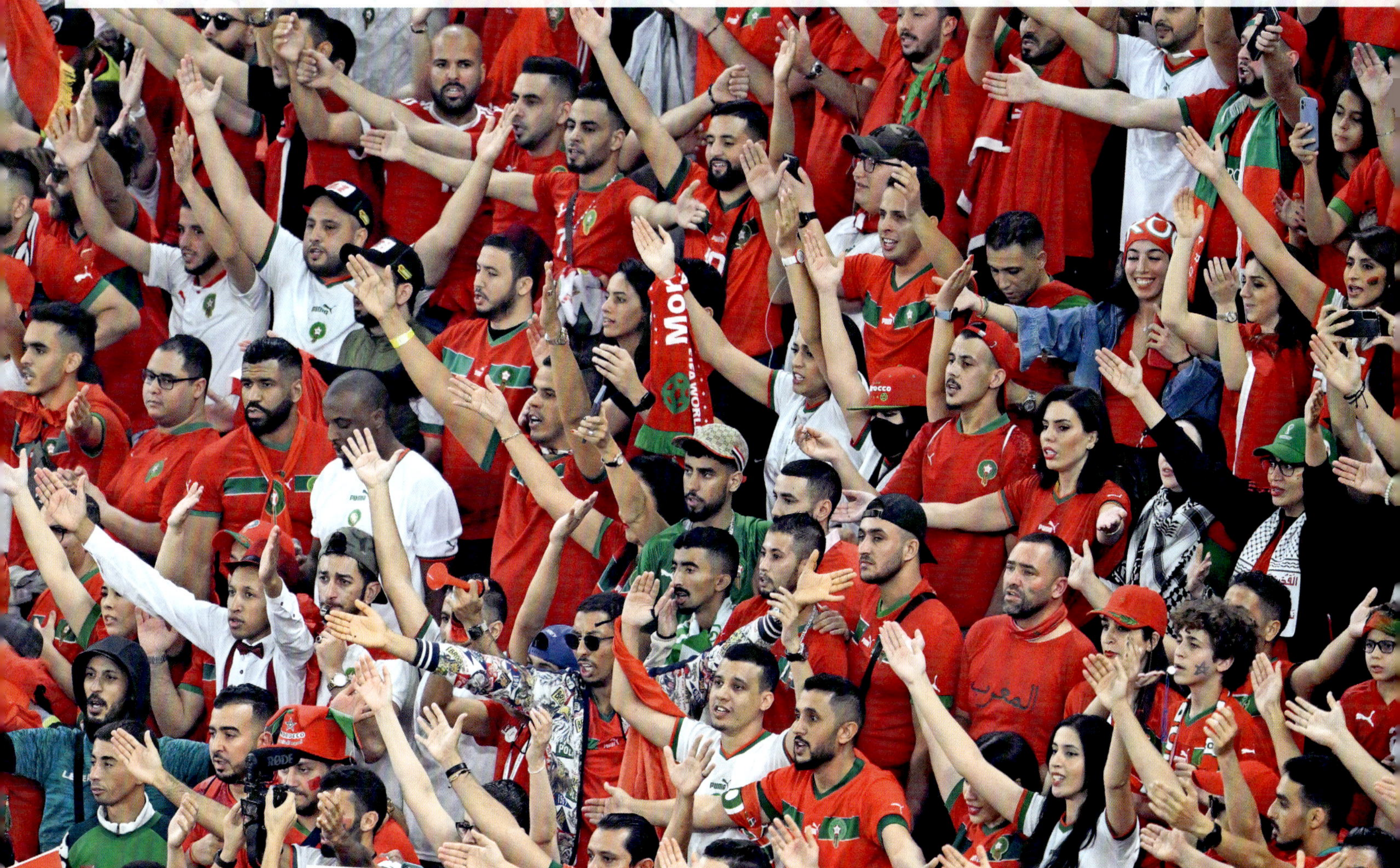

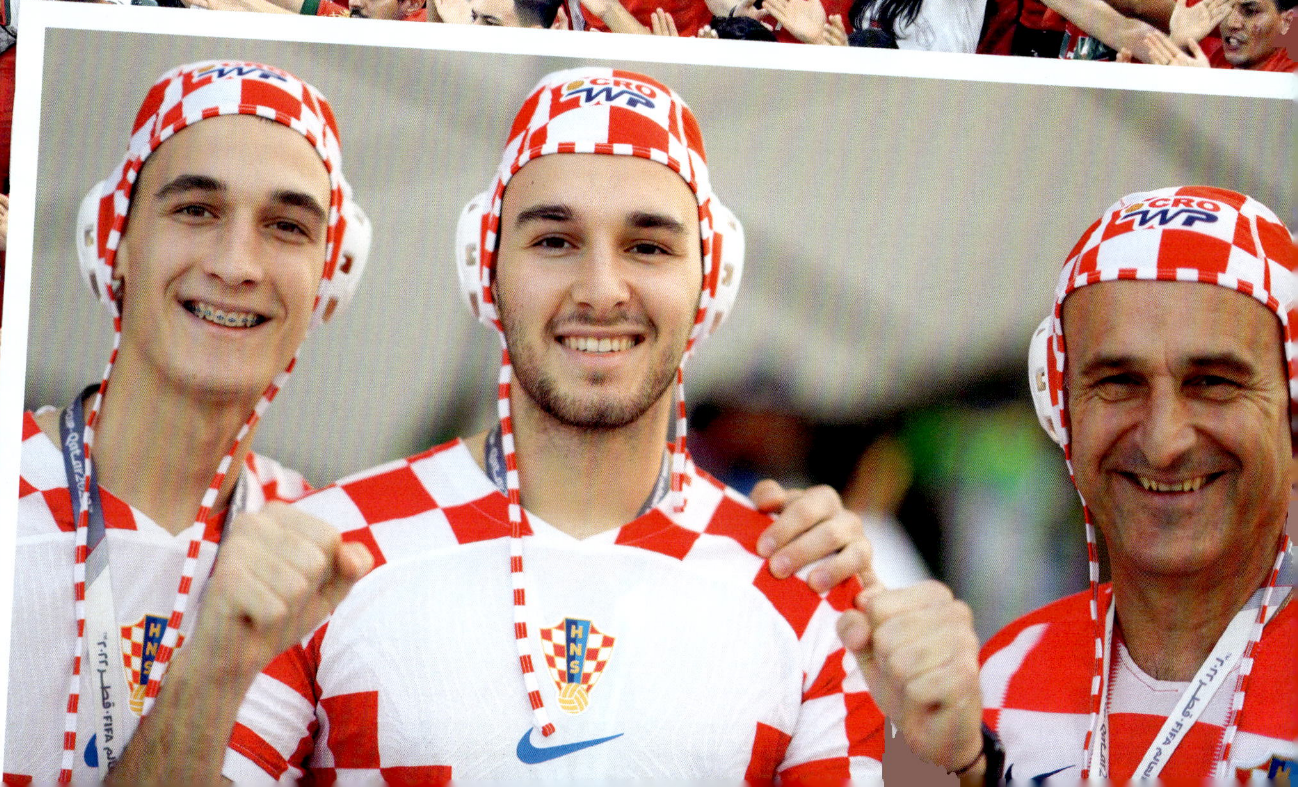

9. Dezember 2022, 18 Uhr Ortszeit, Education City Stadium

KROATIEN – BRASILIEN

5 : 3 n. E.

Trainer: Zlatko Dalic

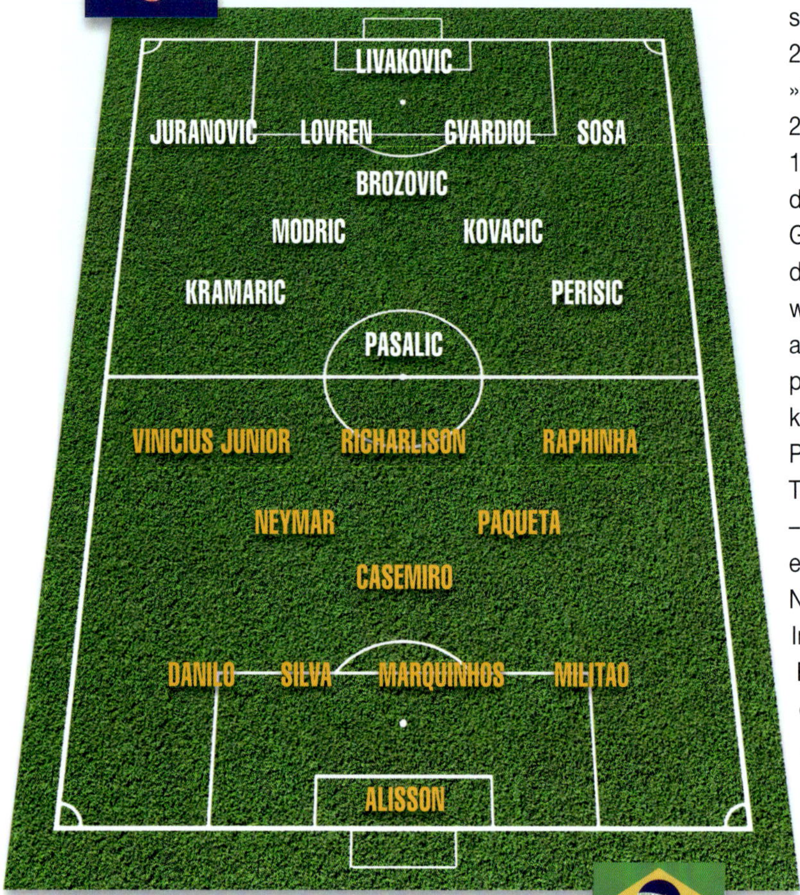

Trainer: Tite

Eingewechselt:

Kroatien	Brasilien
Petkovic für Kramaric (72.)	Antony für Raphinha (56.)
Vlasic für Pasalic (72.)	Rodrygo für Vinicius (64.)
Majer für Kovacic (106.)	Pedro für Richarlison (84.)
Budimir für Sosa (110.)	Sandro für Militao (106.)
Orsic für Brozovic (114.)	Fred für Paqueta (106.)

Tore: 0:1 Neymar (105.+1), 1:1 Petkovic (117.)

Elfmeterschießen: 2:1 Vlasic, Livakovic hält gegen Rodrygo, 3:1 Majer, 3:2 Casemiro, 4:2 Modric, 4:3 Pedro, 5:3 Orsic, Marquinhos schießt an den Pfosten

Gelbe Karten: Brozovic – Danilo, Casemiro, Marquinhos

Gelb-Rote Karte: –

Rote Karte: –

Schiedsrichter: Michael Oliver (England)

Zuschauer: 43 893

Im Viertelfinale 2006 gegen Frankreich, im Viertelfinale 2010 gegen die Niederlande, im unvergessenen Halbfinale 2014 gegen Deutschland, im Viertelfinale 2018 gegen Belgien und im Viertelfinale nun gegen Kroatien – Brasilien ist zum fünften Mal hintereinander bei einer Weltmeisterschaft vorzeitig gescheitert. Die stolze südamerikanische Fußballnation, der Rekordweltmeister muss mindestens vier weitere Jahre auf die so sehr herbeisehnte »Hexa«, den sechsten WM-Titel, warten. Der fünfte liegt 20 Jahre zurück: 2002 bei der WM in Japan und Südkorea, als die »Seleção« im Finale die deutsche Mannschaft mit 2:0 bezwang. 2014 bei der WM im eigenen Land war das Scheitern mit dem 1:7 gegen die DFB-Elf am bittersten. Diesmal in Katar war es am dramatischsten. Die Brasilianer konnten spielerisch nicht an ihre Galavorstellung aus dem Achtelfinale gegen Südkorea anknüpfen, die reguläre Spielzeit verlief ereignisarm. In der Verlängerung wähnten sie sich nach einem Geniestreich ihres Superstars Neymar auf Siegkurs. Der Paris-Legionär spielte im Mittelfeld einen Doppelpass mit Rodrygo, an der Strafraumkante einen weiteren mit Lucas Paqueta und ließ dann auch noch Torhüter Dominik Livakovic aussteigen – mit seinem 77. Länderspieltreffer zog er in der ewigen Torschützenliste mit Nationalheld Pelé gleich.

In der 117. Minute schlug Bruno Petkovic mit dem 1:1 zurück. Mit dem emotionalen Rückenwind des späten Ausgleichs ging der Vizeweltmeister von 2018 ins Elfmeterschießen. Torhüter Livakovic hielt gleich den ersten Schuss von Rodrygo fest, seine Teamkollegen zeigten wie zuvor im Achtelfinale gegen Japan Nervenstärke. Analog zur WM 2018 setzten sich die Kroaten in den ersten zwei Spielen der K.-o.-Runde im Shootout durch.

TITE MACHT SCHLUSS

Das Viertelfinale war das letzte Spiel von Tite (bürgerlicher Name: Adenor Leonardo Bacchi) als brasilianischer Nationaltrainer. »Die WM ist das Ende meiner Zeit. Das habe ich schon vor eineinhalb Jahren gesagt und ich halte mein Wort«, sagte der 61-Jährige. Tite war seit 2016 Nationaltrainer – die zweitlängste Amtszeit nach Flavio Costa (1944 bis 1955).

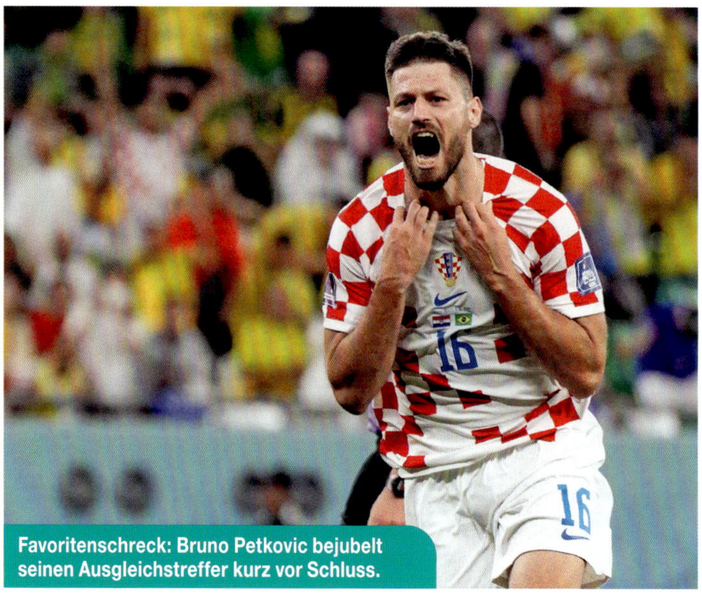

Favoritenschreck: Bruno Petkovic bejubelt seinen Ausgleichstreffer kurz vor Schluss.

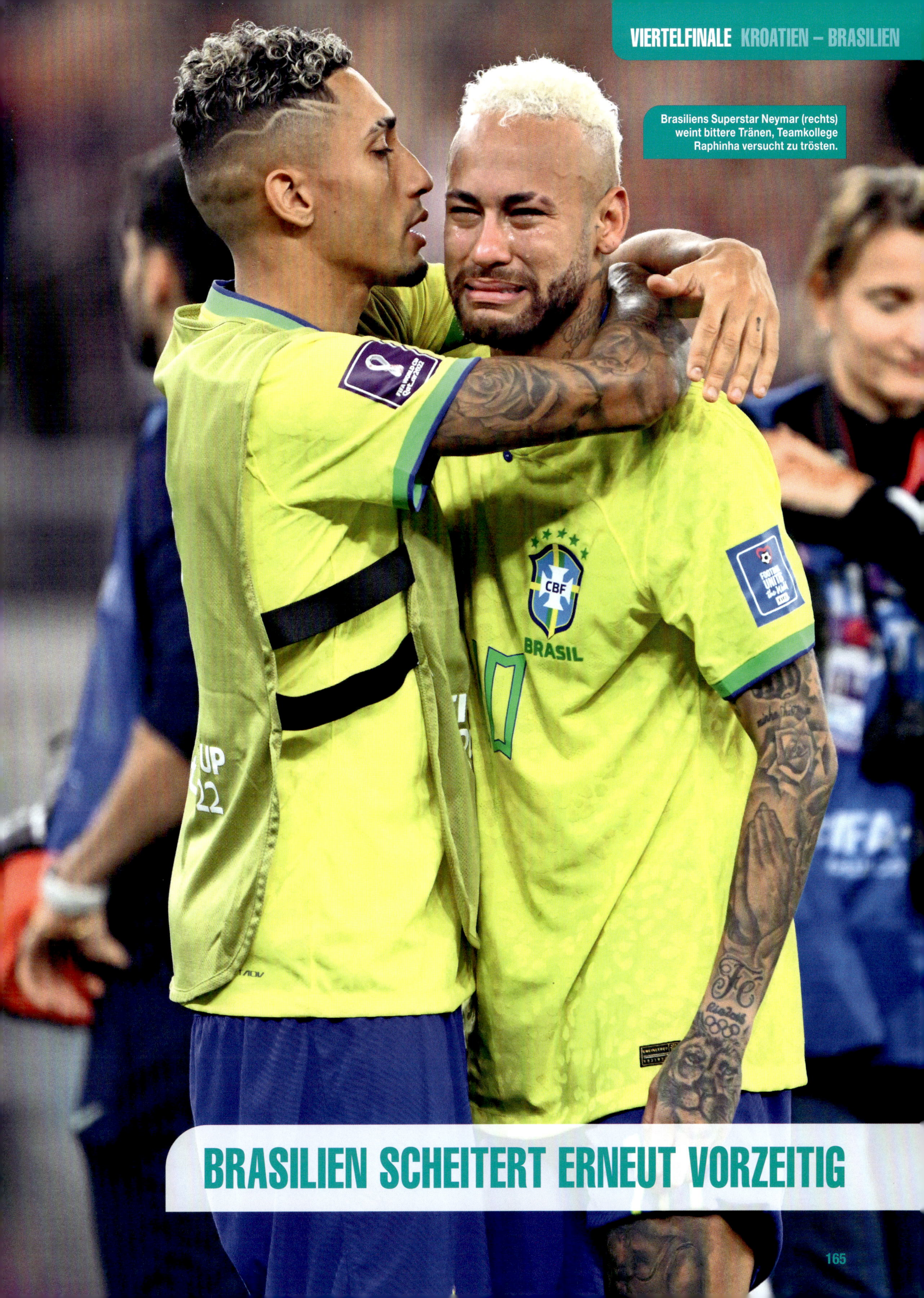

Brasiliens Superstar Neymar (rechts) weint bittere Tränen, Teamkollege Raphinha versucht zu trösten.

BRASILIEN SCHEITERT ERNEUT VORZEITIG

9. Dezember 2022, 22 Uhr Ortszeit, Lusail Stadium

NIEDERLANDE – ARGENTINIEN

5 : 6 n. E.

Trainer: Louis van Gaal

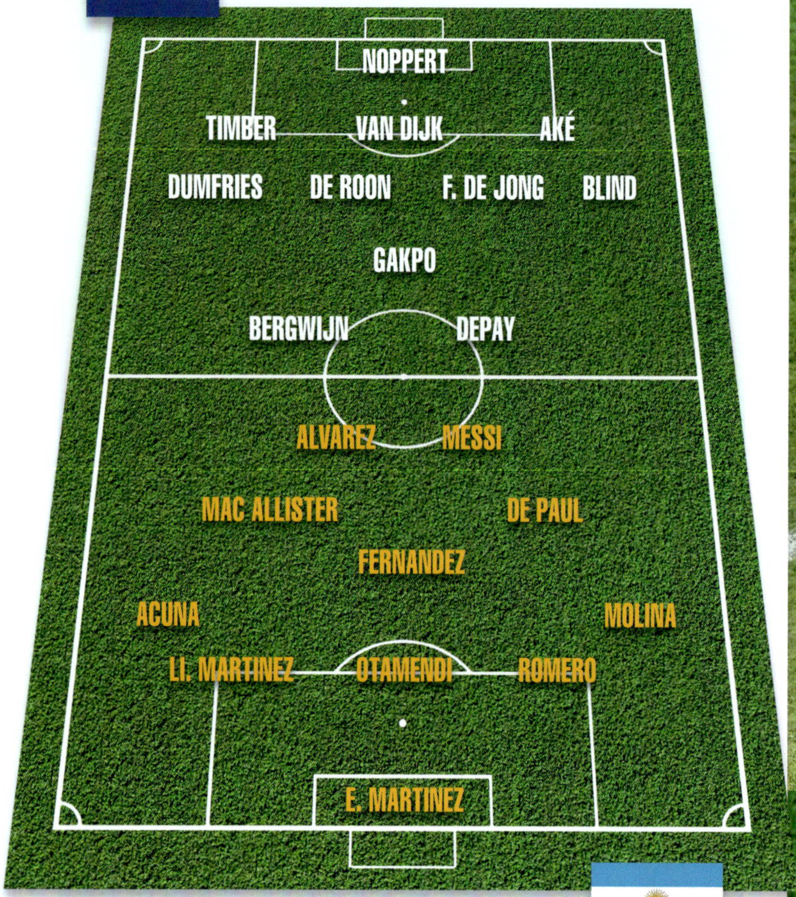

Trainer: Lionel Scaloni

Eingewechselt:

Niederlande	Argentinien
Koopmeiners für de Roon (46.)	Paredes für de Paul (66.)
Berghuis für Bergwijn (46.)	Pezzella für Romero (78.)
L. de Jong für Blind (64.)	Tagliafico für Acuna (78.)
Weghorst für Depay (78.)	La. Martinez für Alvarez (82.)
Lang für Gakpo (113.)	Di Maria für Li. Martinez (112.)

Tore: 0:1 Molina (35.), 0:2 Messi (73., Foulelfmeter), 1:2 Weghorst (83.), 2:2 Weghorst (90.+11)
Elfmeterschießen: E. Martinez hält Elfmeter von van Dijk, 2:3 Messi, E. Martinez hält Elfmeter von Berghuis, 2:4 Paredes, 3:4 Koopmeiners, 3:5 Montiel, 4:5 Weghorst, Fernandez schießt am Tor vorbei, 5:5 L. de Jong, 5:6 La. Martinez
Gelbe Karten: Timber, Bergwijn, Weghorst, Depay, Berghuis, van Dijk, Dumfries, Lang – Acuna, Romero, Li. Martinez, Paredes, Otamendi, Pezzella, Scaloni (Trainer), Samuel (Co-Trainer)
Gelb-Rote Karte: Dumfries / –
Schiedsrichter: Antonio Mateu Lahoz (Spanien)
Zuschauer: 88 235

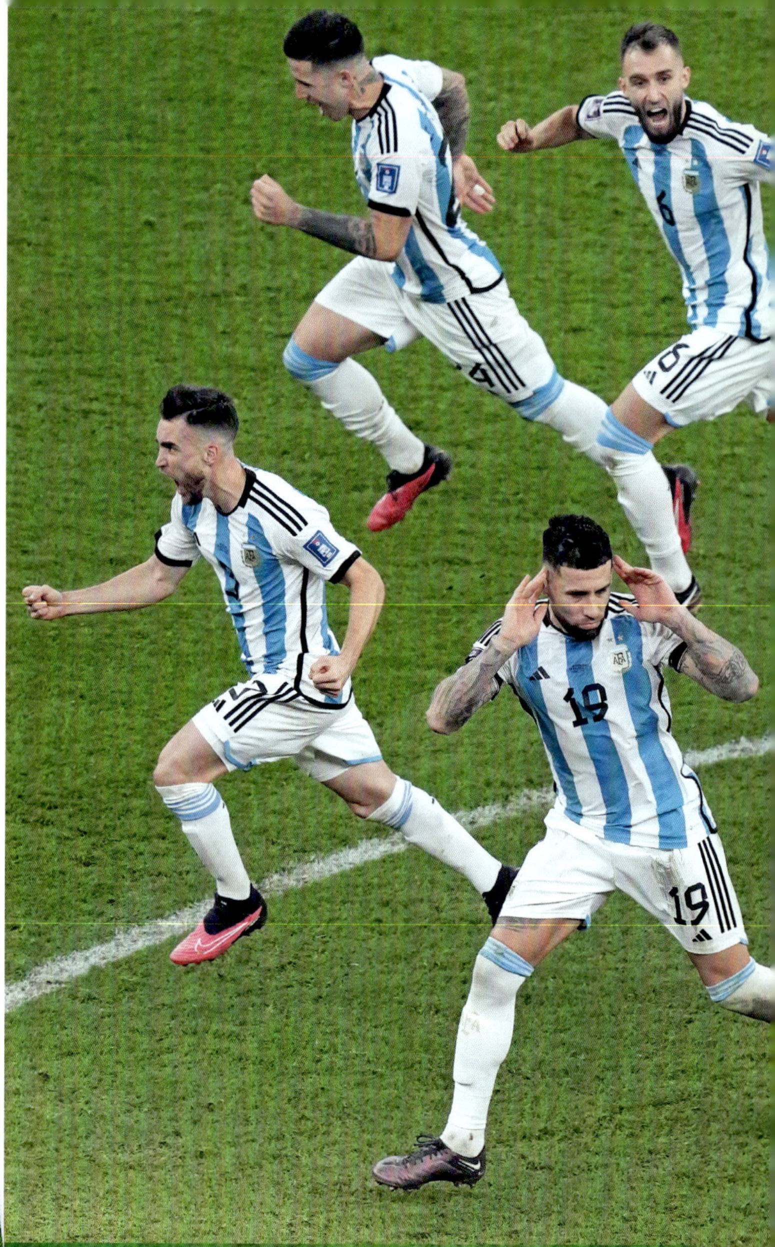

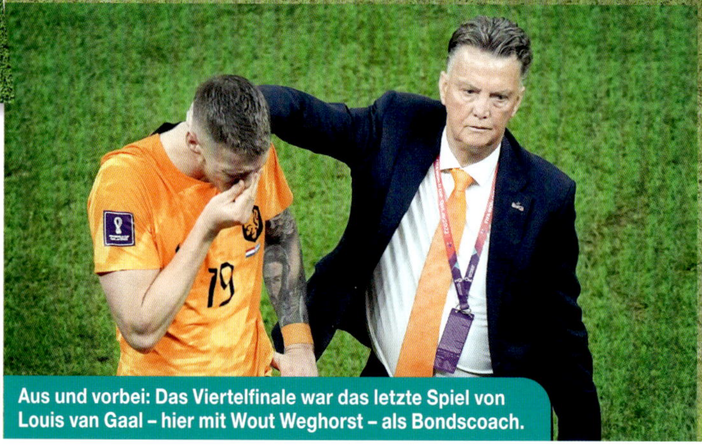

Aus und vorbei: Das Viertelfinale war das letzte Spiel von Louis van Gaal – hier mit Wout Weghorst – als Bondscoach.

Seine Mannschaft habe »das Potenzial, Weltmeister zu werden«, hatte Louis van Gaal vor der WM gesagt. Und das Turnier beginne »jetzt erst richtig für uns« vor dem Viertelfinale gegen Argentinien. In Erinnerung an das verlorene WM-Finale 1978 und den Halbfinal-K.-o. nach Elfmeterschießen 2014 fügte Niederlandes Bondscoach hinzu: »Wir haben noch eine Rechnung zu begleichen.« Die Stimmung war also schon aufgeheizt, ehe der Ball rollte. Ein hochemotionales, am Ende sogar schmutziges Spiel mit 16 Gelben Karten (WM-Rekord), einer Gelb-Roten, zahlreichen verbalen Scharmützeln und wilden Schubsereien schloss sich an. Als Leandro Paredes den Ball Ende der zweiten Hälfte mit voller Wucht auf die Ersatzbank der »Elftal« drosch, stürmten von dort

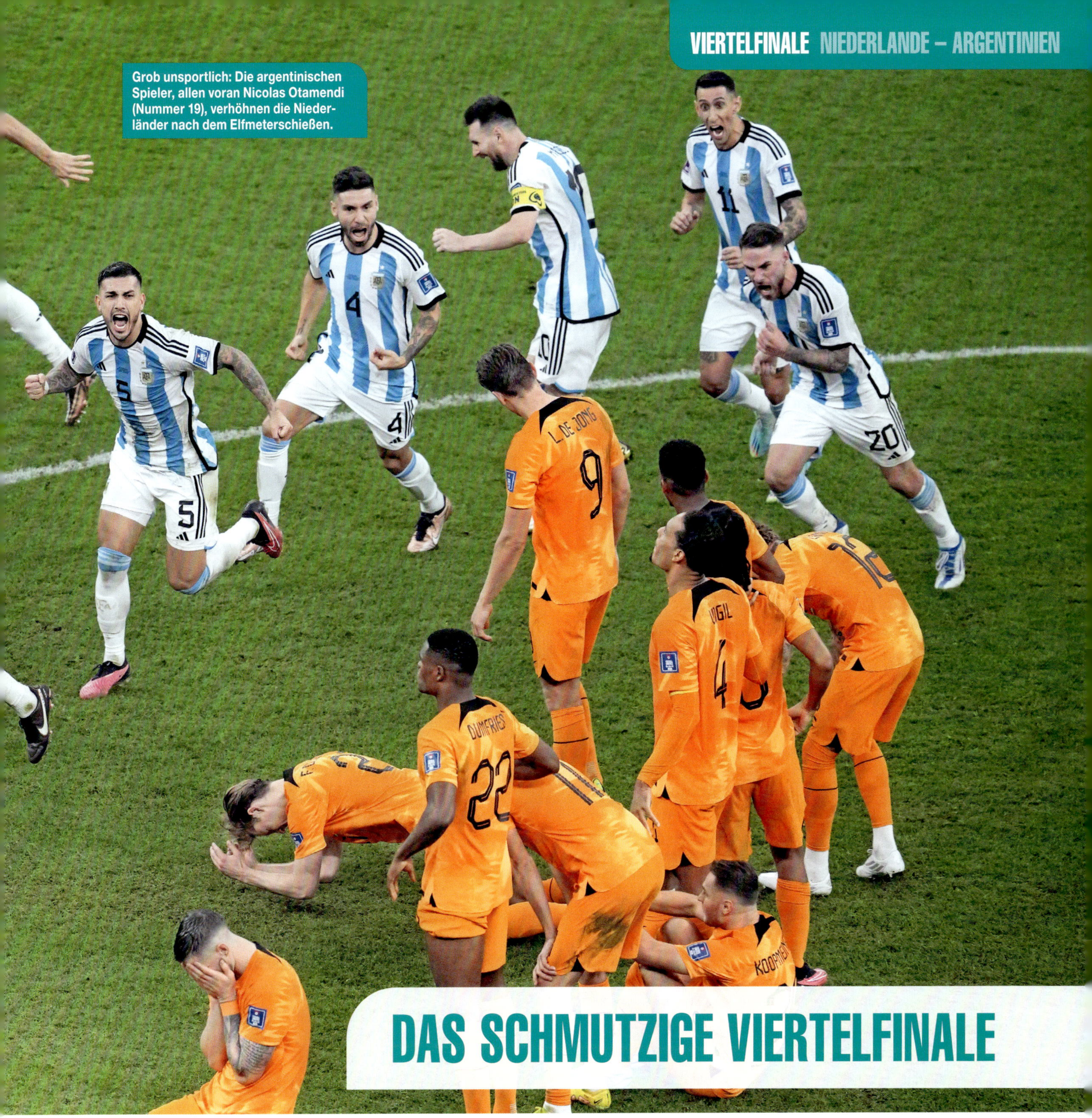

Grob unsportlich: Die argentinischen Spieler, allen voran Nicolas Otamendi (Nummer 19), verhöhnen die Niederländer nach dem Elfmeterschießen.

DAS SCHMUTZIGE VIERTELFINALE

alle Spieler wutentbrannt auf den Platz. Schiedsrichter Antonio Mateu Lahoz (Spanien) war heillos überfordert.
Argentinien wähnte sich schon im Halbfinale nach Toren von Nahuel Molina nach traumhaftem Steilpass von Lionel Messi (35.) und einem Elfmeter des Superstars selbst (73.). Doch dann schlug der kurz zuvor eingewechselte Niederländer Wout Weghorst per Kopfball (83.) zurück. In der elften Minute der Nachspielzeit gelang dem Ex-Wolfsburger nach einem genialen Freistoßtrick von Teun Koopmeiners sogar noch der Ausgleich.
In der Verlängerung hatten die Argentinier die besseren Chancen, Enzo Fernandez traf den Pfosten. Letztlich musste erneut das Elfmeterschießen entscheiden. In der aufgeheizten Atmosphäre mit Provokationen auf beiden Seiten blieb Emiliano Martinez cool. Der Torhüter der »Albiceleste« entschärfte gleich die ersten zwei Versuche von Virgil van Dijk und Steven Berghuis und legte damit den Grundstein fürs Halbfinale.

VAN GAAL GEHT ERNEUT VON BORD

Mit der ersten Niederlage im 20. Spiel ging die dritte Amtszeit von Louis van Gaal als Bondscoach zu Ende. Bei der ersten verpasste er 2002 die WM-Teilnahme, bei der zweiten führte er »Oranje« 2014 auf Platz drei. Mitte 2021 kehrte der frühere Münchner zurück. Wie lange zuvor vereinbart gibt der 71-Jährige das Amt nun an Ronald Koeman ab.

10. Dezember 2022, 18 Uhr Ortszeit, Al-Thumama Stadium

MAROKKO – PORTUGAL
1 : 0

Trainer: Walid Regragui

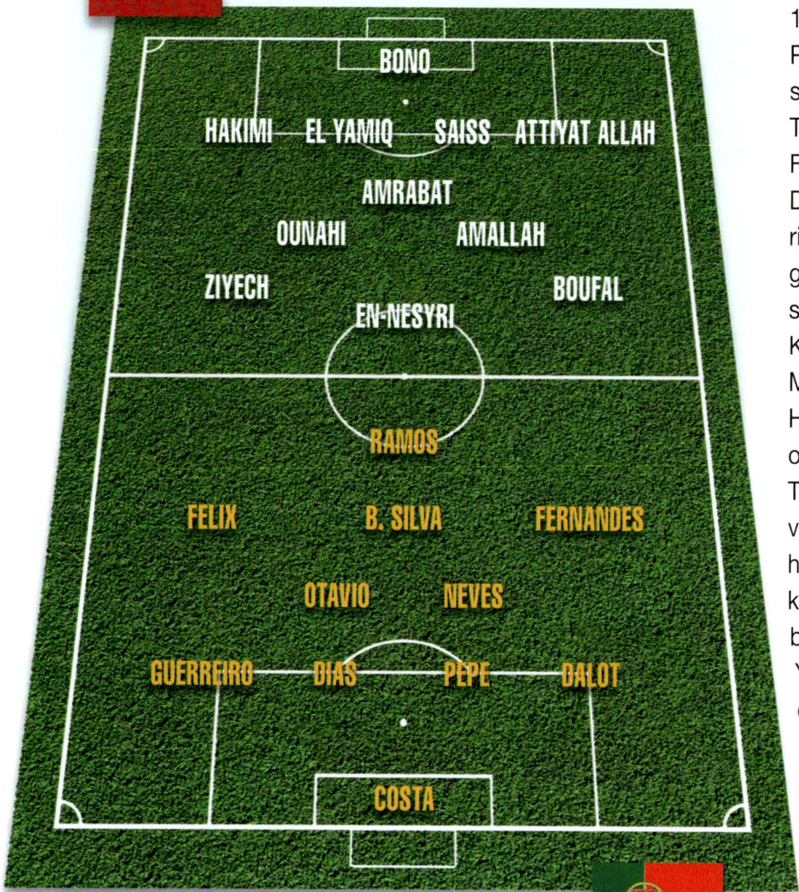

Trainer: Fernando Santos

Eingewechselt:

Marokko	Portugal
Dari für Saiss (57.)	Cancelo für Guerreiro (51.)
Cheddira für Amallah (65.)	Ronaldo für Neves (51.)
Banoun für En-Nesyri (65.)	Leao für Ramos (69.)
Aboukhlal für Ziyech (82.)	Vitinha für Otavio (69.)
Jabrane für Boufal (82.)	Horta für Dalot (79.)

Tore: 1:0 En-Nesyri (42.)

Gelbe Karten: Dari / Vitinha

Gelb-Rote Karte: Cheddira (90.+3) / –

Rote Karte: –

Schiedsrichter: Facundo Tello (Argentinien)

Zuschauer: 44 198

Cristiano Ronaldo ließ seinen Tränen freien Lauf. Mit der 0:1-Viertelfinalniederlage gegen Marokko platzte der Traum des Superstars, seine beeindruckende Titelsammlung um einen WM-Triumph zu erweitern. Seine fünfte Weltmeisterschaft, daran ließen die Bilder keinen Zweifel, war zugleich die letzte des 37-Jährigen. »Eine Weltmeisterschaft für Portugal zu gewinnen, war der größte und ehrgeizigste Traum meiner Karriere«, schrieb der 196-malige Nationalspieler am Tag danach bei *Instagram*. Die Portugiesen hatten sich das Aus selbst zuzuschreiben. Im Gegensatz zu den Spaniern, die sich im Achtelfinale gegen Marokko kaum Torchancen erspielt hatten, mangelte es der Mannschaft von Trainer Fernando Santos nicht an Möglichkeiten.

Doch am Ende zerschellte auch sie am Abwehrbollwerk der Nordafrikaner um den erneut herausragenden Torhüter Bono. Der 31-Jährige musste bereits in der fünften Minute seine ganze Klasse aufbieten, um einen Kopfball von Joao Felix zu entschärfen. Marokko verteidigte erneut mit viel Hingabe und guter Raumaufteilung, kam offensiv aber kaum zum Zug. Dass das Team von Trainer Walid Regragui kurz vor der Pause in Führung gehen konnte, hatte es auch Diogo Costa zu verdanken. Portugals Torhüter verschätzte sich bei einer Flanke komplett, sodass Youssef En-Nesyri zur Führung einköpfen konnte (42.). Fast wäre dem Favoriten noch vor dem Halbzeitpfiff der Ausgleich geglückt, Bruno Fernandes traf nach einer technisch anspruchsvollen Direktabnahme aber nur die Latte (45.). In der 51. Minute kam Ronaldo ins Spiel. Portugals Druck wuchs beständig, und die Marokkaner fanden sich in einer Abwehrschlacht wieder. Goncalo Ramos köpfte freistehend knapp vorbei (58.), Fernandes schoss hauchdünn drüber (64.), und Felix scheiterte an einem sensationellen Reflex von Bono (83.). Auch Ronaldo fand in Marokkos Keeper seinen Meister (90.+1), ehe Pepe mit einem Kopfball aus kurzer Distanz auch die letzte portugiesische Chance vergab (90.+7). Die Marokkaner zitterten sich ins Ziel und erreichten als erste afrikanische Mannschaft überhaupt ein WM-Halbfinale.

SANTOS MUSS GEHEN

Fünf Tage nach dem Aus im Viertelfinale gab der portugiesische Verband die Trennung von Trainer Fernando Santos bekannt. Der 68-Jährige hatte die Nationalmannschaft acht Jahre lang betreut. Seinen größten Erfolg feierte er mit dem EM-Titel 2016.

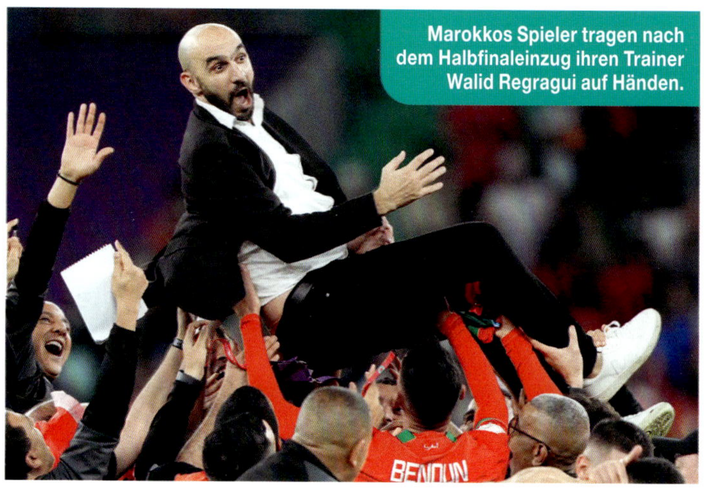
Marokkos Spieler tragen nach dem Halbfinaleinzug ihren Trainer Walid Regragui auf Händen.

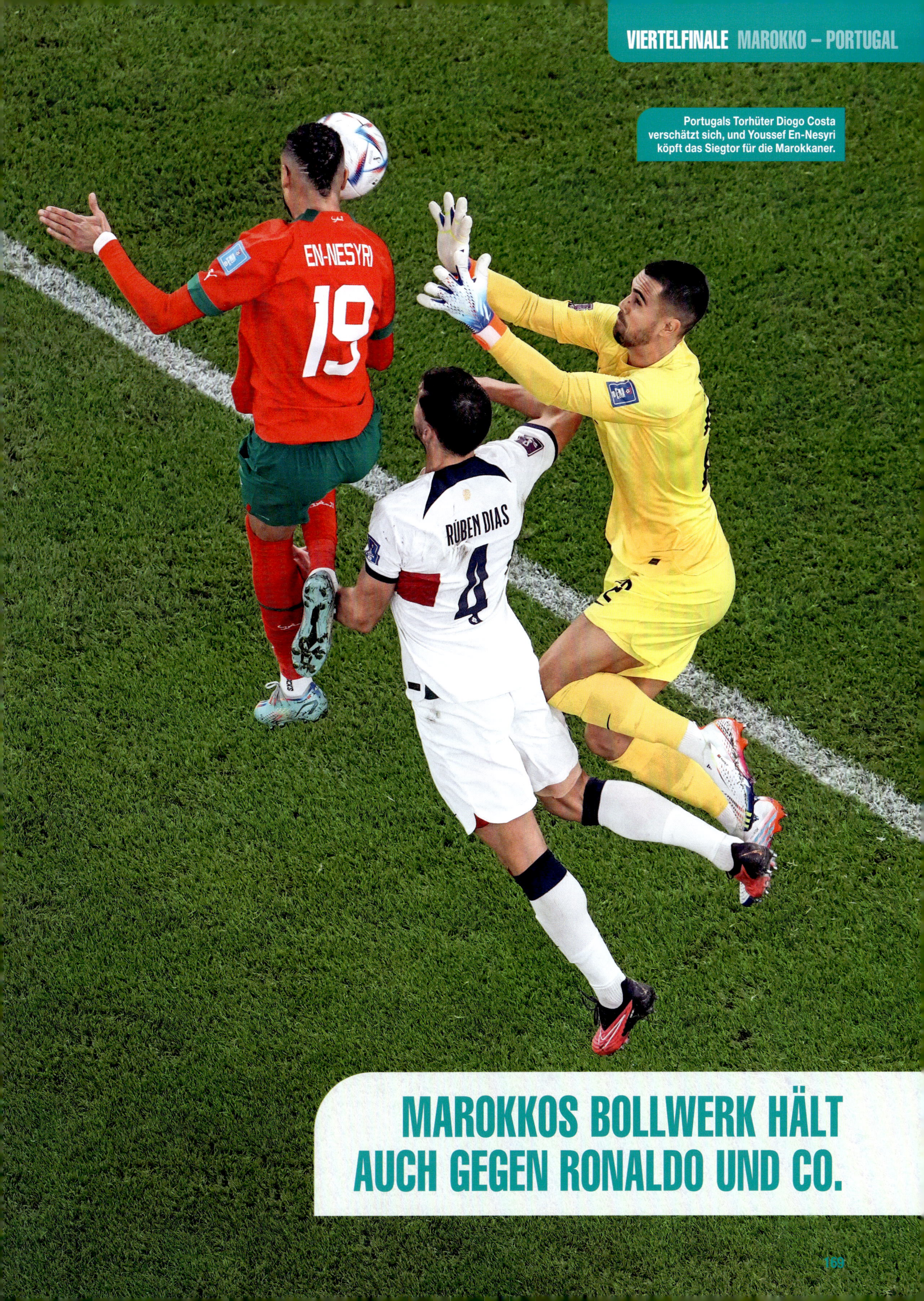

Portugals Torhüter Diogo Costa verschätzt sich, und Youssef En-Nesyri köpft das Siegtor für die Marokkaner.

MAROKKOS BOLLWERK HÄLT AUCH GEGEN RONALDO UND CO.

10. Dezember 2022, 22 Uhr Ortszeit, Al-Bayt Stadium

ENGLAND – FRANKREICH
1 : 2

Trainer: Gareth Southgate

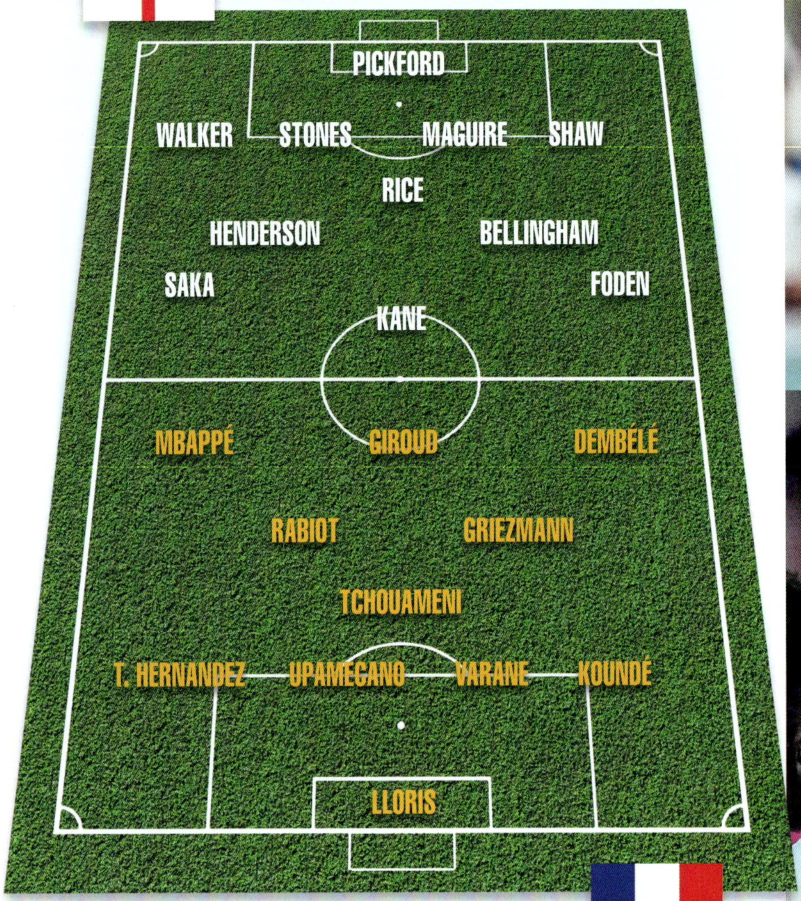

Trainer: Didier Deschamps

Eingewechselt:

England:
Sterling für Saka (79.)
Mount für Henderson (79.)
Rashford für Foden (85.)
Grealish für Stones (90.+8)

Frankreich:
Coman für Dembélé (79.)

Tore: 0:1 Tchouameni (17.), 1:1 Kane (54., Foulelfmeter), 1:2 Giroud (78.)

Gelbe Karten: Maguire / Griezmann, Dembélé, T. Hernandez

Gelb-Rote Karte: Dumfries / –

Rote Karte: –

Schiedsrichter: Wilton Sampaio (Brasilien)

Zuschauer: 68 895

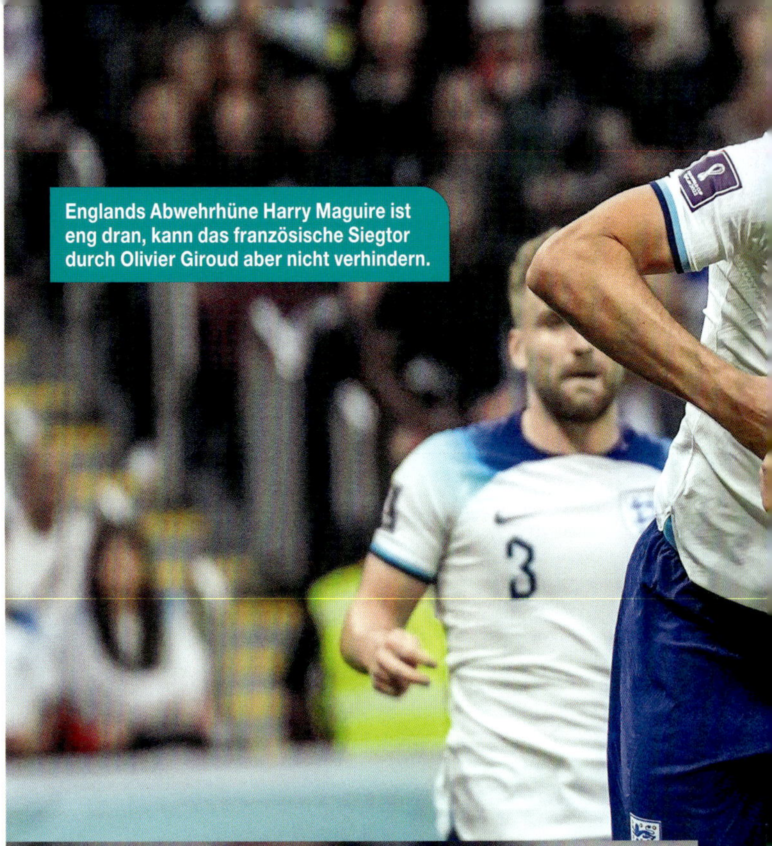

Englands Abwehrhüne Harry Maguire ist eng dran, kann das französische Siegtor durch Olivier Giroud aber nicht verhindern.

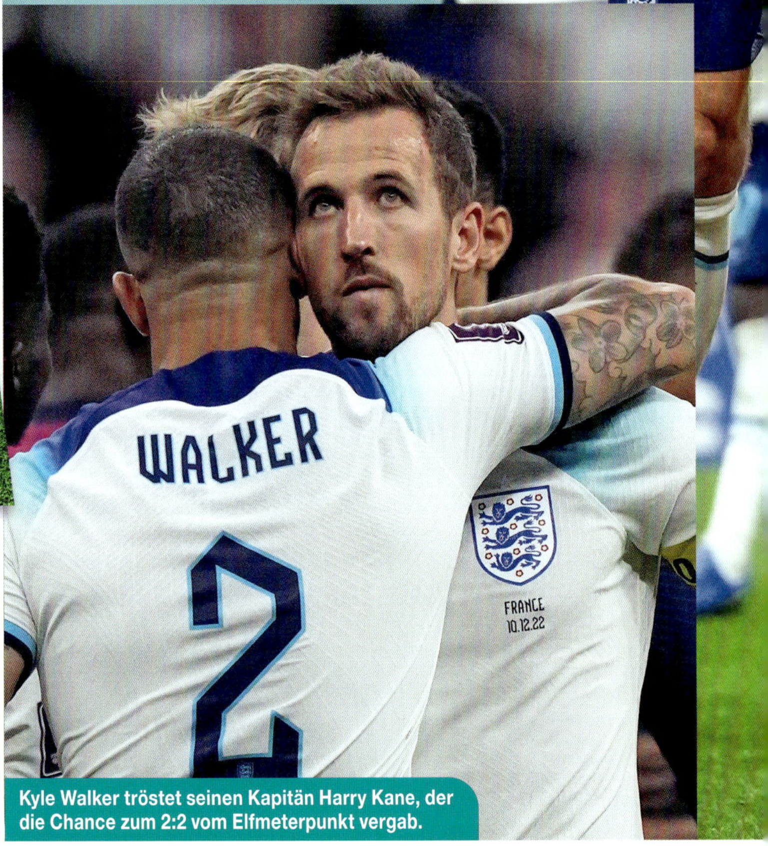

Kyle Walker tröstet seinen Kapitän Harry Kane, der die Chance zum 2:2 vom Elfmeterpunkt vergab.

Zu den unumstößlichen Wahrheiten des Fußballs zählte lange dieser Satz: Engländer können keine Elfmeter schießen. Doch dann kam Harry Kane. Der Mittelstürmer traf beim WM-Achtelfinale 2018 gegen Kolumbien erst in der regulären Spielzeit vom Punkt und dann auch im Elfmeterschießen. So gelang den Engländern der erste Sieg in einem Elfmeterschießen seit 22 Jahren. Und so erfuhr die ganze Welt, dass Kane nicht nur ein Weltklassestürmer, sondern auch vom Punkt ein abgebrühter Schütze ist. Kane hatte also einen Ruf zu verlieren, als er im Viertelfinale gegen Frankreich in der 54. Minute zum Foulelfmeter antrat. Doch der 29-Jährige blieb ganz cool und überwand Hugo Lloris, seinen Vereinskollegen bei Tottenham Hotspur, zum 1:1.

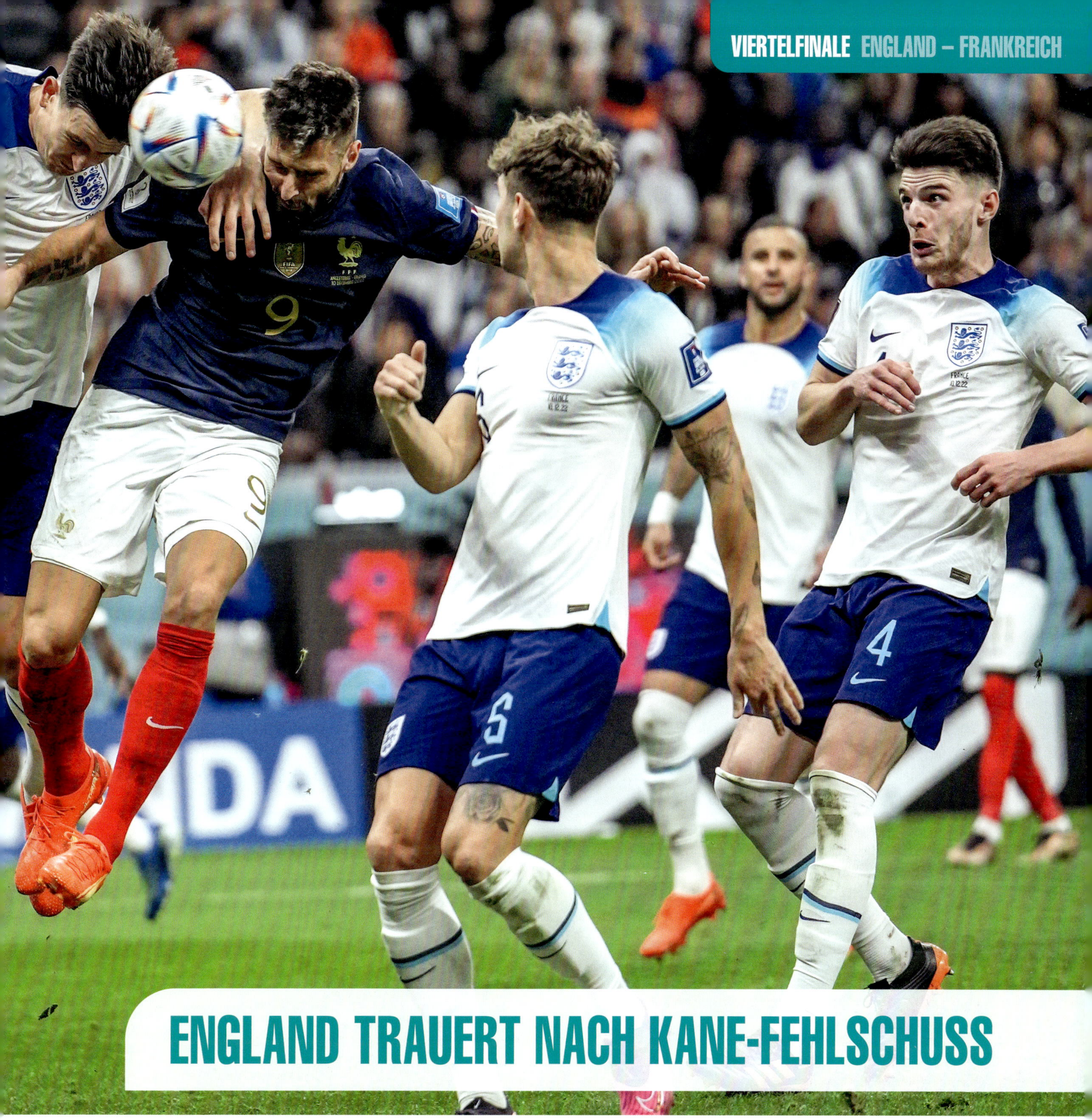

ENGLAND TRAUERT NACH KANE-FEHLSCHUSS

Den Ausgleich hatten sich die Engländer redlich verdient. Während die Franzosen nach ihrem frühen Führungstor durch einen Distanzschuss von Aurélien Tchouameni (17.) in Passivität verfielen, entwickelten die »Three Lions« viel Druck aufs Tor von Lloris, der in der Folge mehrfach gefordert war. Seine beste Tat vollbrachte der 35-Jährige in der 48. Minute, als er einen famosen Volleyschuss von Jude Bellingham übers Tor lenkte. Nach dem 1:1, dem ein Foul von Tchouameni am auffälligen Bukayo Saka vorausgegangen war, gewann das zuvor schon ansehnliche Spiel noch einmal an Klasse. Beide Teams vermählten technische Raffinesse mit beeindruckendem Tempo in ihren Aktionen. Adrien Rabiot verpasste nach einem Missverständnis in der englischen Defensive die erneute Führung für Frankreich (55.), ehe Englands Abwehrhüne Harry Maguire einen Kopfball knapp neben das Tor setzte (70.). Nach einer wunderbaren Flanke von Antoine Griezmann war es dann Olivier Giroud, der Mittelstürmer der »Equipe Tricolore«, der seinen untrüglichen Torinstinkt einmal mehr unter Beweis stellte und unter Bedrängnis per Kopf zum 2:1 traf (78.).

Der französische Jubel war kaum verklungen, da rempelte Theo Hernandez den eingewechselten Mason Mount völlig unnötig im Strafraum um. Es gab wieder Elfmeter, und wieder legte sich Kane den Ball zurecht. Wer sonst? Doch diesmal versagten ihm die Nerven, sein Schuss ging deutlich über das Tor. Frankreich brachte den Sieg über die Zeit – und Kane hatte seinen Ruf verloren.

Argentinien – Kroatien	3:0 (2:0)
Frankreich – Marokko	2:0 (1:0)

In den Halbfinalspielen wurden Argentinien und Frankreich ihren Favoritenrollen gerecht. Die »Albiceleste« um den überragenden sechsmaligen Weltfußballer Lionel Messi bezwang Vizeweltmeister Kroatien im Lusail Stadium in Ad-Da'ayan souverän mit 3:0 und zog damit zum sechsten Mal nach 1930, 1978, 1986, 1990 und 2014 ins Endspiel einer Weltmeisterschaft ein. Titelverteidiger Frankreich beendete einen Tag später mit einem vergleichsweise mühevollen 2:0-Sieg im Al-Bayt Stadium in Al-Chaur das Fußballmärchen von Außenseiter Marokko. Die »Equipe Tricolore« qualifizierte sich zum vierten Mal nach 1998, 2006 und 2018 für das Finale.
In der WM-Torschützenliste zog Lionel Messi mit seinem fünften Treffer mit dem bis dahin alleine führenden Franzosen Kylian Mbappé gleich, der in der Vorschlussrunde ohne Treffer blieb.

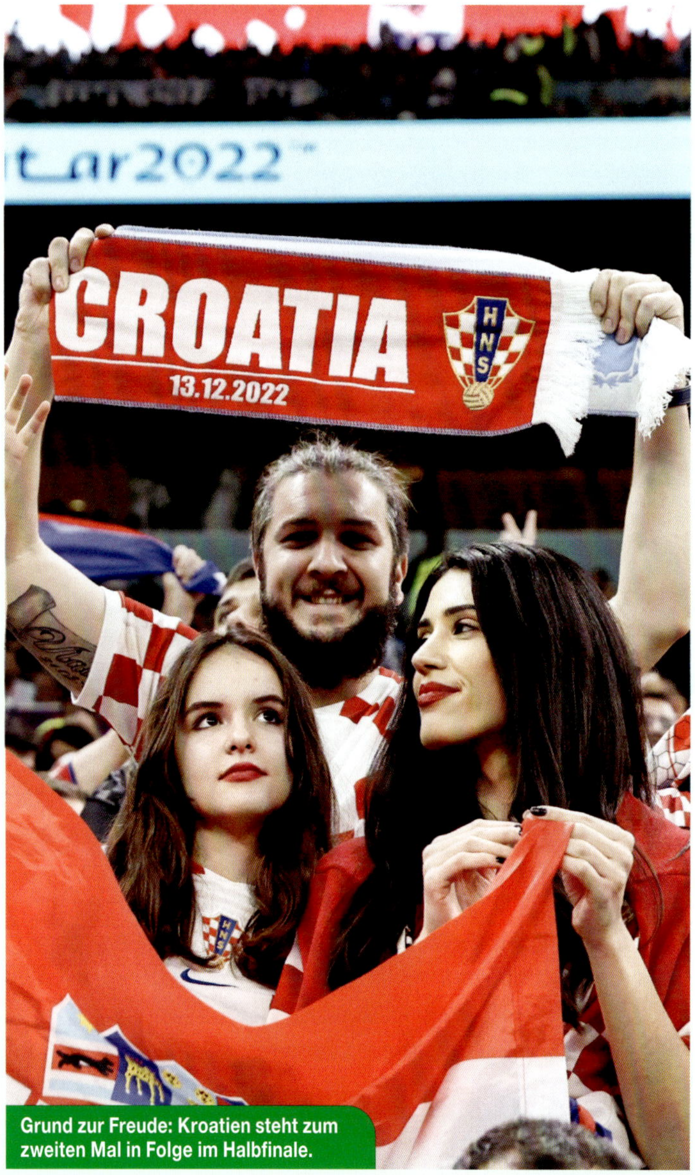

Grund zur Freude: Kroatien steht zum zweiten Mal in Folge im Halbfinale.

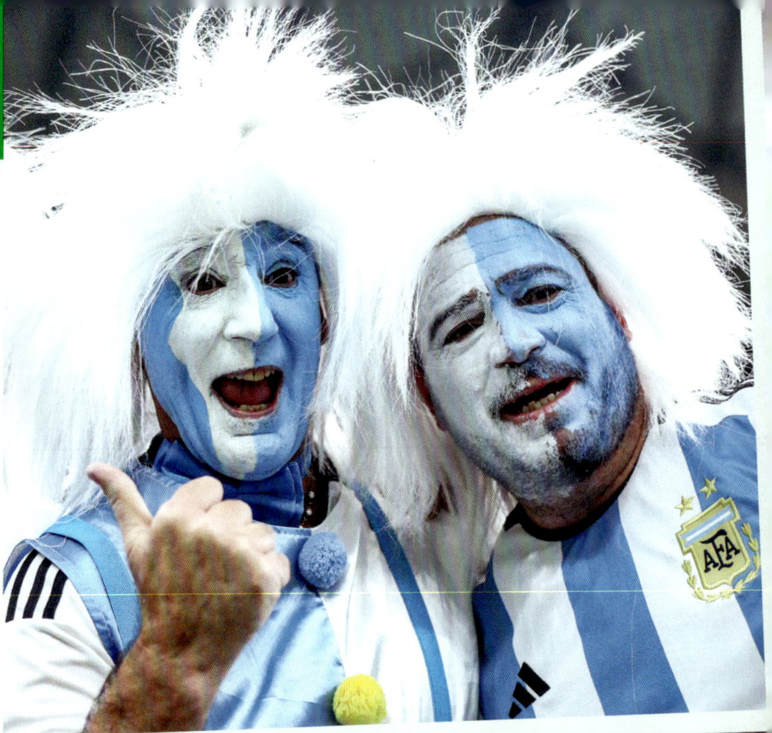

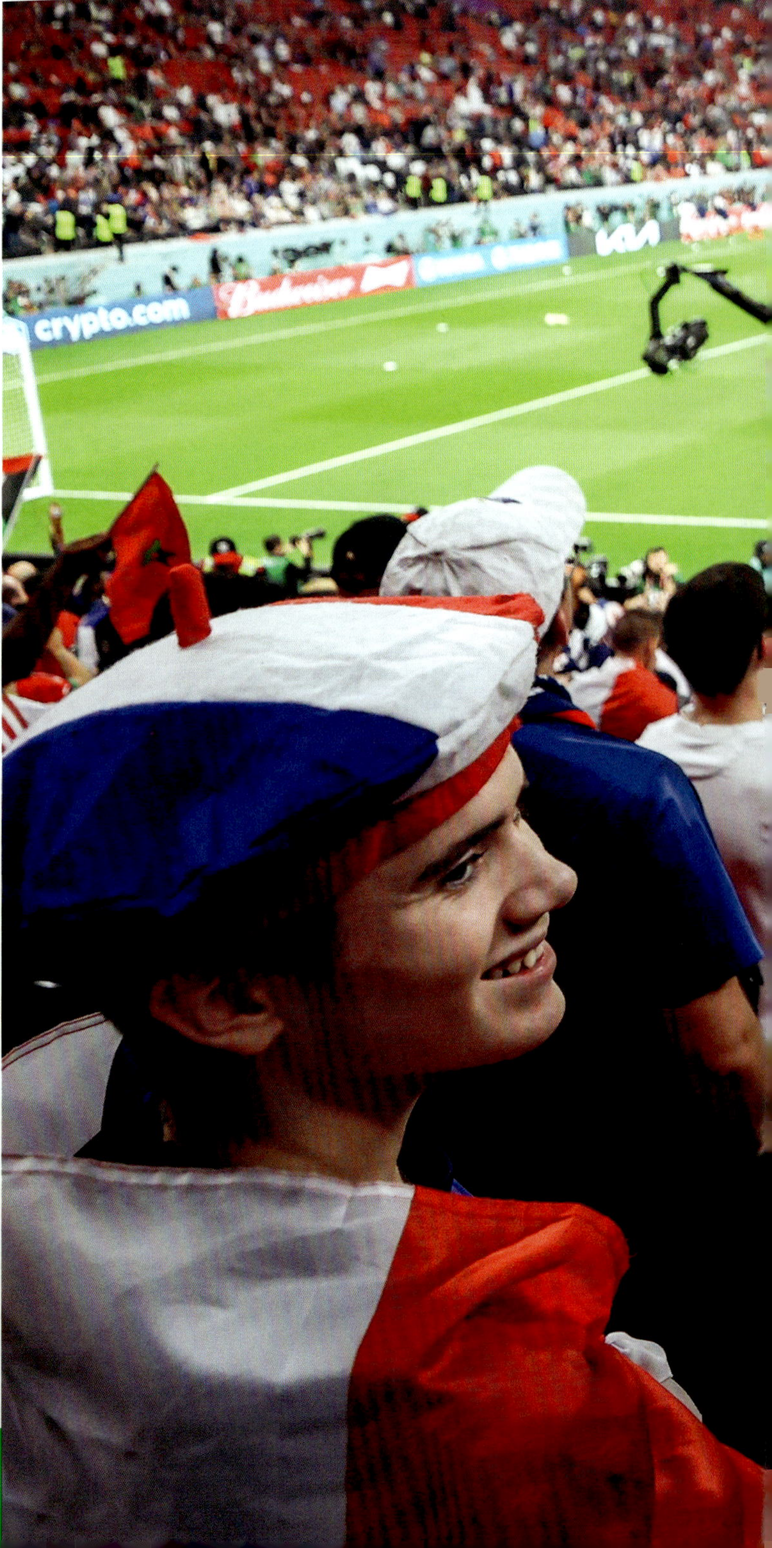

HALBFINALE

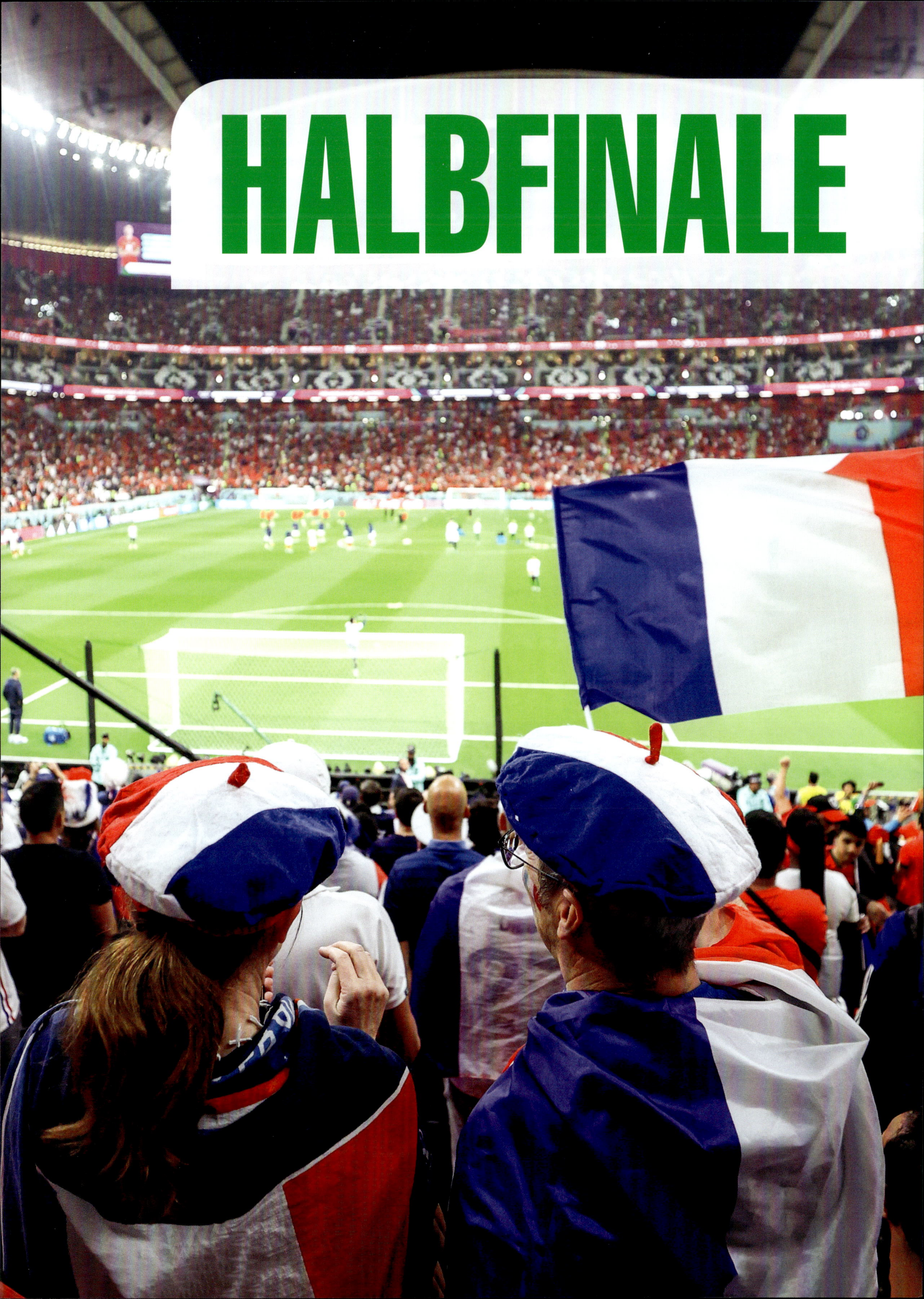

13. Dezember 2022, 22 Uhr Ortszeit, Lusail Stadium

ARGENTINIEN – KROATIEN
3 : 0

Trainer: Lionel Scaloni

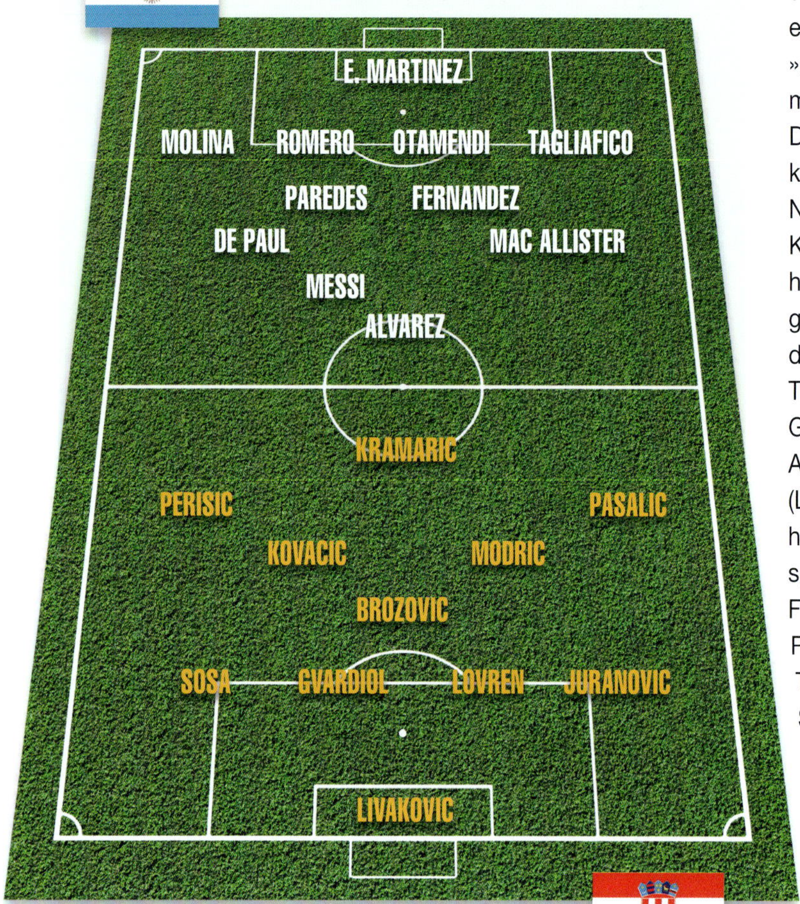

Trainer: Zlatko Dalic

Eingewechselt:

Argentinien	Kroatien
Li. Martinez für Paredes (62.)	Orsic für Sosa (46.)
Palacios für de Paul (74.)	Vlasic für Pasalic (46.)
Dybala für Alvarez (74.)	Petkovic für Brozovic (50.)
Correa für Mac Allister (86.)	Livaja für Kramaric (72.)
Foyth für Molina (86.)	Majer für Modric (81.)

Tore: 1:0 Messi (34., Foulelfmeter), 2:0 Alvarez (39.), 3:0 Alvarez (69.)

Gelbe Karten: Romero, Otamendi / Livakovic, Kovacic

Gelb-Rote Karte: –

Rote Karte: – / Mandzukic (Co-Trainer)

Schiedsrichter: Daniele Orsato (Italien)

Zuschauer: 88 966

Auf den Tag genau drei Wochen zuvor schlichen sie an gleicher Stelle noch mit hängenden Köpfen vom Rasen nach ihrer 1:2-Auftaktpleite gegen Saudi-Arabien, für viele eine der größten Blamagen der WM-Geschichte überhaupt (Seiten 54/55). Nun waren sie im Lusail Stadium die gefeierten Helden. Durch einen souveränen 3:0-Sieg gegen Kroatien zog Argentinien zum sechsten Mal nach 1930, 1978, 1986, 1990 und 2014 ins Finale einer Weltmeisterschaft ein. Die Niederlage im ersten Spiel habe »geholfen, stärker zu werden und als Mannschaft zu wachsen«, meinte Kapitän Lionel Messi hinterher.

Die Südamerikaner zeigten, dass sie es auch anders, besser können als vier Tage zuvor im schmutzigen Viertelfinale gegen die Niederlande mit insgesamt 16 Gelben und einer Gelb-Roten Karte. Und zwar mit taktischer Disziplin und technischer Finesse, hinzu kamen mit Lionel Messi und Julian Alvarez zwei herausragende Individualisten. Der Superstar von Paris Saint-Germain und der junge Angreifer von Manchester City waren an allen drei Treffern beteiligt, im Duell der Superstars stach Messi sein Gegenüber Luka Modric an diesem Abend klar aus.

Anfangs hatten die mit den Bundesligalegionären Josko Gvardiol (Leipzig), Borna Sosa (Stuttgart) und Andrej Kramaric (Hoffenheim) in der Startelf angetretenen Südosteuropäer noch leichte spielerische Vorteile und demzufolge auch mehr Ballbesitz. Ein Foulelfmeter in der 34. Minute lenkte die Partie dann jedoch in Richtung der »Albiceleste«. Julian Alvarez war nach einem Traumpass von Enzo Fernandez plötzlich allein im kroatischen Sechzehnmeterraum aufgetaucht – und Torhüter Dominik Livakovic wusste sich nur noch durch ein Foul zu helfen. Lionel Messi hämmerte den fälligen Strafstoß zielsicher ins rechte obere Eck. Kroatiens Assistenztrainer, der frühere Wolfsburger und Münchner Profi Mario Mandzukic, echauffierte sich über die Elfmeterentscheidung derart, dass er von Schiedsrichter Daniele Orsato mit einer Roten Karte aus dem Innenraum des Stadions verwiesen wurde.

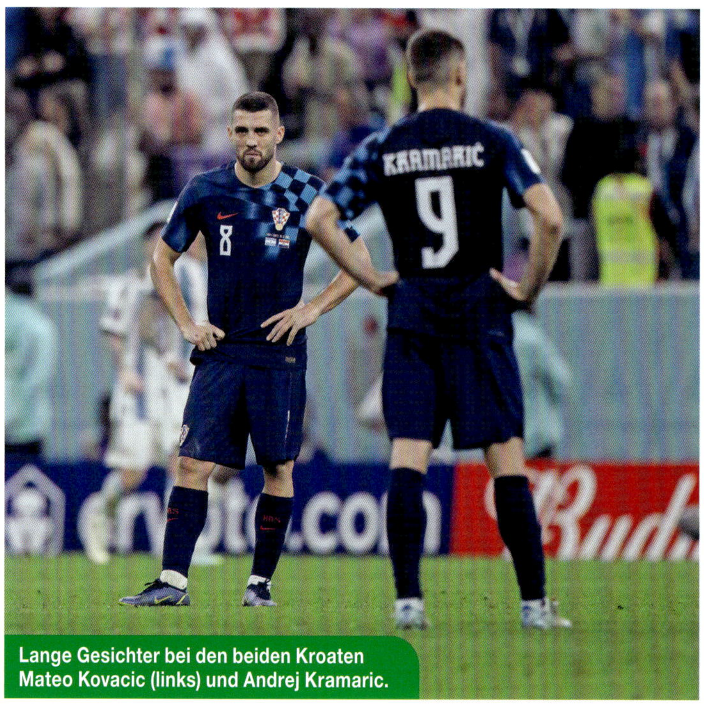

Lange Gesichter bei den beiden Kroaten Mateo Kovacic (links) und Andrej Kramaric.

EIN ABEND IN HIMMELBLAU

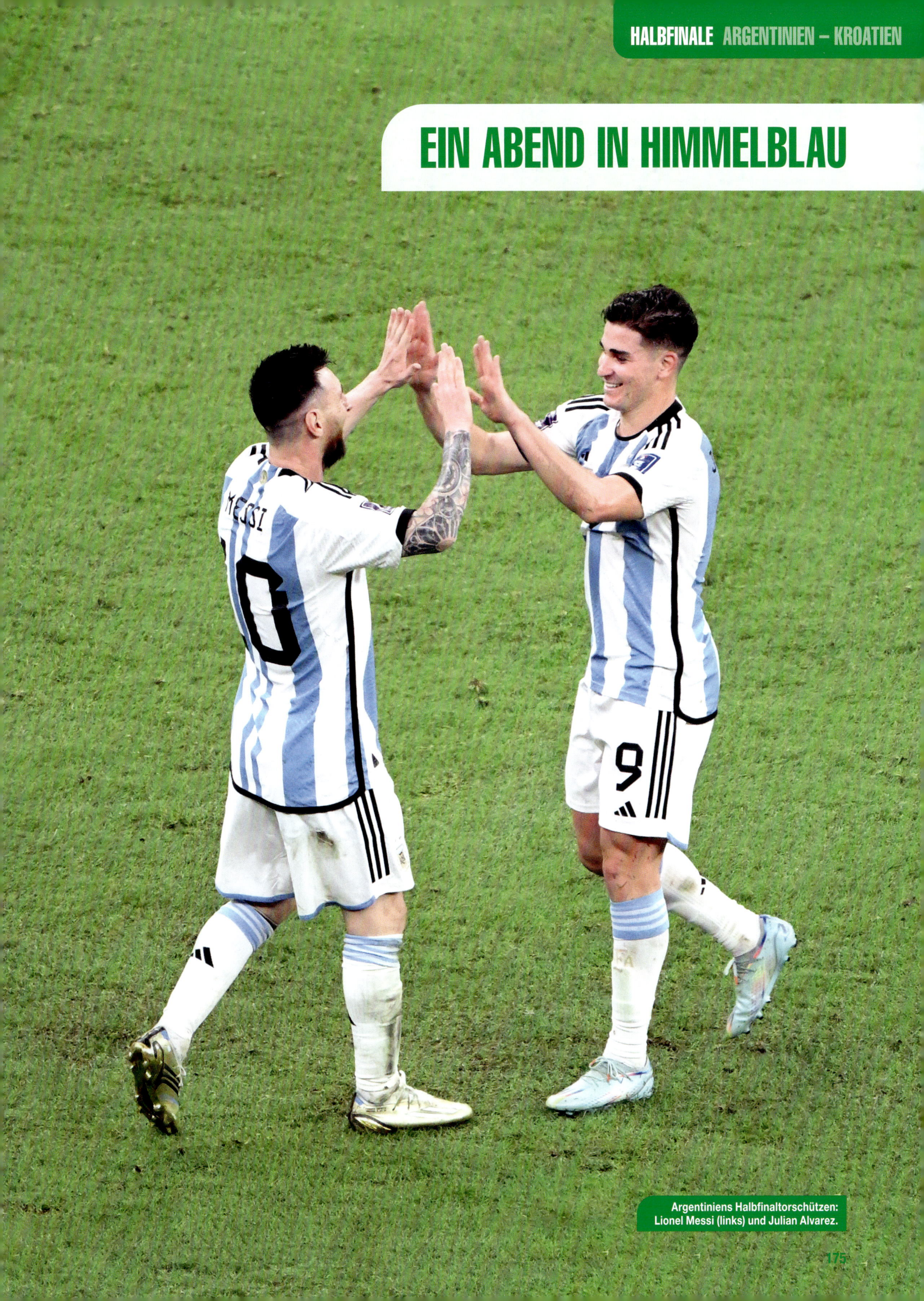

Argentiniens Halbfinaltorschützen: Lionel Messi (links) und Julian Alvarez.

Nur fünf Minuten später ließ Julian Alvarez das 2:0 folgen. Nach einem gewonnenen Zweikampf von Lionel Messi startete der 22-Jährige noch in der eigenen Hälfte ein unwiderstehliches Solo bis in den kroatischen Strafraum. Dort konnten ihn weder die Verteidiger Josip Juranovic und Borna Sosa noch Torhüter Livakovic aufhalten. Aus fünf Metern wuchtete Alvarez den Ball ins Netz. In der zweiten Halbzeit kontrollierte Argentinien das Geschehen. Verdient war der dritte Treffer, auch dieser sehenswert: Gleich zweimal tanzte Lionel Messi den überforderten Verteidiger Gvardiol aus, von der Grundlinie passte er flach in den Fünfmeterraum, und von dort hatte Alvarez keine sonderliche Mühe mehr, zum zweiten Mal an diesem Abend einzuschießen. Während Messi und Alvarez nach Abpfiff ausgelassen mit ihren Teamkollegen vor der himmelblauen »Wand« aus rund 30 000 argentinischen Fans sangen und tanzten, geriet Trainer Lionel Scaloni in den Katakomben über die vorangegangenen 90 Minuten und den Finaleinzug ins Schwärmen: »Es ist schwierig, die richtigen Worte zu finden. Davon habe ich als Argentinier immer geträumt. Es ist ein historischer Moment, den wir genießen müssen.«

MESSI ÜBERFLÜGELT BATISTUTA

Mit dem Elfmetertor in der 34. Minute, seinem elften Treffer bei einer Weltmeisterschaft, ist Lionel Messi nun auch alleiniger Spitzenreiter in der ewigen WM-Torschützenliste der Argentinier. Seinen ersten hatte er 2006 beim 6:0 gegen Serbien und Montenegro in Gelsenkirchen erzielt. Zuvor teilte sich Messi die Spitzenposition mit Gabriel Batistuta, der bei den Turnieren 1994, 1998 und 2002 zehnmal getroffen hatte.

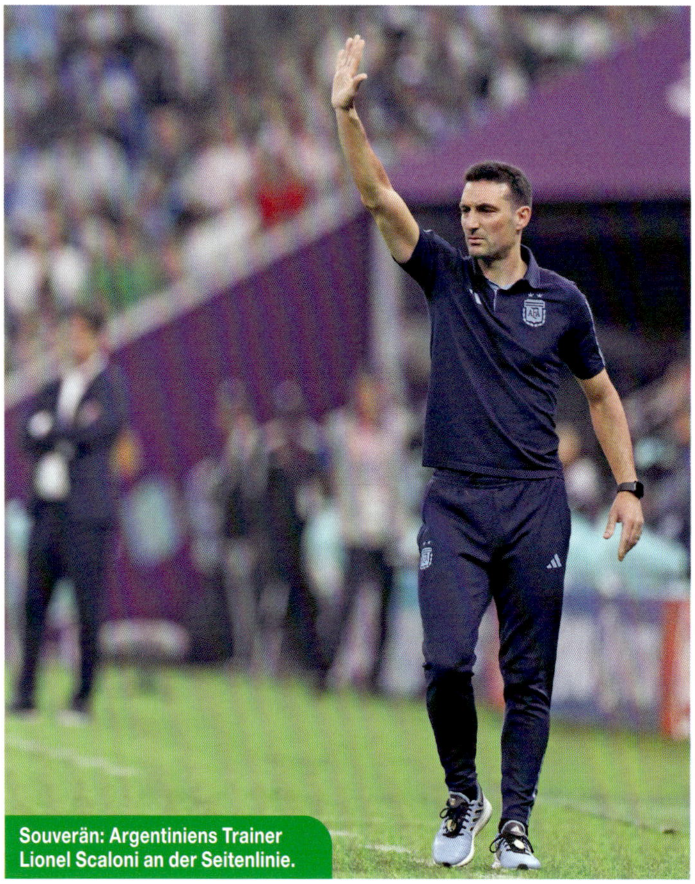

Souverän: Argentiniens Trainer Lionel Scaloni an der Seitenlinie.

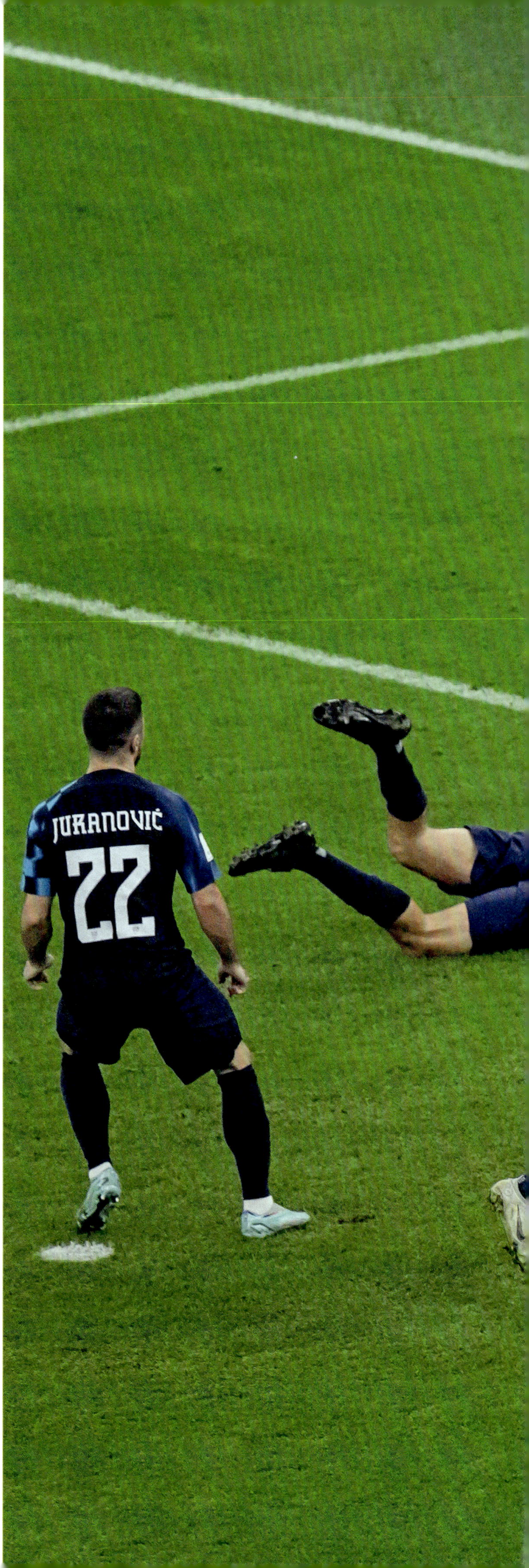

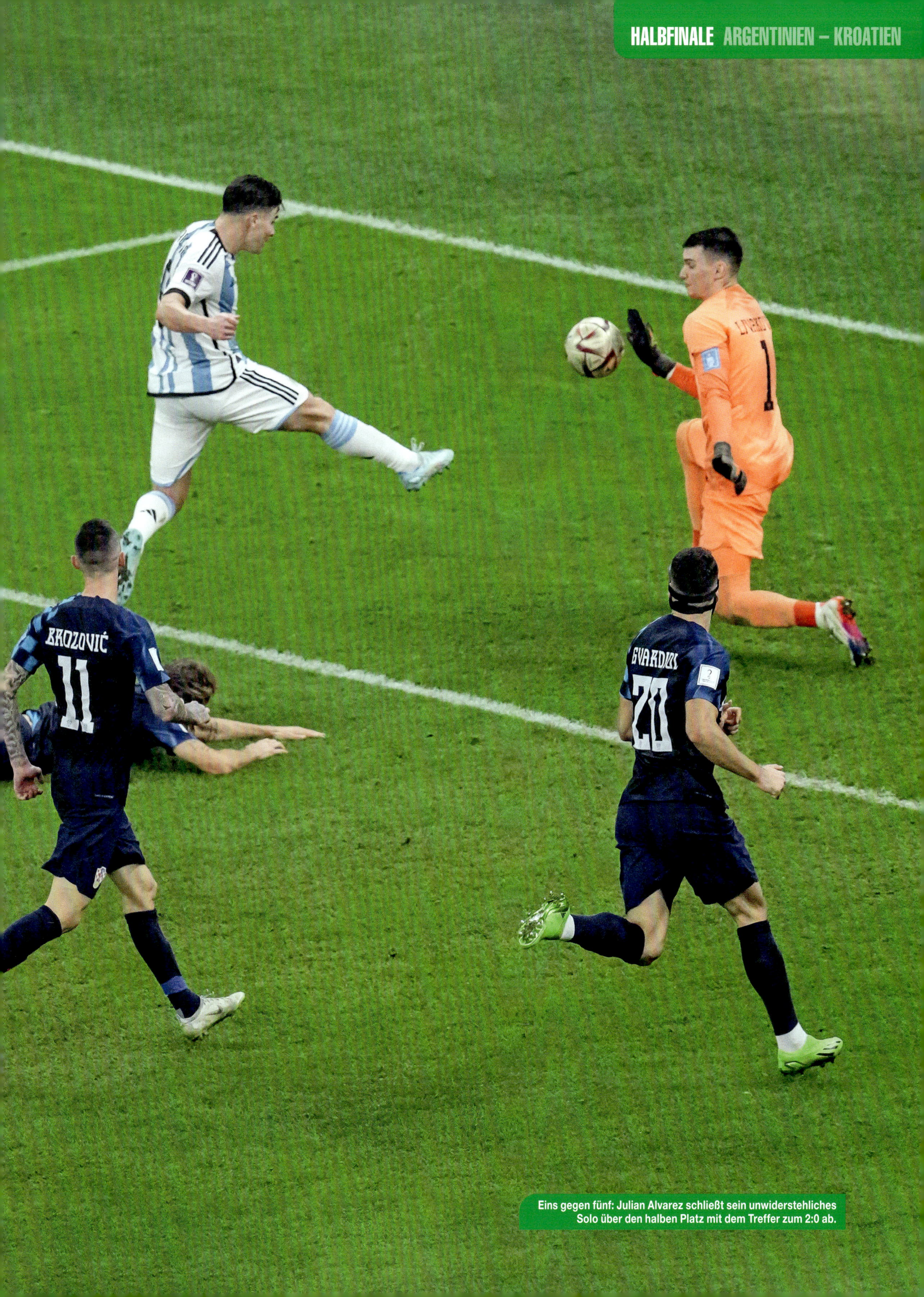

Eins gegen fünf: Julian Alvarez schließt sein unwiderstehliches Solo über den halben Platz mit dem Treffer zum 2:0 ab.

14. Dezember 2022, 22 Uhr Ortszeit, Al-Bayt Stadium

FRANKREICH – MAROKKO
2 : 0

Trainer: Didier Deschamps

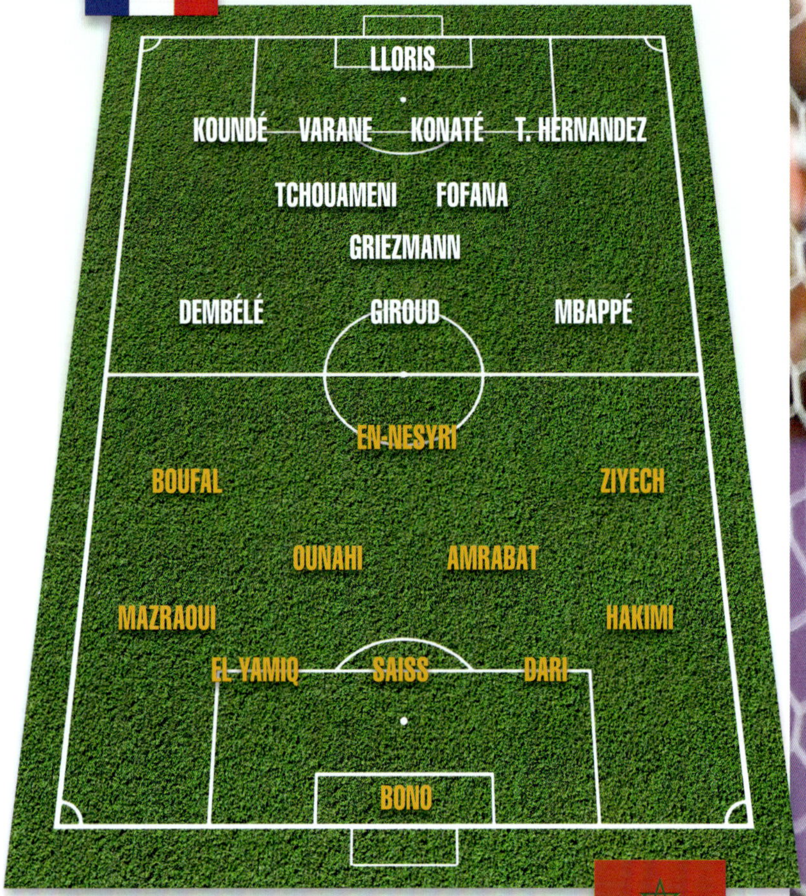

Trainer: Walid Regragui

Eingewechselt:

Frankreich:
Thuram für Giroud (65.)
Kolo Muani für Dembélé (78.)

Marokko:
Amallah für Saiss (21.)
Attiyat Allah für Mazraoui (46.)
Hamdallah für En-Nesyri (66.)
Aboukhlal für Boufal (66.)
Abde für Amallah (78.)

Tore: 1:0 T. Hernandez (5.), 2:0 Kolo Muani (79.)

Gelbe Karte: – / Boufal

Gelb-Rote Karte: –

Rote Karte: –

Schiedsrichter: Cesar Arturo Ramos Palazuelos (Mexiko)

Zuschauer: 68 294

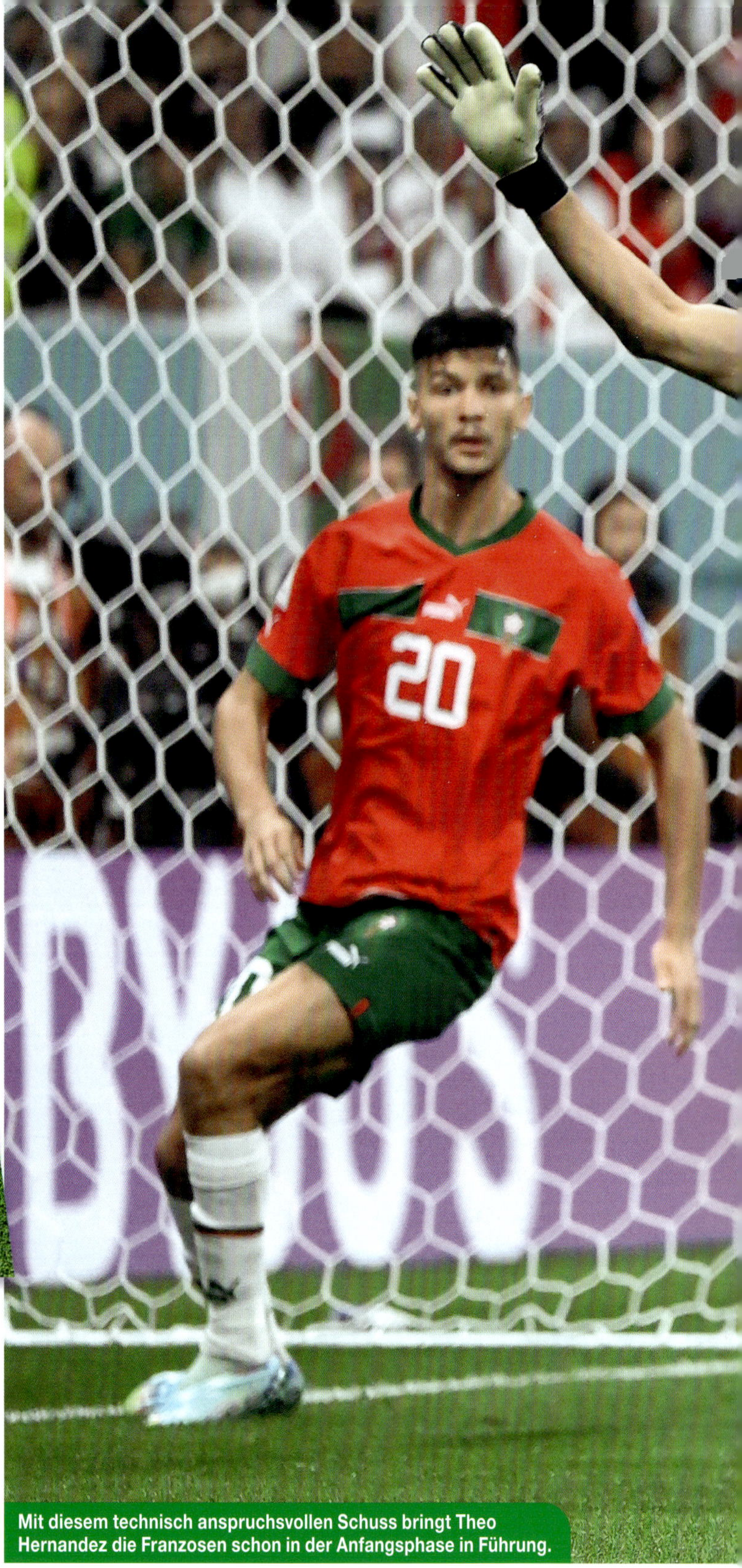

Mit diesem technisch anspruchsvollen Schuss bringt Theo Hernandez die Franzosen schon in der Anfangsphase in Führung.

Als der Schlusspfiff ertönte, sanken sie kollektiv zu Boden, überwältigt von Erschöpfung und Emotionen. Sie hatten gekämpft wie die Löwen und sie hatten großartig gespielt, aber an diesem Abend waren die Marokkaner gescheitert an der kühlen Effizienz des amtierenden Titelträgers. Mit dem 0:2 endete der surreal anmutende Siegeszug der »Atlas-Löwen« bei dieser Weltmeisterschaft. Als erste Mannschaft vom afrikanischen Kontinent hatten die Marokkaner das Halbfinale einer WM erreicht und auf dem Weg dorthin mit Spanien und Portugal zwei europäische Granden in die Knie gezwungen. Bereits in der Vorrunde hatten sie mit Belgien und Kroatien zwei Top-Teams hinter sich gelassen. Der Erfolg der Marokkaner war nicht einem besonders günstigen Spielplan zuzuschreiben, sondern das Ergebnis harter Arbeit. Die Heldentaten

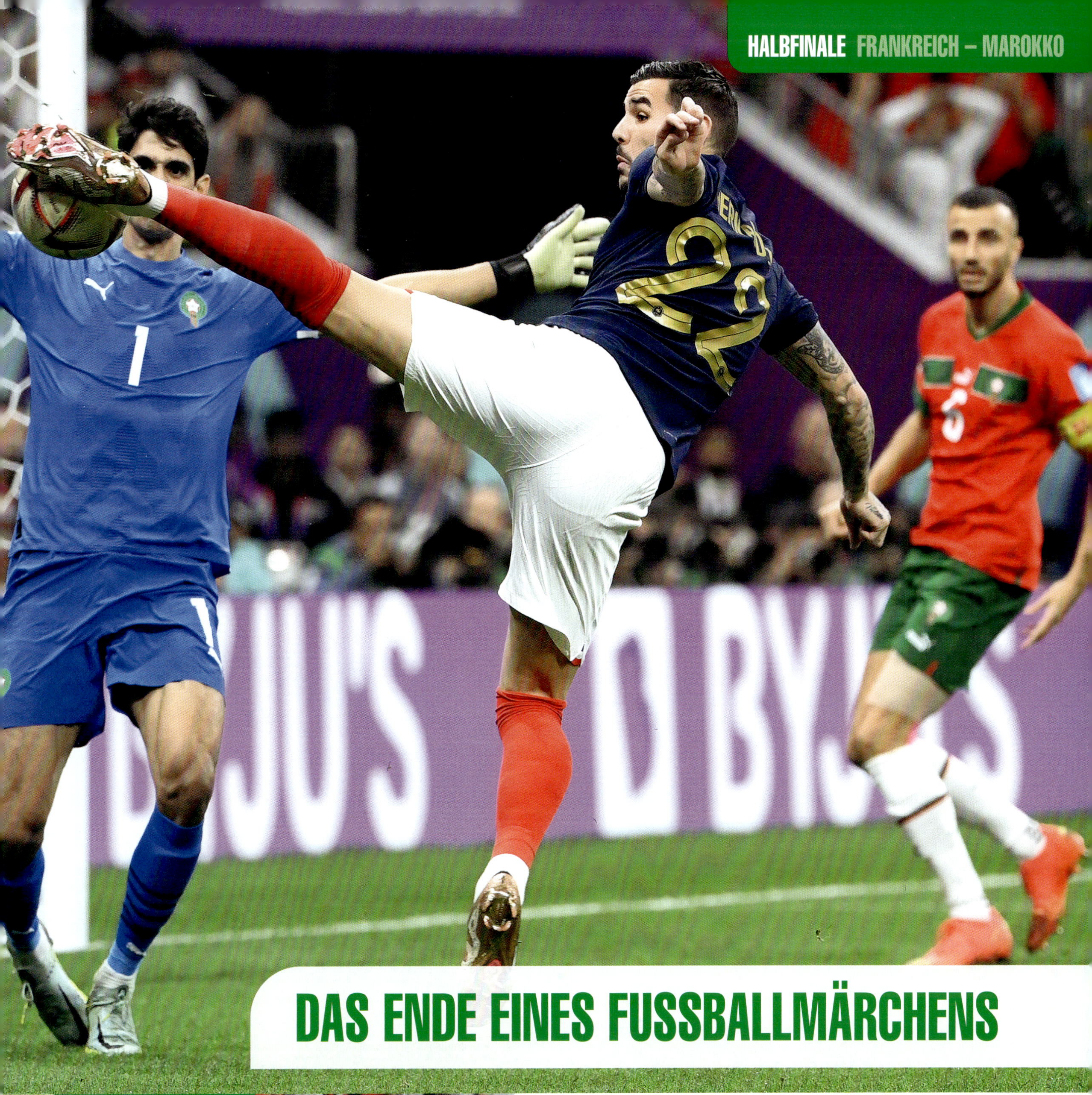

DAS ENDE EINES FUSSBALLMÄRCHENS

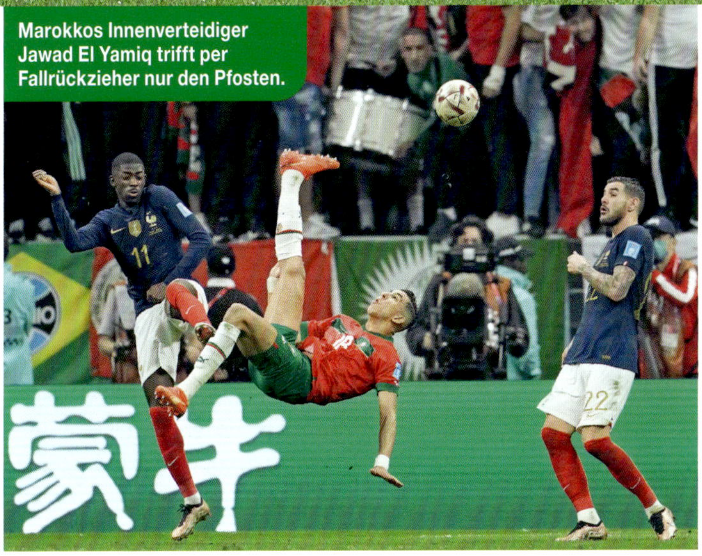

Marokkos Innenverteidiger Jawad El Yamiq trifft per Fallrückzieher nur den Pfosten.

hatten jedoch Spuren hinterlassen. Innenverteidiger Nayef Aguerd musste gegen die Franzosen verletzungsbedingt passen, Mitte der ersten Halbzeit ging es zudem für den angeschlagenen Kapitän und Abwehrchef Romain Saiss nicht mehr weiter. Und auch Außenverteidiger Noussair Mazraoui vom FC Bayern München konnte nur eine Halbzeit absolvieren.

Trotz der widrigen Umstände traten die Nordafrikaner erneut als verschworene und gut organisierte Einheit auf. Dabei mussten sie bereits in der fünften Minute einen herben Rückschlag einstecken. Antoine Griezmann setzte Frankreichs Superstar Kylian Mbappé im Strafraum in Szene. Dessen Schussversuche blockten zwar mehrere Marokkaner im Verbund ab, doch von Achraf Dari prallte der Ball schließlich nach links zum freistehenden Theo Hernandez, der aus spitzem Winkel artistisch zur französischen Führung traf. Es war das erste Gegentor für die Marokkaner überhaupt, das von einem Spieler einer gegnerischen Mannschaft erzielt worden war. Der bis dato einzige Gegentreffer war im Spiel gegen Kanada ein Eigentor gewesen.

Die frühe Führung der »Equipe Tricolore« veränderte die Statik des Spiels. Die Marokkaner, die in den K-.o-Spielen zuvor ihren Gegnern über weite Strecken den Ball überlassen hatten, waren nun selbst gezwungen, die Initiative zu ergreifen. Und das gelang ihnen bemerkenswert gut. Marokko zeigte eindrucksvoll, dass es nicht nur verteidigen kann. Azzedine Ounahi zwang Frankreichs Torhüter Hugo Lloris zu einer Glanztat (10.), und Abwehrspieler Jawad El Yamiq scheiterte mit einem sehenswerten Fallrückzieher am Pfosten (44.). Die offensivere Ausrichtung barg aber auch Gefahren. So hatte Olivier Giroud zweimal das 2:0 für den Favoriten auf dem Fuß. Nach einem Patzer von Saiss traf er nur den linken Pfosten (17.), ehe er – erneut aus aussichtsreicher Position – knapp vorbeischoss (36.). Nach der Pause nahm der Druck der Marokkaner zu. Vor allem über die rechte Seite brachen sie nun immer wieder durch und kreierten gefährliche Situationen im Strafraum. Doch meist brachten die Franzosen noch ein Abwehrbein dazwischen – wie in der 54. Minute, als der ehemalige Leipziger Ibrahima Konaté vor dem einschussbereiten Selim Amallah klärte. Frankreichs Trainer Didier Deschamps reagierte auf die Umklammerung seiner Mannschaft und verstärkte die linke Seite mit Marcus Thuram. Dafür rückte Mbappé ins Zentrum. Dieser Schachzug zeigte sofort Wirkung. Mit Thuram gelang den Franzosen wieder mehr Entlastung. Der Gladbacher verpasste in der 71. Minute per Kopf das 2:0, das dann allerdings acht Minuten später durch einen weiteren Bundesligaprofi fiel. Erneut zog Mbappé im Sechzehner die Aufmerksamkeit mehrerer Gegenspieler auf sich, diesmal prallte der Ball zu Randal Kolo Muani, der aus kurzer Distanz nur noch einschieben musste. Mit seinem ersten Ballkontakt in diesem Spiel hatte der Angreifer von Eintracht Frankfurt sein erstes Länderspieltor erzielt. Die Marokkaner waren an diesem Abend auch vom Glück verlassen.

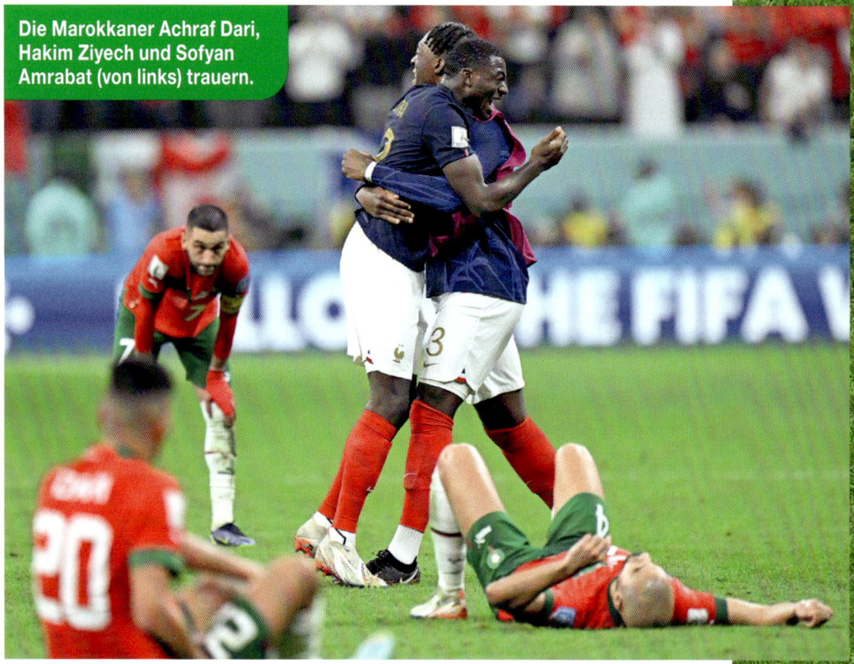

Die Marokkaner Achraf Dari, Hakim Ziyech und Sofyan Amrabat (von links) trauern.

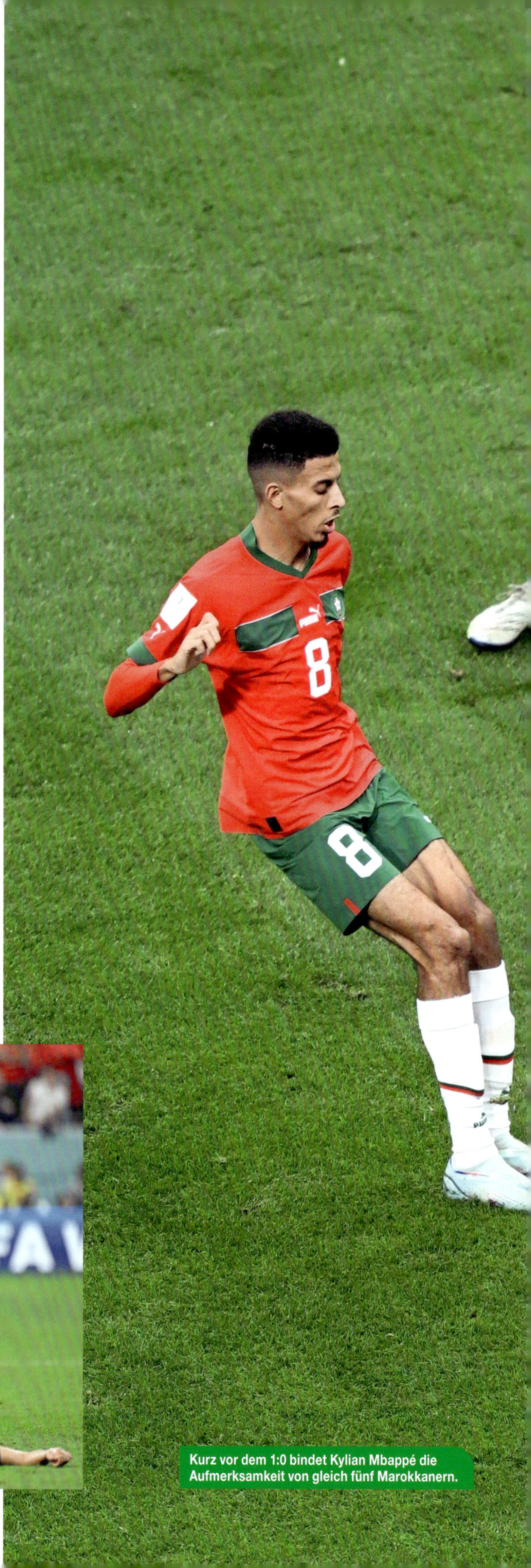

Kurz vor dem 1:0 bindet Kylian Mbappé die Aufmerksamkeit von gleich fünf Marokkanern.

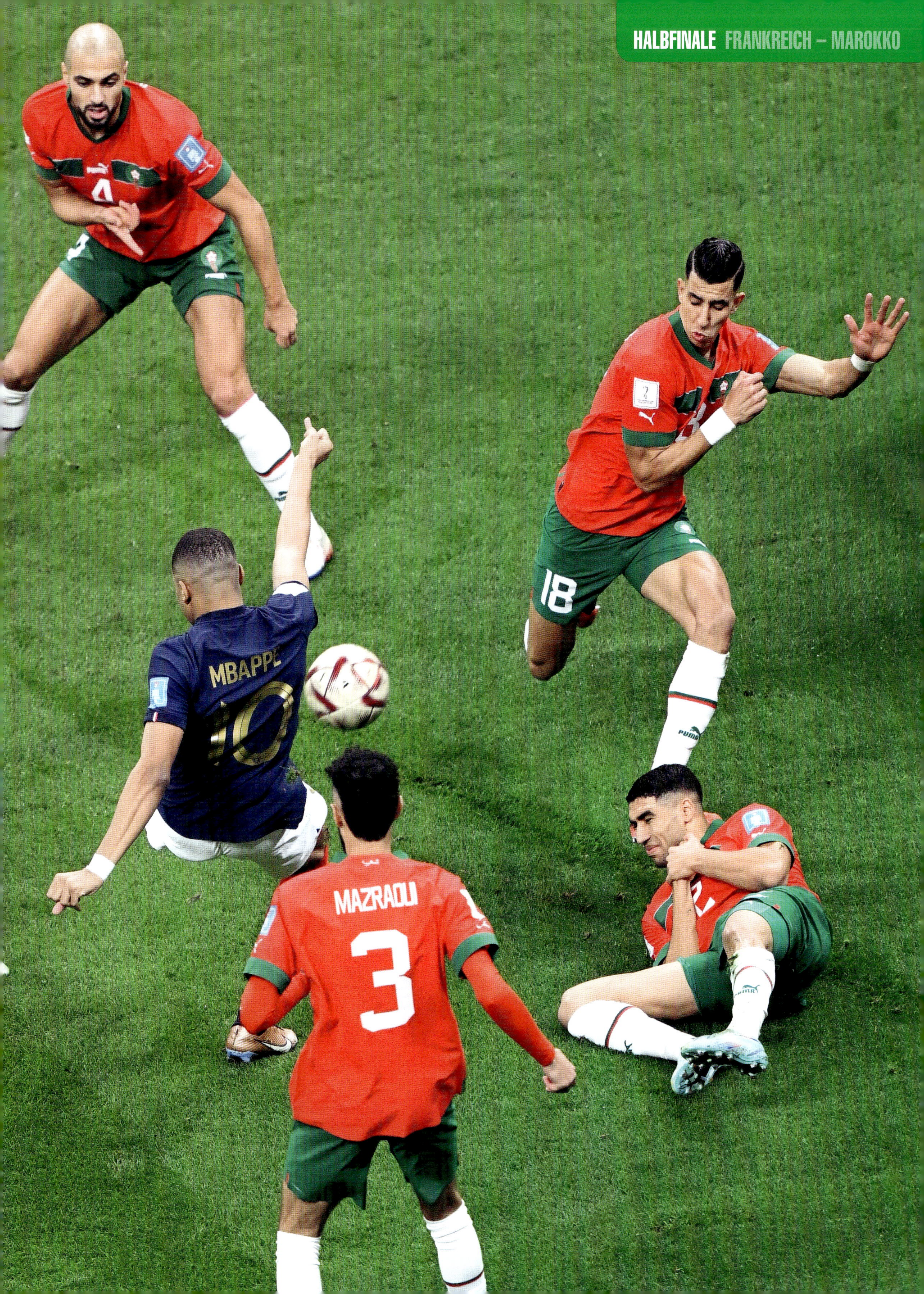
MBAPPE
10
MAZRAOUI
3
18

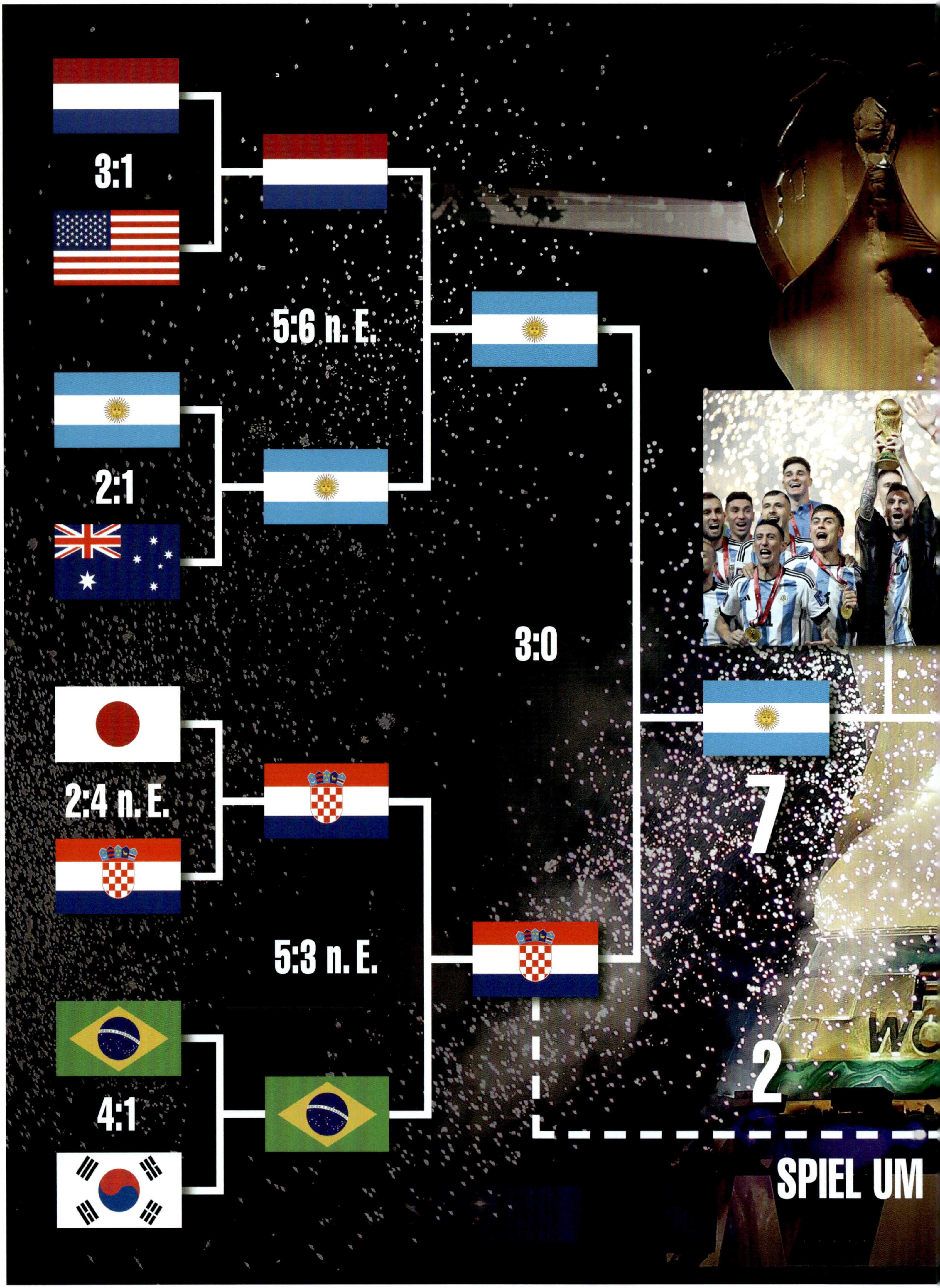
3:1
5:6 n. E.
2:1
3:0
2:4 n. E.
5:3 n. E.
4:1
7
2
SPIEL UM

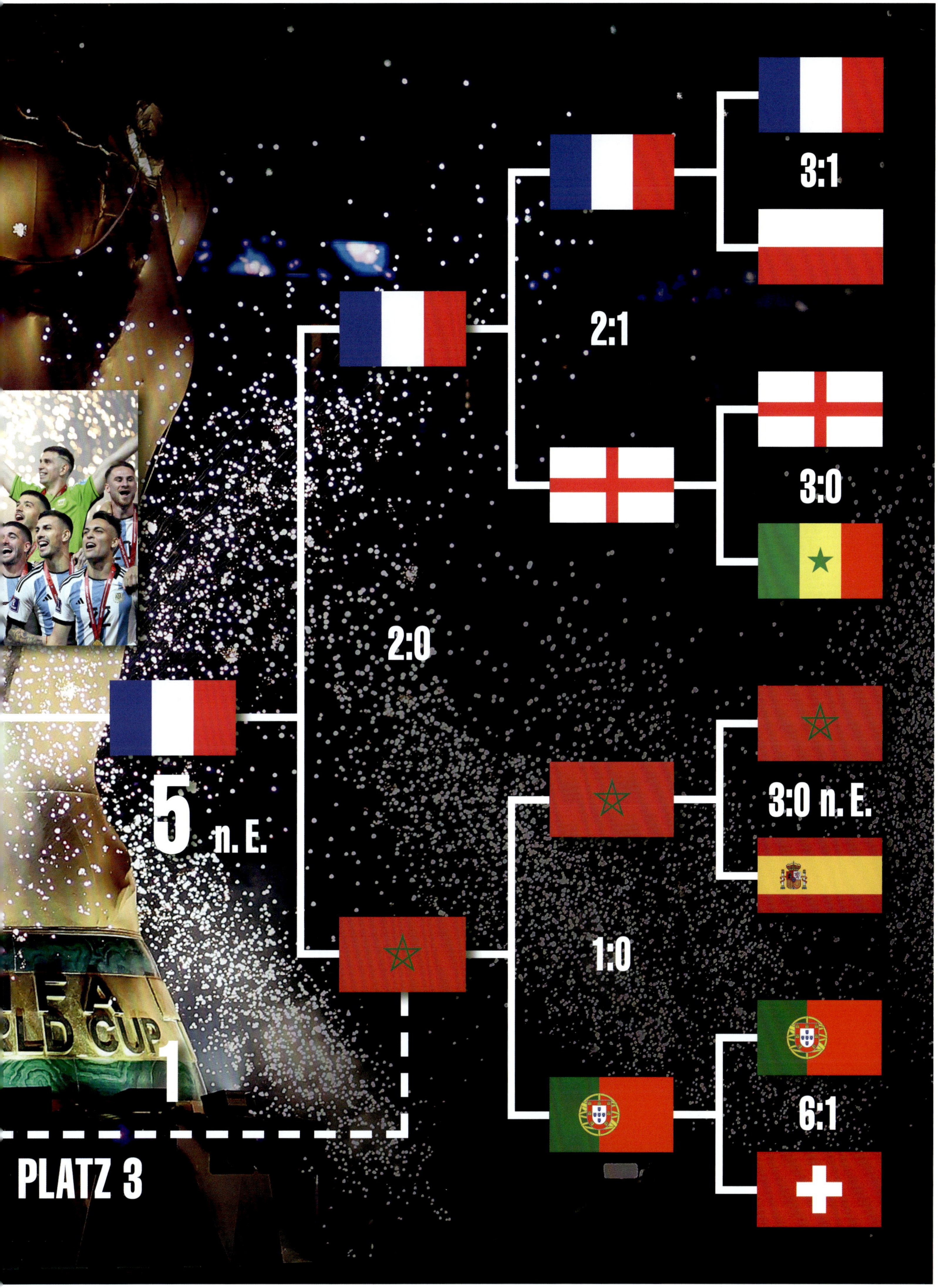
3:1
2:1
3:0
2:0
3:0 n. E.
1:0
6:1
5 n. E.
1
PLATZ 3

17. Dezember 2022, 18 Uhr Ortszeit, Khalifa International Stadium

KROATIEN – MAROKKO
2 : 1

Trainer: Zlatko Dalic

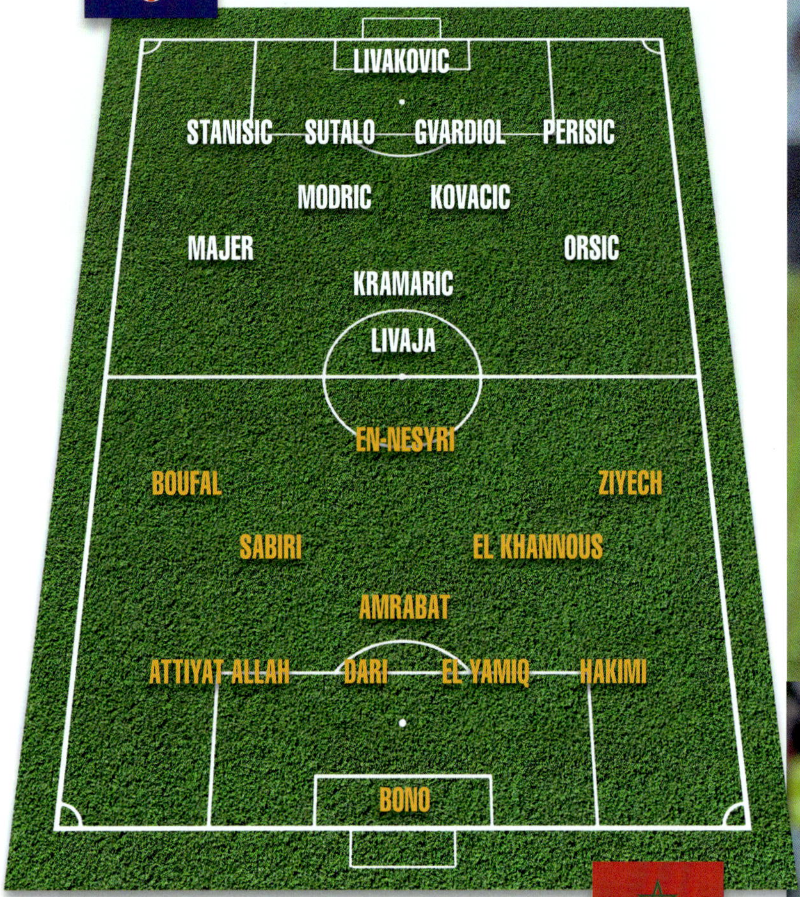

Trainer: Walid Regragui

Eingewechselt:

Kroatien	Marokko
Vlasic für Kramaric (61.)	Chair für Sabiri (46.)
Petkovic für Livaja (66.)	Ounahi für El Khannous (56.)
Pasalic für Majer (66.)	Banoun für Dari (64.)
Jakic für Orsic (90.+5)	Zaroury für Boufal (64.)
	Amallah für El Yamiq (66.)

Tore: 1:0 Gvardiol (7.), 1:1 Dari (9.), 2:1 Orsic (42.)

Gelbe Karten: – / Ounahi, Amallah

Gelb-Rote Karte: –

Rote Karte: –

Schiedsrichter: Abdulrahman Al Jassim (Katar)

Zuschauer: 44 137

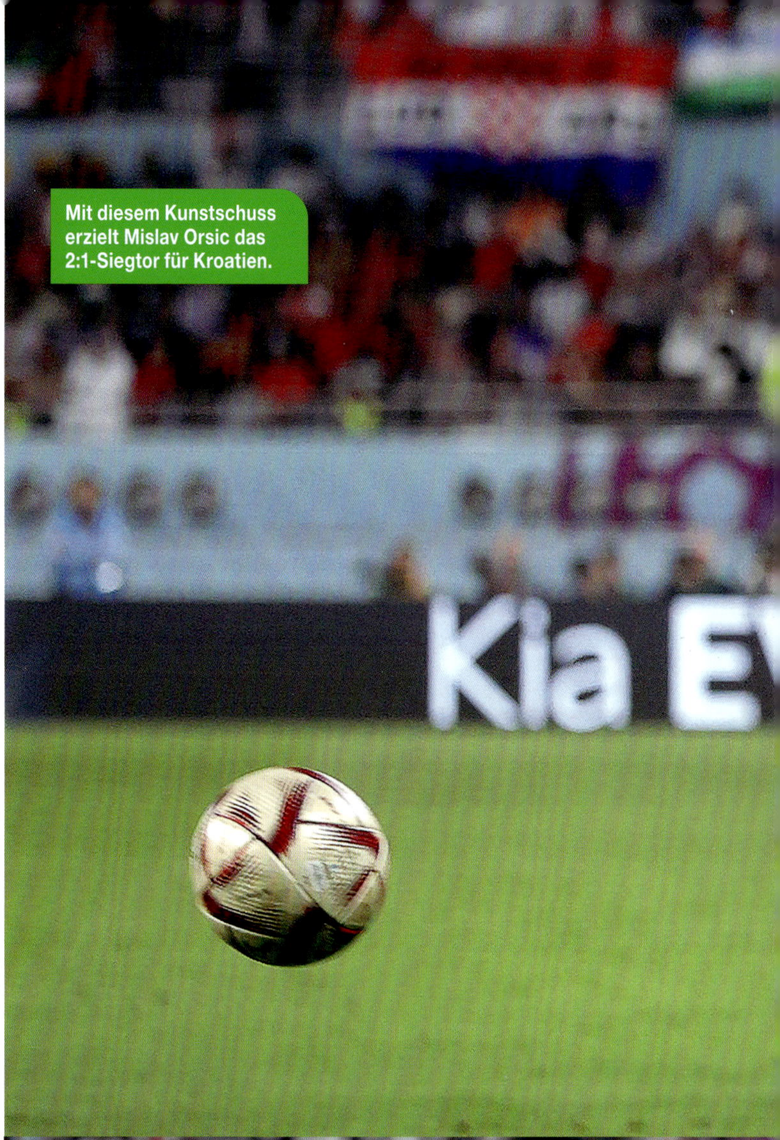

Mit diesem Kunstschuss erzielt Mislav Orsic das 2:1-Siegtor für Kroatien.

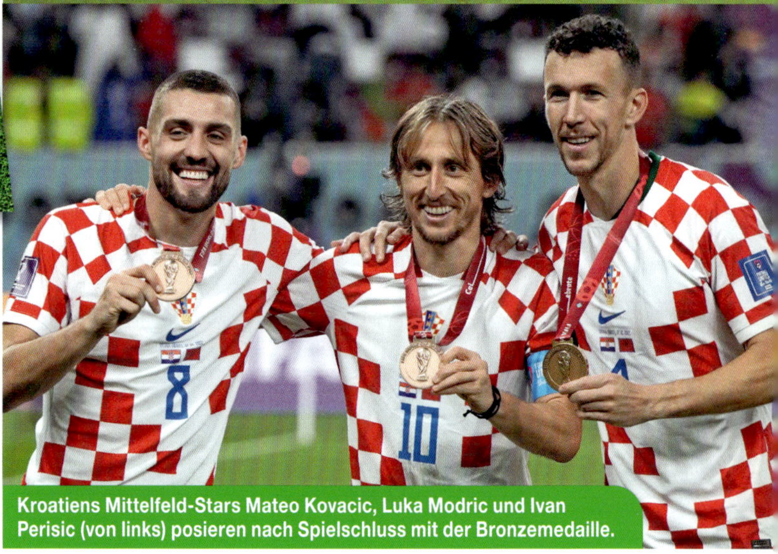

Kroatiens Mittelfeld-Stars Mateo Kovacic, Luka Modric und Ivan Perisic (von links) posieren nach Spielschluss mit der Bronzemedaille.

Ob man es nun Spiel um Platz drei oder – euphemistischer – kleines Finale nennt: Die vorletzte Partie einer Weltmeisterschaft erfreut sich nicht allzu großer Beliebtheit. Hinter den beteiligten Teams liegt ja nicht nur die immense Enttäuschung der Halbfinalniederlage, sondern ein ungemein kräftezehrendes Turnier. Die Vorstellung, dass sich ein Halbfinalist mit zwei Niederlagen hintereinander aus der WM verabschieden muss, empfindet nicht nur Louis van Gaal als Unding. »Ich finde das unfair. Dass man damit ein Turnier, das so toll war, vielleicht als Loser beendet, das hat nichts mit Sport zu tun«, giftete der niederländische Bondscoach vor dem Spiel um Platz drei bei der WM 2014 in Brasilien, das seine Mannschaft schließlich mit 3:0 gewann.

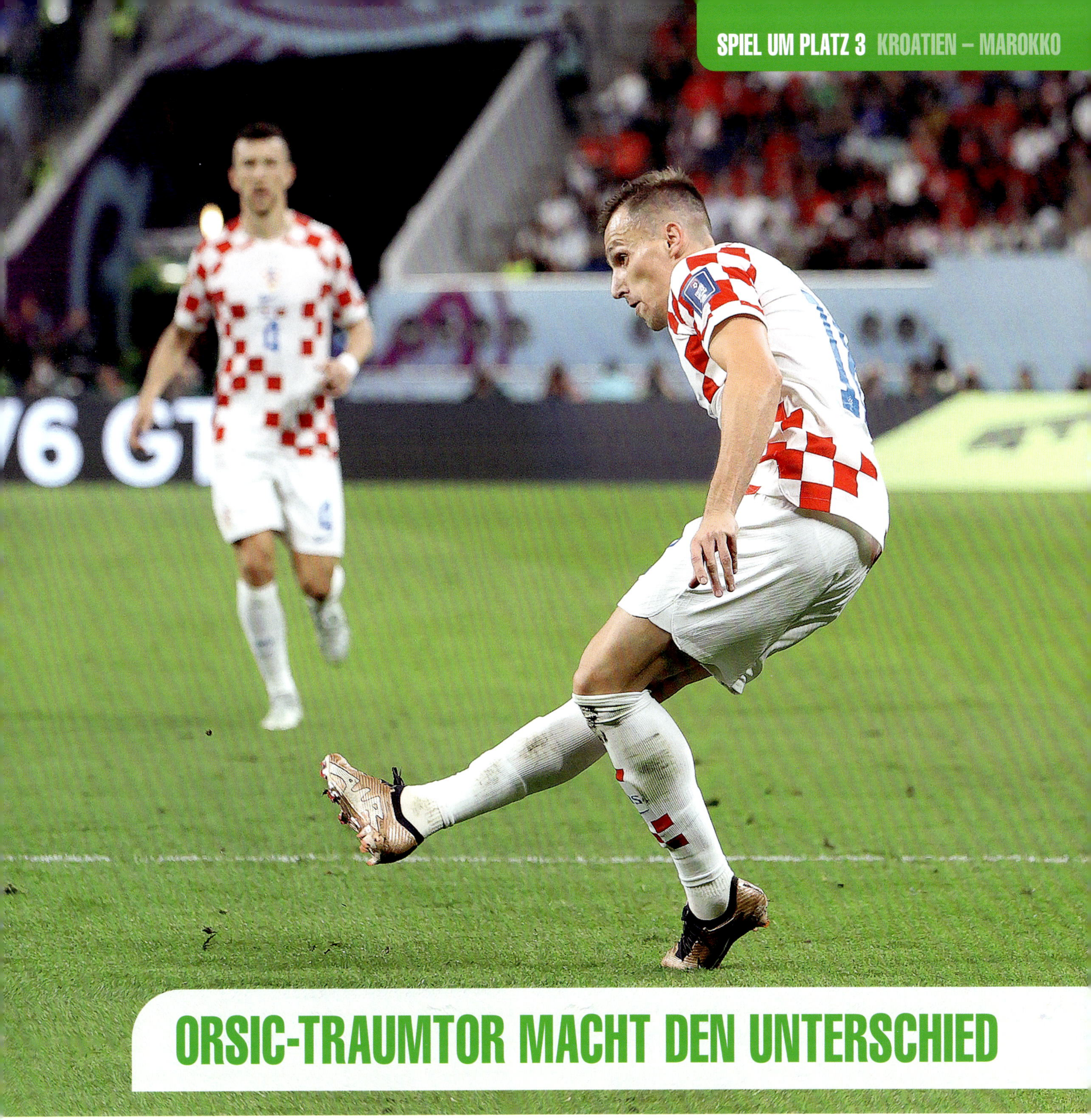

ORSIC-TRAUMTOR MACHT DEN UNTERSCHIED

In Katar machten Kroatien und Marokko WM-Rang drei unter sich aus und damit zwei Mannschaften, die einander bereits in der Vorrunde begegnet waren. Am 23. November hatten sie sich in einem zähen Spiel mit 0:0 getrennt. Dreieinhalb Wochen später schickten sie sich an, das Image des kleinen Finales zu verbessern: Nach nicht einmal neun Minuten stand es bereits 1:1. Zunächst wuchtete Innenverteidiger Josko Gvardiol einen von Ivan Perisic verlängerten Freistoß per Kopf zur kroatischen Führung in die Maschen (7.). Doch nur zwei Minuten später erzielte mit Achraf Dari einer der marokkanischen Innenverteidiger – ebenfalls per Kopf und ebenfalls nach einem Freistoß – den Ausgleich. Die Kroaten machten zunächst den etwas frischeren Eindruck, doch gegen Ende der ersten Hälfte wurde Marokko stärker. Youssef En-Nesyri verpasste nach einer Ecke von Hakim Ziyech nur knapp die Führung (37.). Effizienter agierten die Kroaten. Mit einem kunstvoll gezirkelten Rechtsschuss überwand Mislav Orsic den etwas zu weit vor seinem Kasten postierten Torhüter Bono zum 2:1 (42.). Nach der Pause ging der Spielfluss – auch durch zahlreiche Wechsel bedingt – etwas verloren. Unter Tränen verließ Bundesligastürmer Andrej Kramaric den Platz. Er hatte sich am Oberschenkel verletzt.

In der Schlussphase drängten die Nordafrikaner auf den Ausgleich, doch ein Kopfball des glücklosen En-Nesyri tief in der Nachspielzeit ging knapp drüber.

18. Dezember 2022, 18 Uhr Ortszeit, Lusail Stadium

ARGENTINIEN – FRANKREICH
7 : 5 n. E.

Trainer: Lionel Scaloni

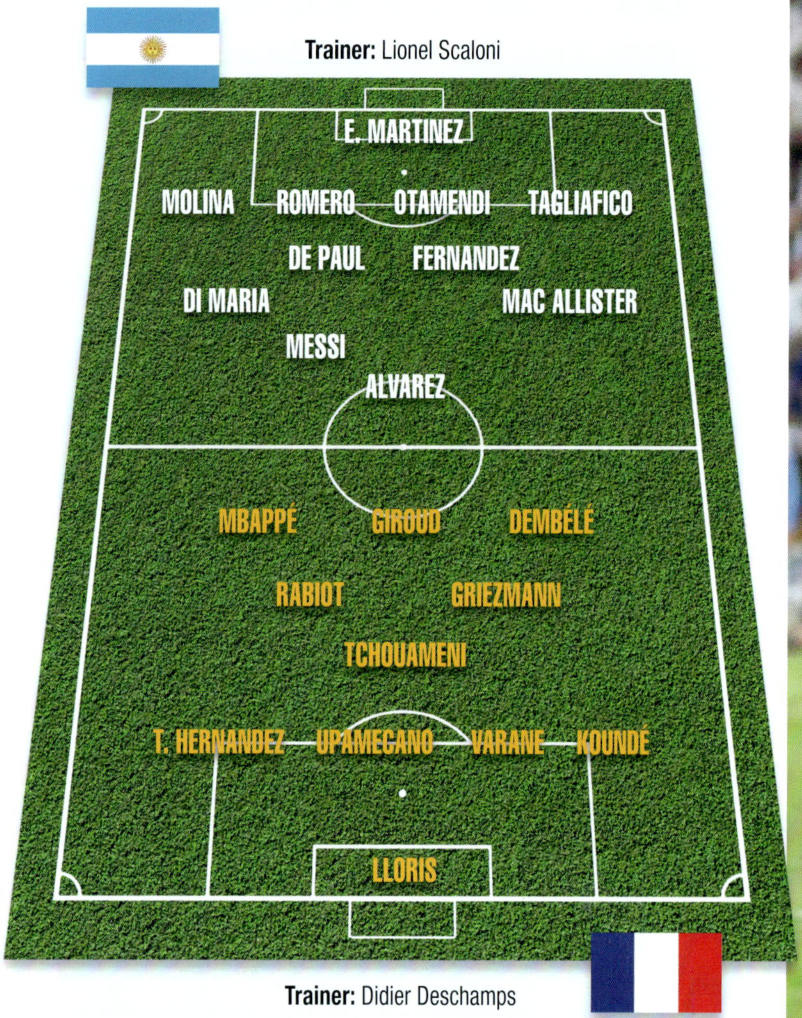

Trainer: Didier Deschamps

Eingewechselt:

Acuna für di Maria (64.)
Montiel für Molina (91.)
Paredes für de Paul (102.)
La. Martinez für Alvarez (102.)
Pezzella für Mac Allister (116.)
Dybala für Tagliafico (120.+1)

Kolo Muani für Dembélé (41.)
Thuram für Giroud (41.)
Coman für Griezmann (71.)
Camavinga für T. Hernandez (72.)
Fofana für Rabiot (95.)
Konaté für Varane (113.)
Disasi für Koundé (120.+1)

Tore: 1:0 Messi (23., Foulelfmeter), 2:0 di Maria (36.), 2:1 Mbappé (80., Foulelfmeter), 2:2 Mbappé (82.), 3:2 Messi (109.), 3:3 Mbappé (118., Handelfmeter)

Elfmeterschießen: 3:4 Mbappé, 4:4 Messi, E. Martinez hält gegen Coman, 5:4 Dybala, Tchouameni schießt vorbei, 6:4 Parades, 6:5 Kolo Muani, 7:5 Montiel

Gelbe Karten: Fernandez, Acuna, Paredes / Rabiot, Thuram, Giroud

Schiedsrichter: Szymon Marciniak (Polen)

Zuschauer: 88 966

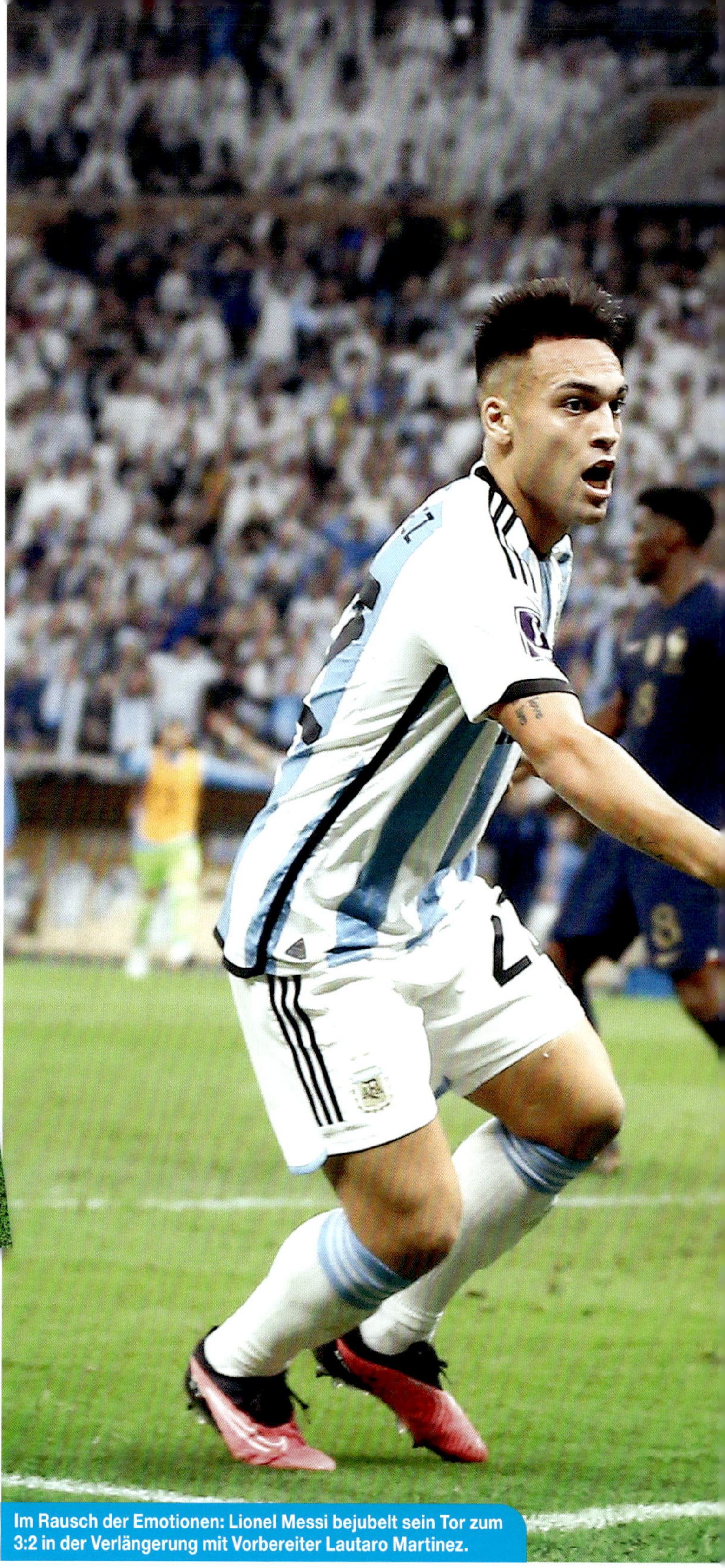

Im Rausch der Emotionen: Lionel Messi bejubelt sein Tor zum 3:2 in der Verlängerung mit Vorbereiter Lautaro Martinez.

Um ihn herum weinten alle. Nur Lionel Messi weinte nicht. Der vielleicht beste Fußballer, den die Welt jemals gesehen hat, schien gar nicht zu begreifen, was er erreicht hatte. In einem epochalen Finale, einem Spiel, von dem man sich wünschte, es würde niemals enden, krönte der Superstar seine unvergleichliche Karriere mit dem einen großen Titel, der ihm noch gefehlt hatte: »La Pulga«, der Floh, schoss Argentinien zum dritten WM-Titel nach 1978 und 1986 und machte sich in seiner Heimat endgültig unsterblich. Und vom Himmel lächelte Diego Maradona herab. Für Fußballromantiker fand die Bescherung schon sechs Tage vor Weihnachten statt. Während Messi freudetrunken den euphorischen Fans zuwinkte, stand einige Meter entfernt Kylian Mbappé wie angewurzelt da und

SCHLAGABTAUSCH DER SUPERSTARS

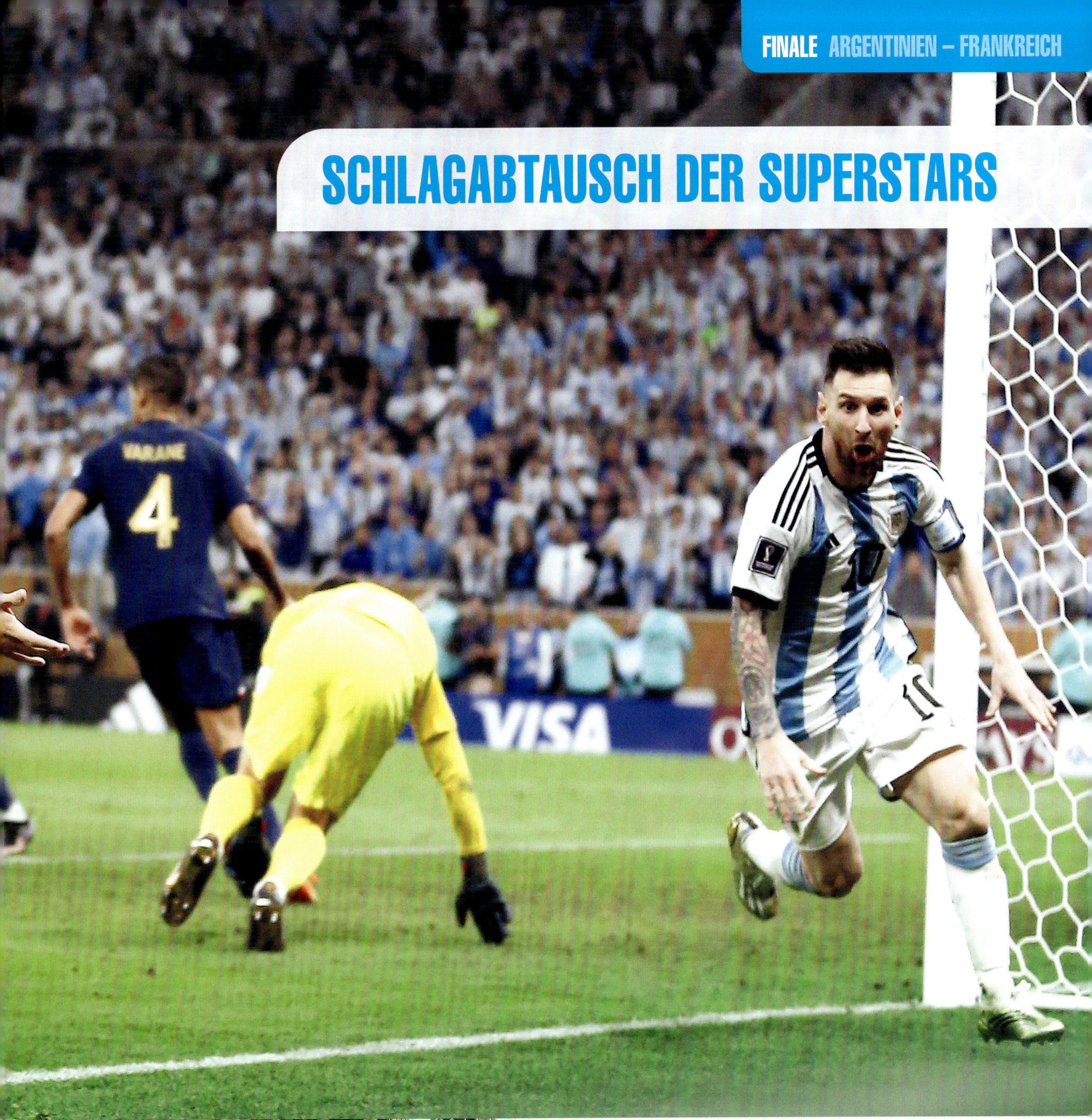

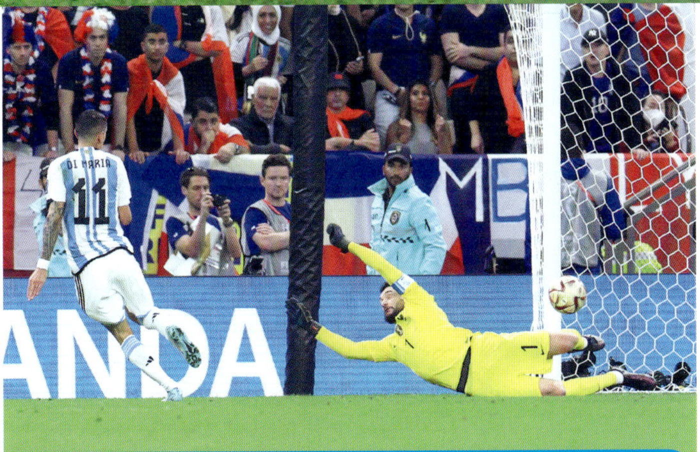

Angel di Maria hat entscheidenden Anteil an der überragenden ersten Hälfte der Argentinier. In dieser Szene trifft der Routinier zum 2:0.

blickte ins Nichts. Der Superstar der Franzosen hatte die Welt verzückt, er hatte die Franzosen im Alleingang in die Verlängerung und schließlich ins Elfmeterschießen gerettet, doch am Ende entschied das Schicksal, dass dieser Abend Messi gehören sollte. Man hätte sich sein kein besseres Drehbuch für eines der besten Endspiele aller Zeiten ausdenken können. Ein Endspiel, in dem die Argentinier elf Minuten vor Ende der regulären Spielzeit bereits wie der sichere Sieger aussahen. Die euphorischen Gesänge der argentinischen Fans schwappten durchs Stadion. Und auf dem Platz spielte ihre Mannschaft wahrlich weltmeisterlich. Doch dann verschätzte sich Innenverteidiger Nicolas Otamendi bei einem langen Ball auf Randal Kolo Muani. Der Bundesligastürmer von Eintracht

Frankfurt drang in den Strafraum ein. Otamendi zerrte und klammerte, sodass Schiedsrichter Szymon Marciniak gar nichts anderes übrig blieb, als auf Elfmeter zu entscheiden. Superstar Kylian Mbappé schnappte sich den Ball und drosch ihn zum Anschlusstor in die Maschen (80.). Argentiniens Torwart Emiliano Martinez war noch dran, konnte den Einschlag aber nicht verhindern. Nur zwei Minuten später bewies Mbappé endgültig, dass er für große Momente geboren ist. Nach einem Doppelpass mit Marcus Thuram nahm der 23-Jährige den Ball volley aus der Luft und jagte ihn von der Strafraumgrenze ins lange Eck (82.). Mit zwei Aktionen wischten die Franzosen die fast 80-minütige argentinische Dominanz einfach weg. Die »Albiceleste« hatte dieses Spiel mit ihrer Zweikampfstärke, Disziplin und unglaublichen Ballsicherheit beherrscht, aber auch mit ihrer bedingungslosen Leidenschaft.
Wie sehr die Argentinier diesen Titel wollten, konnte man schon an der Aufstellung ablesen. Trainer Lionel Scaloni bot den offensiven Außen Angel di Maria anstelle des defensiven Mittelfeldspielers Leandro Paredes in der Startelf auf. Es war ein brillanter Schachzug. Die »Albiceleste« ließ den Franzosen kaum Luft zum Atmen, und der 34-jährige di Maria wirbelte auf der linken Seite, als wäre er einem Jungbrunnen entstiegen. Nach einem seiner Dribblings wusste sich Ousmane Dembélé nur mit einem plumpen Foul zu helfen. Den fälligen Strafstoß verwandelte Messi sicher (23.). Während die »Equipe Tricolore« das Finale zunächst mit einer Beamtenmentalität bestritt, absolvierten die Argentinier das Spiel ihres Lebens. Nach einem lehrbuchhaften Konter erhöhte di Maria auf 2:0 für die »Albiceleste« (36.). Frankreichs Trainer Didier Deschamps reagierte und brachte noch vor der Pause Muani und Thuram für Dembélé und Olivier Giroud. Die beiden Bundesligaprofis belebten das französische Spiel. Mbappé rückte in die Mitte, kam aber lange nicht zur Geltung. Nach seinen beiden Toren aus dem Nichts nahm die Partie erst richtig Fahrt auf. Nach grandioser Vorarbeit von Kingsley Coman scheiterte Adrien Rabiot an Torwart Emiliano Martinez (90.+4), auf der Gegenseite entschärfte Lloris einen Schuss von Messi (90.+7). In der Verlängerung brachte Messi die Argentinier nach einem brillanten Angriff erneut in Führung (109.), ehe Mbappé mit einem verwandelten Handelfmeter (118.) das 3:3 erzielte. In der Nachspielzeit der Verlängerung scheiterte Muani freistehend an Martinez, der im Elfmeterschießen zum argentinischen Sieggaranten avancierte.

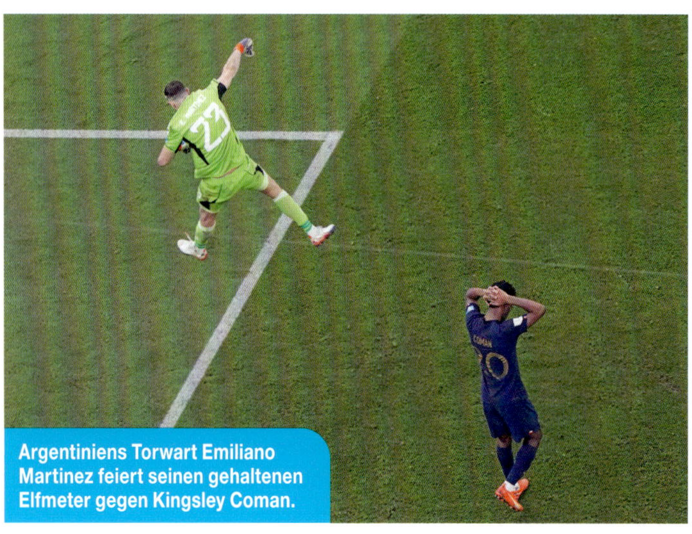
Argentiniens Torwart Emiliano Martinez feiert seinen gehaltenen Elfmeter gegen Kingsley Coman.

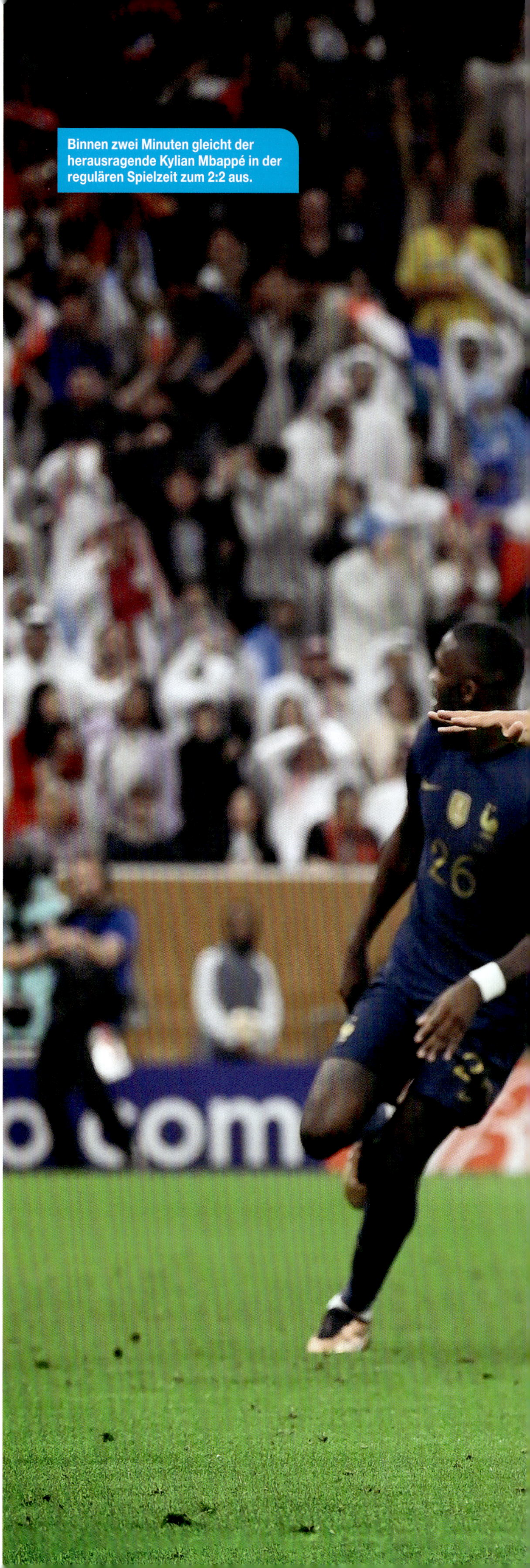
Binnen zwei Minuten gleicht der herausragende Kylian Mbappé in der regulären Spielzeit zum 2:2 aus.

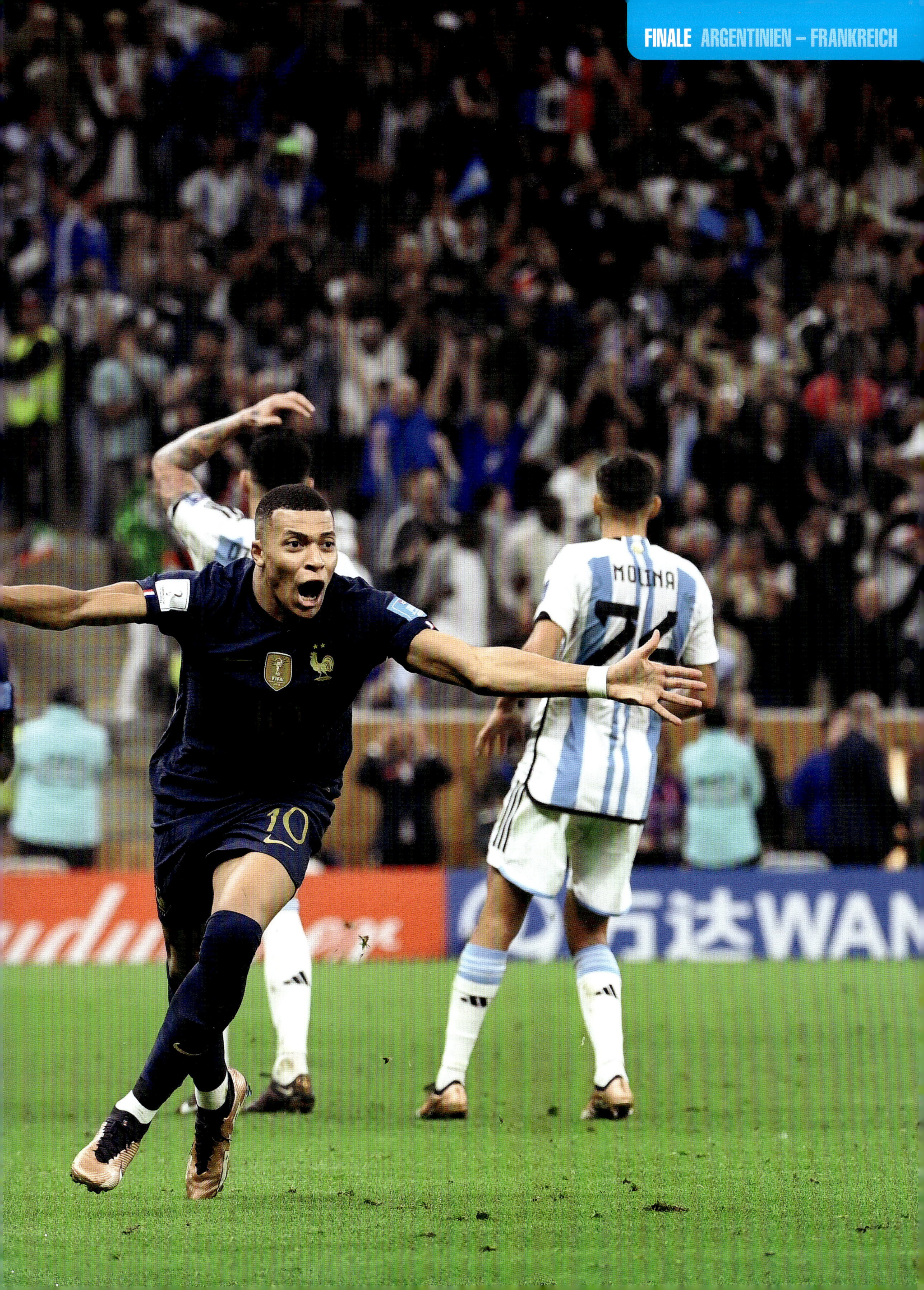
MOLINA
10

ALLE WELTMEISTER

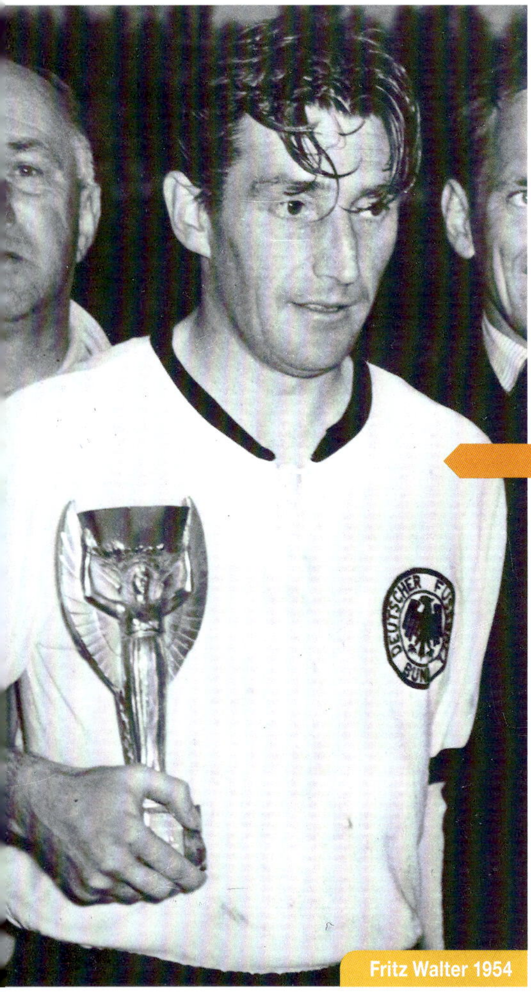
Fritz Walter 1954

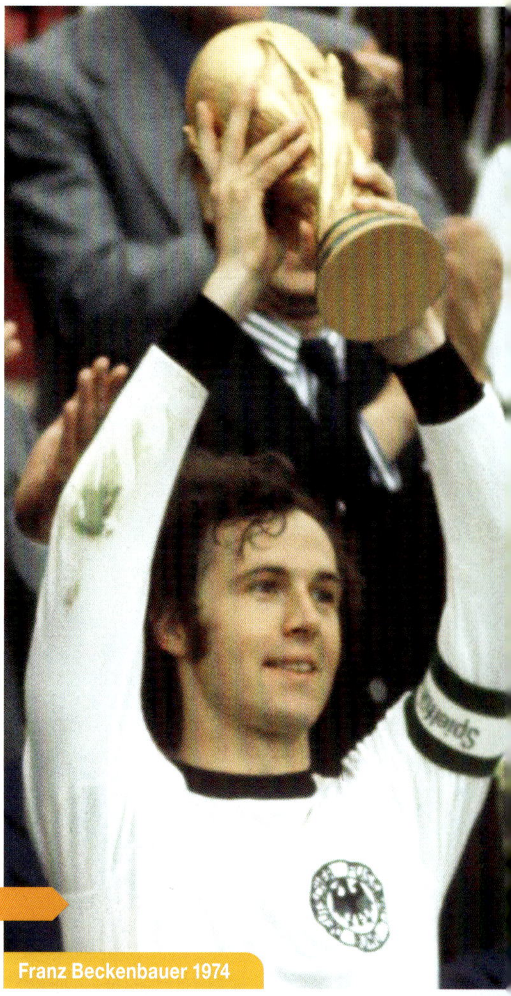
Franz Beckenbauer 1974

1930 IN URUGUAY
FINALE: Uruguay – Argentinien 4:2

1934 IN ITALIEN
FINALE: Italien – Tschechoslowakei 2:1 n.V.

1938 IN FRANKREICH
FINALE: Italien – Ungarn 4:2

1950 IN BRASILIEN
Uruguay, Brasilien (Finalrunde)

1954 IN DER SCHWEIZ
FINALE: Deutschland – Ungarn 3:2

1958 IN SCHWEDEN
FINALE: Brasilien – Schweden 5:2

1962 IN CHILE
FINALE: Brasilien – Tschechoslowakei 3:1

1966 IN ENGLAND
FINALE: England – Deutschland 4:2 n.V.

1970 IN MEXIKO
FINALE: Brasilien – Italien 4:1

1974 IN DEUTSCHLAND
FINALE: Deutschland – Niederlande 2:1

1978 IN ARGENTINIEN
FINALE: Argentinien – Niederlande 3:1 n.V.

1982 IN SPANIEN
FINALE: Italien – Deutschland 3:1

1986 IN MEXIKO
FINALE: Argentinien – Deutschland 3:2

1990 IN ITALIEN
FINALE: Deutschland – Argentinien 1:0

1994 IN DEN USA
FINALE: Brasilien – Italien 3:2 n.E.

1998 IN FRANKREICH
FINALE: Frankreich – Brasilien 3:0

2002 IN SÜDKOREA UND JAPAN
FINALE: Brasilien – Deutschland 2:0

2006 IN DEUTSCHLAND
FINALE: Italien – Frankreich 6:4 n.E.

2010 IN SÜDAFRIKA
FINALE: Spanien – Niederlande 1:0 n.V.

2014 IN BRASILIEN
FINALE: Deutschland – Argentinien 1:0 n.V.

2018 IN RUSSLAND
FINALE: Frankreich – Kroatien 4:2

2022 IN KATAR
FINALE: Argentinien – Frankreich 7:5 n.E.

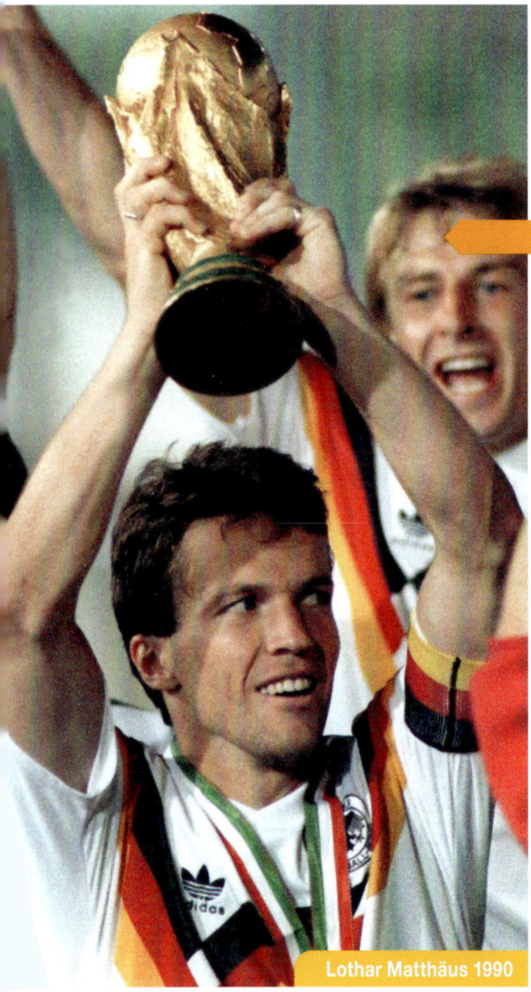
Lothar Matthäus 1990

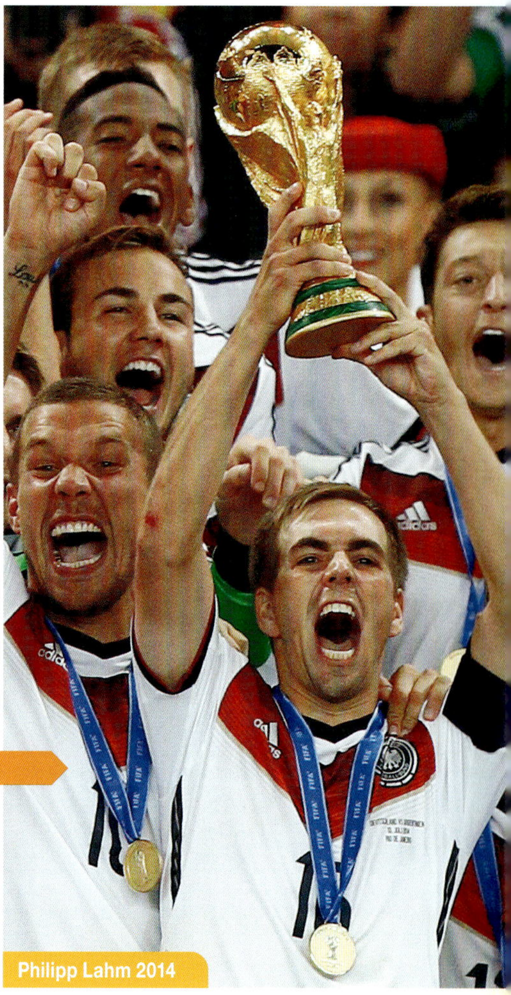
Philipp Lahm 2014

UNSERE OLYMPIAREIFEN BÜCHER

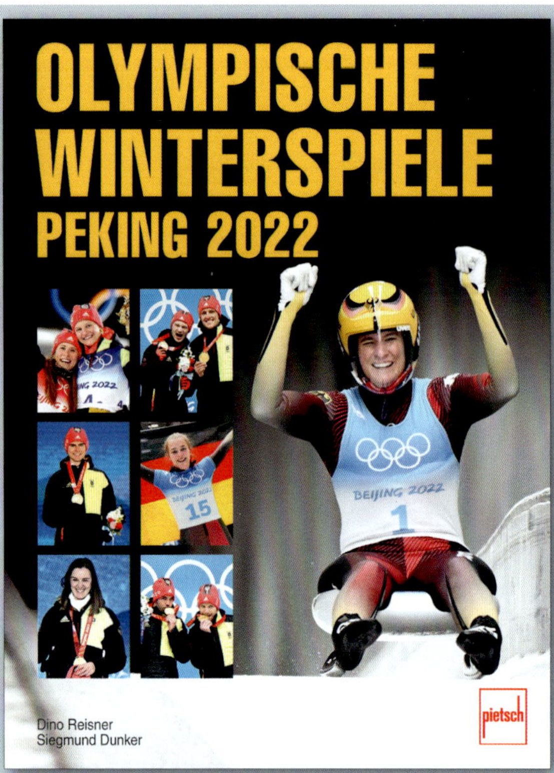

Vom 4. bis zum 20. Februar 2022 zog das sportliche Großereignis Millionen von Menschen in seinen Bann. Bei 109 Wettkämpfen haben viele deutsche Medaillenanwärter um Gold, Silber und Bronze gekämpft. Das Autorenduo Dino Reisner und Siegmund Dunker blickt auf alle Höhepunkte der Olympischen Winterspiele zurück und bieten Fans eine reich illustrierte und umfassende Dokumentation aller Wettbewerbe.

176 Seiten, 400 Abbildungen, Format 230 x 305 mm
978-3-613-50934-4
€ 19,95 | € (A) 20,60

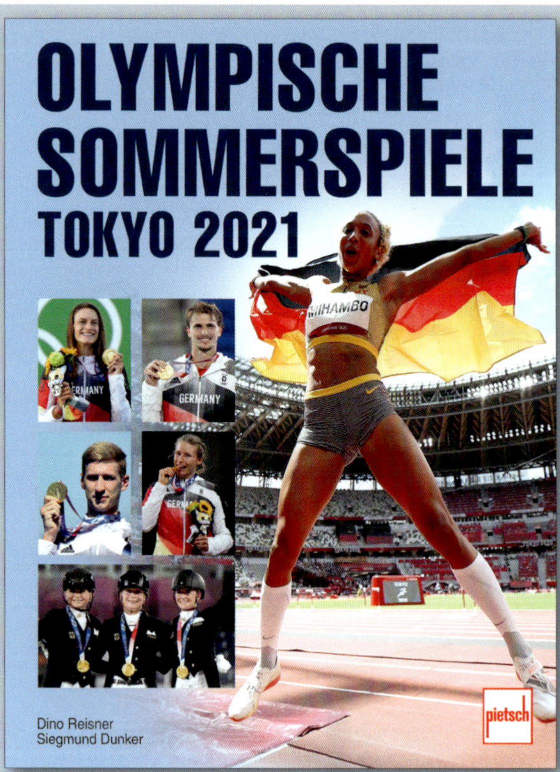

Vom 23. Juli bis 8. August 2021 wurden in Tokio die um ein Jahr verschobenen XXXII. Olympischen Sommerspiele ausgetragen. Die Sportjournalisten Dino Reisner und Siegmund Dunker blicken auf alle Höhepunkte der Olympischen Sommerspiele in Tokio zurück und bieten Fans, Olympia-Zuschauern und Sportinteressierten eine reich illustrierte und umfassende Dokumentation mit Berichten über alle Wettbewerbe, umfangreichen Statistiken und Platzierungen.

176 Seiten, 450 Abbildungen, Format 230 x 305 mm
978-3-613-50904-7
€ 19,95 | € (A) 20,60

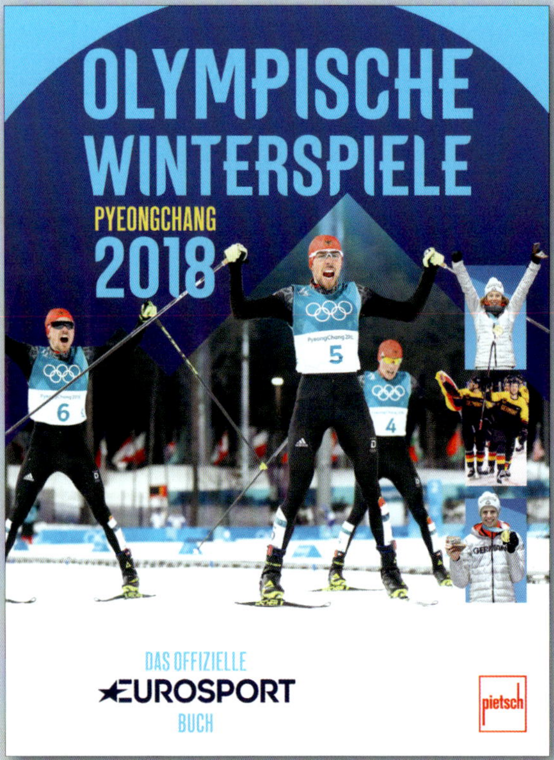

Mehr Olympia geht nicht: Alle Teams, alle Ergebnisse und die Höhepunkte in faszinierenden Bildern!

Niemals zuvor nahmen so viele Sportler aus so vielen Nationen teil, noch nie wurden so viele Sieger (102) ermittelt – die 23. Auflage der Olympischen Winterspiele schrieb Rekorde. Die deutschen Sportler erzielten dasr beste Ergebnis ihrer Geschichte und belegten im Medaillenspiegel einen hervorragenden zweiten Platz Dino Reisner und Siegmund Dunker machen alle Höhepunkte der Olympischen Winterspiele 2018 lebendig.

176 Seiten, 282 Abbildungen, Format 230 x 305 mm
978-3-613-50855-2
€ 19,95 | € (A) 20,60

Leseproben zu allen Titeln auf unserer Internetseite

Überall, wo es Bücher gibt, oder unter
WWW.MOTORBUCH-VERSAND.DE
Service-Hotline: 0711 / 78 99 21 51

pietsch

Stand Dezember 2022
Änderungen in Preis und Lieferfähigkeit vorbehalten.

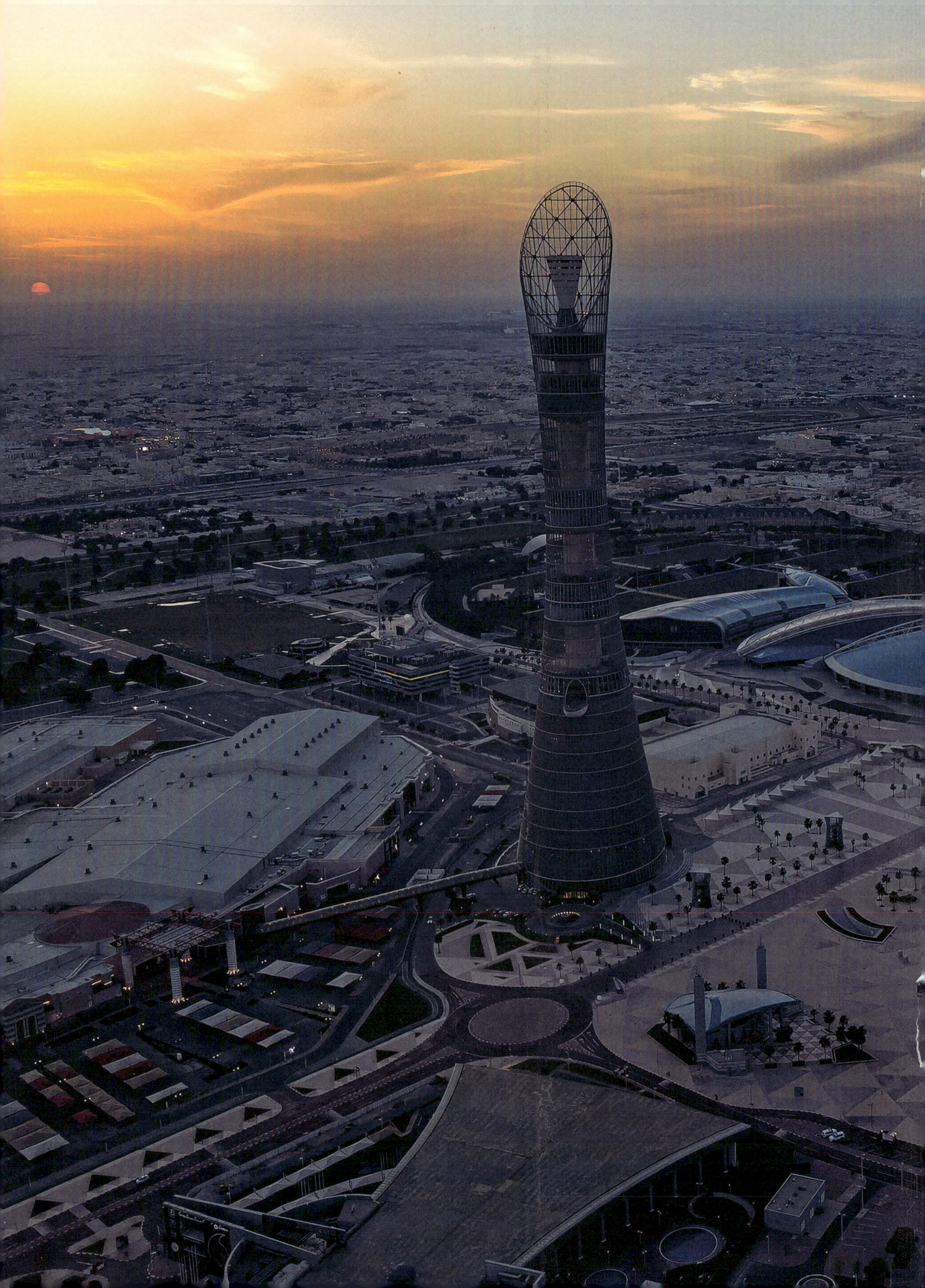